Peter Trenk-Hinterberger

unter Mitarbeit von
Clemens Beraus, Peter Brünsing, Martin Danner,
Maike Gattermann und Katja Kruse

Die Rechte behinderter Menschen und ihrer Angehörigen

Stand: Dezember 2006

Die Herausgabe dieser Auflage wurde durch das Bundesministerium für Gesundheit finanziert.

Schriftenreihe der Bundesarbeitsgemeinschaft SELBSTHILFE

Band 103

Impressum:

Herausgeber: Bundesarbeitsgemeinschaft SELBSTHILFE e.V.
Kirchfeldstr. 149, 40215 Düsseldorf,
Tel.: (0211) 310060
Fax: (0211) 3100648
E-Mail: Referat-Recht@BAG-SELBSTHILFE.de
Internet: www.bag-selbsthilfe.de

Gestaltung: Umschlag: Winfried Kautz, Wiehl
Inhalt: Vereinigte Verlagsbetriebe GmbH & Co. KG, Bad Homburg

Auflage: 34. Auflage 2006

Druck: GGP Media GmbH, Karl-Marx-Straße 24, 07381 Pößneck

ISBN: 3-89381-102-8

Vorwort

Bei dem Bemühen, behinderte Menschen und ihre Angehörigen über ihre Ansprüche zu informieren, ist ein Schnitt quer durch das gesamte Sozialrecht und eine Reihe weiterer Rechtsgebiete zu legen. Einzelne Tatbestände müssen aus ihren Gesamtzusammenhängen gelöst und zur Behinderung in Beziehung gesetzt werden, was nicht ohne starke Vereinfachungen und Verkürzungen möglich ist. Es entsteht ein kaum lösbarer Konflikt zwischen juristisch korrekter Wiedergabe und Allgemeinverständlichkeit. Es sind jedoch immer die einschlägigen Paragraphen angegeben, sodass sich der Leser anhand des Gesetzestextes selbst informieren kann und auch sollte.

Da bei der Bundesarbeitsgemeinschaft SELBSTHILFE weniger Anfragen aus dem Unfallversicherungsrecht und dem Versorgungsrecht eingehen, sind diese beiden Gebiete jeweils nur am Rande erwähnt. Der Informationsbedarf erscheint hier deswegen so gering zu sein, weil die Betroffenen einerseits von Amts wegen betreut werden, andererseits auf eine jahrzehntelang bewährte Beratung der Geschädigtenverbände zurückgreifen können. Auch Sondergesetze (Lastenausgleich, Landwirtschaftliche Sozialversicherung etc.) sind ausgeklammert, um das Buch nicht zu überfrachten. Die Interessierten können jedoch in aller Regel davon ausgehen, dass die hier mit Fundstellen angegebenen Rechtsansprüche in den für sie geltenden Gesetzen gleichfalls vorzufinden sind (s. auch die nachstehenden „Hinweise für den Benutzer").

Viele Probleme behinderter Menschen hängen direkt oder indirekt mit der Ausgestaltung oder dem Fehlen von Einrichtungen und Versorgungsangeboten und weniger mit Rechtsansprüchen zusammen. Ein Eingehen auf diese Problematik hätte aber den Rahmen dieses Buches gesprengt.

Dieses Buch kann nur informieren, soll aber bei der Lösung von Einzelfällen den Blick in den Gesetzestext nicht ersetzen und macht bei komplexeren Fragen eine Rechtsberatung keineswegs überflüssig. Dies gilt insbesondere im Hinblick auf vorliegende Gesetzentwürfe, deren endgültige Fassung bei Redaktionsschluss noch nicht abzusehen war.

Wir hoffen, dass die Broschüre für die tägliche Praxis eine verständliche und wirksame Hilfe darstellt.

Friedel Rinn
Vorsitzender der BAG SELBSTHILFE

Hinweise für den Benutzer

1. Diese Broschüre soll eine Orientierungshilfe sein und Grundinformationen vermitteln. Sie will kein Handbuch, kein Lehrbuch und keinen Gesetzeskommentar ersetzen, sondern Wege weisen. Deshalb wird auch bewusst weitgehend auf einen „wissenschaftlichen Apparat“ verzichtet (also z.B. auf umfassende Belege aus der Rechtsprechung und aus der Literatur; selbstverständlich sind aber Aussagen, die sich auf die Rechtsprechung berufen, nachgeprüft).
   Angaben zu ergänzenden Broschüren und sonstigen informativen Schriften finden sich im Text der Broschüre sowie im Anhang I bis III.

2. Aus Vereinfachungsgründen wird in dieser Broschüre die männliche Form (der Hilfesuchende, der Pflegebedürftige usw.) verwendet; eine andere überzeugende Ausdrucksform, die die Lesbarkeit des Textes nicht unerträglich belastet, ist bislang nicht gefunden worden.

3. Im Anhang VI ist – auf vielfache Anregung hin – ein Auszug aus den „Anhaltspunkten für die ärztliche Gutachtertätigkeit im sozialen Entschädigungsrecht und nach dem Schwerbehindertengesetz“ abgedruckt. Für die Genehmigung zu diesem Abdruck danken wir dem (ehemaligen) Bundesministerium für Arbeit und Sozialordnung.

4. Bei dieser Auflage haben selbstständig verfasst: Herr **Clemens Beraus** die Abschnitte II. 7.1 sowie 7.2.2 a) und b), Herr **Peter Brünsing** die Abschnitte I. 3., II. 9.1 und 9.2, Herr **Martin Danner** den Abschnitt II. 10, Frau **Maike Gattermann** die Abschnitte II. 6.4 j), II. 9.1.11 und II. 9.1.12, und Frau **Katja Kruse** die Abschnitte II. 9.4, 9.5 und III. 11.2, 11.3 und 13.2, wofür ihnen auch an dieser Stelle herzlich zu danken ist.

5. Der Problematik einer für (juristische) Laien und für (rechtskundige) Berater gleichermaßen geeigneten – insbesondere verständlichen und zugleich rechtlich genauen – Darstellung sind wir uns durchaus bewusst. Für Anregungen, Kritik und Änderungsvorschläge zu dieser Broschüre sind wir daher stets dankbar (Zuschriften bitte an folgende Adresse: Prof. Dr. Peter Trenk-Hinterberger, Universität Bamberg, Lehrstuhl für Arbeits- und Sozialrecht, Feldkirchenstr. 21, 96045 Bamberg). Rechtsauskunft und Rechtsrat in konkreten Einzelfällen können wir allerdings nicht erteilen.

Prof. Dr. Peter Trenk-Hinterberger,
Universität Bamberg

Inhaltsverzeichnis

Abkürzungsverzeichnis

AFG	Arbeitsförderungsgesetz
a.E.	am Ende
AO	Abgabenordnung
A Reha	Anordnung des Verwaltungsrats der BA über die Arbeits- und Berufsförderung Behinderter
AuslG	Ausländergesetz
ausgen.	ausgenommen
BA	Bundesagentur für Arbeit
BAföG	Bundesausbildungsförderungsgesetz
BAG	Bundesarbeitsgericht
BAR	Bundesarbeitsgemeinschaft für Rehabilitation
BAT	Bundes-Angestelltentarifvertrag
BBiG	Berufsbildungsgesetz
BBiW	Berufsbildungswerk
BEG	Bundesentschädigungsgesetz
BerHG	Beratungshilfegesetz
BErzGG	Bundeserziehungsgeldgesetz
BfA	Bundesversicherungsanstalt für Angestellte
BFH	Bundesfinanzhof
BFW	Berufsförderungswerk
BG	Berufsgenossenschaft
BGB	Bürgerliches Gesetzbuch
BGBl.	Bundesgesetzblatt
BGG	Gesetz zur Gleichstellung behinderter Menschen
BGH	Bundesgerichtshof
BKK	Die Betriebskrankenkasse (Zeitschrift)
BKGG	Bundeskindergeldgesetz
BMA	Bundesminister für Arbeit und Sozialordnung
BRRG	Beamtenrechtsrahmengesetz
BSeuchG	Bundesseuchengesetz
BSG	Bundessozialgericht
BSHG	Bundessozialhilfegesetz
BStBl.	Bundessteuerblatt
BT-Drs.	Bundestags-Drucksache
BtmG	Betäubungsmittelgesetz
BU	Berufsunfähigkeit
Bundesl.	Bundesland, Bundesländer
BVerfG	Bundesverfassungsgericht
BVG	Bundesversorgungsgesetz

BVerwG	Bundesverwaltungsgericht
BZRG	Bundeszentralregistergesetz
bzw.	beziehungsweise
DG	Deutsche Gesellschaft zur Förderung Gehörloser und Schwerhöriger
DSB	Deutscher Schwerhörigenbund e.V.
EheG	Ehegesetz
EHVO	Eingliederungshilfe-Verordnung
einschl.	einschließlich
ErbStG	Erbschaftsteuergesetz
Erl.	Erlass
ErsK	Die Ersatzkassen (Zeitschrift)
EStG	Einkommensteuergesetz
etc.	et cetera (usw.)
EU	Erwerbsunfähigkeit; Europäische Union
FAZ	Frankfurter Allgemeine Zeitung
ff.	fortfolgende
FGG	Gesetz über die freiwillige Gerichtsbarkeit
GdB	Grad der Behinderung
GG	Grundgesetz
ggf.	gegebenenfalls
GVG	Gerichtsverfassungsgesetz
HBl.	Handelsblatt
HeilPrG	Heilpraktikergesetz
HeimG	Heimgesetz
HHG	Häftlingshilfegesetz
HRG	Hochschulrahmengesetz
HRK	Konferenz der Rektoren und Präsidenten der Hochschulen in der Bundesrepublik Deutschland (Hochschulrektorenkonferenz)
HwO	Handwerksordnung
Hrsg.	Herausgeber
IBAF	Institut für Berufsbegleitende Aus- und Fortbildung
i.d.F.	in der Fassung
i.d.R.	in der Regel
IFHH	International Federation of the Hard of Hearing
IfSG	Infektionsschutzgesetz
insbes.	insbesondere
i.S.	im Sinne
i.V.m.	in Verbindung mit
JGG	Jugendgerichtsgesetz

JWG	Jugendwohlfahrtsgesetz
KastrG	Kastrationsgesetz
KfzHV	Kraftfahrzeughilfe-Verordnung
KMK	Ständige Konferenz der Kultusminister der Länder in der Bundesrepublik Deutschland (Kultusministerkonferenz)
KOF	Kriegsopferfürsorge
KOV	Kriegsopferversorgung
KraftStG	Kraftfahrzeugsteuergesetz
KSchG	Kündigungsschutzgesetz
LAG	Landesarbeitsgemeinschaft
LG	Landgericht
LSG	Landessozialgericht
LVA	Landesversicherungsanstalt
MdE	Minderung der Erwerbsfähigkeit
Nds	Niedersachsen
NW, NRW	Nordrhein-Westfalen
o.Ä.	oder Ähnliches
OEG	Gesetz über die Entschädigung für Opfer von Gewalttaten
PsychKG	Gesetz über Hilfen und Schutzmaßnahmen bei psychischen Krankheiten
RBerG	Rechtsberatungsgesetz
RdErl.	Runderlass
RdSch.	Rundschreiben
RegelsatzVO	Regelsatzverordnung (VO zu § 22 BSHG)
RehaAnglG	Rehabilitationsangleichungsgesetz
RiStBV	Richtlinien für das Strafverfahren und das Bußgeldverfahren
Rspr.	Rechtsprechung
RVO	Reichsversicherungsordnung
s.	siehe
S.	Seite
SAV	Sonderschulaufnahmeverfahren
SchwbG	Schwerbehindertengesetz
SchwbAV	Schwerbehinderten-Ausgleichsabgabenverordnung
SchwbWV	Werkstättenverordnung zum Schwerbehindertengesetz
SchwbAwV	Schwerbehindertenausweisverordnung
SG	Sozialgericht
SGB I, II, III, IV, V, VI, VII, VIII, IX, X, XI, XII	Sozialgesetzbuch 1., 2., 3., 4., 5., 6., 7., 8., 9., 10., 11., 12. Buch
SGG	Sozialgerichtsgesetz
SGG-ÄndG	Gesetz zur Änderung des Sozialgerichtsgesetzes

ST	Schreibtelefon
StGB	Strafgesetzbuch
StPO	Strafprozessordnung
StVG	Straßenverkehrsgesetz
StVO	Straßenverkehrsordnung
StVollzG	Strafvollzugsgesetz
StVZO	Straßenverkehrszulassungsordnung
SVBG	Gesetz über die Sozialversicherung Behinderter
SVG	Soldatenversorgungsgesetz
TÜV	Technischer Überwachungsverein
u.	und
u.a.	unter anderem, und andere
u.a.m.	und anderes mehr
UnBefG	Gesetz über die unentgeltliche Beförderung Schwerbehinderter im öffentlichen Personenverkehr
Urt.	Urteil
UStG	Umsatzsteuergesetz
usw.	und so weiter
UV	Unfallversicherung
v.	vom
v.a.	vor allem
VdK	Verband der Kriegs- und Wehrdienstopfer, Behinderten und Sozialrentner Deutschlands
VermStG	Vermögensteuergesetz
VG	Verwaltungsgericht
VGH	Verwaltungsgerichtshof
vgl.	vergleiche
VO	Verordnung
VwGO	Verwaltungsgerichtsordnung
WfbM	Werkstatt für behinderte Menschen
II. WoBauG	Zweites Wohnungsbaugesetz
WoBindG	Wohnungsbindungsgesetz
WoFG	Gesetz über die soziale Wohnraumförderung
WoGG	Wohngeldgesetz
WoGV	Wohngeldverordnung
WVO	Werkstättenverordnung
z.B.	zum Beispiel
ZDG	Zivildienstgesetz
ZPO	Zivilprozessordnung
z.T.	zum Teil
z.Zt.	zur Zeit

I. Allgemeiner Teil

1. Die Aufgaben des Sozialstaates und seine Netze der sozialen Sicherung

1.1 Sozialstaat Der **Sozialstaat**, zu dem sich das Grundgesetz in Art. 20 Abs. 1 und Art. 28 Abs. 1 Satz 1 bekennt, hat zwei Hauptanliegen: soziale Gerechtigkeit und soziale Sicherheit. Diese beiden Hauptanliegen haben Gesetzgebung, Rechtsprechung, Verwaltung und Wissenschaft zu wesentlichen Zielen des Sozialstaats konkretisiert, die für alle Rechtsbereiche Bedeutung haben. Die wesentlichen **Ziele des Sozialstaats** sind danach:

- Gewährung des sozialen Existenzminimums und elementarer personaler Dienste (Erziehung, Betreuung, Pflege),
- Minderung und Kontrolle von Abhängigkeiten,
- Ausgleich von Wohlstandsunterschieden,
- Sicherung des Lebensstandards gegen wesentliche ökonomische Verschlechterungen,
- Ausgestaltung der Rechtsordnung dahin, dass der Einzelne nicht Objekt der staatlichen Sozialpolitik, sondern Träger von Rechten ist, die auf Teilhabe an der vom Staat geleisteten sozialen Förderung und Sicherheit gerichtet sind.

Diese Ziele werden für den Bereich des im **Sozialgesetzbuch** (SGB) geregelten **Sozialrechts**, dessen Kernbereich das Recht der sozialen Sicherung ist, in § 1 Abs. 1 SGB I konkretisiert. Danach soll das Recht des Sozialgesetzbuchs dazu beitragen, ein menschenwürdiges Dasein zu sichern, gleiche Voraussetzungen für die freie Entfaltung der Persönlichkeit, insbesondere auch für junge Menschen, zu schaffen, die Familien zu schützen und zu fördern, den Erwerb des Lebensunterhalts durch eine frei gewählte Tätigkeit zu ermöglichen, und besondere Belastungen des Lebens, auch durch Hilfe zur Selbsthilfe, abzuwenden oder auszugleichen. Das Recht des Sozialgesetzbuchs soll auch dazu beitragen, dass die zur Erfüllung der genannten Aufgaben erforderlichen sozialen Dienste und Einrichtungen rechtzeitig und ausreichend zur Verfügung stehen.
Zur Verwirklichung dieser Ziele bedient sich der Sozialstaat im Wesentlichen folgender Mittel:

a) **Geldleistungen** = Überweisung oder Auszahlung von Geld, dessen bestimmungsgemäße Verwendung in der Regel nicht kontrolliert wird bzw. werden kann. Es sind dies hauptsächlich die unter Nr. 8 aufgeführten Leistungen, z. B. Krankengeld, Rente.
b) **Sachleistungen** = Unmittelbare Deckung eines Bedarfs durch direktes Verschaffen einer „Naturalleistung" (zur Sicherung bestimmungsgemäßer Verwendung), z. B. Wertgutscheine, orthopädische Hilfsmittel.
c) **Dienstleistungen** = Sonderform der Sachleistungen, deren Qualität stark von persönlichen Gegebenheiten seitens des Leistungsempfängers und

des Leistungserbringers abhängen (z.B. ärztliche Behandlung, Beratung, Pflege).

d) **Schutz- und Ausgleichsinstrumente** = Regelungen und Maßnahmen, die behinderte Menschen in der Arbeitswelt und im allgemeinen Rechtsverkehr schützen sowie behinderungsbedingte Nachteile ausgleichen sollen.

1.2 Netze der sozialen Sicherung Als **Netze der sozialen Sicherung** bezeichnet man den Schutz durch diejenigen **Sozialleistungsträger**, derer sich der Sozialstaat zur Erfüllung seiner Aufgaben bedient. Das bei 1.3 abgedruckte Schema macht deutlich, dass wir ein **„gegliedertes System"** der sozialen Sicherung haben. Dies bedeutet vor allem, dass für die Absicherung einzelner Lebensrisiken **verschiedene** Leistungsträger zuständig sein können. Dieser Umstand beruht auf einer historisch gewachsenen Entwicklung. In deren Verlauf entstanden die Sozialleistungsträger nämlich weitgehend unkoordiniert teils nebeneinander, teils nacheinander seit dem Jahre 1881 (in dem durch eine Kaiserliche Botschaft die Einführung der Sozialversicherung und damit der modernen sozialen Sicherung überhaupt eingeleitet wurde). Dieses gegliederte System der Sozialleistungsträger wird von zwei wesentlichen **Prinzipien** beherrscht:

a) Das **Kausalitätsprinzip** fragt nach der **Ursache** eines eingetretenen Bedarfsfalls und ist unter anderem maßgebend für die **Zuständigkeit** eines Leistungsträgers (dies gilt z.B. in der gesetzlichen Unfallversicherung);
b) das **Finalitätsprinzip** führt zum Einsatz von sozialstaatlichen Leistungen sowie von Schutz- und Ausgleichsinstrumenten, **weil** ein Bedarfsfall eingetreten ist, und gewährt allen unabhängig von der Ursache Leistungen (dies gilt z.B. in der Sozialhilfe).

Einen ersten Überblick über die verschiedenen Sozialleistungen und Sozialleistungsträger kann man sich schon beim Lesen der §§ 1 bis 29 **des Allgemeinen Teils des Sozialgesetzbuchs** (SGB I) verschaffen. Dort werden nämlich nicht nur die sozialstaatlichen Aufgaben (§ 1 SGB I) beschrieben, sondern auch die einzelnen sozialen Rechte (§§ 2 bis 10 SGB I), die zur Erfüllung dieser Rechte vorgesehenen Sozialleistungen und die dafür zuständigen Träger (§§ 18 bis 29 SGB I) genannt. So zeigt z.B. die Lektüre des § 21 SGB I auf einen Blick, welche Leistungen die gesetzliche Krankenversicherung erbringt und wer für diese Leistungen zuständig ist.
Eine Aufstellung von **Gesetzestexten** (mit Bezugsquellen), die – wie das SGB – für die Beschäftigung mit den Rechten behinderter Menschen und ihrer Angehörigen von besonderer Bedeutung sind, befindet sich im **Anhang I.**

1.3 Erläuterungen zum Schema

a) In den ersten 5 Spalten der Zeichnung auf S. 20 befinden sich die **Sozialversicherungsträger**

- **Krankenversicherung:** Orts-, Betriebs-, Innungskrankenkassen; Seekrankenkasse; Ersatzkassen, Bundesknappschaft, landwirtschaftliche Krankenkassen
- **Pflegeversicherung:** Die bei den Krankenkassen (s. oben) errichteten Pflegekassen
- **Rentenversicherung:** Deutsche Rentenversicherung Bund, Deutsche Rentenversicherung Knappschaft – Bahn – See, Deutsche Rentenversicherung Regionalträger – z. B. Deutsche Rentenversicherung Hessen
- **Unfallversicherung:** Berufsgenossenschaften; Eigenunfallversicherungsträger von Bund, Ländern und Gemeinden.
  Aufgabe der Unfallversicherung ist es unter anderem, nach Eintritt von Arbeitsunfällen (bzw. Wegeunfällen) und Berufskrankheiten die Gesundheit und die Leistungsfähigkeit der Versicherten wiederherzustellen und die Versicherten oder ihre Hinterbliebenen durch Geldleistungen zu entschädigen. Versichert sind im Wesentlichen Arbeitnehmer; diese zahlen aber keine Beiträge (die Beiträge werden von den Unternehmen allein gezahlt). Darüber hinaus sind aber auch Personen versichert, die keine Arbeitnehmer sind, bei denen der Gesetzgeber aber einen Unfallversicherungsschutz für geboten hält (z. B. Kinder während des Besuchs von Kindertageseinrichtungen, Schüler während des Schulbesuchs, Studenten während des Studiums, ferner Lebensretter und Blutspender). Auch diese Versicherten zahlen keine Beiträge (die Mittel für die fälligen Leistungen werden vielmehr aus Steuermitteln aufgebracht).
- **Arbeitslosenversicherung/Arbeitsförderung:** Bundesagentur für Arbeit (mit Regionaldirektionen und Agenturen für Arbeit)

Diese Sozialversicherungsträger erbringen Leistungen in der Regel nur dann, wenn ein Versicherungsverhältnis besteht. Persönliche Verhältnisse (z. B. Einkommen und Vermögen) des Leistungsempfängers hingegen sind meist (aber nicht immer) unerheblich (= Versicherungsprinzip).

In der Spalte 6 steht die **Versorgungsverwaltung**, bestehend aus Hauptfürsorgestellen sowie (Landes-)Versorgungsämtern. Leistungsvoraussetzungen sind hier sog. **„Sonderopfer"** für den Staat; dies sind Gesundheitsschäden z. B. infolge Kriegs-, Wehr-/Zivildienst, staatlich empfohlener bzw. angeordneter Impfung oder Gewalttaten (vgl. auch 7.2.1 a) aa)). Auch hier sind im Wesentlichen das Sonderopfer und seltener die persönlichen Verhältnisse maßgebend (= Entschädigungs- bzw. Versorgungsprinzip).

In die Spalte 7 gehört eine Fülle von Behörden, angefangen von Arbeitsagenturen über Jugend- und Finanzämter sowie Integrationsämter bis hin zu Straßenverkehrsbehörden.

b) Das letzte Netz der sozialen Sicherung, die **„bedürftigkeitsabhängige" Grundsicherung** – geregelt im SGB II (Grundsicherung für Arbeitsuchende), im SGB XII (Sozialhilfe) und im Asylbewerberleistungsgesetz (AsylbLG) – nimmt eine Sonderstellung ein, die in der Zeichnung durch folgende Symbole verdeutlicht wird:

- Die übergeordneten (vorrangigen) Sicherungsnetze lassen eine Reihe von Menschen „durchfallen", sei es, dass Leistungsvoraussetzungen fehlen (z.B. zu kurze Beitragszeiten), bestimmte Leistungen überhaupt nicht vorgesehen sind (z.B. Hilfsmittel, die nicht zum Leistungskatalog der gesetzlichen Krankenversicherung gehören, von behinderten Menschen aber benötigt werden), oder die gewährten Leistungen (z.B. Altersrenten) zu niedrig sind, d.h. unter dem Niveau der Grundsicherung liegen.
- Eine Reihe von Menschen, die durch die vorrangigen Sicherungsnetze fallen, verfügt aber über Möglichkeiten der Selbsthilfe (z.B. Einsatz der Arbeitskraft, Verwertung von Grundvermögen oder Sparbeträgen, Einkommen aus Erwerbstätigkeit, Geltendmachung von Unterhaltsansprüchen oder von Ansprüchen gegen andere Sozialleistungsträger). Diese Selbsthilfe geht den Leistungen der Grundsicherung grundsätzlich vor **(Nachrangprinzip)**.
- Nur wer sich nicht selbst helfen kann, wer also „bedürftig" ist, hat dann Anspruch auf Leistungen der Grundsicherung nach den oben genannten Gesetzen. Diese Leistungen erhält der Leistungsberechtigte, ohne dass er Vorleistungen (in Form von Beiträgen oder Sonderopfern) erbracht hat (= Prinzip des sozialen Ausgleichs bzw. Fürsorgeprinzip).

c) Die **Sozialhilfe** (SGB XII) hat für **behinderte Menschen** vor allem bei Leistungen in besonderen Lebenslagen (z.B. bei der sog. Eingliederungshilfe) nach wie vor eine große Bedeutung. Im Folgenden sind deshalb einige wichtige Grundsätze der Sozialhilfe dargestellt, während die Leistungen im Einzelnen aus systematischen Gründen erst im Rahmen der nachfolgenden Kapitel behandelt werden.

aa) **Zuständig** sind nach § 3 SGB XII zum einen die örtlichen Sozialhilfeträger (kreisfreie Städte und Kreise, soweit nicht Landesrecht etwas anderes bestimmt), zum anderen die überörtlichen Sozialhilfeträger (je nach Bundesland z.B. Bezirke, Landschaftsverbände, Landeswohlfahrtsverbände). Die sachliche Zuständigkeit dieser Träger richtet sich nach § 97 SGB XII. Stark vereinfacht kann man sagen: Der überörtliche Träger ist in der Regel sachlich zuständig für stationäre Hilfen in besonderen Lebenslagen (z.B. in Heimen); der örtliche Träger ist in der Regel für alle anderen Hilfen sachlich zuständig. Die örtliche Zuständigkeit der Sozialhilfeträger ist in § 98 SGB XII geregelt (und zwar unterschiedlich, je nachdem, ob es um nicht-stationäre oder um stationäre Leistungen bzw. um Leistungen der Grundsicherung nach §§ 41 ff. SGB XII geht).

bb) Die Sozialhilfe unterscheidet **drei Hilfearten**, nämlich die Hilfe zum Lebensunterhalt (§§ 27–40 SGB XII), die Grundsicherung im Alter und bei Erwerbsminderung (§§ 41–46 SGB XII) sowie die Hilfen in bestimmten, gesetzlich umschriebenen Lebenslagen (§§ 47–74 SGB XII). Die Hilfen in bestimmten Lebenslagen (z.B. bei Pflegebedürftigkeit) entsprechen in der Sache weitgehend den (früher) im BSHG geregelten „Hilfen in besonderen Lebenslagen"; diese anschauliche Bezeichnung des BSHG wird im Folgenden beibehalten (auch wenn das SGB XII sie nicht verwendet).

1. **Hilfe zum Lebensunterhalt, Grundsicherung im Alter und bei Erwerbsminderung:** Ihr Zweck ist die Sicherung von Unterkunft, Ernährung und sonstigen Bedürfnissen, soweit dies zur Führung eines der Menschenwürde entsprechenden Lebens **notwendig** ist (= faktisch das sog. soziokulturelle Existenzminimum). Von ihrer Funktion her entspricht sie den unter Nr. 8.1–8.6 genannten Leistungen; Näheres unter Nr. 8.7.
2. **Hilfe in besonderen Lebenslagen:** Sie hat den Zweck, spezielle Notlagen und Schwierigkeiten zu beheben oder zu mildern. Bezüglich behinderter Menschen handelt es sich dabei um bestimmte – ausdrücklich im SGB XII genannte – Hilfen in besonderen Lebenslagen, auf die noch bei den Nrn. 5–7 näher eingegangen wird. Allerdings kann die Sozialhilfe Leistungen auch bei anderen, nicht ausdrücklich im Gesetz genannten besonderen Lebenslagen erbringen, wenn sie den Einsatz öffentlicher Mittel rechtfertigen (§ 73 SGB XII; in der Praxis ist dies aber vor allem aus Kostengründen selten).

1.4 Nachrangprinzip in der Sozialhilfe Aus dem **Nachrangprinzip** ergeben sich drei Voraussetzungen der Hilfegewährung (vgl. a) bis c)):
a) **Nicht ausreichendes Einkommen:** Als Einkommen (§ 82 SGB XII) gelten grundsätzlich alle Arten von Einkünften (auch Kindergeld sowie die in der VO zu § 82 SGB XII genannten Einkünfte, z.B. aus Vermietung).
Nur einige wenige Einkünfte zählen kraft ausdrücklicher Bestimmung **nicht** als Einkommen i.S. des SGB XII. Dies sind vor allem: Die Grundrente nach dem Bundesversorgungsgesetz (BVG) und solchen Gesetzen, die auf das BVG verweisen (z.B. das Soldatenversorgungs- und das Opferentschädigungsgesetz); Leistungen für Verfolgte nationalsozialistischer Gewaltmaßnahmen und für deren Hinterbliebene (§ 82 Abs. 1 S. 1 SGB XII); Renten nach dem Contergangesetz; Kindererziehungsleistungen; Elterngeld bis zu 300 Euro monatlich; Schmerzensgeld-„Rente" (§ 83 Abs. 2 SGB XII).

DIE NETZE DER SOZIALEN SICHERUNG

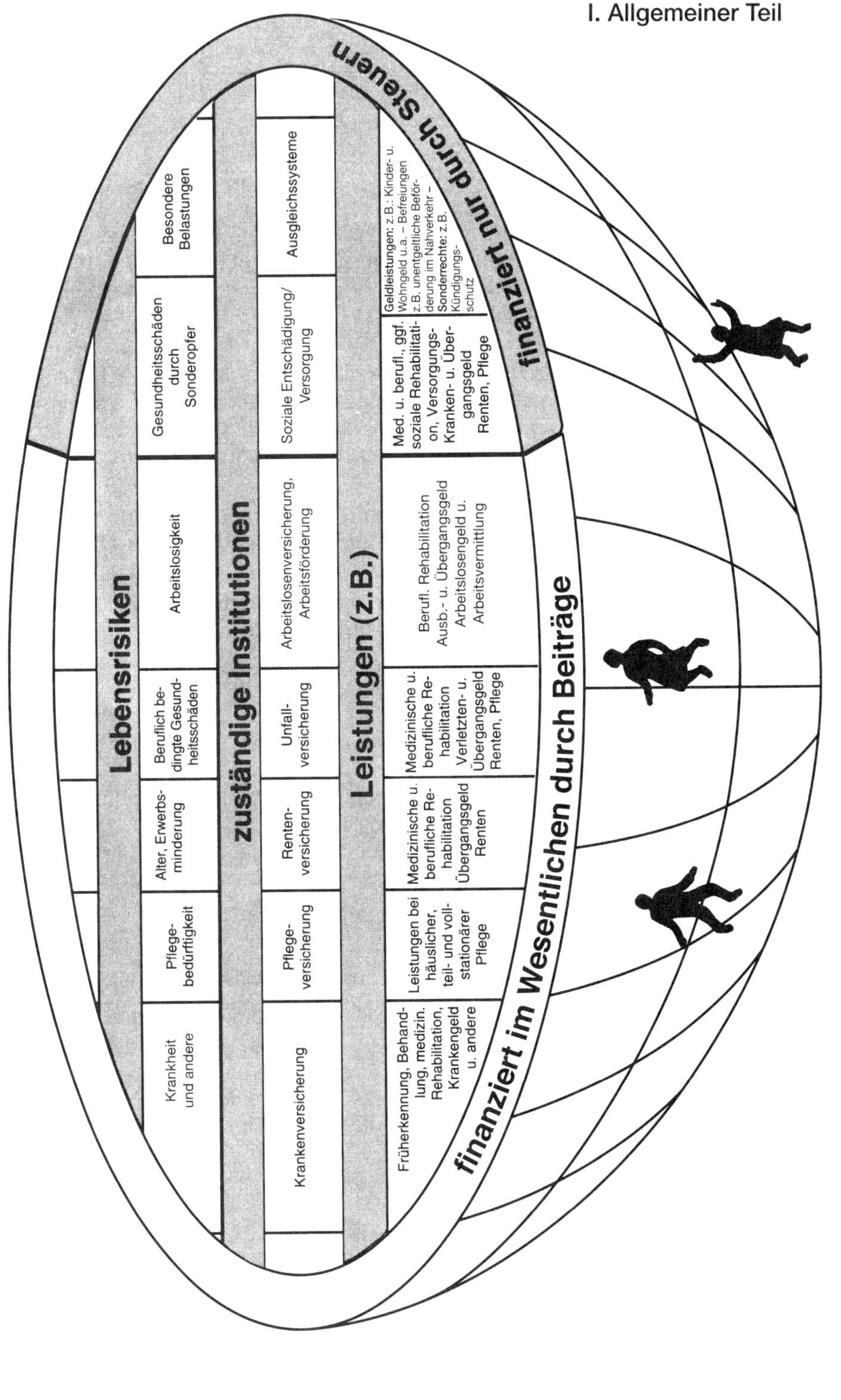

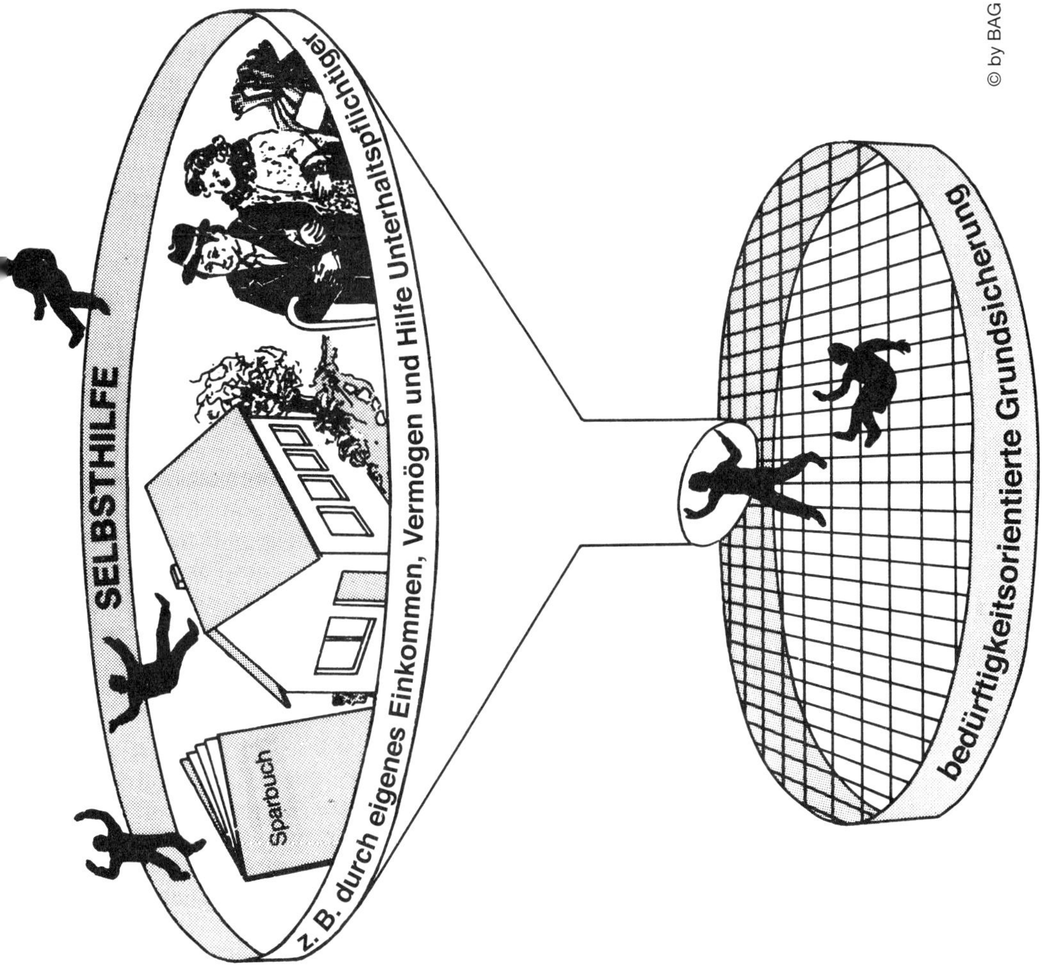
SELBSTHILFE
z. B. durch eigenes Einkommen, Vermögen und Hilfe Unterhaltspflichtiger
Sparbuch
bedürftigkeitsorientierte Grundsicherung

Zuwendungen der freien Wohlfahrtspflege oder Schenkungen von Dritten sollen unberücksichtigt bleiben, wenn der Hilfeempfänger nicht unbillig begünstigt wird oder andernfalls eine besondere Härte erleidet (§ 84 SGB XII).
Bei der Ermittlung des Einkommens wird jedoch nur das angesetzt, was nach Abzug von Steuern und Sozialversicherungsbeiträgen (= Netto-Einkommen), der Art und Höhe nach angemessenen Versicherungen und mit der Erwerbstätigkeit zusammenhängenden notwendigen Ausgaben bzw. wegen der Erwerbstätigkeit abzusetzenden Beträgen übrigbleibt = **bereinigtes Einkommen** (§ 82 Abs. 2 und 3 SGB XII); vgl. dazu das Schaubild auf Seite 26.
Die Frage, inwieweit bei der **Hilfe in besonderen Lebenslagen** das Einkommen eingesetzt werden muss, das **über** den maßgeblichen Einkommensgrenzen liegt (zu diesen Einkommensgrenzen vgl. das Schema auf S. 26), ist nicht einfach zu beantworten. § 87 Abs. 1 SGB XII spricht nämlich nur vom zumutbaren „angemessenen Umfang", der unter anderem von der Schwere der Behinderung sowie der Dauer der erforderlichen Aufwendungen bestimmt wird. Außerdem sind besondere Belastungen der nachfragenden Person und ihrer Familie zu berücksichtigen. Schwerstpflegebedürftigen Menschen (§ 64 Abs. 3 SGB XII) ist generell ein Einsatz des Einkommens über der Einkommensgrenze in Höhe von mindestens 60% nicht zuzumuten (§ 87 Abs. 1 S. 3 SGB XII).

Beispiel: Ein Schwerstpflegebedürftiger hat ein Einkommen von 1.490,– € (Altersrente); die für ihn maßgebliche Einkommensgrenze (§ 85 Abs. 1 SGB XII; dazu Schaubild auf S. 26) beträgt 1.090,– € (690,– € Grundbetrag plus 400,– € Unterkunftskosten). Vom Einkommen über der Einkommensgrenze (= 400,– €) ist ein Einkommenseinsatz in Höhe von 60% von 400,– € (= 240,– €) nicht zuzumuten, so dass nur 160 Euro einzusetzen sind.

Alles übrige ist der Rechtsprechung, vor allem aber den Richtlinien der Sozialhilfeträger überlassen, die regional sehr unterschiedlich ausfallen und deshalb keine allgemeinen Aussagen zulassen. Tilgungslasten für Eigenheime z.B. sind wegen ihrer vermögensbildenden Wirkung grundsätzlich nicht zu berücksichtigen.
Es wird jedoch nicht nur das gegenwärtige, sondern unter bestimmten Voraussetzungen auch das **künftige** Einkommen berücksichtigt, wenn jemand nur eine **einmalige Leistung** (z.B. eine Erstausstattung für Bekleidung) oder einen Bedarfsgegenstand von mindestens einjährigem Gebrauchswert (z.B. ein Hilfsmittel) benötigt (§§ 31 Abs. 2, 87 Abs. 3 SGB XII).
Unter bestimmten Voraussetzungen, die vor allem in den §§ 38, 91 SGB XII umschrieben werden, kommt eine Hilfegewährung durch den Sozialhilfeträger in Form eines **Darlehens** in Betracht; ob und für welchen Zeitraum Zinsen verlangt werden, richtet sich nach der Besonderheit des Einzelfalles.

Liegt bei der **Hilfe in besonderen Lebenslagen** das Einkommen **unter** den maßgeblichen Grenzen (§ 88 SGB XII), kann sein Einsatz verlangt werden, wenn zur Deckung des Bedarfs nur geringfügige Mittel erforderlich sind oder der Hilfesuchende von anderswo Leistungen (z.B. Rente) erhält, für die sonst Sozialhilfe zu gewähren wäre. Bei Aufenthalt in Heimen, Anstalten und teilstationären Einrichtungen (z.B. Tagesstätten) kann ein Beitrag in Höhe der **häuslichen Ersparnisse** in Betracht kommen. Darüber hinaus kann von Personen, die voraussichtlich länger als ein Jahr der Pflege in einer Einrichtung bedürfen, zusätzlich ein angemessener Kostenbeitrag verlangt werden, sofern diese Personen nicht einen anderen überwiegend unterhalten. In der Regel führt dies dazu, dass diesen Personen letztlich nur noch ein Anspruch auf Kleidung und auf einen angemessenen Barbetrag zur persönlichen Verfügung („Taschengeld") verbleibt (§ 35 Abs. 2 SGB XII).
Wer aber als Empfänger einer stationären Leistung in der (stationären) Einrichtung (z.B. in einem Wohnheim für psychisch kranke Menschen) gegen Entgelt beschäftigt ist, muss nur einen bestimmten Teil dieses Entgelts für seine Unterbringung einsetzen; der andere Teil bleibt ihm zur freien Verfügung (§ 88 Abs. 2 SGB XII: dieser Teil zur freien Verfügung entspricht einem Achtel des Eckregelsatzes zuzüglich 25% des diesen Betrag übersteigenden Einkommens aus der Beschäftigung).
Den Einsatz des Einkommens bei mehrfachem Bedarf (z.B. Hilfe zur Pflege und gleichzeitig Hilfe bei Krankheit) regelt § 89 SGB XII: Danach darf der Teil des Einkommens, der zur Deckung eines Bedarfs zugemutet wird, bei dem gleichzeitig bestehenden weiteren Bedarf nicht mehr berücksichtigt werden.

b) **Nicht ausreichendes Vermögen:** Vor oder bei Erhalt von Sozialhilfe muss das verwertbare Vermögen eingesetzt werden. Darunter fällt alles außer dem in § 90 Abs. 2 SGB XII und der dazu ergangenen VO aufgeführten sog. **„Schonvermögen".** Nicht einzusetzendes Schonvermögen sind z.B. angemessener Hausrat, Gegenstände zur Ausübung der Erwerbstätigkeit (z.B. Fachliteratur) und zur Befriedigung künstlerischer o.ä. Bedürfnisse (z.B. Musikinstrument, Fotoausrüstung, Videogerät), Familien- und Erbstücke, öffentliche Gelder zum Existenzaufbau oder zur Haushaltsgründung.
Geschützt ist nach § 90 Abs. 2 Nr. 8 SGB XII auch ein **angemessenes Hausgrundstück,** das vom Leistungsberechtigten oder einer der in § 19 Abs. 1 bis 3 SGB XII genannten Personen (also: nicht getrennt lebender Ehegatte, minderjährige unverheiratete Kinder) allein oder zusammen mit Angehörigen bewohnt wird und nach seinem Tod bewohnt werden soll. Ob ein Hausgrundstück angemessen ist, bestimmt sich nach der Zahl der Bewohner, dem Wohnbedarf (z.B. behinderter, blinder oder pflegebedürftiger Menschen), der Grundstücksgröße, der Hausgröße, dem Zuschnitt und der Ausstattung des

Wohngebäudes sowie dem Wert des Grundstücks einschließlich des Wohngebäudes (vgl. dazu das Schaubild auf S. 29). Alle diese Faktoren müssen für die Beurteilung der Angemessenheit in einer Gesamtbetrachtung kombiniert werden, es kommt mithin z. B. nicht allein auf die Grundstücksgröße an. Beim Merkmal der Grundstücksgröße ist aber zu beachten, dass Familienheime und Eigentumswohnungen in der Regel dann unangemessen groß sind, wenn ihre Wohnfläche 130 Quadratmeter (bei Familienheimen) bzw. 120 Quadratmeter (bei Eigentumswohnungen) übersteigt; eine Erhöhung der Wohnflächengrenzen ist in besonders gelagerten Fällen möglich (z. B. bei einer Familie mit mehr als vier Mitgliedern). Bei häuslicher Pflege nach §§ 63 ff. SGB XII kommt noch ein „Zuschlag“ von bis zu 20 Prozent hinzu (auch hier ist in besonderen Fällen eine weitere Anhebung möglich). Es leuchtet ein, dass eine solche Regelung, die keine klaren Beurteilungskriterien vorgibt, (auch wegen der zu berücksichtigenden Besonderheiten des Einzelfalles) zu einer unterschiedlichen Auslegung durch die Sozialhilfeträger und damit zu Unsicherheit in der Praxis führen muss; verallgemeinernde Aussagen lassen sich hier deshalb nicht treffen. Für die Beratungspraxis ist zu empfehlen, die entsprechenden Richtlinien der Sozialhilfeträger sowie die einschlägige Rechtsprechung (kritisch) zu Rate zu ziehen.

Geschützt ist ferner nach § 90 Abs. 2 Nr. 2 und 3 SGB XII ein Vermögen, soweit es der zusätzlichen Altersvorsorge (im Sinne der sog. „Riester-Rente“) dient und die Ansammlung des Kapitals dafür staatlich gefördert wurde; ferner solange das Vermögen nachweislich zur baldigen Beschaffung oder Erhaltung eines angemessenen Hausgrundstücks bestimmt ist (also vor allem **Bausparvermögen**), soweit dieses Wohnzwecken behinderter Menschen, Blinder oder Pflegebedürftiger dient oder dienen soll und dieser Zweck durch den Einsatz oder die Verwertung des Vermögens gefährdet würde.

Der § 90 Abs. 3 SGB XII verbietet es, die Sozialhilfe von der Vermögensverwertung (z.B. Veräußerung eines nicht angemessenen Hausgrundstücks) abhängig zu machen, wenn sie für den Hilfesuchenden und seine unterhaltsberechtigten Angehörigen eine **Härte** bedeuten würde. In solchen Fällen soll die Sozialhilfe – i.d.R. vor allem durch Grundschuld, Abtretung von Ansprüchen oder Bürgschaft abgesichert – als **Darlehen** gewährt werden (§ 91 SGB XII).

Zum Schonvermögen gehören auch **„die kleineren Barbeträge“** (§ 90 Abs. 2 Nr. 9 SGB XII mit der dazu gehörenden Verordnung). Geschützt sind für den Hilfesuchenden bei der Hilfe zum Lebensunterhalt 1.600,– €, bei der Hilfe in besonderen Lebenslagen 2.600,– € zuzüglich unterschiedlicher Beträge für Ehegatten und für überwiegend vom Hilfesuchenden unterhaltene Personen (s. dazu die **Tabelle** im **Anhang V**). Auch hier hat der Sozialhilfeträger bei besonderen Notlagen die Möglichkeit, höhere Beträge freizulassen.

c) **Fehlen von unterhaltspflichtigen und unterhaltsfähigen Angehörigen:** Wird ein Antrag auf Sozialhilfe gestellt, prüft der Sozialhilfeträger, ob der Leistungsberechtigte einen Unterhaltsanspruch nach dem Bürgerlichen Gesetzbuch (BGB) gegen einen Unterhaltspflichtigen hat (z.B. Ehegatten, Eltern). Dieser Unterhaltsanspruch ist gegenüber den Leistungen der Sozialhilfe **vorrangig:** Eigentlich müsste der Leistungsberechtigte also diesen Unterhaltsanspruch durchsetzen, bevor er sich an den Sozialhilfeträger wendet. Dies ist aber oft langwierig (z.B. weil die Unterhaltspflichtigen die Zahlung von Unterhalt verweigern) oder vielfach auch nicht möglich, weil die Hilfeleistung rasch erforderlich ist. Der Sozialhilfeträger leistet dann aber, tritt also gewissermaßen in Vorlage. Damit der Nachrang der Sozialhilfe wieder hergestellt werden kann, sieht das Gesetz vor, dass der Unterhaltsanspruch des Leistungsempfängers bis zur Höhe der geleisteten Sozialhilfe grundsätzlich auf den Sozialhilfeträger **übergeht** (§ 94 Abs. 1 S. 1 SGB XII; zugleich geht auch der unterhaltsrechtliche Auskunftsanspruch des Leistungsempfängers gegen den Unterhaltspflichtigen auf den Sozialhilfeträger über).

aa) Soweit der Grundsatz. Es gibt allerdings Ausnahmen, bei deren Vorliegen der Übergang des Unterhaltsanspruchs auf den Sozialhilfeträger ausgeschlossen ist. Die praktisch wichtigsten sind:

- Die unterhaltspflichtigen Personen sind mit dem Leistungsempfänger im zweiten oder einem entfernteren Grad verwandt (§ 94 Abs. 1 S. 3 SGB XII: also z.B. Enkel und Großeltern).
- Die unterhaltspflichtigen Personen sind Verwandte ersten Grades (Eltern) einer Person, die schwanger ist oder ihr leibliches Kind bis zur Vollendung seines 6. Lebensjahres betreut (§ 94 Abs. 1 S. 4 SGB XII: flankierende Maßnahme zur Entscheidung gegen einen Schwangerschaftsabbruch).
- Die unterhaltspflichtigen Personen sind der nicht getrennt lebende Ehegatte/Lebenspartner oder Elternteil eines im Haushalt lebenden minderjährigen Kindes (§ 94 Abs. 1 S. 3 SGB XII: diese Personen werden nämlich schon bei der Einkommens- und Vermögensberücksichtigung einbezogen, vgl. § 19 Abs. 1 und 3 SGB XII).
- Bei Grundsicherungsleistungen gibt es keinen Übergang des Unterhaltsanspruchs gegen Eltern und Kinder (§ 94 Abs. 1 S. 3 SGB XII).

Vom Anspruchsübergang werden bei der Hilfe zum Lebensunterhalt 56% der Unterkunftskosten (ausgenommen: Kosten für Heizung und Warmwasserversorgung) nicht erfasst (§ 94 Abs. 1 S. 6 SGB XII: weil das bislang gezahlte und von unterhaltspflichtigen Personen nicht rückforderbare Wohngeld jetzt Teil der Unterkunftskosten nach dem SGB XII ist).

Vom Einkommen sind abzusetzen (§ 82 Abs. 2 und 3 SGB XII)

Steuern, Sozialversicherungs- und Arbeitsförderungsbeiträge:	bestimmte Beiträge zu Versicherungen oder ähnlichen Einrichtungen:	mit der Erzielung des Einkommens verbundene notwendige Ausgaben:	Arbeitsförderungsgeld (§ 43 SGB IX):	Absetzungsbeträge bei Erwerbstätigkeit:
§ 82 Abs. 2 Nr. 1 und 2 SGB XII	§ 82 Abs. 2 Nr. 3 SGB XII	§ 82 Abs. 2 Nr. 4 SGB XII	§ 82 Abs. 2 Nr. 5 SGB XII	§ 82 Abs. 3 SGB XII
„Netto-Einkommen"	z.B. Hausratversicherung, Haftpflichtversicherung (bei Kindern im Haushalt), nicht aber z.B. Aussteuerversicherung, Lebensversicherung	z.B. Aufwendungen für Arbeitsmittel, Fahrtkosten zur Arbeitsstelle	Also: bei Beschäftigung in einer Werkstatt für behinderte Menschen (WfbM)	aber nur bei Hilfe zum Lebensunterhalt bzw. bei Beschäftigung in einer WfbM

Einkommensgrenzen in der Sozialhilfe

Hilfeart	**addiert aus:**
1. Hilfe zum Lebensunterhalt (§§ 27 ff. SGB XII): Einkommensgrenze entspricht der Allgemeinbedarfsgrenze	Allgemeinbedarfsgrenze: Regelsatz + Mehrbedarf + (angemessener) Unterkunfts- und Heizungsbedarf. Ist das Einkommen gleich hoch oder höher als die Allgemeinbedarfsgrenze: keine laufende Leistungen
2. Grundsicherung im Alter und bei Erwerbsminderung (§§ 41 ff. SGB XII): Einkommensgrenze entspricht der Allgemeinbedarfsgrenze	wie bei Hilfe zum Lebensunterhalt (oben 1.)
3. Hilfe in besonderen Lebenslagen (§§ 47 bis 74 SGB XII)	§ 85 Abs. 1 SGB XII: Grundbetrag (= das Zweifache des Eckregelsatzes[1]) + (angemessene) Unterkunftskosten (ohne Heizungskosten) + Familienzuschlag in Höhe des auf volle Euro aufgerundeten Betrags von 70% des Eckregelsatzes

[1] Eckregelsatz = Regelsatz für Haushaltsvorstände und Alleinstehende

bb) Für Eltern volljähriger behinderter oder pflegebedürftiger Leistungsempfänger besteht eine wichtige **Sonderregelung** (§ 94 Abs. 2 S. 1 SGB XII):

- Wird Hilfe zum Lebensunterhalt geleistet, so geht nur ein Betrag von 20,– € monatlich auf den Sozialhilfeträger über.
- Werden Hilfen zur Gesundheit (§§ 47–51 SGB XII) oder wird Eingliederungshilfe für behinderte Menschen (§§ 53 ff. SGB XII) geleistet, so geht nur ein Betrag von 26,– € monatlich auf den Sozialhilfeträger über.

Erhält also z.B. ein volljähriges behindertes Kind sowohl Hilfe zum Lebensunterhalt als auch Leistungen der Eingliederungshilfe für behinderte Menschen, so können seine Eltern vom Sozialhilfgeträger maximal mit 46,– € monatlich herangezogen werden (dies gilt also auch dann, wenn sie z.B. ein sehr hohes Einkommen haben).

cc) Zu beachten ist ferner, dass die Unterhaltspflichtigen **in zwei Fällen geschützt** werden:

- So darf der Unterhaltspflichtige nicht selbst Sozialhilfeempfänger (genauer: Empfänger von Hilfe zum Lebensunterhalt) sein oder durch die Heranziehung seitens des Sozialhilfeträgers dazu werden (§ 94 Abs. 3 S. 1 Nr. 1 SGB XII): Wer selbst „arm“ ist oder durch Unterhaltszahlung dazu würde, muss keinen Unterhalt leisten.
- Der Übergang des Unterhaltsanspruchs darf keine **„unbillige Härte“** bedeuten (§ 94 Abs. 3 S. 1 Nr. 2 SGB XII). Die Interpretation dieses unbestimmten Rechtsbegriffs ist nicht einfach. Beispiele für eine solche (materielle oder immaterielle) unbillige Härte sind:
  - die laufende Heranziehung würde in Anbetracht der sozialen und wirtschaftlichen Verhältnisse des Unterhaltspflichtigen (vor allem mit Rücksicht auf Schwere und Dauer des Sozialhilfebedarfs) eine nachhaltige und unzumutbare Beeinträchtigung der übrigen Familienmitglieder bedeuten (v.a. bei Heranziehung erwachsener Kinder zu den Kosten der Pflege für ihre Eltern),
  - die Familienbande zwischen dem Unterhaltspflichtigen und dem Hilfeempfänger sind stark gelockert (v.a. bei völliger Entfremdung zwischen volljährigen Kindern und ihren Eltern),
  - der Unterhaltspflichtige hat vor Eintreten der Sozialhilfe über das Maß seiner Unterhaltsverpflichtung hinaus den Hilfeempfänger betreut und gepflegt,
  - der Hilfeempfänger hat seine sittlichen Pflichten oder seine Unterhaltspflichten gegenüber dem Unterhaltspflichtigen verletzt (sofern nicht der Unterhaltsanspruch nach § 1611, Abs. 1, Satz 2 BGB ohnehin ganz entfällt),
  - die Höhe des Heranziehungsbetrags steht in keinem Verhältnis zu der dadurch eintretenden Störung des Familienfriedens,
  - durch die Heranziehung ist der weitere Verbleib des Hilfeempfängers im Familienverband gefährdet.

dd) Den übergegangenen Unterhaltsanspruch kann der Sozialhilfeträger dann gegen den Unterhaltspflichtigen beim **Zivilgericht** einklagen (§ 94 Abs. 5 S. 3 SGB XII). Vor dem Zivilgericht (im Wege des Zivilprozesses) wird dann entschieden, ob die rechtlichen Voraussetzungen einer Unterhaltspflicht nach dem BGB bestehen. Die Zivilgerichte verwenden dafür unter anderem sog. Unterhaltstabellen (z.B. die Düsseldorfer Tabelle). In diesen Tabellen werden insbesondere die Höhe der Unterhaltsleistungen bzw. der Selbstbehalte (also das, was den Unterhaltspflichtigen zum Bestreiten des eigene Lebensunterhalts verbleiben muss) festgelegt. Dazu hat das für diesen Bereich zuständige Bundesgericht, der Bundesgerichtshof (BGH), in den letzten Jahren eine Rechtsprechung entwickelt, die vor allem den (meist im Berufsleben stehenden) Kindern von Eltern, die in Heimen gepflegt werden, entgegenkommt: Nach Ansicht des BGH muss bei diesem „Elternunterhalt" das unterhaltspflichtige Kind im Regelfall keine spürbare und dauerhafte Senkung seines berufs- und einkommensabhängigen Unterhaltsniveaus hinnehmen, solange es keinen nach den Verhältnissen unangemessenen Aufwand betreibt. Die Einzelheiten dieser Rechtsprechung können hier freilich nicht vertieft werden.

ee) Bei der **Eingliederungshilfe für behinderte Menschen** (§§ 53 ff. SGB XII) besteht eine erhebliche **Einschränkung** der grundsätzlichen Pflicht des Ehegatten/Partners und der Eltern des minderjährigen unverheirateten Leistungsempfängers, ihr Einkommen oder Vermögen einzusetzen. Diesen Personen wird nämlich bei bestimmten Maßnahmen der Eingliederungshilfe nicht zugemutet, die Kosten der eigentlichen Eingliederungsmaßnahme (z.B. die Kosten der Unterbringung in einem integrativen Kindergarten) zu tragen. Sie müssen vielmehr nur einen Kostenbeitrag in Höhe der Mittel für die (ersparten) Kosten des Lebensunterhalts leisten, also in Höhe der Kosten, die sie dadurch sparen, dass das Kind nicht oder nur teilweise zu Hause lebt (und damit entsprechend weniger Kosten im Haushalt anfallen). Diese Maßnahmen der Eingliederungshilfe, bei denen nur die **„häusliche Ersparnis"** zu tragen ist, werden in § 92 Abs. 2 S. 1 SGB XII aufgezählt: Dazu gehören z.B. heilpädagogische Maßnahmen für noch nicht eingeschulte Kinder, Hilfen zu einer angemessenen Schulbildung, Leistungen der medizinischen Rehabilitation (§ 26 SGB IX), Leistungen zur Teilhabe am Arbeitsleben (§ 33 SGB IX) und Leistungen in anerkannten Werkstätten für behinderte Menschen (§ 41 SGB IX). Wie hoch dieser Kostenbeitrag in Höhe der häuslichen Ersparnis ist, wird vom Sozialhilfeträger nicht für jeden Einzelfall inviduell ermittelt, sondern von den zuständigen Landesbehörden (zur Vereinfachung der Verwaltungspraxis) in Form von Pauschalen festgesetzt. Bei Eingliederungsleistungen in anerkannten Werkstätten für behinderte Menschen kommt eine Beteiligung des behinderten Menschen an den Kosten dieser Leistungen in Betracht. Aber: Die Kostenbeteiligung ist nur dann zumutbar,

„angemessenes Hausgrundstück"

(§ 90 Abs. 2 Nr. 8 SGB XII)
bewohnt von

Hilfesuchendem allein (oder zusammen mit Angehörigen, die das Hausgrundstück nach seinem Tod bewohnen sollen)	oder	einer anderen Person, die in § 19 Abs. 1 bis 3 SGB XII genannt ist, allein (oder zusammen mit Angehörigen, die das Hausgrundstück nach deren Tod bewohnen sollen)

Zweck: Schutz der (Familien-) Heimstatt als einem wesentlichen Element menschenwürdiger Existenz

Kriterien der Angemessenheit (kombiniert)

Zahl der Bewohner	Wohnbedarf (z.B. behinderter, blinder oder pflegebedürftiger Menschen)	Grundstücksgröße	Hausgröße, – Zuschnitt und Ausstattung des Wohngebäudes – Wohnflächengrenzen	Wert des Grundstücks einschl. des Wohngebäudes

wenn das Einkommen des behinderten Menschen einen Betrag in Höhe des zweifachen Eckregelsatzes übersteigt (§ 92 Abs. 1 S. 4 SGB XII: was aber praktisch selten sein wird).

ff) Abschließend ist festzustellen, dass die Heranziehung meist viel niedriger ausfällt, als aufgrund (immer noch) gängiger Vorurteile befürchtet wird und dass deswegen niemand den Weg zum Sozialamt scheuen sollte. Außerdem ist noch einmal zu betonen, daß in einer Reihe von Fällen der Übergang des Unterhaltsanspruchs auf den Sozialhilfeträger ausgeschlossen oder zumindest beschränkt ist (vgl. dazu die Übersicht auf S. XX/XX).

1.5 Rückzahlung von Sozialhilfe Die Rückzahlung von Sozialhilfe kommt zunächst in den Fällen in Betracht, in denen die Sozialhilfe als Darlehen geleistet wurde (z.B. nach § 91 SGB XII). Ferner besteht eine Rückzahlungspflicht unter anderem dann, wenn die Voraussetzungen für die Sozialhilfeleistungen vorsätzlich oder grob fahrläsig herbeigeführt wurden (§ 103 Abs. 1 S. 1 SGB XII: z.B. durch absichtliches Unterlassen der Krankenversicherung) und/oder wenn die Sozialhilfeleistungen vorsätzlich oder grob fahrlässig herbeigeführt wurden (§ 104 S. 1 SGB XII). In beiden Fällen kann kann von der Rückzahlung („Kostenersatz") abgesehen werden, soweit dies eine Härte bedeuten würde

(z.B. wenn bei Strafentlassenen die Rückzahlung von Sozialhilfe die Resozialisierung stark gefährden würde).
§ 102 SGB XII regelt den Kostenersatz durch Erben, die u.a. nur mit dem Nachlass haften und die in besonderen Härtefällen, bei Geringfügigkeit des Nachlasses oder wenn sie den Erblasser innerhalb der häuslichen Gemeinschaft gepflegt haben, nichts oder nicht alles zurückzahlen müssen.

1.6 Rechtsgrundlagen

Die wichtigsten Rechtsgrundlagen der Leistungsträger und Gesundheitsbehörden

Krankenversicherung Pflegeversicherung Unfallversicherung Rentenversicherung	Sozialgesetzbuch Fünftes Buch = SGB V (gesetzliche Krankenversicherung); Sozialgesetzbuch Elftes Buch = SGB XI (soziale Pflegeversicherung); Sozialgesetzbuch Siebtes Buch = SGB VII (gesetzliche Unfallversicherung); Sozialgesetzbuch Sechstes Buch = SGB VI (gesetzliche Rentenversicherung)
Arbeitslosenversicherung, Arbeitsförderung	Sozialgesetzbuch Drittes Buch = SGB III (Arbeitsförderung)
Soziale Entschädigung/Versorgung	Bundesversorgungsgesetz (BVG) mit Verordnungen und Gesetze, die auf das BVG verweisen (z.B. SVG, OEG)
Grundsicherung/Sozialhilfe	Sozialgesetzbuch Zweites Buch = SGB II (Grundsicherung für Arbeitsuchende); Sozialgesetzbuch Zwölftes Buch = SGB XII (Sozialhilfe)
Jugendhilfe	Sozialgesetzbuch Achtes Buch = SGB VIII (Kinder- und Jugendhilfe)

Für den Bereich der **Rehabilitation** gilt zudem das Sozialgesetzbuch Neuntes Buch = SGB IX (Rehabilitation und Teilhabe behinderter Menschen). Im **ersten Teil** dieses Neunten Buches des SGB werden die Leistungen zur medizinischen Rehabilitation, die Leistungen zur Teilhabe am Arbeitsleben, die unterhaltssichernden und ergänzenden Leistungen, sowie die Leistungen zur Teilhabe am Leben in der Gemeinschaft übergreifend und grundsätzlich für alle oben genannten Sozialleistungsbereiche geregelt (also für die einzelnen Sozialversicherungszweige – einschließlich der Arbeitsförderung –, für die Versorgung sowie für die Sozial- und Jugendhilfe). Allerdings ist zu beachten, dass sich aus den einzelnen Sozialleistungsgesetzen (also z.B. aus dem SGB VI = gesetzliche Rentenversicherung) Abweichungen ergeben können, die dann den Regelungen des SGB IX vorgehen (dazu unten 6.).

I. Allgemeiner Teil

Der **zweite Teil** des SGB IX enthält das **Schwerbehindertenrecht**, das früher im Schwerbehindertengesetz geregelt war (das Schwerbehindertengesetz ist deshalb aufgehoben worden).
Auf das SGB IX wird in den nachfolgenden Ausführungen noch genauer eingegangen. Darüber hinaus hat das SGB IX einen grundlegenden Begriffswandel bewirkt (vgl. zum Ganzen die nachfolgenden Schaubilder).
Themen und Probleme der Umsetzung des SGB IX werden in vorbildlicher Weise auf der Homepage des Beauftragten der Bundesregierung für die Belange behinderter Menschen dargestellt (www.sgb-IX-umsetzen.de).

Gesundheitsämter	Gesetz über die Vereinheitlichung des Gesundheitswesens mit Verordnungen, verschiedene **Landesgesetze**, insbes. Gesetze über Hilfen und Schutzmaßnahmen bei psychischen Krankheiten oder sog. Unterbringungsgesetze

Eine Zusammenstellung der wichtigsten und gängigsten Textsammlungen zum Behindertenrecht findet sich in **Anhang I**. Für jeden, der sich mit den Rechten behinderter Menschen näher befassen will, sind diese Texte unentbehrlich.

Rechtsgrundlagen der Rehabilitation

Allgemeiner Teil des Rehabilitationsrechts:	**und**	**Besonderer Teil** des Rehabilitationsrechts
SGB IX, Teil 1 (mit Regelungen, die möglichst für alle Sozialleistungsbereiche gelten, z.B. Regelungen zur Kooperation der Rehabilitationsträger)		nämlich einzelne Leistungsgesetze, z.B. SGB V (gesetzliche Krankenversicherung), SGB VI (gesetzliche Rentenversicherung), Bundesversorgungsgesetz (BVG: für Kriegsopfer), Bundessozialhilfegesetz (BSHG)

SGB IX Teil 2 – Schwerbehindertenrecht

regelt unter anderem

Kündigungsschutz und andere arbeitsrechtliche Regelungen (z.B. Zusatzurlaub)	Beschäftigungspflicht der Arbeitgeber	Werkstätten für behinderte Menschen	Integrationsfachdienste	unentgeltliche Beförderung im öffentlichen Personenverkehr	Schwerbehindertenvertretung

Begriffswandel durch das SGB IX

Alt	Neu
Arbeits- und Berufsleben	Arbeitsleben
Arbeitstrainingsbereich	Berufsbildungsbereich
Leistung und Maßnahmen zur beruflichen Rehabilitation; berufsfördernde Leistungen	Leistungen zur Teilhabe am Arbeitsleben
Berufsfindung	Abklärung der beruflichen Eignung
Eingliederung Schwerbehinderter in das Arbeits- und Berufsleben	Teilhabe schwerbehinderter Menschen am Arbeitsleben
Entziehung des Schutzes	Entziehung der besonderen Hilfen für schwerbehinderte Menschen
Erlöschen des Schutzes	Beendigung der Anwendung der besonderen Regeln zur Teilhabe
Gesetz zur Sicherung der Eingliederung Schwerbehinderter in Arbeit, Beruf und Gesellschaft (SchwbG)	Besondere Regelungen zur Teilhabe schwerbehinderter Menschen (Schwer-behindertenrecht) als Teil 2 des SGB IX
Gleichgestellter	gleichgestellter behinderter Mensch
Hauptfürsorgestelle	Integrationsamt
Krankenhilfe	Hilfe bei Krankheit
medizinische Leistungen zur Rehabilitation	Leistungen zur medizinischen Rehabilitation
psychische Behinderung	seelische Behinderung
Schwerbehindertengesetz	Teil 2 des SGB IX
Schwerbehinderter	schwerbehinderter Mensch
Leistungen zur sozialen Eingliederung/ Rehabilitation	Leistungen zur Teilhabe am Leben in der Gemeinschaft
Stellvertreter des Vertrauensmannes/ der Vertrauensfrau	Stellvertretendes Mitglied der Schwerbehindertenvertretung
Verbindungsleute Vertrauensmänner/Vertrauensfrauen	Verbindungspersonen Vertrauenspersonen
Werkstatt für Behinderte	Werkstatt für behinderte Menschen

2. Der Begriff „Behinderung" und seine rechtlichen Erscheinungsformen

Die Vielfalt der Leistungsträger und sonstiger Institutionen (z. B. Gesundheitsämter) sowie die ihnen gesetzlich vorgeschriebene Bindung an bestimmte (politisch gewollte) Aufgaben und Zwecke haben im Wesentlichen dazu beigetragen, dass das Schicksal der „Behinderung" nicht einheitlich und umfassend betrachtet wird, sondern in der Regel nur ausschnittweise, eben unter dem Blickwinkel der Aufgaben und Zwecke der verschiedenartigen Leistungsträger und sonstiger Institutionen: Je nach Aufgabe und Zweck einer Sozialleistung, eines Nachteilsausgleichs oder einer Schutzmaßnahme soll ein unterschiedlicher Personenkreis betroffen sein. Insofern haben die begrifflichen Abgrenzungen und Eingrenzungen der Lebenslage „Behinderung" in den einzelnen Rechtsbereichen vor allem die Aufgabe der **Feststellung** (z. B.: wer soll berechtigt, geschützt sein?) und der **Verteilung** (z. B. was soll an wen geleistet werden usw.?). Die Festlegung eines einheitlichen Begriffs der „Behinderung" ist dabei weder politisch gewollt noch rechtlich erfolgt.
Die folgende Tabelle soll eine erste Vorstellung davon geben, zu welchen unterschiedlichen Begriffsbildungen dies u. a. geführt hat und welche abweichenden Betrachtungsweisen dem zugrunde liegen.

Die vier gängigsten Umschreibungen lauten:

Behinderung	„Menschen sind behindert, wenn ihre körperliche Funktion, geistige Fähigkeit oder seelische Gesundheit mit hoher Wahrscheinlichkeit länger als sechs Monate von dem für das Lebensalter typischen Zustand abweichen und daher ihre Teilhabe am Leben in der Gemeinschaft beeinträchtigt ist." (§ 2 Abs. 1 Satz 1 SGB IX).
Grad der Behinderung (vgl. die Tabelle in Anhang IV)	bezieht sich auf die Auswirkungen einer Behinderung auf die Teilhabe am Leben in der Gesellschaft (also in allen Lebensbereichen und nicht nur im Erwerbsleben): § 69 Abs. 1 Satz 3 SGB IX; ebenso der Begriff der „Minderung der Erwerbsfähigkeit" in § 30 Abs. 1 BVG. 100 Grad der Behinderung können, müssen jedoch **nicht konkrete** Erwerbsunfähigkeit bedeuten (z. B. bei einem erwerbsfähigen und erwerbstätigen Blinden).
schwerbehinderte Menschen	„Menschen sind ... schwerbehindert, wenn bei ihnen ein Grad der Behinderung von wenigstens 50 vorliegt ... " (§ 2 Abs. 2 SGB IX).
Erwerbsminderung	Teilweise (bzw. voll) erwerbsgemindert sind Versicherte, die wegen Krankheit oder Behinderung auf nicht absehbare Zeit außerstande sind, unter den üblichen Bedingungen des allgemeinen Arbeitsmarktes mindestens sechs (bzw. drei) Stunden täglich erwerbstätig zu sein (§ 43 Abs. 1 Satz 2 bzw. Abs. 2 Satz 2 SGB VI).

In einer Reihe von Rechtsvorschriften wird schlicht von „Behinderung“ ausgegangen, ohne dass eine nähere Umschreibung dieses Begriffs erfolgt (gelegentlich wird nur der verdeutlichende Zusatz „körperlich, geistig oder seelisch“ hinzugefügt). Hier definiert die Praxis (Behörden und Gerichte) entweder jeweils speziell für das betreffende Rechtsgebiet (orientiert an dessen Aufgabe und Zweck) oder sie greift auf die oben genannten Umschreibungen zurück (wenn dies z.B. gesetzlich vorgeschrieben ist, so z.B. in § 53 Abs. 1 Satz 1 SGB XII). Daneben gibt es Rechtsvorschriften, die die Lebenslage der Behinderung durch eine Reihe weiterer (selbst wieder definitionsbedürftiger) Begriffe einzugrenzen versuchen.
Letztlich lässt sich nur eines mit Gewissheit sagen: Es gibt nicht „den“ (einzigen) Rechtsbegriff der Behinderung, sondern nur die Behinderung/den behinderten Menschen (oder verwandte Begriffe) im Sinne einer bestimmten Rechtsvorschrift oder eines bestimmten Gesetzes.

Der Begriff „Behinderung/Behinderte“ erscheint z.B. im

Arbeitsförderungsrecht	„Behindert im Sinne dieses Buches sind Menschen, deren Aussichten, am Arbeitsleben teilzuhaben oder weiter teilzuhaben, wegen Art oder Schwere ihrer Behinderung im Sinne von § 2 Abs. 1 des Neunten Buches nicht nur vorübergehend wesentlich gemindert sind und die deshalb Hilfen zur Teilhabe am Arbeitsleben benötigen, einschließlich lernbehinderter Menschen“ (§ 19 Abs. 1 SGB III).
Krankenversicherungsrecht	(chronische) Krankheit = regelwidriger Körper- oder Geisteszustand, der ärztlicher Behandlung bedarf und/oder Arbeitsunfähigkeit bedingt
Pflegeversicherungsrecht	körperliche, geistige oder seelische Behinderung, Pflegebedürftigkeit
Rentenversicherungsrecht	Erwerbsminderung; körperliche, geistige oder seelische Behinderung
Schulrecht	Sonderschulbedürftigkeit
SGB IX	schwer behinderte und ihnen gleichgestellte Menschen, Behinderung
Sozialhilferecht	körperliche, geistige oder seelische Behinderung, Pflegebedürftigkeit
Steuerrecht	behinderte Menschen, Behinderung
Strafrecht	Schuldunfähigkeit, verminderte Schuldfähigkeit infolge geistiger und seelischer Störungen

Unfallversicherungsrecht	Minderung der Erwerbsfähigkeit, Pflegebedürftigkeit
Versorgungsrecht	gesundheitliche Schädigung, Beschädigter, Minderung der Erwerbsfähigkeit, Pflegebedürftigkeit, Hilflosigkeit
Zivilrecht	krankhafte Störung der Geistestätigkeit

3. Behinderte Menschen und ihre Rechte

In der Vergangenheit ist verschiedentlich der Versuch unternommen worden, behinderten Menschen den Zugang zu ihren Rechten zu erleichtern. Durch das zum 1.7.2001 eingeführte Neunte Buch Sozialgesetzbuch – Rehabilitation und Teilhabe behinderter Menschen – (SGB IX) sind eine Reihe von Änderungen vorgenommen worden, die zu einem Teil eine Verbesserung der Rechtstellung Behinderter darstellen, zu einem anderen Teil aber auch Regelungen enthalten, die die Geltendmachung dieser Rechte im gegliederten System der sozialen Sicherung erleichtern sollen.
Allerdings wird für behinderte und chronisch kranke Menschen in unserem gegliederten System, in dem unter anderem Vorschriften des Kranken-, Pflege-, Renten- und Unfallversicherungsrechts, der Kriegsopferversorgung und -fürsorge sowie der Sozial- und Jugendhilfe miteinander verknüpft sind und eine Vielzahl von Rechten und Ansprüchen enthalten, der Zugang zu ihren Rechten wohl niemals wirklich einfach werden.
Hinzu kommt, dass sehr viele Leistungen für behinderte Menschen **medizinische und sonstige gutachterliche Festsstellungen** voraussetzen. Diese hängen z.B. von Ärzten, medizinischen oder psychologischen Sachverständigen und Gutachtern ab, gegen die oft kein „juristisches Kraut“ gewachsen ist.
Speziell für schwerbehinderte Menschen geschaffene Leistungen können darüber hinaus in der Regel nur dann geltend gemacht werden, wenn das Vorliegen einer Schwerbehinderung im Sinne des Gesetzes (§ 2 Abs. 2 SGB IX) durch Vorlage einer entsprechenden Urkunde bzw. des **Schwerbehindertenausweises** nachgewiesen werden kann.

3.1 Feststellung der Behinderung/Ausweise

a) Grundsätzlich wird das Vorliegen einer Behinderung nur **auf Antrag** des Betroffenen festgestellt (§ 69 Abs. 1 SGB IX). Eine **Ausnahme** gilt hinsichtlich der Unfallversicherung und der Sozialhilfe, die beide vor oder bei **Bekanntwerden** der Behinderung bzw. einer damit verbundenen **Hilfebedürftigkeit** von sich aus tätig werden müssen (sog. **Offizialprinzip:** § 19 SGB IV, § 18 SGB XII). Bezüglich der Sozialhilfe sollte man sich jedoch nicht auf das Offizialprinzip verlassen: Der Sozialhilfeträger wird nämlich in aller Regel erst aufgrund eines Antrags aktiv, der – auf der Grundlage von umfangreichen Antragsformularen – der Ermittlung der rechtserheblichen Tatsachen dient.
Der Antrag auf Feststellung einer Behinderung wird jedoch häufig von Leistungsträgern **veranlasst,** und der Betreffende muss dem Folge leisten (§§ 60–62, 65, 66 SGB I), will er nicht bestimmte Rechtsansprüche verlieren. So können z.B. die Krankenkassen oder die Arbeitsagenturen jemanden auffordern, innerhalb einer bestimmten Frist **einen Antrag auf Rehabilitation** zu stellen

Der Weg zum Schwerbehindertenausweis

1. Antrag beim Versorgungsamt

(in dessen Zuständigkeitsbereich der Antragsteller wohnt; amtliche Antragsvordrucke sind kostenlos erhältlich u.a. bei den Versorgungsämtern, Servicestellen, örtlichen Fürsorgestellen der Kreise und kreisfreien Städte Sozialämtern, Behindertenverbänden, Schwerbehindertenvertretungen in Betrieben)

2. Im Antrag

a) möglichst vollständige Angaben machen (vor allem zu den Gesundheitsstörungen und ihren Folgen)

b) (soweit vorhanden) ärztliche Unterlagen über Gesundheitsstörungen in Kopie beifügen (z.B. Krankenhausentlassungsbericht, Kurbericht, ärztliche Bescheinigungen)

c) (soweit vorhanden) Bescheide und Entscheidungen über die Behinderung beifügen (z.B. Rentenbescheid der Berufsgenossenschaft oder des Versorgungsamtes nach den BVG, SVG, ZDG, OEG, HHG, IfSG; Entscheidungen über den Unfallausgleich nach beamtenrechtlichen Vorschriften)

d) Lichtbild in der Größe eines Passbildes beifügen (entfällt z.B. bei Schwerbehinderten vor Vollendung des 10. Lebensjahres oder – auf Antrag – bei Schwerbehinderten, die das Haus nicht verlassen können)

3. Eingangsbestätigung des Versorgungsamtes

(kann z.B. dem Arbeitgeber vorgelegt werden, um Kündigungsschutz geltend zu machen)

4. Feststellungsbescheid des Versorgungsamtes

(mit Feststellung der Behinderung, des GdB von 20 bis 100 und der besonderen Merkzeichen) Rechtsmittel dagegen: Widerspruch, danach Klage beim Sozialgericht (Muster im Text)

5. Ausstellung eines Schwerbehinderten-ausweises, wenn GdB mindestens 50 beträgt

(bei GdB unter 50, aber mindestens 30: Antrag auf Gleichstellung bei der Bundesagentur für Arbeit)

(§ 51 SGB V, § 125 Abs. 2 SGB III), andernfalls der Anspruch auf Kranken- oder Arbeitslosengeld ruht oder entfällt. Ein Antrag auf Leistungen zur medizinischen Rehabilitation oder zur Teilhabe am Arbeitsleben **gilt als Antrag auf Rente,** wenn eine wesentliche Besserung oder Wiederherstellung der Erwerbsfähigkeit nicht erwartet werden kann (§ 116 Abs. 2 SGB VI).
Ebenso kann das Sozialamt jemanden auffordern, seine Behinderung feststellen zu lassen und die damit verbundenen Nachteilsausgleiche (s. Nr. 9) in Anspruch zu nehmen, um den Sozialhilfeaufwand durch Selbsthilfe zu verringern (vgl. § 2 Abs. 1 SGB XII).

b) Zur Feststellung einer Behinderung haben einige Leistungsträger ihre eigenen **ärztlichen Dienste** (z.B. Medizinischer Dienst der Krankenversicherung, Ärzte der Versorgungsämter und der Bundesagentur für Arbeit). Inwieweit andere Leistungsträger und die für Nachteilsausgleiche zuständigen Behörden diese Feststellungen immer anerkennen, ist fraglich. Deshalb sollte man bei Vorliegen einer Behinderung von mindestens 50 Grad beim **Versorgungsamt** den **Schwerbehindertenausweis** beantragen (§ 69 Abs. 5 SGB IX). Denn damit kann der andere Behörden bindende Nachweis der Schwerbehinderteneigenschaft geführt werden. Den Weg zum Schwerbehindertenausweis zeigt das Schaubild auf S. 37; zur Gleichstellung (§§ 2 Abs. 3, 68 Abs. 2 SGB IX), vgl. unten d).
Um die für Betroffene oft unangenehmen und belastenden **Mehrfachuntersuchungen** zu vermeiden, sollen Befunde so abgefasst werden, dass sie auch von anderen Leistungsträgern verwertet werden können (§ 96 SGB X), um die Voraussetzungen möglicher weiterer Sozialleistungen anhand dieser Befunde prüfen zu können.
Das Versorgungsamt erkennt Rentenbescheide, Verwaltungs- oder Gerichtsentscheidungen ohne weiteres an, in anderen Fällen überprüft es die vorgelegten ärztlichen Befunde anhand der **„Anhaltspunkte für die ärztliche Gutachtertätigkeit im sozialen Entschädigungsrecht und nach dem Schwerbehindertengesetz“,** die den Grad einer Behinderung aufführen (Beispiel: Verlust eines Armes und Beines = 100 GdB, vgl. **Anhang VI**). Es ist übrigens unzulässig, mehrere Behinderungen einfach zu addieren, um auf 50 Grad zu kommen; vielmehr müssen deren Auswirkungen in ihrer Gesamtheit beurteilt werden (§ 69 Abs. 3 SGB IX). Für die Bildung eines solchen **„Gesamt-GdB“** kann folgende **Faustregel** zugrunde gelegt werden: Die schwerste Behinderung wird – entsprechend dem Tabellenwert der „Anhaltspunkte“ – mit dem vollen Grad bewertet (z.B. mit 50 GdB), die zweitschwerste Behinderung mit 1/2 des Grades (z.B. mit 1/2 von 40 GdB = 20 GdB), die drittschwerste Behinderung mit 1/3 des Grades (z.B. 1/3 von 30 GdB = 10 GdB); Gesamt-GdB im Beispiel also: 50 GdB + 20 GdB + 10 GdB = 80 GdB).

c) Den **Schwerbehindertenausweis** gibt es in zwei Ausgestaltungen:
Der „normale“ **grüne Ausweis** (§ 1 SchwbAwV) bescheinigt die Eigenschaft als schwerbehinderter Mensch, ferner den Grad der Behinderung und genauere gesundheitliche Merkmale (s. unten). Mit diesem Ausweis kann der schwerbehinderte Mensch belegen, welche Rechte und Nachteilsausgleiche ihm nach dem SGB IX oder nach anderen Vorschriften zustehen (z.B. Steuererleichterungen; s. dazu unter Nr. 9).
Den **„Freifahrtausweis“** (linke Seite **grün,** rechte Seite **orange,** § 1 Abs. 2 Schwb AwV) erhalten schwerbehinderte Menschen, die das Recht auf unent-

geltliche Beförderung im öffentlichen Personenverkehr in Anspruch nehmen können (zu den Bedingungen s. unter 9.3.1).

Je nach Ursache oder Art der Behinderung kann ein Ausweis folgende **Merkzeichen** tragen (§§ 2, 3 SchwbAwV):

VB oder EB	=	kennzeichnen Berechtigte nach dem Bundesversorgungsgesetz (z.B. Kriegsbeschädigte) oder dem Bundesentschädigungsgesetz
aG	=	außergewöhnlich gehbehindert
H	=	hilflos (vgl. dazu unten 9.4.1)
Bl	=	blind
Gl	=	gehörlos im Sinne des § 145 SGB IX
RF	=	befreit von der Rundfunkgebührenpflicht oder Gebührenermäßigung beim Fernsprechhauptanschluss
1. Kl.	=	Berechtigung für die Benutzung der 1. Wagenklasse mit Fahrausweis der 2. Wagenklasse in der Eisenbahn
B	=	ständige Begleitung erforderlich
G	=	in der Bewegungsfähigkeit im Straßenverkehr erheblich beeinträchtigt.

Bei der Beurteilung des GdB prüft der ärztliche Dienst des Versorgungsamtes auch die Frage, ob und ggf. wann eine Nachprüfung des Befundes erfolgen soll und auf welche Gesundheitsstörungen sich die Nachuntersuchung beziehen soll. Bei einigen Gesundheitsstörungen, insbesondere bei solchen, die zu Rezidiven neigen (z.B. Tumorerkrankungen), aber auch bei der Transplantation innerer Organe wird die Zeit einer Heilungsbewährung berücksichtigt. Ein positiv verlaufener Heilungsprozess kann – trotz weiterer Beeinträchtigungen – dazu führen, dass der GdB bei einer Nachüberprüfung herabgesetzt wird.
Die Bearbeitung und Entscheidung des Versorgungsamtes nimmt in der Regel eine gewisse Zeit in Anspruch. Stellt jedoch ein Erwerbstätiger einen Antrag auf Feststellung der Schwerbehinderung, muss das Versorgungsamt nunmehr innerhalb der kurzen Fristen des § 14 SGB IX entscheiden. Das heißt: Ist kein Gutachten für die Feststellung erforderlich, soll das Versorgungsamt innerhalb von 3 Wochen entscheiden. Ist ein Gutachten notwendig, so ist dieses unverzüglich innerhalb einer Frist von 2 Wochen einzuholen. Liegt das Gutachten vor, muss das Versorgungsamt innerhalb von 2 Wochen entscheiden. Voraussetzung dafür ist allerdings, dass der Antragsteller seiner Mitwirkungspflicht (§ 60 SGB I) nachgekommen ist und rechtzeitig und umfassend die vom Versorgungsamt geforderten Angaben gemacht hat und insbesondere den Antragsbogen sorgfältig ausgefüllt hat.

In der Regel werden die Ausweise für **5 Jahre** ausgestellt. Ist eine wesentliche Änderung nicht zu erwarten, kann der Ausweis auch unbefristet ausgestellt werden (§ 6 Abs. 2 SchwbAwV). Bei kleinen Kindern wird der Ausweis längstens bis zur Vollendung des 10. Lebensjahres befristet, bei größeren bzw. bei Jugendlichen bis zur Vollendung des 20. Lebensjahres. Macht der behinderte Mensch ein besonderes Interesse glaubhaft (z. B. wegen Steuererleichterungen) kann im Ausweis bestätigt werden, wie lange vor Ausstellung des Ausweises die Behinderung schon eingetreten war (§ 6 SchwbAwV). Weitere Einzelheiten zur Gestaltung und zur Ausstellung der Schwerbehindertenausweise enthält die SchwbAwV.
Die einmal festgestellte und durch den Ausweis dokumentierte Schwerbehinderteneigenschaft kann mitunter hinderlich sein (z.B. bei der Suche nach einem Arbeitsplatz). Auf den Schwerbehindertenstatus kann man aber **nicht einfach verzichten** (z. B. durch Rückgabe des Ausweises). Es ist jedoch möglich, beim Versorgungsamt einen Änderungsantrag zu stellen und darin die Feststellung von einzelnen Behinderungen auszuschließen (nach der Rechtsprechung des BSG bleibt es nämlich dem Behinderten selbst überlassen, welche Leiden beim Versorgungsamt berücksichtigt werden sollen und welche nicht). Dies kann dazu führen, dass ein GdB unter 50 festgestellt und der Ausweis eingezogen wird.

d) Hat das Versorgungsamt bei einer Person lediglich einen Gesamt-GdB von weniger als 50 aber wenigstens 30 festgestellt, so kann diese auf einen entsprechenden Antrag hin von der Bundesagentur für Arbeit einem schwerbehinderten Menschen **gleichgestellt** werden, wenn sie infolge ihrer Behinderung ohne die Gleichstellung einen geeigneten Arbeitsplatz nicht erlangen oder nicht behalten kann (§§ 2 Abs. 3, 68 Abs. 2 SGB IX). Die Gleichstellung hat zur Folge, dass auf die „Gleichgestellten“ – mit Ausnahme der Regelung über den Zusatzurlaub (§ 125 IX) und der Vorschriften über die unentgeltliche Beförderung (§§ 145 ff. SGB IX) – die Regeln des Teils 2 des SGB IX anzuwenden sind, also z.B. die Regeln über den Kündigungsschutz, die Befreiung von Mehrarbeit etc. (§ 68 Abs. 3 SGB IX).

3.2 Aufklärungs-, Auskunfts- und Beratungspflichten der Leistungsträger

Um den Bürgern den Zugang zu ihren Rechten zu erleichtern, wurden mit dem SGB I drei Pflichten für Leistungsträger eingeführt, die zwar ähnlich klingen, sich aber folgendermaßen voneinander unterscheiden:

a) **Aufklärung** (§ 13 SGB I) dient der allgemeinen Information der Bevölkerung (z. B. durch Merkblätter oder Broschüren), damit sie daraus ihre Rechte und Pflichten gegenüber einem Leistungsträger ableiten kann. Unter **Auskunft**

Informationspflichten nach §§ 13 – 15 SGB I

	Aufklärung (§ 13)	Beratung (§ 14)	Auskunft (§ 15)
Adressat	**Alle Bürger bzw. Vielzahl von Bürgern**	**Einzelne Bürger**	**Einzelne Bürger**
Verpflichtete Stellen	1. Leistungsträger nach § 12 SGB I 2. Verbände der Leistungsträger (z.B. Verbände der Krankenkassen) 3. die im SGB genannten öffentlich-rechtlichen Vereinigungen (z. B. Kassenärztliche Vereinigung)	1. Leistungsträger nach § 12 SGB I 2. Gemeinsame Beratungsstellen (§ 15 Abs. 3 SGB I, § 22 SGB IX)	1. Nach Landesrecht zuständige Stellen (i.d.R. Landkreise und kreisfreie Städte) 2. Träger der gesetzlichen Krankenversicherung und der sozialen Pflegeversicherung 3. Gemeinsame Auskunftsstellen
Inhalt	Allgemeine Information über Rechte und Pflichten nach SGB im Rahmen der jeweiligen Zuständigkeit. Kein einklagbarer Anspruch auf Aufklärung.	Individuelle, gezielte, umfassende Information über die Rechte und Pflichten nach dem SGB (rechtliche Beratung). Der Rat suchende Bürger hat einen einklagbaren Rechtsanspruch auf Beratung.	Individuelle Information auf gezielte Fragen über – Benennung des zuständigen Leistungsträgers – andere Sach- und Rechtsfragen („Wegweiser") Einklagbarer Rechtsanspruch
Haftung	Schadensersatz: 1. Amtshaftung bei schuldhaft falscher oder missverständlicher Aufklärung 2. Herstellungsanspruch (objektive Pflichtwidrigkeit genügt)	Schadensersatz: 1. Amtshaftung bei schuldhafter Verletzung der Beratungspflicht 2. Herstellungsanspruch (objektive Pflichtwidrig keit genügt)	Schadensersatz 1. Amtshaftung bei schuldhafter Auskunftspflichtverletzung 2. Herstellungsanspruch (objektive Pflichtwidrigkeit genügt)

(§ 15 SGB I) versteht man einerseits die Antwort auf die Frage nach dem zuständigen Leistungsträger (die Auskunft hat also Wegweiserfunktion); andererseits erstreckt sich die Auskunft auf alle Sach- und Rechtsfragen, die für den Auskunftssuchenden von Bedeutung sein können und zu deren Beantwortung die Auskunftsstelle imstande ist. Auskunftsstellen sind die **gesetzlichen Krankenkassen** und die nach Landesrecht zuständigen Stellen, wie z.B. die Landkreise, Gemeinden und Bezirksämter. **Beratung** (§ 14 SGB I) ist eine

umfassende, auf die persönliche Situation des Ratsuchenden bezogene Information, die genaue Kenntnis der Materie erfordert und deshalb nur vom jeweiligen Träger im Rahmen seiner Zuständigkeiten gegeben werden kann (vgl. auch das Schaubild auf S. 41).
Neben der Beratungspflicht des SGB I gibt es in Einzelgesetzen noch eine Reihe von Vorschriften über die Beratung behinderter Menschen. Die bereits bisher bestehende umfassende Beratungspflicht der **Rehabilitationsträger** wurde mit Einführung des Sozialgesetzbuches IX weiter ausgeweitet. Zu den Rehabilitationsträgern gehören neben den gesetzlichen Krankenkassen, der Bundesagentur für Arbeit, den Arbeitsgemeinschaften und den zugelassenen kommunalen Trägern (§ 6 a SGB IX), den Trägern der gesetzlichen Unfall- und Rentenversicherung, den Trägern der Kriegsopferversorgung und -fürsorge, die Träger der öffentlichen Jugendhilfe und die Träger der Sozialhilfe (§ 6 Abs. 1 SGB IX). Um Wartezeiten und Behördengänge zu vermeiden, sieht das SGB IX in §§ 22 ff. die Einrichtung von **Servicestellen** vor, in denen die Rehabilitationsträger behinderten und von Behinderung bedrohten Menschen, ihren Vertrauenspersonen und Personensorgeberechtigten **Beratung und Unterstützung** anbieten. Die Beratung soll neben Fragen der Zuständigkeit des Rehabilitationsträgers, der Leistungsvoraussetzungen, der zu gewährenden Leistungen und dem Leistungsbedarf bis zur Entscheidung oder Leistung des Rehabilitationsträgers auch eine unterstützende Begleitung beinhalten. Die Verbände behinderter Menschen, einschließlich der Verbände der Freien Wohlfahrtspflege, der Selbsthilfegruppen und der Interessenvertretungen behinderter Frauen, dürfen an solchen Beratungen teilnehmen, wenn dies von dem behinderten Betroffenen so gewünscht wird.

Zu den Aufgaben der Servicestellen gehört insbesondere

- das Informieren und Beraten über Leistungsvoraussetzungen, Leistungen der Rehabilitationsträger, besondere Hilfen im Arbeitsleben sowie über die Verwaltungsabläufe,
- die Unterstützung und Hilfe bei der Klärung des Rehabilitationsbedarfs, bei der Inanspruchnahme von Leistungen zur Teilhabe und der besonderen Hilfen im Arbeitsleben sowie bei der Erfüllung von Mitwirkungspflichten,
- die Klärung, welcher Rehabilitationsträger für die gewünschte Leistung zuständig ist, das Hinwirken auf klare und sachdienliche Anträge und die Weiterleitung an den zuständigen Rehabilitationsträger,
- die Information an den zuständigen Rehabilitationsträger, dass bei einem Rehabilitationsbedarf voraussichtlich ein Gutachten erforderlich ist,
- die umfassende Vorbereitung der Entscheidung des zuständigen Rehabilitationsträgers in solchen Fällen, in denen die Notwendigkeit von Leistungen zur Teilhabe offenkundig ist, so dass dieser unverzüglich entscheiden kann,

- die Unterstützung und Begleitung des behinderten oder von Behinderung bedrohten Menschen bis zur Entscheidung oder bis zur Leistung des Rehabilitationsträgers,
- bei den Rehabilitationsträgern auf zeitnahe Entscheidungen und Leistungen hinzuwirken, sowie
- zwischen mehreren Rehabititationsträgern und Beteiligten auch während der Leistungserbringung zu koordinieren und zu vermitteln.

Eine **Liste** der bisher im gesamten Bundesgebiet eröffneten gemeinsamen Servicestellen ist auf der Internetseite der Deutschen Rentenversicherung unter www.reha-servicestellen.de in der linken Spalte unter dem Begriff „Reha-Servicestellen" abrufbar. Der Abruf erfolgt entweder nach Träger, Bundesland oder Ort. Über den im Text befindlichen Link „nach Ort" kann man z.B. die am nächsten zum Wohnort gelegene Servicestelle sowie den Anfahrtsplan zu dieser Servicestelle abrufen. (Zu den Servicestellen vgl. auch unten 3.4 a).) Darüber hinaus kann man sich natürlich auch bei den vor Ort befindlichen Reha-Trägern nach bereits eingerichteten Servicestellen erkundigen.
Auch die **Pflegekassen** haben den Versicherten und ihren Angehörigen gegenüber eine Beratungspflicht hinsichtlich der mit der Pflegebedürftigkeit zusammenhängenden Fragen (§ 7 SGB XI). Bei drohender oder bestehender Pflegebedürftigkeit werden die Pflegekassen ohnehin an den Beratungen der Servicestellen beteiligt (§ 22 Abs. 2 SGB IX).
Weitere spezialgesetzliche Regelungen für die Pflicht der **Ärzte und Krankenhäuser** zur Beratung von behinderten Menschen enthalten die §§ 92 Abs. 1 Nr. 8, 112 Abs. 2 Nr. 4 SGB V und für die Beratungspflicht der Versicherungsämter § 93 SGB IV. Gemäß § 11 SGB XII müssen die Sozialämter über die Beratungspflicht in Rehabilitationsfragen hinaus (vgl. oben) auch in sozialhilferechtlichen Fragestellungen, wie zum Beispiel der Gewährung von Hilfe zum Lebensunterhalt, beraten.
Trotz dieser Vielzahl von Vorschriften ist die Frage der Beratung weder für die Leistungsträger noch die behinderten Menschen einfach zu lösen: Wie schon unter Nr. 2 (S. 35 ff.) angesprochen, ist die Sichtweise der Träger im Hinblick auf den Behinderten als „ganzen Menschen" durch ihre spezielle Zweckbindung (z.B. Wiederherstellung der Erwerbsfähigkeit, Vermittlung am Arbeitsmarkt, Behandlung von Krankheit) auf bestimmte Aspekte konzentriert, weshalb sie oft nur einen Teil seiner Problematik wahrnehmen und entsprechend beraten können. Die Träger befinden sich besonders in Zeiten der Geldknappheit zudem in der schwierigen Situation, durch ihre Beratung Anträge auf Leistungsgewährung zu veranlassen und Leistungsansprüche entstehen zu lassen, die sie dann selbst bezahlen müssen. Zudem kennen sich viele behinderte Menschen im System der sozialen Sicherheit nicht aus. Sie haben nicht gelernt,

genau zu fragen, ihre Probleme klar darzustellen und ihre Anliegen konsequent zu verfolgen. Die beratenden Träger wiederum sind nicht verpflichtet, von sich aus die Zusammenhänge eines Problems auszuforschen und brauchen sich nur zu den Gestaltungsmöglichkeiten eines Rechtsverhältnisses zu äußern, die klar zu Tage treten und offensichtlich zweckmäßig sind.

b) Bei zu Unrecht unterlassener, unvollständiger oder unrichtiger Beratung haftet der Leistungsträger wegen Amtspflichtverletzung (sog. **Amtshaftung** nach Art. 34 GG i.V.m. § 839 BGB), sofern ein **Verschulden** eines Amtsträgers vorliegt. Die Beweislast hierfür trifft allerdings den Ratsuchenden, dessen Lage aber dadurch sehr schwierig ist, dass er keinen Anspruch auf schriftliche Bestätigung einer mündlich erteilten Beratung hat. Neben dem Schadensersatzanspruch aus Amtshaftung hat das BSG für Bürger, die durch eine mangelhafte Beratung geschädigt wurden, einen sog. **Herstellungsanspruch** entwickelt, mit dessen Hilfe der Geschädigte so gestellt werden kann, wie wenn er bei richtiger Beratung seine Rechte wahrgenommen hätte (Beispiel: Antragsfrist wird wegen falscher Beratung versäumt: die Frist gilt dann als gewahrt). Auf ein Verschulden der Behörde kommt es hierbei nicht an (vgl. auch das Schaubild auf S. 41).
Eine weitere Erschwernis sind **Richtlinien, Empfehlungen, Vereinbarungen** u. Ä., die in großer Zahl zu den einzelnen Gesetzen ergehen und oft ein Vielfaches des Gesetzestextes ausmachen. Mit ihnen werden nicht selten die im Gesetz begründeten Rechtsansprüche ausführlich interpretiert und zugleich ihre Durchsetzung so kompliziert, dass der Ratsuchende sich kaum mehr damit zurechtfinden kann.
Dies gilt besonders für das Sozialversicherungs- und Sozialhilferecht. Nach der Rechtsprechung besteht zwar keine Pflicht der Sozialleistungsträger, ihre (internen) Richtlinien zu veröffentlichen (eine Reihe von Trägern tut dies jedoch freiwillig; so sind z. B. die Richtlinien vieler Sozialhilfeträger – freilich nicht billig – im Buchhandel erhältlich). Allerdings schließt die Pflicht des Sozialleistungsträgers zu Auskunft und Beratung im konkreten Fall auch die Verpflichtung ein, alle maßgeblichen Rechtsgrundlagen, auf die es voraussichtlich ankommen wird oder auf die der Träger seine Entscheidung gestützt hat, dem Betroffenen bekannt zu geben (d. h. auch nachlesen zu lassen), sofern sich dies nicht schon aus der Begründung des Bescheids ergibt (§ 35 SGB X).
Hinweis: Nach dem Besuch eines Sozialleistungsträgers (z. B. der Pflegekasse) empfiehlt es sich, eine kurze Gesprächsnotiz abzufassen und davon eine Kopie an den Träger zu schicken.
Wer die Aufklärungs-, Auskunfts- und Beratungspraxis eines Sozialversicherungsträgers (z. B. einer Berufsgenossenschaft oder einer AOK) unzureichend findet, kann eine Überprüfung dieser Praxis bei den Aufsichtsbehörden der

Sozialversicherungsträger (§§ 87 ff. SGB IV) anregen. Diese Behörden sind vor allem das Bundesversicherungsamt (in Bonn) für bundesunmittelbare Versicherungsträger (z.B. die Deutsche Rentenversicherung Bund) und die Länderarbeitsminister (bzw. die entsprechenden Stadtstaaten-Senatoren) bei landesunmittelbaren Versicherungsträgern (z.B. AOK).

3.3 Beratung und Vertretung durch Rechtsanwälte, Verbände, Rentenberater

Anstelle der Beratung durch einen Leistungsträger kann man noch zwei weitere Beratungsmöglichkeiten in Anspruch nehmen:

a) Die erste Möglichkeit besteht in der Beratung durch **Rechtsanwälte.** Im Allgemeinen ist dazu zu bemerken, dass sich leider immer noch zu wenige Rechtsanwälte mit dem zeitaufwändigen und komplizierten Sozialrecht befassen und es nicht einfach ist, überhaupt einen Fachmann dafür zu finden. Durch besondere Fortbildungsmaßnahmen in Verbindung mit einer Abschlussprüfung können Rechtsanwälte die Qualifikation zum **„Fachanwalt für Sozialrecht"** erwerben. Diese zusätzliche Qualifizierung erleichtert die Suche nach einem Fachmann für sozialrechtliche Fragen erheblich. (Auskünfte erteilen die Anwaltskammern bzw. die Anwaltsvereine). Darüber hinaus gibt es die Möglichkeit, über Anwaltssuchservice-Gesellschaften solche Fachanwälte zu ermitteln. Die Auskunft über die Anbieter erfolgt i.d.R. über spezielle Servicenummern (0190) mit der Folge, dass für eine Anfrage erhöhte Gebühren anfallen. Solche Anwaltssuchservice-Telefonnummern kann man bei der Telefonauskunft erfragen. Aber auch das Internet bietet Möglichkeiten zur Anwaltsuche, z.B. über die Seite http://www.anwalt-suchservice.de bzw. http://www.anwalt-suche.de.

Das **Beratungshilfegesetz** eröffnet Bürgern mit geringem Einkommen die Möglichkeit der Beratung und – soweit erforderlich – auch Vertretung außerhalb eines gerichtlichen Verfahrens durch einen Anwalt zu folgenden Rechtsgebieten: Verwaltungsrecht, Zivilrecht (z.B. Miet-, Scheidungs-, Unterhaltsangelegenheiten), Verfassungs-, Straf- und Ordnungswidrigkeitenrecht (auf diesen beiden Rechtsgebieten aber nur Beratung) sowie Arbeitsrecht (z.B. Kündigung) und Sozialrecht (z.B. Sozialversicherungsrecht, Anerkennung der Schwerbehinderteneigenschaft nach dem SGB IX).

Der Ratsuchende hat dann ein geringes Einkommen, wenn ihm Prozesskosten nach den Vorschriften der Zivilprozessordnung (ohne eigenen Beitrag zu den Kosten) zu gewähren wäre (zur Prozesskostenhilfe s. unten 3.4 d). Dies kann der Rechtspfleger des Amtsgerichts oder der Rechtsanwalt, an die man sich wendet, relativ einfach ermitteln. Vermögen hat der Ratsuchende nur einzusetzen, soweit dies zumutbar ist (maßgeblich sind die Grundsätze des § 90 SGB XII). Dies ist nur der Fall bei hochwertigen Vermögensgegenständen, die man

nicht zum Familienunterhalt oder zum Aufbau oder zur Erhaltung seiner beruflichen Existenz benötigt.
Der Weg zur Beratungshilfe führt entweder über einen Rechtspfleger des Amtsgerichts, in dessen Bezirk ein Bedürfnis für Beratungshilfe auftritt (z.B. Wohnsitz oder ständiger Arbeitsplatz des Ratsuchenden). Der Rechtspfleger kann dem Anliegen ggf. mit einer sofortigen Auskunft entsprechen. Andernfalls prüft er zwecks Aufnahme eines Antrags die Einkommens- und Vermögensverhältnisse und die Frage, ob jemand aus Mutwillen Beratungshilfe beantragt, und stellt danach einen **Berechtigungsschein** aus, mit dem man einen Anwalt seiner Wahl aufsuchen kann. Man braucht sich von einem Rechtspfleger im Übrigen nicht auf die Beratungspflicht der Leistungsträger verweisen zu lassen, da sie ja in vielen Fällen zugleich „Gegenspieler" des Ratsuchenden sind (allerdings neigen viele Gerichte dazu, die Ausstellung eines Beratungshilfescheins für die Beratung durch einen Anwalt zu verweigern, und zwar mit der Behauptung, es bestünde eine ausreichende gesetzliche Beratung durch die Sozialleistungsträger). Man kann aber auch (statt zuerst zum Amtsgericht) **direkt zu einem Anwalt** gehen, dem man durch Vorlage entsprechender Unterlagen (Entgeltbescheinigung) seine Einkommens- und Vermögensverhältnisse glaubhaft machen muss. Der Anwalt muss die Beratung grundsätzlich übernehmen (auch wenn er damit nicht viel verdienen kann); er hat gegenüber dem Ratsuchenden Anspruch auf eine (einmalige) Gebühr von 10,– €, die er in Härtefällen aber erlassen kann (und meist auch erlassen wird); aus der Staatskasse erhält dann der Anwalt einen bestimmten Gebührensatz. Die mit Ausnahme des Straf- und Ordnungswidrigkeitenrechts mögliche Vertretung des Ratsuchenden gegenüber Dritten umfasst z.B. die Einlegung von Widersprüchen gegen Bescheide.
Öffentliche Rechtsberatungsstellen bestehen in **Bremen** (durch die Arbeitnehmerkammer mit Ausnahme des Arbeits-, Sozialversicherungs- und Steuerrechts) sowie in **Hamburg** (bei der öffentlichen Rechtsauskunft- und Vergleichsstelle); in diesen Ländern kann man sich also nicht nach dem Beratungshilfegesetz von einem Anwalt beraten und vertreten lassen; in **Berlin** kann man zwischen anwaltlicher und öffentlicher Beratung (bei den Bürgerämtern) wählen.

b) Durch das am 1. Juli 2001 in Kraft getretene SGB IX, das am 1. Januar 2002 in Kraft getretene 6. SGG-ÄndG sowie das am 1. Mai 2002 in Kraft getretene Gesetz zur Gleichstellung behinderter Menschen und zur Änderung anderer Gesetze (BGG) ist es zu einer Reihe von Änderungen im Bereich des Prozessrechts gekommen, die sich auf die Beratung und Rechtsvertretung behinderter Menschen durch solche Organisationen behinderter Menschen auswirken, deren satzungsgemäße Aufgaben die gemeinschaftliche Interessenvertretung,

die Beratung und Vertretung der Leistungsempfänger nach dem sozialen Entschädigungsrecht oder der behinderten Menschen wesentlich umfassen und die unter Berücksichtigung von Art und Umfang ihrer bisherigen Tätigkeit sowie ihres Mitgliederkreises die Gewähr für eine sachkundige Erfüllung dieser Aufgaben bieten.
Aus den genannten Gesetzen ergeben sich für Behindertenselbsthilfeorganisationen neben der eingeräumten Möglichkeit, **Prozessbevollmächtigte** für sozialgerichtliche Verfahren zu bestellen, auch neue bzw. erweiterte **Klagerechte für die Verbände behinderter Menschen.**
Rat und Hilfe (also Rechtsberatung) waren zwar nach dem Rechtsberatungsgesetz bereits bisher in engen Grenzen statthaft. So durften die oben genannten Vereine im Rahmen der satzungsmäßigen Ziele des Vereins (d.h. keine Beratung in strafrechtlicher Hinsicht durch eine Behindertenselbsthilfeorganisation) ausschließlich den Mitgliedern Rat und Hilfe gewähren. Dabei durfte die Erteilung von Rat und Hilfe jedoch lediglich eine „dienende Funktion" haben, d.h. im Verhältnis zu den anderen Vereinszielen eine untergeordnete Rolle spielen und es durfte zudem kein auf Gewinnerzielung ausgerichtetes Entgelt in Rechnung gestellt werden.

aa) Für alle Verfahren, die die **Verwaltungsgerichtsbarkeit** betreffen (das sind solche Streitigkeiten, die sich aus der Anwendung sog. öffentlich-rechtlicher Rechtsnormen wie z.B. dem Bundesausbildungsförderungsgesetz (BAföG), Sozialgesetzbuch Achtes Buch (SGB VIII) – Kinder- und Jugendhilfe, Wohngeldgesetz (WoGG), Bundesversorgungsgesetz (BVG) oder dem Schwerbehindertenrecht (SGB IX, Teil 2) ergeben (§ 40 VwGO) sieht die Verwaltungsgerichtsordnung in § 67 Abs. 2 VwGO vor, dass der Beteiligte vor dem **Verwaltungsgericht** (also in der 1. Instanz) entweder den Rechtsstreit selbst führen oder sich eines Beistandes (Unterstützung lediglich in der mündlichen Verhandlung) oder eines Prozessvertreters (z.B. Rechtsanwalts) bedienen kann. Als Prozessvertreter oder Beistand kommen lediglich prozessfähige Einzelpersonen in Betracht, keine juristische Personen, d.h. keine Verbände.
In Angelegenheiten der **Kriegsopferfürsorge** und des **Schwerbehindertenrechts** vor den **Oberverwaltungsgerichten und den Verwaltungsgerichtshöfen** (also in 2. Instanz) dürfen dagegen auch „Vereinigungen der Behinderten" als Prozessbevollmächtigte auftreten, sofern sie kraft Satzung oder Vollmacht zur Prozessvertretung befugt sind (§ 67 Abs. 1 S. 4 VwGO).
Vor dem **Bundesverwaltungsgericht,** d.h. in letzter Instanz muss dagegen in jedem Fall die Prozessvertretung durch einen zugelassenen Rechtsanwalt erfolgen.

bb) Bei Streitigkeiten, für die die **Sozialgerichte** zuständig sind (z. B. für Angelegenheiten der gesetzlichen Rentenversicherung, der Krankenversicherung, der sozialen und privaten Pflegeversicherung, der gesetzlichen Unfallversicherung, der Arbeitsförderung, der Grundsicherung für Arbeitsuchende, der Sozialhilfe) können auch Mitglieder und Angestellte der Vereinigungen der Behinderten als **Prozessbevollmächtigte** vor den Sozialgerichten tätig werden können, die die im Gesetz genannten Voraussetzungen erfüllen; und zwar vom Sozialgericht (SG) über das Landessozialgericht (LSG) bis hin zum **Bundessozialgericht** (BSG).
Diese Möglichkeit zur Prozessvertretung durch Vollmachtserteilung bedeutet für die Organisationen behinderter Menschen, dass Mitarbeiter oder Mitglieder der Behindertenverbände als Prozessbevollmächtigte ein Mitglied vor **allen Instanzen** der Sozialgerichtsbarkeit vertreten können, wenn

- der Verein kraft Satzung oder Vollmacht zur Prozessvertretung befugt ist (§ 73 Abs. 6 S. 3 SGG; § 166 SGG für das Bundessozialgericht),
- die satzungsgemäßen Aufgaben des Vereins die gemeinschaftliche Interessenvertretung, die Beratung und Vertretung der Leistungsempfänger nach dem sozialen Entschädigungsrecht oder der behinderten Menschen wesentlich umfasst und er
- unter Berücksichtigung von Art und Umfang seiner bisherigen Tätigkeit sowie seines Mitgliederkreises die Gewähr für eine sachkundige Erfüllung dieser Aufgaben bietet (§ 14 Abs. 3 SGG).

Diese Voraussetzungen sind von Amts wegen durch das zuständige Gericht zu prüfen.

cc) Das SGB IX sieht in Ergänzung zum bisher geltenden Recht in § 63 ein **Klagerecht der Verbände** vor. Das heißt, in den Fällen, in denen behinderte Menschen in ihren Rechten nach dem SGB IX verletzt werden, können an ihrer Stelle und mit ihrem Einverständnis Verbände klagen, die nach ihrer Satzung behinderte Menschen auf Bundes- oder Landesebene vertreten und nicht selbst am Prozess beteiligt sind. **Wichtig** ist: Diese Regelung gilt nur für den Fall, dass behinderte Menschen in ihren Rechten nach dem **SGB IX** verletzt wurden. Liegt eine Verletzung nach einem anderen Buch des SGB vor, gilt diese Regelung nicht. Es handelt sich bei diesem Klagerecht der Verbänden **nicht,** wie gelegentlich vermutet, um ein Verbandsklagerecht, sondern lediglich um die Möglichkeit, innerhalb der engen Voraussetzungen des § 63 SGB IX **an Stelle** eines behinderten Menschen zu klagen. In der juristischen Terminologie wird dies als **Prozessstandschaft** bezeichnet. Das ist ein Sonderfall der Prozessführungsbefugnis (verletzte eigene Rechte in eigenem Namen geltend machen), weil hier ein fremdes Recht im eigenen Namen geltend gemacht wird. In der Praxis sieht das so aus, dass z.B. eine behinderte Frau, die sich aufgrund ihrer Erkrankung außerstande sieht, selbst auf dem Prozesswege eine Haushaltshilfe für ihren Haushalt zu erstreiten, eine Behindertenorganisation, die die Voraussetzungen des § 63 SGB IX erfüllt, bitten kann, an ihrer Stelle den Prozess zu führen. Das heißt: nicht die Frau, sondern der Verein tritt als Kläger in diesem Verfahren auf.

dd) Ähnlich wie § 63 SGB IX sieht auch § 12 BGG eine **Prozessstandschaft** für solche Verbände vor, die die Voraussetzung des § 13 Abs. 3 BGG erfüllen und durch das Bundesministerium für Arbeit und Sozialordnung (BMAS) anerkannt wurden.
Die Möglichkeit der Prozessstandschaft nach dem BGG ist ebenso wie im SGB IX durch die im Gesetz vorgenommene abschließende Aufzählung von Rechtsgutverletzungen **beschränkt.** Das sind insbesondere solche Rechtsgutverletzungen, mit denen das **Recht auf Herstellung von Barrierefreiheit, das Recht auf Verwendung der deutschen Gebärdensprache, auf barrierefreie Gestaltung von Bescheiden und Vordrucken und auf barrierefreie Informationstechnik** verletzt würden.
Werden also behinderte Menschen in ihren Rechten aus § 7 Abs. 2, §§ 8, 9 Abs. 1, § 10 Abs. 1 Satz 2 oder § 11 Abs. 1 BGG verletzt, können an ihrer Stelle und mit ihrem Einverständnis Verbände nach § 13 Abs. 3 BGG, die nicht selbst am Verfahren beteiligt sind, Rechtsschutz beantragen; Gleiches gilt bei Verstößen gegen Vorschriften des Bundesrechts, die einen Anspruch auf Herstellung von Barrierefreiheit im Sinne des § 4 BGG oder auf Verwendung von Gebärden oder anderen Kommunikationshilfen im Sinne des § 6 Abs. 3 BGG vorsehen.

ee) Ein „echtes“ **Verbandsklagerecht** sieht dagegen § 13 BGG vor. Verbandsklagerecht in diesem Fall bedeutet, dass der Verband, ohne beauftragt oder bevollmächtigt zu sein und ohne dass er selbst in eigenen Rechten verletzt ist, Klage nach Maßgabe der VwGO oder des SGG auf Feststellung eines Verstoßes gegen das Benachteiligungsverbot für Träger der öffentlichen Verwaltung sowie gegen die Vorschriften des Bundes zur Herstellung der Barrierefreiheit und zur Verwendung der deutschen Gebärdensprache oder anderer geeigneter Kommunikationshilfe etc. erheben kann.
Voraussetzung auch hier ist allerdings die unter dd) dargestellte vorherige Anerkennung durch das Bundesministerium für Arbeit und Sozialordnung nach § 13 Abs. 3 BGG. Weiterhin erforderlich ist, dass der Verband entweder selbst in seinem satzungsmäßigen Aufgabenbereich berührt wird oder dass der Verband geltend machen kann, dass es sich um einen Fall von allgemeiner Bedeutung handelt.

Zu diesen grundsätzlich zu begrüßenden Neuregelungen ist allerdings festzustellen, dass die Umsetzung in der Vereinspraxis vermutlich eine geraume Zeit dauern wird, weil die entsprechenden Beratungs- und Vertretungsstrukturen erst nach und nach geschaffen werden müssen.

ff) Zurzeit wird ein Regierungsentwurf des Bundesministeriums der Justiz in den politischen Gremien beraten, das eine Neuregelung des Rechtsberatungsgesetzes vorsieht. Das Rechtsberatungsgesetz soll im Jahr 2007 durch das „Rechtsdienstleistungsgesetz – RDG" ersetzt werden. Darin ist neben einer Lockerung des Anwaltsmonopols auch vorgesehen, dass künftig andere Berufsgruppen Rechtsdienstleistungen erbringen und karitative Vereinigungen, wie z.B. Menschenrechtsorganisationen, unentgeltliche Rechtsberatung leisten können. Voraussetzung für solche Organisationen ist jedoch, dass an der Beratung eine „Person mit Befähigung zum Richteramt", also mit zwei juristischen Staatsexamina, beteiligt sein muss.
Öffentlich anerkannte Stellen, zu denen nach dem derzeitigen Entwurf auch die Träger der freien Wohlfahrtspflege, der Jugendhilfe sowie die Verbraucherzentralen gehören, sind auch ohne die Beteiligung einer „Person mit Befähigung zum Richteramt" befugt, unentgeltliche Rechtsberatung zu leisten, sofern die Beratung innerhalb des jeweiligen Aufgaben- und Zuständigkeitsbereichs erbracht wird.

c) Für unrichtige Beratung kann ein Verband, der sich als sachkundig ausgibt, genauso haftbar gemacht werden wie ein Rechtsanwalt. Dabei kann es unter Umständen (z.B. in Rentenangelegenheiten) zu hohen Schadensersatzforderungen kommen. Daher empfiehlt es sich für jeden Verband, der bereits beratend tätig ist oder dies auf der Grundlage der neuen gesetzlichen Regelungen werden möchte, eine entsprechende Haftpflichtversicherung abzuschließen. Für einen unentgeltlich erteilten Rechtsrat, wie er z.B. unter Mitgliedern von Selbsthilfegruppen üblich ist, kann man jedoch nicht haftbar gemacht werden (§ 675 Abs. 2 BGB).

d) Neben Rechtsanwälten und Sozial- bzw. Behindertenverbänden können sich behinderte Menschen und ihre Angehörigen auch von gerichtlich zugelassenen **Rentenberatern** beraten und vertreten lassen. Die Rentenberater sind unabhängige Vertreter der Interessen ihrer Mandanten, sind an das Rechtsanwaltsvergütungsgesetz (RVG) gebunden, unterliegen der Aufsicht des Präsidenten des Amtsgerichts/Landgerichts und vertreten und unterstützen unter anderem bei Durchsetzung von gesetzlichen Renten (Widerspruchsverfahren, Verfahren vor den Sozialgerichten und Landessozialgerichten), Betriebsrenten, Berufsständischen Versorgungen, Vorruhestandsregelungen/Sozialplänen, Schwerbehindertenrentenangelegenheiten, Arbeitsunfällen, Berufskrankheiten, Angelegenheiten der Kranken- und Pflegeversicherung, Gestaltung einer individuellen Altersvorsorge und Berechnung für den Versorgungsausgleich. Weitergehende Informationen zu den Rentenberatern findet man im Internet unter „www.rentenberater.de".

3.4 Anträge, Rechtsmittel und Prozesskostenhilfe

a) Vor den Bezug von Sozialleistungen ist fast immer das Ausfüllen von Antragsformularen gesetzt, durch die auch Leute mit höherer Schulbildung in Verlegenheit geraten können. Deshalb müssen die Träger bei der Antragstellung behilflich sein, indem sie für die Ergänzung unvollständiger Anträge sorgen und auf klare und sachdienliche Angaben hinwirken. Wenn man den zuständigen Leistungsträger nicht kennt, kann man den Antrag auch bei einer **Gemeinde** oder einem **anderen Leistungsträger** einreichen; diese sind zur Weiterleitung an die zuständige Stelle verpflichtet (§ 16 SGB I). Allerdings kann man sich darauf leider nicht verlassen: Allzu oft bekommt man nämlich den Antrag von der unzuständigen Stelle zurück. Besser ist es also, selbst den zuständigen Leistungsträger zu ermitteln (indem man sich z.B. von Mitarbeitern eines Verbandes beraten lässt). Manchmal hilft es auch, wenn man in den Antrag schreibt: „Sollten Sie nicht für mich zuständig sein, bitte ich Sie, den Antrag an die zuständige Stelle weiterzuleiten".

Praxistipp: Anträge sollten aus Gründen der Rechtssicherheit stets schriftlich gestellt werden (von mündlichen Anträgen ist also dringend abzuraten). Dazu genügt – z.B. um eine Frist zu wahren – auch ein handschriftlicher Antrag („Hiermit beantrage ich ..."), sofern der Leistungsträger daraus erkennen kann, dass eine Leistung erwartet wird (er kann dann z.B. den Antragsteller beraten und die erforderlichen Formulare zusenden).
Wichtig ist, dass der Antrag dem Leistungsträger zugeht, also auch tatsächlich bei ihm ankommt. Man kann den Antrag persönlich abgegeben (z.B. wenn man in der Nähe des Leistungsträgers wohnt); dann sollte man sich den Eingang auf einer Antragskopie mit Datum, Unterschrift und Stempel bestätigen lassen (damit der Träger z.B. nicht behaupten kann, bei ihm sei nichts angekommen). Ansonsten kann man den Antrag auch per Fax schicken, den Fax-Sendebericht dann an die Kopie des Antrages heften und zusätzlich das Original des Antrags mit einfachem Brief schicken. Dies ist besser als die (teure) Zusendung mit Einschreiben, weil man mit dem Fax auch den Inhalt des Antrags (notfalls vor Gericht) beweisen kann, während das Einschreiben nur den Zugang des Antrags nachweist.

b) Für den Bereich der Rehabilitationsleistungen nach dem SGB IX sollen nach dem Willen des Gesetzgebers (vgl. § 22 SGB IX) die eigens für diesen Zweck eingerichteten **gemeinsamen Servicestellen** u.a. sicherstellen, dass Ratsuchende über Leistungsvoraussetzungen, Leistungen der Rehabilitationsträger, besondere Hilfen im Arbeitsleben sowie über die Verwaltungsabläufe informiert werden (vgl. oben 3.2 a)).
Die Beratung und Unterstützung in den gemeinsamen Servicestellen muss unverzüglich, trägerübergreifend und anbieterneutral für die Betroffenen erfolgen. Sie haben die behinderten und von Behinderung bedrohten Menschen umfassend, qualifiziert und bürgernah über alle in Betracht kommenden Rehabilitationsleistungen zu beraten sowie auf eine unverzügliche Leistungserbringung hinzuwirken. Die Unterstützung und Beratung reicht über die Bewilligung eines Antrages hinaus auch in die Zeit der Leistungserbringung hinein. Wird der Antrag des Leistungsberechtigten abgelehnt, haben die Servicestellen den davon Betroffenen bis zur Beendigung des Widerspruchverfahrens zu betreuen.
Neben den behinderten und von Behinderung bedrohten Menschen haben auch Vertrauenspersonen und Personenberechtigte (Eltern, Vormünder, Pfleger und Betreuer behinderter Menschen (§ 60 SGB IX)) den Anspruch auf Beratung und Unterstützung.

c) Mit Vollendung des 15. Lebensjahres dürfen auch schon **Minderjährige** Anträge stellen, doch kann der gesetzliche Vertreter die Handlungsfähigkeit durch schriftliche Erklärung gegenüber dem Leistungsträger einschränken. Dieser soll den gesetzlichen Vertreter über die Antragstellung informieren und muss seine Zustimmung einholen, wenn der Minderjährige auf eine Leistung verzichtet, ein Darlehen aufnimmt oder einen Antrag zurücknimmt (§ 36 SGB I).
Vor allem dann, wenn es um **Ermessensleistungen** geht
– Ermessensleistungen sind solche Leistungen, bei deren Gewährung dem Leistungsträger ein gewisser Entscheidungsspielraum (Ermessen) zusteht, in dessen Rahmen er aus mehreren Handlungsmöglichkeiten diejenige auswählen kann, die er für die zweckmäßigste hält –
ist es wichtig, den Antrag ausführlich zu begründen und ggf. auch Unterlagen beizufügen, nach denen im Antrag nicht ausdrücklich gefragt wurde. Gerade in der Sozialhilfe, wo es auf die persönlichen Verhältnisse des Hilfesuchenden ankommt (§ 9 SGB XII) und Fragen der Zumutbarkeit oder der Härte (z.B. in §§ 87, 90 SGB XII) eine besondere Rolle spielen, sind sorgfältige Begründungen eine wichtige Entscheidungshilfe für die Behörden.
Ansprüche gegenüber Sozialleistungsträgern verjähren 4 Jahre nach ihrem Entstehen (§ 45 SGB I).

d) Wird einem Antrag nicht stattgegeben, kann man innerhalb eines Monats nach Bekanntgabe des Bescheids („Verwaltungsakt“) **Widerspruch** erheben (§ 84 SGG, § 70 VwGO). Diese Frist ist in der Rechtsmittelbelehrung des Bescheids ebenso angegeben wie der Hinweis, bei welcher Behörde und in welcher Form der Widerspruch einzulegen ist: nämlich zur **Niederschrift** (d.h. zu Protokoll) bei der Behörde oder aber **schriftlich** (mündlich oder telefonisch genügt also nicht); besondere Formvorschriften gibt es ansonsten dafür nicht. Fehlt die Rechtsmittelbelehrung, verlängert sich die Widerspruchsfrist auf ein Jahr. Hinsichtlich der Begründung des Widerspruchs gilt dasselbe wie für den Antrag. Der Widerspruch hat aufschiebende Wirkung, wenn es sich um den Entzug laufender Sozialversicherungsleistungen handelt (z.B. Rente oder Krankengeld); dies bedeutet, dass diese Leistungen zunächst einmal nicht entzogen werden, bis über den Widerspruch (ggf. über eine anschließende Klage) entschieden wurde. Die aufschiebende Wirkung des Widerspruchs gilt jedoch nicht bei Bezug von Sozialhilfeleistungen, weil sie keine rentenähnliche Dauerleistungen darstellen.

Praxistipp: Wird der Widerspruch nicht fristgerecht eingelegt, so wird er bestandskräftig, also bindend. Damit der Widerspruch fristgerecht erfolgt, sollte man ihn spätestens innerhalb der dritten Woche nach Erhalt des Bescheids erheben. Dazu genügt es, den Widerspruch (zunächst) ohne Begründung einzulegen („Gegen den Bescheid vom ... lege ich hiermit Widerspruch ein und beantrage Akteneinsicht. Danach wird der Widerspruch begründet.“) Zur Akteneinsicht im Einzelnen unten 4.2.

e) Aus Gründen der Rechtssicherheit sollte das Widerspruchsschreiben mit Fax und zusätzlich mit einfachem Brief (also wie oben beim Antrag) geschickt werden. Das Widerspruchsverfahren ist kostenfrei (§ 64 SGB X). Ein **Beispiel** für einen Widerspruch ist auf S. 72 abgedruckt.

f) Wird auch dem Widerspruch nicht stattgegeben, kann man **Klage** erheben (Frist: innerhalb eines Monats). In der Regel muss **vor** der Klageerhebung das Widerspruchsverfahren durchgeführt werden, um der Behörde Gelegenheit zur Überprüfung ihrer Entscheidung zu geben und um die Gerichte zu entlasten; eine Klage ohne Widerspruchsverfahren ist dann unzulässig. Dies gilt sowohl für die Klage vor dem Verwaltungsgericht als auch für die Klage vor dem Sozialgericht. Ein **Beispiel** für eine Klage ist auf S. 73 abgedruckt. Zum Rechtsmittelverfahren vgl. das Schaubild auf S. 55.
Zur Frage, für welche Angelegenheiten z.B. das Sozial- oder das Verwaltungsgericht zuständig ist vgl. oben 3.3. b).

g) In den beiden wichtigsten Verfahren, nämlich in Sozialversicherungs- und Sozialhilfeprozessen, besteht für Versicherte sowie für Leistungsempfänger (einschließlich der Hinterbliebenen) **Gerichtskostenfreiheit** (§ 183 SGG). Auch die vom Gericht von Amts wegen durchgeführte Beweiserhebung nach §§ 103, 106 SGG (dies betrifft vor allem medizinische Gutachten) ist kostenfrei. Im Übrigen: Selbst wenn man (z.B. als Versicherter) den Prozess verliert, kann der gegnerische Leistungsträger keine Erstattung seiner außergerichtlichen Kosten verlangen.

h) Bleibt eine Behörde nach Eingang eines Antrages untätig, so gibt es drei rechtliche Möglichkeiten, die Bearbeitung des Antrags zu beschleunigen: Die **Dienstaufsichtsbeschwerde,** die **Untätigkeitsklage** und die **einstweilige Anordnung.**

Die **Dienstaufsichtsbeschwerde** richtet sich gegen einen Mitarbeiter des Sozialleistungsträgers persönlich; Adressat sind der Vorgesetzte des Mitarbeiters oder die vorgesetzte Behörde. Die Dienstaufsichtsbeschwerde hat zum Ziel, dass der Mitarbeiter angewiesen wird, sich ordnungsgemäß zu verhalten (und dass eventuell eine dienstrechtliche Sanktion verhängt wird). Dieser Rechtsbehelf, den man schriftlich formulieren sollte (von emotionalen Formulierungen ist dringend abzuraten), kann unter Umständen vom betroffenen Mitarbeiter als unangenehm empfunden werden und dazu führen, dass das beanstandete Verhalten geändert wird. Allerdings sollte man mit diesem Rechtsbehelf vorsichtig umgehen, insbesondere dann, wenn man weiterhin von künftigen Entscheidungen dieses Mitarbeiters abhängig ist.

Die **Untätigkeitsklage** kann gegen den Sozialleistungsträger entweder beim Sozialgericht (§ 88 SGG) oder beim Verwaltungsgericht (§ 75 VwGO) eingereicht werden; dies hängt davon ab, welche Gerichtsbarkeit für die Angelegenheit zuständig ist (z.B. das Sozialgericht für das Sozialhilferecht, das Verwaltungsgericht für das Jugendhilferecht). Allerdings kann man diese Klage beim **Sozialgericht** erst nach Ablauf einer Frist von sechs Monaten nach Antragstellung bzw. von drei Monaten seit Einlegung eines Widerspruchs einreichen; beim **Verwaltungsgericht** beträgt diese Sperrfrist drei Monate seit Antragstellung oder Einlegung eines Widerspruchs. Vor Einreichung einer Untätigkeitsklage sollte man freilich dem Leistungsträger eine angemessene Frist (z.B. zwei Wochen) für die Erledigung der Angelegenheit setzen. Praktischer Effekt der Untätigkeitsklage ist häufig, dass dann unverzüglich entschieden wird. Oft gibt es aber auch sachliche Gründe für die lange Bearbeitungszeit beim Leistungsträger (z.B. noch fehlende Befundberichte oder Gutachten, Arbeitsüberlastung), sodass das Gericht einen ausreichenden Grund für die Verzögerung als gegeben ansehen kann, dann dem Leistungsträger eine Frist für die Bearbeitung bestimmt und das Verfahren bis zum Ablauf der Frist aussetzt.

Rechtsmittelverfahren

Verwaltungsakt

dagegen

– Widerspruch – eventuell weitere Ermittlungen – Widerspruchsbescheid	Widerspruchsverfahren

dagegen

– Klage beim Verwaltungs- oder Sozialgericht – Ermittlung des Verwaltungs- oder Sozialgerichts – Urteil	1. Instanz

dagegen

– Berufung an Oberverwaltungsgericht/ Landessozialgericht – eventuell weitere Ermittlungen des Gerichts – Urteil	2. Instanz

dagegen

– Revision an Bundesverwaltungsgericht/ Bundessozialgericht – Urteil	3. Instanz

Aufgrund der langen Dauer der Klageverfahren stellt sich häufig die Notwendigkeit, den Anspruch in einem Eilverfahren durchzusetzen. In einem solchen Verfahren der **einstweiligen Anordnung** wird meist innerhalb weniger Wochen entschieden. Die einstweilige Anordnung, die entweder beim Sozialgericht (§ 86 b SGG) oder beim Verwaltungsgericht (§ 123 VwGO) beantragt werden kann, setzt einen Anordnungsanspruch und einen Anordnungsgrund voraus. **Anordnungsanspruch** bedeutet: Ein Rechtsanspruch (z.B. auf Leistungen der Eingliederungshilfe für behinderte Menschen nach §§ 53 ff. SGB XII) muss mit großer Wahrscheinlichkeit begründet sein und aller Voraussicht nach auch im Klageverfahren bestätigt werden (dafür muss der Antragsteller auch Tatsachen glaubhaft machen, aus denen der Anspruch abgeleitet werden kann). In Fällen, in denen die Behörde ein Ermessen hat, kann ein Anordnungsanspruch nur angenommen werden, wenn das Gericht der Ansicht ist, dass eine Ermessensreduzierung auf Null vorliegt und daher die beantragte Leistung die einzig mögliche Entscheidung der Behörde ist. **Anordnungsgrund** bedeutet: Es muss das

Bestehen der Gefahr glaubhaft gemacht werden, dass die Verwirklichung eines Rechts vereitelt oder wesentlich erschwert würde, und damit die Notwendigkeit einer sofortigen Regelung gegeben ist, etwa im Fall einer dringlichen Notlage (z.B. bei drohendem gesundheitlichem Schaden oder beim Erfordernis einer lebensnotwendigen medizinischen Behandlung). Das Vorliegen eines solchen Anordnungsgrundes wird von den Gerichten sehr genau geprüft.

i) Wer einen Anwalt für die gerichtliche Klärung seiner Angelegenheiten haben möchte und die Kosten dafür nicht, nur zum Teil oder nur in Raten aufzubringen vermag, kann im Wege der **Prozesskostenhilfe** (früher Armenrecht genannt) einen Anwalt seiner Wahl erhalten. Die Prozesskostenhilfe (PKH) ist in Voraussetzungen und Umfang in den §§ 114 ff. ZPO grundsätzlich geregelt. So können sich diejenigen Verfahrensgesetze, die in Angelegenheiten des Sozialrechts regelmäßig zur Anwendung kommen, darauf beschränken, auf diese grundsätzlichen Regelungen Bezug zu nehmen und lediglich einige Besonderheiten zu ergänzen (vgl. z.B. § 166 VwGO). Vor allem für das Sozialhilfe- und Sozialversicherungsrecht, aber auch für Streitigkeiten über die Feststellung der Schwerbehinderteneigenschaft, selbst wenn es lediglich um die Feststellung des Grades der Behinderung (GdB) geht, sind die Sozialgerichte zuständig (§ 51 Abs. 1 Nr. 7 SGG).
Die Gewährung der Prozesskostenhilfe ist – ebenso wie die Gewährung der Beratungshilfe – von den persönlichen und wirtschaftlichen Verhältnissen desjenigen abhängig, der um sein Recht kämpfen und vor Gericht streiten will. Der Gesetzgeber hat im Einzelnen (in § 115 ZPO) festgelegt, welche Beträge man von seinem Einkommen absetzen kann und wann die Kosten des Rechtsstreits aus der Staatskasse zu tragen sind bzw. (in Raten) von der prozessführenden Partei gezahlt werden müssen.
Zur Feststellung der finanziellen Belastbarkeit des Antragsstellers wird in § 115 ZPO geregelt, wie das vom Antragsteller einzusetzende Einkommen zu ermitteln ist. Dazu sind zunächst vom Nettoeinkommen bestimmte, an die Regelsätze der Sozialhilfe anknüpfende Beträge abzuziehen, die dem Antragsteller und seiner Familie als Lebensunterhalt zur Verfügung stehen müssen. Weiter können z.B. Wohn- und Heizungskosten sowie gegebenenfalls außergewöhnliche Belastungen abgezogen werden. Verbleiben dem Antragsteller nach diesen Abzügen monatlich 15,– € oder weniger, besteht grundsätzlich einstweilige Kostenfreiheit. Ein alleinstehender Rentner mit einer Rente von 764,– € pro Monat und einer Warm-Miete von 400,– € hätte z.B. keine Kosten zu tragen.
Liegt das einzusetzende Einkommen höher, sind als Eigenanteil monatliche Ratenzahlungen zu leisten, die sich wiederum an der Höhe des einzusetzenden Einkommens orientieren. So kann das Gericht etwa bei einem einzusetzenden Einkommen von 250,– € Monatsraten in Höhe von 75,– € anordnen.

Bei einer Rückzahlung der Prozesskosten in Raten müssen unabhängig von der Höhe der Kosten insgesamt höchstens 48 Monatsraten aufgebracht werden, gleichgültig, wieviele Instanzen der Prozess durchläuft. Darüber hinaus anfallende Kosten werden erlassen. **Hinweis**: Unter der Internetadresse http://www.pkh-fix.de wird die Möglichkeit geboten, sich kostenlos ein Programm zur Berechnung von Prozesskostenhilfe herunterzuladen.

Die zweite wesentliche Anspruchsvoraussetzung ist auch hier die („summarisch" zu prüfende) Erfolgsaussicht der beabsichtigten Rechtsverfolgung oder Rechtsverteidigung und eine Überprüfung, ob nicht mutwillig gestritten wird.

Die Prozesskostenhilfe dient dazu, einer Partei im Rahmen eines Rechtsstreits die Vertretung durch einen Anwalt zu ermöglichen. Nur die Kosten für diesen (eigenen) Anwalt werden aus der Staatskasse getragen. Weitere Kosten nicht. Es ist also wichtig, zu wissen, welche weitere Kosten entstehen können:

Im Rahmen eines jeden Rechtsstreits entstehen sogenannte außergerichtliche Kosten, das sind die Kosten, die den beiden Parteien, dem Kläger und dem Beklagten, entstehen; hierher gehören insbesondere die Anwaltskosten. Hinzu kommen die Gerichtskosten, die das Gericht erhebt, aber auch die Kosten für Zeugen und Sachverständige. Derjenige, dem Prozesskostenhilfe bewilligt worden ist, kann aufgrund dessen nur die Übernahme der Kosten für seinen eigenen Anwalt beanspruchen. Verliert er also den Rechtsstreit und wird er dementsprechend auch verurteilt, die Kosten des Rechtsstreits zu tragen, so muss er nachträglich trotz Bewilligung von Prozesskostenhilfe die Gerichtskosten und die außergerichtlichen Kosten der anderen Prozesspartei erstatten, soweit solche angefallen sind; das kann teuer sein (zur Gerichtskostenfreiheit und zu den außergerichtlichen Kosten bei den Sozialgerichten vgl. aber oben bei g). Die Prozesskostenhilfe bietet somit zwar eine wichtige Stütze für Rechtsuchende mit geringem Einkommen, deckt aber das mit einem Rechtsstreit verbundene **Kostenrisiko** nicht vollständig ab.

Der Antrag auf Bewilligung der Prozesskostenhilfe muss bei dem Prozessgericht gestellt werden; das ist das Gericht, vor dem schließlich der Rechtsstreit geführt werden soll. Bei einem Verfahren vor dem Sozialgericht ist dies in der Regel das Sozialgericht, in dessen Bereich der Kläger zur Zeit der Klageerhebung seinen Wohnsitz hat (§ 57 SGG). Dem Antrag auf Bewilligung von Prozesskostenhilfe müssen Angaben über das Streitverhältnis und eine Erklärung der rechtsuchenden Partei über ihre persönlichen und wirtschaftlichen Verhältnisse beigefügt werden.

In seltenen Fällen kommt es vor, dass das Gericht von § 118 ZPO Gebrauch macht. Danach kann das Gericht die Parteien zur mündlichen Erörterung laden, wenn eine Einigung zu erwarten ist. Gegebenenfalls kann ein Vergleich zu gerichtlichem Protokoll genommen werden.

Eine Besonderheit ergibt sich noch aus § 73 a Abs. 3 in Verbindung mit § 109 Abs. 1 Satz 2 SGG (Anhörung eines bestimmten Arztes). Sofern der Versicherte (z.B. bei einer Klage gegen eine Krankenkasse) beantragt, dass ein bestimmter Arzt gutachtlich gehört werden soll, muss das Gericht diesem Antrag stattgeben. Es kann die Anhörung allerdings davon abhängig machen, dass der Antragssteller die Kosten vorschießt oder endgültig trägt.

3.5 Benachteiligungsverbot, Gleichstellungsrecht, Allgemeines Gleichbehandlungsgesetz

a) Art. 3 Abs. 3 Satz 2 GG bestimmt: **„Niemand darf wegen seiner Behinderung benachteiligt werden“.** Dieses Benachteiligungsverbot muss allerdings umgesetzt und konkretisiert werden. Dieser Prozess der Umsetzung und Konkretisierung ist Aufgabe von Politik und Gesetzgebung. Seit dem Jahr 2000 sind in diesem Zusammenhang wichtige Gesetze erlassen worden, nämlich das SGB IX und das Behindertengleichstellungsgesetz (dazu das Schaubild auf Seite 62). Auf das SGB IX wird in den nachfolgenden Abschnitten noch näher eingegangen. Im Folgenden werden die wesentlichen Inhalte des Behindertengleichstellungsgesetzes (BGG) vorgestellt.

b) In § 1 BGG sind die drei **Zielvorgaben** des neuen Gesetzes geregelt. Danach gilt es, die Benachteiligung von behinderten Menschen zu beseitigen und zu verhindern sowie die gleichberechtigte Teilhabe von behinderten Menschen am Leben in der Gesellschaft zu gewährleisten und ihnen eine bestimmte Lebensführung zu ermöglichen. Dabei muss besonderen Bedürfnissen Rechnung getragen werden. § 1 BGG ist ein sog. Programmsatz; konkrete Rechte oder Pflichten bzw. sonstige Rechtsfolgen lassen sich daraus nicht ableiten.
Der Begriff der Behinderung wird in § 3 BGG wortgleich wie in § 2 Abs. 1 Satz 1 SGB IX definiert. Danach sind Menschen behindert, wenn ihre körperliche Funktion, geistige Fähigkeit oder seelische Gesundheit mit hoher Wahrscheinlichkeit länger als sechs Monate von dem für das Lebensalter typischen Zustand abweicht und daher ihre Teilhabe am Leben in der Gemeinschaft beeinträchtigt ist.
§ 2 Satz 1 BGG stellt klar, dass bei der Durchsetzung der Gleichberechtigung von Frauen und Männern die **besonderen Belange behinderter Frauen** zu berücksichtigen und bestehende Benachteiligungen zu beseitigen sind. Nach § 2 Satz 2 BGG sind besondere Maßnahmen zur Förderung der Gleichstellung behinderter Frauen zulässig. Der Gesetzgeber begründet diese Bevorzugung behinderter Frauen mit Art. 3 Abs. 2 und Abs. 3 Satz 2 GG, also der staatlichen Verpflichtung, auf die Beseitigung bestehender Benachteiligungen von Frauen hinzuwirken. Zugleich wird auf Artikel 141 Abs. 4 EG-Vertrag Bezug genommen, der es zur Erleichterung der Berufstätigkeit des unterrepräsentierten

Geschlechts oder zur Verhinderung bzw. zum Ausgleich von Benachteiligungen nicht verbietet, in der beruflichen Laufbahn spezifische Vergünstigungen beizubehalten bzw. zu beschließen. In der Gesetzesbegründung wird aber betont, dass bei gleicher Qualifikation eine nur leicht behinderte Frau nicht automatisch einem schwerstbehinderten Mann vorzuziehen sein wird.

Eine Neuerung sind die sog. **Zielvereinbarungen.** Nach § 5 BGG sollen zur Herstellung der Barrierefreiheit (definiert in § 4 BGG) – soweit nicht besondere gesetzliche oder verordnungsrechtliche Vorschriften entgegenstehen – Zielvereinbarungen zwischen Verbänden behinderter Menschen und Unternehmen oder Unternehmensbranchen der verschiedenen Wirtschaftsbranchen getroffen werden. Berechtigt zum Abschluss von Zielvereinbarungen sind nur solche Verbände, die die Voraussetzungen nach § 13 Abs. 3 BGG erfüllen und vom Bundesministerium für Arbeit und Sozialordnung „anerkannt" sind. Damit ist das Verfahren für die Anerkennung von Verbänden zur Verbandsklage angeglichen worden. **Ziel** ist es, dass dort, wo der Bundesgesetzgeber keine Regelungskompetenz hat oder keine Regelung treffen will, auf vertraglicher Grundlage einvernehmliche Regelungen geschaffen werden sollen. Eine Verpflichtung zum Abschluss einer Zielvereinbarung besteht nicht. Die Verbände behinderter Menschen können von den Unternehmen aber die Aufnahme von Verhandlungen über Zielvereinbarungen verlangen, § 5 Abs. 1 Satz 3 BGG. **Inhalt** einer Zielvereinbarung (§ 5 Abs. 2 BGG) zur Herstellung von Barrierefreiheit können insbesondere Bestimmungen zum Geltungsbereich, die Festlegung von Mindestbedingungen darüber, wie der gestaltete Lebensbereich künftig zu verändern ist sowie der Zeitpunkt oder ein Zeitplan für die Erfüllung der festgelegten Mindestbestimmungen sein. Des weiteren kann eine Vertragsstrafe verabredet werden. Um Unternehmen davor zu schützen, dass zeitgleich oder nacheinander verschiedene Verbände die Aufnahme von Verhandlungen verlangen, ist in § 5 Absatz 3 BGG vorgeschrieben, dass der Verband, der als erster an ein Unternehmen herantritt, dies gegenüber einem „Zielvereinbarungsregister", das beim Bundesministerium für Arbeit und Sozialordnung geführt wird, anzuzeigen hat. Das Ministerium veröffentlicht die notwendigen Angaben im Internet. Innerhalb von vier Wochen können sich dann andere Verbände diesem Verfahren anschließen. Nachdem die Beteiligten feststehen, sind die Verhandlungen innerhalb weiterer vier Wochen aufzunehmen. Weitere Einzelheiten zum Verhandlungsanspruch der anerkannten Verbände regelt § 5 Abs. 4 BGG.

Eine Übersicht über die anerkannten Verbände nach § 5 Abs. 1 Satz 1 in Verbindung mit § 13 Abs. 3 BGG sowie weitere Hinweise zum Abschluss von Zielvereinbarungen findet man auf der Internetseite: http://www.bmas.bund.de.

Nach § 6 Abs. 1 BGG wird die Deutsche **Gebärdensprache** als eine eigenständige Sprache anerkannt. Lautsprachbegleitende Gebärden werden als Kommunikationsform der deutschen Sprache anerkannt. Für die Praxis bedeutsam

ist das in § 6 Abs. 3 BGG normierte Recht hörbehinderter Menschen (Gehörloser, Ertaubter, Schwerhöriger), nach Maßgabe der einschlägigen Gesetze die Deutsche Gebärdensprache oder lautsprachbegleitende Gebärden zu verwenden. § 6 Abs. 3 BGG stellt somit klar, dass ein konkreter Anspruch hörbehinderter Menschen auf Verwendung dieser Kommunikationsformen allgemein nicht eingeräumt wird. Der konkrete Anspruch richtet sich vielmehr nach den einschlägigen Spezialgesetzen, wie z.B. § 17 SGB I, § 57 SGB IX, § 19 SGB X sowie den Gesetzen über das gerichtliche Verfahren (ArbGG, GVG, ZPO usw.).
Eines der zentralen Ziele des BGG ist die Herstellung von **Barrierefreiheit** für behinderte Menschen. Barrierefreiheit besteht nach der Definition des § 4 BGG dann, wenn „Verkehrsmittel, technische Gebrauchsgegenstände, Systeme der Informationsverarbeitung, akustische und visuelle Informationsquellen und Kommunikationseinrichtungen sowie andere gestaltete Lebensbereiche" … „für behinderte Menschen in der allgemein üblichen Weise, ohne besondere Erschwernis und grundsätzlich ohne fremde Hilfe zugänglich und nutzbar sind." § 8 BGG regelt dabei die Herstellung der Barrierefreiheit in den Bereichen Bau und Verkehr, § 11 BGG die barrierefreie Informationstechnik und § 10 BGG regelt Einzelheiten bei der Gestaltung von Bescheiden, amtlichen Informationen und Vordrucken.
Große zivile Neu-, Um- oder Erweiterungsbauten des Bundes „sollen" (§ 8 Abs. 1), sonstige bauliche oder Anlagen, öffentliche Wege, Plätze und Straßen sowie öffentlich zugängliche Verkehrsanlagen und Beförderungsmittel im öffentlichen Personenverkehr „sind" nach § 8 Abs. 2 BGG barrierefrei zu gestalten. § 8 Abs. 1 BGG stellt eine Selbstverpflichtung des Bundes dar. Die Ausgestaltung als Soll-Vorschrift bezweckt, einen unverhältnismäßigen Mehraufwand im Einzelfall berücksichtigen zu können. Entsprechend der Gesetzesbegründung gilt ein Neu-, Um- oder Erweiterungsbau als „groß", wenn durch die baulichen Maßnahmen Kosten von mehr als 1 Mio. Euro ausgelöst werden. Die Vorschrift betrifft nicht Bauunterhaltungsmaßnahmen und lässt auch den bisherigen Bestandsschutz unberührt. Bei der barrierefreien Gestaltung sollen die allgemein anerkannten Regeln der Technik, insbesondere die aktuellen DIN-Vorschriften berücksichtigt werden.
Nach § 11 Abs. 1 BGG haben Träger öffentlicher Gewalt ihre Internet- und Intranetseiten technisch so zu gestalten, dass sie von behinderten Menschen grundsätzlich uneingeschränkt benutzt werden können. § 11 Abs. 1 BGG findet damit Anwendung auf das Rechtsverhältnis zwischen Verwaltung und Bürgern. Gegenüber den Mitarbeitern ist die öffentliche Verwaltung bereits aus § 81 Abs. 4 SGB IX als Arbeitgeber verpflichtet. Nach § 11 Abs. 2 BGG hat die Bundesregierung darauf hinzuwirken, dass gewerbsmäßige Anbieter von Internetseiten ihre Produkte im Wege von Zielvereinbarungen nach § 5 BGG entsprechend den Vorgaben von Absatz 1 gestalten.

Nach § 10 Abs. 1 BGG ist bei der Gestaltung von schriftlichen Bescheiden, Vordrucken oder amtlichen Informationen die Behinderung von Menschen zu berücksichtigen. Blinde und sehbehinderte Menschen können verlangen, dass ihnen Bescheide, Vordrucke und amtliche Informationen in einer für sie wahrnehmbaren Form zugänglich gemacht werden. Die Zugänglichmachung hat kostenlos zu erfolgen, d.h. es dürfen keine Gebühren erhoben und keine Kostenerstattung von den behinderten Menschen verlangt werden.

Wird der behinderte Mensch in seinen Rechten nach dem BGG verletzt, können an seiner Stelle und mit seinem Einverständnis **Verbände,** die nicht selbst am Prozess beteiligt sind, Rechtsschutz beantragen, § 12 BGG. Mit § 13 BGG wurde darüber hinaus ein echtes Verbandsklagerecht gesetzlich normiert (dazu oben 3.3. b) cc).

Des Weiteren änderte das BGG in zahlreichen Artikeln verschiedene **berufsrechtliche Vorschriften** (z.B. Apotheker-, Ärzte-, Anwalts-, Notarordnung), um Formulierungen wie „Gebrechen" durch neutralere Begriffe zu ersetzen. Es wurde außerdem (unter anderem) das **Gaststättenrecht** geändert und verlangt, dass bei Neubauten oder „wesentlichen" Um- oder Erweiterungsbauten, für die nach dem 1. November 2002 eine Baugenehmigung erteilt wird oder die (falls keine Baugenehmigung erforderlich ist) nach dem 1. Mai 2002 fertiggestellt werden, die Barrierefreiheit hergestellt wird (z.B. Rampen für Rollstuhlfahrer, Behinderten-WC). Durch die Änderung des § 4 Abs. 1 Gaststättengesetz wurde die barrierefreie Ausgestaltung der Räume einer Gaststätte zur Voraussetzung für die Erteilung einer Gaststättenerlaubnis. Was als „wesentlicher" Um- oder Erweiterungsbau anzusehen ist, wird im Gesetz nicht festgelegt und ergibt sich auch nicht aus der Gesetzesbegründung. In Fällen, in denen die Herstellung der Barrierefreiheit aus technischen (bspw. Kellerlokal) oder rechtlichen Gründen (bspw. baurechtliche Gründe) unmöglich oder unzumutbar ist, kann abweichend von obiger Regelung die Erlaubnis erteilt werden. Dies gebietet der Grundsatz der Verhältnismäßigkeit.

Einzelheiten zur Barrierefreiheit werden durch **Rechtsverordnungen** geregelt, z.B. durch die Verordnung zur Schaffung barrierefreier Informationstechnik nach dem BGG (auf der Grundlage des § 11 Abs. 1. Satz 2 BGG, vgl. oben bb).

Für die Verwaltungen der Länder, die Gemeinden, die Gemeindeverbände und sonstigen der Länderaufsicht unterstehenden Körperschaften des öffentlichen Rechts (z.B. Universitäten) sowie die Gerichte und Staatsanwaltschaften gelten **Landesgleichstellungsgesetze** (z.B. in Baden-Württemberg, Bayern, Berlin, Brandenburg, Bremen, Hessen, Nordrhein-Westfalen, Rheinland-Pfalz, Saarland, Sachsen, Sachsen-Anhalt, Schleswig-Holstein).

Neben dem Behindertengleichstellungsgesetz arbeitet die Bundesregierung derzeit auch noch an der Umsetzung eines Gesetzes zum Schutz vor Diskriminierungen (Antidiskriminierungsgesetz – ADG). Ein entsprechender

Gesetzesentwurf der Bundesregierung liegt dazu dem Parlament vor. Ziel dieses Gesetzes soll zum einem die grundlegende Verbesserung des Schutzes vor Diskriminierung im Sinne Art. 3 GG z. B. durch Einrichtung einer Antidiskriminierungsstelle des Bundes sein. Darüber hinaus enthält der Entwurf aber auch detaillierte Regelungen zum Schutz vor Diskriminierungen in Beschäftigung und Beruf sowie Regelungen zum Schutz vor Diskriminierung im Zivilrecht. Wann das Gesetz in Kraft treten wird, lässt sich zurzeit noch nicht sagen.

c) Am 18.8.2007 ist das **Allgemeine Gleichbehandlungsgesetz** (AGG) in Kraft getreten. Mit dem AGG werden vier europäische Antidiskriminierungsrichtlinien in deutsches Recht umgesetzt. **Ziel** des AGG ist es, Benachteiligung wegen bestimmter Gründe (Rasse, ethnische Herkunft, Geschlecht, Religion, Weltanschauung, Behinderung, Alter und sexueller Identität) zu verhindern oder zu beseitigen (§ 1 AGG). Der **Anwendungsbereich** des AGG bezieht sich nach dessen § 2 Abs. 1 vor allem auf Benachteiligungen im Berufsleben und bei Zugang zu sowie bei der Versorgung mit Gütern und Dienstleistungen, die der Öffentlichkeit zur Verfügung stehen (einschließlich Wohnraum). Für behinderte Menschen erweitert sich damit der schon bislang im Arbeitsrecht (für schwerbehinderte Menschen) bestehende Diskriminierungsschutz. Zusätzliche Bedeutung hat das AGG für behinderte Menschen im Bereich des Zivilrechts unter bestimmten Voraussetzungen für Geschäfte, die generell mit jedermann abgeschlossen werden (wie sie im Tourismus, im Gastgewerbe und im übrigen Dienstleistungsbereich vorkommen) sowie für private Verträge (einschließlich Versicherungs- und Mietverträgen).
Der Begriff der **Behinderung** i.S. des AGG entspricht dem Begriff der Behinderung nach § 2 Abs. 1 SGB IX, ist also nicht auf die Schwerbehinderung beschränkt. Aus einer chronischen Krankheit (z.B. Rheuma, Diabetes) muss aber nicht eine Behinderung folgen; allerdings kann eine Behinderung Folge oder Begleiterscheinung einer chronischen Krankheit sein, wenn die Merkmale des § 2 Abs. 1 SGB IX vorliegen. Die benachteiligenden Handlungen definiert § 3 AGG:
Eine **unmittelbare Benachteiligung** liegt vor, wenn eine Person wegen eines in § 1 AGG genannten Grundes eine weniger günstige Behandlung erfährt, als eine andere Person in einer vergleichbaren Situation erfährt, erfahren hat oder erfahren würde.
Eine **mittelbare Benachteiligung** liegt vor, wenn dem Anschein nach neutrale Vorschriften, Kriterien oder Verfahren Personen wegen eines in § 1 AGG genannten Grundes gegenüber anderen Personen in besonderer Weise benachteiligen können, es sei denn, die betreffenden Vorschriften, Kriterien oder Verfahren sind durch ein rechtmäßiges Ziel sachlich gerechtfertigt und die Mittel sind zur Erreichung dieses Zieles angemessen und erforderlich.

Eine **Belästigung** ist eine Benachteiligung, wenn unerwünschte Verhaltensweisen, die mit einem in § 1 AGG genannten Grund in Zusammenhang stehen, bezwecken oder bewirken, dass die Würde der betreffenden Person verletzt und ein von Einschüchterungen, Anfeindungen, Erniedrigungen, Entwürdigungen oder Beleidigungen gekennzeichnetes Umfeld geschaffen wird.
Eine **sexuelle Belästigung** ist eine Benachteiligung in Bezug auf § 2 Abs. 1 Nr. 1 bis 4 AGG, wenn ein unerwünschtes, sexuell bestimmtes Verhalten, wozu auch unerwünschte sexuelle Handlungen und Aufforderungen zu diesen, sexuell bestimmte körperliche Berührungen, Bemerkungen sexuellen Inhalts sowie unerwünschtes Zeigen und sichtbares Anbringen von pornografischen Darstellungen gehören, bezweckt oder bewirkt, dass die Würde der betreffenden Person verletzt wird, insbesondere wenn ein von Einschüchterungen, Anfeindungen, Erniedrigungen, Entwürdigungen oder Beleidigungen gekennzeichnetes Umfeld geschaffen wird.
Im Übrigen gilt die **Anweisung zur Benachteiligung** einer Person aus einem in § 1 AGG genannten Grund als Benachteiligung. Eine solche Anweisung liegt in Bezug auf § 2 Abs. 1. Nr. 1 bis 4 AGG insbesondere vor, wenn jemand eine Person zu einem Verhalten bestimmt, das einen Beschäftigten oder eine Beschäftigte wegen eines in § 1 AGG genannten Grundes benachteiligt oder benachteiligen kann.

aa) **Schutz der Beschäftigten vor Benachteiligungen:** Arbeitnehmer, Auszubildende und arbeitnehmerähnliche Personen dürfen nach § 7 AGG wegen eines der in § 1 AGG genannten Merkmale (z.B. Behinderung) nicht benachteiligt werden. Damit wurde das bereits bisher im Bürgerlichen Gesetzbuch für das Merkmal Geschlecht enthaltene Diskriminierungsverbot auf alle in § 1 AGG genannten Merkmale ausgedehnt und in das AGG übernommen.
Das Verbot, z.B. Arbeitnehmer wegen ihrer Behinderung zu benachteiligen gilt für Arbeitgeber ebenso wie für Dritte, z.B. Arbeitskollegen oder Kunden des behinderten Menschen. Ein Verstoß gegen das Verbot der Benachteiligung stellt eine Verletzung vertraglicher Pflichten dar. Vertragsbestimmungen, die gegen dieses Diskriminierungsverbot verstoßen, sind unwirksam (§ 7 AGG). Da das Benachteiligungsverbot auch Dritte umfasst, muss der Arbeitgeber Maßnahmen treffen, um seine Beschäftigten vor Benachteiligungen zu schützen. Bei Verstößen von Kollegen gegen das Benachteiligungsverbot hat er ggf. die entsprechenden verhältnismäßigen Maßnahmen zu ergreifen, um diese Benachteiligung zu unterbinden (z.B. durch Abmahnung, Umsetzung und ggf. Kündigung). Aber auch vorbeugend muss der Arbeitgeber tätig werden, indem er beispielsweise dieses Gesetz sowie Informationen über die Behandlung von Beschwerden nach dem AGG im Betrieb bekannt macht. Aber auch Schulungen können in Betracht kommen, um Diskriminierungen bereits im Vorfeld vorzubeugen.

Kommt es dennoch zu einer Benachteiligung im Sinne des AGG, hat der Betroffene zunächst das Recht, sich beim Arbeitgeber bzw. den zuständigen Stellen des Betriebs, des Unternehmens oder der Dienststelle zu **beschweren** (§ 13 AGG). Ergreift der Arbeitgeber auf die Beschwerde hin keine geeigneten Maßnahmen, um die Benachteiligungen zu unterbinden, hat der Beschäftigte das Recht, zu seinem Schutz die **Arbeit einzustellen,** ohne dass er den Anspruch auf das Entgelt verliert (§ 13 AGG).
Schließlich kann der Arbeitgeber bei einem **schuldhaften** Verstoß gegen das Benachteiligungsverbot verpflichtet sein, den dem Betroffenen dadurch entstandenen **konkreten Vermögensschaden** nach § 15 Abs. 1 AGG zu ersetzen (z. B. Ersatz der Bewerbungskosten). **Zusätzlich** kann die benachteiligte Person aber nach § 15 Abs. 2 AGG auch eine **angemessene Entschädigung in Geld** verlangen (als Ersatz des immateriellen Schadens, der durch die Benachteiligung und damit durch die Verletzung des Persönlichkeitsrechts entstanden ist); bei diesem Entschädigungsanspruch kommt es auf ein Verschulden des Arbeitgebers **nicht** an. Was eine „angemessene" Entschädigung ist, sagt das Gesetz nicht; dies wird von zahlreichen Umständen des Einzelfalles abhängen (z. B. Schwere des Verstoßes). Im Fall der Diskriminierung eines behinderten Menschen bei einer Einstellungsentscheidung könnte z. B. im „Normalfall" die Entschädigung bei vier Monatsverdiensten liegen.
Allerdings ist zu beachten, dass das Benachteiligungsverbot nicht grenzenlos besteht. Nach §§ 8, 9 und 10 AGG kann **ausnahmsweise** eine **unterschiedliche** Behandlung dann gerechtfertigt sein, wenn Grund für die unterschiedliche Behandlung die Art der auszuübenden Tätigkeit oder die Bedingung ihrer Ausübung ist und dies eine entscheidende berufliche Anforderung darstellt (z. B. für das Merkmal Behinderung: Nichteinstellung eines schwer Rückengeschädigten als Lagerarbeiter in einem Betrieb, in dem schwere Materialien von Personen umgelagert werden müssen).

bb) **Schutz vor Benachteiligungen im Zivilrecht:** Gänzlich neu ist, dass eine Benachteiligung bei der Begründung, Durchführung und Beendigung zivilrechtlicher Schuldverhältnisse, die ein Massengeschäft oder eine privatrechtliche Versicherung zum Gegenstand haben, nach § 19 AGG grundsätzlich verboten ist. Die Benachteiligung wegen der Weltanschauung wird von den Regelungen der §§ 19 ff. AGG jedoch nicht umfasst.
Massengeschäfte sind solche Geschäfte, die typischerweise ohne Ansehen der Person in einer Vielzahl von Fällen zu gleichen Bedingungen abgeschlossen werden (z. B. Dienstleistungen in Gastronomie, Einzelhandel, Transportgewerbe oder Freizeiteinrichtungen). Bei Schuldverhältnissen, bei denen ein besonderes Nähe- oder Vertrauensverhältnis begründet wird (Vertrag als Pflegekraft oder Haushaltshilfe), sowie für familien- und erbrechtliche Schuldverhältnisse

findet das Benachteiligungsverbot keine Anwendung. Bei Vermietung von Wohnraum ist in der Regel erst dann von einem Massengeschäft auszugehen, wenn der Vermieter mehr als 50 Wohnungen vermietet.
Auch der Schutz vor Benachteiligungen im Zivilrecht ist begrenzt. **Unterschiedliche** Behandlungen sind dann möglich, wenn ein sachlicher Grund vorliegt (dazu im Einzelnen § 20 AGG). Ein sachlicher Grund ist u.a. dann gegeben, wenn die unterschiedliche Behandlung der Vermeidung von Gefahren oder der Verhütung von Schäden dient, dem Bedürfnis nach Schutz der Intimsphäre oder der persönlichen Sicherheit des Betroffenen Rechnung trägt (Ausschluss der Benutzung von bestimmten Fahrgeschäften für Personen mit körperlichen Behinderungen oder bis zu einen bestimmten Alter) oder wenn besondere Vorteile gewährt werden, aufgrund derer ein Interesse an der Durchsetzung der Gleichbehandlung fehlt (Preisnachlässe, Sonderkonditionen nur für behinderte Menschen).
Beim Abschluss von **Versicherungen** ist eine unterschiedliche Behandlung (höhere Beiträge, Risikoausschluss) z.B. von behinderten Menschen erlaubt, wenn sich aufgrund anerkannter versicherungsmathematischer Ermittlungen und Kalkulationen ergibt, dass von einer bestimmten Personengruppe ein höheres Schadensrisiko ausgeht. Die Risikomerkmale müssen statistisch erfassbar sein und einen deutlichen Zusammenhang mit der Schadenserwartung haben.
Bei einem Verstoß gegen das Benachteiligungsverbot im Zivilrecht kann zunächst die Beseitigung bzw. Unterlassung der Beeinträchtigung verlangt werden (§ 21 Abs. 1 AGG). Darüber hinaus kann der Benachteiligte bei Verschulden des Benachteiligenden den Ersatz seines **konkreten Vermögensschadens** verlangen (§ 21 Abs. 2 Satz 1 AGG). Und zusätzlich kann der Benachteiligte (auch wenn kein Verschulden des Benachteiligenden vorliegt) eine **angemessene Entschädigung** in Geld verlangen (§ 21 Abs. 2 Satz 2 AGG). Hier gilt das oben bei a) zu Schadensersatz und Entschädigung Ausgeführte entsprechend.

cc) **Sonstiges:** Kommt es zu einem Rechtsstreit, muss grundsätzlich die klagende Partei die für sie günstigen, anspruchsbegründeten Tatsachen beweisen. § 22 AGG sieht jedoch eine sog. **Beweislastumkehr** für diesen Fall vor. Beweist eine Partei im Streitfall Indizien, die eine Benachteiligung wegen eines der in § 1 AGG genannten Merkmale vermuten lassen, dann trägt die andere Partei die Beweislast dafür, dass kein Verstoß gegen die Bestimmungen zum Schutz vor Benachteiligungen vorliegt.
Unterstützung erhalten Betroffene von den sogenannten Antidiskriminierungsverbänden (§ 23 AGG) sowie von der „Antidiskriminierungsstelle“ des Bundes (§ 25 ff. AGG):

Benachteiligungsverbot des Art. 3 Absatz 3 Satz 2 Grundgesetz: „Niemand darf wegen seiner Behinderung benachteiligt werden."

Umsetzung des Benachteiligungsverbots ist eine „dringliche politische und gesetzgeberische Aufgabe"; „Im Mittelpunkt der politischen Anstrengungen stehen… nicht mehr die Fürsorge und die Versorgung von behinderten Menschen, sondern ihre selbstbestimmte Teilhabe am gesellschaftlichen Leben und die Beseitigung der Hindernisse, die ihrer Chancengleichheit entgegenstehen" (einstimmiger interfraktioneller Entschließungsantrag des Deutschen Bundestags vom 19.5.2000, Bundestags-Drucks. 14/2913).

Sozialgesetzbuch – Neuntes Buch (SGB IX), in Kraft seit 1.7.2001:	**Gesetz zur Gleichstellung behinderter Menschen (Behindertengleichstellungsgesetz – BGG), in Kraft seit 1.5.2002:**	**Allgemeines Gleichbehandlungsgesetz (AGG), in Kraft seit 18.8.2007:**
Rehabilitation und Teilhabe behinderter Menschen	*Gleichstellung im öffentlichen Bereich/im öffentlichen Recht*	*Verbot der Benachteiligung aus bestimmten Gründen (z. B. wegen Behinderung)*
(Rehabilitationsrecht, Schwerbehindertenrecht)	Kernbereich: barrierefrei gestaltete Lebensbereiche (Beseitigung insbesondere räumlicher Barrieren und Kommunikations-Barrieren	insbesondere im Bereich des Arbeits- und Zivilrechts
	in den Ländern: **Landesgleichstellungsgesetze**	

Antidiskriminierungsverbände sind Verbände mit mindestens 75 Mitgliedern, die nicht gewerbsmäßig und nicht nur vorübergehend die besonderen Interessen von benachteiligten Personen oder Personengruppen wahrnehmen und dies auch zu den satzungsgemäßen Zielen gehört.

Mit Inkrafttreten des AGG hat auch die unabhängig arbeitende bundesweite **Antidiskriminierungsstelle** (ADS), die beim Bundesministerium für Familie, Senioren, Frauen und Jugend ihren Sitz hat, ihre Arbeit aufgenommen. Die Antidiskriminierungsstelle soll Anlaufstelle für alle Menschen sein, die sich wegen der im AGG genannten Gründe benachteiligt fühlen. Gesetzliche Aufgaben der Antidiskriminierungsstelle sind Information, Beratung und auf Wunsch Unterstützung von Betroffenen bei einer gütlichen Beilegung, ggf. Vermittlung ortsnaher Unterstützungsangebote, Öffentlichkeitsarbeit, Maßnahmen zur Verhinderung von Benachteiligungen, Durchführung wissenschaftlicher Untersuchungen, regelmäßige Vorlage eines Berichtes an den Deutschen Bundestag,

verbunden mit Empfehlungen zur Beseitigung und Vermeidung von Benachteiligungen. Eine Zusammenarbeit ist gesetzlich vorgeschrieben mit den Beauftragten der Bundesregierung und des Deutschen Bundestages, deren Zuständigkeit berührt ist (z.B. Integrationsbeauftragte, Behindertenbeauftragte), Nichtregierungsorganisationen sowie Einrichtungen, die auf europäischer, Bundes-, Landes- oder regionaler Ebene zum Schutz vor Benachteiligungen tätig sind. Die Antidiskriminierungsstelle wird in ihrer Arbeit durch einen zu gleichen Teilen mit Frauen und Männern besetzten Beirat unterstützt, in dem gesellschaftiche Gruppen und Organisationen (z.B. die Tarifpartner) vertreten sind. Alle Bundesbehörden sind der Stelle gegenüber auskunftspflichtig.
Die Antidiskriminierungsstelle ist wie folgt erreichbar: Alexanderstraße 3, 10178 Berlin; Telefon: 03018/555-1865; Fax: 03018/555-41865; E-Mail: ads@bmfsfj.bund.de.

4. Die Beziehungen zwischen behinderten Menschen, Leistungsträgern und Einrichtungen

4.1 Mitgliedschaft und Beitrittsrechte behinderter Menschen zur Sozialversicherung

a) Obwohl behinderte Menschen in den **„Werkstätten für behinderte Menschen"** in der Regel nicht als Arbeitnehmer im Sinn des Arbeitsrechts gelten (s. unter 4.4 und 9.1.10), werden sie (während ihres Einsatzes im Berufsbildungs- und Arbeitsbereich) in der Kranken-, Pflege- und Rentenversicherung wie Arbeitnehmer behandelt; sie sind also versicherungspflichtig (§§ 5 Abs. 1 Nr. 7 SGB V, § 20 Abs. 1 Nr. 7 SGB XI, § 1 Abs. 1 Nr. 2 a SGB VI). Versicherungspflichtig in der Kranken-, Pflege- und Rentenversicherung sind ferner behinderte Menschen, die in Anstalten, Heimen oder gleichartigen Einrichtungen (z.B. in der Küche) in gewisser Regelmäßigkeit beschäftigt sind; Voraussetzung ist allerdings, dass sie 1/5 der Arbeitsleistung eines voll erwerbsfähigen Beschäftigten in gleichartiger Beschäftigung erbringen (§§ 5 Abs. 1 Nr. 8 SGB V, § 20 Abs. 1 Nr. 8 SGB XI, § 1 Abs. 1 Nr. 2 b) SGB VI). Beide Gruppen dieser Behinderten sind zudem kraft Gesetzes in der gesetzlichen Unfallversicherung versichert (§ 2 Abs. 1 Nr. 4, Abs. 2 SGB VII).
Die Beiträge zur Kranken-, Pflege- und Rentenversicherung werden auf der Basis eines fingierten Arbeitsentgelts entrichtet. Bei der **Rentenversicherung** wird als ein solches fiktives Arbeitsentgelt 80% der monatlichen Bezugsgröße nach § 18 SGB IV zugrunde gelegt (vgl. § 162 Nr. 2 SGB VI). Bei der **gesetzlichen Krankenversicherung** und der **sozialen Pflegeversicherung** sind es mindestens 20% dieser Bezugsgröße (sofern nicht das tatsächlich erzielte Arbeitsentgelt höher ist; vgl. § 235 Abs. 3 SGB V, § 57 Abs. 1 SGB XI). Die Beiträge werden den Trägern der Werkstatt, die sie abführen, von dem für den behinderten Menschen jeweils zuständigen Sozialleistungsträger erstattet. **Arbeitslosenversichert** sind in Werkstätten nur die Behinderten, die sich dort zur Ausbildung befinden und bei denen eine Eingliederung auf dem allgemeinen Arbeitsmarkt zu erwarten ist (§ 26 Abs. 1 Nr. 1 SGB III). Wer aber vom zuständigen Rentenversicherungsträger als berufs- oder erwerbsunfähig eingestuft ist und auf dem allgemeinen Arbeitsmarkt nicht als vermittelbar gilt, ist auch nicht gegen Arbeitslosigkeit versichert (§ 28 Nr. 3 SGB III).

b) Sozialversichert sind unter bestimmten (recht komplizierten) Voraussetzungen auch die **Rehabilitanden,** die Krankengeld, Verletztengeld, Versorgungskrankengeld (s. unten 8.3) oder Übergangsgeld (s. unten 8.4) beziehen.
Wichtig ist in diesem Zusammenhang folgende Regelung: Teilnehmer an Maßnahmen zur Teilhabe am Arbeitsleben (zu diesen Maßnahmen s. unten 6.4) sind **nicht arbeitslosenversicherungspflichtig** (Ausnahme: § 26 Abs. 2 Nr. 1

SGB III). Dies bedeutet, dass sie nach Beendigung einer solchen Maßnahme unter Umständen keinen Anspruch auf anschließendes Arbeitslosengeld haben, wenn sie nicht gleich in einen neuen Arbeitsplatz vermittelt werden können. Dafür erhalten sie bis zu drei Monate nach Beendigung der Maßnahme zur Teilhabe am Arbeitsleben von dem entsprechenden Rehabilitationsträger ein Übergangsgeld (s. unten 8.4). Voraussetzung hierfür ist, dass sich der Versicherte beim Arbeitsamt arbeitslos gemeldet hat. Hat der Arbeitnehmer noch aus einer vor der Maßnahme zur Teilhabe am Arbeitsleben liegenden Beschäftigung einen Restanspruch auf Arbeitslosengeld, so verringert sich der 3-Monats-Zeitraum der Übergangsgeldzahlung nach der abgeschlossenen Maßnahme entsprechend.
Um Zahlungsausfälle bei dem sich gegebenenfalls anschließenden Arbeitslosengeld oder Übergangsgeld zu vermeiden, sollten sich die Teilnehmer an Maßnahmen zur Teilhabe am Arbeitsleben, die keinen Arbeitsplatz finden, möglichst schon kurz vor Abschluss der Maßnahme, spätestens aber im unmittelbaren Anschluss beim Arbeitsamt arbeitslos melden. In diesem Fall schließt sich dann der gegebenenfalls noch bestehende Restanspruch auf Arbeitslosengeld oder der Anspruch auf Übergangsgeld nahtlos an das Ende Maßnahme zur Teilhabe am Arbeitsleben an.
Im Gegensatz zum oben genannten Wegfall der Arbeitslosenversicherungspflicht für Teilnehmer an Maßnahmen zur Teilhabe am Arbeitsleben bleibt die Kranken-, Pflege- und Rentenversicherungspflicht für sie erhalten. Der jeweilige Leistungsträger zahlt die entsprechenden Beiträge, sodass der Kranken- und Pflegeversicherungsschutz während der Dauer der Maßnahme aufrecht erhalten bleibt und die Zeit der Teilnahme an einer solchen Maßnahme auch später bei der Rente als Beitragszeit berücksichtigt wird (§ 5 Abs. 1 Nr. 6 SGB V, § 20 Abs. 1 Nr. 6 SGB XI, § 3 Satz 1 Nr. 3 SGB VI). Für Teilnehmer an Maßnahmen zur **medizinischen** Rehabilitation besteht unverändert Arbeitslosenversicherungspflicht, ebenso wie Kranken-, Pflege-, und Rentenversicherungspflicht.

c) In der **gesetzlichen Krankenversicherung** und der **sozialen Pflegeversicherung** haben **behinderte Kinder** eine Sonderstellung: Sie sind zeitlich unbegrenzt im Rahmen der sog. Familienversicherung versichert, wenn ein Elternteil Mitglied der Kranken- bzw Pflegeversicherung (als sog. Stammversicherter) ist und das Kind außerstande ist, sich selbst zu unterhalten. Voraussetzung ist ferner, dass die Behinderung grundsätzlich vor Vollendung des 18. Lebensjahres (unter bestimmten Umständen auch später) eingetreten ist (§ 10 Abs. 1 Nr. 4 SGB V, § 25 Abs. 2 Nr. 4 SGB XI).
Ein **Beitrittsrecht** zur gesetzlichen Krankenversicherung (als freiwillig Versicherte) haben **schwerbehinderte Menschen** i.S. des SGB IX nur dann, wenn

sie innerhalb von 3 Monaten nach Feststellung der Schwerbehinderung die Mitgliedschaft beantragen. Das Beitrittsrecht hängt außerdem davon ab, dass sie selbst, ein Elternteil oder ihr Ehegatte in den letzten 5 Jahren mindestens 3 Jahre gesetzlich krankenversichert waren, es sei denn, sie konnten diese Voraussetzung wegen einer eigenen Behinderung nicht erfüllen; die Satzung der Krankenkasse kann das Recht zum Beitritt allerdings von einer Altersgrenze abhängig machen. Der Krankenversicherungsschutz bezieht sich auch auf Erkrankungen, die schon vor dem Beitritt bestanden haben; der schwerbehinderte Mensch braucht sich vorher nicht ärztlich untersuchen zu lassen und hat ohne Wartezeit sofort Anspruch auf grundsätzlich alle Leistungen der Krankenkassen (§ 9 Abs. 1 Nr. 4 SGB V). Als freiwillig Versicherte in der gesetzlichen Krankenversicherung sind die schwerbehinderten Menschen dann versicherungpflichtig in der sozialen Pflegeversicherung (§ 20 Abs. 3 SGB XI).
Rentner und Rentenantragsteller der gesetzlichen Rentenversicherung (s. Nr. 8.5.1) werden automatisch Mitglied der gesetzlichen Kranken- und der sozialen Pflegeversicherung, wenn sie seit der erstmaligen Aufnahme der Erwerbstätigkeit bis zur Stellung des Rentenantrags mindestens neun Zehntel der zweiten Hälfte ihres Erwerbslebens aufgrund einer Pflichtversicherung der gesetzlichen Krankenversicherung angehört haben oder aufgrund einer Pflichtversicherung als Familienangehörige eines Kassenmitglieds versichert waren (§ 5 Abs. 1 Nr. 11 SGB V, § 20 Abs. 1 Nr. 11 SGB XI; Befreiung von der Versicherungspflicht ist nach § 8 Abs.1 Nr. 4 SGB V möglich).
Behinderte Menschen, die z.B. **Arbeitslosengeld** oder **Unterhaltsgeld** oder **Arbeitslosengeld II** beziehen, sind für den Fall der Krankheit in der gesetzlichen Krankenversicherung, für den Fall der Pflegebedürftigkeit in der sozialen Pflegeversicherung pflichtversichert (§ 5 Abs. 1 Nr. 2 und 2 a SGB V, § 20 Abs. 1 Nr. 2 und 2 a SGB XI); zur Möglichkeit einer Befreiung von dieser Versicherungspflicht für bis dahin privatkranken- und pflegeversicherte behinderte Menschen vgl. § 8 Abs. 1 Nr. 1 a SGB V.

d) **Sozialhilfeempfänger,** die die Mittel zur **Fortführung** ihrer **Kranken-, Pflege- und Rentenversicherung** nicht aufzubringen vermögen, können im Rahmen der Hilfe zum Lebensunterhalt (s. unter Nr. 8.7) die Beiträge hierfür von der Sozialhilfe erhalten. Dies gilt bezüglich der Krankenversicherung vor allem dann, wenn die Sozialhilfe nur für kurze Dauer (d.h. bis zu 6 Monaten) gewährt wird. Für freiwillig Weiterversicherte und Rentenantragsteller müssen die Beiträge übernommen werden (§§ 32, 33 SGB XII).
Beachte: Die Krankenbehandlung der Empfänger von Hilfe zum Lebensunterhalt (§§ 27 ff. SGB XII) und der Empfänger von Hilfen in besonderen Lebenslagen (§§ 47 ff. SGB XII), die **nicht krankenversichert** sind, wird von derjenigen gesetzlichen Krankenkasse übernommen, die von diesen Empfängern nach

Maßgabe des § 264 Abs. 2 und 3 SGB V zu wählen ist. Die genannten Empfänger erhalten dann auch eine Krankenversicherungskarte der gewählten Krankenkasse (damit werden sie aber nicht zu Versicherten dieser Krankenkasse!).

e) **Voll Erwerbsgeminderte** haben nach Vollendung des 16. Lebensjahres ein Beitrittsrecht zur **Rentenversicherung** und können nach Erfüllung einer Wartezeit von 20 Jahren trotz des bereits eingetretenen Versicherungsfalls noch eine Rente wegen (voller) Erwerbsminderung beziehen (§ 43 Abs. 6 SGB VI). Damit wird behinderten Menschen, die von vornherein erwerbsunfähig sind, der Zugang zu einem Schutzsystem eröffnet, das gegen Erwerbsunfähigkeit versichert (diese Behinderten werden damit gegen ein Risiko versichert, das bereits eingetreten ist); zum Ausgleich wird ihnen dafür eine längere Versicherungszeit abverlangt. Da die Sozialhilfe die so erworbene Rente später wird anrechnen müssen, wenn der Behinderte eine Heimunterbringung oder andere Hilfen braucht, ist dieser Beitritt nur unter ganz bestimmten Voraussetzungen sinnvoll, zumal auch die rentenrechtlichen Voraussetzungen für den Bezug der Rente wegen (voller) Erwerbsminderung erfüllt sein müssen (s. auch unter 8.5.1 c) bb) und cc)).

f) In der gesetzlichen **Unfallversicherung** bestehen hinsichtlich behinderter Menschen folgende Besonderheiten: Erleidet jemand einen Schaden, für den diese Versicherung zuständig ist (vgl. oben 1.3.), so umfassen die Leistungen der Unfallversicherung auch die Gewährung von Pflege (§ 44 SGB VII; dazu unten 7.2.1 b)). Wenn ein Kind behindert zur Welt kommt, weil seine **Mutter** bei der Ausübung ihres Berufs mit Schadstoffen in Berührung geraten war oder einen Arbeitsunfall erlitten hatte, so hat es Anspruch auf Rente und Heilbehandlung durch den zuständigen Unfallversicherungsträger (§ 12 SGB VII).

g) Nicht unter Unfallversicherungsschutz stehen **ärztliche Kunstfehler,** die jemand während einer Behandlung bzw. Rehabilitationsmaßnahme erlitten hat. Der Geschädigte muss vielmehr seine Schadensersatzansprüche gegen den verantwortlichen Arzt bzw. gegen den Träger der Einrichtung nach **bürgerlichem Recht** geltend machen (unter dem Gesichtspunkt der Schlechterfüllung des Behandlungsvertrags bzw. unter dem Gesichtspunkt der unerlaubten Handlung).
Näheres zu Patientenrechten im Behandlungsverhältnis und zu Ansprüchen aus Arzthaftung unten bei 10.

4.2 Pflichten der Leistungsträger gemäß SGB I und SGB X Das Erste und das Zehnte Buch des Sozialgesetzbuchs (SGB I und SGB X) enthält eine Reihe von Pflichten der Leistungsträger gegenüber den Bürgern, die hier nur kurz

Beispiel für einen Widerspruch

Herbert Meier *Oberhofen, 19.01.2...*
Hauptstr. 10
72160 Oberhofen

An das
Versorgungsamt Saarbrücken
Talstraße 43-51
66119 Saarbrücken

Betr.: *Mein Antrag auf Feststellung der Schwerbehinderteneigenschaft*
Bezug: *Ihr Feststellungsbescheid vom 16.1.2...*
Aktenzeichen

Gegen Ihren Bescheid vom 16.1.2...., in dem Sie den GdB mit 40 feststellten, lege ich hiermit

Widerspruch

ein.

Begründung: Sie haben den GdB zu niedrig angesetzt. Für die Feststellung des GdB hätte nicht nur die Behinderung aufgrund meiner rheumatischen Erkrankung, sondern auch die Behinderung aufgrund der bei mir diagnostizierten Fettleber berücksichtigt werden müssen. Die letztgenannte Behinderung ist bei der Feststellung des Gesamt-GdB nicht gebührend berücksichtigt worden.

H. Meier

Beispiel für eine Klageschrift

Herbert Meier *Oberhofen, 19.01.2...*
Hauptstr. 10
72160 Oberhofen

An das
Sozialgericht für das Saarland
Egon-Reinert-Str. 4
66119 Saarbrücken

Betr.: *Feststellung der Schwerbehinderteneigenschaft*
Bezug: *Wiederspruchsbescheid des Landesversorgungsamtes Saarland vom 3.6.2...;*
Feststellungsbescheid des Versorgungsamts Saarbrücken vom 16.1.2...

Hiermit klage ich gegen das Saarland, verteten durch das Versorgungsamt Saarbrücken, wegen Feststellung der Schwerbehinderteneigenschaft.

Ich beantrage,
den Feststellungsbescheid des Versorgungsamts Saarbrücken sowie den Widerspruchsbescheid des Landesversorgungsamtes Saarland aufzuheben und auf einen GdB von 50 zu erkennen.

Begründung: In den beiden genannten Bescheiden ist der GdB zu niedrig angesetzt. Für die Feststellung ... (usw., folgt weitere Begründung).

Die oben genannten Bescheide füge ich bei.

H. Meier

skizziert werden können. Es handelt sich dabei im Wesentlichen um Vorschriften über Art und Form der Leistungserbringung, über das damit verbundene Verfahren und über den Schutz der Privatsphäre.

a) Die Vorschriften über **Art und Form der Leistungen** besagen, dass diese zeitgemäß, umfassend und zügig zu erbringen sind und den Wünschen des Bürgers Rechnung getragen werden soll, soweit sie angemessen sind (§§ 17 Abs. 1 Nr. 1, 33 SGB I). Dieses **Wunschrecht** erfährt jedoch in besonderen Vorschriften (z.B. im SGB XII) verschiedene Einschränkungen; so wird dem Wunsch nach Unterbringung in einer Einrichtung vom Sozialhilfeträger nur stattgegeben, wenn u.a. andere Hilfen nicht möglich oder ausreichend sind und wenn mit der Einrichtung eine Leistungs-, Vergütungs- und Prüfungsvereinbarung besteht (§ 9 Abs. 2 S. 2 SGB XII). Der Leistungsträger muss die Ablehnung eines Wunsches ausreichend begründen (§ 35 SGB X) und zugleich auf andere Hilfsmöglichkeiten verweisen oder diese zur Verfügung stellen. Unterlässt er dies, sodass der Betroffene sich die Hilfe selbst beschaffen muss, hat er ihm nach der Rechtsprechung des BSG die Kosten dafür zu erstatten. Es ist möglich, auf Leistungen zu verzichten (§ 46 SGB I; in der Praxis selten); privatrechtliche Vereinbarungen, die zum Nachteil des Sozialleistungsberechtigten von den Vorschriften des SGB (insgesamt, also auch seiner besonderen Teile wie dem BVG usw.) abweichen, sind nichtig (§ 32 SGB I).

b) Die Leistungsträger dürfen bei der Inanspruchnahme sozialer Rechte niemand aus Gründen (unter anderem) einer Behinderung benachteiligen (§ 33 c Satz 1 SGB I). Ferner dürfen die Leistungsträger niemand bei der Inanspruchnahme von Leistungen, die den Zugang zu allen Formen und Ebenen der Berufsberatung, der Berufsbildung, der beruflichen Weiterbildung, der Umschulung einschließlich der praktischen Berufserfahrung betreffen, aus Gründen (unter anderem) einer Behinderung benachteiligen (§ 19 a Satz 1 SGB IV).

c) Die Leistungsträger sind verpflichtet, darauf hinzuwirken, dass ihre Verwaltungs- und Dienstgebäude frei von Zugangs- und Kommunikationsbarrieren sind und Sozialleistungen in barrierefreien Räumen und Anlagen ausgeführt werden (§ 17 Abs. 1 Nr. 4 SGB I).
Hörbehinderte Menschen haben das Recht, bei der Ausführung von Sozialleistungen, insbesondere auch bei ärztlichen Untersuchungen und Behandlungen, Gebärdensprache zu verwenden. Die für die Sozialleistung zuständigen Leistungsträger (also z.B. die Krankenkassen) sind verpflichtet, die durch die Verwendung der Gebärdensprache entstehenden Kosten (für einen **Gebärdensprachdolmetscher**) zu tragen (§ 17 Abs. 2 SGB I).

d) Wenn die Höhe von Geldleistungen noch nicht feststeht, muss der Träger auf Antrag des Berechtigten spätestens einen Monat nach Antragstellung **Vorschüsse** zahlen; fällige Geldleistungen muss er 6 Monate nach Antragstellung mit 4 % verzinsen (§§ 42, 44 SGB I).
Ist die Zuständigkeit zwischen mehreren Leistungsträgern streitig, so muss der zuerst angegangene Träger auf Antrag **vorläufige Leistungen** erbringen; die vorläufigen Leistungen beginnen spätestens einen Monat nach Eingang des Antrags (§ 43 SGB I). In der **Rehabilitation** bestehen jedoch speziellere Vorleistungspflichten, die unter Nr. 6.1 behandelt werden.
Dienst- und Sachleistungen sind weder übertragbar noch (ver-)pfändbar. Geldleistungen können unter bestimmten Voraussetzungen gepfändet werden, doch darf der Betroffene nicht hilfebedürftig im Sinne des SGB XII (Sozialhilfe) werden. Die §§ 51 bis 55 SGB I enthalten Näheres zu den Fragen der **Aufrechnung, Verrechnung** und der **Kontenpfändung.** Die §§ 56 bis 59 SGB I regeln die **Vererbung** von Ansprüchen auf Geldleistungen. Diese können dann nicht vererbt werden, wenn sie zum Zeitpunkt des Todes weder festgestellt noch Gegenstand eines Verwaltungsverfahrens waren; Ansprüche auf Dienst- und Sachleistungen sind höchstpersönlicher Natur und deshalb unvererblich (§ 59 SGB I).

e) Zu den wichtigsten **verfahrensrechtlichen Vorschriften** gehört der **Untersuchungsgrundsatz** (§ 20 SGB X): Er besagt, dass die Behörden von Amts wegen alle für eine Leistung erheblichen Tatsachen ermitteln müssen (und sich nicht allein auf das Vorbringen der Bürger verlassen dürfen).
Wenn in die Rechte eines Leistungsempfängers eingegriffen werden soll (z.B. durch Entzug einer Rente), so muss er **vorher angehört** werden, sofern nicht einer der in § 24 SGB X genannten Ausnahmefälle vorliegt.
In einem Sozialleistungsverfahren haben die Beteiligten das **Recht auf Einsicht in die Akten,** die dieses Verfahren betreffen, soweit die Kenntnis der Akten zur Geltendmachung oder Verteidigung von rechtlichen Interessen erforderlich ist (§ 25 SGB X). Das Recht auf Akteneinsicht ist begrenzt durch berechtigte Interessen anderer Beteiligter an der Geheimhaltung ihrer persönlichen Verhältnisse. Akten in diesem Sinne sind alle entsprechenden Aufzeichnungen des Leistungsträgers einschließlich der beigefügten Unterlagen. Das Recht auf Akteneinsicht begründet einen Anspruch darauf, die gesamten Akten einzusehen und sie zu kopieren (dafür darf man in der Regel gegen Bezahlung die Kopiergeräte der Leistungsträger benutzen). Die Einsicht kann nur in den Räumen des Leistungsträgers erfolgen; ein Anspruch auf Mitnahme der Akten nach Hause besteht nicht. Bei der Akteneinsicht sollte man vor allem darauf achten, ob die Akten ordnungsgemäß geführt werden (z.B. ob Blätter fehlen). Zum Recht auf Akteneinsicht gehört auch die **Einsichtnahme** in **ärztliche Gutachten** bei den Behörden, aufgrund derer Rechte entzogen oder verweigert wer-

den. Enthalten die Akten Angaben über gesundheitliche Verhältnisse, soll der Inhalt durch einen Arzt vermittelt werden, soweit zu befürchten ist, dass die Akteneinsicht dem Beteiligten einen unverhältnismäßigen Nachteil, insbesondere an der Gesundheit, zufügen würde.
§ 35 SGB X schreibt vor, dass jeder Verwaltungsakt (Bescheid) **begründet** werden und ferner bei Ermessensentscheidungen erkennbar sein muss, von welchen Gesichtspunkten die Behörde dabei ausgegangen ist.
Wenn jemand infolge eines fehlerhaften Bescheids mehr erhalten hat, als ihm zusteht (z.B. wegen falscher Berechnung der Einkommensgrenzen in der Sozialhilfe), so muss er dies nur **zurückzahlen,** wenn er den Irrtum vorsätzlich oder grob fahrlässig verursacht hat bzw. wenn er die Rechtswidrigkeit des Bescheids kannte oder infolge grober Fahrlässigkeit nicht kannte. Im Übrigen dürfen rechtswidrige begünstigende Bescheide (z.B. Rentenbescheide) nur unter Einschränkungen für die Zukunft oder für die Vergangenheit zurückgenommen werden; eine Rücknahme kommt nicht in Betracht, soweit der Begünstigte auf den Bestand des Bescheids vertraut hat und sein Vertrauen schutzwürdig ist (§ 45 SGB X; für die Sozialhilfe gelten z.T. Besonderheiten).
Jeder hat das Recht, sich durch einen **Bevollmächtigten** vertreten zu lassen oder mit einem **Beistand** vor der Behörde zu erscheinen (z.B. mit einem sachkundigen Freund). Allerdings dürfen diese die Vertretung oder Beistandschaft nicht unbefugt (= geschäftsmäßig, d.h. selbstständig und wiederholt) ausüben, da sie sonst gegen das Rechtsberatungsgesetz verstoßen (§ 13 SGB X).
Das Verfahren vor den Leistungsträgern ist kostenfrei; von **Beglaubigungs-** und **Beurkundungskosten befreit** sind unter anderem Personen, die Anträge auf Sozialhilfe stellen (§ 64 SGB X).

f) Ein für Behinderte besonders wichtiges Kapitel ist der **Schutz der Sozialdaten.** Das Gesetz verpflichtet alle Sozialbehörden zur grundsätzlichen Geheimhaltung der ihnen bekannt gewordenen Einzeldaten über persönliche und sachliche Verhältnisse (§ 35 SGB I, §§ 67 ff. SGB X) und lässt eine Erhebung, Verarbeitung oder Nutzung von Sozialdaten nur unter den Voraussetzungen der §§ 67 a ff. SGB X zu. Zur Verarbeitung oder Nutzung von Sozialdaten ist eine Behörde danach z.B. nur befugt, wenn der Betroffene im Einzelfall (grundsätzlich schriftlich) **eingewilligt** hat. Es ist unzulässig, einen Antragsteller ein Formular unterschreiben zu lassen, in dem er pauschal in die Weitergabe seiner Daten einwilligt. Vielmehr muss darin genau angegeben sein, welche Daten zu welchem Zweck ermittelt oder weitergegeben werden sollen. Ansonsten dürfen nur die Daten erhoben und weitergegeben werden, die **erforderlich** sind, um z.B. eine gesetzliche Aufgabe nach dem SGB zu erfüllen oder unwahre Tatsachenbehauptungen der Betroffenen richtig zu stellen. Die besonders schutzwürdigen Sozialdaten, die Ärzten, Psychologen, Anwälten,

Sozialarbeitern, Ehe- und Suchtberatern anvertraut wurden, dürfen nur unter den Voraussetzungen übermittelt werden, unter denen diese Personen selbst übermittlungsbefugt sind. Die genannten Personen stehen unter einer besonderen **Schweigepflicht** und machen sich bei Verletzung strafbar (§ 203 StGB). Lediglich wenn es sich um Begutachtungen z.B. wegen einer Sozialleistung oder um Ausstellung einer Bescheinigung handelt, gilt diese strenge Geheimhaltungspflicht bezüglich der besonders schutzwürdigen Sozialdaten nicht. Der Betroffene kann aber der Übermittlung solcher besonders schutzwürdiger Sozialdaten widersprechen (§ 76 Abs. 2 Nr. 1 SGB X); aus dem Widerspruch können ihm aber Nachteile entstehen (z.B. Ablehnung der beantragten Leistung), weil infolge des Widerspruchs der leistungserhebliche Sachverhalt nicht oder nicht ausreichend aufgeklärt werden kann. Wer von einer anderen Stelle personenbezogene Daten erhalten hat, darf sie **nur** zu dem **Zweck** verwenden, zu dem sie ihm befugt offenbart wurden (§ 78 SGB X).
Darüber hinaus gibt es spezielle Datenschutzvorschriften, z.B. für die gesetzliche Krankenversicherung (§§ 284 ff. SGB V) und für die soziale Pflegeversicherung (§§ 93 ff. SGB XI).
Der Datenschutz ist ein Rechtsgebiet, über das in der Fachliteratur zum Teil recht widersprüchliche Diskussionen geführt werden und in dem noch vieles im Fluss ist. Wer sich in seinem Recht auf Schutz der Privatsphäre verletzt fühlt, kann sich an die jeweiligen **Landesdatenschutzbeauftragten,** oder (bei Bundesbehörden) an den **Bundesdatenschutzbeauftragten** wenden (§ 81 SGB X).

g) In diesem Zusammenhang sei noch darauf hingewiesen, dass es **keine Meldepflicht** für Behinderungen gibt.
Insbesondere bei **Ärzten,** denen ein behinderter oder von Behinderung bedrohter Mensch vorgestellt wird, erstreckt sich aber die **Beratung** auf die geeigneten Leistungen zur Teilhabe, also z.B. auf Leistungen zur medizinischen Rehabilitation. Dabei weisen die Ärzte auf die Möglichkeit der Beratung durch eine gemeinsame Servicestelle (oben 3.2) oder eine sonstige Beratungsstelle für Rehabilitation hin (§ 61 SGB IX).
Von der Meldepflicht ist das **Melderecht** zu unterscheiden, das nach der Rechtsprechung u.a. Ärzten und Mitarbeitern von Beratungsstellen zusteht, wenn jemand trotz bestehender Fahruntauglichkeit ein Fahrzeug lenkt oder in anderer Form die Allgemeinheit gefährdet. In diesen Fällen bleiben die genannten Personen trotz Bruchs ihrer Schweigepflicht straffrei (§§ 34, 203 StGB).

4.3 Rechte und Pflichten behinderter Menschen gegenüber Leistungsträgern und Leistungserbringern

a) Wenn von Rechten die Rede ist, muss man sich darüber im Klaren sein, dass es in unserem Leistungssystem grundsätzlich nur Ansprüche einer **Einzel-**

person gegenüber einem oder mehreren Leistungsträgern geben kann. Von wenigen, relativ unbedeutenden Ausnahmen abgesehen, werden Sozialleistungen grundsätzlich nicht an Gruppen erbracht. Wenn behinderte Menschen eine Hilfe gemeinsam als Gruppe erhalten wollen (z.B. in einer Wohngemeinschaft), haben sie keinen einklagbaren Rechtsanspruch auf eine solche Form der Behindertenhilfe (sie können allerdings ihre Einzelansprüche gewissermaßen „zusammenlegen", um daraus die Kosten der Gruppe – zumindest teilweise – zu finanzieren, und zusätzlich bestimmte Kosten – z.B. für Betreuungspersonen – von den Sozialleistungsträgern im Wege freiwilliger Leistungen erhalten). Zur Finanzierung von Selbsthilfegruppen durch Sozialleistungsträger (z.B. Krankenkassen) vgl. unten 13.3.

b) Wer Sozialleistungen beantragt oder erhält, übernimmt damit auch **Mitwirkungspflichten.** Sie beginnen mit der Pflicht, alle wichtigen Tatsachen anzugeben, deren nachträgliche Änderung unverzüglich mitzuteilen sowie Dritten die Erteilung von Auskünften zu gestatten (z.B. durch Entbindung von der Schweigepflicht oder vom Bankgeheimnis). Man muss auf Verlangen des Leistungsträgers persönlich erscheinen und sich ärztlichen oder psychologischen Untersuchungen zur Verfügung stellen, sich zur Besserung seines Gesundheitszustandes einer Heilbehandlung unterziehen oder an berufsfördernden Maßnahmen teilnehmen, wenn man Leistungen wegen Arbeitslosigkeit oder Minderung der Erwerbsfähigkeit bezieht (§§ 60 ff. SGB I). Die Mitwirkungspflichten enden z.B. dort, wo es um schmerzhafte Untersuchungen oder gefährliche Eingriffe in die körperliche Unversehrtheit geht. Von der Mitwirkungspflicht ist man auch befreit, wenn sich der Leistungsträger die erforderlichen Angaben selbst ohne großen Aufwand beschaffen kann, wenn die Sozialleistung im Verhältnis zu den Mühen des Betroffenen nur geringfügig oder wenn sie aus einem wichtigen Grund nicht zumutbar ist. Außerdem kann man solche Angaben verweigern, die einem selbst oder nahestehenden Personen gefährden würden, wegen einer Straftat oder einer Ordnungswidrigkeit verfolgt zu werden. Bei Erfüllung der Mitwirkungspflicht kann man unter bestimmten Voraussetzungen (auf Antrag) Ersatz der notwendigen Auslagen und des Verdienstausfalls in angemessenem Umfang erhalten (§ 65 a SGB I).
Wer seinen Mitwirkungspflichten nicht nachkommt, muss vom Leistungsträger **schriftlich** darauf hingewiesen werden, dass er diese Pflichten innerhalb einer bestimmten Frist zu erfüllen habe und ihm anderenfalls die Leistung **versagt** oder **entzogen** werde. Wenn man nachträglich die Mitwirkungspflicht erfüllt, kann der Leistungsträger die Leistung nachträglich ganz oder teilweise erbringen (§§ 66, 67 SGB I). Dies gilt jedoch grundsätzlich nicht für die Sozialhilfe, da sie nur einen gegenwärtigen Bedarf deckt und grundsätzlich nicht für die Vergangenheit gewährt werden kann.

In weiteren Vorschriften sind darüber hinaus **spezielle Mitwirkungspflichten** geregelt, die über die allgemeinen Mitwirkungspflichten nach §§ 60 ff. hinausgehen bzw. diese ergänzen (so z. B. bei der Grundsicherung für Arbeitssuchende in §§ 56 ff. SGB II und im Arbeitsförderungsrecht in §§ 309, 310, 313 SGB III).

c) Mit Ausnahme der Geldleistungen (s. Nr. 8) erbringen die Träger Sozialleistungen in Form von Dienst- und Sachleistungen nur ganz selten selbst, sondern bedienen sich dazu Dritter (Ärzte, Therapeuten, Krankenhäuser, Heime etc.). Der behinderte Mensch begibt sich damit in ein sog. **Dreiecksverhältnis:** Den einen „Schenkel" des Dreiecks bildet die Rechtsbeziehung zwischen dem Sozialleistungsträger (z. B. Rentenversicherungsträger) und dem Dritten (z. B. dem Berufsförderungswerk, das die Leistung als solche – z. B. zur Teilhabe am Arbeitsleben, erbringt). Den zweiten „Schenkel" bildet die vertragliche Beziehung des behinderten Menschen zum Dritten (Leistungserbringer, z. B. Berufsförderungswerk), die sich grundsätzlich nach den Vorschriften des bürgerlichen Rechts richtet. Es handelt sich dabei oft um sog. Mischverträge, die sich besonders in Heimen aus Dienst-, Miet- und Kaufverträgen zusammensetzen und nach dem jeweiligen rechtlichen Schwerpunkt beurteilt werden müssen. Den dritten „Schenkel" bildet die Rechtsbeziehung (z. B. das Versicherungsverhältnis) des behinderten Menschen zum Sozialleistungsträger (also dem eigentlichen Geldgeber).
Der Anspruch auf die Sozialleistung steht aber nicht dem Dritten (dem sog. Leistungserbringer, z. B. dem Berufsförderungswerk), sondern dem **behinderten Menschen** gegenüber dem Sozialleistungsträger zu. Auch wenn aus Gründen der Verwaltungsvereinfachung die Bezahlung der Sozialleistung unter „Umgehung" des behinderten Menschen direkt an den Leistungserbringer überwiesen wird bzw. ihm die Hilfe aufgrund des **Sachleistungsprinzips** verschafft wird (z. B. Umschulung), ist und bleibt der behinderte Mensch gegenüber dem Sozialleistungsträger der Berechtigte (vgl. das Schaubild auf S. XX; anders ist dies aber beim persönlichen Budget: dazu unter 6.1. d) jj)).

d) Da für behinderte Menschen die ärztliche Behandlung (s. unter Nr. 5) von besonderer Bedeutung ist, ist in diesem Zusammenhang auf die bei den Ärztekammern eingerichteten **Gutachter- und Schlichtungsstellen** hinzuweisen. Sie werden tätig, wenn Arzt und Patient damit einverstanden sind, und bemühen sich bei Streitigkeiten über Behandlungsfehler um außergerichtliche Lösungen (dazu und zur Durchsetzung von Schadensersatzansprüchen bei Behandlungs- bzw. Kunstfehlern, vgl. unten bei 10.).
Kommt es bei der Inanspruchnahme von Leistungen der gesetzlichen Krankenversicherung (z. B. bei einer Krankenhausbehandlung) zu einem Behandlungs-

fehler und entstehen daraus Schadensersatzansprüche, so können die **Krankenkassen** (nach § 66 SGB V) die Versicherten bei der Verfolgung dieser Ansprüche unterstützen (z.B. durch Auskünfte über die Namen der behandelnden Ärzte, nicht aber durch Geldleistungen für die Führung eines Prozesses).
Mit § 65 b SGB V wird den Spitzenverbänden der Krankenkassen die Förderung von Einrichtungen zur Verbraucher- und **Patientenberatung** im Rahmen von Modellvorhaben verpflichtend vorgeschrieben. Dabei wird vor allem das Ziel verfolgt, Patienten qualitätsgesicherte Gesundheitsinformationen (z.B. über Krankheitsbilder, Therapieformen, Versorgungsangebote) neutral und unabhängig zukommen zu lassen und damit die Kompetenz von Patienten zu stärken. Zum Teil sollen diese Beratungsstellen gleichzeitig auch als Beschwerdestellen dienen. Ausführliche Informationen im Internet unter „www.unabhaengige-patientenberatung.de".

e) Patienten haben nach der Rechtsprechung des BGH grundsätzlich ein **Einsichtsrecht** in den Teil ihrer Krankenunterlagen, der naturwissenschaftlich objektivierbare Befunde und die Behandlungsfakten betrifft. Dies gilt jedoch nicht für (ehemals) psychiatrisch behandelte bzw. zwangseingewiesene Kranke, wenn der Einsichtnahme schützenswerte Interessen des Patienten selbst, des Arztes oder Dritter entgegenstehen (der ärztlichen Verantwortung wird dabei ein entscheidendes Gewicht beigemessen). Angehörige Verstorbener haben ein Einsichtsrecht, soweit dies z.B. der Klärung von Schadensersatzansprüchen gegen den behandelnden Arzt oder andere Ärzte dient.

4.4 Rechtsstellung behinderter Menschen in Einrichtungen

a) Die Behindertenhilfe wird zum großen Teil in Einrichtungen (Heimen, Anstalten, Heimsonderschulen, Berufsbildungs- und Berufsförderungswerken, Kur- und Spezialeinrichtungen, Werkstätten) angeboten. Diese teilstationäre oder stationäre Hilfe wird in der Regel geleistet, wenn ambulante Hilfe z.B. nicht ausreicht oder nicht zumutbar ist (vgl. etwa §§ 3, 43 Abs. 1 SGB XI, § 13 Abs. 1 SGB XII, §§ 37–39 SGB V).

b) Im Folgenden sollen einige Hinweise zur Rechtsstellung von behinderten Menschen in Heimen nach dem **Heimgesetz** (unter c) sowie in **Werkstätten für behinderte Menschen** (unter d) gegeben werden.

c) Die besonderen Interessen und Bedürfnisse alter Menschen sowie pflegebedürftiger und behinderter Volljähriger, die nicht nur vorübergehend in Heimen untergebracht sind, schützt das **Heimgesetz** (HeimG).
Das HeimG gilt für öffentliche Träger (z.B. Gemeinden), für freie Träger (z.B. Arbeiterwohlfahrt) sowie für gewerbliche Träger. Alle diese Träger, die den

Betrieb eines **Heims** aufnehmen, sind gegenüber den zuständigen Behörden anzeigepflichtig und unterliegen dann den Regelungen des HeimG (§ 12 HeimG).
Das Heimgesetz gilt nach § 1 Abs. 2 HeimG auch für das sog. **betreute Wohnen,** wenn

- älteren Menschen oder pflegebedürftigen oder behinderten Volljährigen Wohnraum mietweise überlassen wird,
- mit der mietweisen Überlassung eine Betreuung rechtlich verbunden wird (wobei neben der vertraglichen Verpflichtung des Mieters, mit der Wohnraumüberlassung auch eine Betreuung zu vereinbaren, auch die rechtliche Koppelung über den Anbieter von Wohnraum – z.B. eine kommunale Wohnungsgesellschaft – und das Anbieten der Betreuung – z.B. durch die Arbeiterwohlfahrt – ausreicht) und
- diese Betreuung derjenigen des Heimgesetzes entspricht.

Ist im Betreuungsvertrag nur eine allgemeine Betreuungsleistung vorgesehen, die nicht der heimmäßigen Versorgung entspricht, fehlt es im Sinne des Heimgesetzes an einem Heim.
Das Heimgesetz gilt allerdings **nicht** für eine ganze Reihe von Einrichtungen. So gilt es z.B. nicht für Krankenhäuser, Internate der Berufsbildungs- und Berufsförderungswerke sowie Übergangseinrichtungen für psychisch Kranke und Behinderte. Nur **eingeschränkt** gilt das Heimgesetz für Kurzzeitheime, stationäre Hospize sowie Einrichtungen der Tages- und Nachtpflege.

Als wichtigste Folgevorschriften sind bislang ergangen:

- Die **Heimmitwirkungsverordnung,** die im Wesentlichen die Bildung, Zusammensetzung, Amtszeit, Geschäftsführung und Zuständigkeiten des Heimbeirats bzw. des Angehörigen- oder Betreuerbeirats sowie die Rechtsstellung des Heimfürsprechers regelt;
- die **Heimmindestbauverordnung,** in der die baulichen Mindestanforderungen für Einrichtungen geregelt werden, die in der Regel mindestens sechs Personen aufnehmen (z.B. im Hinblick auf Flure und Treppen, Aufzüge, Fußböden, Beleuchtung, sanitäre Anlagen usw.);
- die **Heimsicherungsverordnung:** Sie bezweckt die Sicherung von Geldleistungen oder geldwerten Leistungen, die Heimbewohner über das laufende Entgelt hinaus für Investitionen oder den Betrieb der Einrichtung erbracht haben (z.B. durch Pflicht des Trägers der Einrichtung, solche Leistungen der Heimbewohner der zuständigen Behörde anzuzeigen, durch Informations-, Verrechnungs- und Rückzahlungspflichten gegenüber dem Bewohner usw.).
- **Heimpersonalverordnung,** die eine fachlich und menschlich qualifizierte Betreuung im Heim sicherstellen soll; zu diesem Zweck werden insbesondere

die Voraussetzungen für die Eignung der Heimleitung und der Beschäftigten sowie die berufsbegleitende Fort- und Weiterbildung geregelt.

Im Übrigen regelt das HeimG unter anderem die Beratung von Einzelpersonen (über Einrichtungen sowie über Rechte und Pflichten der Bewohner) und die Beratung der Träger von Einrichtungen durch die zuständigen Behörden (§ 4 HeimG); ferner die Mitwirkung der Heimbewohner (Heimbeirat, § 10 HeimG) sowie bestimmte Grundvoraussetzungen (z.B. Abschluss und Inhalt, Anpassung, Dauer und Kündigung des Heimvertrags, Beendigung des Heimvertrags bei Tod des Heimbewohners und Erhöhung des vereinbarten Entgelts, §§ 5 bis 9 HeimG). Der Träger eines Heims hat bestimmte Aufzeichnungs- und Aufbewahrungspflichten (z.B. hinsichtlich der Vermögenslage des Heims und der Belege über den Betrieb des Heims, § 13 HeimG). Die Aufsicht führenden Behörden haben gegenüber den Heimträgern ein umfassendes Überwachungsrecht: sie können bei Mängeln Anordnungen erlassen, gegebenenfalls hinsichtlich des Leiters oder einzelner Mitarbeiter der Einrichtung Beschäftigungsverbote aussprechen und u.U. den weiteren Betrieb der Einrichtung untersagen (§§ 15 bis 18 HeimG). Verstöße gegen das HeimG sowie die genannten Verordnungen können die Behörden als Ordnungswidrigkeiten mit empfindlichen Geldbußen ahnden (§ 21 HeimG).
Für das Heimgesetz insgesamt gilt aber: Entscheidend für die ordnungsgemäße Umsetzung des Gesetzes und für die Vermeidung von Missständen in Heimen (wie sie vielfach durch die Presse bekannt geworden sind), ist freilich eine gut funktionierende Kontrolle durch die Heimaufsichtsbehörden (die aber unter Personalmangel leiden!).

d) Anders stellt sich die Problematik für behinderte Menschen, die in **Werkstätten für behinderte Menschen** arbeiten. Nach herrschender Meinung liegen hier i.d.R. keine regulären Arbeitsverhältnisse vor, weil die behinderten Menschen nicht zu einer bestimmten Arbeitsleistung verpflichtet sind, einem anders gearteten Direktionsrecht unterliegen und die Werkstätten keine Arbeitgeber, sondern eine besondere Sozialeinrichtung im Interesse der behinderten Menschen sind. Vielmehr handelt es sich in den meisten Fällen um arbeitnehmerähnliche Personen, bei denen der sozialpädagogischen Betreuung besondere Bedeutung zukommt (vgl. § 138 Abs. 1 SGB IX und unten 9.1.10). Mit der Werkstättenverordnung (WVO) werden Größe, Personal und Organisation der Werkstätten geregelt und bestimmt, dass den behinderten Menschen der Abschluss von Verträgen angeboten und angemessene Mitwirkungsmöglichkeiten eingeräumt werden müssen (§§ 13 ff. WVO). Ein Problem dabei ist unter anderem, dass ca. 85 % der Beschäftigten geistig behindert sind und ihre Angelegenheiten ganz oder teilweise nicht besorgen können (vgl. auch 9.2). Ersatzweise werden die Rechte der behinderten Beschäftigten in einseitig erlassenen Werkstattordnungen geregelt.

e) Im sog. Arbeitsbereich der Werkstätten (also dem eigentlichen „Produktionsbereich") haben die behinderten Menschen Anspruch auf ein **Arbeitsentgelt** (§ 138 Abs. 2 SGB IX). Dieses Arbeitsentgelt setzt sich zusammen aus einem festen (leistungsunabhängigen) Grundbetrag und einem leistungsangemessenen Steigerungsbetrag. Dieser Steigerungsbetrag bemisst sich nach der individuellen Arbeitsleistung des behinderten Beschäftigten, insbesondere unter Berücksichtigung von Arbeitsmenge und Arbeitsqualität.

f) Eine Besonderheit sieht in diesem Zusammenhang § 43 SGB IX vor: Danach muss behinderten Mitarbeitern, die im Arbeitsbereich der Werkstatt ein Arbeitsentgelt unter 325,– € monatlich erzielen, von der Werkstatt ein sog. **Arbeitsförderungsgeld** in Höhe von 26,– € (monatlich) ausgezahlt werden. Dieses Arbeitsförderungsgeld erhält die Werkstatt zunächst vom zuständigen Rehabilitationsträger (also z.B. vom Sozialhilfeträger); die Werkstatt zahlt dann ihrerseits den Betrag an den behinderten Menschen aus. Der behinderte Mitarbeiter kann allerdings nicht den zuständigen Rehabilitationsträger auf das Arbeitsförderungsgeld verklagen, sondern muss gegebenenfalls gegen den Träger der Werkstatt gerichtlich vor dem Arbeitsgericht vorgehen.
Das Arbeitsförderungsgeld ist steuerpflichtiges Einkommen. Ferner handelt es sich zwar um ein sozialversicherungspflichtiges Arbeitsentgelt i.S. des § 14 SGB IV; da aber die Sozialversicherungsbeiträge in der WfbM nach fiktiven Bezugsgrößen ermittelt werden, die höher sind als der tatsächliche Verdienst in der WfbM, wird auch mit dem Arbeitsförderungsgeld diese Bezugsgröße nicht überschritten, sodass es nicht zu erhöhten Abgaben kommt. Bezieht ein in der WfbM Beschäftigter – wie zumeist – Leistungen der Grundsicherung im Alter und bei Erwerbsminderung (§§ 41 ff. SGB XII; dazu unten 8.7.3), ist das Arbeitsförderungsgeld nicht als Einkommen anzusetzen (§ 82 Abs. 2 Nr. 5 SGB XII).

g) Nach § 8 des **Teilzeit- und Befristungsgesetzes** (TzBfG) können Arbeitnehmer, deren Arbeitsverhältnis länger als sechs Monate bestanden hat, unter bestimmten Voraussetzungen verlangen, dass ihre vertragliche vereinbarte **Arbeitszeit verringert** wird. Obwohl nun behinderte Mitarbeiter in Werkstätten für behinderte Menschen i.d.R. keine regulären Arbeitnehmer sind (sondern arbeitnehmerähnliche Personen), wird man davon auszugehen haben, dass sich auch die behinderten Mitarbeiter dieser Werkstätten mit dem Antrag an die Werkstattleitung wenden können, die tägliche Arbeitszeit im Werkstattvertrag zu kürzen.

h) Auch wenn behinderte Mitarbeiter in der Werkstatt für behinderte Menschen länger als drei Stunden arbeiten, ist damit noch nicht gesagt, dass sie erwerbsfähig i.S. des § 8 SGB II (Grundsicherung für Arbeitsuchende) sind. Vielmehr ist grundsätzlich die Erwerbsfähigkeit im Einzelfall zu prüfen, weil allein das Vorliegen einer Behinderung die Erwerbsfähigkeit i.S. des § 8 SGB II nicht ausschließt. Dies gilt insbesondere für die Aufnahme in den Eingangs- und Berufsbildungsbereich von Werkstätten für behinderte Menschen. Allerdings ist bei behinderten Menschen, die im Arbeitsbereich einer Werkstatt für behinderte Menschen beschäftigt sind, grundsätzlich von einer vollen Erwerbsminderung (§ 43 Abs. 2 Satz 3 Nr. 1 SGB VI) und damit von einer fehlenden Erwerbsfähigkeit i.S. des § 8 SGB II auszugehen. Bei behinderten Menschen hingegen, die sich in der Übergangsphase von der Werkstatt für behinderte Menschen auf den allgemeinen Arbeitsmarkt befinden (vgl. § 5 Abs. 4 SchwbWV), ist grundsätzlich von einer Erwerbsfähigkeit auszugehen (einen entsprechenden Hinweis kann z.B. die fachliche Stellungnahme des Fachausschusses einer Werkstatt – vgl. § 5 Abs. 5 SchwbWV – oder ein Gutachten des ärztlichen Dienstes der Bundesagentur für Arbeit geben).

II. Die Rechtsansprüche behinderter Menschen im Einzelnen

Die Rechtsansprüche behinderter Menschen auf die unter den Nrn. 5 bis 7 genannten Leistungen stellen das **Kernstück** der Behindertenhilfe dar. Man muss sich jedoch bewusst sein, dass die im Folgenden vorgenommene Unterteilung in

Leistungsvoraussetzungen	Leistungen
Krankheit	Krankenbehandlung
Behinderung	Rehabilitation/Teilhabe
Pflegebedürftigkeit	Leistungen zur Pflege

in der Lebenswirklichkeit keineswegs immer eindeutig gegeben ist und sich diese Begriffe weder in ihrer zeitlichen Reihenfolge noch inhaltlich eindeutig gegeneinander abgrenzen lassen. Vielmehr handelt es sich um fließende Übergänge: Häufig ist es eine Frage der Interpretation, ob man eine schwere gesundheitliche Regelwidrigkeit als noch behandelbar (= Krankheit) oder bereits als unveränderlich (= Pflegebedürftigkeit) betrachtet, und inwiefern einer nicht nur vorübergehenden Krankheit mit Behandlung oder Rehabilitation zu begegnen ist. So erklären sich die in unserem gegliederten System fast unvermeidlichen Zuständigkeitsstreitigkeiten und Verzögerungen, die bedingt sind durch die Schwierigkeit, fließende Zustände unter gesetzlich relativ starr festgelegte Leistungstatbestände einordnen zu müssen.

Einen Überblick über **Leistungen** und **zuständige Leistungsträger** bei **Krankheit, Behinderung** und **Pflegebedürftigkeit** gibt das Schaubild auf S. 86.

Krankheit

Krankenbehandlung

1. ambulant
   - ärztliche Behandlung/ Versorgung mit Zahnersatz
   - Arznei-, Verband-, Heil- und Hilfsmittel
   - häusliche Krankenpflege und Haushaltshilfe
   - medizinische und ergänzende Rehabilitationsleistungen Belastungserprobung und Arbeitstherapie
2. stationär
   - Krankenhausbehandlung
   - medizinische und ergänzende Leistungen. Belastungserprobung und Arbeitstherapie (in Reha-Einrichtungen)

zuständig:
- gesetzliche Unfallversicherung
- Versorgungsverwaltung
- gesetzliche Krankenversicherung
- Beihilfebehörden
- Sozialhilfeträger
- Träger der öffentlichen Jugendhilfe

Behinderung

Rehabilitation/Teilhabe

1. medizinische Leistungen
2. vorschulische/schulische Leistungen
3. Leistungen zur Teilhabe am Arbeitsleben
4. unterhaltssichernde und andere ergänzende Leistungen
5. Leistungen zur Teilhabe am Leben in der Gemeinschaft

zuständig:
- gesetzliche Unfallversicherung
- Versorgungsverwaltung
- gesetzliche Rentenversicherung (außer 2., 5.)
- gesetzliche Krankenversicherung (außer 2., 3., 5.)
- Bundesagentur für Arbeit und zugelassene Kommunen (§ 6 b SGB II) (außer 1., 2., 5.)
- Integrationsämter (nur 3.)
- Träger der öffentlichen Jugendhilfe (außer 4.)
- Sozialhilfeträger (außer 4.)

Pflegebedürftigkeit

Pflege

1. ambulant (häusliche Pflege)
2. teilstationar/stationär

zuständig:
- gesetzliche Unfallversicherung
- Versorgungsverwaltung
- öffentliche Kassen (für Unfallfürsorge)
- Pflegekassen
- Beihilfebehörden
- Behörden nach Landespflegegeldgesetzen
- Lastenausgleichsbehörden
- Sozialhilfeträger

5. Behandlung bei (chronischer) Krankheit

5.1 Krankheit, Krankenbehandlung

a) Der **sozialrechtliche** Begriff der **Krankheit** ist nicht identisch mit dem medizinischen Begriff. Krankheit im Sinne des Sozialrechts ist

ein regelwidriger (d.h. die Ausübung der normalen physischen und/oder psychischen Funktionen erheblich störender) Körper- oder Geisteszustand, der entweder ärztliche Behandlungsbedürftigkeit oder Arbeitsunfähigkeit oder beides zur Folge hat.

Diese Definition, von der insbesondere die Rechtsprechung der Arbeits-, Sozial- und Verwaltungsgerichte ausgeht, ist mithin der „Schlüssel" zu den Leistungsansprüchen im Falle der Krankheit.

Ein wesentliches Merkmal einer Krankheit ist also die **ärztliche Behandlungsbedürftigkeit.** Die ärztliche Behandlung umfasst dann die Tätigkeit des Arztes, die zur Verhütung, Früherkennung und Behandlung von Krankheiten nach den Regeln der ärztlichen Kunst ausreichend und zweckmäßig ist (§ 28 Abs. 1 SGB V). Anspruch auf Behandlung einer Krankheit besteht, wenn diese notwendig ist, um eine Krankheit (im obigen Sinne) zu erkennen, zu heilen, ihre Verschlimmerung zu verhüten oder Krankheitsbeschwerden zu lindern (so z.B. § 27 Abs. 1 Satz 1 SGB V).

Arbeitsunfähigkeit ist (nach der Rechtsprechung des BSG) gegeben, wenn jemand wegen Krankheit seine zuletzt ausgeübte Erwerbstätigkeit oder eine ähnlich geartete Tätigkeit nicht mehr oder nur auf die Gefahr hin, seinen Zustand zu verschlimmern, verrichten kann. Anzumerken ist noch, dass es im Krankenversicherungsrecht (bislang noch) keine „Teilarbeitsunfähigkeit" gibt und dass aufgrund dieses „Alles-oder-Nichts-Prinzips" viele leistungsgeminderte chronisch Kranke leicht in die Erwerbsunfähigkeit (s. Nr. 8.2.a, 8.5.1) abgedrängt werden (zur Teil-Tätigkeit von Arbeitsunfähigen vgl. unten 6.7).

Der sozialrechtliche Unterschied zwischen akut und chronisch Kranken (Langzeitkranken) besteht im Wesentlichen darin, dass chronisch Kranke zwar dauernd behandlungsbedürftig, aber deswegen nicht unbedingt arbeitsunfähig sind (z.B. Diabetiker). Krankheit i.S. der gesetzlichen Krankenversicherung geht erst dann in **Pflegebedürftigkeit** über, wenn diese Krankheit sich nicht mehr als ärztlich behandelbar erweist. Im Falle der (von einem Arzt festgestellten) erheblichen Gefährdung oder Minderung der Erwerbsfähigkeit kann die Krankenkasse den Versicherten auffordern, innerhalb von 10 Wochen einen Antrag auf Leistungen zur medizinischen Rehabilitation und zur Teilhabe am Arbeitsleben zu stellen (andernfalls entfällt der Anspruch auf Krankengeld); dieser Antrag wird dann, wenn sich die Aussichtslosigkeit einer Rehabilitation herausstellt, als Antrag auf Rente behandelt (§§ 51 SGB V, § 116 Abs. 2 SGB VI).

b) **Zuständig** für die Behandlungskosten können sein die gesetzliche Unfallversicherung (§§ 27–34 SGB VII) oder die Versorgungsverwaltung (z.B. BVG, InfSG, OEG, SVG, ZDG), wenn die Erkrankung auf bestimmten Ursachen beruht, für deren Folge die genannten Netze der sozialen Sicherung einzustehen haben (also z. B. Arbeits- und Wegeunfall, Berufskrankheit, Kriegs-, Wehr- oder Zivildienstereignis, Impfung, krimineller Angriff). Weiterhin können zuständig sein die gesetzliche Krankenversicherung (§§ 5 ff., 27 ff. SGB V) oder die Sozialhilfe (§§ 47 ff. SGB XII). Da mehr als 90 % der Bevölkerung Mitglieder der gesetzlichen Krankenversicherung sind, bilden die Krankenkassen praktisch immer die **Anlaufstellen,** die prüfen, ob ggf. ein Anspruch gegenüber Unfallversicherung oder Versorgungsverwaltung besteht, und dies dann von sich aus weitermelden oder (zunächst) für diese Leistungsträger handeln. Die Leistungen der vier genannten Träger sind im Wesentlichen identisch, die der Unfallversicherung gehen z.T. darüber hinaus (vor allem: keine Zuzahlungen wie in der gesetzlichen Krankenversicherung).

c) Da die **gesetzliche Krankenversicherung** der für den Leistungstyp „Krankenbehandlung“ am weitaus häufigsten in Anspruch genommene Träger ist, werden hier im Folgenden ihre wichtigsten Leistungen dargestellt.

d) **Krankenbehandlung** kann gewährt werden:
1. **Ambulant**, d.h. der Patient wohnt zu Hause und „holt“ sich die Behandlung bei einem niedergelassenen **Vertragsarzt** (früher Kassenarzt genannt), einer von diesem beauftragten Fachkraft (z.B. Krankengymnastin, Masseur) oder in der Ambulanz eines Krankenhauses (§§ 28 ff. SGB V). Der Patient hat das Recht der freien Arztwahl (§ 76 SGB V).
Zur ambulanten ärztlichen Behandlung gehört auch die **Psychotherapie** als ärztliche und psychotherapeutische Behandlung. Dies bedeutet, dass Psychotherapie nicht nur von Vertragsärzten (selbst), sondern selbstständig auch von **Psychologischen Psychotherapeuten** sowie **Kinder- und Jugendlichenpsychotherapeuten,** soweit diese zur psychotherapeutischen Behandlung zugelassen sind, durchgeführt wird (Einzelheiten zur psychotherapeutischen Behandlung sowie zur Berufsausübung, Approbation usw. der genannten Psychotherapeuten sind im SGB V sowie im Psychotherapeutengesetz – PsychThG – geregelt). Im Wesentlichen gilt: Versicherte können einen Therapeuten ihrer Wahl direkt mit der Versichertenkarte aufsuchen. Nach sog. probatorischen Sitzungen (bei denen geklärt werden soll, ob Patient und Therapeut bzw. Therapie zueinander passen) und nach einem Konsiliarbericht des Haus- oder Facharztes (in dem abgeklärt wird, ob Ursache der psychischen Störung eine körperliche Erkrankung ist) übernimmt die Krankenkasse die Kosten, allerdings nur für bestimmte anerkannte Therapieformen (z.B. psychoanalytisch begründete Verfahren oder Verhaltenstherapie).

2. **Stationär** als Krankenhausbehandlung, bei der Unterkunft und Verpflegung Bestandteil der Behandlung sind. Eine Einweisung ins Krankenhaus soll nur dann erfolgen, wenn die ambulante Behandlung nicht ausreicht und aus medizinischen Gründen zwingend ist, also Krankenhausbehandlungsbedürftigkeit vorliegt. Wählt der Versicherte ohne zwingenden Grund ein anderes als ein in der ärztlichen Einweisung genanntes Krankenhaus, können ihm die Mehrkosten ganz oder teilweise auferlegt werden (§ 39 SGB V).
Ist bei einem Kranken (z.B. Kind) die **Mitaufnahme** einer **Begleitperson** (z.B. der Mutter) in das Krankenhaus aus medizinischen Gründen notwendig (vgl. § 11 Abs. 3 SGB V), so entstehen der Begleitperson dadurch keine zusätzlichen Kosten (auch keine Zuzahlung; die Kosten der Mitaufnahme werden von der Krankenkasse mit Zahlung des allgemeinen Pflegesatzes an das Krankenhaus abgegolten; die Nebenkosten – z.B. Reisekosten, Haushaltshilfe, auch Verdienstausfall der Begleitperson – sind ebenfalls von der Kasse im Rahmen der §§ 27 ff., 60 SGB V zu übernehmen). Für die Kostenübernahme durch die Kasse reicht in der Regel die Bestätigung des Krankenhausarztes, dass die Mitaufnahme aus medizinischen Gründen notwendig ist. Scheidet eine Mitaufnahme der Begleitperson nach § 11 Abs. 3 SGB V mangels vorhandener Unterbringungsmöglichkeiten aus, so kommt eine Übernahme der Kosten für die erforderlichen **Besuchsfahrten** (z.B. der Mutter) durch die zuständige Krankenkasse in Betracht (die Praxis der Kassen ist allerdings im Hinblick auf die bewilligte Zahl von Besuchsfahrten und den Abzug eines Eigenanteils nicht einheitlich; vgl. auch unten 6.5 g)).

e) **Häusliche Krankenpflege** durch geeignete Pflegekräfte kommt in Betracht, wenn Krankenhausbehandlung zwar geboten, aber nicht ausführbar ist, oder wenn sie durch die häusliche Krankenpflege vermieden oder verkürzt wird (§ 37 Abs. 1 Satz 1 SGB V). Diese häusliche Krankenpflege (im Sinne einer **krankenhausersetzenden** Pflege) erhalten die Versicherten in ihrem Haushalt, ihrer Familie oder sonst an einem geeigneten Ort, insbesondere in betreuten Wohnformen, Schulen und Kindergärten, bei besonders hohem Pflegebedarf auch in Werkstätten für behinderte Menschen (soweit der pflegerische Bedarf nicht durch die Werkstatt gedeckt wird). Damit sollen vorschnelle stationäre Einweisungen vermieden werden.
Dieser Anspruch auf die **krankenhausersetzende** häusliche Krankenpflege besteht allerdings nur, soweit eine im Haushalt lebende Person den Kranken in dem erforderlichen Umfang nicht pflegen und versorgen kann. Die häusliche Krankenpflege umfasst die im Einzelfall erforderliche Grund- und Behandlungspflege sowie die hauswirtschaftliche Versorgung. Der Anspruch besteht bis zu vier Wochen je Krankheitsfall, in medizinisch begründeten Fällen auch länger (§ 37 Abs. 1 und 3 SGB V).

Außer dieser **krankenhausersetzenden** häuslichen Krankenpflege gibt es nach § 37 Abs. 2 SGB V eine weitere Form der häuslichen Krankenpflege: Danach erhalten Versicherte zur Sicherung des Ziels der ärztlichen Behandlung (die ambulant erfolgen kann) in ihrem Haushalt, ihrer Familie oder sonst an einem geeigneten Ort, insbesondere in betreuten Wohnformen, Schulen und Kindergärten, bei besonders hohem Pflegebedarf auch in Werkstätten für behinderte Menschen als häusliche Krankenpflege Behandlungspflege (im Sinne einer **Behandlungssicherungs**-Pflege). Der Anspruch auf diese Form der häuslichen Krankenpflege umfasst auch verrichtungsbezogene krankeitsspezifische Pflegemaßnahmen (und zwar auch in den Fällen, in denen dieser Hilfebedarf bei der Feststellung der Pflegebdürftigkeit nach den §§ 14, 15 SGB XI zu berücksichtigen ist; vgl. dazu unten 7.1.2 b)). Solche krankheitsspezifische Pflegemaßnahmen sind z. B. das An- und Ausziehen von Kompressionsstrümpfen oder das Einreiben mit Arzneimitteln zur Behandlung von Hautkrankheiten (Dermatika).
Der Anspruch auf häusliche Krankenpflege (im Sinne einer **Behandlungssicherungs**-Pflege) besteht außerdem ausnahmsweise auch für solche Versicherten in zugelassenen Pflegeeinrichtungen (i. S. des § 43 SGB XI), die auf Dauer, voraussichtlich für mindestens sechs Monate einen besonders hohen Bedarf an medizinischer Behandlungspflege haben. Dies sind z. B. Wachkomapatienten oder Dauerbeatmete, bei denen im Rahmen der vollstationären Dauerpflege sehr hohe Kosten für die medizinische Behandlungspflege anfallen (diese Kosten werden von der Pflegeversicherung nur zum Teil, nämlich im Rahmen ihrer gedeckelten Leistungsbeträge übernommen; mit den darüber hinausgehenden Kosten sollen nicht die Pflegebedürftigen und ihre Angehörigen belastetet werden, sondern die Krankenkassen).
Zur **Zuzahlung** bei häuslicher Krankenpflege vgl. unten die Zuzahlungstabelle bei 5.9.
Der Anspruch auf häusliche Krankenpflege wird vorrangig als Sachleistung gewährt, also i. d. R. durch Übernahme der Kosten von Pflegekräften der Sozialstationen, Krankenpflegevereine usw. Ist dies nicht möglich, so werden dem Versicherten die Kosten für eine selbstbeschaffte Kraft in angemessener Höhe erstattet (§ 37 Abs. 4 SGB V).
Die für die Umsetzung des Anspruchs auf Leistungen der häuslichen Krankenpflege (vor allem für die Verordnung des Arztes) wichtigen Richtlinien des Gemeinsamen Bundesausschusses über die Verordnung von „häuslicher Krankenpflege“ nach § 92 Abs. 1 Satz 2 Nr. 6 und Abs. 7 SGB V können z. B. bei Ärzten und Krankenkassen eingesehen werden.

f) **Haushaltshilfe** können Versicherte beanspruchen, wenn ihnen wegen Krankenhausbehandlung oder wegen einer medizinischen Vorsorgeleistung (z. B.

Mütterkur), häuslicher Krankenpflege, medizinischer Rehabilitationsmaßnahmen oder Müttergenesungskur die Weiterführung des Haushalts nicht möglich ist (§ 38 SGB V); zu weiteren Voraussetzungen für die Gewährung der Haushaltshilfe s. unten 6.5 h), zur Zuzahlung unten die Zuzahlungstabelle bei 5.9.

g) **Zusammenfassend** kann man sagen, dass die **Krankenbehandlung** im Wesentlichen folgende Leistungen umfasst (§ 27 SGB V): ärztliche und zahnärztliche Behandlung, Versorgung mit Zahnersatz, Versorgung mit Arznei-, Verband-, Heil- und Hilfsmitteln (s. unter 5.3), häusliche Krankenpflege und Haushaltshilfe, Krankenhausbehandlung, medizinische und ergänzende Leistungen zur Rehabilitation.
In diesem Zusammenhang ist auf das sog. Wirtschaftlichkeitsgebot zu verweisen: Danach müssen die Leistungen der Kassen ausreichend, zweckmäßig und wirtschaftlich sein; sie dürfen das Maß des Notwendigen nicht überschreiten. Leistungen, die nicht notwendig oder unwirtschaftlich sind, können die Versicherten nicht beanspruchen, dürfen die Leistungserbringer (z.B. Ärzte) nicht bewirken und die Krankenkassen nicht bewilligen (§ 12 Abs. 1 SGB V).

5.2 Außenseitermethoden, Diätkosten

a) Zu den **Untersuchungs- und Behandlungsmethoden** ist allgemein zu sagen, dass die Krankenkassen diese nur bezahlen, wenn sie nach dem jeweiligen Stand der medizinwissenschaftlichen Erkenntnisse anerkannt und in den sog. ärztlichen Bewertungsmaßstäben (vereinfacht gesagt: Verzeichnissen ärztlicher Leistungen) als abrechnungsfähige Leistungen angeführt sind.
Bei **neuen** Untersuchungs- und Behandlungsmethoden (andere Bezeichnung: **Außenseitermethoden,** unkonventionelle Heilmethoden, Alternativmedizin) ist Folgendes zu beachten: Diese Methoden dürfen in der vertragsärztlichen und vertragszahnärztlichen (früher: kassenärztlichen bzw. kassenzahnärztlichen) Versorgung zu Lasten der Krankenkassen nur erbracht werden, wenn der Gemeinsame Bundesausschuss in Richtlinien (befürwortende) **Empfehlungen** abgegeben hat über die Anerkennung des diagnostischen und therapeutischen Nutzens der neuen Methode sowie deren medizinische Notwendigkeit und Wirtschaftlichkeit – auch im Vergleich zu bereits zu Lasten der Krankenkassen erbrachte Methoden – **nach dem jeweiligen Stand der wissenschaftlichen Erkenntnisse in der jeweiligen Therapierichtung** (vgl. §§ 135 Abs. 1 Nr. 1, 92 Abs. 1 Satz 2 Nr. 5 SGB V). Es liegt auf der Hand, dass es bei dieser Rechtslage für sog. Außenseitermethoden schwer ist, vom Gemeinsamen Bundesausschuss die erforderliche Empfehlung für ihre Anerkennung zu erhalten (z.B. was den wissenschaftlichen Nachweis ihrer Wirksamkeit betrifft). Der Gemeinsame Bundesausschuss kann ferner solche Leistungen

benennen, die den Anforderungen für eine Anerkennung des diagnostischen oder therapeutischen Nutzens nicht entsprechen und die dann in der vertragsärztlichen Versorgung nicht zu Lasten der Kassen angewendet werden dürfen. Der Gemeinsame Bundesausschuss kann aber auch solche Leistungen benennen, die den Anforderungen für eine Anerkennung des diagnostischen oder therapeutischen Nutzen nicht in vollem Umfang entsprechen; diese Leistungen können die Kassen dann als Satzungsleistungen erbringen. Deshalb empfiehlt es sich in jedem Fall, vor der Anwendung sog. Außenseitermethoden Auskünfte bei seiner Krankenkasse einzuholen.
In Fällen einer lebensbedrohlichen oder regelmäßig tödlichen Erkrankung kann es so sein, dass eine unmittelbare Einwirkung auf die Krankheit und ihren Verlauf mit gesicherten medizinwissenschaftlichen Methoden noch nicht möglich ist. In derartigen Fällen müssen die Krankenkassen prüfen, ob es für die von einem Arzt nach gewissenhafter Einschätzung vorgenommene oder von ihm noch vorzunehmende neue Behandlungsmethode (die noch nicht vom Gemeinsamen Bundessausschuss anerkannt ist) ernsthafte Hinweise auf einen nicht ganz entfernt liegenden Erfolg der Heilung oder auch nur auf eine spürbare positive Einwirkung auf den Krankheitsverlauf im konkreten Einzelfall gibt (so das Bundesverfassungsgericht 6.12.2005 – 1 BvR 347/98 für den Fall einer neuen Behandlungsmethode bei der Duchenneschen Muskeldystrophie).

b) Zur Krankenbehandlung, die von der Krankenkasse zu gewähren ist, gehören auch Heilmittel (§ 27 Abs. 1 S. 2 Nr. 3 SGB V). **Keine Heilmittel** sind nach der Rechtsprechung des BSG allerdings **Lebensmittel,** auch wenn es sich um **Diät-** oder **Krankenkost** handelt (z.B. eiweißarme Spezialnahrungsmittel bei angeborener Störung des Eiweißstoffwechsels), weil sie zum Verzehr und nicht zur äußeren Einwirkung auf den Körper bestimmt sind; und als Arzneimittel dürfen sie nach den Arzneimittelrichtlinien des Gemeinsamen Bundesausschusses von den Vertragsärzten nicht verordnet werden.

5.3 Hilfsmittel

a) Immer wieder umstritten ist die Frage, ob die Kasse für ein bestimmtes **Hilfsmittel** aufkommen muss. Als **Leitlinie** gilt hier (vgl. § 33 Abs 1 Satz 1 SGB V): Es besteht nur dann ein Anspruch auf das begehrte Hilfsmittel, wenn es erforderlich ist, um das Gebot eines möglichst weitgehenden Behinderungsausgleichs zu erfüllen.

- Gegenstand des Behinderungsausgleichs sind zunächst solche Hilfsmittel, die auf den Ausgleich der Behinderung selbst gerichtet sind, also zum **unmittelbaren Ersatz** der ausgefallenen Funktionen dienen (z.B. eine Prothese).

- Der in § 33 Abs 1 Satz 1 SGB V genannte Zweck des Behinderungsausgleichs umfasst jedoch auch solche Hilfsmittel, die die direkten und indirekten Folgen der Behinderung ausgleichen. Ein Hilfsmittel ist von der Krankenkasse immer dann zu gewähren, wenn es die Auswirkungen der Behinderung im täglichen Leben beseitigt oder mildert und damit ein Grundbedürfnis betrifft. Nach der ständigen Rechtsprechung des BSG gehören zu den **Grundbedürfnissen des täglichen Lebens** das Gehen, Stehen, Greifen, Sehen, Hören, Nahrungsaufnehmen, Ausscheiden, (elementare) Körperpflegen, selbstständige Wohnen, Erschließen eines gewissen körperlichen und geistigen Freiraums sowie Aufrechterhaltung sozialer Kontakte; also z.B. eine Baby-Rufanlage für eine taube Mutter und ihr neugeborenes Kind oder eine Klingelleuchte für einen tauben Menschen, weil mit Hilfe dieser Geräte – die akustische Signale in optische umsetzen – das Grundbedürfnis der notwendigen Kontaktaufnahme erfüllt wird). Hierzu zählt auch das Bedürfnis, bei Krankheit oder Behinderung Ärzte und Therapeuten aufzusuchen, weil die notwendige medizinische Versorgung grundlegende Voraussetzung ist, um die elementaren Bedürfnisse des täglichen Lebens befriedigen zu können. Stets ist aber nach der Rechtsprechung des BSG im Hinblick auf die Zuordnung bestimmter Betätigungen zu den Grundbedürfnissen auf die Erforderlichkeit des Hilfsmittels **im Einzelfall** abzustellen. So ist z.B. die Vermeidung von Isolation durch Teilnahme am gesellschaftlichen Leben und durch Kommunikation nur bei Kindern und Jugendlichen in der Entwicklungs- oder Ausbildungsphase als Grundbedürfnis anerkannt (z.B. in Gestalt eines behindertengerechten Kinderfahrrades als Hilfsmittel, nicht aber z.B. in Gestalt eines Sportrollstuhls für Rollstuhl-Rugby bei einem Erwachsenen).

Keine (zu Lasten der Krankenkasse) verordnungsfähigen Hilfsmittel sind **„allgemeine Gebrauchsgegenstände des täglichen Lebens“** (§ 33 Abs. 1 S. 1 SGB V). Bei der Frage, ob ein Hilfsmittel nun verordnungsfähig ist oder nicht, ist allein auf die Zweckbestimmung des Gegenstandes abzustellen, die einerseits aus der Sicht der Hersteller, andererseits aus der Sicht der tatsächlichen Benutzer zu bestimmen ist: Geräte, die für die speziellen Bedürfnisse kranker oder behinderter Menschen entwickelt sowie hergestellt wurden und die ausschließlich oder ganz überwiegend auch von diesem Personenkreis benutzt werden, sind nicht als allgemeine Gebrauchsgegenstände des täglichen Lebens anzusehen. Das gilt selbst dann, wenn sie millionenfach verbreitet sind (z.B. Brillen, Hörgeräte). Umgekehrt ist ein Gegenstand auch trotz seiner geringen Verbreitung in der Bevölkerung und trotz hohen Verkaufspreises als allgemeiner Gebrauchsgegenstand des täglichen Lebens einzustufen, wenn er schon von der Konzeption her nicht vorwiegend für Kranke und behinderte Menschen gedacht ist (z.B. elektrischer Dosenöffner).

b) Bei verschiedenen Hilfsmitteln muss der Versicherte den Teil der Kosten selbst tragen (sogenannter **„Selbstbehalt“**), den auch Gesunde für die Anschaffung aufwenden müssten (z.B. bei orthopädischen Schuhen den Anteil, den man für den nicht behinderungsbedingten Teil des Schuhs bezahlen muss).

c) Die Krankenkasse kann dem Versicherten das erforderliche Hilfsmittel auch **leihweise** überlassen (bei Ausleihe gebrauchter Hilfsmittel aber nur, wenn dies dem Versicherten zumutbar ist; unzumutbar also z.B. bei orthopädischen Schuhen). Die Kasse kann die Bewilligung des Hilfsmittels davon abhängig machen, dass der Versicherte sich das Hilfsmittel anpassen oder sich in seinem Gebrauch ausbilden lässt (§ 33 Abs. 5 SGB V). Zum Ganzen vgl. das **Schaubild** auf S. 96.

d) Der Anspruch auf ein Hilfsmittel umfasst nach § 33 Abs. 1 Satz 4 SGB V **auch** die notwendige Änderung, Instandsetzung und Ersatzbeschaffung von Hilfsmitteln, die Ausbildung in ihrem Gebrauch und, soweit zum Schutz der Versicherten vor unvertretbaren gesundheitlichen Risiken erforderlich, die nach dem Stand der Technik und der technischen Sicherheit notwendigen Wartungen und technischen Kontrollen.

e) Die Versicherten dürfen Hilfsmittel grundsätzlich nur von denjenigen Leistungserbringern (Hersteller von Hilfsmitteln) beziehen, die aufgrund von **Verträgen** mit den Krankenkassen auch versorgungsberechtigt sind (§§ 33 Abs. 6, 127 Abs. 1 SGB V: Verträge über die Versorgung mit bestimmten Hilfsmitteln). Dabei übernimmt die Krankenkasse prinzipiell nur die jeweils vertraglich vereinbarten Preise. Dies geschieht so, dass die Versorgung mit Hilfsmitteln über eine öffentliche Ausschreibung (z.B. für Rollstühle mit bestimmten Qualitätsstandards) durch die Krankenkassen erfolgt; mit dem im Ausschreibungsverfahren billigsten (und die geforderte Qualität auch aufweisenden) Anbieter wird dann ein entsprechender Vertrag geschlossen. Damit wird ein Preiswettbewerb in Gang gesetzt, der zwar den Krankenkassen zugute kommen mag, aber nicht unbedingt den Bedürfnissen behinderter Menschen Rechnung tragen muss.
Wurde für ein Hilfsmittel nach § 36 SGB V ein **Festbetrag** festgesetzt, so übernimmt die Krankenkasse die Kosten höchstens bis zur Höhe des Festbetrags (§ 33 Abs. 7 SGB V). Wählen Versicherte Hilfsmittel, die über das Maß des Notwendigen hinausgehen, haben sie die Mehrkosten und dadurch bedingte höhere Folgekosten zu tragen (§ 33 Abs. 1 Satz 5 SGB V).

f) Im Bereich der **stationären Pflege** hängt nach § 33 Abs. 1 Satz 2 SGB V der Anspruch gegenüber der gesetzlichen Krankenversicherung auf Versorgung mit Hilfsmitteln zum Behinderungsausgleich nicht davon ab, in welchem

Umfang eine Teilhabe am Leben in der Gemeinschaft noch möglich ist (es genügt also, dass eine Teilnahme am Leben in der Gemeinschaft nur in eingeschränktem Maße möglich ist, etwa wenn der Versicherte mit Hilfe eines Rollstuhls noch kleinere Spazierfahrten mit Hilfe von Angehörigen außerhalb des Pflegeheims machen kann). Die Pflicht der stationären Einrichtung zur Vorhaltung von Hilfsmitteln, die für den üblichen Pflegebetrieb jeweils notwendig sind (z.B. Pflegebetten), bleibt daneben bestehen. Zur Abgrenzung der Leistungsbereich der gesetzlichen Krankenversicherung und der sozialen Pflegeversicherung bei Hilfsmitteln in stationären Pflegeeinrichtungen vgl. unten 7.6. a) i) ff)).

g) Versicherte, die das 18. Lebensjahr vollendet haben, müssen nach § 33 Abs. 8 Satz 1 SGB V zu jedem zu Lasten der gesetzlichen Krankenversicherung abgegebenen Hilfsmittel als **Zuzahlung** den sich nach § 61 Satz 1 SGB V ergebenden Betrag zu dem von der Krankenkasse zu übernehmenden Betrag an die Stelle leisten, die das Hilfsmittel abgibt (vgl. dazu die Zuzahlungstabelle unter 5.9). Dementsprechend erhält diese Stelle eine um den Zuzahlungsbetrag verminderte Vergütung.

h) Für die praktische Beratungsarbeit ist hier auf das **Hilfsmittelverzeichnis** der gesetzlichen Krankenkassen hinzuweisen, das diejenigen Hilfsmittel auflistet, die von der Leistungspflicht der Krankenkassen umfasst werden (§ 139 SGB V). Dieses Hilfsmittelverzeichnis, in dem auch indikations- oder einsatzbezogene besondere Qualitätsanforderungen für Hilfsmittel festgelegt werden können, ist im Bundesanzeiger bekannt zu machen. Darüber hinaus haben die Kassen und Ärzte die Richtlinien des Gemeinsamen Bundesausschusses zur Verordnung von Hilfsmitteln nach § 92 Abs. 1 Nr. 6 SGB V zu beachten.
Wichtig: Das Hilfsmittelverzeichnis (auch „Hilfsmittelkatalog" genannt) ist für die **Gerichte nicht bindend,** sondern nur eine unverbindliche Auslegungshilfe zu § 33 SGB V. Es kann also durchaus sein, dass ein Gericht die Krankenkasse zur Kostenübernahme für ein Hilfsmittel verurteilt, obwohl der Hilfsmittelkatalog eine solche Kostenübernahme nicht vorsieht, weil das Gericht die Hilfsmitteleigenschaft nach § 33 SGB V bejaht.
Für Hilfsmittel, die von der Krankenkasse nicht übernommen werden, kann (bei Vorliegen der entsprechenden Voraussetzungen) die **Sozialhilfe** zuständig sein (vgl. §§ 8–10 EHVO).

i) Nachfolgend einige **Beispiele** für Hilfsmittel (zu Lasten der Krankenversicherung oder der Sozialhilfe): **Blattwendegerät:** Wenn die Greiffunktion der Hände so weit ausgefallen ist, dass der Behinderte außerstande ist, ein Buch umzublättern, ist dieses ein von der Krankenkasse zu bezahlendes Hilfsmittel.

Hilfsmittel in der gesetzlichen Krankenversicherung (§ 33 SGB V)

Zweck

Das Hilfsmittel muss erforderlich sein, um den Erfolg der Krankenbehandlung zu sichern oder eine Behinderung auszugleichen. Aber: Gebrauchsgegenstände des täglichen Lebens gehören grundsätzlich nicht zu den Hilfsmitteln (z.B. Haushalts- oder Personenwaage).

Faustregel 1

Anspruch nur auf ein Hilfsmittel, das unmittelbar auf die Behinderung selbst ausgerichtet ist und die beeinträchtigten Körperfunktionen (als Maßnahme medizinischer Art) wiederherstellt, ermöglicht, ersetzt, erleichtert oder ergänzt.

Faustregel 2

Kein Anspruch auf ein Hilfsmittel, das bei den Folgen einer Behinderung allein auf beruflichem, gesellschaftlichem oder privatem Gebiet ansetzt.

Ausnahme von Faustregel 2:

Es besteht aber Anspruch auf ein Hilfsmittel, wenn dieses zur Befriedigung von Grundbedürfnissen erforderlich ist (insbesondere Nahrungsaufnahme, Fortbewegung, Hygiene, notwendige Kommunikation mit der Umwelt).

Falls Anspruch auf ein Hilfsmittel besteht

Der Anspruch umfasst insbesondere die notwendige Änderung, Instandsetzung und Ersatzbeschaffung von Hilfsmitteln sowie die Ausbildung in ihrem Gebrauch. Möglich ist auch – soweit zumutbar –, dass die Kasse das erforderliche Hilfsmittel leihweise überlässt.

Für die Schulbildung spastisch gelähmter Kinder verwendete Computer sind dagegen keine Hilfsmittel i.S. der gesetzlichen Krankenversicherung, sondern der Eingliederungshilfe (§ 54 Abs. 1 Nr. 1 SGB XII, § 9 EHVO), es sei denn, sie dienen neben der reinen Schreibfunktion auch dem Ausgleich schwerer Behinderung (Ausfall der Sprache, Kontrolle der Umwelt, so z.B. bei Muskeldystrophikern oder hochgradig Querschnittsgelähmten).
Die Krankenkasse muss (so die Rechtsprechung) einen behinderten Menschen neben einem einfachen zusätzlich mit einem faltbaren Krankenfahrstuhl aus-

statten, wenn dies für den außerhäuslichen Bereich (z.B. wegen des Schulbesuchs) zum unmittelbaren Ausgleich der Behinderung erforderlich ist. In Fällen schwerer Körper- und zugleich Sinnesbehinderungen, die etwa das selbstständige Fahren eines elektrisch betriebenen Rollstuhls unmöglich machen, können auch **Rollstuhl-Fahrrad-Kombinationen** (Rollfiets, Rollstuhlboy) zu Lasten der Krankenkasse verordnet werden.

Ferner gehört zu den Aufgaben der Krankenversicherung die Ausstattung mit **Brustprothesen,** nicht aber die Ausstattung mit einer **Schwimmprothese.** Das **Clos-o-mat** muss von der Krankenkasse bezahlt werden, nicht jedoch der Installationspreis. **Wärmesegmente** und **Angoraunterwäsche** sind keine Kassenleistungen, der **Hannoversche Rückentrainer** wird (leihweise) gestellt, wenn eine konsequente häusliche Behandlung gewährleistet ist. Eine **Hebebühne** ist keine Kassenleistung und muss bei einem beruflichen Rehabilitationsträger oder bei der Sozialhilfe beantragt werden. Ein **Krankenlifter** wird von der gesetzlichen Krankenkasse bezahlt. Das Gleiche gilt (unter bestimmten Voraussetzungen) für die sog. **Treppenraupe** (sie ermöglicht einem behinderten Menschen im Rollstuhl die Überwindung von Treppen); keine Hilfsmittel sind aber eine Verladerampe (zum Verladen eines Rollstuhls in den Pkw) oder ein mit einem Gebäude fest verbundener Treppenlift. Hilfsmittel, die dem behinderten Menschen die **Benutzung eines Kraftfahrzeuges** erst ermöglichen (vom BSG entschieden für einen schwenkbaren Autositz; auch anzuwenden auf Rollstuhlsicherungssysteme, wenn ein Aussteigen aus dem Rollstuhl aus behinderungsbedingten Gründen nicht möglich ist), können dagegen Hilfsmittel sein, wenn sie der Befriedigung eines Grundbedürfnisses dienen (so z.B. des Bedürfnisses, wegen der Behinderung Ärzte und Therapeuten aufzusuchen; nicht aber, wenn z.B. der schwenkbare Autositz nur dazu dienen soll, die Benutzung des PKW als Beifahrer zu erleichtern und von fremder Hilfe unabhängig zu machen, weil das bloße Bedürfnis, mit dem Auto zu fahren, kein Grundbedürfnis ist).

Zu den Hilfsmitteln, die von den Krankenkassen zu bezahlen sind, gehören auch **Blindenführhunde** (nicht aber Blindenschrift-Schreibmaschinen: hier kommt allerdings eine Leistung der Sozialhilfe in Betracht, §§ 54 Abs. 1 SGB XII, § 9 Abs. 2 Nr. 1 EHVO).

Kein Hilfsmittel zu Lasten der Krankenkasse sind für **erwachsene** behinderte Menschen i.d.R. das sog. **Rollstuhl-Bike** und das **Behinderten-Tandem,** die nicht dem allgemeinen Grundbedürfnis der Erschließung eines gewissen Freiraumes dienen, sondern die das allgemeine Wohlbefinden fördern und zur Erhaltung der Gesundheit beitragen (**anders** aber bei Kindern und Jugendlichen, wenn durch das Hilfsmittel die gleichberechtigte Teilhabe am Leben in der Gemeinschaft wesentlich gefördert wird).

j) Eine umfassende Dokumentation technischer Hilfsmittel medizinischer (aber auch beruflicher und häuslicher) Art, die im Fachhandel oder über Hersteller auf dem deutschen Markt verfügbar sind, enthält die CD-ROM „REHADAT“ (herausgegeben vom Institut der deutschen Wirtschaft, Postfach 510669, 50942 Köln).

5.4 Früherkennung Nach § 26 Abs.1 SGB V haben **Kinder** bis zur Vollendung des 6. Lebensjahres Anspruch auf Untersuchungen zur **Früherkennung von Krankheiten,** die ihre körperliche oder geistige Entwicklung in nicht geringfügigem Maße gefährden (sog. U1-U9-Untersuchungen). Einzelheiten werden in den sog. Kinder-Richtlinien geregelt. Allerdings weisen die bisherigen Erfahrungen mit Kinderuntersuchungen darauf hin, dass nur die ersten Untersuchungen in hohem Maße durchgeführt werden, während hinsichtlich der späteren Untersuchungen eine gewisse Nachlässigkeit der Eltern festzustellen ist.
Kinder, die aufgrund eigener Versicherung oder im Rahmen der sog. Familienversicherung versichert sind, haben außerdem Anspruch auf nichtärztliche sozialpädiatrische Leistungen (z.B. psychologische, heilpädagogische und psychosoziale Leistungen), wenn sie unter ärztlicher Verantwortung erbracht werden und erforderlich sind, um eine Krankheit zum frühestmöglichen Zeitpunkt zu erkennen und einen Behandlungsplan aufzustellen (§ 43 a SGB V).
Frauen haben vom Beginn des 20. Lebensjahres, **Männer** nach dem 45. Lebensjahr das Recht auf eine jährliche **Krebsvorsorgeuntersuchung** (§ 25 Abs. 2 SGB V). Einzelheiten regeln die sog. Krebsfrüherkennungs-Richtlinien.
Nach § 25 Abs.1 SGB V haben Krankenversicherte nach dem 35. Lebensjahr jedes zweite Jahr Anspruch auf eine ärztliche Gesundheitsuntersuchung zur **Früherkennung von Krankheiten,** insbesondere zur Früherkennung von Herz-Kreislauf- und Nierenerkrankungen sowie der Zuckerkrankheit.

5.5 Soziotherapie Um unnötige stationäre Aufenthalte schwer psychisch kranker Menschen (und damit verbundene unnötige Kostenbelastungen der Krankenkassen) zu vermeiden, sieht § 37 a SGB V einen Anspruch auf ambulante **Soziotherapie** als Betreuungsleistung vor. Mit dieser Leistung wird schwer psychisch kranken Menschen eine spezielle Hilfe angeboten, die sie unterstützt und befähigt, die für sie notwendigen Hilfen in ihrem eigenen Lebensumfeld wahrzunehmen. Der Anspruch auf Soziotherapie setzt einen vom Arzt unter Beteiligung des Leistungserbringers der Soziotherapie und des Patienten erarbeiteten Behandlungs- und Rehabilitationsplan voraus, der verschiedene Behandlungselemente (z.B. häusliche Krankenpflege, Heilmittel) zu einer Komplexleistung zusammenfasst. Die für Versicherte kostenlose Leistung ist auf maximal 120 Stunden innerhalb von drei Jahren bei derselben Erkrankung befristet. Die Anforderungen an die Leistungserbringer der Soziothera-

pie werden in Empfehlungen der Krankenkassen-Spitzenverbände festgelegt (§ 132 b SGB V). Darüber hinaus gibt es Richtlinien des Bundesausschusses der Ärzte und Krankenkassen nach § 92 Abs. 1 Nr. 6 SGB V, in denen Art und Umfang der Versorgung mit der Soziotherapie definiert werden.
Bei der Soziotherapie müssen (volljährige) Versicherte eine Zuzahlung von 10% der kalendermäßigen Kosten, jedoch höchstens 10,– € und mindestens 5,– € leisten (dazu auch das Schaubild auf Seite 111).

5.6 Vorsorgeleistungen Die Kassen übernehmen auch die Kosten von ambulanten und stationären **(medizinischen) Vorsorgeleistungen,** insbesondere um eine Krankheit zu verhüten (Primärprävention) oder deren Verschlimmerung zu vermeiden (Sekundärprävention), vgl. § 23 SGB V (zu den medizinischen Rehabilitationsmaßnahmen, die davon streng zu unterscheiden sind, vgl. § 40 SGB V und unten 6.2. a). Die Krankenkasse kann durch Satzung die übrigen Kosten der **ambulanten** Vorsorgeleistungen mit bis zu 13,– € täglich bezuschussen (z.B. für Unterkunft und Verpflegung); für versicherte chronisch kranke Kleinkinder kann der Zuschuss auf bis zu 21,– € täglich erhöht werden (§ 23 Abs. 2 S. 2 und 3 SGB V).
Auf Leistungen der **medizinischen Vorsorge für Mütter und Väter** (z.B. in einer Einrichtung des Müttergenesungswerks in Form einer Mutter-Kind-Maßnahme) besteht ein Anspruch, wenn diese Leistungen notwendig sind, um z.B. eine Schwächung der Gesundheit, die in absehbarer Zeit voraussichtlich zu einer Krankheit führen würde, oder um die Verschlimmerung einer Krankheit zu vermeiden (§ 24 Abs. 1 i.V. mit § 23 Abs. 1 SGB V). Dabei ist es nicht erforderlich, dass zunächst ambulante Behandlungsmöglichkeiten ausgeschöpft sein müssen. Wenn aus medizinischen Gründen eine solche stationäre Vorsorgemaßnahme für Mütter und Väter notwendig ist und das mit der Maßnahme angestrebte Vorsorgeziel nicht mit anderen (z.B. wirtschaftlicheren) Maßnahmen erreicht werden kann, muss die Krankenkasse sie erbringen.
Die **Dauer** der genannten Vorsorgeleistungen richtet sich grundsätzlich nach der individuellen medizinischen Notwendigkeit. Im Regelfall werden die stationären Leistungen aber für längstens drei Wochen erbracht, es sei denn, eine Verlängerung der Leistung ist aus medizinischen Gründen dringend erforderlich. Die Spitzenverbände der Krankenkassen können dafür in Leitlinien Indikatoren festlegen und diesen jeweils eine Regeldauer zuordnen; von dieser Regeldauer kann dann nur abgewichen werden, wenn dies aus dringenden medizinischen Gründen im Einzelfall erforderlich ist. Eine erneute ambulante Vorsorgeleistung kann nicht vor Ablauf von drei Jahren, eine stationäre Vorsorgeleistung nicht vor Ablauf von vier Jahren nach einer früheren Vorsorgeleistung erbracht werden, es sei denn, eine vorzeitige Leistung ist aus medizinischen Gründen dringend erforderlich (dazu insgesamt § 23 Abs. 5 SGB V).

Medizinisch notwendige stationäre Vorsorgemaßnahmen für versicherte Kinder, die das 14. Lebensjahr noch nicht vollendet haben, sollen in der Regel für vier bis sechs Wochen erbracht werden (§ 23 Abs. 7 SGB V).
Zu den **Zuzahlungen** bei diesen Vorsorgeleistungen vgl. unten 5.8 g) und h) sowie die Zuzahlungstabelle unter 5.9.

5.7 Spezialisierte Palliativversorgung, Hospizleistungen Versicherte mit einer nicht heilbaren, fortschreitenden und weit fortgeschrittenen Erkrankung bei einer zugleich begrenzten Lebenserwartung, die eine besonders aufwändige Versorgung benötigen, haben nach § 37b Abs. 1 SGB V Anspruch auf spezialisierte **ambulante** Palliativversorgung, die ärztliche und pflegerische Leistungen insbesondere zur Schmerztherapie umfasst und die darauf abzielt, die Betreuung dieser Versicherten in der vertrauten häuslichen Umgebung (auch rund um die Uhr) zu ermöglichen. Die Leistung durch die entsprechenden Palliativ-Care-Teams (vgl. § 132d SGB V) muss von einem Vertragsarzt oder Krankenhausarzt verordnet werden. Für Versicherte in **stationären** Pflegeeinrichtungen, die eine spezialisierte Palliativversorgung in der Einrichtung benötigen, gilt § 37b Abs. 2 SGB V.
Den Anspruch auf einen (in der Satzung der Krankenkasse festzulegenden) Zuschuss zur stationäre Versorgung in einem **Hospiz,** in dem eine palliativmedizinische Behandlung für Sterbende erbracht wird, regelt § 39a Abs. 1 SGB V (der auch vorschreibt, dass den besonderen Belangen der Versorgung in Kinderhospizen Rechnung zu tragen ist). Die Förderung von **ambulanten Hospizdiensten,** die qualifizierte ehrenamtliche Sterbebegleitung im Haushalt des Versicherten, in seiner Familie oder in einer stationären Pflegeeinrichtung erbringen, regelt § 39a Abs. 2 SGB V.

5.8 Wichtiges für behinderte Menschen Für **behinderte Menschen** können insbesondere folgende Regelungen des SGB V von Bedeutung sein:
a) Für **Medikamente** mit denselben Wirkstoffen sowie für Medikamente mit vergleichbaren Wirkstoffen und mit vergleichbaren Wirkungen werden Festbeträge festgesetzt (§§ 35, 35a SGB V). Für diese Medikamente übernehmen die Kassen dann nur die Kosten in Höhe der jeweiligen Festbeträge. Entscheiden sich Arzt und Patient für Mittel mit höheren Preisen, so hat der Versicherte den Differenzbetrag selbst zu tragen (§ 31 Abs. 2 SGB V). Für Arzneimittel, die nicht in eine Festbetragsgruppe nach § 35 SGB V einzubeziehen sind, wird ein Höchsbetrag festgesetzt, bis zu dem die Krankenkassen die Kosten tragen (§ 31 Abs. 2a SGB V).
Die Zuzahlung bei verschreibungspflichtigen Arzneimitteln richtet sich für (volljährige) Versicherte nicht nach der Packungsgröße, sondern nach dem Preis (10% des Preises, aber mindestens 5,– €, maximal 10,– € pro Arzneimittel), § 31

Abs. 3 V (vgl. dazu die Zuzahlungstabelle bei 5.9). Bestimmte Arzneimittel, deren Preis unter dem Festbetragspreis (§ 35 SGB V) liegt, sind von Zuzahlungen freigestellt (§ 31 Abs. 3 Satz 4 SGB V). Eine Liste dieser zuzahlungsfreien Arzneimittel findet man im Internet unter „www.die-gesundheitsreform.de".

b) Auf **unwirtschaftliche Arzneimittel,** die in der „Verordnung über unwirtschaftliche Arzneimittel in der gesetzlichen Krankenversicherung" aufgezählt sind (z. B. Badezusätze wie Aprikosenextrakt) haben Versicherte keinen Anspruch (dazu und zum Folgenden § 34 SGB V).
Die Krankenkassen dürfen rezeptfreie Medikamente, so genannte OTC-Präparate („Over the Counter"), nicht mehr bezahlen. Ausgenommen von dieser Neuregelung sind Kinder bis zum vollendeten zwölften Lebensjahr sowie Kinder und Jugendliche mit Entwicklungsstörungen. Ausgenommen sind ferner bestimmte OTC-Präparate, die bei schwerwiegenden Erkrankungen als Therapiestandard gelten (die Liste dieser Präparate kann im Internet unter „www.die-gesundheitsreform.de" unter dem Stichwort „OTC-Präparate" heruntergeladen werden).
Die Liste der nicht erstattungsfähigen Medikamente in der genannten Verordnung umfasst z. B. Arzneimittel gegen Erkältung, Halsschmerztabletten, Abführmittel oder Mittel gegen Reisekrankheit. Nicht erstattungsfähig sind auch sogenannte Life-Style-Präparate wie Potenzmittel, Diät-Präparate, Appetitzügler oder Haarwuchsmittel.
Nicht verschreibungspflichtige Medikamente, die für die Behandlung von schweren Erkrankungen wie zum Beispiel Krebs als Therapiestandard gelten, können allerdings in den Leistungskatalog der gesetzlichen Krankenkassen aufgenommen werden. Über die Auswahl entscheidet ein gemeinsames Gremium von Ärzten und Krankenkassen. Beispiele für solche Medikamente sind Aspirin für Schlaganfallpatienten oder Mistelpräparate zur Krebstherapie.
Seit 2004 ist auch in Deutschland der Versandhandel mit rezeptpflichtigen Medikamenten erlaubt, zum Beispiel über Internet-Apotheken. Um die Sicherheit für die Patienten zu garantieren, hat der Gesetzgeber dem Arzneimittelversand aber enge Grenzen gesetzt. Die wichtigsten Sicherheitsbestimmungen (vgl. § 21 Apothekengesetz):

- Verschreibungspflichtige Medikamente dürfen nicht ohne Rezept über den Versandhandel vertrieben werden.
- Der Patient entscheidet immer selbst, ob er ein Medikament in der Apotheke vor Ort kauft oder über den Versandhandel bezieht.
- Die Arzneimittelsicherheit muss gewährleistet sein – Versandapotheken müssen ihre Qualität und Zuverlässigkeit nachweisen.
- Um Kunden wie in der Apotheke qualifiziert beraten zu können (z. B. am Telefon), müssen auch Versandapotheken Fachkräfte mit pharmazeutisch-

medizinischem Fachwissen beschäftigen; die Beratung muss in deutscher Sprache erfolgen.
- Die Versandapotheke muss bei Fragen und Problemen rund um die Uhr erreichbar sein.
- Die Zustellung der Arzneimittel muss sicher und schnell erfolgen; die Qualität und Wirksamkeit des Produktes darf nicht leiden.
- Die Übergabe der Lieferung darf nur an den Besteller oder eine von ihm benannte Person erfolgen.

c) Bei schwerwiegenden (d.h. lebensbedrohlichen oder die Lebensqualität auf Dauer nachhaltig beeinträchtigenden) Krankheiten, bei denen keine andere Therapie verfügbar ist, müssen die gesetzlichen Krankenkassen nach der Rechtsprechung des BSG in Ausnahmefällen auch Medikamente zahlen, die Heilung versprechen, aber zur Behandlung dieser Krankheit **nicht zugelassen** sind. Voraussetzung ist freilich, dass es zur Behandlung der Krankheit keine andere Therapie gibt und das entsprechende Medikament (auf Grund der Datenlage) begründete Aussicht auf Behandlungserfolg verspricht. Wenn die Wirksamkeit eines Medikaments also (durch Forschungsergebnisse wissenschaftlich nachprüfbar) erwiesen ist, darf es dem Versicherten nicht vorenthalten werden (nur weil es nicht zugelassen ist).

d) Die **Ärzte** sollen auf ihren Rezeptblättern angeben, ob der Apotheker statt des verordneten Mittels ein preisgünstigeres wirkstoffgleiches Arzneimittel (z.B. ein Nachahmer-Präparat) abgeben darf; ferner soll der Arzt die sog. Preisvergleichsliste beachten (§§ 73 Abs. 5, 92 Abs. 2 SGB).

e) Für **Heilmittel** (z.B. Massagen) sind keine Festbeträge vorgesehen. Statt dessen hat der (volljährige) Versicherte 10% der Kosten sowie 10,– € pro Verordnung selbst zu übernehmen (§ 32 SGB V). Sind im Rahmen einer Vorsorge- oder Rehabilitationsmaßnahme verschiedene Heilmittel verordnet worden, sind nur einmal 10,– € pro Rezept zu zahlen (dazu die Zuzahlungstabelle bei 5.9). Heilmittel von geringem oder umstrittenem therapeutischen Nutzen (z.B. Heublumensack, gashaltige Bäder) sowie Bagatell-Heilmittel werden durch Verordnung von der Kostenübernahme durch die Kassen ganz ausgeschlossen werden (§ 34 Abs. 4 SGB V). Was Heilmittel sind, wird in den vom Gemeinsamen Bundesausschuss erarbeiteten Richtlinien über die Verordnung von Heilmitteln nach § 92 Abs. 1 Nr. 6 SGB V näher erläutert. Dazu gehören z.B. die psysikalische Therapie (Massagen, Krankengymnastik usw.), Sprachtherapie und Ergotherapie. Zentraler Bestandteil der Heilmittel-Richtlinien ist der Heilmittelkatalog, in dem die Zuordnung der Heilmittel zu den Indikationen erfolgt. Die Heilmittel-Richtlinien kann man z.B. im Internet finden (unter der Adresse des Gemeinsamen Bundesausschusses – „www.g-ba.de“ –) und herunterladen.

Hinzuweisen ist hier insbesondere auf Folgendes:
- Die maximale Verordnungsmenge beträgt pro Verordnungsblatt (Rezept) im Regelfall sechs Einheiten für die physikalische Therapie und zehn Einheiten für Maßnahme der Ergo- und Sprachtherapie. Es sind aber auch längerfristige Verordnungen (ohne Behandlungspause) möglich, wenn sich die Behandlung mit der genannten Gesamtverordnungsmenge nicht abschließen läßt, der behandelnde Arzt eine entsprechende prognostische Begründung abgibt und die Krankenkasse dies genehmigt. In diesen Fällen kann der Arzt die Verordnungsmenge nach den medizinischen Erfordernissen des Einzelfalles selbst bestimmen. Dies trifft besonders auf schwerwiegend Kranke zu (z. B. auf halbseitig gelähmte Patienten nach Schlaganfall, die eine längerfristige Behandlung ohne Therapiepause benötigen).
- Die maximalen Verordnungsmengen sind so anzupassen, dass für Patienten unnötige Praxisgebühren vermieden werden.
- Versicherte mit cerebralen Bewegungsstörungen erhalten längstens bis zum vollendeten 18. Lebensjahr eine speziell auf Kinder ausgerichtete Krankengymnastik; die Therapeuten müssen dafür über eine höhere Qualifikation verfügen als diejenigen Therapeuten, die die Erwachsenenform dieser Krankengymnastik anwenden.
- Der Anspruch auf Frühförderung nach § 30 SGB IX schließt den Anspruch auf Versorgung mit Heilmitteln aus, soweit entsprechende therapeutische Leistungen bereits im Rahmen der Frühförderung erbracht werden oder hierfür ein entsprechendes Angebot besteht.

Zu Zuzahlungen bei Heilmitteln vgl. die Zuzahlungstabelle bei 5.9.

f) Zu den **Hilfsmitteln** vgl. die Ausführungen oben bei 5.3. Hinzuweisen ist ferner auf die Zuzahlung (dazu oben 5.3 g) und die Zuzahlungstabelle bei 5.9) sowie auf Folgendes:
Durch Verordnung sind Hilfsmittel von geringem oder umstrittenem therapeutischen Nutzen (z. B. Handgelenkmanschetten, Kompressionsstücke für Waden, Mundsperrer), ferner Hilfsmittel mit geringem Abgabepreis (z. B. Armtragetücher, Augenklappen, Badestrümpfe, Brillenetuis) sowie die Instandsetzung von Brillengestellen für Versicherte über 18 Jahre (einschließlich Aufarbeitung einer vorhandenen Fassung) von der Kostenübernahme durch die Krankenkasse ausgeschlossen (§ 34 Abs. 4 SGB V).

g) Der Zuschuss der Kassen für ambulante **medizinische Vorsorgeleistungen** ist begrenzt (dazu oben 5.6). Für **stationäre Vorsorgeleistungen** und **statio-**

näre Rehabilitationsmaßnahmen hat der (volljährige) Versicherte pro Tag 10,– € zuzuzahlen (d.h. an die Einrichtung zu zahlen, die das Geld dann an die Krankenkasse weiterleiten muss), vgl. §§ 23 Abs. 6, 61 Satz 2 SGB V. Bei einer medizinisch notwendigen Rehabilitation unmittelbar im Anschluss an eine Krankenhausbehandlung (sog. Anschlussheilbehandlung) sind pro Tag 10,– € für höchstens 28 Tage (je Kalenderjahr) zuzuzahlen.
Entsprechende Zuzahlungen an einen Träger der gesetzlichen Rentenversicherung bei medizinischen Reha-Maßnahmen – vgl. unter 6.2. g) – sind anzurechnen (§ 40 Abs. 6 S. 2 SGB V).
Bei ambulanten Rehabilitationsmaßnahmen im Anschluss an stationäre Rehabilitationsmaßnahmen ist eine verminderte Zuzahlung zu leisten (§ 40 Abs. 5 SGB V: 10,– €), dies gilt z.B. bei Rehabilitationsmaßnahmen wegen einer psychischen Erkrankung mit Ausnahme von neurotischen und psychosomatischen Erkrankungen. Ferner wird nicht nur bei der stationären Anschlussheilbehandlung (s. oben), sondern auch bei anderen stationären Rehabilitationsmaßnahmen in einer Reihe von Fällen nur die genannte verminderte Zuzahlung verlangt (so z.B. bei Rehabilitationsmaßnahmen wegen einer psychischen Erkrankung mit Ausnahme von neurotischen und psychosomatischen Erkrankungen). Hier empfiehlt es sich, entsprechende Auskünfte bei der Krankenkasse einzuholen.

h) Zu Leistungen der **medizinischen Vorsorge für Mütter und Väter** (z.B. in einer Einrichtung des Müttergenesungswerks in Form einer Mutter-Kind-Maßnahme, § 24 SGB V) vgl. oben 5.6. Geht es darum, eine Krankheit zu heilen, ihre Verschlimmerung zu verhüten oder Krankheitsbeschwerden zu lindern, haben Versicherte nach § 41 SGB V Anspruch auf aus medizinischen Gründen erforderliche **Rehabilitationsleistungen** in einer Einrichtung des Müttergenesungswerks oder einer gleichartigen Einrichtung. Für Leistungen der medizinischen Vorsorge und der medizinischen Rehabilitation für Mütter und Väter, bei denen die Kosten von den Krankenkassen voll übernommen werden (§§ 24, 41 SGB V), sind Zuzahlungen von 10,– € pro Tag zu leisten (vgl. die Zuzahlungstabelle bei 5.9).

i) Der (volljährige) Versicherte muss zur **stationären Krankenhausbehandlung** für maximal 28 Tage im Kalenderjahr pro Tag 10,– € zuzahlen (§ 39 Abs. 4 SGB V). Für diese Zuzahlung gelten keine Ausnahmeregelungen, die Zuzahlung wird also z.B. auch von Empfängern von Hilfe zum Lebensunterhalt gefordert (vgl. auch die Zuzahlungstabelle bei 5.9).

j) **Fahrkosten** bei einer **ambulanten Behandlung** übernehmen die Krankenkassen nur noch in besonderen Ausnahmefällen – auch dann muss der Patient 10% der Fahrtkosten, mindestens jedoch 5,– € und höchstens 10,– € zuzahlen. Den Ausnahmefall muss die Krankenkasse vorher genehmigen.

Bei Fahrten zur **stationären Behandlung** muss der Patient 10% der Fahrtkosten zuzahlen, mindestens aber 5,– € und höchstens 10,– € (§ 60 SGB V).

k) Für **Fahrtkosten** im Zusammenhang mit Leistungen zur **medizinischen Rehabilitation** gilt § 53 SGB IX (dazu unten 6.5 g).

l) Beim **Zahnersatz** (§ 55 SGB V) gilt unter anderem:
Die Kasse trägt einen „befundbezogenen Festzuschuss". Die Höhe dieses Festzuschusses beträgt mindestens 50% für zahnärztliche und zahntechnische Leistungen der bei einem bestimten Befund festgelegten jeweiligen „Regelversorgung" (diese „Regelversorgung" wird vom Gemeinsamen Bundesaussschuss festgelegt, § 56 SGB V). Der Festzuschuss erhöht sich bei regelmäßig in Anspruch genommenen Vorsorgeuntersuchungen. Wichtig ist dabei der Heil- und Kostenplan, den der Zahnarzt vor einer Behandlung – kostenfrei – erstellen muss und der vor Beginn der Behandlung der Krankenkasse zur Prüfung sowie Genehmigung vorzulegen ist; darin müssen der Befund, die Regelversorgung und die tatsächlich geplante Versorgung mit Zahnersatz nach Art, Umfang und Kosten ausgewiesen werden. Zahnersatz sind z.B. Einzelzahnkronen, Brücken und Prothesen (nicht aber z.B. Zahnfüllungen).
Einkommensschwache Personen, die unterhalb einer bestimmten Einkommensgrenze liegen, müssen beim Zahnersatz nicht zuzahlen, wenn sie sich für Regelleistungen entscheiden. Liegt das Einkommen oberhalb dieser Einkommengrenze, kann die Kasse einen Teil des Eigenanteils übernehmen. Wer eine aufwändigere Versorgungsform als die Regelversorgung wählt, muss die Mehrkosten selbst tragen (§ 55 Abs. 2–5 SGB V).
Seit 1.7.2005 wird ein zusätzlicher Beitragssatz für Zahnersatz erhoben (§ 241a SGB V, ausgenommen sind aber mitversicherte Familienangehörige sowie Bezieher von Arbeitslosengeld II). Ob es sinnvoll ist, eine ergänzende Zahnersatzversicherung abzuschließen, muss jeder Einzelne angesichts des Leistungsniveaus der gesetzlichen Krankenversicherung selbst entscheiden.

m) **Kieferorthopädische Leistungen** sind auf noch nicht volljährige Versicherte begrenzt (§ 28 Abs. 2 S. 6 SGB V; benachteiligt sind dadurch entwicklungsverzögerte Behinderte, bei denen die Behandlung erst nach dem 18. Lebensjahr beginnen kann); bei schweren Kieferanomalien gibt es Ausnahmen für Erwachsene (§ 28 Abs. 2 S. 7 SGB V). Für die in § 28 Abs. 2 Satz 6 und 7 SBG V genannten Versicherten wird kieferorthopädische Behandlung (§ 29 SGB V) in medizinisch begründeten Indikationsgruppen geleistet, bei denen eine Kiefer- oder Zahnfehlstellung vorliegt, die das Kauen, Beißen Sprechen, oder Atmen erheblich beeinträchtigt oder zu beeinträchtigen droht.

Die Versicherten müssen grundsätzlich einen Eigenanteil von 20 % der Kosten an den Vertragszahnarzt leisten (nicht aber für die im Zusammenhang mit kieferorthopädischer Behandlung erbrachten konservierend-chirurgischen und Röntgenleistungen). Befinden sich mindestens zwei versicherte Kinder, die zu Beginn der Behandlung das 18. Lebensjahr noch nicht vollendet haben und mit ihren Erziehungsberechtigten in einem gemeinsamen Haushalt leben, in kieferorthopädischer Behandlung, so beträgt der Eigenanteil für das zweite und jedes weitere Kind nur 10 % der Behandlungskosten. Nach Abschluss der Behandlung (entsprechend dem Behandlungsplan des Vertragszahnarztes) zahlt die Krankenkasse den geleisteten Eigenanteil an die Versicherten zurück.

n) Seit dem 1. 1. 2004 dürfen Versicherte gezielt unter bestimmten Voraussetzungen einen **(niedergelassenen) Arzt/Zahnarzt** in anderen Ländern der Europäischen Union (also z.B. in Frankreich) aussuchen. Damit setzt der Gesetzgeber die Rechtsprechung des Europäischen Gerichtshofes um. Die Krankenkasse muss den Arztbesuch im EU-Ausland **nicht vorher genehmigen.** Der Patient muss die Behandlung zunächst selbst bezahlen und anschließend die Rechnung der Krankenkasse zur **Erstattung** einreichen. Die Krankenkasse erstattet dann aber nur so viel, wie sie (unter Abzug von Verwaltungskosten und von einem Abschlag für die fehlende Wirtschaftlichkeitsprüfung) auch in Deutschland zahlen würde. Eine verbleibende Differenz muss der Patient selbst zahlen (§ 13 Abs. 4 SGB V).
Eine **vorherige Genehmigung** durch die Kasse ist aber bei einer **Krankenhausbehandlung im Ausland** erforderlich (§ 13 Abs. 5 SGB V).
An der **Notfallbehandlung** in Ländern der Europäischen Union ändert sich aber nichts. Wie bisher gilt: Wird man z.B. im Urlaub krank, kann man zur Notfallbehandlung zum Arzt oder ins Krankenhaus gehen. Die entsprechenden Leistungen deckt bei gesetzlich Krankenversicherten weiterhin die Krankenversicherungskarte ab. Hier braucht man also grundsätzlich nicht in Vorleistung zu treten (es sei denn, im Ausland wird nur gegen „Bares" behandelt; dann kommt eine Kostenerstattung in Betracht).
In allen **übrigen „Nicht-Vertragsstaaten"** (also vor allem in Staaten außerhalb der Europäischen Union, z.B. in Lateinamerika) gibt es nur einen eingeschränkten Versicherungsschutz durch die gesetzliche Krankenversicherung: Für den Fall, dass eine dem allgemein anerkannten Stand der medizinischen Erkenntnisse entsprechende Behandlung einer Krankheit nur außerhalb der Europäischen Union möglich ist (was freilich nur selten der Fall sein dürfte), kann die Krankenkasse die Kosten der erforderlichen Behandlung, ferner weitere Kosten für den Versicherten sowie die Kosten für eine erforderliche Begleitperson ganz oder teilweise übernehmen (§ 18 Abs. 1 und 2 SGB V). Fer-

ner erstatten die Krankenkassen für längstens sechs Wochen im Kalenderjahr die Kosten von Akutbehandlungen (also nicht von Kuren!) bei privaten Urlaubs- und Besuchsauslandsreisen (in „Nicht-Vertragsstaaten"), wenn der Abschluss einer privaten Auslands-Krankenversicherung wegen einer Vorerkrankung (z.B. bei Dialysepatienten oder Blutern) oder wegen des (hohen) Lebensalters nicht möglich ist (dies muss die Kasse – z.B. anhand der Ablehnung einer Privatversicherung – vor Beginn des Auslandsaufenthalts feststellen; § 18 Abs. 3 SGB V).

o) Alle Versicherte können anstelle der Sachleistungen (zum Sachleistungsprinzip unten S. 127) auch **Kostenerstattung wählen,** also die Möglichkeit, z.B. die Rechnung des Arztes aus eigener Tasche vorzufinanzieren und dann die Rechnung der Krankenkasse zur Erstattung vorzulegen (was unter anderem das Kostenbewußtsein bei Versicherten stärken soll; zum Ganzen: § 13 Abs. 2 SGB V). Darüber muss der so wählende Versicherte seine Krankenkasse vor Inanspruchnahme der Leistung in Kenntnis setzen. Der Leistungserbringer (also z.B. der Arzt) seinerseits muss den Versicherten vor der Inanspruchnahme der Leistung darüber informieren, dass die Kosten, die nicht von der Krankenkasse übernommen werden (z.B. individuelle Gesundheitsleistungen), vom Versicherten selbst zu tragen sind. Der Versicherte muss dann die Beratung durch den Leistungserbringer (z.B. den Arzt) diesem gegenüber schriftlich bestätigen. Eine Beschränkung der Wahl auf den Bereich der ärztlichen oder zahnärztlichen Versorgung, den stationären Bereich oder auf (ärztlich veranlasste) Leistungen (z.B. Krankengymnastik, Hilfsmittel) ist möglich. An die Entscheidung für die Wahl der Kostenerstattung ist der Versicherte ein Jahr gebunden. Ob eine solche Wahl der Kostenerstattung sinnvoll ist, sollte jeder Versicherte freilich sorgfältig überlegen.

p) Alle Versicherten ab 18 Jahren müssen eine **Praxisgebühr** in Höhe von 10,– € bezahlen, wenn sie das **erste Mal** in einem Quartal zu einem Arzt (auch Notarzt!), Zahnarzt oder Psychotherapeuten gehen. Für alle weiteren Behandlungen im gleichen Quartal ist dann aber keine Praxisgebühr mehr zu entrichten. Im **nächsten** Quartal wird die Praxisgebühr dann aber erneut fällig. Der Arzt, Zahnarzt oder Psychotherapeut ist verpflichtet, eine **Quittung** für die Praxisgebühr auszustellen.
Geht man zu einem **anderen** Arzt, Zahnarzt oder Psychotherapeuten, muss auch in dessen Praxis für die erste Behandlung die Praxisgebühr von 10,– € gezahlt werden. Der Besuch bleibt aber gebührenfrei, wenn man von einem anderen Arzt **überwiesen** wurde. Die Überweisung muss aber dann für das laufende Quartal gelten.

Die Praxisgebühr **entfällt** ferner, wenn man eine Vorsorge- oder Früherkennungsmaßnahme (z. B. Krebsvorsorge oder die Prophylaxe-Untersuchung beim Zahnarzt) in Anspruch nimmt.
Kinder und **Jugendliche bis 18 Jahre** sind von der Praxisgebühr **generell befreit** (zum Ganzen § 28 Abs. 4 SGB V).

q) Seit dem 1. 1. 2004 können Versicherte vom Arzt, Zahnarzt und Krankenhaus auf Wunsch eine **Patientenquittung** erhalten. Darin soll der Patient in verständlicher Form über die medizinischen Leistungen und ihre Kosten informiert werden. Ein direkter Ausdruck der Patientenquittung bei Arzt, Zahnarzt oder Krankenhaus ist kostenlos. Wer sich die Quittung einmal im Quartal zuschicken lässt, bezahlt dafür 1,– € plus Versand (§ 305 Abs. 2 SGB V).

r) Seit dem 1. 1. 2004 sind **gestrichen:** das **Sterbegeld,** die **Sterilisation aus nichtmedizinischen Gründen** und das **Entbindungsgeld.**

s) Der **Hausarzt** ist für die meisten Patienten der erste und wichtigste Ansprechpartner in Sachen Gesundheit. Deshalb soll seine Stellung im Gesundheitswesen deutlich aufgewertet werden – unter anderem durch das Hausarzt-Modell. Das heißt: Die gesetzlichen Krankenkassen können und sollen ihren Versicherten eine so genannte hausarztzentrierte Versorgung anbieten. Die Teilnahme ist für die Versicherten freiwillig.
Wer mitmacht, verpflichtet sich grundsätzlich für mindestens ein Jahr, im Krankheitsfall immer erst zu seinem Hausarzt zu gehen. Für die Behandlung beim Facharzt ist eine Überweisung notwendig (§ 73 b SGB V).

Für die Patienten hat das Hausarztmodell zwei Vorteile:
- Die medizinische Behandlung ist besonders gut: Hausärzte, die mitmachen, müssen bestimmte Qualifikationen, zum Beispiel die Teilnahme an Fortbildungsveranstaltungen, nachweisen.
- Für die Teilnahme am Hausarztmodell können Krankenkassen für ihre Versicherten Prämienzahlungen oder Ermäßigungen bei Zuzahlungen vorsehen (§ 53 Abs. 3 SGB V).

t) Die Krankenkassen können allen Versicherten **Wahltarife** anbieten (§ 53 SGB V), so z. B. für Versicherte, die
- einen Selbstbehalt wählen (also jeweils für ein Kalenderjahr einen Teil der von der Krankenkasse zu tragenden Kosten selbst übernehmen),
- in einem Kalenderjahr Leistungen zu Lasten der Krankenkasse nicht in Anspruch nehmen,

- an einer bestimmten Versorgungsform teilnehmen (z.B. an der hausarztzentrierten Versorgung; dazu oben s)),
- Tarife für Kostenerstattung wählen (zur Wahl der Kostenerstattung oben o)),
- sich für bestimmte Beschränkungen der Leistungen der gesetzlichen Krankenversicherung entscheiden.

Behinderte Menschen dürften allerdings von diesen Wahltarifen nicht durchweg profitieren.

u) Für **Arzneimittel** gilt eine **Kosten-Nutzen-Bewertung** (§ 35b SGB V). Damit ist es möglich, den medizinischen Nutzen von Arzneimitteln nicht nur auf den therapie- bzw. patientenrelevanten Nutzen, sondern auch wirtschaftlich zu bewerten. Fraglich bleibt dabei, ob eine kostenintensive Arzneimitteltherapie dann nicht daran scheitern kann, dass der Nutzen für den Patienten (z.B. eine voraussichtlich nur geringe Verlängerung der Lebenszeit) im Vergleich zu den Kosten kleiner ist.
Die Verordnung von **besonderen Arzneimitteln,** insbesondere von Spezialpräparaten mit hohen Jahrestherapiekosten oder mit erheblichem Risikopotenzial, durch den behandelnden Arzt muss in Abstimmung mit fachlich besonders ausgewiesenen Ärzten erfolgen. Die näheren Bestimmungen zu den Verfahren und zur Auswahl der zu konsultierenden Ärzte erfolgt durch Richtlinien des Gemeinsamen Bundesausschusses (§§ 73d SGB V, 92 Abs. 1 Satz 2 Nr. 6 SGB V).
Zu den Arzneimitteln, deren Preis unter dem Festbetragspreis (§ 35 SGB V) liegt, und die deshalb von **Zuzahlungen freigestellt** sind (§ 31 Abs. 3 Satz 4 SGB V) vgl. oben 5.8. a). Eine Liste dieser zuzahlungsfreien Arzneimittel findet man im Internet unter „www.die-gesundheitsreform.de".

v) Versicherte haben nach § 11 Abs. 4 SGB V Anspruch auf ein **Versorgungsmanagement.** Das bedeutet: Die Krankenkassen und die Leistungserbringer (z.B. Ärzte, Krankenhäuser, Rehabilitations- und Pflegeeinrichtungen) müssen darauf hinwirken, dass Patienten durch geeignete Maßnahmen ein reibungsloser Übergang zwischen Akutversorgung, Rehabilitation und Pflege ermöglicht wird, um vor allem Pflegebedürftigkeit oder eine baldige stationäre Wiedereinweisung zu vermeiden. Insbesondere im Zusammenhang mit einer Entlassung aus dem Krankenhaus muss ein Versorgungsmanagement eingerichtet werden, das zur Lösung von Schnittstellenproblemen (des gegliederten Sozialsystems) beim Übergang der Versicherten in die verschiedenen Versorgungsbereiche beiträgt (z.B. durch entsprechenden Informationsaustausch und durch Verträge zur integrierten Versorgung, vgl. §§ 112, 115 und 140a bis 140d SGB V). Die Beteiligung der Versicherten an einem solchen Versorgungsmanagement ist **freiwillig** und setzt eine vor-

herige eingehende Unterrichtung voraus. Eine erforderliche Übermittlung von Behandlungsdaten des Versicherten darf nur mit dessen Einwilligung erfolgen.
Allerdings sind in dieses Versorgungsmanagement die Sozialhilfeträger nicht ausdrücklich mit eingebunden. Damit bleibt aber eine Schnittstelle, die immer wieder Übergangsprobleme bereitet, erhalten.

w) Zugelassene **Krankenhäuser** sind unter den Voraussetzungen des § 116d SGB V zur **ambulanten Behandlung** insbesondere seltener Erkrankungen und Erkrankungen mit besonderen Krankheitsverläufen berechtigt (z.B. onkologische Erkrankungen, Aids, schwere Verlaufsformen rheumatologischer Erkrankungen, Tuberkulose, Mucoviscidose, Hämophilie, schwerwiegende immunologische Erkrankungen, Multiple Sklerose, Anfallsleiden).

5.9 Zuzahlungsregelungen

a) **Prozentuale Zuzahlungen (§ 61 SGB V)**
Grundsätzlich wird bei allen Leistungen eine Zuzahlung von 10 % der Kosten erhoben. Höchstens allerdings 10,– €, mindestens 5,– €. Wenn die Kosten unter 5,– € liegen, wird der tatsächliche Preis gezahlt (zu Einzelheiten vgl. die nachfolgende Zuzahlungstabelle).

b) **Belastungsgrenzen (§ 62 SGB V)**
aa) Damit die Versicherten durch die Zuzahlungen nicht finanziell überfordert werden, sieht das Gesetz eine finanzielle **Belastungsgrenze** vor. Sie liegt bei maximal **zwei Prozent** der (jährlichen) Bruttoeinnahmen zum Lebensunterhalt. Zu diesen Bruttoeinnahmen zählen grundsätzlich alle Einnahmen vor Abzug von Steuern und Sozialversicherungsbeiträgen (mit Ausnahme von bestimmten zweckgebundenen Zuwendungen, wie z.B. Grundrente nach dem BVG, Kindergeld, Pflegegeld). Bei Familien sind bestimmte Freibeträge abzuziehen.

bb) Versicherte, die **chronisch krank** und wegen derselben schwerwiegenden Krankheit in Dauerbehandlung sind, werden bei der Ermittlung der Belastungsgrenze besonders behandelt: Die von diesen Personen zu leistenden Zuzahlungen sind grundsätzlich auf maximal **ein Prozent** ihrer jährlichen Bruttoeinnahmen zum Lebensunterhalt begrenzt. Als chronisch krank in diesem Sinne gilt, wer mindestens einen Arztbesuch pro Quartal wegen derselben Krankheit wenigstens ein Jahr lang nachweisen kann und zusätzlich eines der folgenden Kriterien erfüllt: Entweder Pflegebedürftigkeit der Pflegestufe II oder III oder aber einen Grad der Behinderung von mindestens 60 bzw. eine Minderung der Erwerbsfähigkeit von mindestens 60 Prozent.

Außerdem ist chronisch krank, wer eine kontinuierliche medizinische Versorgung benötigt, ohne die nach ärztlicher Einschätzung eine lebensbedrohliche Verschlimmerung der Erkrankung, eine Verminderung der Lebenserwartung oder eine dauerhafte Beeinträchtigung der Lebensqualität durch die von der Krankheit verursachte Gesundheitsstörung zu erwarten ist.

Zu den chronischen Krankheiten, die eine Dauerbehandlung erfordern, gehören zum Beispiel Diabetes mellitus, Asthma, chronisch obstruktive Atemwegserkrankungen oder koronare Herzkrankheit. Die Behandlung chronischer Erkrankungen erfordert in der Regel eine intensive Betreuung durch Ärzte verschiedener Fachrichtungen und andere Heilberufler sowie eine aktive Mitwirkung der Patientinnen und Patienten. Ihre Behandlung kann nur dann optimal sein, wenn sie strukturiert und koordiniert erfolgt.

Für die (Zuzahlungs-)Belastungsgrenze gilt aktuell Folgendes:

- Versicherte, die gegenwärtig chronisch krank sind und von der reduzierten Belastungsgrenze (1 % der jährlichen Bruttoeinnahmen zum Lebensunterhalt) profitieren, können diese auch weiterhin in Anspruch nehmen. Voraussetzung für die Aufrechterhaltung ist allerdings, dass sie sich therapiegerecht verhalten. Deshalb darf die Bescheinigung über die Fortdauer der chronischen Erkrankung nur ausgestellt werden, wenn der Arzt ein therapiegerechtes Verhalten des Patienten feststellt. Therapiegerechtes Verhalten kann zum Beispiel die Teilnahme an einem Disease-Management-Programm sein; in Fällen, in denen ein solches nicht besteht, wird die geeignete Therapie vom Arzt bestimmt. Versicherte, denen ein therapiegerechtes Verhalten nicht zumutbar ist, zum Beispiel schwerbehinderte oder schwer pflegebedürftige Menschen, sind von dieser Verpflichtung ausgenommen.
- Für alle Versicherten, die zum 1.4.2007 45 Jahre alt oder älter sind, gilt dasselbe, wenn sie einmal (nach dem 1.4.2007) chronisch krank werden sollten (also: Belastungsgrenze in Höhe von 1 % der jährlichen Bruttoeinnahmen zum Lebensunterhalt).
- Für jüngere Versicherte (also für die nach dem 1.4.1972 Geborenen) gilt, dass sie ab dem 1.1.2008 die in § 25 Abs. 1 SGB V genannten Untersuchungen zur Vorsorge und Früherkennung (z.B. der Zuckerkrankheit) wahrnehmen müssen, um bei einer späteren chronischen Erkrankung einen Anspruch auf die reduzierte Belastungsgrenze geltend machen zu können. Haben sie dies versäumt, können sie dennoch von der niedrigen Belastungsgrenze profitieren, wenn sie an einem für ihre Krankheit bestehenden Disease-Management-Programm teilnehmen.

- Für die nach dem 1.4.1987 geborenen weiblichen und nach dem 1.4.1962 geborenen männlichen chronisch kranken Versicherten, die an einer Krebsart erkranken, für die eine Früherkennungsuntersuchung nach § 25 Abs. 2 SGB V besteht, gilt die reduzierte Belastungsgrenze dann, wenn sie diese Untersuchung ab dem 1.1.2008 vor ihrer Erkrankung regelmäßig (nämlich einmal im Jahr) in Anspruch genommen haben. Haben sie dies versäumt, können sie dennoch von der niedrigen Belastungsgrenze profitieren, wenn sie an einem für ihre Krankheit bestehenden Disease-Management-Programm teilnehmen.

Die näheren Einzelheiten legt der Gemeinsame Bundesausschuss in Richtlinien fest (zu finden im Internet unter „www.g-ba.de"). In diesen Richtlinien ist z.B. auch Näheres zur Ausstellung der entsprechenden ärztlichen Bescheinigungen (z.B. über die Teilnahme an einem Desease-Management-Programm) geregelt.

cc) Bei Versicherten, die Hilfe zum Lebensunterhalt nach dem SGB XII oder Grundsicherung im Alter und bei Erwerbsminderung (§§ 41 ff. SGB XII) erhalten, ist als Bruttoeinnahme zum Lebensunterhalt für die gesamte Bedarfsgemeinschaft nur der Regelsatz des Haushaltsvorstands maßgeblich. Bei Versicherten, die Leistungen zur Sicherung des Lebensunterhalts nach dem SGB II erhalten, ist als Bruttoeinnahme zum Lebensunterhalt für die gesamte Bedarfsgemeinschaft nur die Regelleistung nach § 20 Abs. 2 SGB II maßgeblich.

dd) Um eine **Befreiung** von Zuzahlungen zu erlangen, müssen Versicherte jährlich nachweisen, dass sie die im Gesetz vorgesehene Belastungsgrenze vor Ablauf des Jahres erreicht haben, und eine Befreiung von weiteren Zuzahlungen bei ihrer Krankenkasse beantragen. Sie erhalten dann von der Krankenkasse einen Befreiungsbescheid, der sie von allen weiteren Zuzahlungen in diesem Jahr befreit. Dieser Bescheid muss bei den entsprechenden Stellen, z.B. bei Ärzten, in Apotheken usw. vorgezeigt werden, um Zuzahlungen zu vermeiden.
Die Befreiung von weiteren Zuzahlungen wegen des Erreichens der Belastungsgrenze gilt jeweils nur für das laufende Kalenderjahr. Im Folgejahr müssen erneut Zuzahlungen bis zum Erreichen der Belastungsgrenze geleistet werden.

c) **Befreiung für Kinder und Jugendliche**
Kinder und Jugendliche bis zum vollendeten 18. Lebensjahr sind grundsätzlich von allen Zuzahlungen befreit. Eine Ausnahme gilt freilich für Zuzahlungen zu Krankenfahrten (vgl. oben 5.8 j)).

Wobei Zuzahlungen:	Wieviel	Ausnahmen	Anmerkungen
... beim Arztbesuch	Praxisgebühr von 10,– € pro Quartal bei Arzt, Zahnarzt oder Psychotherapeut	**Überweisungen**: Wer von einem Arzt usw. zu einem anderen Arzt usw. überwiesen wird, zahlt dort keine Praxisgebühr mehr, wenn der zweite Arztbesuch in dasselbe Quartal fällt **Vorsorge**: Kontrollbesuche beim Zahnarzt, Vorsorgeund Früherkennungstermine und Schutzimpfungen sind von der Praxisgebühr ausgenommen	**10,– € pro Quartal bedeutet:** egal, wie oft man zu einem Arzt usw. geht, und egal, zu wie vielen Ärzten usw. man (mit Überweisung) geht: man zahlt insgesamt nicht mehr als 10,– € Praxisgebühr innerhalb eines Quartals
... bei verschreibungspflichtigen Arzneimitteln und Verbandsmitteln	Zuzahlung von 10 % des Preises, jedoch mindestens 5,– € und maximal 10,– € pro Arzneimittel. In jedem Fall nicht mehr als die Kosten des Mittels		**Beispiele**: Ein Medikament kostet 10,– €. Die Zuzahlung beträgt den Mindestanteil von 5,– €. Ein Medikament kostet 75,– €: Die Zuzahlung beträgt 10 % vom Preis, also 7,50 €. Ein Medikament kostet 120,– €. Die Zuzahlung ist auf den Maximalanteil von 10,– € begrenzt.
... bei Heilmitteln und häuslicher Krankenpflege	Zuzahlung von 10 % der Kosten des Mittels zuzüglich 10,– € je Verordnung (bei häuslicher Krankenpflege auf 28 Tage pro Kalenderjahr begrenzt)		**Beispiel**: Wenn z. B. auf einem Rezept sechs Massagen verordnet werden, beträgt die Zuzahlung 10,– € für diese Verordnung und zusätzlich 10 % der Kosten pro Massage
... bei Hilfsmitteln	Zuzahlung von 10 % für jedes Hilfsmittel (z. B. Hörgerät, Rollstuhl), jedoch mindestens 5,– € und maximal 10,– €. In jedem Fall nicht mehr als die Kosten des Mittels	**Ausnahme**: Hilfsmittel, die zum Verbrauch bestimmt sind (z. B. Windeln bei Inkontinenz): Zuzahlung von 10 % des von der Kasse zu übernehmenden Betrages, aber maximal 10,– € pro Monat	
... bei einer Soziotherapie, bei Inanspruchnahme einer Haushaltshilfe	Zuzahlung von 10 % der kalendertäglichen Kosten, jedoch höchstens 10,– € und mindestens 5,– €		
... bei der stationären Vorsorge und Rehabilitation	Zuzahlung von 10,– € pro Tag, bei Anschlussheilbehandlungen begrenzt auf 28 Tage		Tage für vorhergehende Krankenhausaufenthalte werden bei Anschlussheilbehandlungen mit angerechnet
... bei der medizinischen Rehabilitation für Mütter und Väter	Zuzahlung von 10,– € pro Tag		
... im Krankenhaus	Zuzahlung von 10,– € pro Tag, aber begrenzt auf maximal 28 Tage pro Kalenderjahr		

d) **Bonusregelung (§ 65 a SGB V)**

Wer aktiv Vorsorge betreibt oder an qualitätsgesicherten Präventionsmaßnahmen teilnimmt, kann von seiner Krankenkasse einen finanziellen Bonus bekommen. Das kann eine teilweise Befreiung von der Zuzahlung, eine Ermäßigung der Praxisgebühr oder des Beitrags sein. Dieser (in der Satzung der Krankenkasse zu regelnde) Bonus muss zusätzlich zu der reduzierten Belastungsgrenze für chronisch Kranke (oben b) bb) gewährt werden. Über die konkrete Ausgestaltung solcher Bonustarife kann jede Krankenkasse individuell entscheiden.

6. Rehabilitation/Teilhabe bei (drohender) Behinderung

6.1 Grundsätze

a) **Leistungen zur Teilhabe (Rehabilitation)** sind Leistungen, die notwendig sind, um

1. die Behinderung abzuwenden, zu beseitigen, zu mindern, ihre Verschlimmerung zu verhüten oder ihre Folgen zu mildern,
2. Einschränkungen der Erwerbsfähigkeit oder Pflegebedürftigkeit zu vermeiden, zu überwinden, zu mindern oder eine Verschlimmerung zu verhüten sowie den vorzeitigen Bezug von Sozialleistungen zu vermeiden oder laufende Sozialleistungen zu mindern,
3. ihnen einen ihren Neigungen und Fähigkeiten entsprechenden Platz im Arbeitsleben zu sichern,
4. ihre Entwicklung zu fördern und ihre Teilhabe am Leben in der Gesellschaft und eine möglichst selbstständige und selbstbestimmte Lebensführung zu ermöglichen oder zu erleichtern sowie
5. Benachteiligungen aufgrund der Behinderung entgegenzuwirken (§ 10 SGB I).

Diese Ziele der Leistungen zur Teilhabe werden im **SGB IX (Rehabilitation und Teilhabe behinderter Menschen)** präzisiert und im Einzelnen für die zuständigen Rehabilitationsträger geregelt. Wichtig dabei ist, dass vor Einleitung eines Rehabilitationsverfahrens **Prognosen** erstellt und die Erfolgsaussichten geprüft werden (§ 8 SGB IX; § 40 SGB V, § 10 SGB VI; § 97 Abs. 2 SGB III; vgl. auch 6.4 d) aa)). Das führt besonders bei Gesundheitsstörungen mit ungewissem Verlauf (z.B. psychischen Erkrankungen) nicht selten dazu, dass keine Maßnahmen mehr eingeleitet, sondern Behinderte direkt „berentet" werden.
Die (seit 1.7.2001) unter das SGB IX fallende Sozialhilfe (s. oben 1.6) verwendet statt Rehabilitation/Teilhabe den Begriff **„Eingliederungshilfe",** der im Wesentlichen dem des § 10 SGB I entspricht und ausdrücklich festlegt, dass die Hilfe unter anderem auch dazu dient, dem Behinderten die Teilnahme am Leben in der Gemeinschaft zu ermöglichen oder zu erleichtern, ihm die Ausübung einer „sonstigen angemessenen Tätigkeit" zu ermöglichen oder ihn soweit wie möglich unabhängig von Pflege zu machen (§ 53 Abs. 3 SGB XII). Auch hier werden die Erfolgsaussichten geprüft; da aber der Eingliederungsbegriff großzügiger ist als der Teilhabebegriff des SGB IX, haben viel mehr Behinderte die Chance der Hilfegewährung. Andererseits besteht ein Rechtsanspruch auf Eingliederungshilfe aber nur bei Vorliegen einer **wesentlichen** Behinderung, durch die die Fähigkeit zur Eingliederung in die Gesellschaft in erheblichem Umfang beeinträchtigt ist (§§ 1 ff. EHVO). Bei leichteren Behinderungen ist Eingliederungshilfe nur eine so genannte „Kann-Leistung".

b) Rehabilitation/Teilhabe ist im Gegensatz zur Krankenbehandlung (Nr. 5) und zur Hilfe zur Pflege (Nr. 7) ein **befristeter Vorgang.** Sie kann in der in diesem Kapitel dargestellten Reihenfolge ablaufen oder auch nur einphasig sein; ebenso ist es möglich, dass mehrere Rehabilitationsphasen gleichzeitig stattfinden. Auch hier gibt es fließende Übergänge (zu den Phasen der Rehabilitation vgl. das Schaubild auf S. 117). Viele Maßnahmen stellen ferner in ihrer Gesamtheit eine Mischung aus pädagogischer, medizinischer, sozialer und beruflicher Rehabilitation dar, können unter mehrere Leistungsgesetze eingeordnet werden und führen zu den schon öfter erwähnten Problemen der Zuordnung zu einem Reha-Träger (und damit auch zu Problemen der Leistungs- und Finanzierungszuständigkeit).

c) Einen Überblick über die **Träger der Rehabilitation** und über die **Leistungen zur Rehabilitation/Teilhabe** geben die **Schaubilder** auf S. 118, 129, 130. Die **„Faustregeln“** im **Schaubild** auf S. 133 sollen die Suche nach dem im Einzelfall zuständigen Rehabilitationsträger erleichtern.

d) Das SGB IX hat die Leistungen der Rehabilitationsträger (Sozialversicherungsträger, Bundesagentur für Arbeit, Kriegsopferversorgung/Kriegsopferfürsorge, zugelassene Kommunen, Jugend- und Sozialhilfe) im Sinne des Finalitätsprinzips weitgehend vereinheitlicht. Deshalb gelten für die genannten Rehabilitationsträger dieselben Grundsätze. Diese übergreifenden Grundsätze, die in den §§ 7 ff. SGB IX geregelt sind, lauten insbesondere:

aa) **Vorbehalt abweichender Regelungen** (§ 7 SGB IX): Die Vorschriften des SGB IX gelten für die Leistungen zur Teilhabe, soweit sich aus den für die jeweiligen Rehabilitationsträger (Reha-Träger) geltenden Leistungsgesetzen (also z.B. aus dem für die gesetzliche Rentenversicherung geltenden SGB VI) nichts Abweichendes ergibt. Die Zuständigkeit und die Voraussetzungen für die Leistungen zur Teilhabe richten sich nach den für die jeweiligen Reha-Träger geltenden Leistungsgesetzen (also richten sich z.B. die versicherungsrechtlichen Voraussetzungen für die Leistungen zur Teilhabe durch die gesetzliche Rentenversicherung nach dem SGB VI); vgl. dazu die Schaubilder auf S. 119, 130.

bb) **Leistungen zur Teilhabe haben Vorrang vor Rentenleistungen** (§ 8 Abs. 2 SGB IX).

cc) **Leistungen zur medizinischen Rehabilitation gehen Leistungen der Pflege vor** (§ 8 Abs. 3 SGB IX, §§ 5, 31 SGB IX).

Phasen der Rehabilitation

Erste Phase: Medizinische Rehabilitation

- Akuter Krankheitsprozess (Akutbehandlung und Erstversorgung)
- Zustand der Genesung
- Erreichter Dauerzustand
- Beratung in der Klinik/Heilstätte zu Leistungen der Teilhabe am Arbeitsleben
- Belastungserprobung und Arbeitstherapie
- Teilmaßnahmen, um die Teilhabe am Arbeitsleben zu erhalten und zu verbessern
- Ausstattung mit Körperersatzstücken sowie Ausbildung im Gebrauch derselben

Dabei für spezielle Krankheits- oder Behinderungsarten (z.B. Schlaganfall): Aufenthalt in Einrichtungen der medizinisch-beruflichen Rehabilitation, in denen bereits am Krankenbett mit Maßnahmen zur Teilhabe am Arbeitsleben begonnen werden soll (sog. Einrichtungen der Phase II).

Zweite Phase: Leistungen zur Teilhabe am Arbeitsleben

insbesondere
- Abklärung der beruflichen Eignung
- Berufsvorbereitung (einschließlich einer wegen der Behinderung erforderlichen Grundausbildung)
- berufliche Anpassung (einschließlich Maßnahmen des beruflichen Abschlusses)
- Einarbeitung
- Ausbildung und Fortbildung, Umschulung (Berufsbildungswerk, Berufsförderungswerk, Betrieb, Werkstatt für behinderte Menschen)
- Einleitung der Wiedereingliederung
- Vermittlungsbemühungen des Arbeitsamtes
- Vermittlung mit oder ohne Eingliederungshilfen
- Kraftfahrzeughilfe
- Arbeitsassistenz

Dritte Phase: Leistungen zur Teilnahme am Leben in der Gemeinschaft

insbesondere
- Wohnungshilfe
- Teilnahme am gemeinschaftlichen und kulturellen Leben

dd) Die Leistungen zur Teilhabe bedürfen der **Zustimmung des Leistungsberechtigten** (§ 9 Abs. 4 SGB IX).

ee) **Wunsch- und Wahlrecht** (§ 9 SGB IX): Bei der Entscheidung über die Leistungen und bei der Ausführung von Leistungen wird berechtigten Wünschen der Leistungsberechtigten entsprochen. Dabei wird auch auf die persönliche Lebenssituation, das Alter, das Geschlecht, die Familie sowie die religiösen und weltanschaulichen Bedürfnisse des Leistungsberechtigten Rücksicht genommen. Den besonderen Bedürfnissen behinderter Mütter und Väter bei der Erfüllung ihres Erziehungsauftrags sowie den besonderen Bedürfnissen behinderter Kinder wird Rechnung getragen.

Träger der Rehabilitation

Träger der gesetzlichen Krankenversicherung	**Träger der Rentenversicherung**	**Bundesagentur für Arbeit**	**Träger der gesetzlichen Unfallversicherung**
Ortskrankenkassen Betriebskrankenkassen Innungskrankenkassen Seekrankenkasse (Seekasse) Ersatzkassen Bundesknappschaft landwirtschaftliche Krankenkassen	Deutsche Rentenversicherung Bund, Deutsche Rentenversicherung – Regionalträger (z.B. Hessen), Deutsche Rentenversicherung „Knappschaft-Bahn-See“	grundsätzlich zuständig; aber bei SGB II zuständig: Arbeitsgemeinschaften und zugelassene kommunale Träger	gewerbliche Berufsgenossenschaften See-Berufsgenossenschaft landwirtschaftliche Berufsgenossenschaften Gemeindeunfall-Versicherungsverbände Ausführungsbehörden für Unfallversicherung des Bundes, der Länder und Gemeinden Feuerwehr- Unfallversicherungskassen

Träger der sozialen Entschädigung bei Gesundheitsschäden	**Träger der Sozialhilfe**	**Träger der öffentlichen Jugendhilfe**
Landesversorgungsämter Versorgungsämter Integrationsämter	überörtliche Träger der Sozialhilfe örtliche Träger der Sozialhilfe	überörtliche Träger der öffentlichen Jugendhilfe örtliche Träger der öffentlichen Jugendhilfe

Ein Wunsch ist insbesondere nur dann „berechtigt“, wenn ihm keine Rechtsvorschrift entgegensteht. Der Wunsch ist also z. B. in diesem Sinne nicht berechtigt, wenn er nicht dem gesetzlichen Leistungsrahmen entspricht (man kann sich nichts berechtigt wünschen, was das Gesetz überhaupt nicht oder jedenfalls nicht so vorsieht), ferner wenn der Wunsch nicht möglichst wirtschaftlich erfüllt werden kann oder wenn kein Vertrag zwischen den Leistungserbringer (z. B. dem Rentenversicherungsträger) und dem Leistungserbringer (z. B. mit der Reha-Klinik) besteht.

Zu Einzelheiten des Wunsch- und Wahlrechts nach § 9 Abs. 1 und 2 SGB IX vgl. die Schaubilder auf S. 120 und 122.

Es ist kein einheitliches Rehabilitationsgesetz geschaffen worden

§ 7 SGB IX:

1. Die Zuständigkeit und die Voraussetzungen für die Leistungen zur Teilhabe richten sich allein nach den für den jeweiligen Rehabilitationsträger geltenden Leistungsgesetzen.

Mit anderen Worten: Die Regelungen des SGB IX gelten in diesem Bereich nicht einmal nachrangig.

2. Die Vorschriften des SGB IX gelten für die Leistungen zur Teilhabe nur soweit, soweit sich aus den für den jeweiligen Rehabilitationsträger geltenden Leistungsgesetzen nichts Abweichendes ergibt.

Mit anderen Worten: Das SGB IX gilt nur nachrangig. Das Rehabilitationsrecht bleibt also auch im Hinblick auf die einzelnen Leistungen zersplittert. Eine fundierte Rechtsauskunft allein auf der Grundlage des SGB IX ist deshalb in der Regel nicht möglich.

ff) **Koordinierung der Leistungen** (§ 10 Abs. 1 SGB IX): Soweit Leistungen verschiedener Leistungsgruppen (also z.B. Leistungen zur medizinischen Rehabilitation und Leistungen zur Teilhabe am Arbeitsleben) oder Leistungen mehrerer Reha-Träger erforderlich sind, ist der nach § 14 SGB IX (dazu unten ii) leistende Reha-Träger dafür verantwortlich, dass die beteiligten Reha-Träger im Benehmen miteinander und in Abstimmung mit den Leistungsberechtigten die nach dem individuellen Bedarf voraussichtlich erforderlichen Leistungen funktionsbezogen feststellen und schriftlich so zusammenstellen, dass sie nahtlos ineinander greifen.

gg) **Zusammenwirken der Leistungen** (§ 11 Abs. 1 SGB IX): Soweit es im Einzelfall geboten ist, prüft der zuständige Reha-Träger gleichzeitig mit der Einleitung einer Leistung zur medizinischen Rehabilitation, während ihrer Ausführung und nach ihrem Abschluss (und unter Beteiligung des Arbeitsamtes), ob durch geeignete Leistungen zur Teilhabe am Arbeitsleben die Erwerbsfähigkeit des behinderten oder von Behinderung bedrohten Menschen erhalten, gebessert oder wiederhergestellt werden kann.

hh) § 12 SGB IX schreibt die (in der Praxis freilich nicht immer befriedigend erfolgende) **Zusammenarbeit der Reha-Träger** vor, damit insbesondere die im Einzelfall erforderlichen Leistungen zur Teilhabe nahtlos, zügig sowie nach Gegenstand, Umfang und Ausführung einheitlich erbracht werden. Zur Sicherung dieser Zusammenarbeit und zu anderen Bereichen (z.B. zur Beteiligung der Agentur für Arbeit, zur Förderung von Selbsthilfegruppen und -organisationen, zur Zusammenarbeit mit Sozialdiensten usw.) vereinbaren die Reha-Träger **gemeinsame Empfehlungen** (§ 13 SGB IX).

Wunschrecht (§ 9 Abs. 1 SGB IX)

bezüglich

der Entscheidung über die Leistungen (Auswahl der Leistungen)*

der Ausführung der Leistungen

sofern die Voraussetzungen für die Leistungen vorliegen

sofern der Wunsch „berechtigt" ist.

Dabei ist auf die für alle Reha-Träger geltenden Gebote der Wirtschaftlichkeit und Sparsamkeit bei der Leistungserbringung Rücksicht zu nehmen, aber auch auf die persönliche Lebenssituation, das Alter, das Geschlecht, die Familie sowie die religiösen und weltanschaulichen Bedürfnisse der Leistungsberechtigten (§ 9 Abs. 1 Satz 2 SGB IX). Zu berücksichtigen sind ferner die Leitideen des § 1 SGB IX (Selbstbestimmung und gleichberechtigte Teilhabe am Leben in der Gemeinschaft).

* *Beispiel:* Der Leistungsberechtigte wünscht die Hilfe in einer Wohngruppe oder in einer eigenen Wohnung oder zu Hause in der Familie.

Den Text dieser Empfehlungen findet man unter „www.bar-frankfurt.de/Gemeinsame_Erklaerungen.BAR"; dort kann man sie alle auch in Form eines Buches herunterladen („Gemeinsame Empfehlungen der Bundesarbeitsgemeinschaft für Rehabilitation", 2005). Bislang gibt es: Gemeinsame Empfehlung „Einheitlichkeit/Nahtlosigkeit"; Gemeinsame Empfehlung „Teilhabeplan"; Gemeinsame Empfehlung zur Zuständigkeitsklärung; Gemeinsame Empfehlung „Begutachtung"; Gemeinsame Empfehlung zur Verbesserung der gegenseitigen Information und Kooperation; Gemeinsame Empfehlung „Frühzeitige Bedarfserkennung"; Gemeinsame Empfehlung „Prävention nach § 3 SGB IX"; Gemeinsame Empfehlung „Qualitätssicherung"; Gemeinsame Empfehlung „Integrationsfachdienste"; Gemeinsame Empfehlung zur Förderung der Selbsthilfe; Gemeinsame Empfehlung „Sozialdienste".

ii) **Zuständigkeitserklärung** (§ 14 SGB IX) und **Erstattung selbstbeschaffter Leistungen** (§ 15 SGB IX): Diese nicht einfach zu verstehenden Regelungen sollen

– dem Bedürfnis Rechnung tragen, im Interesse behinderter Menschen durch rasche Klärung von Zuständigkeiten Nachteilen des gegliederten Systems der

Rehabilitation entgegenzuwirken (so § 14 SGB IX: auf Beschleunigung gerichtetes **Zuständigkeitserklärungsverfahren,** um eine möglichst schnelle Leistungserbringung zu sichern) und
- es dem Leistungsberechtigten ermöglichen, sich die Leistung **selbst zu beschaffen,** wenn der zuständige Reha-Träger die Leistung trotz Fristsetzung nicht rechtzeitig erbringt (so § 15 SGB IX, der allerdings nicht für Leistungen der Jugend- und Sozialhilfe sowie der Kriegsopferfürsorge gilt).

Es bleibt abzuwarten, ob diese Regelungen wirklich den erhofften Fortschritt bringen. Dies gilt auch für die Gemeinsame Empfehlung über die Ausgestaltung des in § 14 SGB IX bestimmten Verfahrens (Gemeinsame Empfehlung „Zuständigkeitserklärung") der Bundesarbeitsgemeinschaft für Rehabilitation (BAR). Zum besseren Verständnis der Regelungen soll das Schaubild auf S. 124 dienen.

jj) **Ausführung von Leistungen** (§ 17 SGB IX): Der zuständige Reha-Träger kann Leistungen zur Teilhabe unter anderem durch die Inanspruchnahme von freien und gemeinnützigen oder privaten Rehabilitationsdiensten und -einrichtungen (dazu §§ 19 bis 21 SGB IX) ausführen. Er kann dies auch durch ein **„Persönliches Budget"** tun, also dem behinderten Menschen einen bestimmten Geldbetrag zur Verfügung stellen, mit dem sich dieser dann die Reha-Leistung bei einem Rehabilitationsdienst oder einer Rehabilitationseinrichtung selbst „kauft".
Die **Inanspruchnahme** des Persönlichen Budgets kann folgendermaßen ablaufen: Der behinderte Mensch geht zum Leistungsträger (z.B. dem Rentenversicherungsträger) und beantragt Leistungen zur Teilhabe (z.B. am Arbeitsleben) in Form eines Persönlichen Budgets. Der Leistungsträger überprüft dann, wie viel Hilfe der Antragsteller benötigt, und bewilligt ihm dafür ein Persönliches Budget. Der behinderte Mensch sucht sich nun einen Leistungsanbieter (Einrichtung, Dienst oder Privatperson) aus und klärt, welche Hilfe er in Anspruch nehmen möchte und welche Leistung er erwarten kann. Was dann zwischen dem behinderten Menschen und dem Leistungsanbieter abläuft, ist dann ein ganz normales „Geschäft", bei dem ausgehandelt wird, welche Leistung (Art, Umfang, Zeitpunkt) zu welchem Preis vom Leistungsanbieter erbracht wird.
Das Perönliche Budget ist also keine neue Leistung, sondern eine **neue Form** der Leistungserbringung: Üblicherweise werden Leistungen zur Teilhabe als sogenannte **Sachleistung** gewährt, also dem behinderten Menschen „in Natur" zur Verfügung gestellt (vgl. zum Sachleistungsprinzip das Schaubild auf S. 127, obere Hälfte). Beim Persönlichen Budget hingegen werden dem behinderten Menschen keine Leistungen „in Natur" zur Verfügung gestellt,

Wahlrecht (§ 9 Abs. 2 SGB IX)

Auf Antrag des Leistungsberechtigten können

„Sachleistungen“ zur Teilhabe (also z.B. Hilfsmittel),
die nicht in Rehabilitationseinrichtungen auszuführen sind,

als *Geldleistungen* erbracht werden.

Diese Möglichkeit kommt dem Gedanken der Selbstständigkeit behinderter Menschen bei Inanspruchnahme von Rehabilitationsleistungen entgegen. Der Leistungsberechtigte wird damit zum „Verbraucher/Kunden“, der auf dem „Markt“ der ambulanten Rehabilitationsleistungen Ausschau halten und selbst entscheiden kann, welche Leistung er bei welchem Anbieter „kauft“.
Allerdings hat der Gesetzgeber auch diese Gestaltungsmöglichkeit an recht enge Voraussetzungen geknüpft:

- Geldleistungen können statt Sachleistungen nur dann erbracht werden, wenn die Leistungen hierdurch voraussichtlich bei gleicher Wirksamkeit wirtschaftlich zumindest gleichwertig ausgeführt werden können.
- Damit der Reha-Träger dies beurteilen kann, muss der Leistungsberechtigte dem Reha-Träger geeignete Unterlagen (insbesondere Kostenvoranschläge) für eine Überprüfung zur Verfügung stellen. Die Entscheidung für die Gewährung fällt dann (nach pflichtgemäßer Ausübung des Ermessens) der Reha-Träger.
- Fällt die Entscheidung gegen die Gewährung einer Geldleistung aus, hat der Reha-Träger dem Leistungsberechtigten seine Entscheidung durch Bescheid zur Kenntnis zu geben.

sondern (grundsätzlich) ein Geldbetrag, mit dem er seinen Teilhabebedarf **selbst** decken soll (vgl. Schaubild auf S. 127, untere Hälfte; zu Gutscheinen s. unten 7.1.6 hh).
Die wichtigste Vorschrift für das Persönliche Budget ist § 17 Abs. 2–6 SGB IX; dort ist z.B. geregelt, welche Leistungen budgetfähig sind und welche Obergrenze das Budget nicht überschreiten darf (zu den Rechtsgrundlagen im Einzelnen vgl. das Schaubild auf S. 128). Ergänzend regelt die **Budgetverordnung** insbesondere das Bewilligungsverfahren, die Mindestinhalte der abzuschließenden Zielvereinbarung und die Kündigungsmöglichkeiten. Das Persönliche Budget wird von allen Rehabilitationsträgern gewährt, ferner von den Pflegekassen und den Integrationsämtern. Von einem **trägerübergreifenden** Budget spricht man, wenn mehrere Träger (z.B. Krankenkasse, Bundesagentur für Arbeit, Sozialhilfeträger und Integrationsamt) am Persönlichen Budget beteiligt sind. Das trägerübergreifende Persönliche Budget enthält dann Leistungen in Form von Teilbudgets. Anspruch und Höhe der Teilbudgets bestimmen sich nach den für die einzelnen Leistungen jeweils maßgeblichen Rechtsvorschriften. Setzt der Anspruch –

wie bei bestimmten Leistungen der Eingliederungshilfe für behinderte Menschen (§§ 53 ff. SGB XII) – die Bedürftigkeit voraus, wird diese fachlich geprüft.
Im Gesetz ist eine Erprobungszeit für das Perönliche Budget bis zum 31.12.2007 vorgesehen (§ 17 Abs. 6 SGB IX). In dieser Phase ist die Leistung des Persönlichen Budgets eine Leistung, deren Gewährung im **pflichtgemäßen Ermessen** der Träger steht („Kann-Leistung“). Ab dem 1.1.2008 besteht ein **Rechtsanspruch** auf das Persönliche Budget: Wenn ein behinderter Mensch ab diesem Zeitpunkt die ihm zustehende budgetfähige Leistung in Form eines Persönlichen Budgets beantragt, muss diese Leistung auch als Persönliches Budget ausgeführt werden (§ 159 Abs. 5 SGB IX).
Eingehende Informationen zum persönlichen Budget enthält das empfehlenswerte Buch von **K. Lachwitz,** Mehr Chancen für ein selbstbestimmtes Leben? – Das persönliche Budget in Fragen und Antworten, 2004 (erhältlich bei: Bundesvereinigung Lebenshilfe für Menschen mit geistiger Behinderung, Raiffeisenstr. 18, 35043 Marburg).
Hilfreich sind ferner: Elke Bartz, Das Persönliche Budget – Ein Handbuch für Leistungsberechtigte, 2006 (zu bestellen über: Forum selbstbestimmter Assistenz behinderter Menschen, Nelkenweg 5, 74673 Mulfingen-Hollenbach); Katja Krause, Das Persönliche Budget: Leistungen und Hilfe selbst kaufen (zu finden und herunterladen unter „www.bvkm.de“). Die Bundesarbeitsgemeinschaft für Rehabilitation (Walter-Kolb-Straße 9–11, 60594 Frankfurt/M.) hat „Vorläufige Handlungsempfehlungen“ mit dem Titel „Trägerübergreifende Aspekte bei der Ausführung von Leistungen durch ein Persönliches Budget“ erarbeitet, die unter „www.bar-frankfurt.de“ abgerufen und heruntergeladen werden können.

kk) **Leistungen im Ausland** (§ 18 SGB IX): Sachleistungen (also z.B. Leistungen zur medizinischen Rehabilitation) können auch im Ausland erbracht werden, wenn sie dort bei zumindest gleicher Qualität und Wirksamkeit wirtschaftlicher ausgeführt werden können.

ll) **Gemeinsame Servicestellen** (§§ 22 ff. SGB IX), die als einer der Dreh- und Angelpunkte des SGB IX bezeichnet werden können und die den Aufgabenbereich Auskunft und Beratung von behinderten Menschen stärken sowie dem Recht an Information und dem berechtigten Interesse an zeitnahen Entscheidungen das gebührende Gewicht einräumen sollen. Zu diesen Servicestellen, die freilich keine Entscheidungskompetenz haben, sondern nur Entscheidungen vorbereiten und den behinderten Menschen begleiten sollen, siehe oben 3.2 a). Es bleibt abzuwarten, ob diese Stellen wirklich so funktionieren, wie sich der Gesetzgeber dies erhofft.

A. Antrag auf Leistungen zur Teilhabe bei einem (beliebigen) Reha-Träger (§ 14 Abs. 1 bis 3 SGB IX)*

Feststellung durch diesen Reha-Träger innerhalb von 2 Wochen nach Antragseingang, ob er nach dem für ihn geltenden Leistungsgesetz zuständig ist

1. Feststellung, dass nicht zuständig

unverzügliche Weiterleitung des Antrags an den Reha-Träger, den der zuerst angegangene Reha-Träger für zuständig hält

der Reha-Träger, an den weitergeleitet wurde, muss wie nach 2. verfahren (ohne weiterleiten zu dürfen; aber: § 14 Abs. 2 S. 5 SGB IX

2. unverzügliche Feststellung des Rehabilitationsbedarfs, wenn Antrag nicht weitergeleitet wird

muss ein Gutachten für die Fest stellung nicht eingeholt werden: Entscheidung innerhalb von 3 Wochen nach Antragsseingang

muss ein Gutachten eingeholt werden: Entscheidung muss innerhalb von 2 Wochen nach Vorliegen des Gutachtens getroffen werden

3. Muss für die Feststellung die Ursache der Behinderung geklärt werden und ist diese Feststellung innerhalb von 2 Wochen nach Antragseingang nicht möglich: Unverzügliche Zuleitung des Antrags an den Reha-Träger, der die Leistung ohne Rücksicht auf die Ursache der Behinderung erbringt (also z.B. die Agentur für Arbeit bei Leistungen zur Teilhabe am Arbeitsleben)

* Dies gilt sinngemäß, wenn der Reha-Träger Leistungen von Amts wegen (also ohne Antrag) erbringt (wie z.B. die Träger der gesetzlichen Unfallversicherung). Dabei tritt an die Stelle der Antragstellung der Tag der Kenntnis des voraussichtlichen Rehabilitationsbedarfs.

B. Über den Antrag auf Leistungen zur Teilhabe kann nicht innerhalb der oben bei A.2. genannten Fristen entschieden werden (§ 15 Abs. 1 SGB IX): der Reha-Träger teilt dies dem Leistungsberechtigten unter Darlegung der Gründe rechtzeitig mit.**

Erfolgt diese Mitteilung nicht oder liegt ein zureichender Grund nicht vor: Leistungsberechtigter kann dem Reha-Träger eine angemessene Frist setzen und dabei erklären, dass er sich nach Ablauf der Frist die erforderliche Leistung selbst beschafft.

Bei Selbstbeschaffung der erforderlichen Leistung nach Ablauf dieser Frist:
Der zuständige Reha-Träger ist zur Erstattung der Aufwendungen verpflichtet (unter Beachtung der Grundsätze der Wirtschaftlichkeit und Sparsamkeit). Dies gilt auch, wenn der Reha-Träger eine unaufschiebbare Leistung nicht rechtzeitig erbringen kann oder eine Leistung zu Unrecht abgelehnt hat.

** Dies alles gilt nicht für die Träger der Sozialhilfe, der öffentlichen Jugendhilfe und der Kriegsopferfürsorge.

mm) Leistungen zur Rehabilitation (Teilhabe) werden grundsätzlich nur auf **Antrag** gewährt. Nach § 116 Abs. 2 SGB VI gilt aber der Antrag auf Leistungen zur medizinischen Rehabilitation oder zur Teilhabe am Arbeitsleben als **Antrag auf Rente,** wenn der Versicherte vermindert erwerbsfähig ist und

- ein Erfolg einer Leistung zur medizinischen Rehabilitation oder zur Teilhabe am Arbeitsleben nicht zu erwarten ist der
- Leistungen zur medizinischen Rehabilitation oder zur Teilhabe am Arbeitsleben zwar bereits durchgeführt worden sind, aber nicht erfolgreich waren, weil sie den Eintritt einer nach dem Recht der gesetzlichen Rentenversicherung relevanten (teilweisen oder vollen Erwerbsminderung) nicht verhindert haben.

Mit dieser Regelung des § 116 Abs. 2 SGB VI wird der Versicherte vor nachteiligen Folgen einer verspäteten Rentenantragstellung in den Fällen bewahrt, in denen er (der Versicherte) nach dem Grundsatz „Leistungen zur Teilhabe vor Rente“ zunächst Leistungen zur Teilhabe und nicht zugleich auch Rente beantragt hat.

Eine **Krankenkasse** kann nach § 51 Abs. 1 Satz 1 SGB V einem Versicherten, dessen Erwerbsfähigkeit nach ärztlichem Gutachten erheblich gefährdet oder gemindert ist, eine Frist von zehn Wochen setzen, innerhalb derer er einen Antrag auf Leistungen der medizinischen Rehabilitation und zur Teilhabe am Arbeitsleben stellen muss. Stellt der Versicherte innerhalb dieser Frist den Reha-Antrag nicht, so entfällt der Anspruch auf Krankengeld mit Ablauf der Frist (§ 51 Abs. 3 Satz 1 SGB V). Der vom Versicherten gestellte Reha-Antrag kann wirksam nur mit Zustimmung der Krankenkasse zurückgenommen werden. Ist aber eine erfolgreiche Rehabilitation nicht zu erwarten oder war sie erfolglos und ist der Versicherte erwerbsgemindert, so gilt der Reha-Antrag dann nach § 106 Abs. 2 SGB VI als **Rentenantrag** (s. oben).

6.2 Leistungen zur medizinischen Rehabilitation (§ 26 SGB IX)

a) Welche Leistungen zur **medizinischen Rehabilitation** zu erbringen sind, beschreibt umfassend **§ 26 SGB IX:**

„(1) Zur medizinischen Rehabilitation behinderter und von Behinderung bedrohter Menschen werden die erforderlichen Leistungen erbracht, um

1. Behinderungen einschließlich chronischer Krankheiten abzuwenden, zu beseitigen, zu mindern, auszugleichen, eine Verschlimmerung zu verhüten oder
2. Einschränkungen der Erwerbsfähigkeit und Pflegebedürftigkeit zu vermeiden, zu überwinden, zu mindern, eine Verschlimmerung zu verhüten sowie den vorzeitigen Bezug von laufenden Sozialleistungen zu vermeiden oder laufende Sozialleistungen zu mindern.

(2) Leistungen zur medizinischen Rehabilitation umfassen insbesondere
1. Behandlung durch Ärzte, Zahnärzte und Angehörige anderer Heilberufe, soweit deren Leistungen unter ärztlicher Aufsicht oder auf ärztliche Anordnung ausgeführt werden, einschließlich der Anleitung, eigene Heilungskräfte zu entwickeln,
2. Früherkennung und Frühförderung behinderter und von Behinderung bedrohter Kinder,
3. Arznei- und Verbandmittel,
4. Heilmittel einschließlich physikalischer, Sprach- und Beschäftigungstherapie,
5. Psychotherapie als ärztliche und psychotherapeutische Behandlung,
6. Hilfsmittel,
7. Belastungserprobung und Arbeitstherapie.

(3) Bestandteil der Leistungen nach Absatz 1 sind auch medizinische, psychologische und pädagogische Hilfen, soweit diese Leistungen im Einzelfall erforderlich sind, um die in Absatz 1 genannten Ziele zu erreichen oder zu sichern und Krankheitsfolgen zu vermeiden, zu überwinden, zu mindern oder ihre Verschlimmerung zu verhüten, insbesondere
1. Hilfen zur Unterstützung bei der Krankheits- und Behinderungsverarbeitung,
2. Aktivierung von Selbsthilfepotenzialen,
3. mit Zustimmung der Leistungsberechtigten Information und Beratung von Partnern und Angehörigen sowie von Vorgesetzten und Kollegen,
4. Vermittlung von Kontakten zu örtlichen Selbsthilfe- und Beratungsmöglichkeiten,
5. Hilfen zur seelischen Stabilisierung und zur Förderung der sozialen Kompetenz, unter anderem durch Training sozialer und kommunikativer Fähigkeiten und im Umgang mit Krisensituationen,
6. Training lebenspraktischer Fähigkeiten,
7. Anleitung und Motivation zur Inanspruchnahme von Leistungen der medizinischen Rehabilitation."

Zur stufenweisen Eingliederung (§ 28 SGB IX) vgl. unten 6.7.

b) Die medizinische Rehabilitation unterscheidet sich von der Krankenbehandlung dadurch, dass damit nicht akute Gesundheitsstörungen, sondern solche mit langfristigen Auswirkungen bekämpft werden. Die Einleitung einer medizinischen Rehabilitationsmaßnahme ist im Gegensatz zur Krankenbehandlung an mehr Voraussetzungen geknüpft (z. B. § 40 SGB V, §§ 10, 11 SGB VI, § 33 SGB VII, § 11 BVG) und setzt erst ein, wenn das Leiden mit der Krankenbehandlung nicht mehr zu beheben ist (dies ist eine Faustregel; in der Praxis kann es Überschneidungen geben).

Das traditionelle Sozialrecht (und dessen Teilbereich Rehabilitationsrecht) wird beherrscht vom

Sachleistungsprinzip

Typisch für das Sachleistungsprinzip ist ein ***Dreiecksverhältnis:***

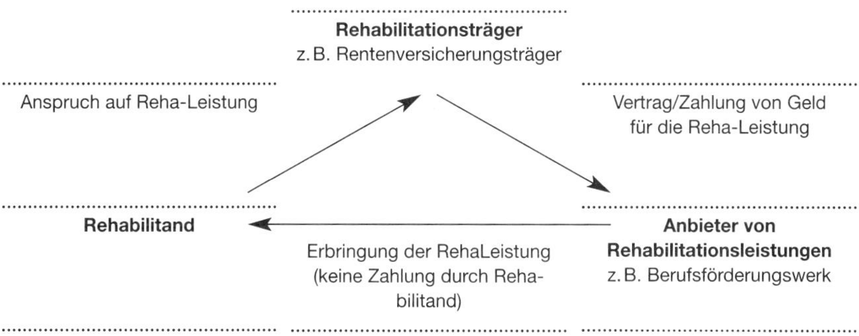

Persönliches Budget

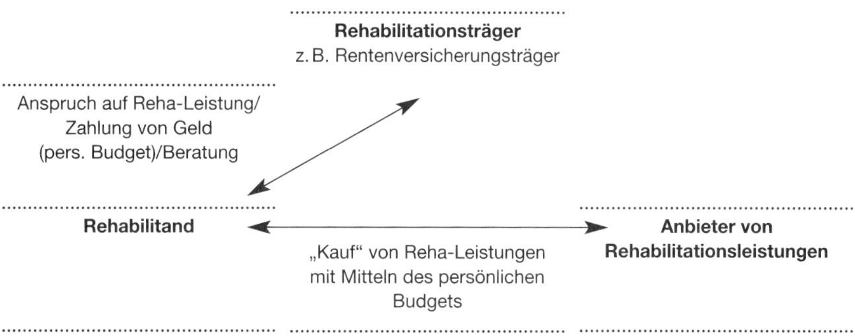

c) **Zuständig** für Leistungen zur medizinischen Rehabilitation können sein (vgl. die Faustregeln auf S. 117):
Gesetzliche Unfallversicherung (§§ 27 ff. SGB VII) und **Versorgung** (§§ 10 ff. BVG), wenn die Behinderung auf einer der schon genannten Ursachen (s. oben 5. b)) beruht, sowie die **Sozialhilfe** (§ 54 Abs. 1 S. 2 SGB XII) und die **Jugendhilfe** (§§ 10 Abs. 2, 35a SGB VIII). Die beiden am häufigsten in Anspruch genommenen medizinischen Rehabilitationsträger sind jedoch die **Kranken- und die Rentenversicherung.** Da die meisten Arbeitnehmer Mit-

Persönliche Budgets (PB) für behinderte Menschen

§ 17 SGB SGB IX	**Absatz 2:** Satz 1: PB auf Antrag Satz 2: Beteiligung von Pflegekassen und Integrationsämtern am PB Satz 3: PB als trägerübergreifende Komplexleistung Satz 4: Definition budgetfähiger Leistungen Satz 5: neben PB Pauschalierung weiter Leistungen möglich Satz 6: Bindungswirkung an PB 6 Monate
	Absatz 3: Satz 1: Geldleistung als Regelform Satz 2: In begründeten Fällen Gutscheine Satz 3: Budgethöhe im Verfahren nach § 10 SGB IX bedarfsdeckend zu bemessen Satz 4: Budgethöhe auf die Summe der bisherigen Sachleistungskosten begrenzt
	Absatz 4: erstangegangener, beteiligter Leistungsträger (LT) erlässt im Auftrag aller beteiligten LT den Verwaltungsakt und führt das weitere Verfahren durch
	Absatz 5: bereits begonnene Modellversuche können unverändert weiterlaufen
	Absatz 6: 1.7.2004 bis 31.12.2007: Erprobung der PB; danach sind auf Antrag PB zu bewilligen
§ 21 a SGB IX	Verordnungsermächtigung für weitere Regelungen zum PB
§ 22 SGB IX	Beratung und Unterstützung durch die gemeinsamen Servicestellen auch beim PB
§ 66 Abs. 3 SGB IX	Berichtspflicht des Bundes bis Ende 2006 zu PB; dann Prüfung weiteren Handlungsbedarfs
§ 35 a SGB XI	Beteiligung der Pflegekassen an trägerübergreifenden PB nach § 17 SGB IX
§ 57 SGB XII	Eingliederungshilfe als Teil eines trägerübergreifenden PB gem. § 17 SGB IX
für andere Reha-Träger: entsprechende **SGB-Änderungen**, z.B. § 2 Abs. 2 Satz 2 SGB V	Möglichkeit der Beteiligung an trägerübergreifenden PB nach § 17 SGBIX

Leistungen zur Rehabilitation/Teilhabe

1. Leistungen zur medizinischen Rehabilitation	2. Leistungen zur Teilhabe am Arbeitsleben	3. Leistungen zur vorschulischen/ schulischen Eingliederung und zur Teilhabe am Leben in der Gemeinschaft	4. Unterhaltssichernde und andere ergänzende Leistungen
insbesondere – ärztliche und zahnärztliche Behandlung – Arznei- und Verbandmittel – Heilmittel einschl. Krankengymnastik, Bewegungs-, Sprach- und Beschäftigungstherapie – Hilfsmittel – Früherkennung und Frühförderung behinderter Kinder – Psychotherapie – Belastungserprobung und Arbeitstherapie, auch in Krankenhäusern, Rehabilitationseinrichtungen – medizinische, psychologische und pädagogische Hilfen (z. B. Aktivierung von Selbsthilfepotenzialen)	insbesondere – Hilfen zur Erhaltung oder Erlangung eines Arbeitsplatzes – Berufsvorbereitung – Berufliche Anpassung, Aus- und Weiterbildung – Hilfen zur Förderung der Teilhabe am Arbeitsleben, um behinderten Menschen eine angemessene und geeignete Beschäftigung zu ermöglichen – medizinische, psychologische und pädagogische Hilfen (z. B. Aktivierung von Selbsthilfepotenzialen)	insbesondere Hilfen – in Gestalt heilpädagogischer Leistungen für noch nicht eingeschulte Kinder – zur angemessenen Schulbildung – zum Erwerb praktischer Fähigkeiten, die erforderlich und geeignet sind, behinderten Menschen die für sie erreichbare Teilnahme am Leben in der Gemeinschaft zu ermöglichen – zur Verständigung mit der Umwelt – zur Beschaffung/ Ausstattung einer Wohnung, die den besonderen Bedürfnissen behinderter Menschen entspricht – zu selbstbestimmtem Leben in betreuten Wohnmöglichkeiten – zur Teilnahme am gemeinschaftlichen und kulturellen Leben	insbesondere – Übergangsgeld, Krankengeld, Verletztengeld, Versorgungskrankengeld, Ausbildungsgeld – Beiträge und Beitragszuschüsse (z. B. zur Krankenversicherung) – ärztlich verordneter Rehabilitationssport – ärztlich verordnetes Funktionstraining – Übernahme von Reisekosten – Haushaltshilfe und Kinderbetreuungskosten

glied sowohl der Kranken- als auch der Rentenversicherung sind und damit i.d.R. Rechtsansprüche gegenüber beiden Versicherungsträgern gleichzeitig haben, musste der Gesetzgeber eine Bestimmung des letztlich zuständigen Trägers vornehmen: In der Regelung des § 40 Abs. 4 SGB V wurde die **Nachrangigkeit** der **gesetzlichen Krankenversicherung** (für die in dieser Regelung genannten Leistungen zur medizinischen Rehabilitation) festgelegt. Sind gleichzeitig Leistungen der Krankenpflege und der medizinischen Rehabilitation notwendig, kann der Rentenversicherungsträger sämtliche Leistungen (auf seine

Teilhabeleistungen und Rehabilitationsträger

Leistungsarten	Rehabilitationsträger	Rechtsgrundlagen
Leistungen zur medizinischen Rehabilitation:	• gesetzliche Krankenversicherung	§ 40 i.V.m. §§ 27 ff. SGB V
	• gesetzliche Rentenversicherung	§ 15 SGB VI
	• gesetzliche Unfallversicherung	§§ 27 ff. SGB VII
§§ 26 ff. SGB IX *und*:	• Kriegsopferversorgung/-fürsorge	§§ 10 ff., 25b, 26b BVG
	• Kinder- und Jugendhilfe	§ 35a SGB VIII
	• Sozialhilfe	§§ 53 ff. SGB XII
Leistungen zur Teilhabe am Arbeitsleben:	• Bundesagentur für Arbeit	§§ 97 ff. SGB III §§ 16 SGB II, 6a SGB IX
	• gesetzliche Rentenversicherung	§ 16 SGB VI
§§ 33 ff. SGB IX *und*:	• gesetzliche Unfallversicherung	§§ 35 ff. SGB VII
	• Kriegsopferversorgung/-fürsorge	§§ 26, 26a BVG
	• Kinder- und Jugendhilfe	§ 35a SGB VIII
	• Sozialhilfe	§§ 53 ff. SGB XII
unterhaltssichernde und andere ergänzende Leistungen:	• gesetzliche Krankenversicherung	§§ 43 ff. SGB V
	• gesetzliche Rentenversicherung	§ 28 SGB VI
	• gesetzliche Unfallversicherung	§§ 39 ff. SGB VII
	• Bundesagentur für Arbeit	§§ 103 ff. SGB III
	• Kriegsopferversorgung/-fürsorge	§ 16 SGB II
§§ 44 ff. SGB IX *und*:	• Kinder- und Jugendhilfe	§§ 26a, 27b ff. BVG
	• Sozialhilfe	§ 35a SGB VIII
		§§ 53 ff. SGB XII
Leistungen zur Teilhabe am Leben in der Gemeinschaft:	• gesetzliche Unfallversicherung	§§ 39 ff. SGB VII
	• Kriegsopferversorgung/-fürsorge	§§ 27d BVG
	• Kinder- und Jugendhilfe	§ 35a SGB VIII
	• Sozialhilfe	§§ 53 ff. SGB XII
§§ 55 ff. SGB IX *und*:		
i.V.m		§§ 19 ff., 29 SGB I § 6 SGB IX

Kosten) übernehmen (§ 13 Abs. 2 Nr. 1 SGB VI: z.B. bei plötzlichen Erkrankungen, die während einer Rehabilitationsmaßnahme auftreten; oder im Interesse einer schnellen Einleitung der Rehabilitation auch bei einer dringend erforderlichen Operation, um den Eintritt der völligen Erwerbsminderung zu vermeiden).

d) Die medizinischen Rehabilitationsleistungen der **gesetzlichen Krankenversicherung** umfassen ambulante und stationäre Leistungen (zum Ganzen vgl. § 40 SGB V): Auf beide Arten der Leistungen besteht unter den Voraussetzungen des § 40 Abs. 1 und 2 SGB V ein Rechtsanspruch (sie sind also keine

Ermessensleistungen, sondern Pflichtleistungen der Krankenkasse). Die ambulanten Leistungen werden aus medizinischen Gründen erbracht, wenn bei Versicherten eine ambulante Krankenbehandlung nicht ausreicht, um einer drohenden Behinderung oder Pflegebedürftigkeit vorzubeugen, sie nach Eintritt zu beseitigen, zu bessern oder eine Verschlimmerung zu verhüten. Die stationäre Rehabilitation (mit Unterkunft und Verpflegung) in einer stationären Rehabilitationseinrichtung kann erbracht werden, wenn die ambulanten Rehabilita-tionsleistungen nicht ausreichen. Dabei ist es ein besonderes Anliegen, dass ältere Menschen nicht zu früh in die Pflege „abgeschoben" werden, sondern mit Hilfe der medizinischen (geriatrischen) Rehabilitationsleistungen so lange wie möglich aktiv am gesellschaftlichen Leben teilhaben können. Ambulante Rehabilitationsleistungen sollen für längstens 20 Behandlungstage, stationäre für längstens drei Wochen erbracht werden, es sei denn, eine Verlängerung der Leistung ist aus medizinischen Gründen dringend erforderlich. Die Spitzenverbände der Krankenkassen können in Leitlinien Indikatoren festlegen und diesen jeweils eine Regeldauer zuordnen; von dieser Regeldauer kann nur abgewichen werden, wenn dies aus dringenden medizinischen Gründen im Einzelfall erforderlich ist. Ambulante und stationäre Rehabilitationsleistungen können nicht vor Ablauf von vier Jahren nach ihrer Durchführung erbracht werden, es sei denn, eine vorzeitige Leistung ist aus medizinischen Gründen dringend erforderlich. Zu Zuzahlungen vgl. oben 5 k).

e) Die in § 43 Abs. 2 SGB V geregelten **sozialmedizinischen Nachsorgemaßnahmen** für chronisch kranke oder schwerstkranke Kinder gehören systematisch zwar zu den ergänzenden Leistungen zur Rehabilitation (dazu unten 6.5), sollen aber kurz schon hier behandelt werden, weil sie zeitlich und inhaltlich unmittelbar zu Maßnahmen der Krankenbehandlung und der medizinischen Rehabilitation gehören. Nach der genannten Vorschrift kann die Krankenkasse aus medizinischen Gründen in unmittelbarem Anschluss an eine Krankenhausbehandlung oder stationäre Rehabilitation erforderliche sozialmedizinische Nachsorgemaßnahmen für chronisch kranke oder schwerstkranke (gesetzlich versicherte) Kinder, die das zwölfte Lebensjahr noch nicht vollendet haben, erbringen oder fördern, wenn die Nachsorge wegen der Art, Schwere und Dauer der Erkrankung notwendig ist, um den stationären Aufenthalt zu verkürzen oder die anschließende ambulante ärztliche Behandlung zu sichern. In Betracht kommen z.B. Kinder mit Hirntumoren oder mit systemischer Sklerose. Die Nachsorgemaßnahmen, die vom behandelnden Vertragsarzt oder vom behandelnden Arzt der stationären Einrichtung verordnet sein müssen, umfassen die im Einzelfall erforderliche Koordinierung der verordneten Leistungen sowie Anleitung und Motivation zu deren Inanspruchnahme. Angehörige und ständige Betreuungspersonen sind in diese Nachsorgemaßnahmen einzubeziehen, wenn dies aus medizinischen Gründen erforderlich ist. Die Spitzenverbände der Krankenkassen haben das Nähere zu den Voraussetzungen sowie zu Inhalt und Qualität der Nachsorgemaßnahmen festgelegt und einschlägige Empfehlungen (vgl. § 132c SGB V) dazu gegeben (nachzulesen im Internet unter anderem bei „www.aok-gesundheitspartner.de", dort: „Reha/Vorsorge", „Empfehlungen und Vereinbarungen", „Ergänzende Leistungen zur Reha", „sozialmedizinische Nachsorge").

f) Die **zwei Bedingungen** für die Zuständigkeit der **Rentenversicherung** sind:

1. Die Erwerbsfähigkeit muss **erheblich** gefährdet oder bereits gemindert sein und durch Einleitung von Rehabilitationsmaßnahmen eine Minderung der Erwerbsfähigkeit abgewendet oder **wesentlich** gebessert oder wiederhergestellt oder hierdurch deren wesentliche Verschlechterung abgewendet werden können. Zwischen Rehabilitationsmaßnahmen (auch solchen von anderen Trägern finanzierten) sollen vier Jahren liegen, es sei denn, dass medizinische Gründe eine kürzere Zwischenzeit erfordern (§§ 10, 12 Abs. 2 SGB VI).
2. Es müssen im Wesentlichen folgende **versicherungsrechtliche Voraussetzungen** erfüllt sein: Entweder muss man innerhalb der letzten zwei Jahre vor Antragstellung sechs Kalendermonate mit Pflichtbeitragszeiten haben **oder** man muss innerhalb von zwei Jahren nach Beendigung einer Ausbildung eine versicherte Beschäftigung oder eine selbstständige Tätigkeit aufgenommen und bis zum Antrag ausgeübt haben (oder nach einer solchen Beschäftigung oder Tätigkeit bis zum Antrag arbeitsunfähig oder bereits arbeitslos gewesen sein) **oder** man muss eine Rente wegen verminderter Erwerbsfähigkeit beziehen bzw. vermindert erwerbsfähig sein (oder dies in absehbarer Zeit werden, wenn die allgemeine Wartezeit von fünf Jahren erfüllt ist) **oder** man muss die Wartezeit von 15 Jahren erfüllt haben (§ 11 SGB VI; Wartezeit ist im Wesentlichen die Zeit, in der Beiträge gezahlt wurden, vgl. § 51 SGB VI).

g) Die Rentenversicherungsträger können auch für Versicherte und Rentner, die **älter als 63 Jahre** alt sind, unter den gleichen Voraussetzungen, wie sie für die übrigen Versicherten gelten, stationäre Rehabilitationsleistungen bewilligen, wenn diese Personen eine Altersrente als Teilrente (vgl. unter 8.7.f) in Höhe von einem Drittel oder der Hälfte der Vollrente beziehen oder beantragt haben (§ 12 Abs. 1 Nr. 2 SGB VI). Ausgeschlossen von Rehabilitationsleistungen der Rentenversicherung sind aber ältere Versicherte, die wegen dauerhaften Ausscheidens aus dem Erwerbsleben eine Leistung beziehen, die regelmäßig bis zum Beginn einer Altersrente gezahlt wird (z.B. „Vorruheständler" mit Bezug von Arbeitslosengeld bis zum Beginn der Altersrente), vgl. § 12 Abs. 1 Nr. 4 a SGB VI.

Faustregeln zur Abgrenzung der Zuständigkeit der Rehabilitationsträger

Faustregel 1:
Bei Arbeits- und Wegeunfall sowie Berufskrankheit sind grundsätzlich die Träger der gesetzlichen Unfallversicherung für die gesamte Rehabilitation zuständig.

Faustregel 2:
Bei Kriegs-, Wehrdienst-, Zivildienst-, Impf- oder Gewalttatschädigung sind grundsätzlich die Versorgungsämter (Schwerpunkt: medizinische Rehabilitation) und die Hauptfürsorgestellen/örtliche Fürsorgestellen (Schwerpunkt: berufliche Rehabilitation) zuständig.

Faustregel 3:
Kommen die Faustregeln 1 und 2 nicht zum Zuge, so ist
- bei erheblicher Gefährdung bzw. Minderung der Erwerbsfähigkeit, die durch Rehabilitation abgewendet bzw. wesentlich gebessert oder wiederhergestellt werden kann (§ 10 SGB VI),
- und bei Vorliegen bestimmter rentenversicherungsrechtlicher Voraussetzungen (v.a. Versicherungszeiten, vgl. § 11 SGB VI).

der Träger der gesetzlichen Rentenversicherung zuständig für Leistungen zur medizinischen Rehabilitation und zur Teilhabe am Arbeitsleben sowie für unterhaltssichernde und ergänzende Leistungen.

Faustregel 4:
Kommen die Faustregeln 1 bis 3 nicht zum Zuge, so sind (nachrangig)
- für Leistungen zur medizinischen Rehabilitation bei gesetzlich Krankenversicherten die Träger der gesetzlichen Krankenversicherung zuständig (einschließlich der unterhaltssichernden und anderen ergänzenden Leistungen),
- für Leistungen zur Teilhabe am Arbeitsleben (einschließlich der unterhaltssichernden und anderen ergänzenden Leistungen):

• die Bundesagentur für Arbeit grundsätzlich zuständig für behinderte Menschen, die erwerbsfähig und hilfebedürftig i.S. der §§ 8, 9 SGB II (Grundsicherung für Arbeitsuchende) sind; dann ist die Bundesagentur für Arbeit Rehabilitationsträger für diesen Personenkreis (§ 16 Abs. 1 S. 2 SGB II); über die notwendigen Teilhabeleistungen entscheiden dann auf der Grundlage des von der Bundesagentur für Arbeit festgestellten Rehabilitationsbedarfs (Eingliederungsvorschlags) die Arbeitsgemeinschaften oder die zugelassenen kommunalen Träger (Näheres unten auf S. 143).

• die Bundesagentur für Arbeit nach den Reha-Vorschriften des SGB III und des SGB IX zuständige Rehabilitationsträger für erwerbsfähige, nicht i.S. des § 9 SGB II hilfebedürftige behinderte Menschen (i.d.R. für Personen unter 30 Jahren, die noch nicht die – für die Leistungen der gesetzlichen Rentenversicherung erforderlichen – 15 Versicherungsjahre aufweisen können).

Faustregel 5:
Sofern nicht nach den Faustregeln 1 bis 4 die genannten Rehabilitationsträger zuständig sind, erbringen die Integrationsämter begleitende Hilfe im Arbeits- und Berufsleben für schwerbehinderte Menschen i.S.d. § 2 Abs. 2 SGB IX (vgl. unter 9.1.7).

Faustregel 6:
Erst wenn die Faustregeln 1 bis 5 nicht zum Zuge kommen, sind nachrangig die Sozialhilfeträger zuständig.

Ausnahme bei Faustregel 6 :
Die Träger der öffentlichen Jugendhilfe sind zuständig für Kinder (noch nicht 14) und Jugendliche (14, aber noch nicht 18), wenn deren seelische Gesundheit mit hoher Wahrscheinlichkeit länger als 6 Monate von dem für ihr Alter typischen Zustand abweicht und daher ihre Teilnahme am Leben in der Gemeinschaft beeinträchtigt ist oder eine solche Beeinträchtigung zu erwarten ist; Gleiches gilt für Kinder und Jugendliche, die von einer seelischen Behinderung bedroht sind und bei denen eine Beeinträchtigung ihrer Teilhabe am Leben in der Gemeinschaft nach fachlicher Erkenntnis mit hoher Wahrscheinlichkeit zu erwarten ist (bei geistiger und körperlicher Behinderung ist der Sozialhilfeträger zuständig).

h) **Volljährige** Versicherte müssen bei **stationären medizinischen Rehabilitationsleistungen** (die im **Regelfall für längstens 3 Wochen** erbracht werden) nach § 32 SGB VI grundsätzlich für jeden Kalendertag dieser Leistung 10,– € **zuzahlen,** und zwar für längstens 42 Tage im Jahr. Bei Rehabilitationsleistungen im unmittelbaren Anschluss an eine Krankenhausbehandlung ist die Zuzahlung längstens für 14 Tage zu leisten und dann auch nur in Höhe von 10,– €; Voraussetzung ist, dass der unmittelbare Anschluss der Rehabilitationsleistung an eine Krankenhausbehandlung medizinisch notwendig ist (sog. **Anschlussheilbehandlung**). Die innerhalb eines Kalenderjahres an eine Krankenkasse geleistete Zuzahlung – vgl. oben 5. i) – wird dabei angerechnet. In bestimmten Fällen

- **entfällt eine Zuzahlung** (z.B. bei Beziehern von Hilfe zum Lebensunterhalt nach dem SGB XII)
- oder es kommt eine (vollständige oder teilweise) **Befreiung von der Zuzahlung** in Betracht (Einzelheiten regeln Richtlinien der Rentenversicherungsträger, die auch entsprechende Auskünfte erteilen).

Hinweis: Wer Leistungen zur medizinischen Rehabilitation beantragt, sollte gleichzeitig – sofern die Voraussetzungen hierfür vorliegen – auch den Antrag auf teilweise oder vollständige Befreiung von der Zuzahlung bei seinem zuständigen Rentenversicherungsträger stellen, damit dieser hierüber rechtzeitig entscheiden kann. Dem Antrag sollte eine Verdienstbescheinigung des Arbeitgebers oder eine behördliche Bescheinigung, z.B. der Rentenbescheid, beigefügt werden.

i) Die Rentenversicherung kann **auch** stationäre Heilbehandlung (Kuren) für **Kinder** von Versicherten und für **Rentenbezieher** bezahlen, wenn dadurch eine erhebliche Gesundheitsgefährdung beseitigt oder eine bereits beeinträchtigte Gesundheit wesentlich gebessert oder wiederhergestellt werden kann. Durchgeführt werden (auf Antrag) insbesondere **Kinderheilbehandlungen** und stationäre Nachbehandlungen bei Geschwulstkrankheiten (§ 31 Abs. 1 Nr. 3 und 4 SGB VI; Voraussetzungen und Umfang dieser Behandlungen sind in Richtlinien der Rentenversicherungsträger geregelt; eine Zuzahlungspflicht besteht nicht). Einschlägige Merkblätter sind bei den Rentenversicherungsträgern erhältlich.

j) Leistungen zur medizinischen Rehabilitation werden (vor allem seitens der Rentenversicherungsträger) überwiegend **stationär** in **Kur- und Spezialeinrichtungen** erbracht und schließen dann Unterkunft und Verpflegung ein. Um einen nahtlosen und zügigen Übergang von der Akutbehandlung zur medizinischen Rehabilitation zu gewährleisten, praktizieren Kranken- und Renten-

versicherungsträger die sog. **Anschlussheilbehandlung.** Damit bezeichnet man diejenigen stationären oder ambulanten Leistungen zur medizinischen Rehabilitation, die sich unmittelbar an eine Krankenhausbehandlung anschließen. Die Dauer dieser Anschlussheilbehandlung ist von der Indikation bzw. Diagnose sowie dem Verlauf der Behandlung abhängig (in der Regel drei Wochen). Zwischen den gesetzlichen Krankenkassen und den Rentenversicherungsträgern ist dafür ein spezielles Antragsverfahren entwickelt worden (vgl. auch §§ 40 Abs. 6 SGB V, 32 Abs. 1 SGB VI): Statt einer langwierigen Antragstellung erfolgt die Verlegung des Patienten in eine Rehabilitationseinrichtung vor allem aufgrund telefonischer Absprachen, sofern der Patient personenbezogene Verrichtungen (Waschen, Essen, Ankleiden) selbstständig durchführen kann. Dieses Verfahren wird allerdings nur bei bestimmten Erkrankungen (z. B. Herzinfarkt, bösartige Geschwulstkrankheiten) angewandt.
Immer häufiger prüfen aber die Rentenversicherungsträger, ob für Patienten auch eine **ambulante** Rehabilitation in Frage kommt (ambulant bedeutet: man hält sich tagsüber in einer Rehabilitationsklinik auf und kehrt am Abend nach Hause zurück). Bedingung ist allerdings, dass man die Rehabilitationseinrichtung in einer bestimmten Zeit von seinem Wohnort aus erreichen kann (bedeutet: nicht weiter als eine Fahrstrecke von 45 Minuten). Bei einer solchen ambulanten Rehabilitationsmaßnahme muss man nichts zuzahlen; die täglichen Fahrtkosten werden erstattet.

k) Krankengymnastik, Bewegungs- und Sprachtherapie sind bei der **Frühförderung** behinderter Kinder manchmal problematisch, da sie Hand in Hand mit pädagogischen Maßnahmen gehen und oft die Beratung der Eltern mit einbeziehen müssen. Seit 1.7.2003 regelt die Einzelheiten zur Frühförderung (und zur Früherkennung) behinderter und von Behinderung bedrohter Kinder die **Frühförderungsverordnung** (FrühV). In dieser Verordnung werden insbesondere beschrieben: die Leistungen zur Früherkennung und Frühförderung (§ 2 FrühV), Aufgaben und Funktionen der interdisziplinären Frühförderstellen (§ 3 FrühV), sozialpädiatrische Zentren (§ 4 FrühV), Leistungen zur medizinischen Rehabilitation in diesem Rahmen (§ 5 FrühV) und heilpädagogische Leistungen (§ 6 FrühV). In § 7 FrühV finden sich die Regelungen für den Förder- und Behandlungsplan; in ihm wird bestimmt, ob, wie, wo und welche Leistungen wie oft und wie lange erbracht werden. Frühförderleistungen sollen als „Komplexleistungen“ erbracht werden (§ 30 Abs. 1 SGB IX); was unter solchen Komplexleistungen zu verstehen ist, regelt § 8 FrühV. Danach entscheiden die Sozialhilfeträger in der Regel über die Komplexleistungen in den interdisziplinären Frühförderstellen und die Krankenkassen in der Regel über die Leistungen in den sozialpädiatrischen Zentren. § 9 FrühV enthält Vorschriften über die Kostenteilung der Komplexleistungen. Qualitätskriterien und Leistungsprofile der interdisziplinären Frühförderstellen bzw. der sozialpädiatrischen Zentren (z.B. zur Personalausstattung) sind in Landesrahmenempfehlungen zu vereinbaren (so z.B. geschehen in Nordrhein-Westfalen).

l) Die Unterscheidung von **Belastungserprobung** und **Arbeitstherapie** einerseits sowie Abklärung der **beruflichen Eignung** und **Arbeitserprobung** andererseits bereitet gelegentlich Schwierigkeiten.
Belastungserprobung: Sie ist eine Maßnahme der medizinischen Rehabilitation (§ 26 Abs. 2 Nr. 7 SGB IX) und dient vor allem der Feststellung der gesundheitlichen Belastbarkeit für eine spätere berufliche Bildungsmaßnahme oder Arbeitstätigkeit. Sie umfasst oft aber auch Analysen zu den intellektuellen Fähigkeiten des behinderten Menschen, zur psychischen Belastbarkeit, zu Einsatzmöglichkeiten und Einschränkungen bei den Tätigkeiten am Arbeitsplatz (sog. Profilmethode). Mit der Belastungserprobung wird zum Abschluss der medizinischen Rehabilitation eine Beziehung hergestellt zwischen den Arbeitsanforderungen und der Fähigkeit des einzelnen Menschen, diese körperlich und geistig-seelisch zu bewältigen. Die Belastungserprobung ist typischerweise eine Vorstufe zur beruflichen Rehabilitation; sie kann auch Hinweise zur stufenweisen Eingliederung am Arbeitsplatz liefern (dazu unten 6.7).
Arbeitstherapie: Auch sie ist eine Maßnahme der medizinischen Rehabilitation (§ 26 Abs. 2 Nr. 7 SGB IX). Mit ihr sollen Fähigkeiten und Fertigkeiten ausgebildet, gefördert und trainiert werden, die für eine Teilnahme am Arbeitsleben erforderlich sind, also Grundinhalte der Arbeit wie Handfertigkeiten und handwerklich-technische Fähigkeiten sowie geistig-seelische Befähigungen (z.B. Interesse, Ausdauer, Pünktlichkeit, Selbstvertrauen, Kontaktfähigkeit, Kooperationsbereitschaft).
Berufliche Eignung: Bei der Auswahl der Leistungen zur Teilhabe am Arbeitsleben (dazu unten 6.4) werden Eignung, Neigung und bisherige Tätigkeit des behinderten Menschen sowie die Lage und Entwicklung auf dem Arbeitsmarkt angemessen berücksichtigt. Kostenträger ist der zur Leistung der Teilhabe am Arbeitsleben verpflichtete Rehabilitationsträger.
Arbeitserprobung: Sie dient der Auswahl der Leistungen zur Teilhabe am Arbeitsleben (§ 33 Abs. 4 S. 2 SGB IX und unten 6.4. a). Ziel der Arbeitserprobung ist es, gemeinsam mit dem behinderten Menschen bei feststehendem Berufsziel Zweifelsfragen in Bezug auf die konkreten Anforderungen der Aus- und Weiterbildung bzw. des Arbeitsplatzes zu klären. Der behinderte Mensch soll sich selbst in der Arbeitswelt erproben, seine Leistungsfähigkeit soll getestet werden.

m) Im Anschluss an stationäre medizinische Maßnahmen kann noch eine **Schonungszeit** ärztlich verordnet werden, sofern der Betroffene bei Entlassung noch für eine befristete Zeit (i.d.R. bis zu 7 Tagen) der Arbeitsruhe bedarf.

n) Die Tage, an denen sich ein versicherter Arbeitnehmer in Maßnahmen der medizinischen Rehabilitation befindet, dürfen **nicht auf den Erholungsurlaub** angerechnet werden, wenn dieser Arbeitnehmer infolge der medizinischen Rehabilitationsmaßnahme an der Arbeitsleistung verhindert ist und er deshalb einen Anspruch auf Fortzahlung des Arbeitsentgelts nach § 9 Abs. 1 des Entgeltfortzahlungsgesetzes hat (d.h. also, wenn die Maßnahme von einem Sozialleistungsträger bewilligt worden ist und in einer Einrichtung der medizinischen Rehabilitation durchgeführt wird); dies regelt § 10 Bundesurlaubsgesetz.

6.3 Vorschulische und schulische Rehabilitation

a) **Heilpädagogische Leistungen** für Kinder, die **noch nicht eingeschult** sind, werden nach § 56 SGB IX erbracht, wenn nach fachlicher Erkenntnis zu erwarten ist, dass hierdurch

- eine drohende Behinderung abgewendet oder der fortschreitende Verlauf einer Behinderung verlangsamt oder
- die Folgen einer Behinderung beseitigt oder gemildert

werden können. Sie werden immer (d.h. ohne besondere Feststellungen) nach „fachlicher Erkenntnis“ (und auch bei Schwerstpflegebedürftigkeit!) an schwerstbehinderte und schwerstmehrfachbehinderte Kinder, die noch nicht eingeschult sind, erbracht (weil bei diesen Kindern stets ein Bedarf nach heilpädagogischen Leistungen besteht). In Verbindung mit Leistungen der Früherkennung und Frühförderung (§ 30 SGB IX) werden heilpädagogische Leistungen als Komplexleistungen erbracht.
Einzelheiten regelt die schon genannte FrühV (oben 6.2.j). Danach (§ 6 FrühV) umfassen heilpädagogische Maßnahmen nach § 56 SGB IX alle Maßnahmen, die die Entwicklung des Kindes und die Entfaltung seiner Persönlichkeit mit pädagogischen Mitteln anregen, einschließlich der jeweils erforderlichen sozial- und sonderpädagogischen, psychologischen und psychosozialen Hilfen sowie die Beratung der Erziehungsberechtigten.

b) Sowohl **Sonderkindergärten** als auch **Sonderschulen** unterliegen dem **Landesrecht,** sodass hier nur auf einige wenige allgemeine Grundsätze eingegangen werden kann. Behinderte Kinder können entweder in spezialisierten Kindergärten (**Sonderkindergärten**) oder – wenn bestimmte Bedingungen erfüllt sind – auch in **integrativen Kindergärten** (z.B. im Rahmen einer integrativen Kindergruppe) betreut werden.
Schulische Lernorte für behinderte Kinder und Jugendliche mit **sonderpädagogischem Förderbedarf** sind aufgrund der Kulturhoheit der Bundesländer

unterschiedlich geregelt. Unterschiede gibt es z.B. im Hinblick auf die landesgesetzlichen Regelungen, die Organisationsformen, die schülerbezogenen Zugangskriterien, die Aussattung der Schulen, die beteiligten Schulformen und Schulstufen sowie den Einfluss der Erziehungsberechtigten. Möglich sind insbesondere der Besuch einer traditionellen **Sonderschule,** einer Sonderschule mit enger Kooperation mit einer allgemeinen Schule, die Unterrichtung in einer Sonderschule unter dem Dach einer allgemeinen Schule und der Besuch einer **Integrationsschule.** Dabei ist unter anderem die Abstimmung zwischen dem Schulrecht und dem Sozialrecht (z.B. der Eingliederungshilfe für behinderte Menschen nach dem SGB XII) noch unbefriedigend. Dies betrifft unter anderem die Frage, inwieweit der Sozialhilfeträger Entscheidungen der Schulverwaltung gegen sich gelten lassen muss, ferner die Frage, wann und in welchem Umfang ein Integrationshelfer (Begleitperson) für den Schulbesuch eines behinderten Kindes oder Jugendlichen vom Sozialhilfeträger finanziert werden muss.
Stellt sich heraus, dass ein Kind auch in der Sonderschule nicht zu fördern ist, wird das **Ruhen der Schulpflicht** ausgesprochen. Dies darf jedoch nicht geschehen, wenn das Kind eine vorhandene Schule – etwa wegen Transport- oder Unterbringungsschwierigkeiten – nicht besuchen kann oder weil eine geeignete Sonderschule nicht vorhanden ist. In diesen Fällen besteht Anspruch auf **Einzel- oder Hausunterricht,** der jedoch in wesentlich geringerer Stundenzahl gegeben wird als der Unterricht an der Schule.

c) Im Unterschied zu den Regel- und Sonderkindergärten ist die Finanzierung **integrativ** arbeitender **Kindergärten** noch nicht befriedigend gelöst. Übereinstimmung besteht lediglich darüber, dass die Finanzierung integrativer Förderungsformen nur durch Inanspruchnahme von Leistungen der Sozialhilfe und der Jugendhilfe bzw. nach den Kindergartengesetzen (der Länder) möglich ist. Aus dieser Notwendigkeit der Mischfinanzierung ergeben sich aber auch all die Schwierigkeiten, mit denen sich integrativ arbeitende Kindergärten herumschlagen müssen (umstritten ist insbesondere nach wie vor, welche Kostenanteile die verschiedenen Kostenträger zu übernehmen haben und wie diese Anteile zu berechnen bzw. gegeneinander abzugrenzen sind).
Die Integration behinderter Kinder in die **Regelschule** beruht auf dem Grundgedanken, dass die erforderlichen sonderpädagogischen Hilfen für behinderte Kinder in den allgemeinen Schulen erbracht werden und nicht umgekehrt die Kinder zu den besonderen Hilfsmöglichkeiten in Sonderschulen geschickt werden sollten (Dezentralisierung der sonderpädagogischen Hilfe). Eine solche Integration, die auf dem Normalisierungsprinzip beruht, erfordert entsprechende Regelungen in den Schulgesetzen der einzelnen Bundesländer; in diesen Schulgesetzen sind die Möglichkeiten für die Einschulung behinderter

Kinder in eine Regelschule im Einzelnen festgelegt. Bei der Zuweisung behinderter Kinder zur Sonderschule ist außerdem stets das Grundrecht nach Art. 3 Abs. 3 S. 2 GG zu beachten: Nach diesem **Diskriminierungsverbot** unserer Verfassung darf niemand wegen seiner Behinderung benachteiligt werden. So stellt z.B. die Verweisung eines behinderten Kindes gegen seinen Willen und gegen den Willen seiner Eltern allein auf die Beschulung in einer Sonderschule eine Benachteiligung im Sinne des genannten Grundrechts dar.

d) Die Wahrnehmung der **Berufsschulpflicht** für behinderte Jugendliche ist in den Bundesländern (z.T. noch differenziert nach Behindertengruppen und Einrichtungen) unterschiedlich geregelt. So können z.B. geistig behinderte Menschen die Berufsschulpflicht zumeist an einer entsprechenden Sonderschule im Rahmen der sog. Werkstufe erfüllen; dafür kann (bei Vorliegen der erforderlichen Voraussetzungen) Ausbildungsförderung nach dem BAföG geleistet werden.

e) Wenn die Schulpflicht ruht, hat ein Kind jedoch noch Anspruch auf Ausbildung zu lebenspraktischen Fertigkeiten und zur Bewältigung des Alltags, die meist in Tagesstätten vermittelt wird (§§ 55 Abs. 2 Nr. 3 SGB IX, 54 Abs. 1 S. 1 SGB XII). Auch bei schwerstbehinderten Kindern, die man früher als reine „Pflegefälle" ansah, sollte vorrangig Eingliederungshilfe neben bzw. statt Leistungen zur Pflege gewährt werden. Denn das Ziel der Eingliederungshilfe kann z.B. schon erreicht sein, wenn der behinderte Mensch durch die lebenspraktische Bildung von Pflege unabhängig wird oder einzelne Verrichtungen selbstständig durchführen kann (vgl. auch § 53 Abs. 3 S. 2 SGB XII).

f) Bei vorschulischen und schulischen Eingliederungshilfen (z.B. heilpädagogischen Leistungen) für behinderte Kinder leisten die Eltern nach § 92 Abs. 2 SGB XII nur einen Kostenbeitrag in Höhe der häuslichen Ersparnis (also nicht in Höhe der Kosten für die Maßnahme; vgl. oben 1.4 c) ee), soweit eine häusliche Ersparnis überhaupt vorliegt).

6.4 Leistungen zur Teilhabe am Arbeitsleben (§ 33 SGB IX)

a) Welche Leistungen zur **Teilhabe am Arbeitsleben** (man kann auch sagen: zur beruflichen Rehabilitation) zu erbringen sind, umschreibt umfassend **§ 33 SGB IX:**

„(1) Zur Teilhabe am Arbeitsleben werden die erforderlichen Leistungen erbracht, um die Erwerbsfähigkeit behinderter oder von Behinderung bedrohter Menschen entsprechend ihrer Leistungsfähigkeit zu erhalten, zu verbessern, herzustellen oder wiederherzustellen und ihre Teilhabe am Arbeitsleben möglichst auf Dauer zu sichern.

(2) Behinderten Frauen werden gleiche Chancen im Erwerbsleben gesichert, insbesondere durch in der beruflichen Zielsetzung geeignete, wohnortnahe und auch in Teilzeit nutzbare Angebote.

(3) Die Leistungen umfassen insbesondere

1. Hilfen zur Erhaltung oder Erlangung eines Arbeitsplatzes einschließlich Leistungen zur Beratung und Vermittlung, Trainingsmaßnahmen und Mobilitätshilfen,
2. Berufsvorbereitung einschließlich einer wegen der Behinderung erforderlichen Grundausbildung,
3. berufliche Anpassung und Weiterbildung, auch soweit die Leistungen einen zur Teilnahme erforderlichen schulischen Abschluss einschließen,
4. berufliche Ausbildung, auch soweit die Leistungen in einem zeitlich nicht überwiegenden Abschnitt schulisch durchgeführt werden,
5. Überbrückungsgeld entsprechend § 57 des Dritten Buches durch die Rehabilitationsträger nach § 6 Abs. 1 Nr. 2 bis 5,
6. sonstige Hilfen zur Förderung der Teilhabe am Arbeitsleben, um behinderten Menschen eine angemessene und geeignete Beschäftigung oder eine selbstständige Tätigkeit zu ermöglichen und zu erhalten.

(4) Bei der Auswahl der Leistungen werden Eignung, Neigung, bisherige Tätigkeit sowie Lage und Entwicklung auf dem Arbeitsmarkt angemessen berücksichtigt. Soweit erforderlich, wird dabei die berufliche Eignung abgeklärt oder eine Arbeitserprobung durchgeführt.

(5) Die Leistungen werden auch für Zeiten notwendiger Praktika erbracht.

(6) Die Leistungen umfassen auch medizinische, psychologische und pädagogische Hilfen, soweit diese Leistungen im Einzelfall erforderlich sind, um die in Absatz 1 genannten Ziele zu erreichen oder zu sichern und Krankheitsfolgen zu vermeiden, zu überwinden, zu mindern oder ihre Verschlimmerung zu verhüten, insbesondere

1. Hilfen zur Unterstützung bei der Krankheits- und Behinderungsverarbeitung,
2. Aktivierung von Selbsthilfepotenzialen,
3. mit Zustimmung der Leistungsberechtigten Information und Beratung von Partnern und Angehörigen sowie von Vorgesetzten und Kollegen,
4. Vermittlung von Kontakten zu örtlichen Selbsthilfe- und Beratungsmöglichkeiten,
5. Hilfen zur seelischen Stabilisierung und zur Förderung der sozialen Kompetenz, unter anderem durch Training sozialer und kommunikativer Fähigkeiten und im Umgang mit Krisensituationen,
6. Training lebenspraktischer Fähigkeiten,
7. Anleitung und Motivation zur Inanspruchnahme von Leistungen zur Teilhabe am Arbeitsleben,

8. Beteiligung von Integrationsfachdiensten im Rahmen ihrer Aufgabenstellung (§ 110).

(7) Zu den Leistungen gehört auch die Übernahme
1. der erforderlichen Kosten für Unterkunft und Verpflegung, wenn für die Ausführung einer Leistung eine Unterbringung außerhalb des eigenen oder des elterlichen Haushalts wegen Art oder Schwere der Behinderung oder zur Sicherung des Erfolges der Teilhabe notwendig ist,
2. der erforderlichen Kosten, die mit der Ausführung einer Leistung in unmittelbarem Zusammenhang stehen, insbesondere für Lehrgangskosten, Prüfungsgebühren, Lernmittel, Arbeitskleidung und Arbeitsgerät.

(8) Leistungen nach Absatz 3 Nr. 1 und 6 umfassen auch
1. Kraftfahrzeughilfe nach der Kraftfahrzeughilfe-Verordnung,
2. den Ausgleich unvermeidbaren Verdienstausfalls des behinderten Menschen oder einer erforderlichen Begleitperson wegen Fahrten der An- und Abreise zu einer Bildungsmaßnahme und zur Vorstellung bei einem Arbeitgeber, einem Träger oder einer Einrichtung für behinderte Menschen durch die Rehabilitationsträger nach § 6 Abs. 1 Nr. 2 bis 5,
3. die Kosten einer notwendigen Arbeitsassistenz für schwerbehinderte Menschen als Hilfe zur Erlangung eines Arbeitsplatzes,
4. Kosten für Hilfsmittel, die wegen Art oder Schwere der Behinderung zur Berufsausübung, zur Teilnahme an einer Leistung zur Teilhabe am Arbeitsleben oder zur Erhöhung der Sicherheit auf dem Weg vom und zum Arbeitsplatz und am Arbeitsplatz erforderlich sind, es sei denn, dass eine Verpflichtung des Arbeitgebers besteht oder solche Leistungen als medizinische Leistungen erbracht werden können,
5. Kosten technischer Arbeitshilfen, die wegen Art oder Schwere der Behinderung zur Berufsausübung erforderlich sind und
6. Kosten der Beschaffung, der Ausstattung und der Erhaltung einer behindertengerechten Wohnung in angemessenem Umfang.

Die Leistung nach Satz 1 Nr. 2 wird für die Dauer von bis zu drei Jahren erbracht und in Abstimmung mit dem Rehabilitationsträger nach § 6 Abs. 1 Nr. 1 bis 5 durch das Integrationsamt nach § 102 Abs. 4 ausgeführt. Der Rehabilitationsträger erstattet dem Integrationsamt seine Aufwendungen. Der Anspruch nach § 102 Abs. 4 bleibt unberührt."

b) Vorrangiges Ziel der Maßnahmen zur beruflichen Rehabilitation ist die Eingliederung in den **allgemeinen Arbeitsmarkt.** Der Erfolg solcher Maßnahmen hängt jedoch stark von den Schwankungen des Arbeitsmarktes ab, sodass es oft zu sog. „Scheinrehabilitationen" kommt: Der Behinderte hat eine Maßnahme erfolgreich abgeschlossen und ist trotzdem nicht vermittelbar. Bei schlechter Arbeitsmarktlage wird deutlich, dass das eigentliche berufliche Problem vieler behinderter Menschen nicht mit zeitlich befristeten Rehabilitationsmaßnahmen zu lösen ist. Viele dieser Menschen leiden auch nach erfolgreichem Abschluss der Rehabilitation an einer bleibenden Leistungsminderung und brauchen eigentlich Arbeitsplätze, auf denen diesem Umstand Rechnung getragen wird. Es gibt zwar die Möglichkeit, den Arbeitgeber bei der Einrichtung eines Arbeitsplatzes und bei der Betreuung eines Schwerbehinderten finanziell zu entlasten (dazu die Übersichten auf S. 158 ff.); in der Praxis wird davon aber aus den verschiedensten Gründen recht wenig Gebrauch gemacht. Davon abgesehen kennt das Rehabilitationsrecht jedoch keine Instrumente, die eine bleibende Leistungsminderung berücksichtigen und solchen Behinderten die Verwertung des ihnen verbliebenen Leistungsvermögens auf dem allgemeinen Arbeitsmarkt gestatten. Lediglich in einigen wenigen Tarifverträgen gibt es die Möglichkeit, für solche Fälle einen geminderten Lohn zu vereinbaren (in Gestalt einer entsprechenden Minderleistungsklausel).

c) **Zuständig** können mit **Ausnahme der Krankenversicherung** sämtliche Leistungsträger sein (§§ 6 Abs. 1, 6 a SGB IX), doch wird die bei weitem größte Zahl aller Maßnahmen (fast 80%!)von der **Arbeitsverwaltung** finanziert, mit beträchtlichem Abstand gefolgt von der **Rentenversicherung** (rd. 16%) und der Unfallversicherung (rd. 4%; die Kriegsopferfürsorge und die Sozialhilfe spielen hier praktisch keine große Rolle); dazu auch die Faustregeln S. 133.

d) Die **Rentenversicherung** ist hinsichtlich Leistungen zur Teilhabe am Arbeitsleben nur für Personen zuständig, die bei Antragstellung
- die Wartezeit von 15 Jahren erfüllt haben (Wartezeit ist im Wesentlichen die Zeit, in der Beiträge gezahlt wurden, vgl. § 51 SGB VI) oder
- die eine Rente wegen verminderter Erwerbsfähigkeit beziehen;

die Rentenversicherung ist ferner zuständig, wenn
- ohne die berufsfördernde Maßnahme Rente wegen verminderter Erwerbsfähigkeit zu leisten wäre (d.h. wenn die Berentung unmittelbar droht und durch die berufliche Rehabilitation voraussichtlich abgewendet oder hinausgeschoben werden kann), oder
- wenn die Berufsförderung für eine voraussichtlich erfolgreiche Rehabilitation unmittelbar im Anschluss an medizinische Leistungen der Rentenversicherung erforderlich ist (zum Ganzen: § 11 Abs. 1 und 2 a SGB VI).

Neben diesen **versicherungsrechtlichen** Voraussetzungen müssen noch **persönliche** Voraussetzungen vorliegen (vgl. § 10 SGB VI): Die Erwerbsfähigkeit muss erheblich gefährdet oder gemindert sein und es muss eine positive Erfolgsprognose vorliegen (positiv heißt: die Minderung der Erwerbsfähigkeit kann voraussichtlich abgewendet werden oder die bereits geminderte Erwerbsfähigkeit kann voraussichtlich wesentlich gebessert oder wiederhergestellt werden).

e) **Beamte** sind grundsätzlich von medizinischen und beruflichen Rehabilitationsleistungen der Rentenversicherungen ausgeschlossen (§ 12 Abs. 1 Nr. 3 SGB VI).

f) Im Übrigen ist die Arbeitsverwaltung auch bei Zuständigkeit anderer Leistungsträger immer zu beteiligen und hat diesen Eingliederungsvorschläge zu unterbreiten (§§ 11 Abs. 1, 38 SGB IX).

g) Im Folgenden werden die Leistungen der **Arbeitsverwaltung** (Agenturen für Arbeit) skizziert, die der praktisch wichtigste Träger der beruflichen Rehabilitation ist (s. oben c). Rechtsgrundlage der Förderung der beruflichen Eingliederung Behinderter sind insbesondere die §§ 97 ff. SGB III (für Leistungen an die Behinderten selbst) und die §§ 236 ff. SGB III (für Leistungen an Arbeitgeber, vgl. dazu das Schaubild auf S. 133 sowie die Übersichten auf S. 140 ff., die von der Arbeitsgemeinschaft der Deutschen Integrationsämter/Hauptfürsorgestellen – Postfach 4109, 76026 Karlsruhe – zusammengestellt wurden und den Rechtszustand vom September 2004 wiedergeben. Zu beachten ist dabei, dass ein Teil dieser Leistungen an behinderte Menschen und an Arbeitgeber auch von den Arbeitsgemeinschaften und von den zugelassenen kommunalen Trägern – dazu noch unten – gewährt werden, so z.B. an Arbeitgeber Ausbildungszuschüsse nach §§ 235 a, 236 SGB III, Eingliederungszuschüsse nach § 34 SGB IX i.V. mit § 218 SGB III und nach § 219 SGB III, Arbeitshilfen im Betrieb nach § 237 SGB III und Kostenerstattung für Probebeschäftigungen nach § 238 SGB III.

Beachte: Bei den Leistungen zur Teilhabe am Arbeitsleben für behinderte Menschen gilt im Hinblick auf die Zuständigkeit der **Agenturen für Arbeit** Folgendes:

- Ist der behinderte Mensch **erwerbsfähig und hilfebedürftig** i.S. der §§ 8, 9 SGB II (Grundsicherung für Arbeitsuchende) dann sind grundsätzlich die **Agenturen für Arbeit** Träger der Grundsicherung für Arbeitsuchende und zugleich Rehabilitationsträger für diesen Personenkreis (vgl. § 6 a SGB IX). Genauer gesagt: Die Bundesagentur für Arbeit (über die Agenturen für Arbeit) ist der Rehabilitationsträger und nimmt auch die Aufgaben eines Rehabilitationsträgers wahr (z.B. Prüfung der Zuständigkeit, Feststellung des Rehabilitationsbedarfs, Erstellung eines Eingliederungsvorschlags, Koordinierung mit Leistungen anderer Rehabilitationsträger). Unmittelbar durch die Agenturen für Arbeit werden dann für behinderte Menschen insbesondere erbracht: Leistungen zur Berufsvorbereitung, im Eingangsverfahren und im Berufsbildungsbereich der Werkstätten für behinderte Menschen, Leistungen nach §§ 33 Abs. 4, 6 und 8 SGB IX (z.B. Arbeitserprobung, Kfz-Hilfe, Arbeitsassistenz). Für alle anderen Leistungen wird nach den genannten Prüfungsschritten der Eingliederungsvorschlag von der Arbeitsagentur an die Arbeitsgemeinschaft (ARGE) oder an den zugelassenen kommunalen Träger weitergeleitet; diese sind dann zuständig für die Entscheidung über die Leistungen zur Teilhabe am Arbeitsleben, wobei sie unter Berücksichtigung des Eingliederungsvorschlags innerhalb von drei Wochen über die Leistung zur beruflichen Teilhabe entscheiden müssen.

- Für erwerbsfähige, **nicht** i.S. des § 9 SGB II hilfebedürftige behinderte Menschen sind die **Agenturen für Arbei**t nach den Reha-Vorschriften des SGB III und des SGB IX zuständige Rehabilitationsträger.

aa) **Voraussetzung** für die Gewährung von Leistungen zur Teilhabe am Arbeitsleben für behinderte Menschen (zum Begriff des behinderten Menschen i.S. des SGB III vgl. oben 2.) ist, dass

- die Leistungen wegen Art und Schwere der Behinderung erforderlich sind, um die Erwerbsfähigkeit des behinderten Menschen zu erhalten, zu bessern, herzustellen oder wiederherzustellen und seine Teilhabe am Arbeitsleben zu sichern (§ 97 Abs. 1 SGB III), und
- eine Erfolg versprechende **Prognose** vorliegt, aus der u.a. hervorgeht, dass der Behinderte das Ziel der Maßnahme mit einiger Wahrscheinlichkeit erreichen wird und innerhalb angemessener Zeit auf dem allgemeinen Arbeitsmarkt oder in eine Werkstatt für behinderte Menschen vermittelt werden kann. Sowohl hinsichtlich der Voraussetzungen als auch hinsichtlich der Leistungen sind strenge Maßstäbe anzulegen; das Maß des Notwendigen darf nicht überschritten werden und die Grundsätze von Wirtschaftlichkeit und Sparsamkeit müssen eingehalten werden (§§ 97 Abs. 2, 7 Abs. 1 und 2 SGB III).

bb) Als Leistungen zur beruflichen Eingliederung Behinderter können erbracht werden:

- **allgemeine Leistungen** (wie an jeden Nichtbehinderten), nämlich Unterstützung der Beratung und Vermittlung, Verbesserung der Eingliederungsaussichten, Förderung der Aufnahme einer Beschäftigung, Förderung der Aufnahme einer selbstständigen Tätigkeit, Förderung der Berufsbildung und Förderung der beruflichen Weiterbildung (§§ 98 Abs. 1, 100 i.V.m. §§ 45–96 SGB III), und
- **besondere Leistungen** (§§ 102 ff. SGB III). Diese Leistungen sind insbesondere zur Förderung der beruflichen Aus- und Weiterbildung zu erbringen, wenn Art oder Schwere der Behinderung die Teilnahme an einer Maßnahme in einer besonderen Einrichtung für behinderte Menschen (z.B. in einem Berufsförderungswerk) unerlässlich machen. Die besonderen Leistungen umfassen das **Ausbildungsgeld,** das **Übergangsgeld,** die **Übernahme der Teilnahmekosten** für eine Maßnahme und die **sonstigen Hilfen.**

cc) Die **besonderen Leistungen** sind vor allem:
(1) **Ausbildungsgeld** und **Übergangsgeld,** dazu unten bei 8.4.
(2) Zu den **Teilnahmekosten** (§§ 109 SGB III, 33, 44, 53, 54 SGB IX) gehören insbesondere

- Lehrgangskosten (einschließlich Prüfungsgebühren),
- Kosten für erforderliche Lernmittel,
- Kosten für erforderliche Arbeitsausrüstung,
- **Reisekosten** (§ 53 SGB IX, z.B. monatlich zwei Familienheimfahrten bei einer erforderlichen auswärtigen Unterbringung oder monatlich zwei Fahrten eines Angehörigen zum Aufenthaltsort des Behinderten),
- **Kosten für Unterbringung und Verpflegung** (§§ 33 Abs. 7 Nr. 1 SGB IX, 111 SGB III),
- Kosten für eine **Haushaltshilfe** oder Kosten für die Betreuung von aufsichtsbedürftigen Kindern (§ 54 SGB IX, wobei diese Vorschrift in Abs. 2 und 3 Leistungen anstelle der Haushaltshilfe vorsieht, z.B. die Übernahme von Kosten für die Mitnahme eines Kindes zur beruflichen Rehabilitationsmaßnahme oder die Übernahme von Kinderbetreuungskosten in Höhe von 130,– € monatlich je Kind.
- Kosten für eine erforderliche Kranken- und Pflegeversicherung (§ 44 Abs. 1 Nr. 2, Abs. 2 SGB IX, wenn der Schutz des behinderten Menschen im Krankheits- oder Pflegefalle während der Teilnahme an einer berufliche Rehabilitationsmaßnahme nicht anderweitig sichergestellt ist),
- weitere Aufwendungen, die wegen der Art oder Schwere der Behinderung unvermeidbar entstehen.

(3) Zu den **sonstigen Hilfen** (§ 33 Abs. 3 Nr. 6, Abs. 8 SGB IX) gehören insbesondere

- die **Kraftfahrzeughilfe** nach der Verordnung über Kraftfahrzeughilfe zur beruflichen Rehabilitation (dazu unten dd),
- unvermeidbarer **Verdienstausfall** des behinderten Menschen oder einer Begleitperson wegen Fahrten der An- und Abreise zu einer Bildungsmaßnahme und zur persönlichen Vorstellung bei einem Arbeitgeber, einem Träger oder einer Einrichtung für behinderte Menschen,
- Kostenübernahme für nichtorthopädische **Hilfsmittel,** die wegen Art oder Schwere der Behinderung zur Berufsausübung einschließlich zur Erhöhung der Sicherheit auf dem Weg vom und zum Arbeitsplatz und am Arbeitsplatz erforderlich sind,
- Kostenübernahme für **technische Arbeitshilfen,** die wegen Art oder Schwere der Behinderung zur Berufsausübung erforderlich sind (Beispiel: Peter M. wird infolge seiner Diabeteserkrankung stark sehbehindert. Damit er trotzdem an seinem Bildschirmarbeitsplatz bleiben kann, benötigt er einen größeren Bildschirm und eine besondere Tastatur).

- Kosten einer notwendigen **Arbeitsassistenz** für schwerbehinderte Menschen (für die Dauer von bis zu drei Jahren) als Hilfe zur Erlangung eines Arbeitsplatzes (damit soll besonders betroffenen Schwerbehinderten eine ausbildungs- und berufsbegleitende persönliche Hilfe zur Verfügung gestellt werden; die Hilfe wird durch die Integrationsämter nach § 102 Abs. 4 SGB IX durchgeführt),
- Kosten der Beschaffung, der Ausstattung und der Erhaltung einer behinderungsgerechten **Wohnung** in angemessenem Umfang; allerdings kommt dies nur in Betracht, wenn ohne eine behinderungsgerechte Wohnung eine Erwerbstätigkeit nicht oder nicht weiter verrichtet werden kann.

dd) Speziell für die **Arbeitsverwaltung** gilt: Nach § 97 Abs. 1 i.V. mit § 98 Abs. 1 SGB III können behinderten Menschen Leistungen zur Förderung der Teilhabe am Arbeitsleben erbracht werden, wobei allgemeine und besondere Leistungen zur Teilhabe am Arbeitsleben in Betracht kommen, wenn diese wegen der Art oder der Schwere der Behinderung erforderlich sind, um ihre Erwerbsfähigkeit zu bessern (vgl. auch das Schaubild auf S. 150). Sind besondere Leistungen gemäß § 98 Abs. 1 Nr. 2 i.V. mit § 102 Abs. 1 SGB III erforderlich (z.B. Leistungen zur Förderung der beruflichen Ausbildung), so steht die Entscheidung über das „Ob" der Leistungsgewährung gemäß § 3 Abs. 5 SGB III nicht im Ermessen der Arbeitsverwaltung, sondern auf sie besteht bei Erfüllung aller Tatbestandsvoraussetzungen ein **Rechtsanspruch.** Nur die konkrete Ausgestaltung der Leistung zur Förderung der Teilhabe am Arbeitsleben steht im pflichtgemäßen Ermessen der Arbeitsverwaltung.

ee) Wichtige „Orte", an denen Maßnahmen zur Teilnahme am Arbeitsleben durchgeführt werden, sind die Berufsbildungswerke und Berufsförderungswerke (§ 35 SGB IX). **Berufsbildungswerke** bilden behinderte Jugendliche und junge Erwachsene (die wegen Art oder Schwere ihrer Behinderung nicht betrieblich ausgebildet werden können) in anerkannten Ausbildungsberufen oder in besonderen Ausbildungsgängen aus. **Berufsförderungswerke** sind Einrichtungen, die Fortbildung und Umschulung für behinderte Erwachsene, die wegen Art oder Schwere ihrer Behinderung weder ihre bisher ausgeübte Tätigkeit weiter ausüben noch betrieblich oder in einer allgemeinen Weiterbildungseinrichtung umgeschult werden konnten.

ff) Ist der Behinderte für die Fahrten zwischen Wohnung und Arbeitsstätte oder Schulungsort auf ein **Fahrzeug** angewiesen, kann er hierfür Zuschüsse oder Darlehen bekommen. Deren Höhe richtet sich nach seinem Einkommen und der Zahl seiner unterhaltsberechtigten Angehörigen. Eine wiederholte Förderung eines Fahrzeugs kommt nur in Ausnahmefällen in Betracht. Ein Zuschuss kann auch für den Erwerb des **Führerscheins** geleistet werden. Einzelheiten regelt die **Verordnung über Kraftfahrzeughilfe zur beruflichen Rehabilitation** (KfzHV). Diese VO gilt im Übrigen nicht nur für die Bundesagentur für Arbeit, sondern auch für die Träger der gesetzlichen Unfall- und Rentenversicherung sowie für die Kriegsopferfürsorge, die Integrationsämter (als den Trägern der begleitenden Hilfe im Arbeitsleben nach §§ 17 ff., 20 SchwbAV) und für die Sozialhilfeträger (§ 54 Abs. 1 S. 1 SGB XII, § 8 EHVO, § 33 Abs. 8 Nr. 1 SGB IX).

Gemäß § 2 KfzHV werden die Leistungen (Zuschüsse oder Darlehen) erbracht
1. zur Beschaffung eines Kraftfahrzeugs
2. für eine behindertengerechte Zusatzausstattung
3. zur Erlangung einer Fahrerlaubnis.

Entscheidend ist, dass der behinderte Mensch infolge seiner Behinderung nicht nur vorübergehend auf die Benutzung eines Kfz angewiesen ist, um seinen Arbeits- oder Ausbildungsplatz oder den Ort einer sonstigen Leistung der beruflichen Bildung zu erreichen, und dass er nur auf diese Weise dauerhaft eingegliedert werden kann. Dabei ist in jedem Fall zu prüfen, ob keine andere Möglichkeit besteht, den Arbeitsplatz zu erreichen (etwa mit Fahrrad, Werksbus, öffentlichen Verkehrsmitteln, usw.). Fehlt es aber z.B. an zumutbaren öffentlichen Verkehrsmitteln, dann kann ein Kraftfahrzeug auch dann gefördert werden, wenn nicht nur allein die Behinderung dazu zwingt.

Auch **behinderte Menschen mit einem GdB unter 50** kommen als Anspruchsberechtigte in Frage. Lehrlinge können Kfz-Hilfe erhalten, soweit ihr Arbeitsentgelt über der Versicherungspflichtgrenze liegt (derzeit 325,– € pro Monat). **Beschäftigte in einer Werkstatt für behinderte Menschen (WfbM)** erhalten hingegen keine Leistungen nach der KfzHV. Die Werkstätten haben in der Regel einen Beförderungsdienst, sodass der behinderte Mensch zum Erreichen seines Arbeitsplatzes nicht auf ein eigenes Fahrzeug angewiesen ist. Für Sonderfälle ist der überörtliche Träger der Sozialhilfe zuständig. **Schüler allgemeinbildender Schulen** sind ebenfalls von der Kfz-Hilfe ausgenommen. Für **Altersrentner** gilt das Gleiche, da sie nicht mehr in das Berufsleben integriert werden. Anders ist es bei Beziehern von Renten wegen Erwerbsminderung. Sie sind berechtigt, wenn durch die Kfz-Hilfe die Erwerbsminderung beseitigt wird.

Die Höhe des **Zuschusses** zur **Anschaffung eines Kfz** ist **abhängig** vom **Einkommen** des behinderten Menschen. Im Höchstfall beträgt er 9.500,– €. § 6 der KfzHV enthält eine Tabelle zu dem Verhältnis von Einkommen und Höhe des Zuschusses. Die Kosten der behinderungsbedingten Zusatzausstattung werden gesondert berücksichtigt und fallen bei der Festsetzung des Zuschusses zur Anschaffung des Kfz nicht ins Gewicht.

Das Gesetz sieht keine Einschränkung bei der Wahl des Kfz vor. Der behinderte Mensch kann jedes geeignete Fahrzeug erwerben. An der Höhe des Zuschusses, den der Reha-Träger leistet, ändert sich auch durch die Anschaffung eines

„Luxusautos“ nichts (§ 5 Abs. 1 KfzHV). Falls der behinderte Mensch bereits ein geeignetes Fahrzeug besitzt, dessen weitere Benutzung ihm zumutbar ist, hat er keinen Anspruch.

Für eine **Zusatzausstattung,** die wegen der Behinderung erforderlich ist, ihren Einbau, ihre technische Überprüfung und die Wiederherstellung ihrer technischen Funktionsfähigkeit werden die Kosten in vollem Umfang übernommen, § 7 KfzHV. Hier ist die **Förderung unabhängig vom Einkommen oder Vermögen des Antragstellers.**

Zu den Kosten, die für die Erlangung einer **Fahrerlaubnis** notwendigerweise entstehen, wird ein Zuschuss geleistet, dessen Höhe einkommensabhängig ist. Die Einzelheiten sind in § 8 KfzHV geregelt. Kosten für behinderungsbedingte Untersuchungen, Ergänzungsprüfungen und Eintragungen in vorhandene Führerscheine werden in vollem Umfang übernommen.

In besonderen Härtefällen sind Ausnahmen bei der Überschreitung der 9.500-€-Grenze zur Kfz-Beschaffung geregelt und bei der Übernahme der Führerscheinkosten denkbar. Genaueres ist in § 9 KfzHV geregelt. Dort wird allerdings auch bestimmt, dass anstelle von Kfz-Hilfe ein Zuschuss für die Beförderung des behinderten Menschen, insbesondere durch **Beförderungsdienste,** geleistet werden kann, wenn dies wirtschaftlicher und dem behinderten Menschen zumutbar ist. Das Gleiche gilt auch für den Fall, dass der behinderte Mensch das Kfz nicht selbst führen kann und auch nicht gewährleistet ist, dass ein Dritter das Fahrzeug für ihn führt.

Ergänzend sei hier noch auf Folgendes hingewiesen: Laufende Hilfen zum Betrieb und zur Unterhaltung des Kraftfahrzeugs sind nach der KfzHV nicht vorgesehen (eine solche Hilfe kennt grundsätzlich nur das Versorgungs- und Sozialhilferecht; wegen einer Fahrtkostenbeihilfe der Arbeitsverwaltung empfiehlt sich eine Beratung durch die zuständige Agentur für Arbeit). Die KfzHV enthält auch keine Regelung über den Ersatz von Reparaturkosten für das Kraftfahrzeug (sie geht davon aus, dass insoweit kein behinderungsbedingter besonderer Bedarf vorliegt). Hilfe kann hier nur in Ausnahmefällen über die Härteregelung nach § 9 KfzHV geleistet werden.

Nach § 9 KfzHV können auch die Kosten für die Beförderung des behinderten Menschen, insbesondere durch Beförderungsdienste, übernommen werden, wenn die persönlichen Voraussetzungen (§ 3 KfzHV) vorliegen, die Beschaffung eines Kraftfahrzeugs aber nicht möglich oder nicht zweckmäßig ist.

Lehnt ein Rehabilitationsträger den Antrag auf Kraftfahrzeughilfe ab, hat er nach der Rechtsprechung des BSG auf andere Weise Sorge dafür zu tragen, dass der behinderte Mensch den Arbeitsplatz erreicht (z.B. durch Übernahme von Umzugskosten).

Das Hamburger Beratungszentrum für Technische Hilfen (Richardstr. 45, 22081 Hamburg) hat Tipps zu diesem Thema in einer Broschüre veröffentlicht.

Für die Hilfe zur Beschaffung von Kraftfahrzeugen im Rahmen der Leistungen zur Teilnahme am Leben in der Gemeinschaft gibt es besondere Richtlinien der Träger der Kriegsopferfürsorge bzw. der Sozialhilfe (vgl. unter 6.7 b) bb)).

gg) **Die Leistungen an Arbeitgeber** (§§ 236–238 SGB III) sollen diese vor allem motivieren, behinderte Menschen zu beschäftigen: Im Einzelnen gilt (vgl. auch die Übersichten auf S. 140 ff.):

- Arbeitgeber können nach § 236 SGB III für die betriebliche Aus- oder Weiterbildung von behinderten Menschen in Ausbildungsberufen durch **Zuschüsse zur Ausbildungsvergütung** gefördert werden, wenn die Aus- oder Weiterbildung sonst nicht zu erreichen ist. Die Zuschüsse für die betriebliche Aus- oder Weiterbildung sollen regelmäßig 60% der monatlichen Ausbildungsvergütung für das letzte Jahr nicht übersteigen (in begründeten Ausnahmefällen können Zuwendungen bis zur Höhe der Ausbildungsvergütung für das letzte Ausbildungsjahr erbracht werden).
- Arbeitgebern können nach § 237 SGB III **Zuschüsse für eine behindertengerechte Ausgestaltung von Ausbildungs- oder Arbeitsplätzen** erbracht werde, soweit dies erforderlich ist, um die dauerhafte berufliche Eingliederung behinderter Menschen zu erreichen oder zu sichern.
- Arbeitgebern können nach § 238 SGB III die **Kosten für eine befristete Probebeschäftigung** behinderter Menschen bis zu einer Dauer von drei Monaten erstattet werden, wenn dadurch die Möglichkeit einer beruflichen Eingliederung verbessert wird oder eine vollständige und dauerhafte berufliche Eingliederung zu erreichen ist.

h) Bei Berufsaus- und Berufsfortbildung sowie Umschulung sind die Handwerks-, Industrie- und Handelskammern verpflichtet, nach Art und Schwere der Behinderungen erforderliche **Ausnahmen** von den Vorschriften der Ausbildungsordnung zu machen. Sie haben die besonderen Verhältnisse behinderter Menschen zu berücksichtigen (Näheres dazu bei 9.1.11).

i) Abschließend noch einige Bemerkungen zur Finanzierung eines **Hochschulstudiums.** Auch behinderte und chronisch kranke Studierende erhalten zur Studienfinanzierung Ausbildungsförderung nach dem Bundesausbildungsförderungsgesetz (BAföG), sofern keine ausreichenden eigenen Mittel zur Verfügung stehen und das Einkommen und Vermögen der Eltern bzw. des Ehegatten nicht ausreichen. In Ausnahmefällen wird der Lebensunterhalt auch (zeitweise) durch den Sozialhilfeträger oder andere Kostenträger (z.B. gesetzliche Unfallversicherung) finanziert. Das BAföG enthält eine Reihe von Bestimmungen, die für behinderte und chronisch kranke Studierende von Bedeutung sind.

Förderung der Teilhabe behinderter Menschen am Arbeitsleben nach dem SGB III

Allgemeine Leistungen	Besondere Leistungen	Leistungen an Arbeitgeber
(§§ 100, 101 i.V.m. §§ 45–96 SGB III)	**(§§ 102–115 i.V.m. §§ 160 ff. SGB III)**	**(§§ 236–239 SGB III)**
1. Unterstützung von Beratung und Vermittlung 2. Verbesserung der Eingliederungsaussichten 3. Förderung der Aufnahme einer Beschäftigung 4. Förderung der Aufnahme einer selbstständigen Tätigkeit 5. Förderung der Berufsausbildung 6. Förderung der beruflichen Weiterbildung	1. Übergangsgeld 2. Ausbildungsgeld 3. Teilnahmekosten 4. Reisekosten 5. Unterbringung und Verpflegung 6. Haushaltshilfe oder Kinderbetreuungskosten 7. Kranken- und Pflegeversicherung 8. Sonstige Hilfen	1. Zuschüsse zur Ausbildungsvergütung 2. Arbeitshilfen 3. Probebeschäftigung

Bei der Ermittlung des Einkommens der Eltern kann auf Auftrag (z.B. unter Vorlage des Ausweises über die Eigenschaft als schwerbehinderter Mensch) ein zusätzlicher **Härtefreibetrag** angesetzt werden (§ 25 Abs. 6 BAföG). Dabei wird nicht nur eine Behinderung des Antragstellers berücksichtigt, sondern ggf. auch die eines Elternteils oder eines anderen unterhaltsberechtigten Familienmitglieds.

Gemäß § 15 Abs 3. BAföG besteht in bestimmten Fällen die Möglichkeit, dass über die Förderungshöchstdauer hinaus Ausbildungsförderung geleistet wird. Nach § 15 Abs. 3 Nr. 5 BAföG ist eine **Behinderung** ein Grund, der zu einer **Verlängerung** führen kann. Dafür muss der Antragsteller nachweisen, dass die Behinderung ursächlich für die Verzögerung des Studiums war. Nach Verlängerung der Förderungshöchstdauer aufgrund einer Behinderung wird gemäß § 17 Abs. 1 i.V.m. § 17 Abs. Nr. 2 BAföG Ausbildungsförderung in voller Höhe als Zuschuss gewährt.

Nach § 15 Abs. 3 Nr. 1 BAföG ist eine Verlängerung auch aus **anderen schwerwiegenden Gründen** – z.B. Krankheit – möglich. Auch in diesem Fall ist nachzuweisen, dass die Krankheit ursächlich für die Studienverzögerung war und diese nicht auf zumutbare Weise abgewendet werden konnte. Bei Verlängerung der Förderungshöchstdauer aufgrund einer Krankheit wird die Ausbildungsförderung zur Hälfte als Zuschuss und zur Hälfte als Darlehen gewährt (§ 17 Abs. 1 i.V.m. § 17 Abs. 2 Satz 1 BAföG).

Bei einer **Darlehensrückzahlung** erhöht sich bei behinderten Menschen auf Antrag der Einkommensbetrag, der für die Rückzahlung des Förderungsdarlehens maßgeblich ist (§ 18a Abs. 1 BAföG).
Nähere Informationen zu diesen und zu weiteren Regelungen, die für behinderte und chronisch kranke Studierende im BAföG relevant sind, erhalten Sie z.B. auf den Internetseiten der Behindertenberatung des Studentenwerks Oldenburg (www.studentenwerk-oldenburg.de/behinderte/bafoeg0.html).
Eine Reihe von behinderten Studierenden benötigt im Studium **technische Hilfen** und **persönliche Assistenz/Dienstleistungen.** Als Kostenträger für die Finanzierung von Hilfsmitteln kommen grundsätzlich die Sozialhilfeträger und die Krankenkassen in Betracht, als Kostenträger für persönliche Assistenz/Dienstleistungen (z.B. Gebärdensprachdolmetscher, Mitschreib- und Vorlesekräfte, Tutoren, individuelle Schwerstbehindertenbetreuung durch Zivildienstleistende) grundsätzlich die Sozialhilfeträger und die Pflegekassen. Für den sogenannten behinderungsbedingten (Studien-)Mehrbedarf sind ausschließlich die Sozialhilfeträger zuständig. Einen Überblick über Leistungsvoraussetzungen sowie Art und Umfang der Leistungen zur Finanzierung des Studiums und des behinderungsbedingten Mehrbedarfs (z.B. Finanzierung von technischen Geräten als Hilfsmitteln) gibt die Broschüre „Studium und Behinderung" des Deutschen Studentenwerks (s. nachfolgend).
Die Informations- und Beratungsstelle Studium und Behinderung des Deutschen Studentenwerks (Monbijouplatz 11, 10178 Berlin) bietet u.a. schriftliche Informationen (Broschüren, Internet: www.studentenwerke.de), telefonische Beratung und Veranstaltungen an. Sie vermittelt Kontakte zu einschlägig beratenden Stellen (z.B. den Beauftragten für Behindertenfragen in Hochschulen und Studentenwerken und den Interessengemeinschaften behinderter und chronisch kranker Studierender an den Hochschulen). Auskünfte zum BAföG erteilen die für die jeweiligen Hochschulen zuständigen Ämter für Ausbildungsförderung.

j) Die **Werkstatt für behinderte Menschen** (WfbM, §§ 39 ff. SGB IX), ein wichtiges Glied der beruflichen Rehabilitation, ist eine Einrichtung zur Eingliederung behinderter Menschen in das Arbeitsleben, und zwar solcher, die wegen Art und Schwere ihrer Behinderung nicht, noch nicht oder noch nicht wieder auf dem allgemeinen Arbeitsmarkt beschäftigt werden können (§ 136 Abs. 1 SGB IX). Voraussetzung für die Aufnahme in die WfbM ist die Feststellung, dass vom behinderten Menschen erwartet werden kann, dass er spätestens nach Teilnahme an Maßnahmen im Berufsbildungsbereich wenigstens ein **Mindestmaß wirtschaftlich verwertbarer Arbeitsleistung** erbringen kann. Dies ist allerdings nur nicht der Fall bei behinderten Menschen, bei denen trotz einer der Behinderung angemessenen Betreuung eine erhebliche Selbst- oder Fremdgefährdung zu erwarten ist oder das Ausmaß der erforderlichen Betreuung und Pflege die Teilnahme an

Maßnahmen im Berufsbildungsbereich oder sonstige Umstände ein Mindestmaß wirtschaftlich verwertbarer Arbeitsleistung im Arbeitsbereich dauerhaft nicht zulassen (§ 136 Abs. 2 SGB IX). Diese Voraussetzungen werden in einem **Eingangsverfahren** (das – je nach Einzelfall – zwischen vier Wochen und drei Monaten dauert) von einem Fachausschuss geprüft, der auch Empfehlungen für andere Tätigkeiten oder andere geeignete Einrichtungen aussprechen soll, wenn der Behinderte für die WfbM nicht geeignet ist (§§ 1–3 WVO, § 40 Abs. 1 Nr. 1 SGB IX; die Kosten für das Eingangsverfahren trägt i.d.R. die Arbeitsverwaltung, § 102 Abs. 2 SGB III). Erweist sich der behinderte Mensch als geeignet, kommt er zur Ausbildung in den **Berufsbildungsbereich** (§ 4 WVO). Die Kosten hierfür übernimmt die Arbeitsverwaltung jedoch nur dann, wenn zu erwarten ist, dass der Behinderte später ein Mindestmaß an wirtschaftlich verwertbarer Arbeit erbringen wird (§ 40 Abs. 1 Nr. 2 SGB IX, § 4 Abs. 2 WVO, § 102 Abs. 2 SGB III). Die Dauer der Förderung beträgt 1 Jahr und kann um ein weiteres verlängert werden, wenn nur dadurch die Leistungsfähigkeit des Behinderten weiterentwickelt oder wiedergewonnen werden kann (§ 40 Abs. 2 SGB IX). Der Behinderte erhält in dieser Zeit ein Ausbildungsgeld (§ 107 SGB III).
Zwar werden im Berufsbildungsbereich der WfbM neben Ausbildung auch Umschulung und Arbeitserprobung durchgeführt, doch gelangt nur ein geringer Prozentsatz von behinderten Menschen von der WfbM auf den allgemeinen Arbeitsmarkt. Der überwiegende Teil kommt spätestens nach 2 Jahren vom Berufsbildungs- in den **Arbeitsbereich** der Werkstatt (§ 5 WVO) und damit i.d.R. in das in Nr. 4.4 bereits dargestellte arbeitnehmerähnliche Rechtsverhältnis. Die WfbM ist einerseits verpflichtet, wirtschaftliche Arbeitsergebnisse anzustreben, hat andererseits aber auch sozialpädagogische Aufgaben, die vom **begleitenden Dienst** wahrgenommen werden (§§ 10, 12 WVO).
Unter Nr. 4.4 wurde bereits darauf hingewiesen, dass die Beschäftigung in der WfbM i.d.R. kein Arbeisverhältnis darstellt und das monatliche Arbeitsentgelt aus einem festen (leistungsunabhängigen) Grundbetrag zuzüglich gestaffelter Steigerungsbeträge besteht, deren Höhe von der wirtschaftlichen Lage der WfbM und dem Leistungsvermögen des behinderten Menschen abhängt (§ 12 WVO). Der Kostenträger ist im Arbeitsbereich (praktisch allein) die **Sozialhilfe** (§§ 42 Abs. 2 Nr. 4 SGB IX, 54 SGB XII).
k) Die **Sozialhilfe** kennt zwar auch Leistungen zur beruflichen Ausbildung, Fortbildung und Umschulung (§ 54 Abs. 1 SGB XII, § 33 Abs. 3 Nr. 3 und 4 SGB IX), doch spielen sie infolge der Nachrangigkeit kaum eine Rolle. Sie können jedoch zum Tragen kommen, wenn ein behinderter Mensch aufgrund der strengen Prognosemaßstäbe anderer Leistungsträger keine Rehabilitationsmaßnahme von diesen erhält. Die Sozialhilfe kann auch eine Arbeit in der Wohnung des behinderten Menschen fördern und die Kosten für das erforderliche Arbeitsmaterial übernehmen (§ 17 EHVO).

l) Eine große Herausforderung stellen die behinderten Menschen dar, die zwar auf dem allgemeinen Arbeitsmarkt nicht mehr vermittelbar sind, sich andererseits aber auch nicht in die herkömmliche, vor allem für geistig behinderte Menschen konzipierte WfbM eingliedern lassen (z.B. bestimmte Gruppen psychisch Kranker). Man versucht, ihnen z.B. mit gesonderten Abteilungen der WfbM oder Spezialwerkstätten zu helfen, doch ist gerade dieser Personenkreis kaum bereit, für die in der WfbM gezahlte niedrige Entlohnung zu arbeiten. Zu Integrationsprojekten (vor allem für psychisch kranke Menschen) vgl. unten 9.1.1. (2).

m) Die Leistungen der Integrationsämter für behinderte **Arbeitnehmer** werden noch unter 9.1.1 und 9.1.7 angesprochen, da sie nicht der beruflichen Rehabilitation im engeren Sinn, sondern der Förderung der Eingliederung schwerbehinderter Menschen in das Arbeits- und Berufsleben dienen (in den Übersichten auf den S. 140 ff. sind sie aber eingearbeitet).

6.5 Unterhaltssichernde und andere ergänzende Leistungen (§ 44 SGB IX)

a) Welche **unterhaltssichernde** und **ergänzende Leistungen** (im Folgenden kurz: ergänzende Leistungen) zu erbringen sind, umschreibt umfassend **§ 44 SGB IX:**

„(1) Die Leistungen zur medizinischen Rehabilitation und zur Teilhabe am Arbeitsleben der in § 6 Abs. 1 Nr. 1 bis 5 genannten Rehabilitationsträger werden ergänzt durch

1. Krankengeld, Versorgungskrankengeld, Verletztengeld, Übergangsgeld, Ausbildungsgeld oder Unterhaltsbeihilfe,
2. Beiträge und Beitragszuschüsse
   a) zur Krankenversicherung nach Maßgabe des Fünften Buches, des Zweiten Gesetzes über die Krankenversicherung der Landwirte sowie des Künstlersozialversicherungsgesetzes,
   b) zur Unfallversicherung nach Maßgabe des Siebten Buches,
   c) zur Rentenversicherung nach Maßgabe des Sechsten Buches sowie des Künstlersozialversicherungsgesetzes,
   d) zur Bundesagentur für Arbeit nach Maßgabe des Dritten Buches,
   e) zur Pflegeversicherung nach Maßgabe des Elften Buches,
3. ärztlich verordneten Rehabilitationssport in Gruppen unter ärztlicher Betreuung und Überwachung, einschließlich Übungen für behinderte oder von Behinderung bedrohte Frauen und Mädchen, die der Stärkung des Selbstbewusstseins dienen,
4. ärztlich verordnetes Funktionstraining in Gruppen unter fachkundiger Anleitung und Überwachung,
5. Reisekosten,
6. Betriebs- oder Haushaltshilfe und Kinderbetreuungskosten.

(2) Ist der Schutz behinderter Menschen bei Krankheit oder Pflege während der Teilnahme an Leistungen zur Teilhabe am Arbeitsleben nicht anderweitig sichergestellt, können die Beiträge für eine freiwillige Krankenversicherung ohne Anspruch auf Krankengeld und zur Pflegeversicherung bei einem Träger der gesetzlichen Kranken- oder Pflegeversicherung oder, wenn dort im Einzelfall ein Schutz nicht gewährleistet ist, die Beiträge zu einem privaten Krankenversicherungsunternehmen erbracht werden. Arbeitslose Teilnehmer an Leistungen zur medizinischen Rehabilitation können für die Dauer des Bezuges von Verletztengeld, Versorgungskrankengeld oder Übergangsgeld einen Zuschuss zu ihrem Beitrag für eine private Versicherung gegen Krankheit oder für die Pflegeversicherung erhalten. Der Zuschuss wird nach § 207a Abs. 2 des Dritten Buches berechnet."

b) Es leuchtet ein, dass Leistungen zur medizinischen Rehabilitation und zur Teilhabe am Arbeitsleben in der Regel allein nicht ausreichen. Der behinderte Mensch muss z. B. während der Rehabilitationsmaßnahmen von materiellen Sorgen frei sein. Die sog. **ergänzenden Leistungen** zur Rehabilitation schaffen deshalb die Rahmenbedingungen, unter denen eine Rehabilitation ermöglicht, erleichtert, erreicht oder gesichert wird. Die ergänzenden Leistungen enthalten darüber hinaus soziale und familienpolitische Komponenten; zuständig sind grundsätzlich alle Träger der Rehabilitation.

c) An erster Stelle ist hier zu nennen die Sicherung des **Lebensunterhalts** vor allem durch Krankengeld, Verletztengeld oder Übergangsgeld. Es handelt sich dabei um Entgeltersatzleistungen, die aus systematischen Gründen in dem gesonderten Kapitel Nr. 8 zusammengefasst sind. Der Sicherung der Existenz dient auch die Fortführung der Sozialversicherung, sodass ein behinderter Mensch während der Durchführung einer Rehabilitationsmaßnahme sozialversicherungsrechtlich grundsätzlich einem Arbeitnehmer gleichgestellt ist (s. oben 4.1 b). So zählen z. B. die Beiträge, die während der Dauer einer Rehabilitationsmaßnahme in die gesetzliche Rentenversicherung eingezahlt werden, als Beitragszeiten, die für die sog. Wartezeit und für die Berechnung der Rentenhöhe berücksichtigt werden.

d) Die mit Leistungen zur Teilhabe am Arbeitsleben zusammenhängenden ergänzenden Leistungen (z. B. Übernahme von Prüfungsgebühren, Arbeitsmitteln und Fahrtkosten) wurden bereits unter Nr. 6.4 behandelt.

e) Der **Rehabilitationssport** (früher: Behindertensport) in Gruppen unter ärztlicher Betreuung/Überwachung dient dazu, mit den Mitteln des Sports und sportlich ausgerichteter Spiele unter anderem Ausdauer und Kraft zu stärken, das Selbstbewußtsein zu stärken und Hilfe zur Selbsthilfe (z. B. zu weiteren

Sporttreiben) zu bieten. Das sog. **Funktionstraining** (z.B. bei chronisch Kranken) wirkt besonders mit den Mitteln der Krankengymnastik und der Ergotherapie gezielt auf spezielle körperliche Strukturen (z.B. Muskeln) ein; es soll unter anderem die Krankheitsverläufe günstig beeinflussen.
Für die Durchführung von Rehabilitationssport und Funktionstraining als Leistung des SGB IX ist die **Rahmenvereinbarung „Rehabilitationssport** und Funktionstraining" der BAR wichtig (derzeit in der Fassung vom 1.1.2007; s. Anhang III c). Darin werden der Rehabilitationssport und das Funktionstraining verstärkt als Anleitung für selbstständiges Bewegungstraining, gesundheitsbewusstes Verhalten und Stärkung des Selbstbewusstseins angesehen. Damit soll auch den besonderen Bedürfnissen behinderter oder von Behinderung bedrohter Frauen und Mädchen Rechnung getragen werden (z.B. durch Sportarten wie Judo oder Karate zur Selbstverteidigung).
Die Kosten werden nur übernommen, wenn eine ärztliche Verordnung bzw. Bescheinigung für den Rehabilitationssport oder das Funktionstraining vorliegt und die Übungen in anerkannten Rehabilitationssportgemeinschaften oder anerkannten Funktionstrainingsgruppen durchgeführt werden. Kosten für Sportbekleidung, die auch Nichtbehinderte für die Ausübung benötigen würden (z.B. Sportschuhe, Trainingsanzug) werden jedoch nicht übernommen, wohl aber rehabilitations-, sport- oder funktionstrainingseigentümliche Kleidungsstücke (z.B. Sitzballhosen, Knie- und Ellbogen-Schützer).

f) **Reittherapie** kann unter besonderen Umständen bezahlt werden, obwohl diese Therapiemethode noch nicht wissenschaftlich anerkannt ist. Der Leistungsträger muss allerdings vorher prüfen, ob der gesundheitliche Erfolg nicht in vergleichbarer Zeit durch weniger aufwendige Mittel erreicht werden kann (s. auch oben Nr. 5.e)).

g) Die Übernahme der erforderlichen **Reisekosten** wird in § 53 SGB IX (i.V.m. § 60 Abs. 5 SGB V, § 43 SGB VII) näher ausgeführt: Entstehen im Zusammenhang mit einer Leistung zur medizinischen Rehabilitation oder zur Teilhabe am Arbeitsleben Fahrt-, Verpflegungs- und Übernachtungskosten, so werden diese sowohl für den behinderten Menschen als auch für eine eventuell erforderliche **Begleitperson** (einschließlich des Gepäcktransports) nach den Sätzen, die in § 53 Abs. 4 SGB IX genannt sind, übernommen. Der Verdienstausfall der Begleitperson kann nur unter bestimmten (engen) Voraussetzungen ersetzt werden (vor allem, wenn durch die Begleitung zur ambulanten Behandlung eine stationäre Krankenhausbehandlung erübrigt wird). Die Kostenübernahme für den Aufenthalt der Begleitperson am Ort der Rehabilitation kann allenfalls dann in Betracht kommen, wenn die Rehabilitationseinrichtung bescheinigt, dass dies den Rehabilitationsverlauf günstig beeinflusst.

Der behinderte Mensch ist verpflichtet, das kostengünstigste öffentliche Verkehrsmittel und die kürzeste Wegstrecke zu benutzen, doch muss hier im Einzelfall geprüft werden, ob ihm diese wegen Art und Schwere der Behinderung zuzumuten sind. Ist dies nicht der Fall, kann auch ein Privatwagen benutzt werden.
Reisekosten werden auch übernommen im Regelfall für zwei **Familienheimfahrten** pro Monat, wenn die auswärtige Unterbringung bei Leistungen zur Teilhabe am Arbeitsleben erforderlich ist. Bei Leistungen zur medizinischen Rehabilitation ist dies allerdings nur möglich, wenn sie länger als 8 Wochen dauern. Anstelle der Familienheimfahrt können die Kosten für (monatlich zwei) **Besuchsfahrten** eines Familienangehörigen (zum Aufenthaltsort des Behinderten) übernommen werden (vgl. § 53 Abs. 2 und 3 SGB IX).
Für den Bereich der **gesetzlichen Rentenversicherung** gelten „Gemeinsame Grundsätze der Rentenversicherungsträger zur Erbringung von Reisekosten im Zusammenhang mit medizinischen, berufsfördernden und sonstigen Leistungen zur Rehabilitation – Reisekostengrundsätze" (erhältlich beim zuständigen Rentenversicherungsträger).

h) Eine **Haushaltshilfe** (s. auch oben 5.a) cc) wird als ergänzende Rehabilitationsleistung gem. § 54 Abs. 1 SGB IX erbracht, wenn jemand wegen einer Rehabilitationsmaßnahme außerhalb des eigenen Haushalts untergebracht ist, ihm aus diesem Grunde die Weiterführung des Haushalts nicht möglich ist, und in seinem Haushalt ein **Kind** lebt, das behindert und auf Hilfe angewiesen ist **oder** das 12. Lebensjahr noch nicht vollendet hat. **Behindert** und **auf Hilfe angewiesen** sind Kinder, die nicht nur vorübergehend für die gewöhnlichen und regelmäßig wiederkehrenden Verrichtungen im Ablauf des täglichen Lebens in erheblichem Umfang der Pflege oder Beaufsichtigung bedürfen (eine akute Erkrankung ist also keine Behinderung; sie führt damit auch nicht zu einer Aufhebung der Altersgrenze). Voraussetzung ist jedoch in allen Fällen, dass ein anderer Haushaltsangehöriger zur Weiterführung des Haushalts nicht in der Lage ist. Dies ist eine der Vorschriften des Rehabilitationsrechts, die immer wieder Anlass zu Meinungsverschiedenheiten gibt. Ganz allgemein ist festzustellen, dass die Altersgrenze von 12 Jahren zu niedrig ist.
Kranken-, Unfall- und Rentenversicherung sowie die Arbeitsverwaltung (Agentur für Arbeit) übernehmen die Kosten für eine Haushaltshilfe dann nicht, wenn diese mit dem Rehabilitanden bzw. Kranken bis zum 2. Grad verwandt oder verschwägert ist (also z.B. die Großmutter). Entstehen diesem Verwandten jedoch nachweislich Fahrtkosten und Verdienstausfälle, so können sie übernommen werden, sofern sie in einem angemessenen Verhältnis zu den Kosten für eine fremde Kraft stehen (Einzelheiten in §§ 54 Abs. 1 Satz 2 SGB IX, 38 Abs. 4 SGB V).

Eine ambulante oder teilstationäre Behandlung begründet grundsätzlich keinen Anspruch auf Haushaltshilfe (Ausnahmen: bei ambulanten Vorsorge- und Rehabilitationskuren oder wenn die **Kassensatzung** dies vorsieht; vgl. § 38 SGB V). Es empfiehlt sich deshalb, bei der Krankenkasse nachzufragen, in welchen Fällen (über die gesetzlich geregelten hinaus) Haushaltshilfe nach der Kassensatzung erbracht wird.

Haushaltshilfe ist vorrangig eine **Sachleistung,** d.h. sie wird vom Leistungsträger zur Verfügung gestellt. Viele Leistungsträger haben mit Wohlfahrtsverbänden, Hauspflegevereinen oder Fachkräften Verträge abgeschlossen (eigene Haushaltshilfen beschäftigen z.B. die Krankenkassen grundsätzlich nicht). Kann der Sozialleistungsträger keine Haushaltshilfe stellen oder besteht Grund davon abzusehen, so darf der Versicherte – allerdings nur mit Zustimmung des Trägers – selbst eine Hilfe beschaffen (z.B. Nachbarn, grundsätzlich aber nicht Haushaltsmitglieder; zu einer Ausnahme s. unten). Wenn der Versicherte sich selbst eine Haushaltshilfe von einem karitativen Verband beschaffen muss, so werden ihm tatsächlich entstandene Kosten erstattet. Nimmt eine im Haushalt lebende Person zwecks Weiterführung des Haushalts unbezahlten Urlaub, erhält sie das ihr dafür entgangene Nettoarbeitsentgelt bzw. höchstens denselben Tagessatz wie eine selbstbeschaffte Ersatzkraft. Sind beide Eltern eines Kindes erwerbstätig, kommt die Leistung „Haushaltshilfe" nicht in Betracht, weil davon ausgegangen wird, dass das Kind ohnehin schon anderweitig betreut ist. Ist ein Elternteil zur teilweisen Haushaltsführung in der Lage (z.B. infolge Halbtagsarbeit), so wird die Haushaltshilfe nur in entsprechend eingeschränktem Umfang gewährt.

Zur **Zuzahlung** bei Haushaltshilfe im Rahmen der gesetzlichen Krankenversicherung (§ 38 SGB V) vgl. oben das Schaubild auf S. 100.

Anstelle einer Haushaltshilfe werden auf Antrag die Kosten für die **Mitnahme** oder **anderweitige Unterbringung des Kindes** bis zur Höhe der Kosten der sonst zu erbringenden Haushaltshilfe übernommen, wenn die Unterbringung und Betreuung des Kindes in dieser Weise sichergestellt ist (§ 54 Abs. 2 SGB IX). Zu **Kinderbetreuungskosten** während der Ausführung einer Leistung zur medizinischen Rehabilitation oder zur Teilhabe am Leben in der Gemeinschaft nach § 54 Abs. 3 SGB IX vgl. oben 6.4 h) cc) (2).

Auch die **Sozialhilfe** kennt die Hilfe zur Weiterführung des Haushalts und die anderweitige Unterbringung Haushaltsangehöriger, wenn diese Unterbringung in besonderen Fällen neben oder statt der Weiterführung des Haushalts geboten ist (§ 70 SGB XII); zum Einsatz von Einkommen und Vermögen vgl. oben 1.4. Anders als die Sozialversicherungsträger setzt die Sozialhilfe bei Kindern keine Altersgrenze fest und wirkt darauf hin, dass Nachbarn oder nahestehende Personen aushelfen. Die entstehenden Kosten werden in der Höhe übernommen, die in Richtlinien der Sozialhilfeträger festgelegt sind.

Behinderte Menschen im Beruf/Leistungen an Arbeitgeber
1. Finanzielle Förderung

Leistungen sind ...	**Voraussetzungen sind erfüllt, ...**	**Zuständige Stelle/Rechtsgrundlagen**
Zuschüsse zur Ausbildungsvergütung **Förderhöhe** • bis zu 60 Prozent der im letzten Jahr zu zahlenden monatlichen Ausbildungsvergütung, in Ausnahmefällen bis zur Höhe der Ausbildungsvergütung für das letzte Ausbildungsjahr **Förderdauer** • für die Dauer der Aus- oder Weiterbildung in einem Ausbildungsberuf	**wenn** • es behinderten Menschen aus behinderungsbedingten Gründen sonst nicht möglich ist, eine Aus- oder Weiterbildung in einem Ausbildungsberuf zu erreichen.	• Arbeitsagentur • § 236 SGB III • Rehabilitationsträger
Zuschüsse zur Ausbildungsvergütung für schwerbehinderte Menschen **Förderhöhe** • bis zu 80 Prozent der monatlichen Ausbildungsvergütung oder der vergleichbaren Vergütung für das letzte Ausbildungsjahr (inkl. des darauf entfallenden Arbeitgeberanteils am Gesamtsozialversicherungsbeitrag), in Ausnahmefällen bis zur Höhe der Ausbildungsvergütung für das letzte Ausbildungsjahr **Förderdauer** • für die Dauer der Aus- oder Weiterbildung	**wenn** • es schwerbehinderten bzw. ihnen gleichgestellten Menschen, die zur betrieblichen Aus- oder Weiterbildung in einem Ausbildungsberuf eingestellt werden, sonst nicht möglich ist, eine Aus- oder Weiterbildung zu erreichen.	• Arbeitsagentur • § 235 a • Abs. 1 u. 2 SGB III
Zuschüsse zu den Gebühren bei der Berufsausbildung besonders betroffener schwerbehinderter Jugendlicher und junger Erwachsener • Abschluss- bzw. Eintragungsgebühren • Prüfungsgebühren für das Ablegen der Zwischen- und Abschlussprüfung • Betreuungsgebühr für Auszubildende • Kosten für außerbetriebliche Ausbildungsabschnitte Die Gebühren werden von den Handwerkskammern und den Industrie- und Handelskammern erhoben. **Förderhöhe** • richtet sich nach den Umständen des Einzelfalles **Förderdauer** • richtet sich nach den Umständen des Einzelfalles	**wenn** • Arbeitgeber mit weniger als 20 Beschäftigten (§ 71 Abs. 1 SGB IX) einen besonders betroffenen schwerbehinderten Menschen (§ 72 Abs. 1 SGB IX) zur Berufsausbildung einstellen, der das 27. Lebensjahr noch nicht vollendet hat.	• Integrationsamt • § 102 Abs. 3 Nr. 2 b SGB IX i. V. mit § 26 a SchwbAV

Leistungen sind ...	Voraussetzungen sind erfüllt, ...	Zuständige Stelle/Rechtsgrundlagen
Prämien und Zuschüsse zu den Kosten der Berufsausbildung behinderter Jugendlicher und junger Erwachsener Die Kosten sind von den Leistungen der Agentur für Arbeit abzugrenzen, die sich auf Zuschüsse zu den Personalkosten des Auszubildenden beschränken (§ 236 SGB III). **Förderhöhe** • richtet sich nach den Umständen des Einzelfalles **Förderdauer** • richtet sich nach den Umständen des Einzelfalles	**wenn** • Arbeitgeber, die einen behinderten Menschen einstellen, der für die Zeit der Berufsausbildung den schwerbehinderten Menschen gleichgestellt ist. Dabei bleibt unberücksichtigt, ob der Arbeitgeber die Beschäftigungspflicht erfüllt oder nicht. • die Gleichstellung durch einen Bescheid der Agentur für Arbeit nachgewiesen wird, mit dem Leistungen für behinderte Menschen erbracht werden (§ 7 SGB IX). • eine Stellungnahme der Agentur für Arbeit die Zugehörigkeit zum Kreis der behinderten oder von einer Behinderung bedrohten Personen bestätigt.	• Integrationsamt • § 102 Abs. 3 Nr. 2 c SGB IX i. V. mit § 26 b SchwbAV
Zuschuss für befristete Probebeschäftigung • Kostenübernahme **Förderdauer** • bis zu 3 Monate	**wenn** • dadurch die Möglichkeit einer Teilhabe am Arbeitsleben für behinderte, schwerbehinderte und ihnen gleichgestellte Menschen verbessert oder ihre vollständige und dauerhafte Teilhabe am Arbeitsleben erreicht wird.	• Arbeitsagentur • § 238 SGB III
Schaffung neuer Arbeits- und Ausbildungsplätze für schwerbehinderte Menschen • Zuschuss und/oder Darlehen zu den Investitionskosten • Ausbildung im Gebrauch der (technischen) Arbeitsmittel **Förderhöhe** • richtet sich nach den Umständen des Einzelfalles	**wenn** • schwerbehinderte Menschen ohne gesetzliche Verpflichtung oder über die Pflichtquote hinaus eingestellt werden. • besonders betroffene schwerbehinderte Menschen (§§ 71 Abs. 1; 72 SGB IX) eingestellt werden. • schwerbehinderte Menschen nach einer Arbeitslosigkeit von mehr als 12 Monaten eingestellt werden. • Arbeitsbedingungen verbessert werden oder eine sonst drohende Kündigung eines behinderten Menschen abgewendet wird. • sich der Arbeitgeber angemessen an den Gesamtkosten beteiligt.	• Integrationsamt • § 15 SchwbAV

Leistungen sind ...	Voraussetzungen sind erfüllt, ...	Zuständige Stelle/Rechtsgrundlagen
Eingliederungszuschuss • Zuschuss zu den Lohnkosten Förderhöhe • richtet sich nach dem Umfang der Minderleistung des Arbeitnehmers und den jeweiligen Eingliederungserfordernissen • bis zu 50 Prozent des berücksichtigungsfähigen Arbeitsentgelts (inkl. des pauschalierten Anteils des Arbeitgebers am Gesamtsozialversicherungsbeitrag) im Regelfall • bis zu 70 Prozent bei schwerbehinderten oder sonstigen behinderten Menschen **Förderdauer** • bis zu 12 Monate im Regelfall • bis zu 24 Monate für schwerbehinderte oder sonstige behinderte Menschen **Degression** • entsprechend der zu erwartenden zunehmenden Leistungsfähigkeit des Arbeitnehmers, mindestens aber 10 Prozentpunkte nach der Regelförderungsdauer	**wenn Arbeitnehmer** • aufgrund von Vermittlungshemmnissen wie z.B. Langzeitarbeitslosigkeit, einer Schwerbehinderung oder einer sonstigen Behinderung, wegen in ihrer Person liegender Umstände nur erschwert vermittelt werden können.	• Arbeitsagentur • §§ 217 ff. SGB III
Eingliederungszuschuss für besonders betroffene schwerbehinderte Menschen • Zuschuss zu den Lohnkosten **Förderhöhe** • bis zu 70 Prozent des tariflichen oder ortsüblichen monatlichen Arbeitsentgelts (inkl. des pauschalierten Anteils des Arbeitgebers am Gesamtsozialversicherungsbeitrag) **Förderdauer** • bis zu 36 Monate im Regelfall • bis zu 96 Monate bei schwerbehinderten Menschen, die das 55. Lebensjahr vollendet haben • bis zu 12 Monate bei Übernahme im Anschluss an eine abgeschlossene Aus- oder Weiterbildung, sofern für diese Zuschüsse erbracht wurden **Degression** • nach 12 Monaten um mindestens 10 Prozentpunkte jährlich • erstmals nach 24 Monaten bei schwerbehinderten Menschen, die das 55. Lebensjahr vollendet haben • nicht unter Mindestförderung von 30 Prozent	**wenn schwerbehinderte bzw. ihnen gleichgestellte Menschen** • wegen Art oder Schwere ihrer Behinderung oder sonstiger Umstände im Arbeitsleben besonders betroffen sind. • langzeitarbeitslos sind (§ 18 SGB III). • im Anschluss an eine Beschäftigung in einer anerkannten Werkstatt für behinderte Menschen oder einem Integrationsprojekt eingestellt werden (Kapitel 11 SGB IX). • als Teilzeitbeschäftigte eingestellt werden. • in ein Arbeitsverhältnis durch den ausbildenden oder einen anderen Arbeitgeber übernommen werden.	• Arbeitsagentur • § 219 SGB III, § 235a Abs. 3 SGB III

Leistungen sind ...	Voraussetzungen sind erfüllt, ...	Zuständige Stelle/Rechtsgrundlagen
Einstellungszuschuss bei Neugründungen • Zuschuss zu den Lohnkosten **Förderhöhe** • 50 Prozent des berücksichtigungsfähigen Arbeitsentgelts (inkl. des pauschalierten Anteils des Arbeitgebers am Gesamtsozialversicherungsbeitrag) • höchstens für 2 Arbeitnehmer gleichzeitig **Förderdauer** • maximal 12 Monate	**wenn der Arbeitnehmer unmittelbar vor der Einstellung mindestens 3 Monate** • Arbeitslosengeld, Arbeitslosenhilfe, Transfer- oder Kurzarbeitergeld bezogen hat. • eine Beschäftigung ausgeübt hat, die als Arbeitsbeschaffungsmaßnahme gefördert worden ist. • an einer nach dem SGB III geförderten Maßnahme der beruflichen Weiterbildung teilgenommen hat. • die Voraussetzungen für Entgeltersatzleistungen bei beruflicher Weiterbildung oder bei Leistungen zur Teilhabe am Arbeitsleben erfüllt. **wenn** • der Arbeitnehmer ohne die Leistung nicht oder nicht dauerhaft in den Arbeitsmarkt eingegliedert werden kann. **wenn Arbeitgeber, die vor nicht mehr als 2 Jahren eine selbstständige Tätigkeit aufgenommen haben,** • nicht mehr als 5 Arbeitnehmer beschäftigen. • auf einem neu geschaffenen Arbeitsplatz unbefristet einen schwerbehinderten oder gleichgestellten behinderten Menschen einstellen.	• Arbeitsagentur • §§ 225 ff. SGB III
Förderung der beruflichen Eingliederung durch Vertretung • Zuschuss zu den Lohnkosten für eine Vertretung **Förderhöhe** • mindestens 50 und höchstens 100 Prozent des berücksichtigungsfähigen Entgeltes **Förderdauer** • maximal 12 Monate • Zuschuss zu den Kosten für einen Verleiher **Förderhöhe** • 50 Prozent des vom Entleiher an den Verleiher zu zahlenden Entgelts	**wenn** • ein Arbeitsloser zur Vertretung eines Arbeitnehmers, der an einer beruflichen Weiterbildung teilnimmt, eingestellt wird. **wenn** • der Arbeitslose von einem Verleiher eingestellt wird, um ihn als Vertreter für einen Arbeitnehmer, der sich beruflich weiterbildet, zu verleihen.	• Arbeitsagentur • §§ 229 SGB III

Leistungen sind ...	Voraussetzungen sind erfüllt, ...	Zuständige Stelle/Rechtsgrundlagen
Zuschuss für Arbeitshilfen im Betrieb **Förderhöhe** • bis zu 100 Prozent der notwendigen Kosten für eine behinderungsgerechte Ausgestaltung von Ausbildungs- oder Arbeitsplätzen	**wenn** • der Arbeitgeber nicht nach dem SGB IX verpflichtet ist, die Kosten für die Arbeitshilfen zu übernehmen	• Arbeitsagentur • § 237 SGB III
Behinderungsgerechte Einrichtung von Arbeits- und Ausbildungsplätzen • Zuschüsse und/oder Darlehen • Erst- und Ersatzbeschaffung einer behinderungsgerechten Arbeitsplatzausstattung • Wartung, Instandhaltung • Anpassung an technische Weiterentwicklung • Ausbildung im Gebrauch der geförderten Gegenstände **Förderhöhe** • bis zur vollen Kostenübernahme	**wenn** • Arbeitsstätten behinderungsgerecht eingerichtet und unterhalten werden. • Teilzeitarbeitsplätze für schwerbehinderte Menschen eingerichtet werden (§ 81 Abs. 5 SGB IX). • Arbeits- oder Ausbildungsplätze mit notwendigen technischen Arbeitshilfen ausgestattet werden. • sonstige Maßnahmen zur dauerhaften behinderungsgerechten Beschäftigung schwerbehinderter Menschen veranlasst werden.	• Rehabilitationsträger • § 6 Abs. 1 Nr. 2–5 SGB IX, § 34 Abs. 1 Nr. 3 SGB IX • Integrationsamt • § 26 SchwbAV
Leistungen bei außergewöhnlichen Belastungen **Förderhöhe** • richtet sich nach den Umständen des Einzelfalles **Förderdauer** • richtet sich nach den Umständen des Einzelfalles	**wenn** • überdurchschnittlich hohe finanzielle Aufwendungen oder sonstige Belastungen bei der Beschäftigung besonders betroffener oder in Teilzeit tätiger schwerbehinderter Menschen (§§ 72 Abs. 1 Nr. 1 a bis d, Abs. 2; 75 SGB IX) anfallen, z.B. besondere Aufwendungen bei der Einarbeitung und Betreuung, für eine besondere Hilfskraft oder zur Abgeltung einer wesentlich verminderten Arbeitsleistung. • alle anderen Hilfsmöglichkeiten, z. B. die behinderungsgerechte Gestaltung des Arbeitsplatzes, zuvor ausgeschöpft wurden. • es für den Arbeitgeber unzumutbar ist, die Kosten zu tragen.	• Integrationsamt • § 27 SchwbAV

Leistungen sind ...	Voraussetzungen sind erfüllt, ...	Zuständige Stelle/Rechtsgrundlagen
Prämien zur Einführung eines betrieblichen Eingliederungsmanagements **Förderhöhe** • richtet sich nach den Umständen des Einzelfalles	**wenn** • Arbeitgeber ein betriebliches Eingliederungsmanagement einführen. • in einer Integrationsvereinbarung insbesondere Regelungen zur Durchführung einer betrieblichen Prävention (betriebliches Eingliederungsmanagement) und zur Gesundheitsförderung getroffen werden. • das Konzept zum betrieblichen Eingliederungsmanagement über die Mindestanforderungen der Prävention hinausgeht.	• Rehabilitationsträger • Integrationsamt • § 84 Abs. 4 SGB IX, § 102 Abs. 3 Nr. 2 d SGB IX i.V. mit § 26c SchwbAV

Leistungen an Arbeitgeber
2. Beratung und Information

Leistungen sind ...	Zuständige Stelle/Rechtsgrundlagen
Beratung und Information für Betriebe Das Integrationsamt berät und informiert in allen mit der Beschäftigung schwerbehinderter Menschen zusammenhängenden Fragen, insbesondere bei der behinderungsgerechten Gestaltung von Arbeitsplätzen, Wohnungen und Kraftfahrzeugen sowie bei Schwierigkeiten am Arbeitsplatz. • Technische Fachdienste unterstützen bei der behinderungsgerechten Ausstattung neuer oder vorhandener Arbeitsplätze. Sie beraten Arbeitgeber, schwerbehinderte Arbeitnehmer und betriebliche Integrationsteams in technisch-organisatorischen Fragen bei der Beschäftigung schwerbehinderter Arbeitnehmer. • Die Integrationsämter beauftragen Integrationsfachdienste zur Begleitung und Betreuung schwerbehinderter Arbeitnehmer.	• Integrationsamt • § 102 SGB IX
Arbeitsmarktberatung Die Arbeitsmarktberatung soll dazu beitragen, die Arbeitgeber bei der Besetzung von Ausbildungs- und Arbeitsstellen zu unterstützen. Sie umfasst die Erteilung von Auskunft und Rat zur • Lage und Entwicklung des Arbeitsmarktes und der Berufe, • Besetzung von Ausbildungs- und Arbeitsplätzen, • Gestaltung von Arbeitsplätzen, Arbeitsbedingungen und -zeit, • betrieblichen Aus- und Weiterbildung, • Eingliederung förderungsbedürftiger Auszubildender und Arbeitnehmer • und zu Leistungen der Arbeitsförderung.	• Arbeitsagentur • § 34 SGB III

Leistungen sind ...	Zuständige Stelle/Rechtsgrundlagen
Integrationsfachdienste Im Auftrag des Integrationsamtes sind die Integrationsfachdienste wichtige Ansprechpartner für Arbeitgeber bei der Beschäftigung von • schwerbehinderten Menschen mit einem besonderen Bedarf an arbeitsbegleitender Betreuung, • schwerbehinderten Menschen, die nach zielgerichteter Vorbereitung durch die Werkstatt für behinderte Menschen auf dem allgemeinen Arbeitsmarkt eingegliedert werden sollen und dabei auf aufwändige personalintensive individuelle arbeitsbegleitende Hilfen angewiesen sind, • schwerbehinderten Schulabgängern, die für die Aufnahme einer Beschäftigung auf dem allgemeinen Arbeitsmarkt auf die Unterstützung eines Integrationsfachdienstes angewiesen sind. • behinderten Menschen, die nicht schwerbehindert sind, insbesondere seelisch behinderten oder von einer seelischen Behinderung bedrohten Menschen. Die Integrationsfachdienste • beraten und informieren Arbeitgeber umfassend, • helfen Arbeitsplätze mit geeigneten schwerbehinderten Menschen zu besetzen, • helfen bei deren Einarbeitung und betreuen vor Ort, • klären alle für den Arbeitgeber in Betracht kommenden Leistungen • und unterstützen ihn in deren Beantragung.	• Arbeitsagentur • Integrationsamt • §§ 109–115, § 102 Abs. 2 SGB IX • Rehabilitationsträger • § 33 Abs. 6 Nr. 8 SGB IX
Schulungs- und Bildungsveranstaltungen, Aufklärungsmaßnahmen Sie haben die Teilhabe schwerbehinderter Menschen am Arbeitsleben zum Gegenstand. Angeboten werden • Informationsveranstaltungen, • Lehrgänge und Seminare, insbesondere für Schwerbehindertenvertretungen, Betriebs-/Personalräte und Beauftragte des Arbeitgebers, • Schriften des Integrationsamtes (Faltblätter, Informationsbroschüren usw.).	• Integrationsamt • § 102 Abs. 2 SGB IX i.V.m. § 29 SchwbAV
Integrationsvereinbarung Das Integrationsamt kann zur Unterstützung an den Verhandlungen über eine Integrationsvereinbarung eingeladen werden. Integrationsvereinbarungen sind innerbetriebliche Vereinbarungen, die zwischen dem Arbeitgeber, der Schwerbehindertenvertretung und dem Betriebs- oder Personalrat getroffen werden. Sie beinhalten Regelungen im Zusammenhang mit der Teilhabe schwerbehinderter Menschen am Arbeitsleben, insbesondere zur • Personalplanung, • Arbeitsplatzgestaltung, • Gestaltung des Arbeitsumfeldes, • Arbeitsorganisation, • Arbeitszeit • sowie Regelungen über die Umsetzung der getroffenen Zielvereinbarungen. Die Belange schwerbehinderter Frauen werden dabei besonders berücksichtigt.	• Integrationsamt • § 83 SGB IX

Leistungen an Arbeitgeber
3. Sonstige Angebote

Leistungen sind ...	Zuständige Stelle/Rechtsgrundlagen
Förderung von Arbeitsbeschaffungsmaßnahmen (ABM) Träger von Arbeitsbeschaffungsmaßnahmen können Zuschüsse und Darlehen für die Beschäftigung von durch die Agentur für Arbeit zugewiesenen förderungsbedürftigen Arbeitnehmern erhalten, • wenn in den Maßnahmen zusätzliche und im öffentlichen Interesse liegende Arbeiten durchgeführt werden und die Träger oder durchführenden Unternehmen mit den Arbeitnehmern Arbeitsverhältnisse begründen. • Über den Förderumfang sowie die aktuellen Fördervoraussetzungen informiert die Agentur für Arbeit.	• Arbeitsagentur • §§ 260 ff. SGB III
Anrechnung bei Geringbeschäftigung, betrieblichem Praktikum während der Ausbildung und Mehrfachanrechnung auf Pflichtarbeitsplatz • Die Anrechnung eines schwerbehinderten Arbeitnehmers auf einen Pflichtarbeitsplatz auch bei Beschäftigung von weniger als 18 Stunden wöchentlich ist möglich, wenn die kürzere Arbeitszeit wegen Art und Schwere der Behinderung notwendig ist. • Die Anrechnung auf zwei, höchstens drei Pflichtarbeitsplätze kann für Auszubildende in Einrichtungen der beruflichen Rehabilitation für Zeiten während der Ausbildung in einem Betrieb bei dem Arbeitgeber erfolgen. • Die Anrechnung eines schwerbehinderten Arbeitnehmers auf zwei, höchstens drei Pflichtarbeitsplätze bei Übernahme in ein Arbeits- oder Beschäftigungsverhältnis im ersten Jahr der Beschäftigung ist möglich. • Die Mehrfachanrechnung eines schwerbehinderten Arbeitnehmers ist möglich, wenn seine Teilhabe am Arbeitsleben oder die Vermittlung in eine berufliche Ausbildungsstelle auf besondere Schwierigkeiten stößt.	• Arbeitsagentur • §§ 75 u. 76 SGB IX
Besonderer Kündigungsschutz Die Kündigung eines schwerbehinderten Arbeitnehmers durch den Arbeitgeber ist in der Regel nur mit vorheriger Zustimmung des Integrationsamtes möglich. Das Integrationsamt bemüht sich um eine gütliche Einigung und eine Sicherung des Arbeitsplatzes auch durch finanzielle Leistungen, z.B. bei der Arbeitsplatzgestaltung.	• Integrationsamt • §§ 85 ff. SGB IX

Allgemeine Hinweise
- Zuschüsse und Darlehen werden in der Regel nur bewilligt, wenn der Antrag vor Beginn der geförderten Maßnahme (z.B. vor Einstellung des behinderten Menschen) bzw. vor Vertragsabschluss (z.B. vor Kauf oder Bestellung des geförderten Gegenstandes) gestellt wird.
- Das Agentur für Arbeit berät über die in Frage kommenden Hilfen, die sich teilweise überschneiden und insoweit nicht nebeneinander gewährt werden.
- Leistungen des Integrationamtes werden nur insoweit gewährt, als Mittel für denselben Zweck nicht von einem Rehabilitationsträger (z.B. Agentur für Arbeit, Unfall- oder Rentenversicherungsträger), vom Arbeitgeber oder von anderer Seite zu erbringen sind oder erbracht werden.
- Die Leistungen und Hilfen des Integrationsamtes sind je nach Länderregelung teilweise auf örtliche Fürsorgestellen übertragen.

Leistungen an schwerbehinderte Menschen
1. Finanzielle Förderung

Leistungen sind ...	Voraussetzungen sind erfüllt, ...	Zuständige Stelle/Rechtsgrundlagen
Technische Arbeitshilfen • Erst- und Ersatzbeschaffung • Wartung, Instandhaltung • Ausbildung im Gebrauch **Förderhöhe** • Zuschuss bis zur vollen Höhe der Kosten	**wenn** • die technischen Arbeitshilfen nicht in das Eigentum des Arbeitgebers übergehen.	• Integrationsamt • § 19 SchwbAV
Kraftfahrzeughilfen • Beschaffung eines Kraftfahrzeuges **Förderhöhe** • bis zur Höhe des Kaufpreises, höchstens jedoch bis 9.500,– Euro (höherer Zuschuss möglich, wenn wegen Art und Schwere der Behinderung größeres Fahrzeug erforderlich) • einkommensabhängig **Förderdauer** • erneute Förderung eines Kfz in der Regel nicht vor Ablauf von 5 Jahren • Behinderungsbedingte Zusatzausstattung **Förderhöhe** • Volle Kostenübernahme auch für Einbau und Reparaturen • Fahrerlaubnis **Förderhöhe** • einkommensabhängig • volle Kostenübernahme für behinderungsbedingte Untersuchungen, Ergänzungsprüfungen und Eintragungen in vorhandene Führerscheine • Zuschüsse, z. B. zu den Kosten für Reparaturen, Taxi, Beförderungsdienste	**wenn** • das Kfz infolge der Behinderung zum Erreichen des Arbeits- und Ausbildungsortes erforderlich ist. • das Kfz nach Größe und Ausstattung behinderungsgerecht ist. • eine eventuell erforderliche behinderungsbedingte Zusatzausstattung ohne unverhältnismäßigen Mehraufwand möglich ist. • der Verkehrswert eines Gebrauchtwagens mindestens 50 Prozent des Neuwagenpreises beträgt.	• Rehabilitationsträger • Kraftfahrzeughilfeverordnung (KfzHV) • Integrationsamt • § 20 SchwbAV i.V. mit KfzHV
Gründung und Erhaltung einer selbstständigen beruflichen Existenz • Darlehen oder Zinszuschüsse • Überbrückungsgeld • Existenzgründerzuschuss	**wenn** • persönliche und fachliche Voraussetzungen für die Tätigkeit gegeben sind. • der Lebensunterhalt durch die Tätigkeit sichergestellt ist. • die Tätigkeit unter Berücksichtigung von Lage und Entwicklung des Arbeitsmarktes zweckmäßig ist. • damit die Arbeitslosigkeit und der Bezug von Entgeltersatzleistungen beendet wird.	• Integrationsamt • § 21 SchwbAV • Arbeitsagentur • §§ 57 ff. SGB III § 421 I SGB III

Leistungen sind ...	Voraussetzungen sind erfüllt, ...	Zuständige Stelle/Rechtsgrundlagen
Wohnungshilfen • Zuschüsse, Zinszuschüsse und/oder Darlehen • Beschaffung von behinderungsgerechtem Wohnraum • Anpassung von Wohnraum und seiner Ausstattung an behinderungsbedingte Bedürfnisse • Umzug in eine behinderungsgerechte oder erheblich verkehrsgünstiger zum Arbeitsplatz gelegene Wohnung	**wenn** • die Förderungsvoraussetzungen nach dem Zweiten Wohnungsbaugesetz vorliegen (für Hilfen zur Beschaffung von behinderungsgerechtem Wohnraum).	• Rehabilitationsträger • § 33 Abs. 8 Nr. 6 SGB IX • Integrationsamt • § 102 Abs. 3 Nr. 1 d SGB IX
Maßnahmen zur Erhaltung und Erweiterung beruflicher Kenntnisse und Fertigkeiten • Zuschüsse **Förderhöhe** • bis zur Höhe der entstehenden Aufwändungen für die Teilnahme an entsprechenden Maßnahmen	**wenn** • die Maßnahmen nach Art, Umfang und Dauer den besonderen Bedürfnissen der schwerbehinderten Arbeitnehmer oder Selbstständigen entsprechen.	• Integrationsamt • § 24 SchwbAV
Hilfen in besonderen Lebenslagen • Zuschuss und/oder Darlehen **Förderhöhe** • richtet sich nach den Umständen des Einzelfalles	**wenn** • andere Leistungen als die in den §§ 19 bis 24 SchwbAV geregelten Hilfen erforderlich sind, um die Ziele der begleitenden Hilfe zu erreichen.	• Integrationsamt • § 24 SchwbAV
Notwendige Arbeitsassistenz • Geldleistung in Form der Kostenübernahme	**wenn** • eine persönliche Assistenz am Arbeitsplatz notwendig ist. • zeitlich und tätigkeitsbezogen regelmäßig wiederkehrende Unterstützung erforderlich ist. • der schwerbehinderte Arbeitnehmer selbst die Assistenzkraft beauftragt. • der schwerbehinderte Arbeitnehmer selbstständig den Kernbereich der Arbeitsaufgaben erledigt. • der schwerbehinderte Arbeitnehmer in Abstimmung mit dem Arbeitgeber die Organisation und Anleitung der Assistenz übernimmt. • das schriftliche Einverständnis des Arbeitgebers vorliegt. • alle anderen Möglichkeiten des SGB IX sowie alle Leistungen Dritter ausgeschöpft wurden.	• Rehabilitationsträger • § 33 Abs. 8 Nr. 3 SGB IX • Integrationsamt • § 102 Abs. 4 SGB IX i.V.m. § 17 Abs. 1 a SchwbAV

Leistungen an schwerbehinderte Menschen
2. Beratung und Information

Leistungen sind ...	Zuständige Stelle/ Rechtsgrundlagen
Beratung und Information Das Integrationsamt berät und informiert in allen mit der Beschäftigung schwerbehinderter Menschen zusammenhängenden Fragen, insbesondere bei der behinderungsgerechten Gestaltung von Arbeitsplätzen, Wohnungen und Kraftfahrzeugen sowie bei Schwierigkeiten am Arbeitsplatz. • Technische Fachdienste unterstützen bei der behinderungsgerechten Ausstattung neuer oder vorhandener Arbeitsplätze. Sie beraten Arbeitgeber, schwerbehinderte Arbeitnehmer und die betrieblichen Helfer in technisch-organisatorischen Fragen bei der Beschäftigung schwerbehinderter Arbeitnehmer. • Die Integrationsfachdienste betreuen schwerbehinderte Arbeitnehmer und beraten Arbeitgeber, Vorgesetzte und Kollegen bei psychosozialen Fragen.	• Integrationsamt • § 102 SGB IX
Berufsberatung, Berufsorientierung Die Beratung von jugendlichen und erwachsenen schwerbehinderten Menschen umfasst alle Fragen • der Berufswahl, • der beruflichen Entwicklung • und des Berufswechsels (Berufsberatung) • sowie umfassende Information u. a. über Berufe, deren Anforderungen und Aussichten • u. über beruflich bedeutsame Entwicklungen auf dem Arbeitsmarkt (Berufsorientierung).	• Arbeitsagentur • §§ 30 ff. SGB III, § 104 SGB IX
Arbeitsvermittlung und Ausbildungsvermittlung Die Vermittlung umfasst alle Tätigkeiten, die darauf gerichtet sind, Ausbildungsplatzsuchende mit Arbeitgebern zur Begründung eines Ausbildungsverhältnisses und Arbeitsuchende mit Arbeitgebern zur Begründung eines Beschäftigungsverhältnisses zusammenzuführen. Die Agentur für Arbeit hat dabei die • Neigung, • Eignung • und Leistungsfähigkeit des Ausbildungsplatzsuchenden und Arbeitsuchenden • sowie die Anforderungen der angebotenen Stellen zu berücksichtigen.	• Arbeitsagentur • § 35 SGB III, § 104 SGB IX
Integrationsfachdienste Im Auftrag des Integrationsamtes und der Agentur für Arbeit betreuen und begleiten die Integrationsfachdienste • schwerbehinderte Menschen mit einem besonderen Bedarf an arbeitsbegleitender Betreuung, • schwerbehinderte Menschen, die nach zielgerichteter Vorbereitung durch die Werkstatt für behinderte Menschen auf dem allgemeinen Arbeitsmarkt eingegliedert werden sollen und dabei aufwändige personalintensive individuelle arbeitsbegleitende Hilfen benötigen, • schwerbehinderte Schulabgänger, die für die Aufnahme einer Beschäftigung auf dem allgemeinen Arbeitsmarkt auf die Unterstützung eines Integrationsfachdienstes angewiesen sind, • behinderte Menschen, die nicht schwerbehindert sind, insbesondere seelisch behinderte oder von einer seelischen Behinderung bedrohte Menschen. Der Integrationsfachdienst informiert, berät und unterstützt die betroffenen Arbeitsuchenden, Ausbildungsplatzsuchenden und Arbeitnehmer, bzw. Auszubildenden, hilft bei der Suche nach geeigneten Arbeitsplätzen und sichert Ausbildungs- und vorhandene Arbeitsplätze durch qualifizierte Betreuung.	• Integrationsamt Arbeitsagentur • §§ 109–115, § 102 Abs. 2 SGB IX • Rehabilitationsträger • § 33 Abs. 6 Nr. 8 SGB IX

Leistungen an schwerbehinderte Menschen
3. Sonstige Angebote

Leistungen sind ...	Zuständige Stelle/Rechtsgrundlagen
Gleichstellung Ein behinderter Mensch mit einem GdB von weniger als 50, aber wenigstens 30, kann auf Antrag einem schwerbehinderten Menschen gleichgestellt werden, wenn er infolge der Behinderung ohne die Gleichstellung einen geeigneten Arbeitsplatz nicht erlangen oder nicht behalten kann.	• Arbeitsagentur • § 68 SGB IX, § 69 SGB IX
Besonderer Kündigungsschutz Die Kündigung eines schwerbehinderten Arbeitnehmers durch den Arbeitgeber ist in der Regel nur mit vorheriger Zustimmung des Integrationsamtes möglich. Das Integrationsamt bemüht sich um eine gütliche Einigung und eine Sicherung des Arbeitsplatzes auch durch finanzielle Leistungen, z.B. bei der Arbeitsplatzgestaltung.	• Integrationsamt • §§ 85 ff. SGB IX

Umfassende Informationen zum Thema Behinderung und Beruf finden Sie unter **www.integrationsaemter.de**.

Impressum
ZB info: **Sonderdruck der ZB – Zeitschrift: Behinderte Menschen im Beruf.**
Redaktionsschluss: September 2004.
Herausgeber: Bundesarbeitsgemeinschaft der Integrationsämter und Hauptfürsorgestellen im Zusammenwirken mit der Bundesagentur für Arbeit.
Verlag, Herstellung, Vertrieb: Universum Verlag GmbH & Co. KG, 65175 Wiesbaden, Telefon 06 11 / 90 30-323.
Fotos: aus der Serie ZB Spezial 2001.
Redaktion: Karl-Friedrich Ernst (verantwortlich für Hrsg.), Sabine Wolf (verantwortlich für Verlag), Dagmar Binder, Ricarda Dröse.

In dieser Leistungsübersicht werden bei der Bezeichnung von Personen männliche Formen verwendet, um den Text kürzer zu halten. Wir bitten dafür um Verständnis. Selbstverständlich richten sich alle Informationen in gleicher Weise an Frauen und Männer.

6.6 Leistungen zur Teilhabe am Leben in der Gemeinschaft (§ 55 SGB IX)

a) Welche **Leistungen zur Teilhabe am Leben in der Gemeinschaft** (im Folgenden kurz: soziale Eingliederung) zu erbringen sind, umschreibt umfassend **§ 55 SGB IX**:

„(1) Als Leistungen zur Teilhabe am Leben in der Gemeinschaft werden die Leistungen erbracht, die den behinderten Menschen die Teilhabe am Leben in der Gesellschaft ermöglichen oder sichern oder sie so weit wie möglich unabhängig von Pflege machen und nach den Kapiteln 4 bis 6 nicht erbracht werden.

(2) Leistungen nach Absatz 1 sind insbesondere

1. Versorgung mit anderen als den in § 31 genannten Hilfsmitteln oder den in § 33 genannten Hilfen,
2. heilpädagogische Leistungen für Kinder, die noch nicht eingeschult sind,
3. Hilfen zum Erwerb praktischer Kenntnisse und Fähigkeiten, die erforderlich und geeignet sind, behinderten Menschen die für sie erreichbare Teilnahme am Leben in der Gemeinschaft zu ermöglichen,
4. Hilfen zur Förderung der Verständigung mit der Umwelt,
5. Hilfen bei der Beschaffung, Ausstattung und Erhaltung einer Wohnung, die den besonderen Bedürfnissen der behinderten Menschen entspricht,
6. Hilfen zu selbstbestimmtem Leben in betreuten Wohnmöglichkeiten,
7. Hilfen zur Teilhabe am gemeinschaftlichen und kulturellen Leben."

b) Die soziale Eingliederung behinderter Menschen ist ein Bereich, für den der Gesetzgeber lediglich rechtliche Rahmenbedingungen geschaffen hat. Diese Rahmenbedingungen können zum Teil nur durch mitmenschliches Handeln und nur in sehr beschränktem Maße durch konkrete Leistungsansprüche des Einzelnen ausgefüllt werden. Zuständig dafür sind in der Hauptsache die **Sozialhilfe** (§ 54 Abs. 1 S. 1 SGB XII), im Rahmen des Versorgungsrechts die **Kriegsopferfürsorge** (§§ 6 Abs. 1 Nr. 5 SGB IX, 25 ff. BVG) und in beschränktem Umfang die **Unfallversicherung** (z.B. für Gebrauchsgegenstände des täglichen Lebens als Hilfsmittel für den Behinderten, vgl. § 39 Abs. 1 Nr. 2 SGB VII).

In der herkömmlichen Terminologie sind Leistungen zur sozialen Eingliederung solche **nichtmedizinischer** und **nichtberuflicher Art.** Damit fallen die übrigen Rehabilitationsträger (also Kranken- und Rentenversicherung sowie Arbeitsverwaltung) infolge ihrer Beschränkung auf die Leistungen zur medizinischen Rehabilitation und zur Teilhabe am Arbeitsleben für die soziale Eingliederung aus.

c) Bei der sozialen Eingliederung, die zu den noch immer vernachlässigten Bereichen der Rehabilitation gehört, kann man grob folgende **zwei Kategorien** unterscheiden:

aa) **Die Vorhaltung geeigneter sozialer Dienste und Einrichtungen:** Dabei handelt es sich aber um einen nicht einklagbaren Rechtsanspruch (§ 17 Abs. 1 Nr. 2 SGB I). Darauf basiert eine Reihe der in den letzten Jahren entstandenen Hilfen wie Mahlzeiten-, Fahr- und Betreuungsdienste, die Förderung von Klubs, Teestuben, Freizeiten u.a.m. Hier befindet man sich im rechtlich weitgehend nicht geregelten, freiwilligen Bereich der Förderung (vor allem) durch Kommunen und Sozialhilfeträger. In diesem Bereich wurden und werden immer noch viele neue Hilfeformen praktiziert. Wesentliche Verpflichtung der Sozialleistungsträger im Rahmen des § 17 SGB I ist aber auch die Organisierung der Leistungserbringung durch Dritte (z.B. die Verbände der freien Wohlfahrtspflege). Die Einführung dieser Gewährleistungspflicht erfolgt hauptsächlich durch Förderung der Schaffung von Einrichtungen und durch den Abschluss von Kosten- und Pflegesatzvereinbarungen.

bb) **Leistungsansprüche auf Hilfen zur Teilnahme am Leben in der Gemeinschaft:** Hierher gehören **Hilfsmittel,** die über einen medizinischen bzw. beruflichen Zweck hinausgehen und lediglich die Lebensführung des Behinderten erleichtern. Die Ausstattung mit Hilfsmitteln umfasst dabei auch die Unterrichtung zu ihrem Gebrauch, Reparaturen, Ersatzteile und ggf. Doppelausstattung. Zur Versorgung mit Hilfsmitteln gehören auch: die Hilfe zur Beschaffung eines **Kraftfahrzeugs,** ferner die Hilfe zum Einbau spezieller Bedienungseinrichtungen und Zusatzgeräte für das Kfz sowie die Hilfe zur Erlangung der Fahrerlaubnis (§§ 8, 9 Abs. 2 Nr. 11, 10 Abs. 6 EHVO). Bevor aber der Sozialhilfeträger eine der genannten Hilfen bewilligt, muss er – neben der wirtschaftlichen Bedürftigkeit – prüfen, ob nicht ein **anderer Sozialleistungsträger vorrangig** verpflichtet ist (nach der KfzHV – vgl. oben 6.4 d) dd) – sind dies die Träger der Unfall- und Rentenversicherung, der Arbeitsverwaltung, die Träger der Kriegsopferfürsorge und der begleitenden Hilfe im Arbeitsleben nach § 102 Abs. 2 SGB IX). Der behinderte Mensch muss in der Regel das Fahrzeug selbst bedienen können; außerdem muss die Benutzung von öffentlichen Verkehrsmitteln, Behindertenfahrdiensten bzw. (gelegentlich) von Mietwagen oder Taxen unmöglich oder unzumutbar sein.
Für die Gewährung von **Hilfsmitteln** ist i.d.R. der überörtliche Sozialhilfeträger zuständig, der sich das Eigentum daran vorbehalten kann (§ 97 Abs. 3 Nr. 1 SGB XII).
Zur sozialen Eingliederung zählen des Weiteren Hilfen zur Beschaffung und Erhaltung **behindertengerechten Wohnraums** (§ 55 Abs. 2 Nr. 5 SGB IX) und **Hilfen zur Teilnahme am Leben in der Gemeinschaft** (§§ 55 Abs. 2 Nr. 7, 58 SGB IX). Dazu gehören Begegnungen zwischen Behinderten und Nichtbehinderten, Hilfen zum Besuch von Veranstaltungen (z.B. durch Ausgabe von Freifahrtgutscheinen) oder Informationen über das Zeitgeschehen (z.B. Aus-

stattung mit Radio- oder Fernsehapparat, Zeitung). Voraussetzung dafür ist eine Behinderung, die eine Teilnahme am Leben in der Gemeinschaft **nicht** oder nur **unzureichend** zulässt. Sogar Freizeitmaßnahmen im Ausland, die der Begegnung mit ausländischen Behinderten dienen, können gefördert werden, sofern keine unvertretbaren Mehrkosten entstehen (§ 23 EHVO).

Die Eingliederungshilfe umfasst auch die **Anleitung von Betreuungspersonen** im Umgang mit speziellen Problemen der jeweiligen Behinderung (§ 20 EHVO) und den Ersatz von **Fahrtkosten**, die einer notwendigen Begleitperson für Fahrten in Verbindung mit einer Eingliederungsmaßnahme entstehen (§ 22 EHVO). Darüber hinaus haben behinderte Menschen Anspruch auf Bildungsmaßnahmen, die der besseren Lebensbewältigung dienen; daneben kommen noch Lehrgänge zur selbstständigen Fortbewegung im Straßenverkehr und zur Haushaltsführung in Betracht sowie blindentechnische Grundausbildung und Kurse, die eine Verständigung mit der Umwelt ermöglichen (§ 16 EHVO).

Im Zusammenhang mit der sozialen Eingliederung sei noch darauf hingewiesen, dass die Sozialhilfe die Beratung und Unterstützung (auch des behinderten Menschen) ausdrücklich in ihrem Leistungskatalog benennt (§ 10 SGB XII). Darunter ist Beratung und Unterstützung im Sinne einer helfenden Beziehung zu verstehen, auf die gerade behinderte Menschen angewiesen sein können. Diese persönliche Hilfe muss nicht vom Sozialhilfeträger direkt geleistet werden; vielmehr kann dieser einem Behinderten- oder Wohlfahrtsverband Mittel dafür zur Verfügung stellen (§ 10 Abs. 5 S. 3, 4 SGB XII).

d) **Heilpädagogische Leistungen** werden nach § 56 SGB IX erbracht, wenn nach fachlicher Erkenntnis zu erwarten ist, dass hierdurch

„1. eine drohende Behinderung abgewendet oder der fortschreitende Verlauf einer Behinderung verlangsamt oder

2. die Folgen einer Behinderung beseitigt oder gemildert werden können. Sie werden immer an schwerstbehinderte und schwerstmehrfachbehinderte Kinder, die noch nicht eingeschult sind, erbracht. In Verbindung mit Leistungen zur Früherkennung und Frühförderung (§ 30 SGB IX) und schulvorbereitenden Maßnahmen der Schulträger werden heilpädagogische Leistungen als Komplexleistung erbracht“ (dazu oben 6.2. j und 6.3. a).

e) Bedürfen **hörbehinderte** Menschen oder behinderte Menschen mit besonders starker Beeinträchtigung der Sprachfähigkeit aufgrund ihrer Behinderung zur Verständigung mit der Umwelt aus besonderem Anlass der Hilfe anderer, werden ihnen die erforderlichen Hilfen zur Verfügung gestellt oder angemessene Aufwendungen hierfür erstattet (§ 57 SGB IX).

6.7 Stufenweise Wiedereingliederung in das Erwerbsleben Zu den Leistungen zur medizinischen Rehabilitation gehört die stufenweise Eingliederung nach § 28 SGB IX, die schon den Bereich der beruflichen Rehabilitation berührt. Diese stufenweise Eingliederung ist besonders im Rahmen der gesetzlichen Krankenversicherung von praktischer Bedeutung (vgl. die Regelung in § 74 SGB V). Diese Wiedereingliederung dient dazu, arbeitsunfähige Versicherte nach länger andauernder, schwerer Krankheit schrittweise an die volle Arbeitsbelastung am **bisherigen Arbeitsplatz** heranzuführen und so den Übergang zur vollen Berufstätigkeit zu erleichtern. Die stufenweise Wiedereingliederung erfolgt also aus therapeutischen Gründen; sie dient der Erprobung und dem Training der Leistungsfähigkeit des arbeitsunfähigen Versicherten an seinem bisherigen Arbeitsplatz.
Im Rahmen dieser Broschüre kann nicht auf die Einzelheiten dieser stufenweisen Wiedereingliederung eingegangen werden. Entsprechende Informationen geben die Krankenkassen; hilfreich ist auch die Broschüre „Arbeitshilfe für die stufenweise Wiedereingliederung in den Arbeitsprozess" (erhältlich bei der Bundesarbeitsgemeinschaft für Rehabilitation, Walter-Kolb-Str. 9–11, 60594 Frankfurt/M.). Im Folgenden können nur einige wichtige Hinweise gegeben werden:

a) **Zielgruppe** sind arbeitsunfähige Versicherte, die wegen schwerer Krankheit(en) über längere Zeit aus dem Erwerbsleben ausgegliedert waren und ihre bisherige Tätigkeit nach ärztlicher Feststellung teilweise wieder verrichten können. Indikationen können grundsätzlich alle schweren oder chronischen Erkrankungen sein (z.B. Herzinfarkt, Stoffwechselkrankheiten, Krebserkrankungen, psychische Erkrankungen).

b) Die stufenweise Wiedereingliederung ist – wie § 28 SGB IX zeigt – eine Maßnahme der **medizinischen Rehabilitation.** Der Träger ist in vielen Fällen die **Krankenkasse.** Findet die stufenweise Wiedereingliederung jedoch im unmittelbaren Anschluss an eine Leistung zur medizinischen Rehabilitation statt, kann hierfür auch der Träger der gesetzlichen Unfallversicherung oder der gesetzlichen Rentenversicherung zuständig sein, je nachdem wer zuvor die Leistung zur medizinische Rehabilitation zu finanzieren hatte.

c) Voraussetzungen für die Zuständigkeit der gesetzlichen **Krankenversicherung:** Es besteht noch Anspruch auf Krankengeld bzw. es liegt noch Arbeitsunfähigkeit vor für die Dauer der Wiedereingliederungsmaßnahme; der Versicherte ist mit der Maßnahme einverstanden; der Arzt stellt einen Wiedereingliederungsplan auf; der Arbeitgeber erklärt sich mit der Maßnahme einverstanden.

Voraussetzungen bei **anderen Kostenträgern:** Arbeitsunfähigkeit; ärztliche Feststellung, dass die bisherige Tätigkeit wenigstens teilweise wieder verrichtet werden kann; Leistung zur medizinischen Rehabilitation, bei der festgestellt wurde, dass eine stufenweise Wiedereingliederung notwendig ist; Einverständnis des Versicherten und des Arbeitgebers (wie oben c).

d) Die **Dauer** der stufenweisen Wiedereingliederung ist abhängig vom individuellen gesundheitlichen Zustand des Rehabilitanden. In der Regel dauert die Maßnahme bis zu zwei Monaten, kann aber entsprechend den Erfordernissen des Einzelfalles auf bis zu sechs Monate ausgedehnt werden.

e) Nach geltendem Recht ist der Versicherte während der Zeit der stufenweisen Wiedereingliederung weiterhin **arbeitsunfähig.** Der Versicherte hat deshalb – nach Auslaufen der Entgeltfortzahlung im Krankheitsfall – Anspruch auf **Krankengeld;** soweit er dabei allerdings Arbeitsentgelt erzielt, ruht der Anspruch auf das Krankengeld (§ 49 Abs. 1 SGB V; zum Krankengeld s. unten 8.3.b)). Zeiten der stufenweisen Wiedereingliederung gelten als sog. beitragsgeminderte Zeiten, sodass bei der **Rentenberechnung** später gegenüber Versicherten, die ausschließlich Krankengeld erhalten, keine rentenversicherungsrechtlichen Nachteile auftreten können (§§ 54 Abs. 3, 71 Abs. 2 SGB VI). Ferner bleibt das Arbeitsentgelt, das der Versicherte vor der Erkrankung bezogen hat und das der Berechnung des Krankengeldes während der stufenweisen Wiedereingliederung zugrundeliegt, auch für die Berechnung von **Arbeitslosengeld** maßgebend (§§ 26 Abs. 2 Nr. 1, 135 Nr. 4 SGB III); damit ist gewährleistet, dass der Versicherte bei negativem Ausgang eines Wiedereingliederungsverfahrens auch in der Arbeitslosenversicherung keinen Nachteil erleidet. Ist nicht die Krankenkasse, sondern z. B. der Rentenversicherungsträger für die stufenweise Wiedereingliederung zuständig (oben b) und c)), so wird bis zum Ende der stufenweisen Wiedereingliederung **Übergangsgeld** gezahlt (§ 51 Abs. 5 SGB IX).

f) Da der Versicherte im Wiedereingliederungsverfahren nicht die geschuldete Arbeitsleistung erbringt und wegen seiner Arbeitsunfähigkeit auch nicht erbringen kann (s. oben a)), besteht für die geleistete Tätigkeit auch **kein Anspruch auf Arbeitsentgelt.** Arbeitgeber und Arbeitnehmer steht es jedoch frei, sich auf eine bestimmte Vergütung für die im Rahmen der Wiedereingliederung erbrachte Tätigkeit zu einigen. Liegt eine solche Einigung nicht vor, so hat der Versicherte für die geleistete Arbeit keinen Entgeltanspruch (aber immerhin seinen Anspruch auf das Krankengeld, s. oben).
In manchen Betrieben werden allerdings Verfahren und Finanzierung der stufenweisen Wiedereingliederung (einschließlich der Höhe des Arbeitsentgelts

für den Versicherten) durch Betriebsvereinbarungen (also Vereinbarungen zwischen dem Arbeitgeber und dem Betriebsrat) geregelt, so dass Einleitung und Durchführung der schrittweisen Arbeitsaufnahme hier ohne größere Probleme erfolgen können.

g) Eine Besonderheit ist bei **schwerbehinderten** Personen zu beachten: Nach § 81 Abs. 4 Satz 1 Nr. 1 SGB IX haben schwerbehinderte Arbeitnehmer gegenüber ihren Arbeitgebern Anspruch auf Beschäftigung, bei der sie ihre Fähigkeiten und Kenntnisse möglichst voll verwerten und weiterentwickeln können. Ist der schwerbehinderte Arbeitnehmer nicht mehr oder nur noch teilweise in der Lage, die vertraglich geschuldete Tätigkeit wegen Art oder Schwere seiner Behinderung wahrzunehmen, kann er Anspruch auf eine anderweitige Beschäftigung haben. Eine solche anderweitige Beschäftigung kann **auch** die stufenweise Eingliederung (im obigen Sinne) sein. Ein Anspruch des schwerbehinderten Arbeitnehmers gegenüber dem Arbeitgeber auf Zustimmung zur stufenweisen Eingliederung im Betrieb des Arbeitgebers besteht aber nur dann, wenn der schwerbehinderte Arbeitnehmer eine entsprechende ärztliche Bescheinigung vorlegt, aus der sich die Einzelheiten dieser Beschäftigung ergeben und aus der der Arbeitgeber mit hinreichender Deutlichkeit entnehmen kann, dass mit dem Eingliederungsplan auch eine betrieblich nutzbare Tätigkeit wiedererlangt werden kann (der Arbeitgeber also das „Ob“ und „Wie“ einer möglichen Fortsetzung des Arbeitsverhältnisses ersehen kann). Insofern gehen die Rechte schwerbehinderter Arbeitnehmer über die Rechte nichtbehinderter Arbeitnehmer bei der stufenweisen Wiedereingliederung hinaus.

h) **Praxistipp:** Dem Arbeitsversuch muss als erstes aus medizinischer Sicht zugestimmt werden. Nach Überzeugung des Arztes dürfen also einer stufenweisen Wiederbeschäftigung keine medizinischen Gründe entgegenstehen. Arzt und Patient füllen gemeinsam den Antrag auf stufenweise Wiedereingliederung aus (dieses Formular sollte jeder Arzt vorliegen haben); dann erstellen sie gemeinsam einen „Wiedereingliederungsplan“, aus dem hervorgeht, mit welcher Tätigkeit und Stundenzahl dieser beginnt und in welchem Zeitraum Art und Umfang der Tätigkeit gesteigert werden. Der Antrag wird dem Arbeitgeber vorgelegt (von ihm hängt ja die stufenweise Wiedereingliederung ab: Er muss grundsätzlich sein Einverständnis zu der Maßnahme mit einer Unterschrift bestätigen). Es empfiehlt sich, eine Stellungnahme des Betriebsarztes bzw. des Medizinischen Dienstes der Krankenversicherung (MDK) einzuholen. Der Antrag wird dann bei der Krankenkasse eingereicht. Diese prüft, ob sie der Maßnahme zustimmt. Zum Teil bezieht auch die Krankenkasse den MDK mit ein. Haben alle Beteiligten zugestimmt, kann die Maßnahme beginnen. Während der eingeschränkten Beschäftigung bleibt der Versicherte weiterhin arbeitsunfähig geschrieben (s. oben c)).

7. Leistungen bei Pflegebedürftigkeit

7.1 Die Pflegeversicherung Über 20 Jahre beschäftigte die Sicherung der Pflegebedürftigkeit die sozialpolitische Diskussion in der Bundesrepublik Deutschland. Handlungsbedarf bestand nicht zuletzt deshalb, weil die Hilfe zur Pflege nach dem (früheren) Bundessozialhilfegesetz (BSHG) als Fürsorgeleistung praktisch die einzige bedarfsdeckende und umfassende Regelung bei Pflegebedürftigkeit war. Eine Fürsorgeleistung, die ihrem Wesen nach nur nachrangig eingreifen soll, war in der Realität zur Hauptleistung geworden. Das Pflegeversicherungsgesetz vom 26.5.1994 hat einen neuen eigenständigen Sozialversicherungszweig geschaffen. Dieser ist als **11. Buch in das Sozialgesetzbuch** (SGB XI) aufgenommen worden.
Die Leistungen der Pflegeversicherung traten in zwei Stufen in Kraft: Die **häusliche Pflege** wurde ab dem 1.4.1995 und die **stationäre Pflege** ab dem 1.7.1996 wirksam.
Pflegebedürftige Menschen werden damit – allerdings in einer größeren Anzahl leider nicht vollständig – vom Sozialhilfebezug befreit.
Der folgende Abschnitt geht auf die Grundzüge des neuen Sozialversicherungszweiges ein. Einen Überblick gibt das Schaubild auf S. 163.
Die Kommission für die Nachhaltigkeit in der Finanzierung der sozialen Sicherungssysteme (Rürup-Kommission) hat am 27.6.2003 ein Gesamtkonzept zur Reform der sozialen Pflegeversicherung vorgelegt. Ob und in welcher Form diese Vorschläge Gesetz werden, ist noch nicht absehbar. Eine möglicherweise bevorstehende Reform der sozialen Pflegeversicherung im Jahr 2008 wird in den nächsten Auflagen zu berücksichtigen sein. Über den aktuellen Gesetzesstand informiert die Pflegekasse.

7.1.1 Mitgliedschaft in der sozialen Pflegeversicherung und Beitragszahlung
a) Die Pflegeversicherung besteht grundsätzlich da, wo auch die **Krankenversicherung** besteht.

aa) Versicherungspflichtig in der **sozialen Pflegeversicherung** sind alle gesetzlich Krankenversicherten. Die in der gesetzlichen Krankenversicherung mitversicherten Familienangehörigen sind auch in der Pflegeversicherung beitragsfrei mitversichert. Freiwillig gesetzlich Krankenversicherte können sich unter bestimmten Voraussetzungen von der Versicherungspflicht in der Pflegeversicherung befreien lassen, wenn sie stattdessen eine private Pflegeversicherung abschließen, vgl. § 22 SGB XI. Die Befreiung gilt für den Versicherten und die familienversicherten Angehörigen. Eine Befreiung ist in der Regel nicht empfehlenswert. Die Befreiung ist grundsätzlich unwiderruflich; es gibt keine Rückkehr in die soziale Pflegeversicherung. Eine Ausnahme besteht nur dann, wenn durch eine Änderung der Lebenssituation – z.B. die Aufnahme eines Beschäftigungsverhältnisses – Versicherungspflicht in der gesetzlichen Krankenversicherung eintritt. Am 1.1.1995 freiwillig Krankenversicherte konnten sich auf Antrag bis zum 30.6.1995 von der Versicherungspflicht in der Pflegeversicherung befreien lassen, vgl. Art. 41 PflegeVG. Alle privat Versicherten werden Mitglied einer **privaten Pflegeversicherung,** die ihnen ihre private Krankenversicherung anbieten muss, §§ 23 ff. SGB XI.

Seit dem 1.7.1996, mit Einführung der stationären Pflege, beträgt der **Beitrag** 1,7%. Der Beitrag wird grundsätzlich von Arbeitnehmern und Arbeitgebern zur Hälfte getragen. Als Ersatz für die Aufwendungen der Arbeitgeber haben die Bundesländer – mit Ausnahme des Freistaates Sachsen – den Buß- und Bettag als gesetzlichen Feiertag aufgehoben, vgl. § 58 SGB XI. Bei Pflichtversicherten in der gesetzlichen Krankenversicherung zieht der Arbeitgeber, bei Rentnern der Rentenversicherungsträger den Beitrag des Arbeitnehmers/Rentners ein. Auf eine **Besonderheit** sei hingewiesen: Freiwillig Versicherte in der gesetzlichen Krankenversicherung müssen den Beitrag selbst an die Pflegekasse zahlen. Die Beitragsanteile des Arbeitgebers/Rentenversicherungsträgers werden ihnen ausgezahlt.

Beihilfe- und Heilfürsorgeberechtigte zahlen den halben Beitragssatz in Höhe von 0,85% ihrer Bruttoeinnahmen. Sie erhalten aus der sozialen Pflegeversicherung entsprechend nur die Hälfte der Leistungen. Die andere Hälfte der Leistungen gewährt der Dienstherr im Wege der Beihilfe oder Heilfürsorge. Darüber hinaus gewährt der Dienstherr keinen Beitragszuschuss.

bb) **Der Beitragszuschlag für kinderlose Versicherte in der gesetzlichen Pflegeversicherung**

Kinderlose Mitglieder in der Pflegeversicherung müssen ab Vollendung des 23. Lebensjahres einen Zuschlag in Höhe von 0,25% der beitragspflichtigen Einnahmen entrichten. Eltern sind von der Erhebung des Beitragszuschlags ausgenommen. Diese Grundsätze und die dazu erforderlichen Einzelregelungen sind in §§ 55–61 SGB XI näher beschrieben.

Die Elterneigenschaft (§ 56 Abs. 1 und 3 SGB I) ist der Stelle nachzuweisen, die die Beiträge an die Pflegeversicherung abführt. Der Nachweis ist entbehrlich, wenn ihr die Elterneigenschaft bereits bekannt ist, etwa weil sich diese für den Arbeitgeber aus der Eintragung auf der Lohnsteuerkarte des Arbeitnehmers ergibt, weil bei der Pflegekasse eine Familienversicherung für ein Kind des Mitglieds besteht oder weil in den Versicherungskonten der Rentenversicherungsträger Angaben zur Berücksichtigung von Kindererziehungszeiten oder zum Bezug von Leistungen für Kindererziehung an Mütter enthalten sind. **Bereits ein einzelnes Kind löst bei beiden zuschlagspflichtigen Eltern eine Zuschlagsfreiheit aus.** Eltern, deren Kind nicht mehr lebt, sollen nach dem

Willen des Gesetzgebers trotzdem nicht als kinderlos gelten. Wurde das Kind lebend geboren, so genügt dies, um die Zuschlagspflicht nicht entstehen zu lassen. Aus der Verweisung auf § 56 Abs. 3 Nr. 2 und 3 SGB I folgt, dass neben leiblichen und Adoptivkindern auch Stief- und Pflegekinder zu einer Zuschlagsbefreiung führen.
Beihilfeberechtigte Beamte und Versorgungsempfänger ohne Kinder haben, wenn sie in der sozialen Pflegeversicherung versichert sind, ebenfalls den vollen Beitragszuschlag aufzubringen. Eine Halbierung des Beitragszuschlags entsprechend der für den Personenkreis geltenden Halbierung des Beitragssatzes ist nicht vorgesehen, da auch die übrigen Versicherten den Beitragszuschlag allein zu tragen haben.
Kinderlose Mitglieder, die vor dem 1.1.1940 geboren sind, nimmt das Gesetz ausdrücklich von der Zuschlagspflicht aus. Die bis 1940 geborenen Jahrgänge haben in so ausreichendem Maße Kinder geboren und erzogen, dass sich das vom Bundesverfassungsgericht festgestellte Ausgleichserfordernis zwischen Kindererziehenden und Kinderlosen für diesen Personenkreis nicht stellt, da damals noch eine deutliche Mehrheit der Versicherten Erziehungsleistungen erbracht hat. Erst durch die – von der älteren Generation nicht mehr zu verantwortenden – Entwicklung der Kinderzahlen ab Mitte der sechziger Jahre ist nach Ansicht des Bundesverfassungsgerichts, der der Gesetzgeber nun folgt, das Ausgleichserfordernis entstanden.
Bei **kinderlosen Rentenbeziehern,** die nach dem 31.12.1939 geboren wurden, wird der Beitragszuschlag für die Monate Januar bis März 2005 auf Renten der gesetzlichen Rentenversicherung in der Weise abgegolten, dass der Beitragszuschlag im Monat April 2005 1% der im April 2005 beitragspflichtigen Rente beträgt. Für die Rentenbezieher, die in den Monaten Januar bis April 2005 zeitweise nicht beitrags- oder zuschlagspflichtig sind, wird der Beitragszuschlag des Monats April 2005 entsprechend der Dauer dieser Zeit reduziert.
Bezieher von Arbeitslosengeld II sind von der Erhebung des Beitragszuschlags in der Pflegeversicherung ausgenommen.
Die Zahlung des Beitragszuschlags erfolgt gemeinsam mit dem bisher zu zahlenden Pflegeversicherungsbeitrag in dem dafür üblichen Beitragszahlungsverfahren.

cc) Personen, die **laufende Hilfe zum Lebensunterhalt nach dem SGB XII (Sozialhilfe)** erhalten sind in der sozialen Pflegeversicherung nur dann versichert, wenn sie bei Eintritt der Sozialhilfebedürftigkeit freiwillig in der Pflegeversicherung versichert waren und diese freiwillige Versicherung – i.d.R. auf eigene Kosten – aufrecht erhalten.
Personen, die wegen Bezug von laufender Hilfe zum Lebensunterhalt nach dem SGB XII nicht in der sozialen Pflegeversicherung versichert sind und deren

Sozialhilfebezug endet, können ab dem 1.7.2002 freiwillig der sozialen oder einer privaten Pflegeversicherung beitreten, vgl. § 26a SGB XI. Dieser freiwillige Beitritt zur Pflegeversicherung gilt nur dann, wenn diese Personen nicht ohnehin versicherungspflichtig werden, zum Beispiel weil sie nach dem Sozialhilfebezug einer versicherungspflichtigen Tätigkeit als Arbeiter oder Angestellte nachgehen. Der Beitritt zur privaten oder sozialen Pflegeversicherung ist schriftlich innerhalb von drei Monaten nach Wegfall der Sozialhilfebedürftigkeit zu stellen.

dd) Ein Beitrittsrecht zur sozialen und privaten Pflegeversicherung haben darüber hinaus folgende eng umgrenzte Personengruppen:
- Nicht pflegeversicherungspflichtige Personen, die als Zuwanderer oder Auslandsrückkehrer im Inland ihren Wohnsitz nehmen und das 65. Lebensjahr noch nicht vollendet haben.
- Nicht versicherungspflichtige Personen, die bisher nicht in der Lage waren einen Beitrag selbst zu zahlen, nunmehr aber dazu in der Lage sind.

Auch diese Personen müssen innerhalb von drei Monaten nach Wohnsitznahme im Inland bzw. nach Wegfall des Hindernisses den Beitritt gegenüber der gewählten Pflegekasse erklären.

7.1.2 Begriff der Pflegebedürftigkeit

a) § 14 SGB XI regelt den Begriff der **Pflegebedürftigkeit.** In § 14 Abs. 1 SGB XI ist geregelt, wer pflegebedürftig im Sinne des SGB XI ist. In § 14 Abs. 2 bis 4 SGB XI werden anschließend die in § 14 Abs. 1 SGB XI verwendeten Begriffe „Krankheit oder Behinderung“, „Hilfe“ und „gewöhnliche und regelmäßig wiederkehrende Verrichtungen“ näher bestimmt. An diesem Aufbau des Gesetzes orientiert sich die folgende Darstellung.
Gemäß § 14 Abs. 1 SGB XI sind die Personen pflegebedürftig im Sinne des SGB XI, „die wegen einer körperlichen, geistigen oder seelischen Krankheit oder Behinderung für die gewöhnlichen und regelmäßig wiederkehrenden Verrichtungen im Ablauf des täglichen Lebens auf Dauer, voraussichtlich für mindestens 6 Monate, in erheblichem oder höherem Maße der Hilfe bedürfen“. § 14 Abs. 1 SGB XI enthält **zwei Einschränkungen,** einmal hinsichtlich der zu erwartenden Dauer der Pflegebedürftigkeit (voraussichtlich für mindestens 6 Monate) und zum anderen hinsichtlich des Maßes der Pflegebedürftigkeit (Hilfebedarf in erheblichem oder höherem Maße).
Zur **Dauer der Pflegebedürftigkeit** ist Folgendes zu sagen: Pflegebedürftigkeit auf Dauer liegt auch dann vor, wenn der Hilfebedarf nur deshalb nicht über 6 Monate hinausgeht, weil die zu erwartende Lebensspanne voraussichtlich weniger als 6 Monate beträgt. Für die Beurteilung, ob Pflegebedürftigkeit oder eine höhere Stufe der Pflegebedürftigkeit von voraussichtlich mindestens

6 Monaten vorliegt, kommt es auf die Sichtweise zum Zeitpunkt der Antragstellung an. Auf den Zeitpunkt des Abschlusses des Verwaltungsverfahrens abzustellen würde bedeuten, dass ein Versicherter allein durch die Dauer des Verwaltungsverfahrens eines Rechtsnachteil erleiden könnte, den er bei zügiger Entscheidung nicht gehabt hätte. Bei einer Änderung der Verhältnisse durch plötzliche Verringerung des Pflegebedarfs besteht die Möglichkeit, die Leistung zu entziehen bzw. herabzusetzen, dies aber **nur mit Wirkung für die Zukunft.**

Auf die zweite Einschränkung des § 14 Abs. 1 SGB XI, dass der Hilfebedarf ein **erhebliches** oder **höheres Maß** erreichen muss, wird unten (bei 7.1.3 dieses Abschnitts im Rahmen der Pflegestufen) näher eingegangen.

b) **Die Begriffsbestimmungen in § 14 Abs. 2 bis 4 SGB XI**

- **Krankheiten** und **Behinderungen** im Sinne von § 14 Abs. 1 SGB XI sind:
  - Verluste, Lähmungen oder andere Funktionsstörungen am Stütz- und Bewegungsapparat,
  - Funktionsstörungen der inneren Organe oder der Sinnesorgane,
  - Störungen des Zentralnervensystems wie Antriebs-, Gedächtnis- oder Orientierungsstörungen sowie endogene Psychosen, Neurosen oder geistige Behinderungen.

Die Aufzählung der Krankheits- und Behinderungsgruppen macht deutlich, dass nichtmedizinische Ursachen nicht ausreichen, um Pflegebedürftigkeit nach dem SGB XI zu begründen.

- **Hilfe im Sinne des § 14 Abs. 1 SGB XI**

§ 14 Abs. 3 SGB XI umschreibt den Begriff „Hilfe" näher. Hilfe besteht in der Unterstützung, in der teilweisen oder vollständigen Übernahme der Verrichtungen im Ablauf des täglichen Lebens oder in Beaufsichtigung oder Anleitung mit dem Ziel der eigenständigen Übernahme dieser Verrichtungen.

- **Gewöhnliche und regelmäßig wiederkehrende Verrichtungen im Sinne des § 14 Abs. 1 SGB XI**

In § 14 Abs. 4 SGB XI werden – anders als bisher im BSHG und SGB V – die gewöhnlichen und regelmäßig wiederkehrenden Verrichtungen **einzeln aufgezählt,** bei denen der Pflegebedürftige der Hilfe bedarf. Dieser Katalog der gewöhnlich und regelmäßig wiederkehrenden Verrichtungen wird von der Rechtsprechung als abschließend angesehen. Dies bedeutet, dass in § 14 Abs. 4 SGB XI nicht ausdrücklich aufgeführte Verrichtungen beim Pflegebedarf grundsätzlich nicht berücksichtigt werden können.

Das Bundesverfassungsgericht hat in einem Beschluss vom 22.5.2003 (1 BvR 452/99 und 1 BvR 1077/00) entschieden: Es verstößt nicht gegen den Gleichheitssatz des Grundgesetzes, dass die für Leistungen der sozialen Pflegeversicherung erforderliche Feststellung der Pflegebedürftigkeit anhand **bestimm-**

ter, gesetzlich abschließend benannter Verrichtungen erfolgt. Diese Verrichtungen betreffen einzeln aufgezählte Vorgänge aus den Bereichen der Körperpflege, der Ernährung, der Mobilität und der hauswirtschaftlichen Versorgung. Darüber hinausgehender Hilfebedarf, z.B. der gesteigerte Bedarf an allgemeiner Beaufsichtigung bei Menschen mit demenzbedingten Funktionsstörungen, geistigen Behinderungen oder psychischen Erkrankungen, ist für die Beurteilung der Pflegebedürftigkeit **bei der Zuordnung in eine Pflegestufe** nicht zu berücksichtigen.

Gewöhnliche und regelmäßig wiederkehrende Verrichtungen sind:

- im Bereich der **Körperpflege:** das Waschen, das Duschen, das Baden, die Zahnpflege, das Kämmen, das Rasieren, die Darm- oder Blasenentleerung,
- im Bereich der **Ernährung:** das mundgerechte Zubereiten oder die Aufnahme der Nahrung,
- im Bereich der **Mobilität:** das selbstständige Aufstehen und Zubettgehen, An- und Auskleiden, Gehen, Stehen, Treppensteigen, Verlassen und Aufsuchen der Wohnung. Zu den Verrichtungen im Bereich der Mobilität zählen auch das Liegen und Sitzen, obwohl diese Verrichtungen in § 14 Abs. 4 Nr. 3 nicht ausdrücklich genannt sind (BSG 17.5.2000 – B 3 P 20/99 R).
- im Bereich der **hauswirtschaftlichen Versorgung:** das Einkaufen, Kochen, Reinigen der Wohnung, Spülen, Wechseln und Waschen der Wäsche und Kleidung oder das Beheizen.

Wie die oben aufgeführten Merkmale der Pflegebedürftigkeit im Einzelnen abgegrenzt werden, ist im SGB XI nicht geregelt. Dazu, sowie zur Abgrenzung der Pflegestufen nach § 15 SGB XI und zum Verfahren der Feststellung der Pflegebedürftigkeit, haben die Spitzenverbände der Pflegekassen **Richtlinien** beschlossen (Pflegebedürftigkeits-Richtlinien, Stand 22.8.2001). Es würde den Umfang dieses Abschnitts sprengen, wollte man den Inhalt der **Pflegebedürftigkeits-Richtlinien** vollständig wiedergeben. Hier werden nur einige besonders wichtige Punkte angesprochen, die in den Richtlinien näher geregelt sind.

Entscheidend ist zunächst der Hilfebedarf bei den im Einzelnen in § 14 Abs. 4 SGB XI genannten Versicherungen (= Zeitaufwand an **Grundpflege**). Die Rechtsprechung des Bundessozialgerichts in den vergangenen Jahren hat deutlich gemacht, dass die Durchführung dieser Grundpflege insbesondere durch **verrichtungsbezogene krankheitsspezifische Pflegemaßnahmen erschwert werden kann.** Diese Rechtsprechung des BSG hat der Gesetzgeber aufgegriffen und in § 15 Abs. 3 Satz 2 SGB XI bestimmt, dass bei der Feststellung des Zeitaufwandes (für die Zuordnung zu Pflegestufen, dazu unten 7.1.3) ein Zeitaufwand für erforderliche verrichtungsbezogene krankeitsspezifische Pflegemaßnahmen **zu berücksichtigen ist.** Dabei sind verrichtungsbezogenen krankeitsspezifischen Pflegemaßnahmen solche Maßnahmen, bei denen der behandlungspflegerische Hilfebedarf untrennbarer Bestandteil einer Verrichtung nach § 14 Abs. 4 SGB XI ist (also z.B. Bestandteil der Körperpflege) oder mit einer solchen Verrichtung notwendig in einem unmittelbaren zeitlichen und sachlichen Zusammenhang steht. In Betracht kommen z.B.: Anziehen und Ausziehen von Kompressionsstrümpfen ab Klasse 2, das Einreiben mit Dermatika, die Verabreichung eines Klistiers, die Einmalkatheterisierung und Maßnahmen der Sekretelimination bei Mukoviszidose.

Auch wenn diese verrichtungsbezogenen krankheitsspezifischen Pflegemaßnahmen beim Zeitaufwand (für die Zuordnung zu Pflegestufen) berücksichtigt werden, dies dann zur Feststellung einer der drei Stufen der Pflegebedürftigkeit führt und folglich Leistungen der Pflegeversicherung zu erbringen sind (z.B. Pflegesachleistung nach § 36 SGB XI, Pflegegeld nach § 37 SGB XI, dazu unten 7.1.6 b) und c)), so schließt dies nicht aus, dass der Pflegebedürftige auch Leistungen der **häuslichen Krankenpflege** von der **Krankenkasse** beanspruchen kann, wenn die Voraussetzungen des § 37 Abs. 2 und 3 SGB V vorliegen (dazu oben 5.1 e)). Diese Doppelzuständigkeit führt zu keinen relevanten Doppelleistungen, weil der ambulante Pflegedienst bei der Abrechnung diese verrichtungsbezogenen krankheitsspezifischen Pflegemaßnahmen nicht gegenüber der Pflegekasse abrechnen darf (vgl. § 36 Abs. 2 SGB XI), sondern nur gegenüber der Krankenkasse. Und wenn das Pflegegeld (§ 37 SGB XI) in Anspruch genommen wird, handelt es sich allenfalls um eine Doppelleistung in geringer Höhe, die aus Gründen der Verwaltungspraktikabilität und im Interesse des Pflegebedürftigen hingenommen werden kann.

Auf die einzelnen, oben erwähnten, verrichtungsbezogenen krankeitsspezifischen Pflegemaßnahmen wird noch in den nachfolgenden Ausführungen näher eingegangen.

c) **Regelmäßig wiederkehrende Verrichtungen im Ablauf des täglichen Lebens:**

Die regelmäßig wiederkehrenden Verrichtungen müssen im **Ablauf des täglichen Lebens** vorkommen.

- Für den Bereich **Körperpflege** werden deshalb schon im Gesetz ausschließlich **täglich** erforderliche Verrichtungen aufgezählt. Für die im Gesetz genannten Verrichtungen gibt es keine Vorgaben, wie häufig sie erfolgen müssen. Es kommt auf den tatsächlichen Hilfebedarf an. Wenn der Pflegebedürftige z.B. wegen Inkontinenz mehrmals täglich duschen muss, ist der tatsächliche Hilfebedarf zu berücksichtigen.

Fallen bestimmte, in der Regel **täglich erforderliche** Verrichtungen – z.B. bei der Körperpflege das Duschen und Baden – im konkreten Einzelfall **nicht täglich** an, so muss der wöchentliche Zeitaufwand festgestellt werden und anteilig auf den **Durchschnittswert pro Tag** umgerechnet werden (d.h. wöchentlicher

Zeitaufwand dividiert durch 7). In der Regel **nicht täglich anfallende** Maßnahmen – z. B. das Nägelschneiden – bleiben **außer Betracht.**

Soweit beim **Waschen** eine Schmerzmedikation als Einzelgabe gezielt zur Durchführung des Waschens (z.B. bei Kontrakturen oder Tumorschmerzen) verabreicht werden muss, handelt es sich um eine krankheitsspezifische Pflegemaßnahme, die als Erschwernisfaktor zu werten ist. Gleiches gilt für eine vor oder während der Verrichtung notwendige Sekretabsaugung. **Nicht** zu berücksichtigen ist hingegen eine Medikation chronischer Schmerzen, weil diese Maßnahme nicht zwangsläufig in unmittelbarem zeitlichen und sachlichen Zusammenhang mit dem Waschen vorgenommen werden muss.

Soweit beim **Duschen oder Baden** aufgrund einer Hauterkrankung das anschließende Einreiben mit einer Salbe notwendig ist, handelt es sich um eine krankheitsspezifische Pflegemaßnahme, die als Erschwernisfaktor zu werten ist. **Nicht** zu berücksichtigen ist hingegen eine Einreibung mit Salben z.B. gegen Rheumaschmerzen, weil diese Maßnahme nicht zwangsläufig in unmittelbarem zeitlichen und sachlichen Zusammenhang mit dem Baden oder Duschen vorgenommen werden muss.

Soweit bei der **Darm- und Blasenentleerung** die Verabreichung eines Klistiers, eines Einlaufs oder die Einmalkatheterisierung notwendig ist, handelt es sich um eine krankheitsspezifische Pflegemaßnahme, die als Erschwernisfaktor zu werten ist. **Im Gegensatz dazu** ist die Gabe von Abführmedikamenten oder das Legen eines Blasenkatheters keine solche Maßnahme, weil diese Tätigkeiten nicht zwangsläufig in unmittelbarem zeitlichen und sachlichen Zusammenhang mit der Darm- und Blasenentleerung vorgenommen werden müssen.

- Im Bereich **Ernährung** zählen zur mundgerechten Zubereitung und zur Aufnahme der Nahrung auch portions- und temperaturgerechte Vorgabe der Nahrung und der Umgang mit dem Besteck.

Das **Zubereiten von Diäten,** einschließlich des anhand von Diätvorschriften vorzunehmenden Bemessens und Zuteilens der zubereiteten Nahrung bzw. einzelner Nahrungsbestandteile ist nicht bei der „Ernährung“ sondern bei der hauswirtschaftlichen Versorgung, beim „Kochen“, zu berücksichtigen. Die **regelmäßige Insulingabe sowie die Blutzuckermessungen** sind keine krankheitsspezifischen Pflegemaßnahmen, die als Erschwernisfaktoren zu werten sind, weil diese Tätigkeiten nicht zwangsläufig in unmittelbarem zeitlichen und sachlichen Zusammenhang mit der Nahrungsaufnahme vorgenommen werden müssen. Nach Ansicht des Bundessozialgerichts gehören die regelmäßigen Insulingaben sowie die Blutzuckermessungen zur medizinischen Behandlung des Diabetes und nicht zur Nahrungsaufnahme (vgl. BSG 17.06.1999 – B 3 P 10/98 R).

In einer anderen Entscheidung hat das BSG (17.3.2005 – B 3 KR 8/04 R) entschieden, dass eine **Medikamentengabe** nicht zur Ernährung zu rechnen ist, weil sie nicht in untrennbarem Zusammenhang mit der Nahrungsaufnahme erfolgt und deshalb nicht der Grundpflege zugerechnet werden kann. Die Medikamentengabe kann der behandelnde Arzt im Rahmen der häuslichen Krankenpflege verordnen, wenn die pflegebedürftige Person die Medikamentengabe nicht selbst steuern kann und im Haushalt keine Person lebt, die die Medikamentengabe überwachen kann. Die Versorgung mit Medikamenten ist dann von der Krankenversicherung separat neben den Leistungen der Pflegeversicherung zu vergüten.

Soweit bei der Aufnahme der Nahrung das Wechseln der Sprechkanüle gegen eine Dauerkanüle zur Ermöglichung des Schluckens erforderlich ist, handelt es sich um eine krankheitsspezifische Pflegemaßnahme, die als Erschwernisfaktor zu werten ist. Gleiches gilt für eine vor oder während der Verrichtung notwendige Sekretabsaugung. **Im Gegensatz dazu** ist das Legen einer Dauerernährungssonde keine solche Maßnahme, weil diese Tätigkeit nicht zwangsläufig in unmittelbarem zeitlichen und sachlichen Zusammenhang mit der Aufnahme von Nahrung vorgenommen wird.

– Zum Bereich der **Mobilität** zählt u.a. das An- und Auskleiden. Soweit das An- und Ausziehen von Kompressionsstrümpfen ab Kompressionsklasse 2 erforderlich ist, ist das als Erschwernisfaktor bei der Pflege zu berücksichtigen.

Da die Versorgung mit **Kompressionsstrümpfen** zur Therapie einer Erkrankung gehört, ist die notwendige Hilfe beim An- und Ausziehen der Kompressionsstrümpfe auch als häusliche Krankenpflege vom Arzt verordnungsfähig. Die Krankenkasse hat die häusliche Krankenpflege zusätzlich zu den Leistungen der Pflegeversicherung zu vergüten (BSG 17.3.2005 – B 3 KR 8/04 R).

Das **Umlagern** fällt ebenfalls unter den Bereich der Mobilität. Das Umlagern tagsüber und auch nachts wird als Bestandteil der Grundpflege angesehen und folgendermaßen berücksichtigt:

- Umlagern ohne Zusammenhang mit einer Verrichtung der Grundpflege, z.B. allein wegen der Dekubitusprophylaxe wird der Verrichtung „Aufstehen und Zubettgehen" zugeordnet.
- Fällt das Umlagern in Zusammenhang mit einer Verrichtung der Grundpflege an, z.B. der Darm- und Blasenentleerung, so wird das Umlagern bei der jeweiligen Verrichtung berücksichtigt.

Der Transfer auf einen Rollstuhl/Toilettenstuhl ist nicht beim „Aufstehen/Zubettgehen" zu berücksichtigen, sondern beim „Stehen".

– Beim Verlassen und Wiederaufsuchen der Wohnung sind nur solche Verrichtungen außerhalb der Wohnung zu berücksichtigen, die für die Aufrechterhaltung der Lebensführung zu Hause unumgänglich sind und das persönliche Erscheinen des Hilfebedürftigen erfordern.

Werden von einem Pflegedienst ärztlich verordnete, gezielte Bewegungsübungen durchgeführt, die den **Folgen bestimmter Erkrankungen** – z.B. dem Knochenschwund (Osteoporose) – entgegen wirken und **eine Verschlimmerung verhindern** sollen (§ 27 Abs. 1 SGB V), dann gehören diese Maßnahmen zur Behandlungspflege. Diese Maßnahmen kann der behandelnde Arzt im Rahmen der häuslichen Krankenpflege verordnen. Die Bewegungsübungen werden von der Krankenversicherung **zusätzlich** zu den Leistungen der Pflegeversicherung vergütet.

Dienen die Bewegungsübungen dazu, die **Folgen der Bettlägerigkeit** zu lindern und der **Gefahr einer Erkrankung** vorzubeugen, dann sind die Bewegungsübungen integraler Bestandteil der Grundpflege. Die Bewegungsübungen werden von der Pflegeversicherung nicht separat vergütet. Zur Grundpflege zählt z.B. der Gefahr von Druckgeschwüren, Muskel- oder Knochenschwund und der sogenannten Bettlungenentzündung entgegen zu wirken (BSG 17.3.2005 – B 3 KR 35/04 R).

Das Bundessozialgericht hat am 21.2.2002 (B 3 P 12/01 R) entschieden, dass der Zeitaufwand für den Transport der pflegebedürftigen Person zur Pflegeperson nicht als Hilfe beim Verlassen und Wiederaufsuchen der Wohnung berücksichtigt werden kann, wenn dieser Bedarf nur **durch Einschränkungen der Leistungsfähigkeit der Pflegeperson** entstanden ist. Eine Berücksichtigung von Konstitution und Lebensumständen der Pflegeperson würde bei ansonsten gleichem Pflegebedarf je nach Wahl der Pflegeperson zu unterschiedlichen Leistungen führen. Je nach Alter, Kenntnissen, Fähigkeiten, Erfahrung und Gesundheitszustand der Pflegeperson kann der konkret erforderliche zeitliche Aufwand – bei gleichem Gesundheitszustand des Pflegebedürftigen und identischem Hilfebedarf – erheblich differieren.

Zur Berücksichtigung von **Arzt- und Therapeutenbesuchen** gilt Folgendes:

Zum Verlassen und Wiederaufsuchen der Wohnung zählt auch das Aufsuchen von Ärzten zu therapeutischen Zwecken oder die Inanspruchnahme ärztlich verordneter Therapien, z.B. Dialysemaßnahmen, krebsbekämpfende Maßnahmen und Maßnahmen zur Unterdrückung der Immunabwehr. Die ärztlich verordnete und von einem Krankengymnasten/Physiotherapeuten durchgeführte Physiotherapie zählt nach Ansicht des Bundessozialgerichts, ebenso wie die Frühförderung, zu den rehabilitativen Maßnahmen, die bei der Zuordnung zu einer Pflegestufe nicht berücksichtigt werden können (BSG 26.11.1998 – B 3 P 20/97). Wird die ärztliche Behandlung bzw. therapeutische Maßnahme während eines Aufenthalts in einer Behinderteneinrichtung oder einem sozialpädiatrischen Zentrum erbracht, kann dieser Hilfebedarf **nicht** berücksichtigt werden.

Nicht zu berücksichtigen ist das Verlassen und Wiederaufsuchen der Wohnung im Zusammenhang mit Maßnahmen der

- medizinischen Rehabilitation, vgl. hierzu §§ 40, 42, 43 SGB V
- Prävention, vgl. hierzu §§ 20, 22, 23 SGB V

– Eingliederungshilfe (einschließlich Frühförderung), vgl. hierzu §§ 53 ff. SGB XII
– notwendigen Begleitung auf dem Schulweg.

Das Aufsuchen von Apotheken, Behörden oder anderen Stellen ist zu berücksichtigen, wenn das **persönliche Erscheinen** der pflegebedürftigen Person – z. B. bei einer Antragstellung – erforderlich ist. Weitere Hilfen, z. B. die Begleitung zur Bushaltestelle auf dem Weg zu Behindertenwerkstätten, Schulen und Kindergärten oder im Zusammenhang mit einer Erwerbstätigkeit sowie bei Spaziergängen oder Besuchen kultureller Veranstaltungen, bleiben **unberücksichtigt.**

Neben den **Fahrzeiten** sind die **zwangsläufig anfallenden Wartezeiten der Begleitperson** anzurechnen, wenn sie dadurch zeitlich und örtlich gebunden sind. Generell kann hierfür eine Wartezeit von 30–45 Minuten anerkannt werden Bei Kindern kann die Notwendigkeit der Begleitung zum Arzt oder zur verordneten Therapie vorausgesetzt und **einschließlich der Wartezeit** als Hilfebedarf berücksichtigt werden.

Das Verlassen und Wiederaufsuchen der Wohnung gilt als regelmäßig notwendig, wenn es **mindestens einmal pro Woche** anfällt. Notwendige Fahr- und Wartezeiten, die nicht täglich anfallen, sind für die Bemessung des zeitlichen Gesamtpflegeaufwandes auf den Tag umzurechnen.

– Im Bereich **hauswirtschaftliche Versorgung** umfasst das Einkaufen z. B. auch den Überblick, welche Lebensmittel eingekauft werden müssen, die Kenntnis des Wertes von Geldmünzen und Banknoten und die Kenntnis der Genieß- bzw. Haltbarkeit von Lebensmitteln.

d) **Ausführungen zum Begriff „Hilfe“**

– **Unterstützung** bedeutet, noch vorhandene Fähigkeiten bei den Verrichtungen des täglichen Lebens zu erhalten und zu fördern sowie dem Pflegebedürftigen zu helfen, verloren gegangene Fähigkeiten wieder zu erlernen und nicht vorhandene Fähigkeiten zu entwickeln (aktivierende Pflege). **Pflegeunterstützende Maßnahmen,** wie z. B. das Abklopfen bei Mukoviszidose-Kindern, gehören nur bei Kindern – nicht bei Erwachsenen – zur Unterstützung i.S.d. § 14 Abs. 3 SGB XI und werden deshalb nur bei Kindern berücksichtigt.
– **Beaufsichtigung und Anleitung** zielen darauf ab, dass die im Gesetz genannten Verrichtungen vom Pflegebedürftigen selbst durchgeführt werden. Sie richten sich darauf, die körperlichen, psychischen und geistigen Fähigkeiten zu fördern und zu erhalten (z. B. Orientierung zur eigenen Person und in der Umgebung), Eigen- und Fremdgefährdung bei den im Gesetz genannten Verrichtungen zu vermeiden (z. B. durch unsachgemäßen Umgang mit Strom, Wasser und offenem Feuer bei der Nahrungszubereitung) sowie Ängste, Reizbarkeit oder Aggression abzubauen.

Der Hilfebedarf ist nur dann zu berücksichtigen, wenn er ein **verrichtungsbezogener** Hilfebedarf ist. Beispiel: Benötigt der Pflegebedürftige bei der Körperpflege – z.B. beim Waschen – Unterstützung, oder muss er bei diesen Tätigkeiten beaufsichtigt werden, oder bedarf er der Anleitung, so ist dieser Pflegebedarf zu berücksichtigen; vgl. unten 7.1.3 c, Urteil des BSG vom 26.11.1998.

Folgender Hilfebedarf ist für die Einstufung **nicht** relevant:

- Die ständige **allgemeine Überwachung und Betreuung** eines Pflegebedürftigen.
- Der Hilfebedarf in **anderen** als in den vom Gesetz genannten Bereichen, z.B. der Bedarf an Kommunikation, kann **bei der Einstufung in die einzelne Pflegestufe** nicht berücksichtigt werden. Der Gesetzgeber hat den Bedarf an Kommunikation bewusst nicht in den Katalog der pflegebegründenden Tatsachen nach § 14 SGB XI aufgenommen. Bei der **Leistungserbringung** hingegen soll nach dem Willen des Gesetzgebers der Bedarf des Pflegebedürftigen an Kommunikation berücksichtigt werden, um einer Vereinsamung vorzubeugen (vgl. § 28 Abs. 4 SGB XI); vgl. auch hierzu unten 7.1.3 c, Urteil des BSG vom 26.11.1998.
- Der Bedarf an sozialer Betreuung sowie die Zeiten tagesstrukturierender Maßnahmen (z.B. die Maltherapie) gehören **nicht** zu den bei der Pflegeeinstufung zu berücksichtigenden Zeiten (BSG 10.02.2000 – B 3 P 13/99 R und B 3 P 11/99 R).

Das Bundesverfassungsgericht hat in einem Beschluss vom 22.5.2003 (1 BvR 452/99 und 1 BvR 1077/00) ausführlich zum berücksichtigungsfähigen Hilfebedarf in der sozialen Pflegeversicherung Stellung genommen. Der Gesetzgeber verfügt danach über einen weiten Gestaltungsspielraum, wenn er festlegt, welche tatsächlichen Umstände Leistungen der sozialen Pflegeversicherung auslösen oder erhöhen. Hier geht es um die leistungsrechtlichen Grundentscheidungen eines Sozialleistungssystems. Die dabei anzustellenden sozialpolitischen Entscheidungen überprüft das Bundesverfassungsgericht nur darauf, **ob sie offensichtlich fehlerhaft oder mit der Wertverordnung des Grundgesetzes unvereinbar sind.** Da die soziale Pflegeversicherung ohnehin nur der **Teilabsicherung eines Risikos** dient, ist die gesetzgeberische Gestaltungsfreiheit besonders groß. Die gerügte Ungleichbehandlung ist nach Ansicht des Bundesverfassungsgerichts sachlich gerechtfertigt. Der Gesetzgeber hat sich dafür entschieden, **dass der krankheitsbedingte Bedarf an allgemeinen Betreuungs- und Hilfeleistungen nicht die Pflegebedürftigkeit begründen kann.** Dafür war zum einen der Gesichtspunkt der Gesetzesklarheit und der Anwendungssicherheit maßgebend. Der leistungsberechtigte Personenkreis kann bei der Feststellung der Pflegebedürftigkeit anhand der verrichtungsbezogenen Festlegung im Gesetz relativ einfach und schnell festgestellt werden. Dies ist nach Ansicht des Bundesverfassungsgerichts rechts-

und sozialstaatlich vorteilhaft. Zum anderen ist mit Hilfe der engen Definition der Pflegebedürftigkeit die Beitragsbelastung dauerhaft auf einem vertretbaren Niveau zu halten. Schließlich ist auch die dadurch bedingte Leistungsstruktur der sozialen Pflegeversicherung verfassungsrechtlich **nicht zu beanstanden.** Bei der Festlegung der Leistungen und der Ausgestaltung der einzelnen Leistungstatbestände in der sozialen Pflegeversicherung eröffnet sich nach Ansicht des Bundesverfassungsgerichts für jeden Versicherten prinzipiell die gleiche Möglichkeit, Versicherungsleistungen zu erhalten. Die maßgeblichen gesetzlichen Bestimmungen sind auch nicht nur auf Menschen mit körperlichen Krankheiten oder Behinderungen zugeschnitten. Vielmehr werden von ihnen psychisch kranke und geistig behinderte Menschen im großem Umfang erreicht. Der Gesetzgeber ist auch nicht systemwidrig und inkonsequent vorgegangen. Er musste insbesondere nicht das, was nach allgemeinem Sprachgebrauch unter „Pflege" zu verstehen ist, vollständig in der gesetzlichen Pflegeversicherung berücksichtigen. Bei vollstationärer Pflege wird zwar nach dem Gesetz die soziale Betreuung von den Leistungen der sozialen Pflegeversicherung umfasst. Dies führt jedoch nicht zur Annahme einer Systemwidrigkeit. Der Gesetzgeber hat bewusst darauf verzichtet, die soziale Betreuung **in die Feststellung der Pflegebedürftigkeit** einfließen zu lassen, weil dadurch der Kreis der leistungsberechtigten Personen erheblich erweitert und die Finanzierbarkeit der sozialen Pflegeversicherung ohne Anhebung des Betragssatzes nicht mehr möglich gewesen wäre (bestätigend: BSG 1.9.2005 – B 3 O 4/04 R).
Die Ausführungen des Bundesverfassungsgerichts stehen auch nicht im Widerspruch zum Pflegeleistungsergänzungsgesetz vom 14.12.2001, das die Leistungen der Pflegeversicherung für alterverwirrte, psychisch kranke und geistig behinderte Menschen erweitert hat. Begünstigt werden hier Pflegebedürftige, wenn bei ihnen nach Feststellung des medizinischen Dienstes neben dem in der Pflegeversicherung bereits zu berücksichtigenden verrichtungsbezogenen Hilfebedarf noch ein erheblicher Bedarf an allgemeiner Beaufsichtigung und Betreuung gegeben ist. Dies setzt allerdings voraus, dass der **verrichtungsbezogene Hilfebedarf mindestens den Umfang der Pflegestufe I erreicht,** vgl. zu den Einzelheiten Abschnitt 7.1.6 h).
Bei **wechselndem Hilfebedarf** ist auf den durchschnittlichen Hilfebedarf über einen längeren Zeitraum abzustellen. Beispiel: Je nach dem Gesundheitszustand benötigt der Pflegebedürftige beim Waschen Hilfe zwischen 10 und 20 Minuten. Hier ist ein Durchschnittswert zu ermitteln.
Beim Medizinischen Dienst der Spitzenverbände der Krankenkassen ist gegen einen mit 1,45 € frankierten DIN-A4-Umschlag folgende Schrift zu beziehen: „Richtlinien der Spitzenverbände zur Begutachtung von Pflegebedürftigkeit nach dem Elften Buch des Sozialgesetzbuchs." Diese Schrift enthält u.a. die vollständigen **Begutachtungsrichtlinien** und die vollständigen Pflegebedürftig-

keits-Richtlinien vom 11.5.2006. Die Adresse lautet: Medizinischer Dienst der Spitzenverbände der Krankenkassen, Lützowstr. 53, 45141 Essen, Tel. 02 01/ 83 27 0. Für die Praxis ist besonders der Anhang wichtig, der Bestandteil der Begutachtungsrichtlinien ist. Auch dieser Anhang wird zz. überarbeitet. Die wesentlichen zu erwartenden Änderungen, insbesondere die krankheitsspezifischen Pflegemaßnahmen, sind bereits eingearbeitet. In diesem Teil der Begutachtungrichtlinien sind beispielhaft allgemeine Faktoren aufgelistet, die die Pflege erschweren, allgemeine Faktoren, die die Pflege erleichtern und Zeitkorridore für die Bemessung der Pflegezeiten bei den in § 14 SGB XI genannten Verrichtungen der Grundpflege. Es würde den Umfang dieses Abschnitts sprengen, wollte man den Anhang zu den Pflegebedürftigkeitsrichtlinien im Einzelnen darstellen. Deshalb können hier nur ein paar grundsätzliche Hinweise gegeben werden.

In den Begutachtungsrichtlinien sind folgende **allgemeine Erschwernisfaktoren** beispielhaft aufgeführt:

- Körpergewicht über 80 kg
- Kontrakturen/Einsteifung großer Gelenke
- hochgradige Spastik
- Hemiplegien oder Paraparesen
- einschießende unkontrollierte Bewegungen
- Fehlstellungen der Extremitäten
- eingeschränkte Belastbarkeit infolge schwerer kardiopulmonaler Dekompensation, Orthopnoe und ausgeprägter zentraler peripherer Zyanose sowie peripheren Ödemen
- Abwehrverhalten mit Behinderung der Übernahme (z.B. bei geistigen Behinderungen/psychischen Erkrankungen)
- stark eingeschränkte Sinneswahrnehmung (Hören, Sehen)
- starke therapieresistente Schmerzen
- pflegebehindernde räumliche Verhältnisse
- zeitaufwändiger Hilfsmitteleinsatz (z.B. bei fahrbaren Liftern/Decken-, Wand-Liftern)

Folgende allgemeine **pflegeerleichternde Faktoren** sind beispielhaft aufgeführt:

- Körpergewicht unter 40 kg
- pflegeerleichternde räumliche Verhältnisse
- Hilfsmitteleinsatz

Alle **Hilfsmittel/Pflegehilfsmittel/technischen Hilfen** des Antragstellers, ungeachtet der Kostenträgerschaft, einschließlich Verbrauchsgüter sind aufzuführen. Aufzunehmen ist, ob die Hilfsmittel benutzt werden oder nicht und in welchem Umfang durch ihre Anwendung/Nichtanwendung die Pflege bei den im Gesetz definierten täglich wiederkehrenden Verrichtungen beeinflusst wird. Im Laufe der Begutachtung ist zu prüfen, ob durch den Hilfsmitteleinsatz der

Hilfebedarf beeinflusst oder sogar ausgeglichen werden kann. Wenn durch den Einsatz eines Hilfsmittels, z.B. eines Gehwagens oder eines Rollstuhls, und durch Schulung und Training im Hilfsmittelgebrauch der Pflegebedarf verringert werden kann, so hat der Gutachter dies im individuellen Pflegeplan des Formulargutachtens anzugeben. Es ist damit zu rechnen, das Gutachter verstärkt auf den Hilfsmitteleinsatz verweisen, um zu einer niedrigeren Einstufung zu gelangen oder auch zu keiner Einstufung im Sinne der Pflegeversicherung zu kommen.

Für die Verrichtungen der Grundpflege sind in die Begutachtungsrichtlinien seit der Überarbeitung **Zeitkorridore** eingefügt worden. Auch hier nur einige **Beispiele:**

Körperpflege, z.B. Waschen

- Ganzkörperwäsche: 20–25 Minuten
- Teilwäsche Oberkörper: 8–10 Minuten
- Teilwäsche Unterkörper: 12–15 Minuten
- Teilwäsche Hände/Gesicht: 1–2 Minuten
- Körperpflege, z.B. Duschen: 20–25 Minuten

Darm- und Blasenentleerung:

- Wasserlassen (Intimhygiene, Reinigen der Toilette bzw. des Umfeldes): 2–3 Minuten
- Stuhlgang (Intimhygiene, Reinigen der Toilette bzw. des Umfeldes): 3–6 Minuten
- Richten der Bekleidung: insgesamt 2 Minuten
- Wechseln von Windeln (Intimhygiene, Entsorgung) nach Wasserlassen: 4–6 Minuten, nach Stuhlgang: 7–10 Minuten
- Wechseln kleiner Vorlagen: 1–2 Minuten
- Wechseln/Entleeren des Urinbeutels: 2–3 Minuten
- Wechseln/Entleeren des Stomabeutels: 3–4 Minuten

Diese Beispiele sollen deutlich machen, von welchen Zeitkorridoren der Medizinische Dienst bei seiner Begutachtung ausgeht. Die **Zeitkorridore sind keine verbindlichen Vorgaben.** Sie haben nur eine Leitfunktion und können im Einzelfall über- oder unterschritten werden. Das Bundessozialgericht bestätigt in seinem Urteil vom 26.11.1998 (vgl. unten 7.1.3 c) ausdrücklich, dass es auf die individuellen Bedürfnisse des Pflegebedürftigen ankommt, wenn diese sachlich begründet sind. Liegen im Einzelfall Umstände vor, die den Hilfebedarf bei einer Verrichtung erheblich erhöhen, so kommt eine Beschränkung auf die Orientierungswerte zur Pflegezeitbemessung – wie sie in den Begutachtungsrichtlinien festgelegt sind – nicht in Betracht. Hält sich der Gutachter innerhalb der Zeitkorridore, braucht er seine Entscheidung nicht näher zu begründen. Eine Begründung muss er erst geben, wenn er die Zeitkorridore überschreitet. Die Zeitkorridore legen nur die Zeitwerte bei vollständiger Übernahme der Ver-

richtung fest. Wenn der Hilfebedarf in der **Beaufsichtigung und Anleitung** besteht, kann auf die Zeitkorridore nicht zurückgegriffen werden. Den Bedarf muss der Gutachter feststellen und auch einzeln begründen.
Die Zeitkorridore sollen zu einer Vereinheitlichung der Pflegezeiten führen. Es besteht die Gefahr, dass die Zeitkorridore in der Praxis von Richtzeiten, die im Einzelfall auch überschritten werden können, zu Regelzeiten werden. Es ist deshalb nach Einführung der Zeitkorridore noch wichtiger geworden, dass der Pflegebedürftige bzw. die Pflegeperson einen von den Zeitkorridoren abweichenden Pflegebedarf darlegen kann. Hierzu empfiehlt es sich, ein Pflegetagebuch zu führen, in dem der tatsächliche Zeitbedarf bei der Grundpflege dargelegt ist, und dem Gutachter eine Kopie davon bei der Pflegebegutachtung zu überreichen.
In seinem Urteil vom 21.2.2002 (B 3 P 12/01 R) hat das Bundessozialgericht allerdings dargelegt, dass es beim Zeitaufwand allein **auf die Pflegebedürftigkeit der zu pflegenden Person ankommt.**
Um eine Gleichbehandlung aller Pflegebedürftigen mit denselben Funktionseinbußen bei der Einstufung zu gewährleisten – die grundsätzlich auch für eine stationäre Pflege gilt – ist es erforderlich, bei der Ermittlung des Pflegebedarfs eine Versorgung durch eine **durchschnittlich geeignete Pflegeperson ohne Fachkenntnisse** zu Grunde zu legen. Transportzeiten zur und von der Wohnung der Pflegeperson, **die ausschließlich durch den Gesundheitszustand der Pflegeperson verursacht sind,** scheiden danach als Pflegebedarf aus, selbst wenn nur auf diese Weise die häusliche Pflege aufrechterhalten werden kann.
Bei der Beurteilung des Hilfebedarfs kommt es nicht allein auf den Hilfebedarf in der häuslichen Umgebung an. Wenn der Pflegebedürftige sich **teilweise außer Haus aufhält** (z.B. in einer Werkstatt für Behinderte), muss dieser Hilfebedarf zusammen mit dem Hilfebedarf in der häuslichen Umgebung bei der Einstufung in die Pflegestufe berücksichtigt werden.

7.1.3 Stufen der Pflegebedürftigkeit

a) Das SGB XI unterscheidet **drei Stufen der Pflegebedürftigkeit:** erhebliche Pflegebedürftigkeit, Schwerpflegebedürftigkeit und Schwerstpflegebedürftigkeit. Um Leistungen nach dem Pflegeversicherungsgesetz erhalten zu können, muss **mindestens erhebliche Pflegebedürftigkeit** vorliegen. Unterhalb dieser Schwelle bestehen gegebenenfalls Ansprüche gegen den Sozialhilfeträger.

- **Pflegestufe I (erheblich Pflegebedürftige):**

Erheblich pflegebedürftig sind Personen, „die bei der Körperpflege, der Ernährung oder der Mobilität für wenigstens zwei Verrichtungen aus einem oder mehreren Bereichen **mindestens einmal täglich** der Hilfe bedürfen und

zusätzlich mehrfach in der Woche Hilfen bei der hauswirtschaftlichen Versorgung benötigen", § 15 Abs. 1 Nr. 1 SGB XI.
In Pflegestufe I muss der Zeitaufwand für die Grundpflege und die hauswirtschaftliche Versorgung wöchentlich im Tagesdurchschnitt mindestens 1,5 Stunden betragen; hierbei müssen auf die Grundpflege mehr als 45 Minuten entfallen, vgl. § 15 Abs. 3 Nr. 1 SGB XI. Der pflegerische Aufwand muss gegenüber dem hauswirtschaftlichen Aufwand **im Vordergrund** stehen. Ein erheblich höherer Bedarf an hauswirtschaftlichen Verrichtungen ist für die Eingruppierung in Pflegestufe I unerheblich, wenn der Bedarf an Grundpflege nicht mindestens 46 Minuten/täglich erreicht.
Der Zeitaufwand von 1,5 Std. ist der Aufwand, den eine nicht als Pflegekraft ausgebildete Person für die Pflege betreiben muss.

- **Pflegestufe II (Schwerpflegebedürftige)**

Schwerpflegebedürftig sind Personen, „die bei der Körperpflege, der Ernährung oder der Mobilität **mindestens dreimal täglich zu verschiedenen Tageszeiten** der Hilfe bedürfen und zusätzlich mehrfach in der Woche Hilfen bei der hauswirtschaftlichen Versorgung benötigen", § 15 Abs. 1 Nr. 2 SGB XI.
§ 15 Abs. 3 Nr. 2 SGB XI bestimmt für diese Pflegestufe, dass der Zeitaufwand **mindestens 3 Stunden** am Tag betragen muss. Reicht es bei der Pflegestufe I aus, dass der pflegerische Aufwand gegenüber dem hauswirtschaftlichen Aufwand im Vordergrund stehen muss, so ist bei den Pflegestufen II und III erforderlich, dass der pflegerische Aufwand gegenüber den hauswirtschaftlichen Verrichtungen **eindeutig das Übergewicht** haben muss: Auf die Grundpflege müssen mindestens 2 Stunden entfallen.

- **Pflegestufe III (Schwerstpflegebedürftige)**

Schwerstpflegebedürftig sind Personen, „die bei der Körperpflege, der Ernährung oder der Mobilität **täglich rund um die Uhr, auch nachts,** der Hilfe bedürfen und zusätzlich mehrfach in der Woche auch Hilfen bei der hauswirtschaftlichen Versorgung benötigen", § 15 Abs. 1 Nr. 3 SGB XI.
§ 15 Abs. 3 Nr. 3 SGB XI bestimmt, daß Schwerstpflegebedürftigkeit dann vorliegt, wenn der Hilfebedarf so groß ist, dass jederzeit eine Pflegeperson unmittelbar erreichbar sein muss (Rund-um-die-Uhr-Betreuung). Der Zeitaufwand muss **mindestens 5 Stunden** täglich betragen; auf die Grundpflege müssen mindestens 4 Stunden entfallen. Die Pflege erfolgt „rund um die Uhr, auch nachts", wenn im Bereich der Grundpflege täglich mindestens dreimal zu verschiedenen Tageszeiten (6–22 Uhr) und mindestens einmal nachts (22–6 Uhr) Hilfe zu leisten ist (BSG 17.5.2000 – B 3 P 20/99 R).

b) **Zuordnung von Kindern in die Pflegestufen**

Bei der Zuordnung von **Kindern** in die Pflegestufen ist der **zusätzliche Hilfebedarf** gegenüber einem gesunden gleichaltrigen Kind maßgebend, § 15 Abs. 2 SGB XI.

Maßgebend ist nicht der natürliche altersbedingte Pflegebedarf. Aus der folgenden Tabelle (s. S. 195) geht hervor, von welchem Pflegeaufwand eines gesunden Kindes der Medizinische Dienst ausgeht. Bei kranken und behinderten Kindern ist der zusätzliche Hilfebedarf entscheidend. Erst wenn der Pflegebedarf behinderungs- oder krankheitsbedingt darüber hinausgeht, ist er bei der Einstufung in eine Pflegestufe zu berücksichtigen. Als Folge einer angeborenen Erkrankung, einer intensivmedizinischen Behandlung oder Operation können z.B. häufigere Mahlzeiten oder zusätzliche Körperpflege oder Lagerungsmaßnahmen erforderlich sein. Die **Richtlinien** bestimmen, dass im ersten Lebensjahr Pflegebedürftigkeit nur ausnahmsweise vorliegt. Ihre Feststellung bedarf einer besonderen Begründung.

c) **Rechtsprechung des Bundessozialgerichts zur Eingruppierung in die Pflegestufen**

In einem Urteil vom 26.11.1998 – B 3 P 20/97 – hat das BSG ausdrücklich klargestellt, dass der Katalog der Verrichtungen, die gemäß § 14 Abs. 4 SGB XI für die Einstufung in eine Pflegestufe maßgebend sind, abschließend ist. Dies hat das Bundessozialgericht in seinem Urteil vom 12.11.2003 – B 3 P 5/02 R – noch einmal klargestellt. In diesem Urteil hat es ausführlich zu der Abgrenzung der Grundpflege von der Behandlungspflege Stellung genommen. Die Grundpflege wird von der Pflegeversicherung, die Behandlungspflege von der Krankenversicherung finanziert. Diese Auffassung hat das Bundesverfassungsgericht in seinem Beschluss vom 22.5.2003 (BVerfG, Az: 1 BvR 452/99 und 1 BvR 1077/00) bestätigt. Allerdings sind insbesondere krankheitsbedingte Erschwernisse bei Verrichtungen der Grundpflege (z.B. beim Baden) zu berücksichtigen (sog. **Behandlungspflege**; dazu oben 7.1.2. b)).

Dies setzt allerdings voraus, dass ein Merkmal der Grundpflege, z.B. die Entleerung von Blase oder Darm, erfüllt wird. Das Bundessozialgericht hat in seinem Urteil vom 12.11.2003 – B 3 P 5/02 R – das Merkmal „Blasenentleerung" bei einer so genannten Bauchfelldialyse verneint. Bei diesem Blutreinigungsverfahren werden die sonst im Harn vorhandenen Substanzen mit einem in der Bauchhöhle implantierten Katheter über das Bauchfell ausgeschieden. Das BSG führt aus, dass der Begriff „Blasenentleerung" auch bei weiter Auslegung nur das Abführen der Körperflüssigkeit umfasst, die in den Nieren produziert und in der natürlichen Harnblase oder in einem Blasenersatz mit künstlich geschaffenem Harnausgang gesammelt wird (Harn, Urin). Im zu entscheidenden Fall war die Blase des Betroffenen funktionsfähig, die Nieren waren nicht in der Lage, das Blut zu reinigen. Die Bauchhöhle fungiert nicht als „künstliche Blase", sondern als „künstliche Niere". Da nach Ansicht des BSG kein Merkmal der Grundpflege erfüllt ist, können die krankheitsbedingten Erschwernisse nicht im Rahmen der Pflegeversicherung berücksichtigt werden. Es handelt

sich um Behandlungspflege ohne Bezug zur Grundpflege. Die Behandlungspflege muss die Krankenversicherung im Rahmen ihrer Zuständigkeit finanzieren.
Wenn allerdings die Behandlungspflege die Grundpflege erschwert, ist dies bei der zeitlichen Bewertung der Grundpflege zu berücksichtigen. Der Hilfebedarf bei einer solchen Verrichtung richtet sich jeweils nach den individuellen Bedürfnissen des zu Pflegenden (dazu oben 7.1.2 b)).
Wegen seiner grundsätzlichen Bedeutung wird das Urteil des Bundessozialgerichts vom 26.11.1998 hier auszugsweise veröffentlicht. Das Urteil ist vollständig abgedruckt in: „Neue Zeitschrift für Sozialrecht" 1999, S. 343 ff.:
Die Klägerin begehrt Pflegegeld aus der sozialen Pflegeversicherung nach der Pflegestufe III. Die im Januar 1993 geborene Klägerin leidet seit ihrer Geburt an einem schwerwiegenden Defekt der Lunge. Daneben besteht eine Neurodermitis. Das Versorgungsamt hat die Klägerin als Schwerbehinderte anerkannt und einen Grad der Behinderung von 100 sowie das Vorliegen der Voraussetzungen der Merkzeichen G, H und B festgestellt.
Auf Antrag der Klägerin kam der Medizinische Dienst der Krankenversicherung in seinem Gutachten vom April 1995 zu dem Ergebnis, dass bei der Klägerin wegen der Notwendigkeit einer Langzeit-Sauerstoff-Beatmung, gänzlich fehlender Mobilität sowie der Notwendigkeit der Ernährung über eine Nasensonde erhöhter Pflegebedarf bestehe. Der bei der Klägerin im Bereich der Körperpflege, der Nahrungsaufnahme und der Mobilität im Verhältnis zu einem gleichaltrigen gesunden Kind bestehende Mehrbedarf betrage täglich 1,5 Stunden. Auf der Grundlage dieses Gutachtens bewilligte die Beklagte Pflegegeld nach der Pflegestufe I ab dem 1.4.1995. Hiergegen erhob die Klägerin Widerspruch. Diesem gab die Beklagte teilweise statt und ordnete die Klägerin der Pflegestufe II zu. Klage, Berufung und Revision, die auf Einstufung in die Pflegestufe III gerichtet waren, blieben ohne Erfolg.

(I) Maßgeblicher Hilfebedarf in der Pflegeversicherung Das BSG stellt in seinem Urteil fest, dass bei der Bemessung des für die Zuordnung zur Pflegestufe III maßgebenden Pflegebedarfs die folgenden Hilfeleistungen nicht berücksichtigt werden können, weil sie nicht zu den in § 14 Abs. 4 SGB XI aufgeführten gewöhnlichen und wiederkehrenden Verrichtungen zählen:

a) alle durch die Lungenfunktionsstörung der Klägerin verursachten Maßnahmen, insbesondere die Versorgung der Klägerin mit Sauerstoff einschließlich aller damit zusammenhängenden Tätigkeiten.
b) die Durchführung der so genannten Frühförderung und die im häuslichen Bereich durchgeführte Krankengymnastik.
c) Hilfeleistungen im Bereich der Kommunikation.

Pflegeaufwand eines gesunden Kindes in Minuten

Bedarf des Kindes	Säugling		Kleinkind			Kindergarten			Grundschule				Weiterführende Schule	
Alter in Jahren	**0 – ½**	**½ – 1**	**1 – 1½**	**1½ – 2**	**2 – 3**	**3 – 4**	**4 – 5**	**5 – 6**	**6 – 7**	**7 – 8**	**8 – 9**	**9 – 10**	**10 – 11**	**11 – 12**
Zeit in Minuten / täglich	**Zeit in Minuten**		**Zeit in Minuten**			**Zeit in Minuten**			**Zeit in Minuten**				**Zeit in Minuten**	
Körperpflege														
Waschen = Teilwäsche + H/G	10	10	12	12	10	10	8	6	4	2	–	–	–	–
Duschen/Baden = GK	15	18	18	18	15	15	12	12	10	6	4	2	–	–
Zahnpflege	0	2	5	6	12	12	9	6	3	3	–	–	–	–
Kämmen	1	2	3	3	4	4	3	3	2	–	–	–	–	–
Darm-Blasenentleerung	35	30	28	32	40	35	15	5	3	–	–	–	–	–
Summe Körperpflege	**61**	**62**	**66**	**71**	**81**	**76**	**47**	**32**	**22**	**11**	**4**	**2**	–	–
Ernährung														
mundgerechte Zubereitung	5	5	8	8	8	6	4	3	2	2	–	–	–	–
Nahrungsaufnahme	140	120	100	80	20	15	6	–	–	–	–	–	–	–
Summe Ernährung	**145**	**125**	**108**	**88**	**28**	**21**	**10**	**3**	**2**	**2**	–	–	–	–
Mobilität														
Aufstehen / Zubettgehen	10	10	12	15	15	15	10	5	5	4	2	2	–	–
An-/Auskleiden	10	16	20	20	15	15	10	5	5	4	2	2	–	–
Gehen	10	10	10	12	8	4	–	–	–	–	–	–	–	–
Stehen / Transfer	2	2	2	2	2	–	–	–	–	–	–	–	-	–
Verlassen/Wiederaufsuchen der Wohnung *														
Summe Mobilität	**32**	**38**	**44**	**49**	**40**	**34**	**20**	**10**	**10**	**8**	**4**	**4**	–	–
Gesamtsumme	**238 – 225**	**225 – 218**	**218 – 208**	**208 – 169**	**169 – 138**	**138 –88**	**88 – 52**	**52 – 35**	**35 – 21**	**21 – 10**	**10 – 6**	**6 – 0**	–	–
Treppensteigen	4	4	4	8	6	4	–	–	–	–	–	–	–	–
Gesamtsumme m. Treppensteigen	**242 – 229**	**229 – 222**	**222 – 216**	**216 – 175**	**175 – 142**	**142 –88**	**88 – 52**	**52 – 35**	**35 – 21**	**21 – 10**	**10 – 6**	**6 – 0**	–	–

* Regelmäßige Arzt- oder Therapeutenbesuche fallen bei einem gesunden Kind nicht an.

Zu a): Die Versorgung der Klägerin mit Sauerstoff, einschließlich aller damit zusammenhängenden Tätigkeiten zählen nicht zu den in § 14 Abs. 4 SGB XI aufgeführten Maßnahmen der Grundpflege. Auch wenn hier lebenswichtige Funktionen aufrechterhalten werden, so handelt es sich doch nicht um Maßnahmen, die zur Grundpflege nach § 14 Abs. 4 SGB XI zählen, sondern es handelt sich um Maßnahmen der Behandlungspflege, für die die Zuständigkeit der gesetzlichen Krankenversicherung gegeben ist.
Für die Frage, welche Maßnahmen von der Pflegeversicherung zu bezahlen sind, ist der Katalog in § 14 Abs. 4 SGB XI als abschließend anzusehen. Allerdings, soweit die ständige Verbindung der Klägerin mit einem Sauerstoffgerät bei einzelnen Verrichtungen der Grundpflege, wie etwa dem An- und Ausziehen oder auch der Körperpflege, einen zeitlichen Mehrbedarf verursacht, so ist dieser zeitliche Mehrbedarf bei der Einstufung in die Pflegeversicherung zu berücksichtigen. Dies gilt insbesondere auch für das häufigere Baden infolge der Neurodermitis und das anschließende notwendige Einfetten der Haut. Diese Maßnahmen sind der Verrichtung „Baden" zuzuordnen. Der Hilfebedarf bei dieser Verrichtung richtet sich nach den individuellen Bedürfnissen des Pflegebedürftigen. Ein zeitlicher Mehraufwand bei diesen Verrichtungen ist nicht deshalb ausgeschlossen, weil er krankheits- oder behinderungsbedingt ist. Im Gegenteil, krankheits- oder behinderungsbedingte Erschwernisse bei den Verrichtungen der Grundpflege sind zu berücksichtigen.
Zur Berücksichtigung des Einreibens mit Dermatika (Arzneimitteln zur Behandlung von Hautkrankheiten) im Sinne einer verrichtungsbezogenen krankheitsspezifischen Pflegemaßnahme bei der häuslichen Krankenpflege vgl. oben 5.1 e) und bei der Feststellung des Zeitbedarfs für die Pflegestufen oben 7.1.2 b).

Zu b) Frühförderung und im häuslichen Bereich durchgeführte Krankengymnastik

Das BSG ordnet die Maßnahmen der Frühförderung und die Maßnahmen der Krankengymnastik dem Bereich der Rehabilitation zu. Rehabilitative Maßnahmen, auch zur Vermeidung von Pflege, werden von §§ 14, 15 SGB XI nicht erfasst. Diese Leistungen werden vor allem von der gesetzlichen Krankenversicherung zur Verfügung gestellt und müssen auch von dieser bezahlt werden. Dabei macht es keinen Unterschied, ob die Krankengymnastik von einer familiären Pflegeperson oder von einem professionellen Leistungserbringer in dessen Praxis erbracht wird. Der Zeitaufwand für die Krankengymnastik ebenso wie für die Frühförderung können, da es sich um rehabilitative Maßnahmen handelt, bei der Zuordnung einer Pflegestufe nicht berücksichtigt werden.
Der Zeitaufwand für die Wege außerhalb der Wohnung kann allenfalls berücksichtigt werden, wenn diese zur Aufrechterhaltung der Lebensführung außer

Haus unerlässlich sind. Dient aber die krankengymnastische Behandlung, was häufig der Fall sein wird, einer für die Zukunft angestrebten Besserung des Gesundheitszustandes, so muss auch die hiermit im Zusammenhang stehende Hilfeleistung bei der Bemessung des Pflegebedarfs unberücksichtigt bleiben, weil sie dem nicht von der Pflegeversicherung abgedeckten Bereich der Rehabilitation zuzuordnen ist.

Maßnahmen der Rehabilitation sind andererseits von solchen Hilfeleistungen abzugrenzen, die den Charakter einer verrichtungsbezogenen Anleitung haben. Die Anleitung hat zum Ziel, die Erledigung der täglich wiederkehrenden Verrichtungen durch den Pflegebedürftigen im Sinne einer Motivation zur Selbsthilfe sicherzustellen. Anleitungen, die etwa darauf abzielen, behinderten Kindern die eigenständige Ausführung solcher Verrichtungen zu vermitteln, die von gleichaltrigen gesunden Kindern bereits ohne fremde Hilfe erbracht werden, zählen zum Pflegeaufwand im Sinne von § 14 Abs. 4 SGB XI: Dies ist allerdings in erster Linie bei geistig behinderten Kindern von Bedeutung.

Zu c) Kommunikation

Der Bedarf an Kommunikation ist bereits deshalb nicht zu berücksichtigen, weil die Kommunikation nicht zu den Verrichtungen des § 14 Abs. 4 SGB XI zählt.

(II) Abzug des Hilfebedarfs eines gesunden gleichaltrigen Kindes Zur Feststellung des Hilfebedarfs eines pflegebedürftigen Kindes ist es nach Ansicht des BSG zulässig, vom Hilfebedarf des pflegebedürftigen Kindes den altersentsprechenden Hilfebedarf eines gesunden gleichaltrigen Kindes abzuziehen. Das BSG bestätigt ausdrücklich, dass es keine Benachteiligung darstellt, beim pflegebedürftigen Kind nur den krankheits- oder behinderungsbedingten Mehraufwand bei der Zuordnung in die Pflegestufen zu berücksichtigen.

(III) Bindungswirkung der Feststellung des Versorgungsamtes im Schwerbehindertenausweis Das BSG ist in dem Urteil auch der Frage nachgegangen, ob die Klägerin nicht schon deshalb der Pflegestufe III zuzuordnen ist, weil sie als Schwerbehinderte mit GdB von 100 und als hilflos im Sinne von § 33 b VI Einkommenssteuergesetz (EStG) anerkannt ist. Auch dies hat das BSG verneint. Die Voraussetzungen für die Feststellung der Schwerbehinderteneigenschaft nach dem SGB IX (§§ 68 ff.) und die für die Feststellung von Hilflosigkeit im Sinne des § 33 b VI EStG weichen von den Voraussetzungen ab, die in §§ 14, 15 SGB XI für die Feststellung von Pflegebedürftigkeit nach dem Pflegeversicherungsgesetz aufgestellt worden sind.

Das Bundessozialgericht hat damit die Position der Pflegekassen gestärkt, den Hilfebedarf streng verrichtungsbezogen zu definieren. Das Bundesverfas-sungsgericht (22.5.2003 – 1 BvR 452/99 und 1 BvR 1077/00) teilt diese Auffassung.

7.1.4 Feststellung der Pflegebedürftigkeit und Antragstellung § 18 SGB XI regelt das **Verfahren** zur Feststellung der Pflegebedürftigkeit. Das Verfahren entspricht der (von früher her) schon bekannten Vorgehensweise der Krankenkassen bei der Feststellung der Schwerpflegebedürftigkeit nach dem SGB V. Die **Pflegekassen** lassen durch den **Medizinischen Dienst der Krankenversicherung (MDK)** prüfen, ob Pflegebedürftigkeit im Sinne des Pflegeversicherungsgesetzes vorliegt.

- Pflegebedürftige erhalten die Leistungen grundsätzlich **nur auf Antrag,** § 33 Abs. 1 SGB XI.

Die Leistungen werden in der Regel von Beginn des Monats der Antragsstellung an gewährt.
Wer in der Zeit ab dem 1.1.2000 einen Antrag auf Leistungen der Pflegeversicherung stellt, muss in den letzten 10 Jahren vor der Antragstellung **mindestens 5 Jahre** als Mitglied oder als Familienversicherter in der sozialen Pflegeversicherung versichert gewesen sein. Diese Zeit, die man vor der Antragstellung versichert sein muss, bevor ein Anspruch auf Leistungen besteht, nennt man **Vorversicherungszeit.**
Damit Personen, die infolge des Eintritts der Versicherungspflicht in der sozialen Pflegeversicherung aus der **privaten** Pflegeversicherung ausscheiden, keine Nachteile entstehen, werden die bis zu diesem Zeitpunkt ununterbrochen zurückgelegten Versicherungszeiten in der privaten Pflegeversicherung auf die Vorversicherungszeiten in der sozialen Pflegeversicherung angerechnet.
Art. 45 PflegeVG sieht vor, dass pflegebedürftige Versicherte, die bis zum 31.3.1995 Leistungen wegen Schwerpflegebedürftigkeit nach §§ 53 – 57 SGB V von der gesetzlichen Krankenversicherung erhalten haben, mit Wirkung vom 1.4.1995 ohne Antragstellung in die Pflegestufe II eingestuft werden. Die **Besitzstandsregelung** hat in der Zwischenzeit wesentlich an Bedeutung verloren. In der Praxis kommt es allerdings immer wieder vor, dass Pflegebedürftige, die automatisch ohne Begutachtung durch den Medizinischen Dienst 1995 in die Pflegestufe II eingestuft wurden, bei einer Begutachtung durch den Medizinischen Dienst jetzt in Pflegestufe I zurückgestuft werden.
Eine Rückstufung nach Pflegestufe I verstößt gegen den Bestandsschutz, den dieser Personenkreis über Art. 45 PflegeVG genießt. Art. 45 PflegeVG enthält keine zeitliche Begrenzung. Allerdings ist eine Rückstufung des Pflegebedürftigen in Pflegestufe I bei einer zukünftigen Begutachtung nicht ausgeschlossen, wenn sich nach dem Inkrafttreten der Pflegeversicherung die Pflegebedürftigkeit gebessert hat, und die Voraussetzungen der alten Krankenkassenleistung bei Schwerpflegebedürftigkeit jetzt nicht mehr vorliegen.

7.1.5 Entscheidung der Pflegekasse, Rechtsmittel, sonstige Überprüfungsmöglichkeiten Die Pflegekasse entscheidet auf der Grundlage des Gutachtens des Medizinischen Dienstes. Der Bescheid muss angeben, ob und ggf. welche Stufe der Pflegebedürftigkeit vorliegt.

§ 7 Abs. 3 SGB XI sieht (ab 1.1.2002) vor, dass die Pflegekasse zur Unterstützung des Pflegebedürftigen bei der Auswahl eines Pflegedienstes oder eines Pflegeheimes spätestens mit dem Bescheid über die Bewilligung seines Antrags auf Gewährung häuslicher, teil- oder vollstationärer Pflege eine Vergleichsliste der Pflegeeinrichtungen übermitteln muss, in deren Einzugsbereich die pflegerische Versorgung gewährleistet werden soll (Leistungs- und Preisvergleichsliste). Die Leistungs- und Preisvergleichsliste hat zumindest die für die Pflegeeinrichtung jeweils geltende Festlegung der Leistungen, ihrer Qualität und die dafür zu zahlende Vergütung zu enthalten. Zugleich ist dem Pflegebedürftigen eine Beratung darüber anzubieten, welche Pflegeleistungen für ihn in seiner persönlichen Situation in Betracht kommen.

Es besteht gegenüber der Pflegekasse ein Rechtsanspruch auf Erteilung eines **schriftlichen Bescheides** mit einer Rechtsmittelbelehrung. Der Pflegebedürftige sollte immer auf einem schriftlichen, rechtsmittelfähigen Bescheid bestehen und sich mit einer mündlichen Ablehnung nicht zufrieden geben.

Wird der Antrag abgelehnt, oder ist man mit der Eingruppierung in eine Pflegestufe nicht einverstanden, besteht die Möglichkeit, innerhalb eines Monats nach Bekanntgabe schriftlich oder zur Niederschrift bei der Pflegekasse **Widerspruch** einzulegen (§ 84 SGG). Fehlt im Bescheid der Pflegekasse die Rechtsmittelbelehrung, beträgt die Widerspruchsfrist ein Jahr. Der Widerspruch kann vom Pflegebedürftigen, seinem Betreuer oder seinem Bevollmächtigten eingelegt werden. Der Widerspruch sollte begründet werden. Eine Begründung ist aber ohne Kenntnis des Gutachtens des Medizinischen Dienstes (MDK) in den meisten Fällen nicht möglich. Es empfiehlt sich deshalb, sogleich mit Einlegung des Widerspruchs **Akteneinsicht** zu verlangen.

Empfehlenswert ist, das Gutachten des Medizinischen Dienstes **mit dem behandelnden Arzt zu besprechen.** Mit seiner Hilfe oder einer detaillierten eigenen Stellungnahme sollte dargelegt werden, wo das Gutachten den Pflegebedarf nicht richtig wiedergibt. Hilfreich kann in diesem Zusammenhang auch ein **Pflegetagebuch** sein, das im Einzelnen aufschlüsselt, wie viel Pflege bei den einzelnen Verrichtungen benötigt wird, und welcher zeitliche Aufwand dafür erforderlich ist.

Die Pflegekasse legt die Widerspruchsbegründung dem MDK in der Regel erneut vor. Beim MDK wird das Gutachten zunächst vom Verfasser überprüft. Wenn dieser an seiner Auffassung festhält, wird ein Zweitgutachten von einem anderen Gutachter erstellt. Der Zweitgutachter entscheidet, ob er das Gutachten aufgrund der vorhandenen Aktenlage erstellt oder eine erneute häusliche Untersuchung durchführt. Im Anschluss daran teilt der MDK das Ergebnis der Pflegekasse mit, die einen entsprechenden **Widerspruchsbescheid** erlässt.

Gegen diesen Widerspruchsbescheid kann binnen eines Monats Klage beim Sozialgericht erhoben werden (§ 87 SGG). Der Weg vor die Sozialgerichte ist auch gegeben, wenn die Entscheidung der privaten Pflegekasse angegriffen werden soll, vgl. § 51 Abs. 2 SGG.
Sowohl das **Widerspruchsverfahren** als auch das **Klageverfahren** sind **kostenfrei.** Kosten eines Anwalts muss man aber, wenn man im Verfahren unterliegt, oder im Widerspruchsverfahren die Hinzuziehung eines Anwalts nicht notwendig war, selbst tragen.
Wir raten, sich ggf. im Widerspruchsverfahren, spätestens jedoch vor Erhebung einer Klage, von einem **Fachanwalt für Sozialrecht** beraten zu lassen. Eine Liste mit Namen von Anwälten, die sich in der „Arbeitsgemeinschaft Sozialrecht" des Deutschen Anwaltvereins organisiert haben, kann bei der Geschäftsstelle der BAGH angefordert werden. Außerdem haben sich in letzter Zeit in größeren Städten Anwaltssuchservice-Gesellschaften gegründet, die bei der Suche nach Fachanwälten für Sozialrecht behilflich sind. Die Telefonnummern der Anwaltssuchservice-Gesellschaften können über die Fernsprechauskunft der Deutschen Telekom erfragt werden (vgl. auch oben 3.3 a)).
Wenn die Rechtsmittelfrist versäumt wurde, kann man gem. § 44 SGB X zeitlich unbegrenzt bei der Pflegekasse eine **Überprüfung** beantragen. Gegen die Überprüfungsentscheidung kann dann wiederum Widerspruch und anschließend Klage erhoben werden. Eine Überprüfung kann sowohl vom Pflegebedürftigen als auch von der Pflegekasse herbeigeführt werden.
Eine **Wiederholungsbegutachtung** ist außerdem möglich, wenn der Pflegekasse bekannt wird, dass sich die pflegebegründende Ausgangssituation geändert hat. Wegen der grundsätzlichen Bindung an das der Leistungszusage zu Grunde gelegte Gutachten steht es den Pflegekassen nicht frei, jederzeit ein neues Gutachten einzuholen (vgl. BSG 13.3.2001 – B 3 P 20/00 R). Eine Nachuntersuchung ist bei gesetzeskonformer Auslegung nur dann „angemessen", wenn Gründe für die Annahme bestehen, der Umfang der Pflegebedürftigkeit könne sich in einem für die Einstufung relevanten Umfang verändert haben, (vgl. BSG 23.7.2002 – B 3 P 9/01 R). Dies kann vorliegen, wenn sich der gesundheitliche Zustand gebessert hat und dadurch Pflegeleistungen entfallen oder in ihrem Umfang geringer geworden sind. Dies kann aber auch ein verbessertes häusliches Umfeld und eine verbesserte konkrete Wohnsituation sein (vgl. BSG 21.2.2002 – B 3 P 12/01 R), z.B. der Umzug in eine behindertengerechte Wohnung.
Für eine Neubegutachtung und Eingruppierung in eine andere Pflegestufe reicht es nicht aus, festzustellen, dass überhaupt eine Änderung eingetreten ist und die heutigen Verhältnisse eine Einstufung in die ursprüngliche Pflegestufe nicht mehr rechtfertigen. Es muss vielmehr festgestellt werden, ob auch bei Anlegung des früheren Maßstabs eine niedrigere Einstufung die Folge gewesen wäre. Für eine wesentliche Änderung der Verhältnisse trägt die Pflegekasse

die Beweislast (BSG 23.7.2002 – B 3 P 9/01 R). Liegt eine wesentliche Änderung der Verhältnisse vor, hebt die soziale Pflegekasse den Bescheid gemäß § 48 SGB X auf und erlässt nach vorheriger Anhörung des Pflegebedürftigen einen Änderungsbescheid.
Es kann auch festgestellt werden, dass die häusliche Pflege nicht ausreichend sichergestellt ist. Dann kann die Pflegekasse das Pflegegeld ganz oder teilweise entziehen und stattdessen die Pflegesachleistung, d.h. die Pflege durch einen ambulanten Pflegedienst, gewähren. Die Ausführungen zeigen, dass eine Überprüfung für den Pflegebedürftigen nicht risikolos ist, da sie auch zu einer Verschlechterung der Leistungen führen kann.
Das Bundessozialgericht hat sich in seinem Urteil vom 23.7.2002 (B 3 P 9/01 R) unter anderem mit der Frage befassen müssen, welche Regelungen für den Erlass und für die Aufhebung einer Leistungszusage der **privaten Pflegeversicherung** gelten. Die Regelungen über die Aufhebung von Verwaltungsakten, insbesondere von Leistungsbescheiden, nach den §§ 48 ff SGB X ist auf die private Pflegeversicherung weder unmittelbar noch mittelbar anwendbar. Eine unmittelbare Anwendung der §§ 48 ff SGB X käme nur in Betracht, wenn die Unternehmen der privaten Krankenversicherung mit der Pflegeversicherung eine hoheitliche Aufgabe etwa als beliehene Unternehmen vornähmen. Dies ist nicht der Fall (vgl. BSG 30.3.2000 – B 3 P 21/99). Im Bereich der privaten Pflegeversicherung gelten nur die Regeln des Zivilrechts, d.h. es gilt das Bürgerliche Gesetzbuch und das private Versicherungsrecht. Danach sind mit Rechtsbindungswillen abgegebene Willenserklärungen – wie hier die Leistungszusage der privaten Pflegeversicherung – grundsätzlich bindend und eine Beseitigung nur bei Irrtum, arglistiger Täuschung oder Wegfall der Geschäftsgrundlage, sowie bei **wesentlicher Änderung der rechtlichen und/oder tatsächlichen Verhältnisse** möglich. Die Erklärung der privaten Pflegeversicherung, z.B. Pflegegeld zu zahlen, ist eine Willenserklärung, die durch den unwidersprochenen Empfang der Leistungen durch den Versicherten angenommen wurde. Das BSG hat die Leistungszusage als deklaratorisches Schuldanerkenntnis gewertet. An dieses Schuldanerkenntnis ist die private Versicherung bis zu einer Änderung der rechtlichen oder tatsächlichen Verhältnisse gebunden. Es gilt das zur Wiederholungsbegutachtung in diesem Abschnitt oben Gesagte.

7.1.6 Leistungen der Pflegeversicherung

Grundsätze der Leistungserbringung, § 28 Abs. 3 und 4 SGB XI In § 28 SGB XI sind **drei Grundsätze der Leistungserbringung** näher umschrieben:
- Die Pflegekassen und die Leistungserbringer, z.B. die Pflegedienste, haben sicherzustellen, dass die Leistungen nach dem **allgemein anerkannten Stand der medizinisch pflegerischen Erkenntnis** erbracht werden.

- Die Pflege soll die Aktivierung des Pflegebedürftigen zum Ziel haben, um vorhandene Fähigkeiten zu erhalten und, soweit dies möglich ist, verlorengegangene Fähigkeiten zurückzugewinnen **(Grundsatz der aktivierenden Pflege).**
- Die Bedürfnisse des Pflegebedürftigen nach **Kommunikation** bei der Leistungserbringung sollen berücksichtigt werden, um einer Vereinsamung vorzubeugen.

Nachfolgend werden nun von den 11 Leistungen, die in § 28 Abs. 1 SGB XI aufgeführt sind, die wichtigsten erläutert (vgl. dazu das Schaubild auf S. 204):

a) Die Leistungen bei häuslicher Pflege, §§ 36 bis 40 SGB XI

Leistungen der häuslichen Pflege sind möglich, wenn der Pflegebedürftige in seinem **eigenen** Haushalt gepflegt wird. Häusliche Pflege wird nicht dadurch ausgeschlossen, dass der Pflegebedürftige in einem Altenwohnheim, Altenheim, Behindertenwohnheim oder einer vergleichbaren Einrichtung wohnt. Indiz für einen eigenen Haushalt ist ein eigener Mietvertrag. Leistungen der häuslichen Pflege sind aber auch dann möglich, wenn der Pflegebedürftige **nicht** in seinem eigenen Haushalt, sondern z.B. im Haushalt der Pflegeperson gepflegt wird.

Leistungen der häuslichen Pflege sind allerdings **ausgeschlossen,** wenn der Pflegebedürftige in einer stationären Pflegeeinrichtung gepflegt wird, oder wenn er sich in einer stationären Einrichtung nach § 71 Abs. 4 SGB XI aufhält und dort gepflegt wird. § 71 Abs. 4 bestimmt, dass Einrichtungen, in denen

- die medizinische Vorsorge oder Rehabilitation,
- die berufliche oder soziale Eingliederung,
- die schulische Ausbildung oder die Erziehung Kranker oder Behinderter im Vordergrund des Zwecks der Einrichtungen stehen, sowie
- Krankenhäuser

keine Pflegeeinrichtungen sind.

Diese Regelung führt zu einer klaren Trennung von Pflegeeinrichtungen und Einrichtungen, in denen zwar im Einzelfall auch Hilfen bei den Verrichtungen des täglichen Lebens zur Verfügung gestellt werden, die jedoch von ihrer Grundausrichtung her einem anderen Zweck als der Pflege dienen.

Pflegebedürftige, die sich in **vollstationären Einrichtungen der Behindertenhilfe** (z.B. Sonderschule mit Internat) aufhalten, haben keinen Anspruch auf häusliche Pflege. Sie haben einen Anspruch auf **Eingliederungshilfe nach dem SGB XII.** Die Pflegeversicherung leistet aber einen Zuschuss in Höhe von 10% des Pflegesatzes (maximal 256,– € pro Monat) zu den pflegebedingten Aufwendungen, den Aufwendungen für die soziale Betreuung und – vorerst bis zum 31.12.2007 – zu den Aufwendungen bei medizinischer Behandlungspflege. Es besteht aber ein Anspruch auf Leistungen der häuslichen Pflege für die Zeiträume, in denen der Pflegebedürftige tatsächlich im Haushalt der Familie gepflegt wird. Beispiel: Der Pflegebedürftige ist von montags bis freitags internatsmäßig, d.h. vollstationär, untergebracht. An Wochenenden oder in den Ferien wird er allerdings zu Hause gepflegt. Für diese Zeiträume besteht ein Anspruch auf ein anteiliges Pflegegeld oder die Pflegesachleistung.

b) Pflegesachleistung, § 36 SGB XI

Der Pflegebedürftige kann gemäß § 36 SGB XI die **Pflegesachleistung** in Anspruch nehmen. Sie umfasst die **Grundpflege** und die **hauswirtschaftliche Versorgung**; die verrichtungsbezogenen krankheitsspezifischen Pflegemaßnahmen gehören nicht dazu, soweit diese im Rahmen der häuslichen Krankenpflege nach § 37 SGB V zu leisten sind. In **Pflegestufe I** können im Monat Pflegeeinsätze bis zu einem Wert von **384,– €** in Anspruch genommen werden. In **Pflegestufe II** beträgt der Wert **921,– €** und in **Pflegestufe III 1.432,– €.** In besonders gelagerten Einzelfällen können Einsätze bis zu einem Wert von **1.918,– €** gewährt werden, wenn ein **außergewöhnlicher Pflegeaufwand** vorliegt, **der das Maß der Pflegestufe III weit übersteigt.** Die Aufwendungen für die Personen, die einen außergewöhnlichen Pflegeaufwand haben, dürfen bei der einzelnen Pflegekasse für nicht mehr als 3 % der bei ihr versicherten Pflegebedürftigen der Pflegestufe III, die häuslich gepflegt werden, angewendet werden. Die Spitzenverbände der Pflegekassen haben zur Anwendung dieser Härtefallregelung sog. **Härtefall-Richtlinien** verabschiedet (Härtefall-Richtlinien – ambulante Pflege vom 10.7.1995 in der Fassung vom 3.7.1996). Danach liegt ein **außergewöhnlich hoher Pflegeaufwand** vor, wenn

- die Grundpflege auch nachts nur von mehreren Pflegekräften gemeinsam (zeitgleich) erbracht werden kann, oder
- Hilfe bei der Körperpflege, der Ernährung oder der Mobilität mindestens 7 Stunden täglich, davon mindestens 2 Stunden in der Nacht, erforderlich ist.

Zusätzlich muss **ständige Hilfe bei der hauswirtschaftlichen Versorgung** erforderlich sein. Beispiele für einen außergewöhnlich hohen Pflegeaufwand sind:

- Krebserkrankungen im Endstadium
- Aidserkrankungen im Endstadium
- Enzephalomyelitis disseminata im Endstadium
- Apallisches Syndrom
- schwere Ausprägung der Demenz
- schwere Fehlbildungen im Säuglings- und Kleinkindalter
- schwerste neurologische Defektsymptome nach Schädelhirnverletzungen
- Endstadium der Mukoviszidose
- hohe Querschnittslähmung und
- Tetraplegie

Leistungen der Pflegeversicherung im Überblick

(Stand: Januar 2006)

		Pflegestufe I Erheblich Pflegebedürftige	Pflegestufe II Schwerpflege-bedürftige	Pflegestufe III Schwerstpflege-bedürftige (in Härtefällen)
Häusliche Pflege	Pflegesachleistung bis € monatlich	384,–	921,–	1.432,– (1.918,–)
	Pflegegeld € monatlich	205,–	410,–	665,–
Pflegevertretung • **durch nahe Angehörige** • **durch sonstige Personen**	Pflegeaufwendungen für bis zu vier Wochen im Kalenderjahr bis €	205,–[1)] 1.432,–	410,–[1)] 1.432,–	665,–[1)] 1.432,–
Kurzzeitpflege	Pflegeaufwendungen bis € im Jahr	1.432,–	1.432,–	1.432,–
Teilstationäre Tages- und Nachtpflege	Pflegeaufwendungen bis € monatlich	384,–	921,–	1.432 ,–
Ergänzende Leistungen für Pflegebedürftige mit erheblichem allgemeinem Betreuungsbedarf	Leistungsbetrag bis € jährlich	460	460	460
Vollstationäre Pflege	Pflegeaufwendungen pauschal € monatlich	1.023,–	1.279,–	1.432 ,– (1.688,–)
Pflege in vollstationären Einrichtungen der Hilfe für behinderte Menschen	Pflegeaufwendungen in Höhe von	10 % des Heimentgelts, höchstens 256,– € monatlich		
Hilfsmittel, die zum Verbrauch bestimmt sind	Aufwendungen bis € monatlich		31	
Technische Hilfsmittel	Aufwendungen in Höhe von	90 % der Kosten, unter Berücksichtigung von höchstens 25,– € Eigenbeteiligung je Hilfsmittel		
Maßnahmen zur Verbesse-rung des Wohnumfeldes	Aufwendungen in Höhe von bis zu	2.557,– € je Maßnahme, unter Berücksichtigung einer angemessenen Eigenbeteiligung		
Zahlung von Rentenversicherungsbeiträgen für Pflegepersonen	je nach Umfang der Pflegetätigkeit[2)] bis € monatlich (Beitrittsgebiet)	127 (107)	255 (215)	382 (322)

[1)] Auf Nachweis werden den ehrenamtlichen Pflegepersonen notwendige Aufwendungen (Verdienstausfall, Fahrkosten usw.) bis zum Gesamtbetrag von 1.432,– € erstattet.

[2)] Bei wenigstens 14 Stunden Pflegetätigkeit pro Woche, wenn die Pflegeperson keiner Beschäftigung von über 30 Stunden nachgeht und sie noch keine Vollrente wegen Alters bezieht.

Hinzuweisen ist darauf, dass die Härtefallrichtlinien ebenso wie die übrigen Richtlinien der Pflegekassen keine Gesetzeskraft haben und gerichtlich überprüft werden können.
Pflegesachleistungen können nur die Einzelpersonen, ambulanten Dienste oder Einrichtungen der Tages- und Nachtpflege erbringen, die einen **Versorgungsvertrag mit den Pflegekassen** abgeschlossen haben, §§ 72, 77 SGB XI.
§ 120 SGB XI sieht vor, dass bei häuslicher Pflege der Pflegedienst spätestens mit Beginn des ersten Pflegeeinsatzes schriftlich einen **Pflegevertrag** mit dem Pflegebedürftigen schließen und diesen ihm aushändigen muss. Dieser Vertrag muss wenigstens Art, Inhalt und Umfang der Leistungen einschließlich der vereinbarten Vergütung für jede Leistung gesondert beschreiben. In § 120 SGB XI sind auch erstmals Kündigungsfristen für den Pflegevertrag geregelt. Die Vorschrift sieht vor, dass der Pflegebedürftige innerhalb von zwei Wochen ohne Angabe von Gründen und ohne Einhaltung einer Frist kündigen kann. Die Frist beginnt frühestens mit Aushändigung des Vertrages.

c) Pflegegeld, § 37 SGB XI

Der Pflegebedürftige kann **anstelle** der Pflegesachleistung das **Pflegegeld** beantragen. Das Pflegegeld beträgt **je nach Pflegestufe 205,– €, 410,– €** oder **665,– €.** Das Pflegegeld kann nur dann in Anspruch genommen werden, wenn der Pflegebedürftige mit dem Pflegegeld dessen Umfang entsprechend die erforderliche Grundpflege und hauswirtschaftliche Versorgung selbst sicherstellt. Ist dies nicht sichergestellt, kann der Medizinische Dienst vorschlagen, dass die Sachleistung in Anspruch genommen werden muss.
Pflegebedürftige, die Pflegegeld beziehen, sind verpflichtet
- bei **Pflegestufe I und II** mindestens einmal halbjährlich,
- bei **Pflegestufe III** mindestens einmal vierteljährlich

einen **Pflegeeinsatz** durch eine **Pflegeeinrichtung** abzurufen, mit der die Pflegekasse einen Versorgungsvertrag abgeschlossen hat, § 37 Abs. 3 SGB XI. Die Vergütung für die Pflichtpflegeeinsätze muss die zuständige Pflegekasse bezahlen. Bei Pflegebedürftigen, die bei einem Versicherungsunternehmen privat gegen das Risiko der Pflegebedürftigkeit versichert sind, muss das Versicherungsunternehmen diese Kosten tragen. Die Kosten können nicht auf das Pflegegeld angerechnet werden.
Die Pflichtpflegeeinsätze sollen der Qualitätssicherung der häuslichen Pflege dienen. Von vielen Pflegebedürftigen und ihren Angehörigen werden die Pflichtpflegeeinsätze jedoch eher als aufgezwungene Kontrolle empfunden.
Wenn der Pflegebedürftige den Pflegeeinsatz **nicht** durchführen lässt, wird das Pflegegeld durch die Pflegekasse gekürzt, im Wiederholungsfall sogar entzogen. Dies gilt auch, wenn der Pflegebedürftige sein Einverständnis zur Weitergabe der bei dem Pflichtpflegeeinsatz gewonnenen Informationen an

die Pflegekasse nicht erteilt. Das Pflegegeld ist **nicht nachzuzahlen,** wenn ein Pflegebedürftiger den zunächst nicht durchgeführten Pflegeeinsatz nachträglich abruft. Die Pflegekasse ist berechtigt, das Pflegegeld zu kürzen, und muss es nicht nachzahlen. Für eine Nachzahlung fehlt nach Ansicht des BSG die gesetzliche Grundlage (24.7.2003 – B 3 P 4/02 R). Wenn sich bei einem Pflichtpflegeeinsatz herausstellt, dass die häusliche Pflege nicht in geeigneter Weise durch das Pflegegeld selbst sichergestellt werden kann, kann die Pflegefachkraft in ihrem Bericht an die Pflegekasse z.B. anregen, dem Pflegebedürftigen anstelle des Pflegegeldes Pflegesachleistung durch einen Pflegedienst zu gewähren. Deshalb hat der Pflegedienst, der den Beratungsbesuch durchführt, dafür Sorge zu tragen, dass dafür Pflegekräfte eingesetzt werden, die spezifisches Wissen zu dem Krankheits- und Behinderungsbild sowie des sich daraus ergebenden Hilfebedarfs mitbringen und über besondere Beratungskompetenz verfügen. Es kann durchaus sinnvoll sein, die Pflegekraft, die das Gespräch durchführt, danach zu fragen, wo sie das für das Krankheits- oder Behinderungsbild erforderliche Wissen erworben hat. Sollte dieses Wissen nach Ihrer Ansicht fehlen, ist es sinnvoll, davon die Pflegekasse zu unterrichten.
Im Sterbemonat bleibt den Angehörigen die volle Pflegegeldleistung erhalten. Damit soll eine unnötige Belastung der durch den Sterbefall betroffenen Familien verhindert werden.

d) Kombination von Geld- und Sachleistung, § 38 SGB XI

Schöpft der Pflegebedürftige den Umfang der Pflegesachleistung nicht vollständig aus, hat er daneben Anspruch auf ein **anteiliges Pflegegeld**, § 38 SGB XI. Das Pflegegeld wird um den Prozentsatz gemindert, in dem der Pflegebedürftige Sachleistungen in Anspruch genommen hat.
Beispiel: Ein Pflegebedürftiger der Pflegestufe I nimmt Sachleistungen im Wert von 256,– € in Anspruch. Der ihm zustehende Höchstbetrag an Sachleistungen beträgt 384,– €. Er hat die Sachleistung zu rund 66 % ausgeschöpft. Vom Pflegegeld (205,– €) stehen ihm noch rund 33 %, also 68,– €, zu.

e) Häusliche Pflege bei Verhinderung der Pflegeperson, § 39 SGB XI

Die Leistungen der sogenannten **„Verhinderungspflege“** (§ 39 SGB XI) ersetzt die bisherige Urlaubspflege aus der gesetzlichen Krankenversicherung (SGB V). Die Pflegekasse übernimmt die Kosten für eine **Ersatzpflegekraft** für **längstens 4 Wochen im Jahr** unter der Voraussetzung, dass die Pflegeperson den Pflegebedürftigen vor der erstmaligen Verhinderung mindestens 12 Monate gepflegt hat. Die Pflege muss nicht ununterbrochen ausgeführt worden sein. Dauern die Unterbrechungen aber länger als 4 Wochen, so verlängert sich die Frist um diesen Zeitraum.

Die Voraussetzung, dass die Pflegeperson den Pflegebedürftigen mindestens 12 Monate lang gepflegt haben muss, gilt nur bei der **erstmaligen Verhinderung.** Nicht erforderlich ist, dass die Pflegeperson den Pflegebedürftigen vor jeder neuen Unterbrechung der Pflegetätigkeit wiederum 12 Monate gepflegt haben muss.
Außerdem gilt, dass Zeiten, die der Pflegebedürftige in Einrichtungen der Kurzzeitpflege (vgl. § 42 SGB XI) verbracht hat, auf die Dauer der Verhinderungspflege nicht angerechnet werden. Dies bedeutet, dass der Anspruch auf Verhinderungspflege ungekürzt erhalten bleibt, auch wenn der Pflegebedürftige bereits vier Wochen in einer Einrichtung der Kurzzeitpflege war.
Die Ersatzpflegekraft muss **keine professionelle Pflegekraft** sein.
Bei **nicht erwerbsmäßig** tätigen Ersatzpflegekräften gilt Folgendes:

- Ist die Pflegeperson mit dem Pflegebedürftigen bis zum 2. Grad verwandt oder verschwägert oder lebt sie mit dem Pflegebedürftigen in häuslicher Gemeinschaft, dann wird der Anspruch gegen die Pflegekasse in der Regel auf den Pflegegeldbetrag der jeweiligen Pflegestufe beschränkt; das heißt: in der Pflegestufe I 205,– €, in der Pflegestufe II 410,– €, in der Pflegestufe III 665,– €.

Bei nahen Verwandten und Haushaltsangehörigen wird vermutet, dass die Pflege nicht erwerbsmäßig ausgeübt wird, und deshalb keine höheren Aufwendungen als das Pflegegeld der jeweiligen Pflegestufe entstehen. Nur wenn dargelegt wird, dass der Ersatzpflegeperson im Zusammenhang mit der Pflege tatsächlich Mehrkosten über das Pflegegeld hinaus entstanden sind (z.B. Verdienstausfall, Fahrtkosten etc.) können auf Nachweis auch diese weiteren notwendigen Kosten bis zum Gesamtbetrag von 1.432,– € erstattet werden.
Diese Begrenzung auf das Pflegegeld gilt nur für Pflegepersonen, die mit dem Pflegebedürftigen bis zum 2. Grad verwandt oder verschwägert sind oder mit ihm in häuslicher Gemeinschaft leben. Bis zum 2. Grad verwandt sind zum Beispiel Eltern im Verhältnis zu ihren Kindern, Enkel im Verhältnis zu ihren Großeltern bzw. eheliche und nichteheliche Geschwister im Verhältnis zu ihrem Bruder bzw. Schwester. Unter die Regelung zur Schwägerschaft fällt zum Beispiel, wenn die Schwiegereltern den Schwiegersohn oder die Schwiegertochter pflegen.

- Wird die Ersatzpflege durch entfernte Verwandte oder eine Person aus der Nachbarschaft nicht erwerbsmäßig sichergestellt, wird nicht von unentgeltlicher Pflege ausgegangen. Der Betrag von 1.432,– € kann dann ausgeschöpft werden, wenn entsprechend hohe notwendige Aufwendungen nachgewiesen werden. Es ist anzuraten, vor Inanspruchnahme der Verhinderungspflege die Kostenübernahme für eine nicht erwerbsmäßig tätige Pflegekraft von der Pflegekasse genehmigen zu lassen. Hierbei wird es insbesondere um die Frage gehen, welche Stundensätze die Pflegekasse für die nicht erwerbsmäßig tätige Ersatzpflegeperson akzeptiert. Wenn darüber mit der Pflegekasse eine Einigung erzielt wurde, kann dann nach Ablauf der Verhinderungspflege eine Rechnung an die Pflegekasse gestellt werden, und die vereinbarten Kosten werden dann unter Beifügung der Nachweise erstattet.

- Wird die Verhinderungspflege von einer **erwerbsmäßig** tätigen Pflegekraft übernommen (z.B. einer Sozialstation), übernimmt die Pflegekasse die Kosten bis zu 1.432,– € für maximal 28 Tage pro Kalenderjahr.

Die zeitliche und die betragsmäßige Höchstgrenze greift alternativ ein, d.h. der Pflegebedürftige kann den Höchstbetrag auch dadurch ausschöpfen, dass er in einem kürzeren Zeitraum die erforderliche Pflege, z.B. durch eine erwerbsmäßig tätige Pflegekraft, ausführen lässt.
Bei der Verhinderungspflege hängt die Leistungshöhe nicht von der Pflegestufe ab, d.h. auch bei Pflegebedürftigen der Pflegestufe I werden Aufwendungen bis zu 1.432,– € ersetzt.

f) Pflegehilfsmittel und technische Hilfen, § 40 SGB XI

Soweit Hilfsmittel nicht schon durch einen anderen Leistungsträger gewährt werden müssen, z.B. durch die Krankenkasse gemäß § 33 SGB V, haben pflegebedürftige Menschen einen **nachrangigen** Anspruch auf **Pflegehilfsmittel** und **technische Hilfen** gegen die Pflegekasse. Die Pflegekassen sollen technische Hilfsmittel in allen geeigneten Fällen vorrangig leihweise überlassen. Sie können die Bewilligung davon abhängig machen, dass die Pflegebedürftigen sich das Pflegehilfsmittel anpassen oder sich selbst oder die Pflegeperson in seinem Gebrauch ausbilden lassen. Der Anspruch umfasst auch die notwendige Änderung, Instandsetzung und Ersatzbeschaffung von Hilfsmitteln sowie die Ausbildung in ihrem Gebrauch. Versicherte, die das 18. Lebensjahr vollendet haben, haben zu den Kosten der Hilfsmittel eine Zuzahlung von zehn von Hundert, höchstens jedoch 25,– € je Hilfsmittel an die abgebende Stelle zu leisten. Zur Vermeidung von Härten kann die Pflegekasse den Versicherten – entsprechend wie in der Krankenversicherung ganz oder teilweise von der Zuzahlung befreien. Lehnen Versicherte die leihweise Überlassung eines Hilfsmittels ohne zwingenden Grund ab, haben sie die Kosten des Hilfsmittels in vollem Umfang selbst zu tragen.
Bei Hilfsmitteln, die zum **Verbrauch** bestimmt sind, ist der Anspruch auf **31,– € pro Monat** begrenzt. Gemäß § 40 Abs. 4 SGB XI können die Pflegekassen auch **Zuschüsse zur Verbesserung des Wohnumfeldes** gewähren. Diese Leistung steht in ihrem Ermessen. Dazu zählen z.B. Umbaumaßnahmen in der Wohnung. Der Zuschuss ist auf **maximal 2.557,– € je Maßnahme** beschränkt.
Die Spitzenverbände der Pflegekassen schließen mit den Leistungserbringern oder deren Verbänden Verträge über die Versorgung der Versicherten mit Pflegehilfsmitteln, soweit diese nicht nach den Vorschriften des SGB V über Hilfsmittel zu vergüten sind. Zudem erstellen die Spitzenverbände der Pflegekassen

als Anlage zum Hilfsmittelverzeichnis nach § 139 SGB V (dazu oben 5.3. h)) ein systematisch strukturiertes **Pflegehilfsmittelverzeichnis,** in dem die von der Leistungspflicht der Pflegeversicherung umfassten Pflegehilfsmittel aufgeführt sind, soweit diese nicht bereits im Hilfsmittelverzeichnis enthalten sind. Pflegehilfsmittel, die für eine **leihweise** Überlassung an die Versicherten geeignet sind, werden gesondert ausgewiesen (zu alledem vgl. § 78 Abs. 1 und 2 SGB XI).
Ferner regeln die Spitzenverbände der Pflegekassen das Nähere zur Bemessung der Zuschüsse zur **Verbesserung des individuellen Wohnumfelds** des Pflegebedürftigen nach § 40 Abs. 2 Satz 2 SGB XI (§ 78 Abs. 1 Satz 1 SGB XI). Nach Ansicht dieser Spitzenverbände sind alle zum Zeitpunkt der Zuschussgewährung erforderlichen Einzelmaßnahmen als eine Verbesserungsmaßnahme zu werten, die maximal mit 2.557,– € bezuschusst werden kann.
Diese Rechtsauffassung hat das Bundessozialgericht in seinem Urteil vom 3.11.1999 – B 3 P 6/99 R bestätigt. Die Gewährung eines zweiten Zuschusses kommt nach Ansicht des Bundessozialgerichts erst dann in Betracht, wenn sich die Pflegesituation objektiv ändert (z.B. Hinzutreten einer weiteren Behinderung oder altersbedingte Ausweitung des Pflegebedarfs eines Behinderten) und dadurch im Laufe der Zeit Schritte zur Verbesserung des individuellen Wohnumfelds erforderlich werden, die bei der Durchführung der ersten Umbaumaßnahme (beziehungsweise der Beantragung des ersten Zuschusses) noch nicht notwendig waren. Diese Auslegung des § 40 SGB XI soll nach den Feststellungen des Bundessozialgerichts die Vorschrift in der Praxis handhabbar machen und einer willkürlichen Inanspruchnahme des Zuschusses vorbeugen.
Der Versicherte hat je nach den Kosten der Maßnahme und der Höhe seines Einkommens einen Eigenanteil zu tragen. Der Eigenanteil beträgt nach den Empfehlungen der Spitzenverbände der Pflegekassen 10% der Kosten, höchstens aber die Hälfte der Bruttoeinnahmen des Pflegebedürftigen zum Lebensunterhalt.

g) Die Leistungen bei teilstationärer Pflege und Kurzzeitpflege, §§ 41, 42 SGB XI

Teilstationäre Pflege und Kurzzeitpflege kommt immer dann in Betracht, **wenn die häusliche Pflege nicht in ausreichendem Umfang sichergestellt werden kann.** Ausdrücklich **keine teilstationären Pflegeeinrichtungen** sind: Krankenhäuser sowie teilstationäre Einrichtungen, in denen die
– medizinische Vorsorge- oder Rehabilitation
– die berufliche oder soziale Eingliederung
– die schulische Ausbildung
– die Erziehung Kranker oder Behinderter
im Vordergrund des Zwecks der Einrichtung stehen, vgl. § 71 Abs. 4 SGB XI.
Diese Einrichtungen der Behindertenhilfe, wie Werkstätten für Behinderte und Fördergruppen unter dem verlängerten Dach der Werkstatt für Behinderte,

sind keine Pflegeeinrichtungen im Sinne des SGB XI. Behinderte, die diese Einrichtungen tagsüber besuchen, erhalten daher weiter für den Besuch dieser Einrichtungen die Leistungen der **Eingliederungshilfe für Behinderte nach dem BSHG.** Für die **Pflege in der Familie** besteht ein Anspruch auf die Pflegesachleistung, das Pflegegeld oder die Kombinationsleistung.

aa) Tagespflege und Nachtpflege, § 41 SGB XI

Wenn die häusliche Pflege nicht ausreicht, haben Pflegebedürftige Anspruch auf **teilstationäre Pflege** in Einrichtungen der **Tages- und Nachtpflege,** § 41 SGB XI. **Je nach Pflegestufe** werden im Monat **384,– €, 921,– €** oder **1.432,– €** übernommen. Wird der Höchstwert der Sachleistung für die häusliche Pflege (vgl. § 36 Abs. 3 SGB XI) nicht ausgeschöpft, erhält der Pflegebedürftige ein anteiliges Pflegegeld.

Beispiel: Die teilstationäre Pflege eines Pflegebedürftigen in der Pflegestufe III kostet 1.074,– €. Das sind 75% der ihm zustehenden Sachleistung für häusliche Pflege (= 1.432,– €/Monat). Als Pflegegeld stehen ihm noch 25% der Geldleistung für häusliche Pflege zu. Die Geldleistung für häusliche Pflege beträgt in der Pflegestufe III 665,– €, vgl. § 37 Abs. 1 Nr. 3 SGB XI. 25% von 665,– € = 167,– €. Das anteilige Pflegegeld beträgt 167,– €.

Die Pflegekasse übernimmt im Rahmen der **teilstationären Tages- und Nachtpflege**

- die pflegebedingten Aufwendungen,
- die Aufwendungen für die soziale Betreuung und
- (zunächst bis 31.12.2007) die Aufwendungen für die in der Einrichtung notwendige medizinische Behandlungspflege.

Der Anspruch umfasst auch die notwendige Beförderung des Pflegebedürftgen von der Wohnung zur Einrichtung.

bb) Kurzzeitpflege, § 42 SGB XI

Gemäß § 42 SGB XI besteht für längstens 4 Wochen im Jahr (maximale Aufwendungen 1.432,– €) ein Anspruch auf **Kurzzeitpflege** in einer **vollstationären Pflegeeinrichtung.** Das setzt voraus, dass häusliche Pflege teilweise nicht oder nicht im erforderlichen Umfang erbracht werden kann und teilstationäre nicht möglich oder nicht ausreichend ist. Die bisherige Voraussetzung, dass in Fällen der Kurzzeitpflege die Pflegeperson den Pflegebedürftigen vorher mindestens 12 Monate in seiner häuslichen Umgebung gepflegt hat, ist entfallen. Dies bewirkt, dass in Krisensituationen in der häuslichen Pflege, z.B. bei einer unvorhergesehenen Verhinderung der Pflegeperson infolge eines Unfalls, ein Anspruch auf Kurzzeitpflege auch dann geltend gemacht werden kann, wenn die Pflegeperson zuvor noch nicht 12 Monate den Pflegebedürftigen im häuslichen Bereich gepflegt hat.

Im Rahmen der **Kurzzeitpflege** übernimmt die Pflegekasse
- die pflegebedingten Aufwendungen
- die Aufwendungen für die soziale Betreuung und
- (zunächst bis 31.12.2007) die Aufwendungen für die notwendige medizinische Behandlungspflege.

h) Persönliches Pflegebudget gemäß § 35a SGB XI

Pflegebedürftige können die Leistungen nach § 36 SGB XI (Pflegesachleistung durch Pflegedienste), § 37 Abs. 1 SGB XI (Pflegegeld für selbst beschaffte Pflegehilfen), § 38 SGB XI (Geldanteil der Kombinationsleistung), § 40 Abs. 2 SGB XI (zum Verbrauch bestimmte Pflegehilfsmittel) sowie § 41 SGB XI (Tagespflege und Nachtpflege) auch als Teil eines **trägerübergreifenden Budgets** nach § 17 Abs. 2 – 4 SGB IX erhalten; bei der Kombinationsleistung ist nur das anteilige im Voraus bestimmte Pflegegeld budgetfähig. Die Pflegesachleistungen nach den §§36, 38 und 41 SGB XI dürfen nur in Form von **Gutscheinen** zur Verfügung gestellt werden, die zur Inanspruchnahme von zugelassenen Pflegeeinrichtungen berechtigen.
Ein trägerübergreifendes Pflegebudget ist z.B. zwischen der Pflegekasse und dem Sozialhilfeträger wegen der Pflegeleistungen möglich, ggf. kann auch die Krankenversicherung wegen zu zahlender Behandlungspflege beteiligt sein. Das persönliche Budget nach § 17 SGB IX ist eigentlich so konstruiert, dass dem Leistungsberechtigten die Leistungen unterschiedlicher Träger als Geldleistung zur Verfügung gestellt werden, damit er damit seinen Bedarf durch Einkauf der Leistungen selbst decken kann (dazu oben 6.1. d) jj)). Das Pflegebudget hat allerdings bislang nur geringe praktische Relevanz, weil z.B. die Pflegesachleistung nicht in Geld, sondern in Form von **Gutscheinen** zur Verfügung gestellt wird. Es bleibt auch unklar, welche Vorteile es dem Betroffenen bringen soll, sich Leistungen der Pflegeversicherung in Form von Gutscheinen zur Verfügung stellen zu lassen.

i) Leistungen für Pflegebedürftige mit erheblichem allgemeinem Betreuungsbedarf §§ 45a ff. SGB IX

Mit dem Pflegeleistungs-Ergänzungsgesetz vom 14.12.2001 hat der Gesetzgeber – wenn auch in relativ geringem Umfang – die Leistungen der Pflegeversicherung für **altersverwirrte, psychisch kranke** und **geistig behinderte Menschen** erweitert.
Begünstigt werden Pflegebedürftige, wenn bei ihnen nach Feststellung des Medizinischen Dienstes neben dem in der Pflegeversicherung bereits zu berücksichtigenden verrichtungsbezogenen Hilfebedarf (§§ 14 und 15 SGB XI) noch ein erheblicher Bedarf an allgemeiner Beaufsichtigung und Betreuung gegeben ist. Der verrichtungsbezogene Hilfebedarf im Sinne der §§ 14 und 15

SGB XI muss mindestens den zeitlichen Umfang der Pflegestufe I – also mindestens 45 Minuten im Tagesdurchschnitt – erreichen. Bei der Bestimmung des Personenkreises wird ebenso wie bei der Definition der Pflegebedürftigkeit nicht auf bestimmte Krankheitsdiagnosen abgestellt, sondern auf einen tatsächlichen Hilfebedarf, der durch bestimmte Defizite in den so genannten **Alltagskompetenzen** ausgelöst ist.

Für die Bewertung, ob die **Einschränkung der Alltagskompetenz** auf Dauer erheblich ist, sind folgende Schädigungen und Fähigkeitsstörungen maßgebend:

1. unkontrolliertes Verlassen des Wohnbereiches (Weglauftendenz);
2. Verkennen oder Verursachen gefährdender Situationen;
3. unsachgemäßer Umgang mit gefährlichen Gegenständen oder potenziell gefährdenden Substanzen;
4. tätlich oder verbal aggressives Verhalten in Verkennung der Situation;
5. in konkreten Situationen unangemessenes Verhalten;
6. Unfähigkeit, die eigenen körperlichen und seelischen Gefühle oder Bedürfnisse wahrzunehmen;
7. Unfähigkeit zu einer erforderlichen Kooperation bei therapeutischen oder schützenden Maßnahmen bei medizinisch nicht beeinflussbaren Depressionen und Angststörungen;
8. Störungen der höheren Hirnfunktion (Beeinträchtigungen des Gedächtnisses, herabgesetztes Urteilsvermögen), die zu Problemen bei der Bewältigung von sozialen Alltagsleistungen führen;
9. Störung des Tag-/Nacht-Rhythmus;
10. Unfähigkeit, eigenständig den Tagesablauf zu planen und zu strukturieren;
11. Verkennen von Alltagssituationen und unangemessenes Reagieren in Alltagssituationen;
12. ausgeprägtes labiles oder unkontrolliert emotionales Verhalten;
13. zeitlich überwiegend Niedergeschlagenheit, Verzagtheit, Hilflosigkeit oder Hoffnungslosigkeit auf Grund einer medizinisch nicht beeinflussbaren Depression.

Die Alltagskompetenz ist erheblich eingeschränkt, wenn der Gutachter des Medizinischen Dienstes bei dem Pflegebedürftigen wenigstens in zwei Bereichen, davon mindestens einmal aus einem der Bereiche 1 bis 9, dauerhafte und regelmäßige Schädigungen oder Fähigkeitsstörungen feststellt.

Beispiel: Der Medizinische Dienst stellt bei Herrn B. folgende Schädigungen bzw. Funktionsstörungen fest: Herr B. verlässt zu unterschiedlichen Zeiten tags und nachts die Wohnung. Er findet ohne fremde Hilfe nicht zurück. Er ist (noch) in der Lage, zu erkennen, dass er ohne fremde Hilfe nicht wieder nach Hause findet. Dies verursacht bei ihm zeitlich überwiegend Niedergeschlagenheit und Verzagtheit, die medizinisch nicht beeinflussbar sind. Herr B. leidet also an Fähigkeitsstörungen, die Nr. 1 und 13 zugeordnet werden können. Damit sind die gesetzlichen Voraussetzungen (Schädigungen und Funktionsstörungen aus mindestens zwei Bereichen, davon mindestens eine aus den Bereichen 1–9) erfüllt.

Pflegebedürftige mit erheblichem allgemeinem Betreuungsbedarf erhalten einen Anspruch auf einen zusätzlichen Betreuungsbetrag in Höhe von **bis zu 460,– € je Kalenderjahr.** Dieser Betrag wird den Pflegebedürftigen nicht wie das Pflegegeld im Voraus und weitgehend zur freien Verwendung ausgezahlt. Die zusätzlichen finanziellen Mittel sind vielmehr zweckgebunden einzusetzen für die Inanspruchnahme qualitätsgesicherter Betreuungsangebote. Erstattet werden daher nur Aufwendungen, die den einzelnen Pflegebedürftigen entstehen im Zusammenhang mit der Inanspruchnahme von Tages- und Nachtpflege oder Kurzzeitpflege, sowie von Leistungen der nach § 45c SGB XI förderungsfähigen so genannten niedrigschwelligen Betreuungsangebote, sowie von besonderen Angeboten der zugelassenen Pflegedienste im Bereich der allgemeinen Anleitung und Betreuung. Niedrigschwellige Betreuungsangebote sind Betreuungsangebote, in denen Helfer und Helferinnen unter pflegefachlicher Anleitung die Betreuung von Pflegebedürftigen mit erheblichem Bedarf an allgemeiner Beaufsichtigung und Betreuung in Gruppen oder im häuslichen Bereich übernehmen sowie pflegende Angehörige entlasten und beratend unterstützen.

Die Pflegebedürftigen erhalten die zusätzlichen Finanzmittel auf **Antrag** von der zuständigen Pflegekasse, dem zuständigen privaten Versicherungsunternehmen sowie im Fall der Beihilfeberechtigung anteilig von den Beihilfefestsetzungsstellen gegen Vorlage entsprechender Belege über Eigenbelastungen, die ihnen im Zusammenhang mit der Inanspruchnahme der im Gesetz aufgeführten Betreuungsleistungen entstanden sind. Wird der Betrag von 460,– € in einem Kalenderjahr **nicht** ausgeschöpft, kann der **nicht verbrauchte Betrag in das Folgejahr übertragen werden.** Pflegebedürftige, die erst im Laufe eines Kalenderjahres die Leistungsvoraussetzungen nach § 45a SGB XI erfüllen, erhalten den Betrag von 460,– € anteilig.

Die zuständige Pflegekasse oder das zuständige private Versicherungsunternehmen stellt den Pflegebedürftigen auf Verlangen eine Liste der in ihrem Einzugsbereich vorhandenen qualitätsgesicherten Betreuungsangebote zur Verfügung, deren Leistungen mit dem Betreuungsbetrag finanziert werden können.

j) Die Leistungen in vollstationären Pflegeeinrichtungen

aa) vollstationäre Pflegeeinrichtungen

Die Einzelheiten zur vollstationären Pflege sind in § 43 geregelt. Vollstationäre Pflegeeinrichtungen (Pflegeheime) sind nach § 71 Abs. 2 SGB XI selbstständig wirtschaftende Einrichtungen, in denen Pflegebedürftige unter Verantwortung

einer ausgebildeten Pflegefachkraft **ganztägig** (vollstationär) gepflegt werden. Ausdrücklich nicht zu den vollstationären Pflegeeinrichtungen gehören
- Krankenhäuser,
- Einrichtungen, in denen die medizinische Vorsorge oder Rehabilitation,
- die berufliche oder soziale Eingliederung,
- die schulische Ausbildung,
- die Erziehung Kranker oder Behinderter im Vordergrund des Einrichtungszwecks stehen, § 71 Abs. 4 SGB XI.

Mit dieser Regelung zieht der Gesetzgeber eine klare Grenze zwischen **Pflegeeinrichtungen** einerseits und **Einrichtungen der Behindertenhilfe** sowie **Krankenhäusern** und **sonstigen medizinischen Einrichtungen** andererseits. Nur wer in einer Pflegeeinrichtung gepflegt wird, hat Anspruch auf vollstationäre Pflege nach dem SGB XI.

bb) Anspruchsvoraussetzungen für vollstationäre Pflege

Der Anspruch auf vollstationäre Pflege setzt voraus
- **Pflegebedürftigkeit,** d.h. es muss **mindestens Pflegestufe I** erreicht werden und
- vollstationäre Pflege muss notwendig sein **(Heimpflegebedürftigkeit).**

Bei der Feststellung der Pflegestufen gelten die gleichen Voraussetzungen wie bei der häuslichen Pflege. Die besondere Situation in der stationären Einrichtung spielt also für die Feststellung der Pflegebedürftigkeit keine Rolle. Der zeitliche Pflegeaufwand wird anhand einer fiktiven durchschnittlichen häuslichen Pflege- und Wohnsituation festgestellt. Dadurch soll in der stationären Pflege der gleiche Aufwand wie in der häuslichen Pflege berücksichtigt werden, d.h., es soll auch in der stationären Pflege der Aufwand gelten, den eine **nicht als Pflegekraft** ausgebildete Person in der häuslichen Umgebung mit der Pflege hat. Das Bundessozialgericht hat dies in seinem Urteil vom 10.2.2000 – B 3 P 12/99 ausdrücklich bestätigt.

Wenn die Pflegestufe I nicht erreicht wird, also keine erhebliche Pflegebedürftigkeit vorliegt, besteht keine Leistungspflicht der Pflegekasse. Es kommen aber Ansprüche im Rahmen der **Sozialhilfe** oder der **Kriegsopferfürsorge** in Betracht.

Heimpflegebedürftigkeit liegt nur dann vor, wenn häusliche oder teilstationäre Pflege nicht möglich ist, oder wegen der Besonderheit des Einzelfalles nicht in Betracht kommt.

Vollstationäre Pflege ist nach den Pflegebedürftigkeitsrichtlinien insbesondere erforderlich bei
- Fehlen einer Pflegeperson
- fehlender Bereitschaft einer möglichen Pflegeperson
- Überforderung der Pflegeperson

- Verwahrlosung des Pflegebedürftigen
- Eigen- oder Fremdgefährdungstendenzen des Pflegebedürftigen sowie
- Unmöglichkeit der häuslichen Pflege aufgrund persönlicher Gegebenheiten.

Unterstellt wird die Heimpflegebedürftigkeit bei
- Schwerstpflegebedürftigen (Pflegestufe III),
- Pflegebedürftigen, die mindestens die Pflegestufe I erreichen, und die vor dem 1.4.1996 in einer vollstationären Pflegeeinrichtung lebten.

cc) Leistungsumfang bei vollstationärer Pflege

Die Pflegekasse übernimmt gem. § 43 Abs. 2 SGB XI:
- die pflegebedingten Aufwendungen,
- die Aufwendungen der medizinischen Behandlungspflege und
- die Aufwendungen der sozialen Betreuung pauschal

1. für Pflegebedürftige der Pflegestufe I in Höhe von 1.023,– € je Kalendermonat,
2. für Pflegebedürftige der Pflegestufe II in Höhe von 1.279,– € je Kalendermonat,
3. für Pflegebedürftige der Pflegestufe III in Höhe von 1.432,– € je Kalendermonat.

Die jeweiligen Zahlbeträge in den einzelnen Pflegeklassen handeln die Pflegekassen mit den Trägern der Pflegeheime aus. Um Härtefälle zu vermeiden, stehen für Schwerstpflegebedürftige ausnahmsweise bis zu 1.688,– € monatlich zur Verfügung. Die Leistungsbeträge in Höhe von 1.023,– €/ 1.279,– € und 1.423,– € können ausnahmsweise dann nicht voll bewilligt werden, wenn eine der beiden folgenden Begrenzungsregelungen eingreift: Zum einen dürfen die Pflegekassen im Durchschnitt (ohne Härtefälle) nicht mehr als 15.339,– € je stationär Pflegebedürftigen jährlich ausgeben, zum anderen muss der Versicherte mindestens 25% des Heimentgelts selbst tragen. Letzteres wirkt sich nur bei sehr preiswerten Pflegeheimen aus; z.B. kann in der Stufe I der Betrag von 1.023,– € nicht in vollem Umfang bewilligt werden, wenn das Pflegeheim weniger als 1.360,– € monatlich kostet.

Werden die Höchstgrenzen in den einzelnen Pflegestufen überschritten, so muss die Sozialhilfe den von der Pflegeversicherung nicht gedeckten Betrag übernehmen, wenn im Einzelfall der Heimbewohner bedürftig im Sinne des Sozialhilferechts ist.

Die Kosten
- für **Unterkunft** und **Verpflegung,**
- für durch öffentliche Fördermittel nicht gedeckte Investitionskosten, § 82 Abs. 3 SGB XI und
- für **zusätzliche** pflegerische und betreuende Leistungen

hat der Pflegebedürftige **selbst** zu tragen. Kosten für Unterkunft und Verpflegung sowie nicht gedeckte Investitionskosten können bei Bedürftigkeit von der

Sozialhilfe übernommen werden. Zusatzleistungen nach § 88 SGB XI hat der Pflegebedürftige immer selbst zu tragen.
Welche Entgelte der Heimbewohner bzw. sein Kostenträger für die voll- oder teilstationäre Pflegeleistung an den Träger des Pflegeheims zu zahlen hat, ergibt sich aus der Pflegesatzvereinbarung nach §§ 84 ff. SGB XI. Die Bemessungsgrundsätze für die Entgelte sind in § 84 SGB XI näher umschrieben. Die Pflegesätze müssen leistungsgerecht sein. Sie sind nach dem Versorgungsaufwand, den der Pflegebedürftige nach Art und Schwere seiner Pflegebedürftigkeit benötigt, in drei Pflegeklassen einzuteilen. Bei der Zuordnung der Pflegebedürftigen zu den Pflegeklassen sind in der Regel die Pflegestufen gemäß § 15 SGB XI (Pflegestufe I erhebliche Pflegebedürftigkeit, Pflegestufe II Schwerpflegebedürftigkeit, Pflegestufe III Schwerstpflegebedürftigkeit) zugrunde zu legen.
Für die von der Pflegeversicherung umfassten Leistungen (pflegebedingte Aufwendungen, Aufwendungen für die soziale Betreuung und die medizinische Behandlungspflege) muss der Heimträger seinen Vergütungsanspruch unmittelbar gegen die Pflegekasse richten. Das Entgelt für die übrigen Leistungen, z.B. für Unterkunft und Verpflegung oder Zusatzleistungen für besonderen Komfort, muss der Pflegebedürftige an den Heimträger unmittelbar selbst entrichten.
Der Pflegebedürftige erhält seine **Rente** aus der Rentenversicherung und seine **sonstigen Versorgungsbezüge** auf sein Konto. Von dort muss er die Kosten für die übrigen Leistungen erbringen. Wenn das Einkommen oder das Vermögen nicht ausreicht, muss die Sozialhilfe ergänzende Leistungen erbringen. Zur Umsetzung dieser Regelung haben die Spitzenorganisationen der Einrichtungsträger, der Pflegekassen, der Sozialhilfeträger und der Rentenversicherungsträger gemeinsame Empfehlungen erarbeitet; vgl. die gemeinsamen Empfehlungen zur Umsetzung des SGB XI ab Inkrafttreten der Stufe II des PflegeVG vom 13.5.1996.

dd) Höhere Einstufung bei stationärer Pflege

Für die Heimpflege sind Pflegesätze zu zahlen, die in **drei Pflegeklassen** unterteilt sind. Dabei ist grundsätzlich die Pflegeklasse an die zuerkannte Pflegestufe gekoppelt, also z.B. die Pflegeklasse I an die Pflegestufe I.
Das Problem liegt darin, dass der Pflegebedürftige (z.B. mit Pflegestufe I in Pflegeklasse I) an einer **höheren Einstufung** häufig nicht interessiert ist, weil trotz höherer Leistungen der Pflegeversicherung der von ihm selbst zu tragende Anteil der Pflegevergütung wächst. Die Heimträger sind deshalb daran interessiert, in Fällen, in denen die Einstufung des Pflegebedürftigen aus ihrer Sicht nicht seinem tatsächlichen Pflegebedarf entspricht, entweder selbst die Höherstufung in die nächste Pflegestufe zu betreiben oder aber unabhängig

von der zuerkannten Pflegestufe die Zuordnung zur nächsthöheren Pflegeklasse zu erreichen (was im Gesetz für Ausnahmefälle vorgesehen ist; § 84 Abs. 2 Satz 3 SGB XI). Dann muss der Medizinische Dienst der Krankenversicherung gemeinsam mit dem Heimträger zu dem Ergebnis gelangen, dass die Zuordnung zu einer anderen Pflegeklasse notwendig ist. Das Bundessozialgericht hat dazu entschieden, dass der Heimträger nicht an Stelle des Pflegebedürftigen dessen Zuordnung zu einer höheren Pflegestufe beantragen kann. Für ein solches Vorgehen hat der Heimträger kein schutzwürdiges Interesse, weil er die Möglichkeit hat, unmittelbar Leistungsklage gegen die Pflegekasse auf Zahlung des Kostenanteils nach der höheren Pflegeklasse zu erheben, in deren Rahmen die Einstufung des Versicherten überprüft wird. Zu diesem Verfahren zwischen Heimträger und Pflegekasse ist der Pflegebedürftige notwendig beizuladen (BSG 1.9.2005 – B 3 P 9/04 R und B 3 P 4/04 R).

Durch § 87 a Abs. 2 SGB XI hat der Gesetzgeber darüber hinaus dem Pflegeheimträger die Möglichkeit eingeräumt, **vorläufig** (d.h. bis zur Entscheidung der Pflegekasse über die Höherstufung) den höheren Pflegesatz in Rechnung zu stellen, wenn der Pflegebedürftige der schriftlichen Aufforderung des Pflegeheimträgers, die Einstufung in die höhere Pflegestufe bei der Pflegekasse zu beantragen, **nicht** nachkommt. Ab dem zweiten Monat nach der Aufforderung kann der Heimträger die höhere Pflegevergütung verlangen. Ergibt die Begutachtung, dass die bestehende Einstufung zutreffend ist, ist der überzahlte Betrag an den Pflegebedürftigen unverzüglich zurückzuzahlen und ab dem Datum der schriftlichen Aufforderung durch den Heimträger mit mindestens 5% zu verzinsen.

ee) Vollstationäre Pflege nach dem Gutachten des MDK nicht erforderlich

Wählt der Pflegebedürftige die vollstationäre Pflege, obwohl dies nach den Feststellungen des MDK **nicht erforderlich** ist, erhält der Pflegebedürftige lediglich einen **Zuschuss** in Höhe der Pflegesachleistung, also je nach Pflegestufe **384,– €, 921,– €** oder **1.432,– €** monatlich.

ff) Hilfsmittelversorgung in Pflegeheimen

aa) Pflegebedürftige in Pflegeheimen haben nach Ansicht des Bundessozialgerichts **keinen** Anspruch auf Pflegehilfsmittel nach § 40 SGB XI (vgl. Abschnitt 7.1.6 „Pflegehilfsmittel"). Diese Regelung bezieht sich nur auf die Leistungen bei häuslicher Pflege. Bei vollstationärer Pflege ist keine vergleichbare Regelung vorgesehen.

Den Anspruch auf Versorgung mit Hilfsmitteln aus der gesetzlichen Krankenversicherung (vgl. § 33 SGB V) schränkt das Bundessozialgericht für stationär Pflegebedürftige stark ein. Es unterscheidet zwischen Hilfsmitteln, die der „Sphäre" der vollstationären Pflege zuzurechnen sind, und die der Heimbetreiber zur Verfügung stellen muss (z. B. Pflegebetten und Toilettenstühle), und solchen Hilfsmitteln, die der Heimbetreiber nicht zur Verfügung stellen muss. Nach Ansicht des Bundessozialgerichts haben die Pflegebedürftigen in vollstationärer Pflege nur einen Anspruch auf solche Hilfsmittel, die der Heimbetreiber **nicht** zur Verfügung stellen muss. Das sollen im Wesentlichen sein:

- Individuell angepasste Hilfsmittel, die ihrer Natur nach nur für den einzelnen Versicherten bestimmt und grundsätzlich nur für ihn verwendbar sind (z. B. Brillen, Hörgeräte, Prothesen).
- Hilfsmittel, die der Befriedigung eines allgemeinen Grundbedürfnisses **außerhalb des Pflegeheims** dienen (z. B. Kommunikation oder Mobilität).

Rollstühle, die auf die individuellen Bedürfnisse des Pflegebedürftigen zugeschnitten werden müssen oder die regelmäßigen Aktivitäten des Pflegebedürftigen **außerhalb des Heimes** dienen (Ausflüge, Spazierfahrten, Kaffeebesuche usw.), die der Pflegebedürftige allein oder in Begleitung von anderen Personen unternimmt, gehören nicht zu den Hilfsmitteln, die der Heimbetreiber zur Verfügung stellen muss.
Rollstühle, die lediglich **innerhalb des Heimes** benutzt werden und nicht auf den Behinderten besonders angepasst sind, muss der Betreiber des Pflegeheimes dem Heimbewohner zur Verfügung stellen. Er ist verpflichtet, die notwendigen Hilfsmittel für die Benutzung im Heim zur Verfügung zu stellen (vgl. BSG-Urteil vom 10.2.2000-B 3 KR 10/99 R und B 3 KR 24/99 R).

bb) Das BSG hat am 24.9.2002 in zwei Urteilen (B 3 KR 9/02, B 3 KR 15/02) entschieden, dass die Krankenkasse die Kosten für **ärztlich verordnete Dekubitusmatratzen** mit dynamischen Wechseldrucksystem **auch bei vollstätionärer Heimpflege** zu bezahlen habe. Nach Ansicht des Gerichts ist eine Wechseldruckmatratze ein Hilfsmittel im Sinne der gesetzlichen Krankenversicherung (§ 33 SGB V). Die Matratze sichert **den Erfolg der Krankenbehandlung** (Behandlung des Dekubitusgeschwürs) und dient dem Ausgleich einer Behinderung, die darin besteht, dass die pflegebedürftige Person nicht fähig ist, selbstständig die Körperlage zu wechseln. Es handelt sich demnach **nicht** um ein Hilfsmittel, das vom Pflegeheim vorzuhalten ist, auch wenn sich der Versicherte dauerhaft im Pflegeheim aufhält. Eine Dekubitusmatratze fällt nur dann unter die Vorhaltepflicht des Pflegeheimes, wenn sie **alleine der Druckgeschwürprophylaxe dient und nur eine druckreduzierende Weichlagerung ermöglicht** (Dekubitusmatratzen der Stufe 0). Ist der Dekubitus die Folge eines Pflegefehlers im Altenheim, so ändert das am Anspruch des Versicherten gegenüber seiner Krankenkasse nichts, allerdings kann die Krankenkasse den Heimträger dann im Wege des Regresses auf Schadenersatz in Anspruch nehmen.

cc) Auf der Grundlage der einschlägigen Rechtsprechung des BSG ist ein Abgrenzungskatalog der Spitzenverbände der Krankenkassen (zugleich handelnd als Spitzenverbände der Pflegekassen) zur Hilfsmittelverordnung in stationären Pflegeeinrichtungen (Pflegeheimen) erstellt worden, der die Zuständigkeit der stationären Pflegeeinrichtung von der Zuständigkeit der gesetzlichen Krankenversicherung für die genannten Hilfsmittel in der Praxis erleichtern soll.

j) Die Leistungen in vollstationären Einrichtungen der Behindertenhilfe, § 43 a SGB XI

Die Pflegekasse erbringt Pflegeleistungen nur in zugelassenen teilstationären oder stationären **Pflegeeinrichtungen** im Sinne des § 71 SGB XI.

§ 43 a SGB XI bestimmt, dass Pflegebedürftige in **vollstationären** Einrichtungen der **Behindertenhilfe,** in denen die berufliche oder soziale Eingliederung, die schulische Ausbildung oder die Erziehung Behinderter im Vordergrund des Einrichtungszwecks steht, einen Zuschuss erhalten. Zu diesen vollstationären Einrichtungen gehören:

- Wohnheime für Behinderte,
- Sonderschulen mit angeschlossenem Internat,
- Einrichtungen, die Behinderte mit unterschiedlichem Betreuungs- und Pflegeaufwand vollstationär fördern.

Der Zuschuss wird von der Pflegeversicherung bezahlt, wenn **mindestens Pflegebedürftigkeit der Stufe I** besteht, vgl. § 15 Abs. 1 letzter Satz SGB XI.

Der Zuschuss beträgt 10% des mit dem Sozialhilfeträger vereinbarten Pflegesatzes, höchstens jedoch 256,– € pro Monat, vgl. § 43 a SGB XI.

Der erst nachträglich in das Pflegeversicherungsgesetz aufgenommene § 43 a SGB XI sollte der Umwidmung und damit verbundenen Umstrukturierung von Einrichtungen der Behindertenhilfe in Pflegeeinrichtungen entgegenwirken, um den in den Einrichtungen der Behindertenhilfe praktizierten und bewährten ganzheitlichen Betreuungsansatz für Behinderte zu erhalten.

In einer Entschließung des Deutschen Bundestages (Bundestags-Drucksache 13/10312) vom 2.4.1998 hat der Deutsche Bundestag seine Haltung zur Einführung des § 43 a SGB XI bekräftigt und die Sozialhilfeträger aufgefordert, sicherzustellen, dass kein pflegebedürftiger behinderter Mensch **gegen seinen Willen allein aus finanziellen Gründen** gezwungen werden darf, in eine Pflegeeinrichtung zu wechseln.

Für die Unterscheidung von stationärer Pflegeeinrichtung (Pflegeheim) im Sinne von §§ 43, 71 Abs. 2 SGB XI einerseits und stationärer Einrichtung der Behindertenhilfe im Sinne von §§ 43 a, 71 Abs. 4 SGB XI andererseits bieten sich die im **Schaubild** auf S. 221 genannten Kriterien an (entnommen aus: F.-J. Lemke, Die unendliche Geschichte: Eingliederungshilfe kontra Pflegeversicherung, BHP-Info 1999, Heft 4, S. 3 ff.).

k) Leistungen in teilstationären Einrichtungen der Behindertenhilfe

In **teilstationären** Einrichtungen der Behindertenhilfe (z.B. Werkstätten für Behinderte, Fördergruppen unter dem verlängerten Dach einer Werkstatt für Behinderte) werden **keine Leistungen der Pflegeversicherung** erbracht. Es wird in teilstationären Einrichtungen auch kein Zuschuss von der Pflegeversicherung gezahlt. § 43 a SGB XI sieht einen Zuschuss der Pflegekassen zu den Pflegekosten nur für **vollstationäre** Einrichtungen der Behindertenhilfe vor. Die Behinderten erhalten in teilstationären Einrichtungen der Behindertenhilfe weiterhin ausschließlich Leistungen der **Eingliederungshilfe nach dem SGB XII.**
Für die **Pflege zu Hause** besteht ein Anspruch auf Pflegegeld, Pflegesachleistung oder die Kombinationsleistung gegenüber der Pflegekasse.
Das **Pflegegeld der Pflegekasse** kann trotz teilstationärer Betreuung in einer Einrichtung der Behindertenhilfe nicht gekürzt werden. § 66 Abs. 3 SGB XII bezieht sich ausschließlich auf die Kürzungsmöglichkeit, die das Pflegegeld nach dem SGB XII betrifft. Eine entsprechende Vorschrift, das Pflegegeld der Pflegekassen zu kürzen, sieht das SGB XI nicht vor.

l) Leistungen für Pflegepersonen, §§ 44, 45 SGB XI

Hier soll nur auf die zwei wichtigsten Leistungen für Pflegepersonen gemäß § 44 SGB XI eingegangen werden: die Einbeziehung der Pflegepersonen in die **Unfallversicherung** und in die **Rentenversicherung**. Aus Platzgründen können hierzu nur wenige Hinweise gegeben werden (dazu noch 11.1 bis 11.3). Zu Einzelfragen wenden Sie sich bitte an die Rentenversicherungsträger. Leider werden nicht alle Pflegepersonen in die genannten Versicherungen einbezogen. Als Pflegepersonen gelten nach der Definition des § 19 SGB XI nur solche Personen, die **nicht erwerbsmäßig** einen Pflegebedürftigen mindestens **14 Stunden wöchentlich** in seiner häuslichen Umgebung pflegen.

aa) Einbeziehung in die Unfallversicherung

Die Pflegeversicherung hat den Schutz der gesetzlichen Unfallversicherung auf die genannten Pflegepersonen erweitert, § 2 Abs. 1 Nr. 17 SGB VII. Besteht anderweitiger Versicherungsschutz in der Unfallversicherung, dann ist dieser vorrangig.

bb) Einbeziehung in die Rentenversicherung

Die Pflegeversicherung verbessert wesentlich die Alterssicherung pflegender Personen. Sie entrichtet Rentenbeiträge abgestuft nach dem Grad der Pflegebedürftigkeit der zu pflegenden Person an die Rentenversicherung, vgl. § 44 Abs. 1 SGB XI. Rentenbeiträge werden allerdings nur dann gezahlt, wenn die Pflegeperson entweder nicht oder nicht mehr als 30 Stunden wöchentlich erwerbstätig ist (vgl. 11.1 c)).

Pflegeeinrichtung (§§ 43, 71 Abs. 2 SGB XI)	Einrichtung der Behindertenhilfe (§§ 43, 71 Abs. 4 SGB XI)
1. Im Mittelpunkt steht jeweils die pflegerische Konzeption. Maßnahmen im Sinne von Freizeitgestaltung etc. sind nur am Rande möglich. Gelegentlich werden ergo- und krankengymnastische Angebote vermittelt.	1. In nahezu allen Einrichtungen stellt die pädagogische Konzeption einen wesentlichen Schwerpunkt in der Arbeit dar. In ihr sind z. B. verankert: – Entwicklung und Förderung der persönlichen Handlungskompetenz; – alltags- und lebenspraktisch orientierte Maßnahmen der Entwicklungsförderung; – konkretes Anbieten von unterstützenden Maßnahmen zur „Selbstverwirklichung".
2. In der Regel einheitliche Wohnangebote nach Stationen gegliedert.	2. Häufig differenzierte Wohnangebote.
3. Die Stationen werden im Wesentlichen als Stätten der Pflege betrachtet.	3. Das Wohnen, also die Wohngruppen, werden als das Zuhause und somit als Orte des Wohlbefindens, des Ausspannens etc. gesehen.
4. Das Wohnangebot im Stationsbereich ist der Mittelpunkt des Geschehens. Daneben bestehen nur im geringen Umfang weitere Möglichkeiten der Betreuung.	4. Neben dem Wohnen bestehen häufig sogenannte 2. Lebensbereiche, z. B. „Arbeitsplätze" in der WfB und/oder Tagesförderstätten.
5. In der Regel findet das Leben unter sehr eingeschränkten Bedingungen statt, die sich eindeutig an den institutionellen Vorgaben orientieren.	5. Das Leben soll so normal wie möglich sein, z. B. besteht fast überall die Möglichkeit zur individuellen Lebensraumgestaltung.
6. Die Station soll die Erfüllung grundlegender Bedürfnisse im Hinblick auf Pflege, Ernährung, Emotionalität etc. sicherstellen, wodurch eine allgemeine Zufriedenheit angestrebt ist.	6. Individuelle Betreuungs-, Behandlungs- und Therapieangebote, z. B. auch die Ausbildung spezieller Kommunikationsformen, z. T. computerunterstützt, elektronische Hilfen (z. B. die sog. Umweltkontrollsysteme), die dem behinderten Menschen mehr Unabhängigkeit ermöglichen etc.
7. Im Vordergrund steht die Sicherstellung eines geregelten Stationsalltags, Außenaktivitäten mit dem Ziel der Abwechslung finden nur eher gering statt.	7. Die aktive Teilnahme am gesellschaftlichen Leben durch regelmäßig stattfindende Aktivitäten wie z. B. Kino- und Kneipenbesuche, Disco und Sportveranstaltungen etc.
8. Nicht normgerechtes Verhalten wird überwiegend unter medizinischen Aspekten betrachtet. Richterliche Genehmigungen auf zeitweise Fixierung u. ä. treten doppelt so häufig auf wie in Einrichtungen der Behindertenhilfe.	8. Sogenannte aggressive Verhaltensweisen werden überwiegend als pädagogische Aufgabe betrachtet.
9. Überwiegend pflegerisch ausgebildete Personalstrukturen.	9. Die pädagogisch orientierte Personalausstattung überwiegt eindeutig.

cc) Die Leistungen zur sozialen Sicherung werden weiter erbracht,
- wenn häusliche Krankenpflege von der Krankenversicherung gem. § 37 SGB V erbracht wird,
- in den ersten 4 Wochen einer vollstationären Krankenhausbehandlung oder einer stationären medizinischen Rehabilitationsmaßnahme,
- bei vorübergehendem Auslandsaufenthalt von bis zu 6 Wochen im Kalenderjahr, vgl. § 34 Abs. 3 SGB XI.

7.1.7 Ruhen der Ansprüche aus der Pflegeversicherung Vom Ruhen eines Anspruchs spricht man dann, wenn der Anspruch grundsätzlich besteht, allerdings aufgrund bestimmter Tatsachen zz. **nicht durchgesetzt** werden kann.

a) § 34 Abs. 1 Nr. 1 SGB XI regelt, dass der Anspruch auf Leistungen aus der Pflegeversicherung ruht, solange sich der Versicherte **im Ausland aufhält.** Bei einem **vorübergehenden Auslandsaufenthalt von bis zu 6 Wochen** im Kalenderjahr ist das **Pflegegeld** nach § 37 SGB XI oder das **anteilige Pflegegeld** nach § 38 (also wenn der Pflegebedürftige die Kombinationsleistung wählt) weiter zu gewähren. Für die **Pflegesachleistung** ist vorgesehen, daß diese nur dann im Ausland in Anspruch genommen werden kann, wenn die Pflegekraft, die auch ansonsten die Pflege erbringt, den Pflegebedürftigen während des Auslandsaufenthaltes begleitet.
Nach der derzeitigen Regelung in § 34 Abs. 1 Nr. 1 SGB XI besteht **kein Anspruch** auf Leistungen der Pflegeversicherung, wenn der Pflegebedürftige seinen **Wohnsitz im Ausland** nimmt.
Am 5. März 1998 hat der Europäische Gerichtshof entschieden, dass es gegen europäisches Recht verstößt (Verordnung EWG Nr. 2001/83 des Rates vom 2.6.1983), wenn ein Anspruch auf eine Leistung wie das Pflegegeld, das eine Geldleistung bei Krankheit bzw. Pflegebedürftigkeit darstellt, davon abhängig gemacht wird, dass die Versicherten in dem Staat wohnen, in dem sie auch der Versicherung angeschlossen sind. Dies bedeutet, dass der Pflegeversicherte auch bei einem Wohnsitz im EU-Ausland Anspruch darauf hat, **Pflegegeld** zu erhalten. Das Urteil des Europäischen Gerichtshofs trägt das Aktenzeichen C-160/96.
Das Urteil bezieht sich allerdings ausdrücklich auf das Pflegegeld, das eine **Geldleistung** bei Pflegebedürftigkeit darstellt. Das Urteil trifft keine Entscheidung darüber, was zu gelten hat, wenn die **Pflegesachleistung** gemäß § 36 SGB XI in Anspruch genommen wird. Zu dieser Frage kann hier deshalb keine Stellung genommen werden.
Auch bei einem Aufenthaltsort im europäischen Ausland ist allerdings eine Begutachtung vorgeschrieben. Der Medizinische Dienst hat dazu folgende Konzeption entwickelt: Bei einem Aufenthaltsort in Griechenland, Italien, Portugal

und Spanien wird die Begutachtung durch ortsansässige Gutachter am jeweiligen Aufenthaltsort des Pflegebedürftigen vorgenommen. In Belgien, Dänemark, Finnland, Frankreich, Großbritannien, Irland, Island, Liechtenstein, Luxemburg, Niederlande, Norwegen, Österreich und Schweden wird die Begutachtung durch MDK-Gutachter am jeweiligen Aufenthaltsort des Pflegebedürftigen durchgeführt.

b) Der Anspruch aus der Pflegeversicherung ruht gem. § 34 Abs. 1 Nr. 2 SGB XI, wenn der Versicherte **Entschädigungsleistungen** wegen Pflegebedürftigkeit nach **§ 35 BVG** oder nach anderen Gesetzen erhält, die eine entsprechende Anwendung des BVG vorsehen. Der Anspruch ruht ferner, wenn der Pflegebedürftige **Entschädigungsleistungen** von der **gesetzlichen Unfallversicherung** oder aus öffentlichen Kassen aufgrund gesetzlich geregelter **Unfallversorgung** enthält (dazu unten 7.2.1).

c) § 34 Abs. 2 SGB XI bestimmt, dass der Anspruch auf Leistungen bei **häuslicher Pflege** ruht, soweit im Rahmen des Anspruchs auf **häusliche Krankenpflege** (§ 37 SGB V) auch Anspruch auf Grundpflege und hauswirtschaftliche Versorgung besteht, sowie für die Dauer des **stationären Aufenthalts** in einer Einrichtung im Sinne des § 71 Abs. 4 SGB XI.
Das **Pflegegeld** nach § 37 SGB XI oder das **anteilige Pflegegeld** nach § 38 SGB XI ist in den ersten 4 Wochen einer **vollstationären Krankenhausbehandlung** oder einer **stationären medizinischen Rehabilitationsmaßnahme** weiterzuzahlen, vgl. § 34 Abs. 2 Satz 2 SGB XI.

7.1.8 Pflegegeld als Einkommen

a) § 13 Abs. 5 SGB XI bestimmt, dass die Leistungen der Pflegeversicherung als Einkommen bei Sozialleistungen, deren Gewährung von anderen Einkommen abhängig ist, unberücksichtigt bleiben. Damit ist klargestellt, dass die Leistungen der Pflegeversicherung kein Einkommen des Pflegebedürftigen sind, und diese Leistungen bei der Berechnung anderer Sozialleistungen, die dem Grunde und der Höhe nach vom Einkommen abhängig sind (z.B. Wohngeld), nicht berücksichtigt werden.

b) Komplizierter ist die Rechtslage, wenn der Pflegebedürftige sein Pflegegeld an die Pflegeperson weitergibt. Hierzu trifft § 13 Abs. 6 SGB XI folgende Regelungen:

- Das weitergeleitete Pflegegeld wird bei Unterhaltsansprüchen und Unterhaltsverpflichtungen der Pflegeperson grundsätzlich **nicht** berücksichtigt, wenn der Pflegebedürftige **in gerader Linie** mit dem Unterhaltsverpflichteten verwandt ist. So wird zum Beispiel bei einer geschiedenen Ehefrau der

Unterhaltsanspruch gegenüber dem geschiedenen Ehemann nicht gemindert, wenn sie für die Pflege des gemeinsamen pflegebedürftigen Kindes Pflegegeld erhält. Voraussetzung ist jedoch, dass die Pflegeperson wenigstens 14 Stunden wöchentlich die pflegebedürftige Person pflegt.

- Ist der Pflegebedürftige **nicht in gerader Linie** mit dem Unterhaltsverpflichteten verwandt, bleibt die Anrechnung des Pflegegeldes **grundsätzlich möglich,** es sei denn, der Pflegeperson ist eine Erwerbstätigkeit unterhaltsrechtlich nicht zuzumuten oder sie ist zur Erwerbstätigkeit unterhaltsrechtlich nicht verpflichtet.
- **Das Pflegegeld wird in folgenden Fällen als Einkommen angerechnet:**

a) Wird der Ehegattenunterhaltsanspruch wegen grober Unbilligkeit (§§ 1361 Abs. 3, 1579 BGB) gemindert, so ist das Pflegegeld, das auf den unterhaltsberechtigten Ehegatten übergangen ist, bei ihm unterhaltsmindernd zu berücksichtigen.

b) Das Kind muss sich das Pflegegeld auf seinen Unterhalt anrechnen lassen, wenn der Unterhaltsverpflichtete gemäß § 1603 BGB außerstande ist, ohne Gefährdung seines eigenen angemessenen Unterhalts den Unterhalt zu gewähren.

c) Das Pflegegeld wird ferner angerechnet in den Fällen des § 1611 Abs. 1 BGB, wenn der Unterhaltsberechtigte durch sein sittliches Verschulden unterhaltsbedürftig geworden ist.

d) Eine kaum nachvollziehbare Regelung trifft auch Mütter oder Väter von Adoptiv- oder Pflegekindern. Diese sind im Unterschied zu leiblichen Eltern nicht mit ihren Kindern in gerader Linie verwandt. Sind diese Pflegepersonen unterhaltsrechtlich verpflichtet, erwerbstätig zu sein, wird – im Unterschied zu leiblichen Müttern oder Vätern – das Pflegegeld bei ihnen unterhaltsmindernd angerechnet. Diese unterschiedliche Behandlung leiblicher Mütter oder Väter mit Adoptivmüttern oder -vätern ist leider zwingend, weil § 13 Abs. 6 SGB XI für diese Personen keine Ausnahme vorsieht.

e) Das Pflegegeld kann ferner dann als Einkommen der Pflegeperson angesehen werden, wenn das Pflegegeld als Lohn im Rahmen eines Arbeitsverhältnisses weitergegeben wird (vgl. auch 12.2).

7.1.9 Selbstorganisierte Pflege im Arbeitgeber- bzw. Assistenzmodell

Von selbstorganisierter Pflege **im Arbeitgeber- bzw. Assistenzmodell** wird gesprochen, wenn Pflegebedürftige – in der Regel jüngere körperbehinderte Menschen – ihre Pflege in der Weise sicherstellen, dass sie im eigenen Haushalt als Arbeitgeber Pflegekräfte anstellen (eingehend zu diesem Modell: MOBILE – Selbstbestimmtes Leben Behinderter e.V. (Hrsg.): Handbuch Selbstbestimmt Leben mit Persönlicher Assistenz, Band A und B, Neu-Ulm 2001).

Personen, die am 1.5.1996 bereits ihre Pflege im Arbeitgeber-/Assistenzmodell **durchgeführt haben,** und die zu diesem Zeitpunkt die erbrachten Pflegeleistungen von der Pflegekasse aufgrund eines mit der Pflegekraft abgeschlossenen Vertrages vergütet bekommen haben, können weiterhin die höhere Pflegesachleistung in Anspruch nehmen. Für diese Personen hat der Gesetzgeber in § 77 Abs. 1 Satz 5 SGB XI einen **Bestandsschutz** vorgesehen.
Personen, die heute ihre Pflege im Arbeitgeber-/Assistenzmodell selbst organisieren wollen, haben gegenüber der Pflegekasse nur einen Anspruch auf das **geringere Pflegegeld.**
Da in der Regel bei der Pflege im Arbeitgeber-/Assistenzmodell neben den Leistungen der Pflegeversicherung **auch Leistungen nach dem SGB XII** notwendig werden, hat der Gesetzgeber in § 66 Abs. 4 SGB XII Folgendes geregelt: Der Sozialhilfeträger darf die pflegebedürftigen Menschen, die ihre Pflege nach dem 1.5.1996 im Arbeitgeber-/Assistenzmodell sicherstellen wollen, nicht auf die Inanspruchnahme von Pflegesachleistungen nach dem SGB XI verweisen, wenn sie die Kosten für den von ihnen selbst beschäftigten Pflegeassistenten gegenüber dem Träger der Sozialhilfe gem. § 65 Abs. 1 Satz 2 SGB XII (Übernahme der Kosten für die Heranziehung einer besonderen Pflegekraft) abrechnen wollen (§ 66 Abs. 4 S. 2 SGB XII); allerdings muss dann ein nach dem SGB XI geleistetes Pflegegeld vorrangig auf die Sozialhilfeleistung (also die Leistung für die Heranziehung einer besonderen Pflegekraft) angerechnet werden. Das SGB XI-Pflegegeld darf in diesem Umfang dann nicht auch noch auf das Pflegegeld gemäß § 64 SGB XII angerechnet werden.
Leistungen des Sozialhilfeträgers nach § 64 SGB XII (Pflegegeld) und Leistungen nach § 65 SGB XII (wichtigste Fallgestaltung: Übernahme der Kosten für eine besondere Pflegekraft) werden **nebeneinander** erbracht. Werden Leistungen nach § 65 Abs. 1 SGB XII erbracht (z.B. bei der Übernahme der Kosten für eine besondere Fachkraft), so wird das Pflegegeld des Sozialhilfeträgers um 2/3 gekürzt werden, § 66 Abs. 2 SGB XII.
In § 13 SGB XII werden die bisher an verschiedenen Stellen verteilten Regelungen zum Verhältnis von ambulanten, teilstationären und stationären Leistungen zusammengefasst. Die Flexibilisierung der Leistungen soll an Bedeutung gewinnen. Der Vorrang der ambulanten Leistungen vor (teil)stationären Leistungen und der Vorrang der teilstationären Leistungen vor stationären Leistungen soll so weit wie möglich strikt durchgehalten werden. Wenn der Träger der Sozialhilfe auf eine stationäre Leistung anstelle einer ambulanten Leistung verweisen möchte, so setzt das voraus, dass die stationäre Leistung der persönlichen und familiären Situation sowie dem Alter des Leistungsempfängers Rechnung trägt. Erweist sich die stationäre Hilfe als unzumutbar (z.B. die Unterbringung eines jüngeren Menschen im Altenheim), so bleibt für die Prüfung der Unverhältnismäßigkeit der Mehrkosten kein Raum!

Eine ausgezeichnete Hilfe für behinderte Menschen, die das Arbeitgeber-/Assistenzmodell praktizieren wollen, ist die Schrift „Selbstbestimmte Assistenz – Ratgeber für behinderte Arbeitgeber/innen und solche, die es werden wollen" (verfasst von **Elke Bartz,** zu bestellen bei Elke und Gerhard Bartz, Nelkenweg 5, 74673 Mulfingen-Hollenbach).

7.1.10 Die Sozialhilfe nach dem Inkrafttreten der Pflegeversicherung Der Gesetzgeber hat den **Pflegebegriff im SGB XII** an den Pflegebegriff im Pflegeversicherungsgesetz weitgehend angepasst. § 61 Abs. 2 Satz 1 SGB XII bestimmt, dass die **Hilfe zur Pflege** häusliche Pflege, Hilfsmittel, teilstationäre Pflege, Kurzzeitpflege und vollstationäre Pflege umfasst. Dabei bestimmt sich der Inhalt der Hilfe nach den Regelungen der Pflegeversicherung, § 28 Abs. 1 Nr. 1, 5 – 8 SGB XI. Ebenso wie in der Pflegeversicherung ist das Bedürfnis nach Kommunikation lediglich bei der Leistungserbringung zu berücksichtigen, vgl. § 61 Abs. 2 SGB XII mit Verweis auf § 28 Abs. 4 SGB XI.
Der **Umfang der Leistungen** bestimmt sich im Rahmen des SGB XII weiterhin am Bedarfsdeckungsprinzip, d.h. der Träger der Sozialhilfe muss nach §§ 61 ff. SGB XII **ergänzende Hilfe** leisten, wenn der Leistungsrahmen des SGB XI nicht ausreicht, um den Bedarf der pflegebedürftigen Personen zu erfüllen.
Die Anbindung der Inhalte zur Pflege nach dem SGB XII an die Begrifflichkeiten der Leistungen des SGB XI ist allerdings nicht in vollem Umfang erfolgt. Neben den einzelnen im Gesetz genannten Verrichtungen der Grundpflege und der hauswirtschaftlichen Versorgung können bei der Hilfe zur Pflege gem. § 68 Abs. 1 Satz 2 BSHG auch **„andere Verrichtungen"** berücksichtigt werden. Die Hilfe wird auf Antrag auch als **persönliches Budget,** § 57 SGB XII, bereitgestellt. Dann erhält der Leistungsberechtigte einen zuvor festgelegten Geldbetrag, mit dem er sich für einen bestimmten Zeitraum die Hilfen selbst beschafft und bezahlt. Mit dem festgelegten Geldbetrag muss der Leistungsberechtigte auskommen (vgl. auch 6.1. d) jj)).
Auch nach dem Inkrafttreten des Pflegeversicherungsgesetzes wird ein Teil der pflegebedürftigen Personen auf die Sozialhilfe angewiesen sein, wenn ihr Einkommen und Vermögen nicht ausreicht, ihren Pflegebedarf zu finanzieren. Der folgende Abschnitt kann nur die wichtigsten Konstellationen nennen, in denen Sozialhilfeleistungen in Betracht kommen (vgl. auch 7.2.2 a) bb) bis hh).

a) Hilfe zur Pflege nach dem SGB XII (Sozialhilfe)

- Leistungen nach dem SGB XII sind denkbar, wenn die Pflegebedürftigkeit das Maß der §§ 14, 15 SGB XI nicht erreicht. Dies ist z.B. dann gegeben, wenn die voraussichtliche Dauer der Pflegebedürftigkeit kürzer als 6 Monate ist oder der tägliche Pflegeaufwand geringer als 1,5 Stunden ist (vgl. § 61 Abs. 1 S. 2 SGB XII).

Bei vorübergehender Pflegebedürftigkeit oder bei Pflegebedürftigkeit unterhalb der Pflegestufe I kommen alle Leistungen der Hilfe zur Pflege nach dem SGB XII in Betracht, wenn sie nach Art und Umfang angemessen sind. Zwar besteht in solchen Fällen kein Anspruch auf Pflegegeld, aber es können z.B. die **angemessenen Aufwendungen der Pflegeperson** und **angemessene Beihilfen** gewährt werden.

- **Ergänzende Sozialhilfeleistungen** sind aber auch dann möglich, wenn der Pflegebedürftige **Pflegesachleistungen** erhält und die **Höchstbeträge** (384,– €, 921,– € und 1.432,– €) **nicht ausreichen,** die notwendige professionelle Hilfe zu gewährleisten. Der Sozialhilfeträger muss den notwendigen Zusatzbedarf abdecken, der über den Leistungsrahmen der Pflegeversicherung hinausgeht. Auch hier gilt allerdings der Grundsatz, dass der Sozialhilfeträger erst leistet, wenn ihm bekannt wird, dass die Voraussetzungen für die Gewährung der Hilfe vorliegen, § 18 SGB XII. Der Pflegebedürftige muss die von der Pflegeversicherung nicht gedeckten Kosten der Pflege u.U. selbst tragen, wenn er es versäumt, den Sozialhilfeträger von einem Antrag auf Leistungen nach dem Pflegeversicherungsgesetz zu unterrichten.

b) Vollstationäre Hilfe zur Pflege für Personen der Pflegestufe 0

Kranke und Behinderte, die voraussichtlich für weniger als 6 Monate der Pflege bedürfen oder einen geringeren Hilfebedarf haben als für Pflegestufe I erforderlich ist, haben einen Anspruch vollstationär betreut zu werden, „wenn dies nach der Besonderheit des Einzelfalls erforderlich ist, insbesondere ambulante oder teilstationäre Hilfe nicht zumutbar ist oder nicht ausreicht", vgl. § 61 Abs. 1 Satz 2 SGB XII. Diese Regelung ist von **großer praktischer Bedeutung,** denn die von den medizinischen Diensten der Krankenkassen mitgeteilten Begutachtungsergebnisse im Bereich der stationären Pflege haben dazu geführt, dass eine nicht unerhebliche Anzahl von Bewohnern von Heimen und Einrichtungen, die stationär betreut werden, nicht pflegebedürftig im Sinne des SGB XI und deshalb der sog. „Pflegestufe 0" zugeordnet worden sind. Umso wichtiger ist es, dass diese Personengruppe wenigstens auf die Auffangvorschrift des § 61 Abs. 1 Satz 2 SGB XII zurückgreifen kann. Mit dieser Regelung präzisiert der Gesetzgeber den Grundsatz in § 9 Abs. 1 SGB XII, wonach „Art, Form und Maß der Sozialhilfe nach der Besonderheit des Einzelfalles" ausgerichtet sein müssen, vor allem nach der Person des Hilfeempfängers, der Art seines Bedarfs und den örtlichen Verhältnissen.

c) Kürzungen des Pflegegeldes der Sozialhilfe

Um die familiäre Hilfsbereitschaft zu stärken, kann nach dem SGB XII auch dann Pflegegeld gewährt werden, wenn gleichzeitig professionelle Pflegekräfte finanziert werden. Allerdings kann das Pflegegeld nach dem SGB XII in diesen Fällen **um bis zu zwei Drittel gekürzt** werden, wenn die professionelle Pflege vom Sozialhilfeträger oder einem anderen Leistungsträger (Pflegeversicherung) finanziert wird, § 66 Abs. 2 SGB XII. Diese Vorschrift lässt die Kürzung des Pflegegeldes allenfalls um bis zu zwei Drittel zu, keinesfalls aber dessen vollständige Streichung. Dies gilt auch im Falle einer Rund-um-die-Uhr-Betreuung eines Schwerstpflegebedürftigen durch einen professionellen Pflegedienst gemäß § 65 Abs. 1 SGB XII oder gleichartiger Leistungen nach anderen Rechtsvorschriften. Auch dann darf das Pflegegeld nicht völlig eingestellt werden; es dient insoweit der Abdeckung behinderungsbedingter Aufwendungen, die zusätzlich zu einer Rund-um-die-Uhr-Betreuung entstehen.

Bei teilstationärer Betreuung kann das Pflegegeld gemäß § 66 Abs. 3 SGB XII angemessen gekürzt werden, wenn für die teilstationäre Betreuung nach dem SGB XII oder nach anderen Vorschriften (z.B. Beihilfe bei Beamten) Leistungen erbracht werden.

Beispiel: Ein Pflegebedürftiger der Pflegestufe I wird in einer Einrichtung der Tagespflege betreut. Die Kosten betragen 384,– €. Die teilstationäre Sachleistung der Pflegeversicherung ist verbraucht. Wenn die Einkommens- und Vermögensgrenzen nicht überschritten werden, besteht ein Anspruch auf Pflegegeld gegen den Sozialhilfeträger, das aber angemessen gekürzt werden kann, § 66 Abs. 3 SGB XII.

d) Pflichtpflegeeinsätze

In § 64 Abs. 5 SGB XII hat der Gesetzgeber die Regelung über die Pflichtpflegeeinsätze gem. § 37 Abs. 3 SGB XI auch für die Hilfe zur Pflege nach dem SGB XII übernommen. Der Anspruch auf das Pflegegeld nach dem SGB XII setzt voraus, dass der Pflegebedürftige und die Sorgeberechtigten bei pflegebedürftigen Kindern mit dem Pflegegeld – dessen Umfang entsprechend – die erforderliche Pflege in geeigneter Weise selbst sicherstellen. Stellt die Pflegekasse ihre Zahlung ein, weil der Pflegebedürftige den Pflichteinsatz nicht abgerufen hat, darf auch der Sozialhilfeträger nicht weiter leisten. Auch der Träger der Sozialhilfe hat ein **Kontrollrecht,** dass mit dem Pflegegeld die erforderliche Pflege „in geeigneter Weise" selbst sichergestellt wird.

e) Verhältnis zwischen Leistungen der Pflegeversicherungen und Leistungen der Eingliederungshilfe

Die Eingliederungshilfe hat die Aufgabe, eine vorhandene Behinderung zu beseitigen oder zu mildern und den Hilfebedürftigen möglichst unabhängig von Pflege zu machen (§ 53 Abs. 3 SGB XII). Bei der Eingliederungshilfe stehen die Rehabilitation und die Integration im Vordergrund. Die Eingliederungshilfe ist gegenüber der Pflege die weitergehende Leistung.

Das SGB XI bestimmt in § 13 Abs. 2, dass die Leistungen der Eingliederungshilfe nach dem SGB XII gegenüber den Leistungen der Pflegeversicherung **nicht** nachrangig sind. Ausdrücklich wird bestimmt, dass in voll- und teilstationären Einrichtungen der Behindertenhilfe im Rahmen der Eingliederungshilfe auch Pflegeleistungen zu gewähren sind. Dafür leistet die Pflegeversicherung in **vollstationären** Einrichtungen einen Zuschuss von maximal 256,– € für die in der Einrichtung erbrachten Pflegeleistungen, § 43 a SGB XI.
In **teilstationären** Einrichtungen der Behindertenhilfe sind keine Leistungen nach der Pflegeversicherung möglich. Es wird auch kein Zuschuss wie in den vollstationären Einrichtungen gezahlt. Dies hat seinen Grund darin, dass für die Pflege in der Familie die Leistungen der häuslichen Pflege nach §§ 36 ff. SGB XI zur Verfügung stehen sollen.

7.1.11 Art. 51 PflegeVG Art. 51 PflegeVG soll allen Personen, die bis zum 31.3.1995 nach § 69 BSHG in der damals geltenden Fassung Pflegegeld bezogen haben, ihren Besitzstand sichern.

Die Regelungen des Art. 51 PflegeVG im Einzelnen:
- Der Betroffene muss bis zum 31.3.1995 Pflegegeld nach § 69 BSHG bezogen haben. Es ist nicht erforderlich, dass der Pflegebedürftige nach dem 1.4.1995 einen Anspruch auf Pflegegeld gegen die Pflegeversicherung oder einen Anspruch gegen den Sozialhilfeträger (§ 69 a BSHG) hat.
- Art. 51 SGB XI ist auch dann anzuwenden, wenn der Betroffene bis zum 31.3.1995 zwar ein Pflegegeld nach dem BSHG vom Sozialhilfeträger bezogen, aber kein Pflegegeld nach § 57 SGB V von der Krankenkasse erhalten hat.
- Zur Wahrung des Besitzstandes sind die Einkommens- und Vermögensgrenzen zugrunde zu legen, die für die Gewährung des Pflegegeldes nach dem BSHG entsprechend dem Schweregrad der Pflegebedürftigkeit am 31.3.1995 maßgebend waren (§§ 79, 81 BSHG). Beim einzusetzenden Vermögen gemäß § 88 BSHG (kleinere Barbeträge oder sonstige Geldwerte) gelten ebenfalls die Beträge, die am 31.3.1995 maßgebend waren.
- Der vom Sozialhilfeträger zu zahlende Betrag mindert sich um:
  - den Betrag des Pflegegeldes nach § 37 SGB XI
  - den Wert der Sachleistung nach § 36 SGB XI
  - den Wert der Kombinationsleistung nach §§ 38 oder 41 SGB XI
  - den Betrag des Pflegegeldes nach § 64 SGB XII und
  - die Kostenübernahme nach § 65 Abs. 1 Satz 2 SGB XII.
- Der Anspruch auf den Besitzstand nach Art. 51 SGB XI ruht für die Dauer einer Unterbringung in einer vollstationären Einrichtung. Das bedeutet, dass während dieser Zeit kein Besitzschutz gewährt wird. Die Leistungen werden

wieder aufgenommen, wenn der Pflegebedürftige die vollstationäre Einrichtung verlässt. Der Besitzstandsschutz nach Art. 51 PflegeVG entfällt mit Wirkung für die Zukunft, wenn:

- die Leistungsvoraussetzungen nach § 69 BSHG in der bis zum 31.3.1995 geltenden Fassung nicht mehr vorliegen (z.B. weil sich die Pflegebedürftigkeit gebessert hat), oder
- die Dauer der Unterbringung in einer Einrichtung zwölf Monate übersteigt.

7.2 Andere Leistungssysteme

7.2.1 Vorrangige Entschädigungsleistungen wegen Pflegebedürftigkeit

a) Bundesversorgungsgesetz und Verweisungsgesetze

aa) Allgemeines

Nach § 13 Abs. 1 Nr. 1 SGB XI gehen die Entschädigungsleistungen wegen Pflegebedürftigkeit nach dem **Bundesversorgungsgesetz (BVG)** und nach den Gesetzen, die eine entsprechende Anwendung des BVG vorsehen (im Folgenden: Verweisungsgesetze), **den Leistungen der Pflegeversicherung vor.** Da Entschädigungsleistungen wegen Pflegebedürftigkeit nach dem BVG bzw. nach den Verweisungsgesetzen, die gemeinsam zum Bereich des sozialen Entschädigungsrechts gehören, als **Versorgungsleistungen** in der Regel umfassender sind als die der Höhe nach beschränkten Leistungen der sozialen Pflegeversicherung, stellt § 13 Abs. 1 Nr. 1 SGB XI sicher, dass der Pflegebedürftige die höchste ihm zustehende Leistung erhält.

Eine **entsprechende Anwendung des BVG** (insbesondere dessen Regelungen des Leistungsrechts) ist in zahlreichen anderen Gesetzen vorgesehen. Dazu gehören: das Soldatenversorgungsgesetz (SVG), das Bundesgrenzschutzgesetz (BSGS), das Zivildienstgesetz (ZDG), das Infektionsschutzgesetz (IfSG), das Gesetz über die Entschädigung für Opfer von Gewalttaten (OEG), das Häftlingshilfegesetz (HHG), das strafrechtliche Rehabilitierungsgesetz (StrRehaG, erlassen durch Art. 1 des Ersten SED-Unrechtsbereinigungsgesetzes), das Verwaltungsrechtliche Rehabilitierungsgesetz (VwRehaG, erlassen durch Art. 1 des Zweiten SED-Unrechtsbereinigungsgesetzes) und das Gesetz über den Abschluss von Unterstützungen der Bürger der ehemaligen Deutschen Demokratischen Republik bei Gesundheitsschäden infolge medizinischer Maßnahmen (UntAbschlG).

Im Folgenden wird stellvertretend für diesen Bereich des sozialen Entschädigungsrechts von den Regelungen des BVG ausgegangen.

Durchgeführt werden die genannten Gesetze des sozialen Entschädigungsrechts im Hinblick auf die Entschädigungsleistungen wegen Pflegebedürftigkeit von den **Versorgungsämtern.**

bb) Leistungen nach § 35 BVG

(1) Die Entschädigungsleistungen wegen Pflegebedürftigkeit regelt § 35 BVG. Für Beschädigte kommen danach in Betracht:

- eine **pauschale Pflegezulage** nach § 35 Abs. 1 BVG, deren Höhe nach verschiedenen – gesetzlich festgelegten – Stufen bemessen ist oder die nach § 35 Abs. 2 BVG im Einzelfall unter bestimmten Voraussetzungen – in gesetzlich nicht festgelegtem Umfang – erhöht werden kann,
- die Übernahme der Kosten einer **nicht nur vorübergehenden Heimpflege** nach § 35 Abs. 6 BVG.

Die **Pflegezulage** nach § 35 Abs. 1 und 2 BVG ist dazu bestimmt, den Beschädigten, der zur Erhaltung seiner körperlichen Existenz auf fremde Hilfe angewiesen ist, so zu stellen, dass er sich selbst die erforderliche Pflege beschaffen kann. Die Pflegezulage in Gestalt der Übernahme von Kosten der **nicht nur vorübergehenden Heimpflege** nach § 35 Abs. 6 BVG dient dazu, die gesamten Kosten der Heimunterbringung (Unterkunft, Verpflegung und Betreuung einschließlich notwendiger Pflege) zu bestreiten.

(2) **Beschädigte** i.S.d. BVG (insbesondere Kriegsopfer bzw. die ihnen gleichgestellten Personen nach den Verweisungsgesetzen des sozialen Entschädigungsrechts) erhalten eine **Pflegezulage** nach § 35 Abs. 1 BVG (bzw. nach den Verweisungsgesetzen), wenn sie **hilflos** sind (§ 35 Abs. 1 Satz 1 BVG). Hilflos i.S.d. § 35 Abs. 1 Satz 1 BVG ist der Beschädigte, wenn er für eine Reihe von häufig und regelmäßig wiederkehrenden Verrichtungen zur Sicherung seiner persönlichen Existenz im Ablauf eines jeden Tages fremder Hilfe dauernd bedarf (§ 35 Abs. 1 Satz 2 BVG). Diese Voraussetzungen sind nach § 35 Abs. 1 Satz 3 BVG auch dann erfüllt, wenn die Hilfe in Form einer Überwachung oder Anleitung zu den in § 35 Abs. 1 Satz 2 BVG genannten Verrichtungen erforderlich ist oder wenn die Hilfe zwar nicht dauernd geleistet werden muss, jedoch eine ständige Bereitschaft zur Hilfeleistung erforderlich ist.

Die in § 35 Abs. 1 Satz 2 und 3 BVG enthaltene Definition der Hilflosigkeit (die Pflegebedürftigkeit bedingt), ist mithin **nicht identisch** mit der Definition der Pflegebedürftigkeit i.S.d. §§ 14 und 15 SGB XI (s. 7.1.2). Zur Abgrenzung vom Begriff der Pflegebedürftigkeit nach §§ 14, 15 SGB XI zieht der Gesetzgeber vielmehr im Wortlaut des § 35 Abs. 1 Satz 1 und 2 BVG (in seiner ab dem 1.4.1995 geltenden Fassung) Umschreibungen zur Definition der entschädigungsrechtlich relevanten Pflegebedürftigkeit heran, die über Jahrzehnte von der Rechtsprechung und Verwaltung zur Ausfüllung der maßgeblichen Begriffe des § 35 Abs. 1 Satz 1 BVG a.F. entwickelt worden sind. Entscheidend für den Begriff der Pflegebedürftigkeit auch in der nunmehr geltenden Fassung des § 35 Abs. 1 BVG ist:

- Der Beschädigte benötigt bei **zahlreichen Verrichtungen** im Ablauf eines jeden Tages **fremde Hilfe in regelmäßiger Wiederkehr.** Dabei genügt es, wenn es sich um eine Reihe von Verrichtungen handelt, die häufig und regelmäßig wiederkehren und eine fremde Person in so erheblichem Maße in Anspruch nehmen, dass deren Hilfe oder Hilfebereitschaft einen wirtschaftlich messbaren Wert hat.

- Die Wortfolge „Verrichtungen zur Sicherung der persönlichen Existenz" bringt zum Ausdruck, dass es sich um Verrichtungen handeln muss, die den **höchstpersönlichen Lebensbereich** des Beschädigten betreffen, die für die körperliche Existenz des Beschädigten sowie für die Pflege seiner Person notwendig sind und ohne die er nicht bestehen kann (sog. **Grundpflege**). Zu solchen Verrichtungen kann auch z.B. die Dialyse gehören, wenn nach allgemeiner medizinischer Erfahrung eine dauernde Hilflosigkeit des Dialysepatienten (z.B. wegen weiterer Gesundheitsstörungen) zu erwarten ist. Dies bedeutet zugleich, dass **hauswirtschaftliche Verrichtungen** grundsätzlich nicht zu berücksichtigen sind, da sie keine Verrichtungen an der Person des Pflegebedürftigen darstellen (so z.B. das Reinigen und Beheizen der Wohnung, das Waschen der Wäsche und Kleidung sowie das Einkaufen und Kochen; anders § 14 Abs. 1 und Abs. 4 Nr. 4 SGB XI (s. 7.1.2).

b) Gesetzliche Unfallversicherung

aa) Allgemeines

Nach § 13 Abs. 1 Nr. 2 SGB XI gehen die Entschädigungsleistungen wegen Pflegebedürftigkeit aus der **gesetzlichen Unfallversicherung den Leistungen der Pflegeversicherung vor.** Da auch Entschädigungsleistungen aus der gesetzlichen Unfallversicherung (vgl. §§ 26 Abs. 2 Nr. 5, 44 SGB VII) in der Regel umfassender sind als die der Höhe nach beschränkten Leistungen der Pflegeversicherung, stellt § 13 Abs. 1 Nr. 1 SGB XI sicher, dass der Pflegebedürftige die höchste ihm zustehende Leistung erhält.
Träger der im SGB VII geregelten gesetzlichen Unfallversicherung sind die Berufsgenossenschaften und die Eigenunfallversicherungsträger (§§ 114 ff. SGB VII).

bb) Leistungen nach § 44 SGB VII

(1) Die Gewährung von Pflegeleistungen der gesetzlichen Unfallversicherung setzt voraus, dass die Pflegebedürftigkeit rechtlich wesentlich auf einen **Arbeitsunfall** (bzw. Wegeunfall) oder eine Berufskrankheit zurückzuführen ist. Wann ein Arbeitsunfall (bzw. Wegeunfall) oder eine **Berufskrankheit** vorliegen, bestimmt sich nach §§ 8, 9 SGB VII.
(2) Die einzelnen Voraussetzungen für die Gewährung von Pflegeleistungen regelt § 44 SGB VII:

- Der **Begriff der Pflegebedürftigkeit** wird in Anlehnung an die soziale Pflegeversicherung (d.h. an § 14 SGB XI, vgl. oben 7.1.2) definiert, bei der Pflegebedürftigkeit ist also der Bedarf an Grundpflege und hauswirtschaftlicher

Versorgung zu berücksichtigen. **Pflegeleistungen** sind: **Pflegegeld, Stellung einer Pflegekraft (Hauspflege)** und **Heimpflege.**

- Für das **Pflegegeld** sieht § 44 Abs. 2 S. 1 SGB VII einen Mindestbetrag und einen Höchstbetrag vor. Diese Beträge stellen einen Rahmen dar. Die konkrete Höhe des Pflegegeldes innerhalb dieses Rahmens hängt ab von der Art und Schwere des Gesundheitsschadens sowie des Umfangs der erforderlichen Hilfe (die Träger der Unfallversicherung haben dafür entsprechende Beurteilungskriterien entwickelt). Das Pflegegeld wird zum 1. Juli jeden Jahres angepasst, und zwar entsprechend den Veränderungen bei den Renten der gesetzlichen Rentenversicherung (§ 44 Abs. 2 S. 2, Abs. 4 SGB VII). Das Ruhen des Pflegegeldes bzw. seine Weiterzahlung während einer stationären Behandlung oder der Unterbringung in einer Einrichtung der beruflichen Rehabilitation oder einer Werkstatt für Behinderte regelt § 44 Abs. 3 SGB VII.
- Auf **Antrag des Pflegebedürftigen** kann statt des Pflegegeldes eine **Pflegekraft gestellt** werden **(Hauspflege),** vgl. § 44 Abs. 5 S. 1 SGB VII. Da die Unfallversicherungsträger aber selbst keine geeigneten Pflegekräfte beschäftigen, wird die Hauspflege in der Praxis oft von (privaten) Pflegekräften bzw. von Pflegekräften eines privaten Dienstes auf der Grundlage eines entsprechenden Vertrages mit dem Unfallversicherungsträger erbracht. In Betracht kommt z. B. aber auch, dass Personen, die im Haushalt des Pflegebedürftigen leben, die Hauspflege durchführen; eine besondere Fachkunde verlangt das Gesetz dafür nicht. Für die Weiterzahlung des Pflegegeldes während der Hauspflege gilt eine besondere Regelung (§ 44 Abs. 5 S. 2 SGB VII). Übersteigen die Aufwendungen für eine Pflegekraft das jeweils maßgebende Pflegegeld, so kann dieses angemessen erhöht werden (§ 44 Abs. 2 S. 3 SGB VII).
- Auf **Antrag des Pflegebedürftigen** kann statt des Pflegegeldes oder der Hauspflege die erforderliche Hilfe in einer geeigneten **(teil- oder vollstationären) Einrichtung** erbracht werden **(Heimpflege),** vgl. § 44 Abs. 5 S. 1 SGB VII. **Wichtig** ist: Die Leistung der Heimpflege umfasst **auch Unterkunft und Verpflegung** in der Einrichtung. Die Leistung der gesetzlichen Unfallversicherung geht hier also erheblich weiter als die Leistung bei vollstationärer Pflege in der sozialen Pflegeversicherung (vgl. § 43 Abs. 2 SGB XI und S. 181). Für die Weiterzahlung des Pflegegeldes während der Heimpflege besteht eine besondere Regelung (§ 44 Abs. 5 S. 2 SGB VII).

c) Gesetzlich geregelte Unfallversorgung oder Unfallfürsorge

aa) Allgemeines

Nach § 13 Abs. 1 Nr. 3 SGB XI gehen **den Leistungen der Pflegeversicherung** die Entschädigungsleistungen wegen Pflegebedürftigkeit aufgrund **gesetzlich geregelter Unfallversorgung oder Unfallfürsorge vor.** Zu diesen vorrangigen Entschädigungsleistungen gehören im Wesentlichen die Pflegeleistungen der

„Unfallfürsorge" für **Beamte und Richter** in Bund und Ländern nach § 34 BeamtVG.

Da die Entschädigungsleistungen nach den genannten Vorschriften in der Regel umfassender sind als die der Höhe nach beschränkten Leistungen der Pflegeversicherung, stellt § 13 Abs. 1 Nr. 3 SGB XI sicher, dass der Pflegebedürftige die höchste ihm zustehende Leistung erhält.

Zuständig für die Gewährung der (im Wesentlichen in § 34 BeamtVG geregelten) Entschädigungsleistungen der Unfallfürsorge wegen Pflegebedürftigkeit sind grundsätzlich die **obersten Dienstbehörden,** deren Befugnisse allerdings von den Landesregierungen durch Rechtsverordnung auf andere Stellen übertragen werden können (vgl. § 107 Abs. 2 BeamtVG).

bb) Leistungen nach § 34 BeamtVG

(1) Die Vorschrift des § 34 BeamtVG regelt im Einzelnen die Voraussetzungen und den Inhalt der Gewährung von Leistungen wegen Pflegebedürftigkeit. Dabei ist zu unterscheiden zwischen **ambulanter Pflege,** z.B. durch Familienangehörige und **stationärer Pflege.**

Ferner ist zu unterscheiden zwischen der **Kostenerstattung** bei ambulanter bzw. stationärer Pflege nach § 34 Abs. 1 BeamtVG und dem **Hilflosigkeitszuschlag** nach § 34 Abs. 2 BeamtVG. Die **Heilverfahrensverordnung** (HeilvfV), die zu § 33 BeamtVG erlassen worden ist, bestimmt hierzu Näheres in §§ 12 und 13.

Mit den Leistungen im Falle **ambulanter Pflege** soll sichergestellt werden, dass der Verletzte die erforderliche Hilfe zu Hause durch Dritte erhält. Die Leistungen bei stationärer Pflege werden erbracht, wenn geeignete Pflege sonst nicht gewährleistet ist (§ 12 Abs. 6 Satz 1 HeilvfV); diese Leistungen dienen dazu, die gesamten Kosten der stationären Unterbringung (Unterkunft, Verpflegung und Betreuung einschließlich notwendiger Pflege) zu bestreiten. Der **Hilflosigkeitszuschlag,** der an die Stelle der Kostenerstattung tritt, hat die Rechtsnatur eines pauschalierten Pflegegeldes, mit dem die Pflegekosten abgegolten werden.

(2) § 34 BeamtVG setzt voraus, dass der Verletzte so **hilflos** ist, dass er nicht ohne fremde Pflege sein kann. Erforderlich ist, dass der Verletzte (nach dem Gutachten eines der in § 15 HeilvfV bezeichneten Ärzte) zu den Verrichtungen des täglichen Lebens aus eigener Kraft nicht imstande ist, sodass für seine Pflege die Arbeitskraft einer anderen Person oder eine für die Pflege geeignete Einrichtung in Anspruch genommen werden muss (vgl. § 12 Abs. 1 HeilvfV). Ebenso wie im sozialen Entschädigungsrecht und im Recht der gesetzlichen Unfallversicherung ist z.B. nicht erforderlich, dass die Hilfe tatsächlich dauernd geleistet werden muss; es genügt vielmehr, dass eine ständige Bereitschaft einer Pflegekraft erforderlich ist, um gegebenenfalls jederzeit eingreifen zu können. Und ebenso wie in den beiden genannten Rechtsbereichen umfassen die Leistungen wegen Pflegebedürftigkeit nur die sog. **Grundpflege,** also

die Verrichtungen, die den höchstpersönlichen Lebensbereich des Verletzten betreffen, die für die körperliche Existenz des Verletzten sowie für die Pflege seiner Person notwendig sind und ohne die er nicht bestehen kann. Leistungen der **hauswirtschaftlichen Versorgung** gehören **nicht** dazu.
(3) Die Gewährung von Pflegeleistungen nach § 34 BeamtVG setzt voraus, dass die Pflegebedürftigkeit rechtlich wesentlich auf einen **Dienstunfall** zurückzuführen ist. Dienstunfall ist – nach der Definition des § 31 Abs. 1 Satz 1 BeamtVG – ein auf äußerer Einwirkung beruhendes, plötzliches, örtlich und zeitlich bestimmbares, einen Körperschaden verursachendes Ereignis, das in Ausübung oder infolge des Dienstes eingetreten ist; in § 31 Abs. 1 Satz 2 und Abs. 2 bis 6 BeamtVG sind Tatbestände geregelt, die dem Dienstunfall gleichstehen (insbesondere der Wegeunfall).

7.2.2 Nachrangige Fürsorgeleistungen zur Pflege
a) Fürsorgeleistungen zur Pflege nach dem SGB XII
aa) Allgemeines
Nach § 13 Abs. 3 Satz 1 Nr. 1 SGB XI gehen die **Leistungen der Pflegeversicherung** den „Fürsorgeleistungen" zur Pflege nach dem **SGB XII (Sozialhilfe) vor** (übereinstimmend mit dem in § 2 SGB XII formulierten Nachrang der Sozialhilfe). Die von einer Bedürftigkeitsprüfung abhängigen Leistungen zur Pflege regelt das BSHG in den §§ 61 bis 66 SGB XII; sachlich zuständig sind nach § 97 Abs. 1 SGB XII die **örtlichen Träger** (Landkreise und kreisfreien Städte) bzw. nach § 97 Abs. 2 und 3 SGB XII **die überörtlichen Träger** (z. B. die Landschaftsverbände).

bb) Grundsätze
§ 61 Abs. 1 SGB XII bestimmt, dass „Personen, die wegen einer körperlichen, geistigen oder seelischen Krankheit oder Behinderung für die gewöhnlichen und regelmäßig wiederkehrenden Verrichtungen im Ablauf des täglichen Lebens auf Dauer, voraussichtlich für mindestens sechs Monate, in erheblichem oder höherem Maße der Hilfe bedürfen, Hilfe zur Pflege zu gewähren ist". Wie schon nach altem Recht, kann auch nach § 61 Abs. 1 SGB XII die Hilfe familiär, nachbarschaftlich, ambulant oder stationär erbracht werden. Allerdings gilt auch hier, dass die **häusliche Pflege** Vorrang genießt, wenn „sie im Fall des § 61 Abs. 1 SGB XII" ausreicht (vgl. § 63 SGB XII). Zur Sicherung dieses Vorrangs soll der Träger der Sozialhilfe darauf hinwirken, dass die Pflege durch nahestehende Personen oder im Wege der Nachbarschaftshilfe erfolgt.
Eine Übersicht über Ansprüche des Pflegebedürftigen nach §§ 61 ff. SGB XII gibt das Schaubild auf Seite 239.
Die in § 63 SGB XII geregelte häusliche Pflege umfasst „die **Pflege einschließlich der hauswirtschaftlichen Versorgung"** (anders das frühere Recht: nur Grundpflege).

Das Bundessozialhilfegesetz übernimmt in § 61 Abs. 1 S. 1 SGB XII den Begriff der Pflegebedürftigkeit des § 14 SGB XI, der nach § 15 Abs. 1 SGB XI die Basis für die Zuordnung pflegebedürftiger Personen zu den Pflegestufen I, II und III ist. Die **Anknüpfung an die Regelung und die Terminologie der sozialen Pflegeversicherung** wird auch in den Absätzen 2, 3 und 4 des § 61 SGB XII fortgeführt, indem die Begriffe „Krankheiten oder Behinderungen" und die Definitionen für die „gewöhnlichen und regelmäßig wiederkehrenden Verrichtungen" i.S. des § 61 Abs. 1 SGB XII wortgleich aus den Absätzen 2, 3 und 4 des § 14 SGB XI übernommen werden. Dem entspricht es, dass der Gesetzgeber in § 61 Abs. 3 SGB XII die Regelung des § 14 Abs. 3 SGB XI übernimmt, wonach der Hilfebedarf des § 61 Abs. 4 SGB XII „in der Unterstützung, in der teilweisen oder vollständigen Übernahme der Verrichtungen im Ablauf des täglichen Lebens oder in Beaufsichtigung oder Anleitung mit dem Ziel der eigenständigen Übernahme dieser Verrichtungen besteht".

cc) Anspruchsberechtigter Personenkreis für die Hilfe zur Pflege

Der Gesetzgeber sieht vor, dass weiterhin Leistungen für pflegebedürftige Menschen gewährt werden, die die Voraussetzungen der Pflegestufen I bis III nicht erfüllen: Nach § 61 Abs. 1 S. 2 SGB XII sind auch **Leistungen für Kranke und Behinderte** vorgesehen, „die voraussichtlich **für weniger als sechs Monate** der Hilfe bedürfen, einen **geringeren Hilfebedarf** als nach § 61 Abs. 1 S. 1 SGB XII haben oder die der **Hilfe für andere Verrichtungen** als nach § 61 Abs. 5 SGB XII bedürfen". Des Weiteren werden auch die Personen als leistungsberechtigt anerkannt, die **andere Krankheiten oder Behinderungen** als die in § 68 Abs. 3 Nr. 1–3 genannten aufweisen (vgl. § 61 Abs. 3 Nr. 4 SGB XII). Auf der Grundlage des speziell erweiterten sozialhilferechtlichen Pflegebegriffs in § 61 Abs. 1 S. 2 SGB XII (sog. **Pflegestufe „0"**, so unter anderem wegen eines „geringeren Bedarfs") kommt etwa bei einem behinderten Menschen, der zwar pflegebedürftig ist, aber nicht die Pflegestufe I erreicht (z.B. weil der Bedarf an Grundpflege nicht mehr als 45 Minuten beträgt), die Übernahme der Kosten für hauswirtschaftliche Verrichtungen (Einkaufen, Reinigen der Wohnung, Waschen der Wäsche usw.) in Betracht.

Darüber hinaus wird in § 61 Abs. 2 SGB XII im Einzelnen festgelegt, welche Leistungen die Hilfe zur Pflege umfasst. Die Hilfe zur Pflege umfasst

- die häusliche Pflege
- Hilfsmittel
- teilstationäre Pflege
- Kurzzeitpflege
- vollstationäre Pflege

Dabei bestimmt sich der Inhalt der Hilfen nach § 28 Abs. 1 Nr. 1, 5–8 SGB XI. Im Unterschied zum SGB XI (soziale Pflegeversicherung), in dem die

Leistungen nur bis zu einer Obergrenze bezahlt werden, richtet sich der Umfang der Leistungen in §§ 61 ff. SGB XII nach dem Bedarfsdeckungsprinzip, d.h., der Sozialhilfeträger muss ergänzende Hilfen leisten, wenn der Leistungsrahmen des SGB XI ausgeschöpft ist (zu weiteren Einzelheiten vgl. Abschnitt 7.1.10).

dd) Strukturierung und -staffelung der Pflegegelder nach dem SGB XII
Obwohl der Gesetzgeber den Personenkreis, der Hilfe zur Pflege nach den §§ 61 ff. SGB XII geltend machen kann, weiter gezogen hat als den Kreis der Anspruchsberechtigten nach den §§ 14 ff. SGB XI, wird auch bei der das **Pflegegeld** nach dem SGB XII regelnden Vorschrift des § 64 das Bemühen erkennbar, die Leistungsstrukturen der sozialen Pflegeversicherung und der Hilfe zur Pflege nach den §§ 61 ff. SGB XII so eng wie möglich aneinander **anzupassen**. Besonders deutlich macht dies die **Staffelung der Pflegegelder** in Anlehnung an die §§ 14 ff., 37 SGB XI: Die Gewährung von Pflegegeldleistungen nach § 64 SGB XII wird von der Zuordnung zu einer von insgesamt drei Pflegestufen abhängig gemacht. Die Umschreibung dieser Pflegestufen in den Absätzen 1–3 des § 64 SGB XII und die Höhe der Pflegegelder ist identisch mit den Festlegungen der Stufen der Pflegebedürftigkeit in § 15 SGB XI und den Pflegegeldleistungen gem. § 37 SGB XI (siehe dazu 7.1.2, 7.1.3, 7.1.6).

ee) Bindungswirkung der Entscheidungen der Pflegekassen für die Hilfe zur Pflege
Von großer praktischer Bedeutung ist § 62 SGB XII, wonach die Entscheidung der Pflegekasse über das Ausmaß der Pflegebedürftigkeit nach SGB XI „auch der Entscheidung im Rahmen der Hilfe zur Pflege zugrunde zu legen ist, soweit sie auf Tatsachen beruht, die bei beiden Entscheidungen zu berücksichtigen sind". Mit dieser Regelung soll erreicht werden, dass die Prüfung der Voraussetzungen der Pflegebedürftigkeit und die Zuordnung zu den Pflegestufen I–III im Sinne des § 15 SGB XI, die der Medizinische Dienst der Krankenkassen nach § 18 Abs. 1 SGB XI im Auftrag der Pflegekassen durchführt, **auch für die Leistungen der Hilfe zur Pflege nach den §§ 61 ff. SGB XII verbindlich** sind. Damit geht der Gesetzgeber von der früheren Praxis ab, die tatsächlichen Feststellungen zur Pflegebedürftigkeit gem. der Staffelung in den §§ 61 ff. SGB XII durch die Ärzte des Gesundheitsdienstes und durch Sozialarbeiter des allgemeinen Sozialdienstes zu treffen.
Die nach § 62 SGB XII bestehende Bindungswirkung einer Entscheidung der Pflegekasse über das Ausmaß der Pflegebedürftigkeit, die die Pflegekasse mit Rückwirkung getroffen hat, kann aber nicht dazu führen, dass der Sozialhilfeträger im Nachhinein weitere Hilfe zur Pflege für Zeiträume gewähren muss, in denen ihm (dem Sozialhilfeträger) die von der Pflegekasse nachträglich anerkannte Pflegebedürftigkeit des Hilfeempfängers unbekannt war. Dem steht näm-

lich der sog. Kenntnisgrundsatz des Sozialhilferechts entgegen (vgl. § 18 Abs. 1 SGB XII), nach dem Sozialhilfe grundsätzlich erst ab Kenntnis des Sozialhilfeträgers vom Hilfebedarf gewährt wird (und nicht für zurückliegende Zeiträume).

ff) Anbindung der Hilfe zur Pflege an Verordnungen und Richtlinien nach dem SGB XI

Die Anbindung der Hilfe zur Pflege an die Strukturen der sozialen Pflegeversicherung wird noch dadurch verstärkt, dass zur Bestimmung des Begriffs der Pflegebedürftigkeit und zur Abgrenzung, Höhe und Anpassung der Pflegegelder gem. § 61 Abs. 6 SGB XII die Verordnung nach § 16 SGB XI, die **Richtlinien der Pflegekassen** nach § 17 SGB XI und die Verordnung nach § 30 SGB XI entsprechende Anwendung finden (siehe dazu 7.1.2 b).
Die **Anpassung der Pflegegelder** ist gem. § 61 Abs. 6 SGB XII i.V. mit § 30 SGB XI durch Rechtsverordnung zu regeln und orientiert sich an der Einnahmenentwicklung der sozialen Pflegeversicherung.

gg) Andere Leistungen der Hilfe zur Pflege

Die Struktur und Terminologie der sogenannten **„anderen Leistungen"** (vgl. die Überschrift zu § 65 SGB XII), die in der Hilfe zur Pflege neben den Pflegegeldleistungen gewährt werden (können), folgen im Wesentlichen der bis zum 31.3.1995 geltenden Rechtslage (§§ 68 ff. BSHG a.F.). Dies gilt z.B. für die „angemessenen Aufwendungen der Pflegepersonen", die dieser zu erstatten sind; für die Kann-Leistungen gem. § 65 Abs. 1 S. 2 zweite Alternative (Beihilfen und Beiträge der Pflegeperson für eine angemessene Alterssicherung); die Kostenübernahme für die „Heranziehung einer besonderen Pflegekraft" (vgl. § 65 Abs. 1 S. 2 SGB XII) und die „Beiträge einer Pflegeperson oder einer besonderen Pflegekraft für eine angemessene Alterssicherung" (vgl. § 65 Abs. 2 SGB XII). § 65 Abs. 1 S. 2 SGB XII regelt auch eine Übernahme der angemessenen Kosten für „eine Beratung oder zeitweilige Entlastung der Pflegeperson".

hh) Anrechnungs- und Konkurrenzregelungen

Für die Regelungen zur Anrechnung von Leistungen der Hilfe zur Pflege und zur Konkurrenz verschiedener Pflegeleistungen gilt im Wesentlichen das Folgende:

- Pflegegeldleistungen werden **nicht** gewährt, soweit der Pflegebedürftige **gleichartige Leistungen** nach anderen Rechtsvorschriften erhält. Dieser Leistungsausschluss gilt auch für die Erstattung von Beiträgen einer Pflegeperson oder einer besonderen Pflegekraft für eine angemessene Altersversicherung (vgl. § 66 Abs. 1 S. 1 SGB XII).
- Grundsätzlich können die **anderen Leistungen** der Hilfe zur Pflege (§ 65 SGB XII) **neben dem Pflegegeld** gem. § 64 SGB XII gewährt werden (vgl. § 66 Abs. 2 S. 1 SGB XII).

Übersicht über Ansprüche des Pflegebedürftigen bei der Hilfe zur Pflege nach §§ 61–66 SGB XII

bei häuslicher Pflege			bei Pflege in einer Einrichtung		
§ 65 Abs. 1 Satz 1, Halbs. 1 SGB XII: Anspruch auf Erstattung der angemessenen Aufwendungen der Pflegeperson (z.B. eines Angehörigen)	§ 65 Abs. 1 Satz 2 SGB XII: Anspruch auf Übernahme der Kosten für – besondere (professionelle) Pflegekräfte – Beratung – zeitweilige Entlastung	§ 66 Abs. 4 Satz 2 SGB XII: (sog. Arbeitgebermodell): Aufstockung der Geldleistung nach § 37 SGB XI durch SGB-XII-Leistung bis zur Höhe der Kosten der selbst angestellten besonderen Pflegekraft	§ 61 Abs. 2 Satz 1 SGB XII: Anspruch auf Hilfsmittel	§ 61 Abs. 2 Satz 1 SGB XII: Anspruch auf vollstationäre Pflege bzw. auf Kurzzeitpflege (Übernahme der Kosten der Hilfe). Der Zusatzbarbetrag zur persönlichen Verfügung ehemals § 21 Abs. 3 BSHG entfällt.	§ 61 Abs. 2 Satz 1 SGB XII: Anspruch auf teilstationäre Pflege (Übernahme der Kosten der Hilfe)

zusätzlich bei

leichter Pflegebedürftigkeit	erheblicher Pflegebedürftigkeit	Schwerpflegebedürftigkeit	Schwerstpflegebedürftigkeit
§ 65 Abs. 1 Satz 1, Halbs. 2 SGB XII: angemessene Beihilfe	§ 64 Abs. 1 SGB XII: Pflegegeld: 205,– €	§ 64 Abs. 2 SGB XII: Pflegegeld: 410,– €	§ 64 Abs. 3 SGB XII: Pflegegeld: 665,– €

leichter Pflegebedürftigkeit	erheblicher, Schwer- und Schwerstpflegebedürftigkeit
§ 65 Abs. 1 Satz 1 SGB XII: Übernahme der Beiträge der Pflegeperson für eine angemessene Alterssicherung, soweit diese nicht anderweitig sichergestellt ist (Kann-Leistung)	§ 65 Abs. 2 SGB XII: Übernahme der Beiträge einer Pflegeperson oder einer besonderen Pflegekraft für eine angemessene Alterssicherung, wenn diese nicht anderweitig sichergestellt ist (Muss-Leistung)

- Geldleistungen für **Blinde** oder Leistungen nach den **Landespflegegeldgesetzen** werden **mit 70 v. H. auf das Pflegegeld angerechnet** (vgl. § 66 Abs. 1 S. 2 SGB XII).
- Bei **teilstationärer Betreuung** des Pflegebedürftigen kann das **Pflegegeld angemessen gekürzt** werden (vgl. § 66 Abs. 3 SGB XII).
- Pflegeleistungen nach § 37 SGB XI (also das **Pflegegeld** für selbst beschaffte Pflegehilfen) sind „in dem Umfang, in dem sie gewährt werden, **anzurechnen"** (vgl. § 66 Abs. 1 S. 2 SGB XII).
- Bei der Inanspruchnahme **angemessener Beihilfen** oder von **angemessenen Aufwendungen der Pflegeperson** oder im Falle der Erstattung der **Kosten für die Heranziehung einer besonderen Pflegekraft** kann das SGB XII-Pflegegeld um **bis zu zwei Drittel gekürzt** werden (vgl. § 66 Abs. 2 S. 2 SGB XII). § 66 Abs. 2 S. 2 SGB XII lässt allenfalls eine Kürzung des Pflegegeldes um bis zu zwei Drittel zu, keinesfalls aber dessen vollständige Streichung. Dies gilt auch im Falle einer Rund-um-die-Uhr-Betreuung eines Schwerstpflegebedürftigen durch einen professionellen Pflegedienst gemäß § 65 Abs. 1 SGB XII oder gleichartiger Leistungen nach anderen Rechtsvorschriften. Auch dann darf das Pflegegeld nicht völlig eingestellt werden; es dient insoweit der Abdeckung behinderungsbedingter Aufwendungen, die zusätzlich zu einer Rund-um-die-Uhr-Betreuung entstehen.
- Die in § 65 SGB XII aufgezählten **anderen Pflegeleistungen** werden „insoweit nicht gewährt, als der Pflegebedürftige in der Lage ist, entsprechende Leistungen nach **anderen Rechtsvorschriften** in Anspruch zu nehmen" (vgl. § 66 Abs. 4 SGB XII).

b) Fürsorgeleistungen zur Pflege nach dem Recht des Lastenausgleichs

Nach § 13 Abs. 3 Satz 1 Nr. 2 SGB XI gehen die **Leistungen der Pflegeversicherung** den Fürsorgeleistungen zur Pflege nach dem **Lastenausgleichsgesetz** (LAG) **vor.** Gleiches gilt für die Fürsorgeleistungen zur Pflege nach dem **Flüchtlingshilfegesetz** und nach dem **Reparationsschädengesetz.** Zuständig für die Leistungen sind die Lastenausgleichsämter. Da Pflegeleistungen nach den genannten Gesetzen nur einem sehr kleinen Personenkreis zugute kommen, wird auf sie im vorliegenden Rahmen nur hingewiesen, nicht aber näher auf sie eingegangen.

c) Fürsorgeleistungen zur Pflege nach dem Recht der Kriegsopferfürsorge

aa) Bundesversorgungsgesetz und Verweisungsgesetze

Nach § 13 Abs. 3 Satz 1 Nr. 3 SGB XI gehen die **Leistungen der Pflegeversicherung** den Fürsorgeleistungen nach dem **Bundesversorgungsgesetz** (BVG) – als Leistungen der **Kriegsopferfürsorge** – sowie nach den Gesetzen, die eine entsprechende Anwendung des BVG vorsehen, vor (siehe dazu 7.2.1 a).

Im Folgenden wird stellvertretend für diesen Bereich des sozialen Entschädigungsrechts (in Gestalt der Kriegsopferfürsorge) von den Regelungen des BVG ausgegangen.
Leistungen der **Kriegsopferfürsorge** erhalten
- Beschädigte (d.h. diejenigen, die einen Entschädigungsfall erlitten haben) und die Hinterbliebenen Beschädigter
- als besondere Hilfen im Einzelfall (d.h. nach den individuellen Verhältnissen)
- zur Ergänzung der übrigen Leistungen nach dem BVG.

Diesen Personen hat sich die Kriegsopferfürsorge in allen Lebenslagen anzunehmen, um die Folgen der Schädigung oder des Verlusts eines nahen Angehörigen angemessen auszugleichen oder zu mildern (§ 25 Abs. 1 und 2 BVG).
Die **Beschädigten** müssen eine Grundrente beziehen oder Anspruch auf Heilbehandlung nach § 10 Abs. 1 BVG haben (§ 25 Abs. 3 Satz 1 Nr. 1 BVG). Bei **Hinterbliebenen** ist erforderlich, dass sie Hinterbliebenenrente oder Hinterbliebenenbeihilfe nach dem BVG beziehen (§ 25 Abs. 3 Satz 1 Nr. 2 BVG).
Neben diesen personellen Voraussetzungen müssen auch materielle Voraussetzungen vorliegen: nämlich schädigungsbedingte **Bedürftigkeit** in Bezug auf bestimmte anzuerkennende Bedarfe (§ 25 a Abs. 1 i.V.m. §§ 26 bis 27 e BVG).
Bedürftigkeit liegt vor, wenn die zum Kreis der prinzipiell Berechtigten gehörende Person den anzuerkennenden Bedarf nicht aus den Versorgungsleistungen des BVG und ihrem sonstigen Einkommen und Vermögen decken kann (§ 25 a Abs. 1 BVG); das Gleiche gilt – unter Beschränkung auf ihr Einkommen und Vermögen – für Familienmitglieder des Beschädigten, die bei ihm zu berücksichtigen sind (§ 25 Abs. 4 BVG).
Die **anzuerkennenden Bedarfe** ergeben sich aus §§ 26 ff. BVG, hinsichtlich des Bedarfs an Pflege aus § 26 c BVG.
Durchgeführt werden die genannten Gesetze im Hinblick auf die Fürsorgeleistungen wegen Pflegebedürftigkeit von den **örtlichen Trägern der Kriegsopferfürsorge** (dies sind i.d.R. die kreisfreien Städte und Landkreise mit ihren Fürsorgestellen für Kriegsopfer, vereinzelt aber auch das Land), soweit nicht die **überörtlichen Träger der Kriegsopferfürsorge** (Hauptfürsorgestellen) zuständig sind, die von den Ländern bestimmt werden.

bb) Hilfe zur Pflege nach § 26 c BVG

(1) Anspruch auf Hilfe zur Pflege haben nach § 26 c Abs. 1 Satz 1 BVG Beschädigte und Hinterbliebene, die wegen einer körperlichen, geistigen oder seelischen Krankheit oder Behinderung für die gewöhnlichen und regelmäßig wiederkehrenden Verrichtungen im Ablauf des täglichen Lebens auf Dauer, voraussichtlich für mindestens sechs Monate, in erheblichem oder höherem Maße der Hilfe bedürfen. Der Begriff der **Pflegebedürftigkeit** wird mithin wortgleich wie § 14 Abs. 1 SGB XI umschrieben.

Übereinstimmung zwischen § 26 c BVG und § 14 SGB XI besteht auch für
- die Definition der Krankheiten und Behinderungen (§ 26 c Abs. 3 BVG und § 14 Abs. 2 SGB XI),
- den Pflegebedarf (§ 26 c Abs. 4 BVG und § 14 Abs. 3 SGB XI) und
- die Definition der „gewöhnlichen und regelmäßig wiederkehrenden Verrichtungen" (§ 26 c Abs. 5 BVG und § 14 Abs. 4 SGB XI).

Da im Recht der Kriegsopferfürsorge die Richtlinien der Pflegekassen nach § 17 SGB XI zur Bestimmung des Begriffs der Pflegebedürftigkeit entsprechende Anwendung finden (§ 26 c Abs 6 Satz 1 BVG), handelt es sich bei dem **Personenkreis** des § 26 c Abs. 1 Satz 1 BVG – wie im SGB XI – um die (beim Pflegegeld nach § 26 c Abs. 8 BVG näher definierten) erheblich Pflegebedürftigen, Schwerpflegebedürftigen und Schwerstpflegebedürftigen.

Während nach dem SGB XI diese drei Pflegestufen für fast alle Leistungen der häuslichen Pflege und der teilstationären Pflege von Bedeutung sind (die Zuordnung zu den Pflegestufen ergibt sich aus § 15 Abs. 1 SGB XI i.V.m. den genannten Pflegebedürftigkeits-Richtlinien), sind diese Pflegestufen im Recht der Kriegsopferfürsorge nur beim **Pflegegeld** nach § 26 c Abs. 8 BVG maßgebend.

(2) Sind Leistungen der Hilfe zur Pflege nach § 26 c BVG **zusätzlich** zu den Pflegeleistungen nach dem SGB XI notwendig, ist die Entscheidung der Pflegekasse über das Ausmaß der **Pflegebedürftigkeit** der Entscheidung des Trägers der Kriegsopferfürsorge zugrunde zu legen, d.h. sie hat **Bindungswirkung,** soweit sie auf Tatsachen beruht, die bei beiden Entscheidungen zu berücksichtigen sind (§ 26 c Abs. 6 Satz 2 BVG); das gilt auch für die Ablehnung der Pflegebedürftigkeit i.S.d. § 14 SGB XI und damit i.S.d. § 26 c Abs. 8 BVG. Aufgrund der unterschiedlichen Rechtswegzuständigkeiten kann dies dazu führen, dass für die abgelehnten Leistungen der Pflegekasse – nach durchgeführtem Widerspruchsverfahren – Klage zum Sozialgericht und im selben Fall hinsichtlich der gleichen Frage (Pflegebedürftigkeit wegen des z.B. gleichzeitig beantragten Teilpflegegeldes nach § 26 c Abs. 8 BVG) Klage zum Verwaltungsgericht – nach durchgeführtem Widerspruchsverfahren – erhoben wird bzw. erhoben werden muss.

Die Frage, ob unter die Bindungswirkung nach § 26 c Abs. 6 Satz 2 BVG (d.h. unter den Begriff „Ausmaß der Pflegebedürftigkeit") auch der **Umfang** der Leistung bzw. der Pflegetätigkeit fällt (z.B. häusliche Pflegeeinsätze im Umfang von 4 Stunden täglich), muss nach der Änderung des § 26 c Abs. 6 BVG bejaht werden. § 26 c Abs. 6 Satz 1 BVG bestimmt, dass die Verordnung nach § 16 SGB XI, die Richtlinien der Pflegekassen nach § 17 SGB XI und die weiteren in § 26 c Abs. 6 BVG genannten Rahmenverträge, Bundesempfehlungen und Vereinbarungen auch **hinsichtlich des Inhalts** der Pflegeleistungen entsprechende Anwendung finden. Für die Tatsache, dass auch der Umfang der Leistungen unter die Bindungswirkung nach § 26 c Abs. 6 BVG fällt, spricht außerdem, dass in § 26 c Abs. 2 BVG nunmehr ausdrücklich der Inhalt dessen, was Hilfe zur Pflege ist, näher definiert wird. Hilfe zur Pflege umfasst danach die häusliche Pflege, Hilfsmittel, teilstationäre Pflege, Kurzzeitpflege und vollstationäre Pflege. Mit dieser Regelung wollte der Gesetzgeber eine weitgehende Parallelität zwischen dem Recht der Kriegsopferfürsorge und dem Sozialhilferecht herstellen. § 61 Abs. 2 SGB XII und § 61 Abs. 6 SGB XII entsprechen den Regelungen, die der Gesetzgeber in § 26 c Abs. 2 und 26 c Abs. 6 BVG geschaffen hat.

(3) Der **anspruchsberechtigte Personenkreis** der Hilfe zur Pflege nach § 26 c BVG ist **weiter** als der nach dem SGB XI: Nach § 26 Abs. 1 Satz 2 BVG ist Hilfe zur Pflege auch Kranken und Behinderten zu gewähren, die voraussichtlich weniger als sechs Monate der Hilfe bedürfen, einen geringeren Hilfebedarf als nach § 26 c Abs. 1 Satz 1 BVG haben oder der Hilfe für andere Verrichtungen als nach § 26 c Abs. 5 BVG (gewöhnliche und **regelmäßig** wiederkehrende Verrichtungen im Ablauf des täglichen Lebens) bedürfen. Ferner zählen zu den Krankheiten und Behinderungen i.S.d. § 26 c Abs. 1 Satz 1 BVG auch andere (in § 14 Abs. 2 Nr. 1 bis 3 SGB XI nicht genannte) Krankheiten und Behinderungen, wenn infolge derer Personen pflegebedürftig i.S.d. § 26 c Abs. 1 BVG sind (§ 26 c Abs. 3 Nr. 4 BVG). Damit ist sichergestellt, dass auch zukünftig Pflegeleistungen entsprechend dem bisherigen Umfang der Kriegsopferfürsorge garantiert sind.

Die sonstigen Pflegebedürftigen, die man als Leichtpflegebedürftige bezeichnen könnte (oder auch Pflegebedürftige der Pflegestufe 0), haben Anspruch auf häusliche Pflege (ohne Pflegegeld). Anspruch auf stationäre Pflegeleistungen hat dieser Personenkreis nur – entsprechend den Regelungen im BSHG –, wenn dies nach den Besonderheiten des Einzelfalles erforderlich ist und ambulante und teilstationäre Hilfen nicht zumutbar sind, oder nicht ausreichen.

Für die Feststellung der „Leichtpflegebedürftigkeit“ müssen die Träger der Kriegsopferfürsorge ihren eigenen ärztlichen Gutachterdienst einschalten; eine gesetzliche Verpflichtung des Medizinischen Dienstes der Krankenversicherung, Gutachten für die Träger der Kriegsopferfürsorge zu erstellen, ist nicht vorgesehen (entsprechende Vereinbarungen wären aber sinnvoll).

(4) § 26 c BVG sieht folgende **Leistungen der Pflege** vor:

- Übernahme der angemessenen Kosten für eine **besondere Pflegekraft** (§ 26 c Abs. 9 Satz 2 Alternative 1 BVG),
- Erstattung angemessener Aufwendungen einer **selbst beschafften Pflegeperson** (d.h. einer nahe stehenden oder einer im Wege der Nachbarschaftshilfe pflegenden Person) einschließlich deren Beratung sowie Übernahme der Beiträge der Pflegeperson für eine angemessene Alterssicherung, wenn diese nicht anderweitig sichergestellt ist (§ 26 c Abs. 7 Satz 1, Abs. 9 Satz 1 und Satz 2 Alternative 2 BVG),

- **Pflegegeld** für selbstbeschaffte Pflegepersonen (§ 26 c Abs. 8 BVG),
- (bei Pflegebedürftigen der Pflegestufen I bis III, die Pflegegeld erhalten) Erstattung der Aufwendungen für die **Beiträge einer Pflegeperson** oder einer **besonderen Pflegekraft** für eine **angemessene Alterssicherung,** wenn diese nicht anderweitig sichergestellt ist (§ 26 c Abs. 9 Satz 3 BVG),
- **Kombination** von Pflegegeld und Übernahme angemessener Kosten für eine besondere Pflegekraft (§ 26 c Abs. 9 Satz 2 Alternative 1 BVG),
- Übernahme der angemessenen Kosten für eine **zeitweilige Entlastung der Pflegeperson** – Ersatzpflegekraft – (§ 26 c Abs. 9 Satz 2 Alternative 3 BVG),
- **Hilfsmittel, teilstationäre Pflege, Kurzzeitpflege** und **vollstationäre Pflege** (§ 26 c Abs. 2 BVG).
- Bei der Leistungserbringung ist das Bedürfnis nach **Kommunikation zu** berücksichtigen, vgl. § 26 c Abs. 1 BVG mit Verweis auf § 28 Abs. 4 SGB XI.

cc) Verhältnis zu den Leistungen der Pflegeversicherung

(1) Während es sich bei der sozialen Pflegeversicherung um eine Grundsicherung mit einem inhaltlich und betragsmäßig begrenzten Leistungsspektrum handelt (vgl. § 4 Abs. 2 SGB XI), hat die Kriegsopferfürsorge den **gesamten Bedarf** an Pflege des leistungsberechtigten Beschädigten oder Hinterbliebenen umfassend nach seinen individuellen Verhältnissen abzusichern. Diese umfassende Verpflichtung der Kriegsopferfürsorge führt dazu, dass **zusätzliche** oder **originäre Leistungen** der Hilfe zur Pflege nach § 26 c BVG dann in Betracht kommen, wenn

- die Leistungen der Pflegeversicherung wegen ihrer betragsmäßigen Begrenzung im Einzelfall nicht ausreichen, um den vollen Pflegebedarf zu decken;
- bei stationärer oder teilstationärer Unterbringung der Lebensunterhalt nicht voll sichergestellt werden kann;
- ab 1.1.1996 die Vorversicherungszeit nach § 33 Abs. 2 SGB XI noch nicht erfüllt ist;
- bei der „Verhinderungspflege" oder der Kurzzeitpflege (§§ 39, 42 SGB XI) die Voraussetzung einer zwölfmonatigen Betreuung durch die Pflegeperson im häuslichen Bereich noch nicht erfüllt ist oder die Zeitgrenze von 4 Wochen überschritten wird.

(2) Die Regelungen der Hilfe zur Pflege nach § 26 c BVG entsprechen (mit einigen wenigen Abweichungen) den Vorschriften der **Hilfe zur Pflege nach §§ 61 bis 66 SGB XII.** Für das Verhältnis der nach § 13 Abs. 3 Nr. 3 SGB XI (nachrangigen) Pflegeleistungen der Kriegsopferfürsorge zu den (vorrangigen) Leistungen der Pflegeversicherung gilt deshalb das zum Verhältnis der Hilfe zur Pflege nach dem SGB XII zu den Leistungen der Pflegeversicherung Ausgeführte entsprechend (siehe dazu 7.1.10).

7.2.3 Landesrechtliche Regelungen In einzelnen Bundesländern bestehen seit längerem Landesgesetze, die (nur) für Blinde und hochgradig Sehbehinderte ein **„Blindengeld"** vorsehen. In einigen Bundesländern sehen Landesgesetze die Gewährung von **„Pflegegeld**" vor, auf das nicht nur Blinde und hochgradig Sehbehinderte, sondern darüber hinaus auch besonders schwer behinderte Menschen (z.B. „Gehörlose", „Schwerbehinderte" bzw. „Schwerstbehinderte") Anspruch haben. Alle diese Landesgesetze enthalten – neben Regelungen über Voraussetzungen und Höhe des Blinden- bzw. Pflegegeldes – auch Vorschriften, die das Verhältnis der landesrechtlichen Leistungen zu Leistungen der sozialen (und privaten) Pflegeversicherung rgeln. Näheres dazu kann man bei den zuständigen Behörden (z.B. Sozialämtern) erfahren oder beim beim Deutschen Blinden- und Sehbehindertenverband (DBSV), Rungestr. 19, 10179 Berlin (www.dbsv.org; Mail: info@dbsv.org).

7.2.4 Beihilfeansprüche im öffentlichen Dienst

a) PflegeVG und Beihilferecht

Das PflegeVG geht vom Bestehen und vom Fortbestand der Beihilfeansprüche aus, die bei Pflegebedürftigkeit den beihilfeberechtigten Personen – im Wesentlichen den **Beamten** – (und den im Beihilferecht berücksichtigungsfähigen Ehegatten und Kindern) zustehen. Das PflegeVG regelt aber weder einen Vorrang noch einen Nachrang solcher Beihilfeansprüche, wie das für Pflegeleistungen der unterschiedlichen Teilbereiche des Systems der sozialen Sicherung (im Wesentlichen) in § 13 SGB XI geschehen ist. Das PflegeVG regelt auch keine Modalitäten des Beihilferechts in Bund und Ländern. Die notwendige Reaktion auf das neue Pflegeversicherungsrecht erfolgte vielmehr in einer **Änderung und Anpassung des Beihilferechts** (des Bundes und der Länder). So wurde z.B. im Beihilferecht des Bundes der § 9 der Beihilfevorschriften (BhV) in Einklang mit den Regelungen der Pflegeversicherung (u.a. hinsichtlich des Begriffs der Pflegebedürftigkeit und der Leistungen) in Einklang gebracht.

b) Versicherte in der sozialen Pflegeversicherung

Eine Minderheit von beihilfeberechtigten Personen ist infolge freiwilliger Mitgliedschaft in der gesetzlichen Krankenversicherung in der **sozialen Pflegeversicherung** versicherungspflichtig (§ 20 Abs. 3 SGB XI). Bei diesem Personenkreis ist das Zusammentreffen von Leistungen der sozialen Pflegeversicherung mit Beihilfeansprüchen auf Pflegeleistungen wohl ohne besondere Probleme ausgestaltet: Die soziale Pflegeversicherung erbringt nach § 28 Abs. 2 SGB XI neben der Beihilfe ihre eigenen – dem Versicherten jeweils zustehenden – Leistungen **„zur Hälfte";** dies gilt auch für den Wert von Sachleistungen. Die Absenkung auf die Hälfte der Leistungen aus der sozialen

Pflegeversicherung betrifft auch die beitragsfrei mitversicherten Familienangehörigen, die nach dem Beihilferecht berücksichtigungsfähig sind. Die andere Hälfte füllt die Beihilfe des Dienstherrn, so dass insoweit keine Kosten ungedeckt bleiben.

c) Versicherte in der privaten Pflegeversicherung
Die Mehrzahl der beihilfeberechtigten Personen ist freilich in der **privaten Pflegeversicherung** pflichtversichert (§ 23 Abs. 1 und 2 SGB XI). Für diesen Personenkreis sichert § 23 Abs. 3 SGB XI die **Deckungsgleichheit des Leistungsspektrums:** Vertragliche Leistungen aus der privaten Pflegeversicherung müssen nach Art und Umfang gleichwertig sein (§ 23 Abs. 1 Satz 2 SGB XI); für Beihilfeberechtigte definiert sich der Umfang durch das Kriterium **„anteilig beihilfekonform".** Die aus § 23 Abs. 1 SGB XI folgende Versicherungspflicht für alle privat Krankenversicherten wird also über § 23 Abs. 3 SGB XI für Beamte hinsichtlich des Umfangs modifiziert, damit keine (unnötig teure) „100%-Pflegeversicherung" begründet werden muss.
Die private Pflegeversicherung muss mithin Ansprüche auf Versicherungsleistungen zu einem bestimmten Anteil vorsehen, der mit dem jeweiligen Bemessungssatz des Beihilfeanspruchs übereinstimmt. Insofern müssen die vertraglichen Leistungsansprüche aus der privaten Pflegeversicherung so ausgestaltet sein, dass im Leistungsfall die Versicherungsleistungen und die anteiligen Beihilfeleistungen – bezogen auf die gesetzlichen Höchstbeträge – zu einer **vollen** (d.h. hundertprozentigen) Erstattung der pflegebedingten Kosten führen. § 23 Abs. 3 Satz 2 SGB XI sieht dementsprechend ausdrücklich vor, dass die beihilfekonforme Versicherung so auszugestalten ist, dass ihre Vertragsleistung zusammen mit den Beihilfeleistungen nach Art und Umfang den Leistungen in der sozialen Pflegeversicherung gleichwertig ist.

7.3 Literaturhinweise Aus der Fülle der Literatur zur Pflegeversicherung sind besonders empfehlenswert die folgenden Publikationen:
- **R. Sengler/J. Zinsmeister,** Mein Recht bei Pflegebedürftigkeit, 3. Aufl. 2006, Beck-Rechtsberater im dtv, Bd. 5650
- **S. Wendt,** Pflegeversicherung im häuslichen Bereich, 6. Aufl. 2003 und **S. Wendt/P. Dietrich,** Richtig begutachten – gerecht beurteilen, 7. Aufl. 2007 (beide erhältlich bei: Bundesvereinigung Lebenshilfe für Menschen mit geistiger Behinderung, Raiffeisenstr. 18, 35043 Marburg).

8. Sicherung des Lebensunterhalts

8.1 Grundsätze

Der Sicherung des Lebensunterhalts dienen die in diesem Kapitel aufgeführten Geldleistungen. Teils sollen sie ausgefallenes Entgelt ersetzen (Entgeltersatzfunktion), teils stellen sie eine Entschädigung für bleibende Gesundheitsschäden dar (Entschädigungsfunktion), teils sichern sie bei Bedürftigkeit das soziokulturelle Existenzminimum (Existenzsicherungsfunktion).

Einen Überblick gibt das **Schaubild** auf S. 249.

Das Schwierige an diesem Kapitel ist die Tatsache, dass eine Person häufig gleichzeitig gegenüber verschiedenen Leistungsträgern verschiedene Ansprüche hat: So können z.B. Ansprüche auf Übergangs- und Krankengeld mit Renten ebenso zusammentreffen wie Sozialhilfe-, Arbeitslosengeld- und verschiedene Rentenansprüche. Als grobe **Faustregel** gilt, dass von den unter den Nrn. 8.2 bis 8.7 genannten Lohnersatzleistungen in der Regel nur eine gewährt wird und dass der jeweils höhere Leistungsanspruch maßgeblich ist. Dafür gibt es zahlreiche Berechnungs- und Kumulierungsvorschriften, die aber im Einzelfall meist so schwierig und kompliziert anzuwenden sind, dass sie in dieser Broschüre nicht dargestellt werden können.

8.2 Arbeitslosengeld

a) Das **Arbeitslosengeld** (§§ 117 ff. SGB III) ist keine spezielle Leistung für behinderte Menschen. Deshalb wird im Folgenden nur auf einige Punkte hingewiesen, die für behinderte Menschen von Bedeutung sein können:

aa) Voraussetzung für die Zahlung von Arbeitslosengeld ist (unter anderem) nach § 123 SGB III, dass bestimmte Beschäftigungszeiten vorliegen (sog. **Anwartschaftszeit,** also eine Mindestversicherungszeit, in der man sich – jedenfalls im Regelfall – durch Beiträge in die Arbeitslosenversicherung gewissermaßen „eingekauft“ hat). Das sind grundsätzlich Zeiten, für die ein versicherungspflichtiges Beschäftigungsverhältnis bestand (§§ 24, 25 Abs. 1 SGB III). Bestimmte Zeiten werden aber diesen Beschäftigungszeiten **gleichgestellt,** sodass auch sie für die Erfüllung der erforderlichen Anwartschaftszeit angerechnet werden können (weil auch während dieser Zeiten ein Versicherungspflichtverhältnis besteht). Zu diesen gleichgestellten Zeiten gehören unter bestimmten Voraussetzungen auch solche Zeiten, in denen der Behinderte Krankengeld, Versorgungskrankengeld, Verletztengeld oder von einem Träger der Leistungen zur medizinischen Rehabilitation (z.B. einem Rentenversicherungsträger) Übergangsgeld bezogen hat (vgl. auch oben 4.1 b), d.h. also nicht bei Übergangsgeld während einer beruflichen Rehabilitation). Auch jugendliche Behinderte, die in Einrichtungen für behinderte Menschen (insbesondere in Berufsbildungswerken) an einer Maßnahme zur Teilhabe am Arbeitsleben

teilnehmen, die ihnen eine Erwerbstätigkeit auf dem allgemeinen Arbeitsmarkt ermöglichen soll, können die Anwartschaftszeit erfüllen (§ 26 Abs. 2 Nr. 1, Abs. 1 Nr. 1 SGB III).
Die Anwartschaftszeit hat erfüllt, wer in den letzten zwei Jahren vor der Arbeitslosigkeit (sog. **2-Jahres-Rahmenfrist**) mindestens zwölf Monate in einem Versicherungspflichtverhältnis gestanden hat (also z.B. in einem versicherungspflichtigen Arbeitsverhältnis mit Anspruch auf Arbeitsentgelt). Diese zwölf Monate müssen aber nicht „am Stück" zusammenhängen; es genügt, wenn man in der genannten Rahmenfrist von drei Jahren insgesamt – also auch nicht zusammenhängend – zwölf Monate aufweisen kann. Die Rahmenfrist von zwei Jahren wird nach § 124 Abs. 3 SGB III auf höchstens fünf Jahre erweitert für Zeiten des Bezugs von Übergangsgeld (auch Anschluss-Übergangsgeld) während einer Maßnahme der berufsfördernden Rehabilitation (z.B. in einem Berufsförderungswerk).

bb) Neben der Beschäftigungszeit oder einer gleichgestellten Zeit (als Anwartschaftszeit) setzt die Gewährung von Arbeitslosengeld auch voraus, dass der Arbeitnehmer **arbeitslos** ist und sich bei der **Agentur für Arbeit persönlich arbeitslos gemeldet** hat (bei leistungsgeminderten Personen, die sich wegen gesundheitlicher Einschränkungen nicht persönlich arbeitslos melden können, kann die Meldung auch durch einen Vertreter erfolgen; sobald der Grund für die Verhinderung entfallen ist, muss man sich aber unverzüglich persönlich bei der Agentur für Arbeit melden; vgl. § 125 Abs. 1 Satz 3 und 4 SGB III).
Arbeitslos ist ein Arbeitnehmer, der nicht in einem Beschäftigungsverhältnis steht und eine versicherungspflichtige (mindestens 15 Wochenstunden umfassende) Beschäftigung sucht. Erforderlich sind nach §§ 119 ff. SGB III
- eine **aktive Stellensuche** (**Eigenbemühungen** mit Nutzung aller Möglichkeiten, um die Arbeitslosigkeit zu beenden),
- **Verfügbarkeit** (d.h. der Arbeitslose muss arbeitsfähig und bereit sein, eine zumutbare Beschäftigung unter den üblichen Bedingungen des für ihn in Betracht kommenden Arbeitsmarktes aufzunehmen; ein behinderter Mensch ist auch dann verfügbar, wenn er an Maßnahmen zur beruflichen Rehabilitation teilnehmen kann und darf),
- **Erreichbarkeit** (d.h. man muss persönlich für die Agentur für Arbeit an jedem Werktag unter der benannten Anschrift erreichbar sein und die Agentur für Arbeit auch täglich aufsuchen können),
- **Zumutbarkeit** (d.h. einem Arbeitslosen sind alle seiner Arbeitsfähigkeit entsprechenden Beschäftigungen zumutbar, soweit allgemeine oder personenbezogene Gründe der Zumutbarkeit einer Beschäftigung nicht entgegenstehen (dazu § 121 SGB III).

Leistungen zur Sicherung des Lebensunterhalts bei

Arbeitslosigkeit	Arbeitsunfähigkeit oder stationärer Behandlung in Krankenhaus/ Leistungen zur medizinischen Rehabilitation	Ausbildung, Leistungen zur Teilhabe am Arbeitsleben	Alter	geminderter Erwerbsfähigkeit
– **Arbeitslosengeld** (Agentur für Arbeit) – **Teilarbeitslosengeld** (Agentur für Arbeit)	– **Verletztengeld** (gesetzl. Unfallversicherung) – **Versorgungskrankengeld** (Versorgungsverwaltung) – **Krankengeld** (gesetzl. Krankenversicherung) – **Übergangsgeld** (gesetzl. Rentenversicherung bei med. Reha-Maßnahmen)	– **Ausbildungsgeld** (Agentur für Arbeit) – **Übergangsgeld** (gesetzl. Unfallversicherung, Versorgungsverwaltung, gesetzl. Rentenversicherung, Agentur für Arbeit)	– **Altersrenten** (gesetzl. Rentenversicherung)	– **Verletztenrente** (gesetzl. Unfallversicherung) – **Versorgungsrente** (Versorgungsverwaltung) – **Rente wegen Erwerbsminderung** (gesetzl. Rentenversicherung)

Mittellosigkeit bzw. unzureichende Sozialleistungen
(bzw. Unterhaltsleistungen usw.)

Grundsicherung für Arbeitsuchende
(Agentur für Arbeit/zugelassener kommunaler Träger)

Grundsicherung/Hilfe zum Lebensunterhalt
(Sozialhilfeträger)

cc) Werden Arbeitnehmer arbeitslos, die nach der Feststellung des Arztes der Agentur für Arbeit aus gesundheitlichen Gründen für mehr als sechs Monate **leistungsgemindert** sind, so stellen diese leistungsgeminderten Arbeitslosengeldempfänger zumeist einen Antrag auf Leistungen zur medizinischen Rehabilitation oder zur Teilhabe am Arbeitsleben bzw. auf Rente wegen Erwerbsminderung (die Agentur für Arbeit fordert sie zu dieser Antragstellung auf, vgl. § 125 Abs. 2 SGB III). Dann stehen diese Leistungsgeminderten aber der Arbeitsvermittlung nicht zur Verfügung, weil sie keine oder nur eine geringfügige Beschäftigung ausüben wollen (wegen der angestrebten Rehabilitationsmaßnahme) oder ausüben können (wegen ihrer Leistungsminderung). Wer aber nicht verfügbar ist, hat an sich keinen Anspruch auf Arbeitslosengeld (s. oben bb)). Die genannten leistungsgeminderten Arbeitslosen erhalten aber gleichwohl bis zur Entscheidung des Rentenversicherungsträgers Arbeitslosengeld nach § 125 Abs. 1 SGB III (sog. Nahtlosigkeitsregelung), damit sie in dieser Zeit des Wartens auf die Entscheidung des Rentenversicherungsträgers z. B. nicht den Gang zum Sozialamt antreten müssen.

dd) Anspruch auf Arbeitslosengeld haben auch Bezieher von **Renten wegen teilweiser Erwerbsminderung,** nicht aber Bezieher von Renten wegen voller Erwerbsminderung (§ 142 Abs. 1 Nr. 3 SGB III).

ee) Anspruch auf **Teilarbeitslosengeld** (§ 150 SGB III) haben Arbeitnehmer, die
- teilarbeitslos sind (also eine von mehreren versicherungspflichtigen Teilzeitbeschäftigungen verloren haben und eine neue versicherungspflichtige Beschäftigung suchen),
- sich beim Arbeitsamt teilarbeitslos gemeldet haben,
- die besonderen Anwartschaftszeiten für das Teilarbeitslosengeld erfüllt haben (d. h. innerhalb der letzten zwei Jahre neben der weiterhin ausgeübten Teilzeitbeschäftigung mindestens zwölf Monate die verlorene Teilzeitbeschäftigung ausgeübt haben).

Für das Teilarbeitslosengeld und für die Bezieher dieser Leistung gelten die Vorschriften über das Arbeitslosengeld (§§ 117 ff. SGB III) entsprechend. Der Anspruch auf Teilarbeitslosengeld beträgt längstens sechs Monate.

b) Das Arbeitslosengeld beträgt 60 % des regelmäßig erzielten Nettoeinkommens (pauschaliert errechnet; ferner ohne Weihnachtsgeld, Urlaubsgeld und andere einmalig gezahlte Arbeitsentgelte, so dass selten wirklich das letzte Nettoentgelt Ausgangspunkt für die Berechnung ist). Hat der Arbeitslose mindestens ein Kind, erhöht sich dieser Betrag auf 67 %.

c) Zum **Arbeitslosengeld II** s. unter 8.6.

8.3 Krankengeld (Verletztengeld, Versorgungskrankengeld)

a) §§ 44 Abs. Nr. 1, 45 SGB IX umschreiben die Leistungen, die von den Rehabilitationsträgern während der Leistungen zur medizinischen Rehabilitation und der Leistungen zur Teilhabe am Arbeitsleben als unterhaltssichernde Leistungen (für den Lebensunterhalt des behinderten Menschen bzw. seine Familie) zu erbringen sind (vgl. oben 6.5). Bei Leistungen zur medizinischen

Rehabilitation wird nach dem Recht der gesetzlichen Krankenversicherung **Krankengeld** gezahlt; im Unfallversicherungsrecht heißt diese Geldleistung **Verletztengeld,** im Versorgungsrecht (dem Recht der sozialen Entschädigung) **Versorgungskrankengeld** (§§ 44 SGB V, 45 SGB VII, 16 BVG). Alle diese Leistungen sind sog. **Entgeltersatzleistungen;** sie werden also nur dann gezahlt, wenn kein Anspruch (mehr) auf Entgeltfortzahlung im Krankheitsfall (durch den Arbeitgeber) besteht.

b) Das **Krankengeld** nach §§ 45 ff. SGB V (das hier stellvertretend für das Verletzten- und Versorgungskrankengeld skizziert wird) beträgt 70 % des entgangenen regelmäßigen Bruttoentgelts (des sog. Regelentgelts); es darf 90 % des entgangenen regelmäßigen Nettoarbeitsentgelts nicht übersteigen (der genannte Betrag des Krankengeldes vermindert sich allerdings noch um die vom Bezieher des Krankengeldes aufzubringenden Beitragsanteile für die Renten- und Arbeitslosenversicherung. Einzelheiten in § 47 SGB V).
Bei in **Werkstätten** beschäftigten behinderten Menschen wird das Krankengeld nach dem tatsächlich erzielten Arbeitsentgelt (siehe dazu 4.4 d) berechnet. **Keinen** Anspruch auf Krankengeld haben aber diejenigen in der Werkstatt beschäftigten behinderten Menschen, die eine Rente wegen Erwerbsunfähigkeit bzw. eine Rente wegen voller Erwerbsminderung erhalten (§ 50 Abs. 1 SGB V); ihnen muss jedoch im Krankheitsfall das Entgelt fortgezahlt werden (in entsprechender Anwendung der arbeitsrechtlichen Regelungen für die Entgeltfortzahlung; vgl. unten 9.1.10).

c) Die Krankenversicherung zahlt wegen derselben Krankheit innerhalb eines Zeitraums von 3 Jahren längstens für 78 Wochen Krankengeld. Stellt sich heraus, dass die Erwerbsfähigkeit des Versicherten nach ärztlichem Gutachten erheblich gefährdet oder gemindert ist, kann ihn die Krankenkasse nach § 51 Abs.1 SGB V auffordern, innerhalb von 10 Wochen einen Antrag auf Leistungen zur medizinischen Rehabilitation oder zur Teilhabe am Arbeitsleben (z.B. beim zuständigen Rentenversicherungsträger oder bei der zuständigen Arbeitsagentur) zu stellen. Unterlässt der Kranke dies, tritt das Ruhen des Krankengeldanspruchs ein.
Wird dem behinderten Menschen die Rente wegen voller Erwerbsminderung zuerkannt, so endet der Anspruch auf Krankengeld mit dem Tage, an dem die Rente zugebilligt wurde. Wurden für eine gewisse Zeit gleichzeitig Rente und Krankengeld gezahlt, so fordert die Kasse das Krankengeld zurück. War das Krankengeld höher als die Rente, so darf die Kasse den übersteigenden Betrag vom Versicherten (der auf den rechtmäßigen Bezug des Krankengelds vertraute) nicht zurückverlangen (§ 50 Abs. 1 SGB V).

Die §§ 44 ff. SGB V regeln noch eine Fülle von Einzelheiten z.B. über die Berechnung des Krankengelds, den berechtigten Personenkreis und das Zusammentreffen mit anderen Sozialversicherungsleistungen.

d) Das sog. **„Kinderkrankengeld“** für Eltern eines erkrankten Kindes wird unter der Nr. 11.1 behandelt.

8.4 Ausbildungs- und Übergangsgeld

a) Behinderte Menschen haben nach §§ 104–108 SGB III in der Regel Anspruch auf ein **Ausbildungsgeld** während einer beruflichen Ausbildung oder einer berufsvorbereitenden Bildungsmaßnahme (einschließlich einer Grundausbildung und einer Maßnahme im Eingangsverfahren oder im Berufsbildungsbereich einer anerkannten Werkstatt für behinderte Menschen), wenn ein Übergangsgeld nicht gewährt werden kann.
Da das Ausbildungsgeld (insbesondere im Eingangsverfahren und im Berufsbildungsbereich der Werkstatt für behinderte Menschen) nicht primär zum Bestreiten des Lebensunterhalts dient, sondern ihm die Funktion einer Arbeitstrainingsprämie („Belohnung“) zukommt, darf es richtiger Ansicht nach nicht als Einkommen i.S. des § 11 SGB II (Arbeitslosengeld II) angerechnet werden.
Die **Höhe** des Ausbildungsgeldes richtet sich in der Regel nach Art der Maßnahme sowie nach Alter, Familienstand und Wohnsituation (zu Hause bzw. außerhalb des eigenen oder des elterlichen Haushalts) des behinderten Menschen. Die Leistung wird abhängig vom Einkommen des behinderten Menschen und seiner Eltern bzw. seines Ehegatten oder Lebenspartners gewährt, wobei bestimmte Einkommensbeträge der genannten Personen anrechnungsfrei bleiben (vgl. § 108 Abs. 2 SGB III). Geleistet wird das Ausbildungsgeld auf Antrag; der Antrag kann auch nachträglich gestellt werden. Gewährt wird das Ausbildungsgeld aber frühestens vom Monat der Antragstellung an.

b) Auch das **Übergangsgeld** (§§ 46 ff. SGB IX) ist – wie das Kranken-, Verletzten- und Versorgungskrankengeld (siehe 8.3) – eine Entgeltersatzleistung. Das Übergangsgeld wird von der **Rentenversicherung** bei Leistungen zur medizinischen Rehabilitation und zur Teilhabe am Arbeitsleben, von der **Unfallversicherung,** der **Versorgungsverwaltung** und der **Bundesagentur für Arbeit** bei Leistungen zur Teilhabe am Arbeitsleben gewährt, wenn der Rehabilitand arbeitsunfähig ist oder wegen Teilnahme an der Leistung keine ganztägige Erwerbstätigkeit ausüben kann (§§ 20 ff. SGB VI, 49 ff. SGB VII, 26 a BVG, 160 ff. SGB III). Das Übergangsgeld hat durch eine Reihe von „Spargesetzen“ wesentliche Einschränkungen erfahren. Die bis dahin schon nicht einfachen Berechnungsvorschriften wurden dadurch noch komplizierter und die Voraussetzungen verschärft. Es ist nicht möglich, sie in der hier wichtigen gekürzten Form wiederzugeben, ohne dass beim Leser Missverständnisse entstehen. Deshalb wird hier nur auf die wichtigsten Grundregeln verwiesen (im Wesentlichen für die Arbeitsverwaltung nach dem SGB III).

aa) Behinderte Menschen haben nach §§ 103 Nr. 1, 160 – 162 SGB III Anspruch auf Übergangsgeld, wenn sie an einer (von der Agentur für Arbeit geleisteten) Berufsausbildung, Berufsvorbereitung oder beruflichen Weiterbildung in einer speziellen Fördermaßnahme für behinderte Menschen teilnehmen und deshalb nicht ganztägig arbeiten können. Übergangsgeld wird unter bestimmten Voraussetzungen auch bei Teilnahme an einer Maßnahme der Abklärung der beruflichen Eignung und Arbeitserprobung geleistet (diese Maßnahmen haben – im Gegensatz zur Belastungserprobung und Arbeitstherapie, vgl. oben 6.2 h) – die persönliche Eignung des behinderten Menschen für einen bestimmten Beruf zum Gegenstand, z.B. durch „Austesten“ verschiedener Berufstätigkeiten).
Voraussetzung für die Gewährung des Übergangsgeldes ist nach §§ 161, 162 SGB III im Regelfall, dass der behinderte Mensch innerhalb der letzten drei Jahre vor Beginn der Teilnahme mindestens zwölf Monate in einem Versicherungspflichtverhältnis gestanden hat (z.B. in einem versicherungspflichtigem Arbeitsverhältnis) oder die Voraussetzungen für den Anspruch auf Arbeitslosengeld erfüllt sind (sog. **Vorbeschäftigungszeit,** von der es allerdings in § 162 SGB III Ausnahmen gibt). Die genannte 3-Jahres-Frist gilt aber nicht für behinderte Berufsrückkehrer.
Bei Teilnahme an einer beruflichen Teilzeitmaßnahme, die mindestens zwölf Stunden wöchentlich umfasst, wird nach Vorliegen der allgemeinen Voraussetzungen ein **Teilübergangsgeld** geleistet, wenn dem behinderten Menschen z.B. wegen der Betreuung von pflegebedürftigen Angehörigen die Teilnahme an einer Vollzeitmaßnahme nicht zugemutet werden kann.

bb) Die **Höhe des Übergangsgeldes** beträgt für einen behinderten Mensch,
- der mindestens ein Kind hat oder
- dessen Ehegatte, mit dem er in häuslicher Gemeinschaft lebt, eine Erwerbstätigkeit nicht ausüben kann, weil er den behinderten Mensch pflegt oder selbst pflegebedürftig ist und einen Anspruch auf Leistungen der Pflegeversicherung nicht hat,
- 75 % des letzten Nettoarbeitsentgelts; für die übrigen behinderten Menschen (also solche ohne die genannten Familienverhältnisse) beträgt das Übergangsgeld 68 % des letzten Nettoarbeitsentgelts (dies gilt für die Arbeitslosen-, Renten- und Unfallversicherung; für das Übergangsgeld der Versorgungsverwaltung lauten die Zahlen: 80 % bzw. 70 %).

Ist der behinderte Mensch im Anschluss an eine abgeschlossene Leistung zur Teilhabe am Arbeitsleben arbeitslos, so beträgt das Übergangsgeld 67 % bzw. 60 % (je nach den oben genannten Familienverhältnissen), vgl. §§ 46, 51 Abs. 4 SGB IX).
In den Fällen, in denen vor Beginn der Leistung zur Teilhabe am Arbeitsleben z.B. kein Arbeitsentgelt erzielt wurde oder es unbillig hart wäre, das Übergangsgeld aus einem zu niedrigen Lohn zu berechnen, werden 65 % des für den Betreffenden maßgeblichen Tariflohns oder – wenn es an einer tariflichen Regelung fehlt – 65 % des am Wohnsitz des behinderten Menschen üblichen Arbeitsentgelts zur Berechnung herangezogen (§ 48 SGB IX).

cc) Zur **Weiterzahlung des Übergangsgeldes** in besonderen Fällen (z.B. für den Fall, dass nach Abschluss einer Leistung zur medizinischen Rehabilitation weitere Leistungen zur Teilhabe am Arbeitsleben erforderlich sind, die aber ohne Verschulden des behinderten Menschen nicht unmittelbar anschließend durchgeführt werden können) vgl. § 51 Abs. 1 bis 3 SGB IX.
Damit Personen, die Leistungen zur Teilhabe am Arbeitsleben erhalten haben, aber nicht gleich in ein Beschäftigungsverhältnis eintreten können, keine Zahlungsausfälle erleiden, sollten sie sich schon möglichst kurz vor Beendigung der Leistung zur Teilhabe am Arbeitsleben, spätestens aber sofort danach bei der Agentur für Arbeit arbeitslos melden. Dann schließen sich das Übergangsgeld oder der gegebenenfalls noch bestehende Restanspruch auf Arbeitslosengeld nahtlos an.

d) Bei den unter 8.3 und 8.4 genannten Leistungen handelt es sich im Übrigen um **unterhaltssichernde Leistungen,** die ansonsten unter Nr. 6.5 behandelt wurden.

8.5. Renten Renten werden von der Renten- und Unfallversicherung sowie von der Versorgungsverwaltung gezahlt, und zwar von der Unfallversicherung von Amts wegen (d.h. auch ohne Antrag), von den beiden anderen Leistungsträgern nur auf Antrag.

8.5.1 Alters-, Berufsunfähigkeits- und Erwerbsunfähigkeitsrenten, Renten wegen Erwerbsminderung Die genannten Rentenarten sind Entgeltersatzleistungen der Rentenversicherung. Die Höhe der Renten richtet sich vor allem nach der Höhe des früheren Arbeitsentgelts, von dem der Versicherte Beiträge in die Rentenkasse gezahlt hat (§ 63 Abs. 1 SGB VI).
a) Die **Altersrente** können **anerkannte schwerbehinderte Menschen** schon mit Vollendung des 63. Lebensjahres beziehen, wenn sie die Wartezeit von 35 Jahren erfüllt haben (§§ 37, 51 Abs. 3 SGB VI). Auf die Wartezeit von 35 Jahren

werden neben Beitragszeiten (das sind im Wesentlichen Zeiten, für die Pflichtbeiträge oder freiwillige Beiträge gezahlt wurden) auch andere rentenrechtliche Zeiten angerechnet, z. B. Anrechnungszeiten (u. a. Zeiten der Schul- und Hochschulausbildung, aber nur höchstens bis zu drei Jahren), Kinderziehungszeiten und Berücksichtigungszeiten (z. B. für die Erziehung von Kindern bis zu deren 10. Lebensjahr).

Seit **1.1.2001** wird die Altersrente für schwerbehinderte Menschen nur noch dann geleistet, wenn der Versicherte als schwerbehinderter Mensch anerkannt ist (das Vorliegen von Berufs- oder Erwerbsunfähigkeit allein reicht nur bei Versicherten aus, die vor dem 1.1.1951 geboren sind).

Für diese schwerbehinderten Menschen wird die Altersgrenze, ab welcher die Altersrente **ungekürzt** bezogen werden kann, in Monatsschritten vom 60. auf das 63. Lebensjahr angehoben. Betroffen sind zuerst Versicherte, die im Januar 1941 geboren sind. Die ersten Versicherten, für die die Altersgrenze von 63 Jahren gilt, sind die im Dezember 1943 Geborenen. Eine **vorzeitige** Inanspruchnahme dieser Altersrente ab Vollendung des 60. Lebensjahres ist aber möglich. In diesem Fall muss jedoch eine **Rentenminderung** in Höhe von 0,3 Prozent für jeden Monat des vorzeitigen Rentenbezugs in Kauf genommen werden.

Es gibt aber eine **Vertrauensschutzregelung:** Für Versicherte, die

- bis zum 16.11.1950 geboren sind und am 16.11.2000 (anerkannt) schwerbehindert, berufs- oder erwerbsunfähig nach dem am 31.12.2000 geltenden Recht waren

oder

- vor dem 1.1.1942 geboren sind, (anerkannt) schwerbehindert, berufs- oder erwerbsunfähig nach dem am 31.12.2000 geltenden Recht waren und 45 Jahre mit Pflichbeiträgen für eine versicherte Beschäftigung haben,

wird die Altersgrenze nicht angehoben. Diese beiden Gruppen von Versicherten erhalten die Altersrente für schwerbehinderte Menschen mit 60 Jahren ohne Abschläge, wenn sie die oben genannte Wartezeit von 35 Jahren erfüllt haben.

Nicht betroffen von der Anhebung der Altersgrenze auf das 63. Lebensjahr sind Versicherte, die vor dem 10.12.1943 geboren sind und am 10.12.1998 schwer behindert (bzw. berufs- oder erwerbsunfähig) waren sowie eine Wartezeit von 35 Jahren erfüllt haben; diese Versicherten haben also Anspruch auf eine volle Altersrente ab Vollendung des 60. Lebensjahres. Darüber hinaus sind Versicherte nicht von der Anhebung der Altersgrenze auf das 63. Lebensjahr betroffen, die vor dem 1.1.1942 geboren sind und mindestens 45 Jahre mit Pflichtbeiträgen für eine versicherte Beschäftigung haben (dabei werden aber Zeiten, in denen Versicherungspflicht nur aufgrund des Bezugs von Arbeitslosengeld oder Arbeitslosenhilfe bzw. ab 1.1.2005 Arbeitslosengeld II bestand, nicht berücksichtigt).

b) Eine **Rente wegen Berufsunfähigkeit** oder **Erwerbsunfähigkeit** erhalten alle Versicherte, die vor dem 31.12.2000 einen Anspruch auf eine solche Rente hatten, also die entsprechenden Voraussetzungen für die Bewilligung erfüllten und diese Voraussetzungen bis zur Vollendung des 65. Lebensjahres weiter erfüllen (Informationen erteilen z.B. die Rentenversicherungsträger). Dies bedeutet: Wer schon eine Rente wegen Berufs- oder Erwerbsunfähigkeit bezieht, ist von den Neuregelungen, die seit dem 1.1.2001 gelten (dazu unten c), nicht betroffen. Das gilt auch dann, wenn diese Renten zeitlich befristet sind. Künftige Entscheidungen über eine weitere Befristung oder eine unbefristete Rente werden also weiterhin nach dem bisherigen Recht entschieden. Das gilt auch für die bisher gezahlten Renten wegen eines verschlossenen Arbeitsmarktes.

c) Sobald sich Leistungseinschränkungen bemerkbar machen, kann mit Leistungen zur medizinischen Rehabilitation oder zur Teilhabe am Arbeitsleben (z.B. Kuren und Umschulungen) versucht werden, die Leistungsfähigkeit des betroffenen Versicherten wieder herzustellen oder ihm neue Möglichkeiten auf dem Arbeitsmarkt zu eröffnen (vgl. oben 6.2 und 6.4). Wenn sich die gesundheitlichen Einschränkungen aber nicht beseitigen lassen oder z.B. eine Umschulung nicht greift, wird der Verlust an Erwerbsfähigkeit seit dem 1.1.2001 durch die Zahlung einer **Rente wegen Erwerbsminderung** (§ 43 SGB VI) ausgeglichen (vgl. auch das Schaubild auf S. 262).

aa) Die Rente wegen Erwerbsminderung richtet sich nach der verbliebenen Leistungsfähigkeit:
- Wer **weniger als drei Stunden täglich** arbeiten kann, bekommt die **volle** Rente wegen Erwerbsminderung.
- Wer **mindestens drei,** aber **weniger als sechs Stunden täglich** arbeiten kann, bekommt eine **halbe** Rente.

Der Rentenanspruch ist nicht abhängig von Ausbildung oder ausgeübtem Beruf.

bb) Durch einen Arzt der Rentenversicherung wird festgestellt, wie viele Stunden am Tag man mit der Krankheit oder Behinderung noch arbeiten kann. Bei seiner Einschätzung geht der Mediziner von einem üblichen Arbeitsverhältnis im Rahmen einer 5-Tage-Woche aus. Er prüft die Leistungsfähigkeit nicht nur im bisher ausgeübten Beruf, sondern auch in anderen Tätigkeiten, die auf dem Arbeitsmarkt angeboten werden.

Tipp: Während der Dauer des Rentenverfahrens wird man in aller Regel Anspruch auf Lohn oder Krankengeld haben. Ist der Anspruch auf Krankengeld ausgeschöpft, sollte man sich – auch bei fortbestehendem Arbeitsverhältnis – bei der Agentur für Arbeit melden. Denn bis zur Entscheidung des Rentenversicherungsträgers kann Anspruch auf Arbeitslosengeld bestehen (oben 8.2 a) cc)).

cc) Wie hoch die volle oder die halbe Erwerbsminderungsrente ausfällt, wird nach den gleichen Regeln errechnet wie die Altersrente. Grundlage für die Berechnung sind die während des bisherigen Berufslebens gezahlten **Beiträge** zur Rentenversicherung. Hinzu kommen auch Anrechnungszeiten (z. B. wegen Schulausbildung, Arbeitsunfähigkeit oder Arbeitslosigkeit) und Berücksichtigungszeiten (z. B. wegen Kindererziehung), §§ 63 ff. SGB VI.
Wenn man in frühen Jahren die Arbeitskraft verliert, würde die Rente wegen der fehlenden Beitragsjahre niedrig ausfallen. Deshalb wird allen Versicherten, die vor dem 60. Lebensjahr die Rente wegen verminderter Erwerbsfähigkeit in Anspruch nehmen, die Lücke im Rentenkonto durch eine **„Zurechnungszeit"** aufgefüllt, ohne dass sie dafür Beiträge zahlen müssen (§ 59 SGB VI).
Wichtig: Bei der Rente wird die Zeit zwischen dem 55. und 60. Lebensjahr seit dem 1.1.2001 voll berücksichtigt. Die Zurechnungszeit wird mit einem Betrag bewertet, der sich an dem Durchschnittswert der bisherigen individuellen Gesamtbeitragsleistung orientiert (§ 71 SGB VI).

dd) Ebenso wie bei einer vorzeitig in Anspruch genommenen Altersrente für schwerbehinderte Menschen (s. oben 8.5.1 a) müssen auch die erwerbsgeminderten Arbeitnehmerinnen und Arbeitnehmer mit **Abschlägen** rechnen, wenn sie die **Rente vor dem 63. Lebensjahr** in Anspruch nehmen. Der Abschlag wurde in den Jahren 2001 bis 2003 stufenweise eingeführt. Seit dem Jahr 2004 beträgt er 0,3 % für jeden Monat des Rentenbeginns vor dem 63. Lebensjahr. Mehr als 10,8 % Abschlag von der Rente gibt es aber in keinem Fall.

ee) Erwerbsminderungsrente ist als Ersatz für das fehlende Einkommen gedacht. Wenn man noch halbtags einer Arbeit nachgehen kann, bekommt man eine halbe Rente. Berücksichtigt wird aber die Tatsache, dass es gerade für teilweise Erwerbsgeminderte derzeit schwer ist, eine Stelle auf dem Arbeitsmarkt zu finden. Wenn es auf dem Arbeitsmarkt **keine Jobs für teilweise Erwerbsgeminderte** gibt, wird die Rente in **voller** Höhe gezahlt (sog. **Arbeitsmarktrente**).

ff) Wenn man eine Rente wegen Erwerbsminderung bekommt, bedeutet das nicht, dass man nie wieder arbeiten gehen kann. Die Zahlung aus der Rentenkasse ist eine Sicherung für die Zeit, in der man nicht oder nur eingeschränkt erwerbstätig sein kann. Erwerbsgeminderte Menschen sollen aber nach Möglichkeit wieder in den Arbeitsprozess integriert werden. Die Erfahrung zeigt,

dass es oft möglich ist, sich durch gezielte Behandlung und Förderung auch von schweren gesundheitlichen Rückschlägen zu erholen. Deshalb werden Renten wegen Erwerbsminderung grundsätzlich befristet bewilligt. Eine Befristung ist längstens für drei Jahre zulässig (§ 102 Abs. 2 SGB VI).
Nach Ablauf der Befristung muss geprüft werden, ob es notwendig ist, die Rente weiter zu zahlen. Hat sich der Gesundheitszustand nicht gebessert, kann die Rente bis zu zwei Mal verlängert werden. Ist nach insgesamt neun Jahren keine Besserung eingetreten, wird eine **unbefristete** Rente gezahlt. Nur bei Renten, die wegen eines verschlossenen Arbeitsmarktes befristet gewährt werden, ist auch nach neun Jahren eine weitere Befristung zulässig. Auf die Befristung und Verlängerung wird natürlich verzichtet, wenn die Krankheit oder Behinderung von Anfang an so schwer ist, dass keine Besserung zu erwarten ist. Dann wird mit Eintritt der Erwerbsminderung eine **unbefristete** Rente gezahlt (§ 102 Abs. 2 SGB VI).

gg) Mit Erreichen der **Regelaltersgrenze (65 Jahre)** wird die Erwerbsminderungsrente durch die **Altersrente ersetzt**. Hat man eine volle Erwerbsminderungsrente bezogen, ändert sich der Zahlbetrag in der Regel dadurch nicht. Es ist aber auf jeden Fall gewährleistet, dass die Altersrente nicht geringer ausfällt als die Erwerbsminderungsrente (§ 89 Abs. 1 SGB VI).
Tipp: Wenn man eine befristete Rente bewilligt bekommt, wird die Rente erst ab dem siebten Monat nach Eintritt der Erwerbsminderung gezahlt. Bis zum Rentenbeginn wird in aller Regel Krankengeld gezahlt (§ 101 Abs. 1 SGB VI).

hh) Für die Erwerbsminderungsrente spielt es **keine Rolle,** welchen **Beruf** man bisher ausgeübt hat. Entscheidend sind allein die Leistungsfähigkeit und die Chancen auf dem **allgemeinen Arbeitsmarkt.** Damit wurde die bisherige, nicht mehr zeitgemäße Benachteiligung von Versicherten ohne qualifizierte Berufsausbildung abgeschafft.
Der Grundsatz des Vertrauensschutzes, der in der Rentenversicherung gilt, verbietet es jedoch, den Berufsschutz ersatzlos zu streichen. Für Arbeitnehmerinnen und Arbeitnehmer, die vor dem 2.1.1961 geboren wurden, bleibt dieser Schutz deshalb weiter bestehen. Kann man seinem bisherigen Beruf oder einer zumutbaren anderen Tätigkeit nur noch weniger als sechs Stunden am Tag nachgehen, hat man künftig Anspruch auf eine halbe Erwerbsminderungsrente (§ 240 SGB VI).

ii) Die Erwerbsminderungsrente ist als finanzieller Ausgleich für die fehlende Erwerbsfähigkeit gedacht. Hiermit ist es nicht zu vereinbaren, wenn man neben der Rente unbegrenzt oder zumindest in beachtlicher Höhe hinzuverdient. Es ist nicht Aufgabe der Solidargemeinschaft, einem Erwerbsgeminder-

ten die Möglichkeit zu verschaffen, mit Rente und Nebenverdienst ein höheres Einkommen als vor Rentenbeginn zu erzielen.
Bezieher von Renten wegen Erwerbsminderung dürfen nur in begrenztem Umfang hinzuverdienen. Dabei werden mehrere Einkünfte zusammengerechnet. Von der Höhe des Hinzuverdienstes ist es abhängig, ob die Rente wegen Erwerbsminderung in voller Höhe oder nur in anteiliger Höhe geleistet wird. Die Höhe der jeweiligen Hinzuverdienstgrenze ist grundsätzlich individuell zu ermitteln und damit für jeden Rentenbezieher unterschiedlich. Diese Berechnung ist nicht einfach. Deshalb sollte man die jeweiligen Hinzuverdienstgrenzen beim zuständigen Rentenversicherungsträger erfragen. Bei der Rente wegen voller Erwerbsminderung erfolgt jedenfalls dann kein Rentenabzug, wenn der Hinzuverdienst nicht mehr als 345,– € beträgt.
Hilfreich ist hier die Broschüre „Erwerbsminderungs-Rente", erhältlich beim Bundesministerium für Arbeit und Sozialordnung (im Internet zu finden unter der Adresse „www.bmas.bund.de").

jj) Voraussetzung für die Rente wegen Erwerbsminderung sind schließlich:
Drei Jahre Pflichtbeiträge für eine versicherte Beschäftigung oder selbstständige Tätigkeit grundsätzlich **in den letzten fünf Jahren vor Eintritt der Erwerbsminderung** (freiwillige Beiträge reichen also nicht aus!) (vgl. § 43 Abs. 1 S. 1 Nr. 2 SGB VI; zur Verlängerung dieses Zeitraums von fünf Jahren vgl. § 43 Abs. 4 SGB VI und unten 12.1). Insgesamt sind mindestens fünf Jahre an Beitragszeiten als sog. Wartezeit vor Eintritt der Erwerbsminderung erforderlich (zwei Jahre an Beitragszeiten müssen also zu den drei Jahren Pflichtbeiträgen innerhalb der genannten Fünfjahresfrist hinzukommen; diese zwei Jahre Beitragszeiten können auch in länger zurückliegenden Zeiten erfüllt worden sein).

kk) Die Rente wegen voller Erwerbsminderung für **behinderte Menschen** (vgl. § 43 Abs. 6 SGB VI) ist gedacht für Personen, die seit Geburt oder durch einen frühen Unfall oder ähnliche Ereignisse voll erwerbsgemindert sind und deshalb die allgemeine Wartezeit von fünf Jahren vor dem Eintritt der vollen Erwerbsminderung (oben jj)) nicht erfüllen konnten. Diese Personen, die bereits vor Erfüllung der allgemeinen Wartezeit von fünf Jahren voll erwerbsgemindert waren und seitdem ununterbrochen voll erwerbsgemindert sind, haben Anspruch auf die Rente wegen voller Erwerbsminderung, wenn die Wartezeit von 20 Jahren erfüllt ist. Die Wartezeit von 20 Jahren kann durch Pflichtbeiträge aus einer Beschäftigung, zum Beispiel in einer anerkannten Werkstatt für behinderte Menschen, oder durch freiwillige Beiträge erfüllt werden. Die (oben bei jj) genannte) Voraussetzung, in den letzten fünf Jahren vor Eintritt der vollen Erwerbsminderung mindestens drei Jahre Pflichtbeitragszeiten nachzuweisen, muss bei dieser Rente nicht erfüllt werden.

In den neuen Bundesländern gilt: Auf die Wartezeit von 20 Jahren werden die Zeiten des gewöhnlichen Aufenthalts in den neuen Bundesländern nach Vollendung des 16. Lebensjahres und nach Eintritt der vollen Erwerbsminderung in der Zeit vom 1.7.1975 bis 31.12.1991 angerechnet.
Beschäftigte in einer **Werkstatt für behinderte Menschen** können also nach 20-jähriger Tätigkeit in der Werkstatt eine Rente wegen voller Erwerbsminderung beziehen. Für den Fall der Unterbrechung der Beschäftigung in der WfbM für einen Arbeitsversuch auf dem allgemeinen Arbeitsmarkt ist vorgesehen, dass der Rentenanspruch nicht verloren geht (§ 43 Abs. 2 und 6 SGB VI).
Wie alle Renten wird auch diese „besondere" Erwerbsminderungsrente nur auf **Antrag** gewährt. Der Antrag sollte spätestens innerhalb von drei Monaten nach Ablauf des Monats, in dem die Voraussetzungen erfüllt sind – dies ist in aller Regel der Ablauf der 20-Jahre-Frist – gestellt werden, damit die Rente vom Folgemonat an gezahlt werden kann. Wird der Antrag später als drei Monate gestellt, beginnt die Rente erst mit dem Antragsmonat. Ein solcher Antrag **kann,** muss aber nicht gestellt werden. Der Antrag kann auch später gestellt werden. Dann hat man den Vorteil, dass die Höhe der Rente in der Zwischenzeit steigt.
Die **Rentenhöhe** richtet sich nach der Zahl der anzurechnenden rentenrechtlichen Zeiten. Hinzugerechnet wird – je nach Alter des Berechtigten – die Zurechnungszeit. Ein Versicherter, der z.B. ab dem 16. Lebensjahr in einer WfbM tätig war und nunmehr im achten Monat nach Vollendung des 36. Lebensjahres die Rente beantragt, bekommt genau 20 Jahre und 8 Monate Zurechnungszeit angerechnet (§ 59 Abs. 2 Nr. 2 SGB VI).
Wer als Frühbehinderter eine Erwerbsminderungsrente bezieht, muss deshalb die Beschäftigung in einer beschützenden Einrichtung nicht aufgeben. Diese **Beschäftigung** ist für **den Rentenbezug unschädlich.**

d) **Hinterbliebenenrenten:** Für behinderte Menschen gilt bei diesen Renten in der Rentenversicherung Folgendes: Ist eine Witwe/ein Witwer erwerbsgemindert, so wird eine **erhöhte** Hinterbliebenenrente gezahlt (sog. **große Witwen- bzw. Witwerrente**). Anspruch auf die große Witwen- bzw. Witwerrente besteht darüber hinaus auch dann, wenn die Witwe/der Witwer zwar nicht erwerbsgemindert ist, aber ein Kind zu betreuen hat, das wegen körperlicher, geistiger oder seelischer Behinderung außerstande ist, sich selbst zu unterhalten und zu Hause von der Witwe/vom Witwer versorgt wird; dies gilt unabhängig vom Alter des Kindes (§ 46 Abs. 2 und 3 SGB VI).
Liegen die Voraussetzungen für eine große Witwen- bzw. Witwerrente nicht vor, so kommt eine **kleine Witwen- bzw. Witwerrente** in Betracht (§ 46 Abs. 1 SGB VI).

8.5.2 Verletztenrenten Die Renten der gesetzlichen Unfallversicherung nennt man **Verletztenrenten;** sie sind in den §§ 56 ff. SGB VII („Renten an Versicherte") geregelt. Anspruch auf diese Renten besteht, wenn 26 Wochen nach einem schädigenden Ereignis (v.a. einem Arbeitsunfall) eine Minderung der Erwerbsfähigkeit (MdE) von mindestens 20 % zurückbleibt. Die Höhe der Rente richtet sich nach dem Jahresarbeitsverdienst des Verletzten (§§ 81 ff. SGB VII) und dem Grad der MdE, der zu einer Teil- oder Vollrente – evtl. verbunden mit einer Schwerverletztenzulage – führt. Die Vollrente beträgt zwei Drittel des Jahresarbeitsverdienstes, die Teilrente je nach MdE-Grad entsprechend weniger (z.B. bei einer MdE von 40 % also 40 % der Vollrente). Verletztenrenten haben Schadensersatzfunktion; eine Anrechnung auf das daneben erzielte **Arbeitseinkommen** findet **nicht** statt (Beispiel: Maurerpolier A verliert durch einen Arbeitsunfall sein linkes Bein im Bereich des Oberschenkels. Er kann deshalb seinen Beruf als Maurerpolier nicht mehr ausüben. Wegen seiner langen Betriebszugehörigkeit und seiner großen Zuverlässigkeit wird ihm von seinem Arbeitgeber eine Tätigkeit im Büro übertragen, mit der er sogar mehr verdient als bisher. A bekommt seine Verletztenrente ungekürzt ohne Rücksicht darauf, dass er verdient und dass er sogar mehr verdient als früher).
Erreichen die Vomhundertsätze mehrerer Versicherungsfälle zusammen die Zahl 20 (Beispiel: erster Arbeitsunfall: 10 %, zweiter Arbeitsunfall: 10 %), so besteht für jeden Versicherungsfall Anspruch auf Verletztenrente (sog. **Stützrente**).

8.5.3 Versorgungsrenten Versorgungsrenten (§§ 31 ff. BVG) werden dann gezahlt, wenn ein dauernder Gesundheitsschaden von mindestens 25 % MdE entstanden ist. Beschädigte erhalten eine (nach Prozenten der MdE gestaffelte) **Grundrente,** die (als Ausgleich für bestimmte Nachteile vorwiegend) Schadensersatzcharakter hat, deshalb einkommensunabhängig ist und auch nicht versagt oder entzogen werden darf, wenn der Bezieher Rehabilitationsmaßnahmen verweigert. Neben der Grundrente gibt es bei außerordentlicher gesundheitlicher Betroffenheit noch verschiedene Schwerbeschädigtenzulagen. Hinzukommen kann noch ein **Berufsschadensausgleich**, um den Einkommensverlust auszugleichen, den die Betroffenen im Vergleich zu anderen Angehörigen ihrer Wirtschafts- und Berufsgruppe erleiden. **Ausgleichsrente** wird geleistet, wenn ein Schwerbeschädigter (mit einer MdE ab 50 %) eine ihm zumutbare Erwerbstätigkeit nicht oder nur mit überdurchschnittlichem Kräfteaufwand ausüben kann (§§ 32 ff. BVG).

8.6 Grundsicherung für Arbeitsuchende (SGB II)

8.6.1 Allgemeines und Voraussetzungen

a) Die frühere Arbeitslosenhilfe und die Hilfe zum Lebensunterhalt (im Rahmen der Sozialhilfe) sind seit dem 1.1.2005 im SGB II (Grundsicherung für

Restleistungsvermögen	Umfang der Erwerbsminderung	Rentenleistung
auf dem allgemeinen Arbeitsmarkt weniger als 3 Stunden einsatzfähig	volle Erwerbsminderung	volle Rente
auf dem allgemeinen Arbeitsmarkt 3 bis unter 6 Stunden einsatzfähig	volle Erwerbsminderung (bei Verschlossenheit des Teilzeitarbeitsmarktes)	volle Rente
	teilweise Erwerbsminderung (bei Vermittlungsmöglichkeit auf dem allg. Arbeitsmarkt)	Teilrente
auf dem allgemeinen Arbeitsmarkt noch mindestens 6 Stunden einsatzfähig,	vor dem 2.1.1961 geborene Versicherte: teilweise Erwerbsminderung (BU)	Teilrente
im Hauptberuf und in zumutbaren Arbeiten aber nur weniger als 6 Stunden einsatzfähig	nach dem 2.1.1961 geborene Versicherte: keine Erwerbsminderung	keine Rente
auf dem allgemeinen Arbeitsmarkt noch 6 Stunden täglich einsatzfähig	keine Erwerbsminderung	keine Rente

Arbeitsuchende) zusammengeführt worden. **Leistungsberechtigte** sind nach § 7 Abs. 1 SGB VII Personen, die

- das 15. Lebensjahr vollendet und das 65. Lebensjahr noch nicht vollendet haben,
- erwerbsfähig sind,
- hilfebedürftig sind und
- ihren gewöhnlichen Aufenthalt in der Bundesrepublik Deutschland haben.

Diese Personen bilden die Gruppe der **„erwerbsfähigen Hilfebedürftigen“.** Daneben gehören aber auch die **Mitglieder der Bedarfsgemeinschaft** des erwerbsfähigen Hilfebedürftigen zu den Leistungsberechtigten. Dies sind (§ 7 Abs. 3 SGB II):

- die im Haushalt lebenden Eltern oder der im Haushalt lebende Elternteil eines unverheirateten erwerbsfähigen Kindes, welches das 25. Lebensjahr noch nicht vollendet hat, und der im Haushalt lebende Partner dieses Elternteils,
- der Partner des erwerbsfähigen Hilfebedürftigen (der nicht dauernd getrennt lebende Ehegatte, der nicht dauernd getrennt lebende Lebenspartner; eine Person, die mit dem erwerbsfähigen Hilfebedürftigen in einem gemeinsamen

Haushalt so zusammenlebt, dass nach verständiger Würdigung der wechselseitige Wille anzunehmen ist, Verantwortung füreinander zu tragen und füreinander einzustehen),
- dem Haushalt angehörende unverheiratete Kinder der zuvor genannten Personen, wenn sie das 25. Lebensjahr noch nicht vollendet haben, soweit sie die Leistungen zur Sicherung ihres Lebensunterhalts nicht aus eigenem Einkommen oder Vermögen beschaffen können.

soweit sie nicht aus eigenem Einkommen und Vermögen die Leistungen zur Sicherung ihres Lebensunterhalt sicherstellen können.

b) **Keine Leistungen** nach dem SGB II erhalten unter anderem erwerbsfähige Hilfebedürftige, soweit sie
- Auszubildende i.S. des § 7 Abs. 5 SGB II sind oder
- für in einer stationären Einrichtung untergebracht sind oder Rente wegen Alters beziehen (§ 7 Abs. 4 SGB II).

Zu weiteren Personen, die keine Leistungen nach dem SGB II erhalten vgl. § 7 Abs. 4 und 4 a SGB II.

c) Maßgebliches Kriterium für den Anspruch auf die Grundsicherung für Arbeitsuchende nach dem SGB II ist die **Erwerbsfähigkeit:** Leistungsberechtigt nach dem SGB II (und damit nicht nach dem SGB XII, dazu 8.7) ist nämlich nur, wer erwerbsfähig ist. Nach (dem etwas umständlichen Wortlaut des) § 8 Abs. 1 SGB II ist erwerbsfähig, wer nicht wegen Krankheit oder Behinderung auf absehbare Zeit außerstande ist, unter den üblichen Bedingungen des allgemeinen Arbeitsmarktes mindestens 3 Stunden täglich erwerbstätig zu sein. Positiv ausgedrückt: Erwerbsfähig ist, wer aufgrund seines gesundheitlichen Zustands mindestens drei Stunden täglich erwerbstätig unter den allgemeinen Bedingungen des Arbeitsmarktes – und zwar in absehbarer Zeit – sein kann.
Noch anders ausgedrückt: Erwerbsfähig ist jeder, der die Voraussetzungen für eine volle Erwerbsminderung im Sinne des Rentenrechts (§ 43 Abs. 2 SGB VI; vgl. oben 8.5.1. c) aa)) nicht erfüllt. Auf der Grundlage einer Fünf-Tage-Woche bedeuten drei Stunden täglich 15 Stunden in der Woche. Alle sonstigen Umstände, die der Ausübung einer Erwerbstätigkeit entgegenstehen oder sie einschränken können, spielen keine Rolle (Beispiel: Die alleinerziehende hilfebedürftige Frau M. ist wegen der Betreuung ihres einjährigen Kindes nicht in der Lage, einer Erwerbstätigkeit nachzugehen. Trotzdem ist sie erwerbsfähig; ihr kann jedoch eine Erwerbstätigkeit nicht zugemutet werden, weil sonst die Erziehung ihres Kindes gefährdet wäre; vgl. § 10 Abs. 1 Nr. 3 SGB II).
Hinweis: Bezieher der sogenannten Arbeitsmarktrenten (oben 8.5.1.c) ee)) sind erwerbsfähig i.S. des § 8 Abs. 2 SGB II, weil sie an sich in der Lage sind, zwischen 3 und 6 Stunden täglich erwerbstätig zu sein (und „nur" keinen ent-

sprechenden Arbeitsplatz finden). Die Arbeitsmarktrente wird dann auf das Arbeitslosengeld II (dazu 8.6.2. a) bb).
Die Entscheidung über die Erwerbsfähigkeit trifft die Agentur für Arbeit (bzw. der zugelassene kommunale Träger).
Zu den Erwerbsfähigen in diesem Sinne gehören auch Personen, die die genannten gesundheitlichen Voraussetzungen innerhalb von 6 Monaten erfüllen werden. Oder anders ausgedrückt: Wer längerfristig – nämlich mehr als 6 Monate – nicht mehr erwerbsfähig ist, hat keine Leistungsberechtigung nach dem SGB II; für ihn kommt das SGB XII (Sozialhilfe; unten 8.7) in Betracht.

d) Weitere Leistungsvoraussetzung ist die **Hilfebedürftigkeit.** Hilfebedürftig ist nach § 9 Abs. 1 SGB II, wer seinen Lebensunterhalt, seine Eingliederung in Arbeit und den Lebensunterhalt der mit ihm in Bedarfsgemeinschaft lebenden Personen nicht oder nicht ausreichend aus eigenen Kräften und Mitteln, vor allem nicht

- durch Aufnahme einer zumutbaren Arbeit,
- aus dem zu berücksichtigenden Einkommen oder Vermögen

sichern kann und die erforderliche Hilfe nicht von anderen, insbesondere von Angehörigen oder von Trägern anderer Sozialleistungen erhält.
Bei in Haushaltsgemeinschaft mit Verwandten oder Verschwägerten lebenden Hilfebedürftigen wird vermutet, dass sie von diesen Leistungen erhalten, soweit dies nach deren Einkommen bzw. Vermögen erwartet werden kann (§ 9 Abs. 5 SGB II).

8.6.2 Leistungen

a) Die Grundsicherung für Arbeitsuchende soll die Eigeninitiative von erwerbsfähigen Hilfebedürftigen durch schnelle und passgenaue Eingliederung in Arbeit unterstützen (§§ 1, 2, 14 ff. SGB II). Soweit eine Eingliederung in das Erwerbsleben nicht möglich ist, wird der Lebensunterhalt der erwerbsfähigen Hilfebedürftigen und der mit ihnen in einer Bedarfsgemeinschaft lebenden Personen durch pauschalierte bedarfsdeckende Leistungen und die Einbeziehung in die Sozialversicherung gesichert. Insgesamt sieht das SGB II **aktive Leistungen** („Leistungen zur Eingliederung in Arbeit“) und **passive Leistungen** („Leistungen zur Sicherung des Lebensunterhalts“) vor.

aa) Aktive Leistungen

Als aktive Leistungen sind vor allem Leistungen zur Beendigung oder Verringerung der Hilfebedürftigkeit, insbesondere durch **Eingliederung in Arbeit** vorgesehen. Wesentlicher Bestandteil des SGB II sind mithin die Leistungen zur Eingliederung in Arbeit. Dem erwerbsfähigen Hilfebedürftigen ist jede Arbeit und jede Maßnahme zur Eingliederung in Arbeit zumutbar, weil er verpflichtet ist, die Belastung der Allgemeinheit durch seine Hilfebedürftigkeit zu minimieren. Dabei muss der erwerbsfähige Hilfebedürftige aktiv an allen Maßnahmen zur Eingliederung mitwirken, insbesondere eine Eingliederungs-vereinbarung abschließen und „Pflichtarbeit" ausführen (§§ 14 ff. SGB II). Die Eingliederung in Arbeit soll vor allem dadurch unterstützt werden, dass

- ein Mitarbeiter der Agentur für Arbeit als persönlicher Ansprechpartner für jeden erwerbsfähigen Hilfebedürftigen und die mit ihm in einer Bedarfsgemeinschaft lebenden Personen benannt wird (sog. Fallmanager),
- mit dem Leistungsempfänger eine **Eingliederungsvereinbarung** (§ 15 SGB II) für jeweils 6 Monate abgeschlossen wird. In dieser soll bestimmt werden, welche Leistungen der Leistungsempfänger erhält, welche Eigenbemühungen er in welcher Häufigkeit zu unternehmen und in welcher Form er sie nachzuweisen hat sowie welche Leistungen Dritter (insbesondere Träger anderer Sozialleistungen) der erwerbsfähige Hilfebedürftige zu beantragen hat. Festgelegt werden kann auch, welche Leistungen die übrigen Mitglieder der Bedarfsgemeinschaft erhalten. Kommt eine Eingliederungsvereinbarung nicht zu Stande, sollen die Festlegungen durch Verwaltungsakt, also einseitig verbindlich erfolgen. Bei Bildungsmaßnahmen müssen in der Eingliederungsvereinbarung für den Fall des Abbruchs ohne wichtigen Grund durch den Hilfebedürftigen auch die Voraussetzungen und die Höhe seiner Schadensersatzpflicht bestimmt werden.

Anreize für die Aufnahme einer Erwerbstätigkeit bilden das Einstiegsgeld und ein Erwerbstätigenfreibetrag (§§ 29, 30 SGB II). Andererseits sieht das Gesetz scharfe **Sanktionen** vor (Einzelheiten in § 31 SGB II).

Als Leistungen zur Eingliederung stehen alle wesentlichen Eingliederungsleistungen des SGB III zur Verfügung (§ 16 Abs. 1 SGB II). Darüber hinaus (vgl. § 16 Abs. 2–4 SGB II) können weitere Leistungen erbracht werden, insbesondere die Betreuung minderjähriger oder behinderter Kinder oder die häusliche Pflege von Angehörigen, die Schuldnerberatung, die psychosoziale Betreuung, die Suchtberatung, die darlehensweise Übernahme von Mietschulden, die Förderung von Arbeitsgelegenheiten mit Mehraufwandsentschädigung, das Einstiegsgeld (§ 29 SGB II) und Leistungen nach dem Altersteilzeitgesetz.

bb) Passive Leistungen (allgemein)

Bei den passiven Leistungen sind **Leistungen zur Sicherung des Lebensunterhalts** unter Anrechnung von Einkommen, Vermögen und (bestimmten) Unterhaltsansprüchen gegenüber Dritten vorgesehen (§§ 11, 12, 19, 33 Abs. 2 SGB II).

Bestimmte **Einkommen** dürfen nicht berücksichtigt werden (§ 11 Abs. 1 SGB II, z.B. die Grundrente nach dem BVG; ferner § 11 Abs. 3 SGB II, z.B. Zuwendungen der freien Wohlfahrtspflege unter bestimmten Voraussetzungen); vom

Einkommen sind bestimmte Beträge abzusetzen (§ 11 Abs. 2 SGB II, z.B. der Erwerbstätigenfreibetrag nach § 30 SGB II). Einzelheiten regelt darüber hinaus die Arbeitslosengeld II/Sozialgeld-Verordnung (z.B. Abzug vom Einkommen in Höhe eines Pauschbetrags von 30,– € monatlich für die Beiträge zu angemessenen privaten Versicherungen).

Vom vorhandenen **Vermögen** können bestimmte Beträge abgesetzt werden (§ 12 Abs. 2 SGB II). So erhält der Hilfebedürftige (und der Partner) je vollendetem Lebensjahr einen Grundfreibetrag in Höhe von 150,– € bis zur Höchstgrenze von jeweils 9.750,– €, mindestens aber jeweils 3.100,– € (dieser Mindestfreibetrag gilt auch für Kinder). Wenn man vor dem 1.1.1948 geboren ist, hat man einen Freibetrag in Höhe von jeweils 520,– € je vollendetem Lebensjahr bis zu einer Höchstgrenze von jeweils 33.800,– €. Bestimmte Vermögensgegenstände werden nicht berücksichtigt, so z.B. angemessener Hausrat, ein angemessenes Kraftfahrzeug für jeden in der Bedarfsgemeinschaft lebenden erwerbsfähigen Hilfebedürftigen sowie ein selbst genutztes Hausgrundstück oder eine entsprechende Eigentumswohnung in angemessener Größe (§ 12 Abs. 3 SGB II).

Die Leistungen sollen grundsätzlich für jeweils 6 Monate bewilligt und monatlich im Voraus erbracht werden (§ 41 Abs. 1 SGB XII). Solche Leistungen dürfen allerdings nur erbracht werden, soweit die Hilfebedürftigkeit nicht anderweitig beseitigt werden kann. Der Anspruch auf Leistungen nach dem SGB II schließt Leistungen der Hilfe zum Lebensunterhalt nach §§ 27 ff. SGB XII (nicht aber Leistungen der Hilfe in besonderen Lebenslagen, §§ 47 ff. SGB XII) aus (§ 5 Abs. 2 SGB II), und zwar auch im Falle der Kürzung bzw. Streichung der SGB-II-Leistungen (Arbeitslosengeld II und Sozialgeld, §§ 31 Abs. 6 S. 3, 32 SGB II).

cc) Passive Leistungen im Einzelnen

(1) Die passiven Leistungen umfassen den:

- **Allgemeinbedarf** (bestehend aus Regelbedarf, Mehrbedarf sowie Unterkunfts- und Heizungsbedarf),
- **Sonderbedarf,** bestehend z.B. aus den einmaligen Bedarfen nach § 23 Abs. 3 SGB II (Erstausstattung für Bekleidung usw.) und die Mietschuldenübernahme nach § 22 Abs. 5 SGB II,
- **Ergänzungsbedarf,** zu dem z.B. die Übernahme von Sozialversicherungsbeiträgen nach § 26 SGB II gehört.

(2) Das SGB II sieht als passive Leistungen das **Arbeitslosengeld II** und das **Sozialgeld** vor.

- **Arbeitslosengeld II (§§ 19 ff. SGB II):**

Diese Leistung (Alg II) wird für erwerbsfähige Hilfebedürftige gezahlt und umfasst im Wesentlichen

- neben der Regelleistung zur Sicherung des Lebensunterhalts (§ 20 SGB II) sowie der angemessenen Kosten für Unterkunft und Heizung (§ 22 SGB II)
- Leistungen für Mehrbedarfe (§ 21 SGB II, z.B. einen Mehrbedarf für kostenaufwändige Ernährung – Diät – oder einen Mehrbedarf für erwerbsfähige behinderte Hilfebedürftige unter bestimmten Voraussetzungen (dazu nachfolgend) sowie
- den oben genannten Sonder- und Ergänzungsbedarf.

Anspruch auf **Mehrbedarf** in Höhe von 35 % der maßgeblichen Regelleistung (vgl. unten (3)) haben **erwerbsfähige behinderte Menschen,** denen Leistungen zur Teilhabe am Arbeitsleben nach § 33 SGB IX (z.B. Leistungen zur beruflichen Weiterbildung) oder sonstige Hilfen zur Erlangung eines geeigneten Platzes im Arbeitsleben (z.B. ein Eingliederungszuschuss an einen einstellungsbereiten Arbeitgeber) oder Eingliederungshilfen nach § 54 Abs. 1 Satz 1 Nr. 1 bis 3 SGB XII (z.B. Hilfe zur Ausbildung für eine angemessene Tätigkeit) erbracht werden. Ob behinderten Menschen in Werkstätten für behinderte Menschen ein solcher Mehrbedarf zusteht, richtet sich danach, ob sie erwerbsfähig i.S. des § 8 Abs. 1 SGB II sind (dazu oben 4.4 h)).

- **Sozialgeld (§ 28 SGB II):**

Das Sozialgeld wird an nicht erwerbsfähige Angehörige gezahlt, die mit erwerbsfähigen Hilfebedürftigen in einer Bedarfsgemeinschaft leben. Das Sozialgeld umfasst die gleichen Leistungen wie das Alg II mit Ausnahme derer, die nur für erwerbsfähige Personen erbracht werden.

(3) Bei der **Höhe der Regelleistung** unterscheidet das SGB II zwischen Alleinstehenden oder Alleinerziehenden und Angehörigen einer Bedarfsgemeinschaft. Dazu vgl. die Tabelle in Anhang IV.

(4) Bei den Leistungsbestandteilen **Unterkunft und Heizung** werden die tatsächlichen Aufwendungen übernommen, soweit sie angemessen sind. Bei höheren Aufwendungen erfolgt eine Kostenübernahme für in der Regel längstens 6 Monate. Wohnungsbeschaffungskosten, Mietkautionen und Umzugskosten können übernommen werden.

(5) Für die Bezieher von Alg II gibt es nach § 24 SGB II während des Alg-II-Bezugs innerhalb von 2 Jahren nach Arbeitslosengeld-Bezug einen **Zuschlag.** Ab dem 13. Monat nach dem Arbeitslosengeld-Bezug mindert sich der Zuschlag um 50 %.

c) Das Alg II unterscheidet sich also in einigen Punkten von der bisherigen Sozialhilfe: Die monatlichen Leistungen für jede Person sind zwar etwas höher; allerdings gibt es nahezu keine einmaligen Leistungen mehr, da das Alg II weitgehend als Pauschale gezahlt wird. Wohngeld wird seit 2005 nicht mehr gezahlt, da die Kosten der Unterkunft wie Miete und Heizkosten bei der Berechnung des Alg II voll berücksichtigt werden. Neu ist für viele Berechtigten, dass sie seit 2005 pflichtversichert in der Kranken- und Pflegeversicherung sind und dass Beiträge zur Rentenversicherung gezahlt werden.

Abschließend ein einfaches **Berechnungsbeispiel** zum Alg II/Sozialgeld (Familie Meier, lebt in Hessen; zwei Erwachsene, ein Kind – 10 Jahre alt –; angemessene Warmmiete 464,– € monatlich; Einkommen: nur das Kindergeld in Höhe von 154,– € monatlich):

Regelleistung Frau Meier	311,– €
Regelleistung Herr Meier	311,– €
Regelleistung Kind 10 Jahre	207,– €
Warmmiete	464,– €
Summe des Bedarfs	1.293,– €
abzüglich Einkommen (Kindergeld)	154,– €
Arbeitslosengeld II	1.139,– €

Hinzu kommen Beiträge für Kranken-, Pflege- und Rentenversicherung.

Wesentlich schwieriger ist die Berechnung aber, wenn der künftige Alg-II-Bezieher und sein (Ehe-)Partner z.B. ein Nebeneinkommen haben (weil dann unter anderem Absetzbeträge und der Einkommensfreibetrag zu berücksichtigen sind).

d) Zum **Kinderzuschlag** s. unten 11.2.

e) Für die Arbeit mit dem SGB II sind sehr empfehlenswert:

– Arbeitslosenprojekt TuWas (Hrsg.): Leitfaden zum Arbeitslosengeld II – Ein Rechtsratgeber zum SGB II, 3. Aufl. 2006 (11,– € plus Versandkosten; Bestellung: Fachhochschulverlag, Kleiststraße 31, 60318 Frankfurt/M.)

– J. Münder (Hrsg.): Sozialgesetzbuch II – Grundsicherung für Arbeitsuchende (Lehr- und Praxiskommentar), 2. Aufl., Baden-Baden 2007.

– A. Brühl/J. Sauer: Mein Recht auf Sozialleistungen (Grundsicherung für Arbeitsuchende – Sonstige Sozielleistungen), 19. Aufl., 2005 (Beck-Rechtsberater im dtv, Nr. 5243; 9,50 €).

8.7. Hilfe zum Lebensunterhalt und Grundsicherung nach dem SGB XII (Sozialhilfe)

8.7.1 Allgemeines zum SGB XII

a) Das SGB XII hat (im Hinblick auf die hier interessierenden Leistungen zur Sicherung des Lebensunterhalts) insbesondere folgende inhaltliche Schwerpunkte:

- Die Hilfe zum Lebensunterhalt (§§ 27 ff. SGB XII) wird nur einer relativ kleinen Gruppe von Bedürftigen gewährt (dazu unten c));

- die Regelsätze umfassen auch den Bedarf an einmaligen Leistungen (mit wenigen Ausnahmen; dazu unten 8.7.2);
- der Leistungskatalog umfasst auch die Grundsicherung im Alter und bei Erwerbsminderung (dazu unten 8.7.3).

b) Im SGB XII sind auch zusätzliche **aktivierende Leistungen** vorgesehen. So sollen für die Bezieher der Hilfe zum Lebensunterhalt Wege gefunden und Unterstützungen geleistet werden, die ein eigenverantwortliches Leben außerhalb der Sozialhilfe ermöglichen. Die Beratung der Leistungsberechtigten wird dem Grundsatz „Fordern und Fördern" angepasst. Wesentlich ist insbesondere die Budgetberatung, und zwar nicht nur wegen der Verankerung des Persönlichen Budgets in § 57 SGB XII, sondern auch wegen der Einbeziehung der meisten bisherigen einmaligen Leistungen in den Regelsatz gemäß § 28 SGB XII. Im Hinblick darauf, dass die erwerbsfähigen Hilfeempfänger in das SGB II einbezogen sind und deshalb keine Hilfe zum Lebensunterhalt erhalten, besteht keine Notwendigkeit für die Beibehaltung der Vorschriften der Hilfe zur Arbeit nach den bisherigen §§ 18 bis 20 BSHG. Da aber auch nicht erwerbsfähige Leistungsberechtigte möglicherweise in geringem Umfang noch einer **Tätigkeit** nachgehen und Einkommen erzielen können, treten an ihre Stelle die Sätze 2 bis 3 des § 11 Abs. 3 SGB XII, die eine entsprechende Aktivierung dieses Personenkreises vorsehen. Welche Tätigkeiten hier zumutbar sind, wird in § 11 Abs. 4 SGB XII geregelt. Im Hinblick auf die in der Hilfe zum Lebensunterhalt verbliebenen Personen werden hier lediglich die personenbezogenen Zumutbarkeitskriterien des früheren § 18 Abs. 3 BSHG übernommen, für die tätigkeitsbezogenen Kriterien wird keine Notwendigkeit mehr gesehen.
Mit der **Leistungsabsprache** nach § 12 SGB XII soll die kooperative Vorgehensweise verstärkt werden, da die erfolgreiche Überwindung der Notlage wie auch die Stärkung der Selbsthilfe zur aktiven Teilnahme am Leben in der Gemeinschaft in vielfältiger Weise von der aktiven Mitwirkung der Leistungsberechtigten abhängig ist. Um eine einfache und flexible Handhabung zu erreichen, soll der Begriff der (schriftlichen) Leistungsabsprache klarstellen, dass es sich nicht um einen öffentlich-rechtlichen Vertrag handelt, sondern um ein Rahmen-Handlungskonzept (die einzelnen Leistungen werden dann durch Verwaltungsakt bewilligt). Insbesondere bei komplexen Bedarfssituationen, die ein mehrstufiges Handeln erfordern, sind die verschiedenen Stufen und das voneinander abhängige Handeln der leistungsberechtigten Person und des Trägers der Sozialhilfe in einem untereinander abgestimmten Förderplan niederzulegen und in die allgemeine Leistungsabsprache einzubeziehen. Abweichende Regelungen z.B. über einen Gesamtplan (z.B. § 58 SGB XII) werden nicht berührt. Der Zeitpunkt einer gemeinsamen Besprechung und Fortschreibung wird nicht gesetzlich festgelegt, sondern muss sich aus den Besonderheiten des Einzelfalls ergeben.

c) Beim **Einkommen** (§ 82 SGB XII) ist unter anderem zu berücksichtigen:
- Bei Minderjährigen ist das Kindergeld dem jeweiligen Kind als Einkommen zuzurechnen, soweit es bei diesem zur Deckung des notwendigen Lebensunterhalts benötigt wird.
- Das Arbeitsförderungsgeld und Erhöhungsbeträge nach § 43 S. 4 SGB IX sind vom Einkommen abzusetzen.
- Bei der Hilfe zum Lebensunterhalt ist ein Betrag in Höhe von 30 % des Einkommens aus selbständiger und nichtselbständiger Tätigkeit der Leistungsberechtigten abzusetzen.
- Bei einer Beschäftigung in einer Werkstatt für behinderte Menschen sind von dem Entgelt 1/8 des Eckregelsatzes zuzüglich 25 vom Hundert des diesen Betrag übersteigenden Entgelts abzusetzen.

Neben eigenem Einkommen und Vermögen ist auch dasjenige bestimmter **anderer** Personen zu berücksichtigen. Zu diesen Personen gehören insbesondere:
- der nicht getrennt lebende Ehegatte und der (eingetragene) Lebenspartner (§§ 19 Abs. 1 und 2, 43 S. 1 SGB XII);
- minderjährige unverheiratete Kinder im Haushalt ihrer Eltern oder eines Elternteils, deren Einkommen und Vermögen zum notwendigen Lebensunterhalt nicht ausreicht (§ 19 Abs. 1 SGB XII);
- die in gemeinsamer Wohnung lebenden Personen (auch wenn sie keine Verwandten oder Verschwägerten sind; § 36 Abs. 1 SGB XII): Hier wird (widerlegbar) vermutet, dass diese Personen gemeinsam mit dem Hilfesuchenden wirtschaften und der Hilfebedürftige von ihnen Leistungen erhält, soweit dies nach dem Einkommen und Vermögen der Mitbewohner erwartet werden kann. Diese Vermutung gilt aber nicht bei der Grundsicherung nach §§ 41 ff. SGB XII (§ 43 Abs. 1 SGB XII);
- der eheähnliche Partner (§§ 20, 43 Abs. 1 SGB XII), wobei hier keine Widerlegungsmöglichkeit besteht.

d) Hilfe zum Lebensunterhalt erhalten nur Personen, die bei Bedürftigkeit sonst **keine vorrangigen Leistungen** erhalten. Der berechtigte Personenkreis umfasst daher insbesondere Menschen, die
- unter 15 Jahre bzw. zwischen 15 und 17 Jahre alt sowie zugleich (länger oder dauernd) erwerbsunfähig sind, allerdings nur dann, wenn sie nicht als Angehörige einer SGB-II-Bedarfsgemeinschaft mit einem erwerbsfähigen Hilfesuchenden zusammenleben;
- zwischen 18 und 64 Jahre alt sowie zugleich (länger oder dauernd) erwerbsunfähig sind, allerdings nur dann, wenn sie nicht als Angehörige einer SGB-II-Bedarfsgemeinschaft mit einem erwerbsfähigen Hilfesuchenden zusammenleben;

- länger als 6 Monate in voll- oder teilstationären Einrichtungen leben;
- erwerbsfähige Personen ohne gewöhnlichen Aufenthalt (wohnungslose Nichtsesshafte) sind.

8.7.2 Bedarf an Hilfe zum Lebensunterhalt

a) Der Bedarf bei Hilfe zum Lebensunterhalt umfasst den

- **Allgemeinbedarf,** der sich zusammensetzt aus Regelbedarf (Regelsatz), Mehrbedarf sowie Unterkunfts- und Heizungsbedarf;
- **Sonderbedarf,** bestehend z.B. aus den einmaligen Bedarfen nach § 31 SGB XII (Erstausstattung für Bekleidung usw.) und der Mietschuldenübernahme nach § 34 Abs. 1 SGB XII;
- **Ergänzungsbedarf,** zu dem z.B. die Übernahme von Sozialversicherungsbeiträgen nach § 32 SGB XII gehört.

b) Der Regelbedarf außerhalb von Einrichtungen wird nach **Regelsätzen** erbracht (Einzelheiten in § 28 SGB XII). Die Regelsätze umfassen den sog. regelsatzrelevanten Bedarf. Diesem Bedarf liegt als Bemessungsgrundlage die Einkommens- und Verbrauchsstichprobe des Statistischen Bundesamtes zugrunde (die alle fünf Jahre durchgeführt wird). Die Einzelheiten der Zusammensetzung des „Eckregelsatzes“ (also des Regelsatzes für den Haushaltsvorstand) legt die Regelsatzverordnung fest. Im Eckregelsatz wird insbesondere berücksichtigt der Bedarf an Ernährung, Bekleidung und Schuhen, Energiekosten, Einrichtungsgegenständen für den Haushalt, Gesundheitspflege (einschließlich Zuzahlungen), Verkehrsdienstleistungen, Unterhaltung und Kultur, Gaststättenleistungen und anderen Dienstleistungen (z.B. Friseurleistungen).
Zur **Höhe der Regelsätze** vgl. die Tabelle im Anhang IV.
Nicht im Regelsatz enthalten sind: Unterkunft und Heizung (§ 29 SGB XII); Mehrbedarfe (§ 30 SGB XII); Erstausstattungen für die Wohnung einschließlich Haushaltsgeräten (§ 31 SGB XII); Erstausstattungen für Bekleidung einschließlich bei Schwangerschaft und Geburt (§ 31 SGB XII); mehrtägige Klassenfahrten im Rahmen der schulrechtlichen Bestimmungen (§ 31 SGB XII); Beiträge für die Kranken- und Pflegeversicherung (§ 32 SGB XII); Beiträge für die Altersvorsorge und angemessenes Sterbegeld (§ 33 SGB XII); Hilfe zum Lebensunterhalt in Sonderfällen (§ 34 SGB XII).

c) **Einmalige Leistungen** sind mit wenigen Ausnahmen **in die Regelsätze einbezogen.** Einmalige Leistungen gibt es nach § 31 SGB XII nur noch

- bei der Erstausstattung für die Wohnung einschließlich Haushaltsgeräten,
- bei der Erstausstattung für Bekleidung einschließlich Schwangerschaft und Geburt,
- bei mehrtägigen Klassenfahrten.

Durch die Einbeziehung der einmaligen Leistungen in den Regelsatz sollen die Leistungsberechtigten eine größere Selbstständigkeit und Eigenverantwortung erhalten. Da aus den erhöhten Regelsätzen Ansparungen für die bisherigen (im BSHG vorgesehenen) einmaligen Leistungen wie Kleidergeld, Renovierungskosten, Beschaffung von Einrichtungsgegenständen usw. geschaffen werden müssen, wurden die (Bar-)Vermögensfreigrenzen angehoben (dazu die Tabelle im Anhang V).

d) Zu den **Unterkunftskosten** (§ 29 SGB XII) gehören die Miete und die Mietnebenkosten, bei Eigentum die notwendigen Ausgaben. Die Angemessenheit der Aufwendungen wird im Gesetz nicht bestimmt. Der Träger der Sozialhilfe muss die Angemessenheit beurteilen: Kriterien für die Größe einer angemessenen Wohnung liefert das Wohnungsbindungsgesetz (Alleinstehende 45–50 m^2; 2 Personen 60 m^2; 3 Personen 75 m^2); die angemessene Größe der Wohnung wird jedoch auch durch die besondere Lebenssituation beeinflusst (Behinderung, Pflegebedürftigkeit). Bewohnt ein Antragsteller zusammen mit Nichtantragstellern (z.B. behindertes Kind mit seinen Eltern) eine gemeinsame Wohnung, dann werden die Unterkunfts- und Heizungskosten „geköpfelt", d.h. auf die Zahl der in der Wohnung lebenden Personen aufgeteilt („Kopfteilprinzip").
Übersteigen die Aufwendungen für die Unterkunft den der Besonderheit des Einzelfalles angemessenen Umfang, sind sie so lange anzuerkennen, als es nicht möglich oder nicht zuzumuten ist, durch einen Wohnungswechsel, durch Vermieten oder auf andere Weise die Aufwendungen zu senken, in der Regel jedoch längstens für sechs Monate (§ 29 Abs. 1 S. 3 SGB XII). Sofern bereits vor Eintritt in den Leistungsbezug eine Wohnung aus eigenem Einkommen und Vermögen angemietet und finanziert wurde und der Leistungsbezug nicht absehbar war, können zunächst für 6 Monate höhere Mietpreise anerkannt werden. Der Leistungsempfänger muss sich aber um eine kostengünstigere Wohnung oder Untervermietung nachweislich bemühen. Danach kann nur noch der Mietrichtwert anerkannt werden.
Der Sozialhilfeträger hat darüber hinaus nach § 29 Abs. 3 SGB XII die Möglichkeit, für seinen Bereich die Leistungen für Unterkunft durch eine **monatliche Pauschale** abzugelten. Wenn auch bundeseinheitliche Pauschalen für Miete und Heizung wegen der regional unterschiedlichen Kosten nicht in Betracht kommen, hat sich in den bisherigen Modellvorhaben gleichwohl gezeigt, dass erfolgte örtliche Pauschalierungen sowohl bei den Trägern der Sozialhilfe als auch bei den Leistungsberechtigten auf Zustimmung gestoßen sind. Die Träger der Sozialhilfe können eigenständig entscheiden, ob sie eine verbindliche Pauschalierung einführen bzw. beibehalten oder nicht. Im Hinblick auf die Verbindlichkeit ist es notwendig, die Pauschalierung an die Voraussetzung zu knüpfen, dass der Wohnungsmarkt für Umzüge in bezahlbaren angemessenen Wohn-

raum auch tatsächlich offen ist. Die weitere Voraussetzung, wonach die Pauschalierung im Einzelfall zumutbar sein muss, berücksichtigt insbesondere den Umstand, dass alte und behinderte Menschen auf eine verlässliche Nachbarschaftshilfe verzichten müssten oder sie sich in einer neuen Umgebung nicht mehr zurechtfinden würden. Bei der Bemessung der Pauschalen ist im Hinblick auf den Grundsatz der Bedarfsdeckung erforderlich, dass sie detailliert an Hand von Feststellungen am Wohnungsmarkt erfolgen müssen, insbesondere unter Berücksichtigung des örtlichen Mietspiegels. Im Hinblick auf die Anzahl der Familienmitglieder und die dadurch erforderliche Größe der Wohnung werden auch Differenzierungen notwendig sein.

§ 29 Abs. 3 SGB XII regelt die Leistungen für **Heizung**. Satz 2 dieser Regelung lässt die Pauschalierung durch die Träger der Sozialhilfe zu; Satz 3 stellt sicher, dass die Bemessung der Pauschale nach bedarfsdeckenden Kriterien erfolgt. Der Faktor „Größe oder Beschaffenheit der Wohnung" wird zwar wesentlich die Leistungen für Heizung bestimmen. Bemessungskriterien können aber insbesondere auch die Klimalage des Wohnortes sowie die Energieart sowie ein alters- oder gesundheitsbedingter höherer Wärmebedarf sein.

e) Ein **Mehrbedarf** ist für folgende Personen vorgesehen (vgl. § 30 SGB XII; nachfolgend in Klammern der jeweilige Prozentsatz des maßgebenden Regelsatzes):

- Personen, die das 65. Lebensjahr vollendet haben und einen Schwerbehindertenausweis mit dem Merkzeichen G bzw. aG besitzen (17 %);
- Personen unter 65 Jahren, die voll erwerbsgemindert nach § 43 Abs. 2 S. 2 SGB VI (also im Sinne der gesetzlichen Rentenversicherung) sind und einen Schwerbehindertenausweis mit dem Merkzeichen G bzw aG besitzen (17 %);
- werdende Mütter nach der 12. Schwangerschaftswoche (17 %);
- Personen, die allein mit einem oder mehreren minderjährigen Kindern zusammenleben und allein für deren Pflege und Erziehung sorgen
  - bei 1 Kind unter 7 Jahren (36 %)
  - bei 2 Kindern unter 16 Jahren (36 %)
  - bei 3 Kindern unter 16 Jahren (36 %)
  - bei 4 Kindern unter 16 Jahren (48 %);
  - bzw. pro minderjähriges Kind 12 % (insgesamt aber höchstens 60 %).
- behinderte Menschen, die das 15. Lebensjahr vollendet haben und die Eingliederungshilfe nach § 54 Abs. 1 S. 1 Nr. 1 – 3 SGB XII erhalten (35 %); soweit nicht im Einzelfall ein abweichender Bedarf besteht (dies gilt auch für eine angemessene Übergangszeit nach Beendigung der Eingliederungshilfe);
- Kranke, Genesende, behinderte Menschen oder von einer Krankheit oder Behinderung bedrohte Menschen, die einer kostenaufwändigen Ernährung bedürfen (in angemessener Höhe).

f) Kann im Einzelfall ein von den Regelsätzen umfasster und nach den Umständen unabweisbar gebotener Bedarf auf keine andere Weise gedeckt werden, sollen auf Antrag hierfür notwendige Leistungen als **Darlehen** erbracht werden (§ 37 Abs. 1 SGB XII). Bei Empfängern von Hilfe zum Lebensunterhalt kann die Rückzahlung des Darlehens in monatlichen Teilbeträgen in Höhe von bis zu 5 % des Eckregelsatzes von der Leistung einbehalten werden (§ 37 Abs. 2 SGB XII). Die Rückzahlung ist in einem Darlehensvertrag zu regeln.

g) Empfänger von Hilfe zum Lebensunterhalt nach dem SGB XII werden in den meisten Fällen die Voraussetzungen zur **Zuzahlungsbefreiung** in der gesetzlichen Krankenversicherung erfüllen, wenn sie zunächst bis zur Höhe der Eigenbeteiligung (2 % des Gesamtjahresbruttoeinkommens bzw. 1 % für chronisch Kranke) geleistet haben. Die Zuzahlungsbefreiung ist nach Erreichen der Zuzahlungsgrenze bei der Krankenkasse zu beantragen.
Die Zuzahlungsregelungen in der gesetzlichen Krankenversicherung gelten auch für **Heimbewohner.** Von ihnen wird erwartet, dass sie die Zuzahlungen aus dem Barbetrag zur persönlichen Verfügung (vgl. § 35 Abs. 2 SGB XII) bestreiten (zu den Zuzahlungen im Einzelnen vgl. oben 5.9; für chronisch kranke Heimbewohner gelten dabei auch die entsprechenden Belastungsgrenzen). Um aber die Heimbewohner, die auf Sozialhilfe angewiesen sind, am Jahresanfang nicht zu sehr mit Zuzahlungen aus dem Barbetrag zu belasten, hat der Gesetzgeber eine gewisse Zuzahlungserleichterung geschaffen: Danach überweisen die Sozialhilfeträger am Anfang des Jahres die jeweils bis zu den Belastungsrenzen selbst zu leistenden Zuzahlungen als Vorschussleistungen an die Krankenkassen. Die Sozialhilfeträger behalten dann den vorschussweise gezahlten Betrag in monatlichen Raten vom Barbetrag des Heimbewohners ein (§ 35 Abs. 3 und 4 SGB XII).

h) Der **notwendige Lebensunterhalt in Einrichtungen** (§ 35 Abs. 1 und 2 SGB XII) umfasst den darin erbrachten notwendigen Lebensunterhalt sowie in stationären Einrichtungen zusätzlich den „weiteren notwendigen Lebensunterhalt“.
(1) Der notwendige Lebensunterhalt in stationären Einrichtungen entspricht dem Umfang der Leistungen der **Grundsicherung** nach § 42 S. 1 Nr. 1–3 SGB XII (§ 35 Abs. 2 S. 2 SGB XII). Der Anteil des notwendigen Lebensunterhalts, der in einer Einrichtung (für Unterkunft und Verpflegung) gewährt wird, setzt sich also rechnerisch zusammen aus dem maßgebenden Regelsatz nach § 28 SGB XII, den angemessenen tatsächlichen Aufwendungen für Unterkunft und Heizung, aus Mehrbedarfen entsprechend § 30 SGB XII und aus einmaligen Bedarfen entsprechend § 31 SGB XII zusammen. Dies zusammengerechnet ist dann die maßgebliche Größe, anhand derer dann entschieden werden kann, ob

der behinderte Mensch einen Beitrag zu den Kosten der Unterkunft und der Verpflegung in der stationären Einrichtung aus seinem Einkommen und Vermögen an den Sozialhilfeträger entrichten muss.
(2) Der **„weitere notwendige Lebensunterhalt"** umfasst insbesondere Kleidung und einen angemessenen Barbetrag zur persönlichen Verfügung. Für behinderte und alte Menschen (z.B. in Einrichtungen der Behindertenhilfe bzw. in Altenheimen) kann also z.B. eine Bekleidungspauschale zusätzlich zum Pflegesatz der Einrichtung gewährt werden.
Der **Barbetrag zur persönlichen Verfügung** nach § 35 Abs. 2 S. 2 SGB XII („Taschengeld") beläuft sich für volljährige Heimbewohner auf mindestens 27% des Eckregelsatzes und beträgt somit bei einem Eckregelsatz von 345,– € 93,15 € pro Monat (dieser Betrag soll auch den „Weihnachtssonderbedarf" abdecken).

i) Für die Arbeit mit dem SGB XII ist empfehlenswert: A. Brühl/J. Sauer: Mein Recht auf Sozialleistungen (Grundsicherung für Arbeitsuchende – Sonstige Sozialleistungen), 19. Aufl., 2005 (Beck-Rechtsberater im dtv, Nr. 5243; 9,50 €).

8.7.3 Grundsicherung im Alter und bei Erwerbsminderung

a) Bis zum 31.12.2004 war die Grundsicherung in einem eigenständigen Gesetz (Grundsicherungsgesetz – GSiG) geregelt. Seit dem 1.1.2005 sind die Vorschriften der Grundsicherung im Alter und bei Erwerbsminderung inhaltlich weitgehend unverändert im Vierten Kapitel des neuen Sozialhilferechts im Zwölften Buch Sozialgesetzbuch (SGB XII) enthalten (§§ 41–46 SGB XII). Die (steuerfinanzierte) Grundsicherung ist eine Leistung der Sozialhilfe, also weder eine „Ersatz-" noch eine „Mindestrente".
Durch die Grundsicherung wird die Lebenssituation erwerbsgeminderter Menschen, gerade auch derjenigen, die von Geburt oder früher Jugend an schwerstbehindert sind, verbessert. Denn diese Menschen, die praktisch keine Möglichkeit haben, ihren Lebensunterhalt aus eigener Kraft zu verdienen, erhalten durch die Grundsicherung mehr materielle Selbständigkeit. Hierdurch wird auch das Zusammenbleiben innerhalb der Familie gefördert und die Lebenssituation erwachsener erwerbsgeminderter Menschen, die im elterlichen Haushalt leben, verbessert.

b) **Leistungsberechtigt** sind zum einen hilfebedürftige Personen über 65 Jahren sowie zum anderen hilfebedürftige, aus medizinischen Gründen dauerhaft voll erwerbsgeminderte Personen ab 18 Jahren, soweit sie ihren gewöhnlichen Aufenthalt in der Bundesrepublik Deutschland haben (§ 41 Abs. 1 SGB XII). Bei Werkstattbeschäftigten gilt dies bereits dann, wenn der Fachausschuss zu

dem Aufnahmeantrag in die Werkstatt Stellung genommen hat; es muss also nicht der Beschäftigungsbeginn in der Werkstatt abgewartet werden (§ 45 Abs. 1 S. 3 Nr. 2 SGB XII: der Leistungsberechtigte gilt dann als voll erwerbsgemindert; vgl. auch oben 4.4 h)). Auf den Bezug einer Rente oder das Bestehen einer Rentenberechtigung kommt es nicht an.
Keinen Anspruch auf Leistungen der Grundsicherung im Alter und bei Erwerbsminderung haben Personen,

- die leistungsberechtigt nach § 1 Asylbewerberleistungsgesetz sind,
- die in den letzten 10 Jahren ihre Bedürftigkeit vorsätzlich oder grob fahrlässig herbeigeführt haben (§ 41 Abs. 3 SGB XII), indem sie z. B. ihr Vermögen verschleudert oder dieses ohne Rücksicht auf die Notwendigkeit der Bildung von Rücklagen im Alter verschenkt haben. Hierdurch soll eine missbräuchliche Inanspruchnahme der Grundsicherungsleistungen verhindert werden.

c) Durch die Grundsicherung im Alter und bei Erwerbsminderung wird es für die Berechtigten leichter, ihre Ansprüche zur Sicherung des Lebensunterhalts auch geltend zu machen, denn im Gegensatz zur Hilfe zum Lebensunterhalt findet gegenüber Kindern und Eltern mit einem Jahreseinkommen unter 100.000 € **kein Unterhaltsrückgriff** statt, wenn ihre Angehörigen die Grundsicherung in Anspruch nehmen (dabei kann sich jeder Unterhaltspflichtige – also jeder Elternteil und jedes Kind – separat für sich auf die Einkommensgrenze von 100.000 € – brutto – jährlich berufen). Zugunsten der Leistungsberechtigten wird hierbei widerlegbar vermutet, dass das Einkommen ihrer Kinder und Eltern die genannte Einkommensgrenze nicht überschreitet. Ist diese Vermutung allerdings widerlegt, besteht kein Anspruch auf Grundsicherung. Stattdessen kann Hilfe zum Lebensunterhalt mit dem damit möglicherweise verbundenen Unterhaltsrückgriff beantragt werden (Einzelheiten in § 43 Abs. 2 SGB XII).
In der Grundsicherung wird neben dem Verzicht auf den Unterhaltsrückgriff im Unterschied zur Hilfe zum Lebensunterhalt auch auf die Vermutung verzichtet, dass in einem Haushalt lebende Verwandte sich entsprechend ihrer wirtschaftlichen Leistungsfähigkeit gegenseitig Unterhalt gewähren (s. oben 8.7.1. a); § 36 SGB XII). Damit gibt es für behinderte erwachsene Kinder eine elternunabhängige materielle Sicherung des Lebensunterhalts.
Ferner gibt es im Unterschied zur Hilfe zum Lebensunterhalt auch keine Kostenerstattungspflicht für Grundsicherungsleistungen durch die Erben.

e) Die Leistungen der Grundsicherung im Alter und bei Erwerbsminderung entsprechen seit dem 1.1.2005 den Leistungen der Hilfe zum Lebensunterhalt nach §§ 27 ff. SGB XII (§ 42 S. 1 SGB XII). Dies bedeutet insbesondere, dass das Regelsatzsystem des SGB XII in vollem Umfang auch für die Grundsicherung gilt

(vgl. auch die Tabelle im Anhang IV). Bei Vorliegen der Voraussetzungen zahlt somit auch die Grundsicherung die Mehrbedarfszuschläge, etwa für kostenaufwändige Ernährung (dazu oben 8.7.2). Für Bezieher von Grundsicherungsleistungen entfällt der Anspruch auf Wohngeld; die Grundsicherung deckt dann – wie bei der Hilfe zum Lebensunterhalt – die angemessenen Unterkunftskosten vollständig ab.
Der **Regelsatz** der Grundsicherung ist grundsätzlich ungekürzt zu gewähren. Ausnahmsweise kann der Regelsatz aber nach § 42 Abs. 1 Nr. 1 i.V. mit § 28 Abs. 1 Satz 2 SGB XII **abweichend** festgelegt werden, wenn im Einzelfall ein Bedarf anderweitig gedeckt ist. Erhält also jemand z.B. einen Teil seiner Ernährung anderweitig (z.B. in Gestalt eines in der Werkstatt für behinderte Menschen kostenlos zur Verfügung gestellten Mittagessens), so ist der Sozialhilfeträger grundsätzlich befugt, den dem Leistungsempfänger gewährten Regelsatz der Grundsicherung wegen der kostenlosen Nutzung des Mittagessen entsprechend zu kürzen.
Ist es einem Grundsicherungsberechtigten nicht möglich, einen mit dem Regelsatz abgegoltenen und unabweisbaren Bedarf zu finanzieren, soll vom Leistungsträger ein **Darlehen** gewährt werden, das in kleinen, aus den künftigen Regelsätzen einbehaltenen monatlichen Raten getilgt wird (§§ 42 S. 2, 37 Abs. 2 Satz 1 SGB XII).

f) Der Anspruch auf Grundsicherung bzw. die Höhe des Grundsicherungsbedarfs ist vom Einkommen und Vermögen des Antragstellers sowie seines nicht getrenntlebenden Ehegatten, Lebenspartners oder Partners einer eheähnlichen Gemeinschaft abhängig (§ 43 Abs. 1 SGB XII; dazu auch oben 8.7.1. a). Von der Anrechnung auf die Grundsicherung sind jedoch unter anderem kleinere Barbeträge ausgenommen (vgl. die Tabelle im Anhang V).

g) Umstritten ist die Frage, ob in den Fällen, in denen behinderte **volljährige** Kinder in Haushaltsgemeinschaft mit ihren Eltern leben, das an die Eltern gezahlte **Kindergeld** als Einkommen des Kindes anzusehen ist (bei **minderjährigen** Kindern ist das Kindergeld zweifellos dem jeweiligen Kind als Einkommen zuzurechnen, vgl. § 82 Abs. 1 Satz 2 SGB XII und oben 8.7.1 c)). Bejaht man diese Frage, so ist das Kindergeld auf die Grundsicherung (des Kindes) anzurechnen mit der Folge, dass die an das Kind zu zahlende Grundsicherungsleistung entsprechend geringer ausfällt. Zutreffend wird man hier aber –gegen die Ansicht vieler Sozialhilfeträger – annehmen müssen, dass das Kindergeld in diesem Fall grundsätzlich Einkommen der **Eltern** ist und nur in den Fällen, in denen es die Eltern tatsächlich konkret dem volljährigen Kind zuwenden, zu Einkommen dieses Kindes werden kann (die Rechtsprechung des Bundessozialgerichts zu dieser umstrittenen Frage bleibt aber abzuwarten).

h) Durch die Zusammenfassung der Grundsicherung im Alter und bei Erwerbsminderung mit der Hilfe zum Lebensunterhalt in einem Gesetz erübrigt sich eine besondere Zuständigkeitsregelung für die Grundsicherung. **Zuständig** für die Grundsicherung wie auch für die Hilfe zum Lebensunterhalt sind deshalb die Träger der Sozialhilfe. Konkrete gesetzliche Vorgaben für die Organisation der kommunalen Verwaltung im Zusammenhang mit der Grundsicherung im Alter und bei Erwerbsminderung gibt es aber nicht. Damit haben die Kommunen weiterhin die Möglichkeit, die bisherigen Verwaltungsstrukturen in der Grundsicherung aufrechtzuerhalten. Die zuständigen kommunalen Ämter müssen im Einzelfall ausführlich über den Anspruch auf Grundsicherung im Alter und bei Erwerbsminderung beraten. Außerdem sind auch die Rentenversicherungsträger nach § 109 a SGB VI verpflichtet, unter anderem über die Leistungsvoraussetzungen der Grundsicherung im Alter und bei Erwerbsminderung zu informieren und bei der Antragstellung auf Grundsicherung – insbesondere durch Weiterleitung von Anträgen an den zuständigen Träger der Sozialhilfe – zu helfen.

i) Anders als bei der Hilfe zum Lebensunterhalt gilt in der Grundsicherung das **Antragsprinzip** (vgl. §§ 18 Abs. 1, 44 Abs. 1 SGB XII): Ein Grundsicherungsbezug setzt also die Stellung eines entsprechenden Antrags voraus. Die Grundsicherung wird regelmäßig für zwölf Kalendermonate bewilligt, der zuständige Träger hat einen Entscheidungsspielraum bezüglich Beginn und Ende des Bewilligungszeitraums. In Ausnahmefällen ist es auch möglich, die Grundsicherung auf Dauer zu bewilligen, etwa wenn keine Einkommensänderungen wahrscheinlich sind.

j) Abschließend ein einfaches **Berechnungbeispiel** zur Grundsicherung im Alter und bei Erwerbsminderung (§ 42 S. 1 SGB XII):
Alleinstehende Person über 65 Jahre, lebt in Hessen, (angemessene) Warmmiete 360,– € (monatlich), Schwerbehindertenausweis mit Merkzeichen „G“, bereinigtes Nettoeinkommen (Netto-Rente) 520,– € monatlich.

Regelsatz für Alleinstehenden	345,– €
Mehrbedarf: 17% des Regelsatzes	58,65 €
Kosten der Unterkunft	360,– €
Summe des Bedarfs	763,65 €
abzüglich Nettoeinkommen	520,– €
Grundsicherungsleistung	243,65 €

k) Empfehlenswertes Arbeitsmittel: A. Brühl/J. Sauer: Mein Recht auf Sozialleistungen (Grundsicherung für Arbeitsuchende – Sonstige Sozialleistungen), 19. Aufl., 2005 (Beck-Rechtsberater im dtv, Nr. 5243; 9,50 €).

8.8 Hinzuverdienste zu den vorgenannten Leistungen

a) **Arbeitslosengeld:** Bei Beziehern von Arbeitslosengeld wird das Nebeneinkommen aus einer selbstständigen oder unselbstständigen Beschäftigung teilweise auf das Arbeitslosengeld (in einem ziemlich komplizierten Verfahren) angerechnet, das hier nicht dargestellt werden kann (vgl. § 141 SGB III). Zum Arbeitslosengeld II vgl. oben 8.6.2 bb) (Erwerbstätigenfreibetrag).

b) Das **Übergangsgeld** wird um das erzielte **Nettoarbeitsentgelt gekürzt;** demgegenüber bleiben ein einmalig gezahltes Arbeitsentgelt (z.B. Weihnachtsgeld) sowie Leistungen des Arbeitgebers außer Betracht, sofern sie zusammen mit dem Übergangsgeld das früher erzielte Nettoarbeitsentgelt nicht übersteigen (§ 52 Abs. 1 Nr. 1 und 2 SGB IX).

c) Wer schon **vor Vollendung des 65. Lebensjahres** eine
- Altersrente für langjährig Versicherte (§§ 36, 236 SGB VI)
- Altersrente für Schwerbehinderte, Berufsunfähige oder Erwerbsunfähige (§§ 37, 236 a SGB VI),
- Altersrente wegen Arbeitslosigkeit oder nach Altersteilzeit (§ 237 SGB VI) oder
- Altersrente für Frauen (§ 237 a SGB VI)

erhält, kann auch während des Rentenbezugs in bestimmtem Umfang noch arbeiten und Geld hinzuverdienen, ohne seine Altersrente zu verlieren. Allerdings sind hinsichtlich der Höhe des Verdienstes **Hinzuverdienstgrenzen** zu beachten, die nicht überschritten werden dürfen.
Welche Hinzuverdienstgrenze im Einzelfall gilt, ist davon abhängig, ob die genannten Altersrenten als Vollrente oder als Teilrente in Anspruch genommen werden. Je niedriger der Anteil der Rente ist (z.B. 1/3 Teilrente), umso mehr darf hinzuverdient werden. Einzelheiten können bei den Trägern der gesetzlichen Rentenversicherung erfragt werden.

d) Zur **Rente wegen Berufsunfähigkeit** (BU-Rente) kann in gewissem Umfang hinzuverdient werden. Die Entscheidung, ob bei ausgeübter Berufstätigkeit weiterhin Berufsunfähigkeit vorliegt, trifft der zuständige Rentenversichertenträger, dem jede Aufnahme einer Berufstätigkeit mitgeteilt werden soll. Ist der Versicherte nicht mehr berufsunfähig, endet die Rentenzahlung.
Hinsichtlich der Höhe des **Hinzuverdienstes** ist zu unterscheiden zwischen Rentenzugängen ab 1996 und Bestandsrenten am 31.12.1995. Einzelheiten können bei den Trägern der gesetzlichen Rentenversicherung erfragt werden.

e) Im Rahmen einer noch verbleibenden Arbeitskraft darf der Bezieher einer **Rente wegen Erwerbsunfähigkeit** (EU-Rente) arbeiten (im Rahmen eines Arbeitsverhältnisses) und Geld hinzuverdienen. Selbstständige Tätigkeiten

dürfen dagegen überhaupt nicht aufgenommen werden. Denn nach dem Gesetz ist nicht erwerbsunfähig, wer eine selbstständige Tätigkeit ausübt. Deshalb führt jede selbstständige Tätigkeit – unabhängig von der Höhe des Einkommens – zum Wegfall der EU-Rente.
Die Entscheidung darüber, ob der Anspruch auf die EU-Rente weiter besteht, trifft der zuständige Rentenversicherungsträger, dem jede Aufnahme einer Berufstätigkeit oder das Überschreiten der Hinzuverdienstgrenze mitgeteilt werden soll. Ist der Versicherte nicht mehr erwerbsunfähig, kann noch ein Anspruch auf die niedrigere BU-Rente gegeben sein.
Hinsichtlich der Höhe des **Hinzuverdienstes** ist zu unterscheiden zwischen Rentenzugängen ab 1996 und Bestandsrenten am 31.12.1995. Einzelheiten können bei den Trägern der gesetzlichen Rentenversicherung erfragt werden.

f) Zum Hinzuverdienst bei den **Renten wegen Erwerbsminderung** vgl. oben 8.5.1 c) ii).

g) Mit **Vollendung des 65. Lebensjahres** gibt es für einen Hinzuverdienst **keine Begrenzung** mehr; ein Hinzuverdienst führt hier also nicht zu Verlust oder Minderung der Rente.

h) Zum Hinzuverdienst bei der Berechnung des Einkommens in der Sozialhilfe vgl. 1.4 a) und 8.6 e).

9. Ausgleich behinderungsbedingter Nachteile

Dieses Kapitel bezieht sich auf eine Vielzahl von Rechtsvorschriften, die teils ausschließlich Lebenslagen behinderter Menschen betreffen, teils ganz andere Materien regeln und dabei nur vereinzelte, für behinderte Menschen relevante Tatbestände enthalten. Es ist deshalb manchmal unvermeidlich, sie in dieser Darstellung aus ihren ursprünglichen Gesamtzusammenhängen herauszulösen. Gemeinsam ist den nachfolgend dargestellten Regelungen, dass sie behinderungsbedingte Nachteile oder Mehraufwendungen ausgleichen sollen; sie werden deshalb als Regelungen zum „Nachteilsausgleich" bezeichnet (so in § 126 SGB IX, der als „Programmvorschrift" bestimmt, dass die Vorschriften über Hilfen für behinderte Menschen zum Nachteilsausgleich so zu gestalten sind, dass sie Art oder Schwere der Behinderung Rechnung tragen, und zwar unabhängig von der Ursache der Behinderung). Den Schlüssel für die Inanspruchnahme der unterschiedlichen Arten des Nachteilsausgleichs bildet häufig der **Schwerbehindertenausweis,** der oben bei 3.1. dargestellt ist.
Der nach deutschem Recht ausgestellte Schwerbehindertenausweis ist allerdings nur in der Bundesrepublik Deutschland unbeschränkt als Nachweis für die Inanspruchnahme von Nachteilsausgleichen gültig. Im Ausland (auch in den Ländern der Europäischen Union) gilt er grundsätzlich nicht.
Einen Überblick über die Nachteilsausgleiche gibt das **Schaubild** auf S. 282.

9.1 Schutz und Teilhaberrechte im Arbeitsleben sowie im Studium

9.1.1 Allgemeines

(1) Der Schutz schwerbehinderter Menschen im Arbeitsleben obliegt den **Integrationsämtern** in Zusammenarbeit mit den Agenturen für Arbeit. Die Rechtsgrundlage bilden seit dem 1.7.2001 der Teil 2 des Sozialgesetzbuches IX (SGB IX), in welches das Schwerbehindertengesetz integriert wurde, und die dazu ergangenen Verordnungen. Die darin getroffenen Regelungen bezwecken die Bereitstellung von Arbeitsplätzen durch eine **Beschäftigungspflicht,** sichern Arbeitsplätze durch **Kündigungsschutz** und **nachgehende Hilfe im Arbeitsleben,** räumen schwerbehinderten Menschen verschiedene **Sonderrechte** ein und stellen ihnen zur Wahrung ihrer Interessen die Möglichkeit zur Wahl einer besonderen **Schwerbehindertenvertretung** zur Seite.

(2) Zur Umsetzung der besonderen Rechte schwerbehinderter Menschen im Arbeitsleben haben die Arbeitgeber mit der Bundesagentur für Arbeit und den **Integrationsämtern** zusammenzuwirken (§ 80 SGB IX). Diese Zusammenarbeit beinhaltet für die Arbeitgeber unter anderem eine **Nachweispflicht** hinsichtlich der beschäftigten schwerbehinderten Menschen, eine **Auskunftspflicht** gegenüber der Bundesagentur für Arbeit und den Integrationsämtern

Ausgleich behinderungsbedingter Nachteile (für behinderte Menschen)

Schutz im Arbeitsleben für schwerbehinderte Menschen*	Schutz im Rechtsverkehr	Nachteilsausgleich
insbesondere – Beschäftigungspflicht der Arbeitgeber (Ausgleichsabgabe möglich) – Kündigungsschutz – Zusatzurlaub – Freistellung von Mehrarbeit – begleitende Hilfen im Arbeitsleben	insbesondere – Betreuung	insbesondere – Beförderung und Verkehr – Steuern – Wohnen und Bauen – Kommunikation und Medien

* Mit Ausnahme des Zusatzurlaubs: auch für gleichgestellte behinderte Menschen

und eine besondere Pflicht zur Prüfung, ob **freie Arbeitsplätze mit schwerbehinderten Menschen besetzt** werden können (§ 81 Abs. 1 SGB IX).
Nach §§ 1, 7 AGG dürfen behinderte Beschäftigte (z.B. Arbeitnehmer, Auszubildende) sowie behinderte Bewerber für ein Beschäftigungsverhältnis bei der Begründung (z.B. bei der Bewerbung und bei der Bewerberauswahl), bei der Durchführung (z.B. beim Arbeitsentgelt oder bei der Beförderung) und bei der Beendigung (z.B. bei der Kündigung) eines Beschäftigungsverhältnisses grundsätzlich **nicht wegen ihrer Behinderung benachteiligt werden.** Eine unterschiedliche Behandlung wegen einer vorhandenen Behinderung ist aber dann zulässig, wenn die Behinderung wegen der Art der auszuübenden Tätigkeit oder Bedingungen ihrer Ausübung eine wesentliche und entscheidende berufliche Anforderung darstellt, sofern der Zweck rechtmäßig und die Anforderung angemessen ist (§ 8 Abs. 1 AGG). So wäre z.B. die Ablehnung eines Bewerbers um eine Beschäftigung, zu der regelmäßig das Heben schwerer Lasten gehört, dann keine unzulässige Diskriminierung wegen einer Behinderung, wenn dieser Bewerber an einem schwerem Bandscheibenschaden leidet. Anders wäre dies etwa bei der Bewerbung um eine Buchhalterstelle, bei der sich der Bandscheibenschaden nicht entscheidend auf die auszuübenden Tätigkeit auswirkt.
Wichtig: Die genannten Regelungen gelten nicht nur für schwerbehinderte (und ihnen gleichgestellte) Beschäftigte bzw. Bewerber, sondern für alle Beschäftigte und Bewerber mit einer Behinderung i.S. des § 2 Abs. 1 SGB IX (zum AGG insgesamt vgl. oben 3.5. c)).
Die öffentlichen Arbeitgeber sind gehalten, den Agenturen für Arbeit frühzeitig neu zu besetzende sowie neue Stellen zu melden. Haben sich schwerbehinderte Menschen um einen solchen Arbeitsplatz beworben, sind sie in der Regel auch zu einem **Vorstellungsgespräch** einzuladen (§ 82 SGB IX).

(3) Die Arbeitgeber sind weiterhin verpflichtet, mit den Schwerbehindertenvertretungen und weiteren in § 98 SGB IX genannten Vertretungen (Betriebs-, Personalrat etc.) so genannte **Integrationsvereinbarungen** zu treffen, die Regelungen über die Eingliederung schwerbehinderter Menschen in den Betrieb, insbesondere zur Personalplanung, Arbeitsplatzgestaltung, Arbeitszeit usw. enthalten (§ 83 SGB IX). Beim Eintreten von personen-, verhaltens- oder betriebsbedingten Schwierigkeiten, die zur Gefährdung des Arbeitsverhältnisses führen könnten, hat der Arbeitgeber aus **präventiven Gründen** möglichst frühzeitig die Schwerbehindertenvertretung, die in § 98 SGB IX genannten Vertretungen sowie das Integrationsamt einzuschalten, um mit ihnen alle Möglichkeiten und zur Verfügung stehenden Hilfen zur Beratung und Leistungserbringung zu erörtern, um zu erreichen, dass die bestehenden **Probleme beseitigt** und das **Arbeitsverhältnis auf Dauer fortgesetzt** werden kann.

Zunehmende Bedeutung gewinnt in der Praxis das in § 84 Abs. 2 SGB IX geregelte sog. **betriebliche Eingliederungsmanagement.** Danach muß der Arbeitgeber in dem Falle, dass ein Beschäftigter innerhalb eines Jahres länger als sechs Wochen ununterbrochen oder wiederholt arbeitsunfähig ist, mit den zuständigen Interessenvertretungen (z.B. mit dem Betriebsrat), bei schwerbehinderten Menschen außerdem mit der Schwerbehindertenvertretung, mit Zustimmung und Beteiligung der betroffenen Person die Möglichkeiten klären, wie die Arbeitsunfähigkeit möglichst überwunden werden und mit welchen Leistungen oder Hilfen erneuter Arbeitsunfähigkeit vorgebeugt oder der Arbeitsplatz erhalten werden kann. Nähere Informationen zu diesem betrieblichen Eingliederungsmanagement, das nicht nur für schwerbehinderte (und ihnen gleichgestellte) Beschäftigte Anwendung findet, sondern für alle Beschäftigten unter den oben genannten Voraussetzungen gilt, finden sich z.B. auf der Internetseite „www.integrationsaemter.de“.

(4) Eine gemeinsame Anlauf- und Beratungsstelle für Arbeit suchende und beschäftigte schwerbehinderte Menschen und ihre Arbeitgeber stellen die so genannten **Integrationsfachdienste** dar (§§ 109 ff. SGB IX). Dabei handelt es sich um Dienste Dritter, die bei der Durchführung der Maßnahmen zur Teilhabe schwerbehinderter Menschen am Arbeitsleben beteiligt werden. Ihre Aufgabe ist die Beratung, Unterstützung und die Vermittlung schwerbehinderter Menschen auf geeignete Arbeitsplätze durch Vorbereitung der schwerbehinderten Menschen auf die vorgesehenen Arbeitsplätze, durch Begleitung, Krisenintervention, Betreuung (z.B. psychosoziale Betreuung) und ggf. Nachbetreuung.

Schließlich gibt es noch die sog. **Integrationsprojekte** (§§ 132 ff. SGB IX). Das sind rechtlich und wirtschaftlich selbstständige Unternehmen oder unternehmensinterne Betriebe oder Abteilungen zur Beschäftigung schwerbehinderter Menschen auf dem allgemeinen Arbeitsmarkt, deren Teilhabe an einer sonstigen Beschäftigung auf dem allgemeinen Arbeitsmarkt auf Grund von Art oder Schwere der Behinderung oder wegen sonstiger Umstände voraussichtlich trotz Ausschöpfens aller Fördermöglichkeiten auf besondere Schwierigkeiten stößt. Neben Beschäftigung bieten die Integrationsprojekte den behinderten Menschen u.a. auch arbeitsbegleitende Betreuung, berufliche Weiterbildung sowie Unterstützung bei der Vermittlung in eine sonstige Beschäftigung an.

(5) Von der Agentur für Arbeit können Personen mit einem Grad der Behinderung von mindestens 30 (auf einen entsprechenden Antrag hin) den schwerbehinderten Menschen **gleichgestellt** werden, wenn sie ohne diese Gleichstellung keinen Arbeitsplatz finden oder behalten können (vgl. schon oben 3.1.d)). Die Gleichstellung kann befristet sein und bedingt kein Recht auf den Zusatzurlaub (§ 2 Abs. 3 SGB IX). Gegen die ausgesprochene Gleichstellung durch das Arbeitsamt kann der Arbeitgeber keinen Widerspruch einlegen.

(6) Weist ein schwerbehinderter (oder gleichgestellter behinderter) Mensch z.B. einen zumutbaren Arbeitsplatz ohne berechtigten Grund zurück oder weigert er sich ohne Grund, an einer Maßnahme zur Teilhabe am Arbeitsleben teilzunehmen, so kann das Integrationsamt ihm (nach Anhörung) die besonderen Hilfen für schwerbehinderte Menschen zeitweilig entziehen (§ 117 SGB IX).

9.1.2 Beschäftigungspflicht/Ausgleichsabgabe Aufgrund der **Beschäftigungspflicht** (§§ 71–78 SGB IX) müssen alle privaten und öffentlichen Arbeitgeber mit mindestens 20 Arbeitsplätzen im Sinne des § 73 SGB IX auf wenigstens 5% dieser Arbeitsplätze schwerbehinderte Menschen beschäftigen. Behinderte Frauen sind dabei besonders zu berücksichtigen (§ 71 Abs. 1 SGB IX).
Geschieht dies nicht, muss der Arbeitgeber eine **Ausgleichsabgabe** (§ 77 SGB IX) an das Integrationsamt bezahlen. Die Höhe der Ausgleichsabgabe ist gestaffelt und richtet sich nach der prozentualen Besetzung der Pflichtarbeitsplätze. Sie beträgt je Monat und unbesetztem Pflichtarbeitsplatz

- 105,– € bei einer jahresdurchschnittlichen Beschäftigungsquote von 3 % bis weniger als 5 %
- 180,– € bei einer jahresdurchschnittlichen Beschäftigungsquote von 2 % bis weniger als 3 %
- 260,– € bei einer jahresdurchschnittlichen Beschäftigungsquote von weniger als 2 %.

Für kleinere und mittlere Betriebe bis zu 39 bzw. bis zu 59 zu berücksichtigenden Arbeitsplätzen sieht das Gesetz allerdings finanzielle Erleichterungen vor

(§ 77 Abs. 2 SGB IX). Diese Betriebe zahlen maximal 105,– € bzw. 180,– € je Monat und unbesetztem Pflichtarbeitsplatz. Damit sollen sie vor unzumutbaren Belastungen geschützt werden.
Bei der Erfüllung der Beschäftigungspflicht hat der Arbeitgeber darüber hinaus zu beachten, dass in angemessenem Umfang schwerbehinderte Menschen zu beschäftigen sind, die **besonders betroffen** sind (§ 72 SGB IX), z.B. solche, bei denen ein GdB von wenigstens 50 allein infolge einer geistigen Behinderung vorliegt. Stößt die Teilhabe eines behinderten Menschen auf dem Arbeitsmarkt auf besondere Schwierigkeiten, kann das Arbeitsamt die Anrechnung auf mehr als einen, jedoch nicht mehr als drei Pflichtarbeitsplätze zulassen (§ 76 SGB IX).
Neben der Beschäftigungspflicht besteht noch eine (allerdings nicht erzwingbare) Pflicht der Arbeitgeber zur Bereitstellung von Teilzeitarbeitsplätzen nach § 84 Abs. 5 Satz 1 SGB IX. Größere praktische Bedeutung hat diese Regelung aber nicht. Davon zu unterscheiden ist der (individuelle) **Anspruch** des schwerbehinderten Menschen nach § 84 Abs. 5 Satz 2 SGB IX auf eine **Teilzeitbeschäftigung,** wenn die gewünschte kürzere Arbeitszeit wegen Art oder Schwere der Behinderung notwendig ist. Ferner müssen die Arbeitgeber unter anderem nach § 81 Abs. 4 SGB IX Arbeitsplätze behindertengerecht ausgestalten, sofern dies keine unzumutbaren Mehrkosten verursacht (hier helfen die Integrationsämter), ferner behinderte Menschen ihren Kenntnissen und Fähigkeiten entsprechend einsetzen, sie bei innerbetrieblichen Fortbildungsmaßnahmen bevorzugt berücksichtigen und ihnen die Teilnahme an außerbetrieblichen Maßnahmen in zumutbarem Umfang erleichtern. Die genannten Ansprüche der schwerbehinderten Menschen bzw. die entsprechenden Verpflichtungen der Arbeitgeber aus § 84 Abs. 4 und 5 SGB IX bestehen aber **nicht,** soweit ihre Erfüllung für die Arbeitgeber nicht zumutbar oder mit unverhältnismäßigen Aufwendungen verbunden wären oder soweit staatliche oder berufsgenossenschaftliche Arbeitsschutzvorschriften oder beamtenrechtliche Vorschriften entgegenstehen (§ 84 Abs. 4 Satz 3 SGB IX).

9.1.3 Offenbarungspflicht/Fragerecht Ist man als behinderter oder chronisch kranker Mensch **auf der Suche nach einem neuen Arbeitsplatz,** so muss man sich Klarheit über die Frage verschaffen, ob und inwieweit man verpflichtet ist, von sich aus auf die chronische Erkrankung oder die Behinderung hinzuweisen und ob und inwieweit man verpflichtet ist, Fragen des Arbeitgebers nach der Schwerbehinderteneigenschaft zu beantworten.

(1) Grundsätzlich muss ein schwerbehinderter Mensch (nach der bisherigen Rechtsprechung des BAG) **von sich aus** (d.h. ungefragt) **nicht** darauf hinweisen, dass er schwerbehindert ist. Etwas anderes gilt ausnahmsweise nur dann, wenn die Schwerbehinderung die **Unfähigkeit** nach sich zieht, die

Arbeit, die auf dem neuen Arbeitsplatz zu verrichten ist, zu übernehmen. Ebenso ist es mit der Mitteilungspflicht in Bezug auf (chronische) Krankheiten. Derjenige, der einen neuen Arbeitsvertrag abschließen will, muss von sich aus auf (chronische) Krankheiten hinweisen, die im Zeitpunkt des Dienstantritts voraussichtlich vorliegen werden bzw. auf eine Kur, die für den Zeitpunkt des Dienstantritts voraussichtlich anzutreten ist, sofern damit die Unfähigkeit verbunden ist, die neue Arbeit tatsächlich zu übernehmen. Es besteht aber keine allgemeine Hinweispflicht auf latente Gesundheitsgefahren.

(2) Anders sieht die Lage aber dann aus, wenn der neue Arbeitgeber **konkrete Fragen** stellt. Fragt er etwa danach, ob eine **Schwerbehinderung** oder eine **Gleichstellung** im Sinne des § 2 Abs. 2 und 3 SGB IX vorliegt, so muss diese Frage nach der bisherigen Rechtsprechung des BAG **wahrheitsgemäß beantwortet** werden. Der Grund hierfür wird darin gesehen, dass der Arbeitgeber an der Kenntnis über die Schwerbehinderteneigenschaft ein berechtigtes und schützenswertes Interesse hat. Denn er ist nach §§ 71ff. SGB IX verpflichtet, Schwerbehinderte auf einem bestimmten Prozentsatz der Arbeitsplätze zu beschäftigen und muss wissen, ob er mit der Einstellung der konkret in Aussicht genommenen Person eventuell seine Beschäftigungspflicht erfüllt oder nicht. Erfüllt der Arbeitgeber seine Beschäftigungspflicht nicht, ist er gehalten, eine Ausgleichsabgabe zu zahlen, die er in Unkenntnis der Schwerbehinderteneigenschaft eines Arbeitnehmers vergeblich zahlt (s. oben 9.1.2). **Leugnet** der schwerbehinderte Mensch aufgrund einer Frage des neuen Arbeitgebers seine **Schwerbehinderteneigenschaft,** so kann dies für ihn weit reichende Konsequenzen haben. Der Arbeitgeber kann nämlich in einem solchen Fall möglicherweise den Arbeitsvertrag wegen arglistiger Täuschung anfechten (§ 123 Abs. 1 BGB) mit der Folge, dass der Arbeitsvertrag mit Erklärung der Anfechtung als unwirksam anzusehen ist. Allerdings wird die oben skizzierte Rechtsprechung des BAG zunehmend in Zweifel gezogen, weil die Frage nach einer Schwerbehinderung grundsätzlich in Widerspruch zu §§ 1, 7 AGG steht (dazu oben 9.1.1 (2)): Denn eine solche Frage steht prinzipiell in Widerspruch zum Verbot, behinderte (und natürlich auch schwerbehinderte) Menschen wegen einer Behinderung bei der Begründung eines Beschäftigungsverhältnisses zu benachteiligen. Ausnahmsweise kann dies aber nach § 8 Abs. 1 AGG anders sein, nämlich dann, wenn auf Seiten des Arbeitgebers wegen der konkreten Anforderungen des vorgesehenen Arbeitsplatzes ein besonderes Informationsbedürfnis besteht (z.B. weil es wegen der Art der auszuübenden Tätigkeit eine wesentliche und entscheidende berufliche Anforderung darstellt, dass eine bestimmte Behinderung nicht vorliegt; vgl. dazu das Beispiel oben 9.1.1 (2)). Dann muß der Arbeitgeber allerdings seine Frage entsprechend diskriminierungsfrei formulieren.

Bei Fragen nach **chronischen Krankheiten** lässt sich leider nicht ebenso klar sagen, ob sie wahrheitsgemäß beantwortet werden müssen oder nicht. Hier wird grundsätzlich die Auffassung vertreten, dass Fragen nach (chronischen) Krankheiten nur insoweit zulässig sind, als sie mit einem überwiegenden Interesse des neuen Arbeitgebers gerechtfertigt werden können. Denn solche Fragen bedeuten einen erheblichen Eingriff in die Privatsphäre des Arbeitnehmers. Der neue Arbeitgeber darf etwa fragen: „Waren Sie in den beiden letzten Jahren wegen einer schwer wiegenden oder chronischen Erkrankung, die Einfluss auf die vorgesehene Arbeitsleistung haben könnte, arbeitsunfähig krank?" Diese Frage muss wahrheitsgemäß beantwortet werden. Allerdings ist der Arbeitnehmer auch auf Fragen hin nicht verpflichtet, über Krankheiten geringerer Bedeutung und insbesondere über Krankheiten, die sich auf das Arbeitsverhältnis nicht auswirken können, Auskunft zu geben.
Bei einer **HIV-Infektion** ist die Frage nach einer Aids-Erkrankung zulässig; die Frage nach der Aids-Infektion hingegen wird z. Zt. noch als unzulässig angesehen.
Alkoholerkrankungen braucht der Arbeitnehmer nicht ungefragt zu offenbaren. Auf Befragen wird er dagegen einen erhöhten Alkoholkonsum wahrheitsgemäß beantworten müssen, insbesondere dann, wenn dadurch die im Arbeitsverhältnis auszuübende Tätigkeit beeinträchtigt werden kann.

(3) Die Situation ändert sich im Übrigen nicht dadurch, dass der Arbeitnehmer vor der Einstellung durch einen von dem neuen Arbeitgeber beauftragten Arzt untersucht werden soll. Auch im Rahmen einer ärztlichen Untersuchung dürfen keine Befunde erhoben werden, die über den Umfang des Fragerechts hinausgehen. Freilich ist hier eine Abgrenzung tatsächlich schwer vorzunehmen.

9.1.4 Allgemeiner Kündigungsschutz Beim Kündigungsschutz ist der **allgemeine Kündigungsschutz** nach dem KSchG (unten) und der **besondere Kündigungsschutz** nach §§ 85ff. SGB IX (unten 9.1.5) zu unterscheiden.

(1) Den Schutz **aller** (also auch der schwerbehinderten) Arbeitnehmer vor sozial ungerechtfertigten Kündigungen regelt das **KSchG.** Dieses Gesetz gilt allerdings nicht für Betriebe und Verwaltungen mit (nur) fünf oder weniger Arbeitnehmern (in Betrieben und Verwaltungen mit zehn oder weniger Arbeitnehmern gilt das KSchG nicht für Arbeitnehmer, deren Arbeitsverhältnis nach dem 31.12.2003 begonnen hat). Nicht unter das KSchG fallen ferner Arbeitsverhältnisse, die nicht länger als sechs Monate bestehen, sowie Verträge mit freien Mitarbeitern. Für alle anderen besagt § 1 KSchG, dass der Arbeitgeber grundsätzlich nur dann berechtigt ist, die **ordentliche Kündigung** eines

Arbeitsverhältnisses auszusprechen, wenn sich diese Berechtigung entweder aus Gründen in der **Person** des Arbeitnehmers oder aus Gründen im **Verhalten** des Arbeitnehmers ergibt oder aber dann, wenn **dringende betriebliche Erfordernisse** einer Weiterbeschäftigung des Arbeitnehmers in diesem Betrieb entgegenstehen. Liegt keine der genannten Berechtigungen für eine ordentliche Kündigung vor, so ist diese **sozial ungerechtfertigt.** Nach der neueren Rechtsprechung des BAG sind allerdings auch Arbeitgeber in **Kleinbetrieben** (z.B. Arztpraxen u.ä.) mit 5 (bzw. 10) oder weniger Arbeitnehmern bei einer betriebsbedingten Kündigung zu einem „Mindestmaß an sozialer Rücksichtnahme" verpflichtet. Auch sie dürfen bei einer solchen betriebsbedingten Kündigung die Schutzbedürftigkeit des zu Kündigenden nicht mehr außer Acht lassen. Kann der Entlassene nachweisen, dass ein Kollege weniger schutzbedürftig ist und kann der Arbeitgeber dies nicht widerlegen, kann die Kündigung unwirksam sein.
In den Fällen, in denen der Arbeitgeber aus dringenden betrieblichen Erfordernissen kündigen will, muss er eine soziale Auswahl treffen, d.h. er muss dann, wenn die Kündigung betriebsbedingt ausgesprochen werden soll, zwischen mehreren Arbeitnehmern, die für eine Kündigung in Frage kommen, den- oder diejenigen behalten, den oder die die Kündigung sozial schwerer treffen würde als andere Arbeitnehmer (§ 1 Abs. 3 KSchG). Auch muss der Arbeitgeber auf Verlangen die Gründe für seine soziale Auswahl offenlegen. Schon diese allgemeinen Kriterien haben für den schwerbehinderten Arbeitnehmer unterschiedliche Konsequenzen.

(2) Daher ist der schwerbehinderte Arbeitnehmer bei einer **betriebsbedingten** Kündigung in einer vergleichsweise günstigen Lage. Denn bei der im Zusammenhang mit der betriebsbedingten Kündigung vorzunehmenden Sozialauswahl sind neben dem Lebensalter, der Dauer der Betriebszugehörigkeit und Unterhaltspflichten auch Kriterien wie eine Schwerbehinderung zu beachten. In aller Regel wird deshalb die Tatsache, dass ein Arbeitnehmer schwerbehindert ist, dazu führen, dass er von einer Kündigung schwerer betroffen ist als andere, nicht schwerbehinderte Arbeitnehmer. So hat er die Möglichkeit, im Betrieb zu verbleiben. Gerade aus dieser Regelung heraus rühren natürlich Vorurteile bei den Arbeitgebern, denn sie leiten daraus die Befürchtung ab, dass sie bei anstehenden Rationalisierungsmaßnahmen junge, tatkräftige Arbeitnehmer entlassen müssen und gehalten sind, unter anderem schwerbehinderte Menschen weiter zu beschäftigen mit der Folge, dass die Produktivität insgesamt sinkt. In der **Praxis** zeigt sich allerdings häufig, dass dieses Vorurteil schwerbehinderte Menschen zu Unrecht trifft, denn einige soziale Gesichtspunkte haben in der Regel auch ältere (nichtbehinderte) Arbeitnehmer aufzuweisen, die vor allem wegen ihres Alters einen neuen Arbeitsplatz

schwer finden würden, sowie alleinverdienende Familienväter mit unterhaltsberechtigten Kindern, bei denen der Verlust des Arbeitsplatzes nicht nur für sie selbst, sondern für die gesamte Familie eine einschneidende Maßnahme darstellt. Hinzu kommt, dass der Arbeitgeber berechtigt ist, bestimmte Arbeitnehmer aus der Sozialwahl herauszunehmen, nämlich solche, deren Weiterbeschäftigung insbesondere wegen ihrer Kenntnisse (z.B. Fremdsprachenkenntnisse), Fähigkeiten und Leistungen oder zur Sicherung einer (z.B. im Hinblick auf das Alter der Beschäftigten) ausgewogenen Personalstruktur des Betriebes im berechtigten betrieblichen Interesse liegt (§ 1 Abs. 3 Satz 2 KSchG). Insofern ist die Befürchtung der Arbeitgeber in diesem Punkt eigentlich unbegründet.
Kündigt der Arbeitgeber betriebsbedingt, so kann der Arbeitnehmer nach § 1a KSchG zwischen einer **Kündigungsschutzklage** oder einer **Abfindung wählen.** Die Abfindung beträgt dann 0,5 Monatsverdienste für jedes Beschäftigungsjahr. Allerdings setzt dieser Abfindungsanspruch voraus, dass der Arbeitgeber im Kündigungsschreiben die Kündigung auf betriebsbedingte Gründe stützt und den Arbeitnehmer darauf hinweist, dass er die Abfindung beanspruchen kann, wenn er die dreiwöchige Frist für die Erhebung der Kündigungsschutzklage – dazu unten (4) – verstreichen läßt (und der Arbeitnehmer natürlich auch keine Kündigungsschutzklage erhebt).

(3) Eine so genannte **personenbedingte** Kündigung kann vor allem auch einen behinderten oder chronisch kranken Arbeitnehmer treffen und zwar auch und gerade wegen einer (chronischen) Erkrankung. Dies wird häufig sowohl von Arbeitgebern als auch von Arbeitnehmern verkannt. Freilich reicht nicht allein die Tatsache aus, dass ein Arbeitnehmer chronisch krank oder schwerbehindert ist, um seine Kündigung zu rechtfertigen (die Schwerbehinderteneigenschaft als solche gibt besonderen Schutz; dazu näher unter 9.1.5). Der Arbeitgeber darf aber dann, wenn die Krankheit **sehr lange** andauert oder der Arbeitnehmer wegen so genannter **häufiger Kurzerkrankungen** immer wieder fehlt oder wenn **krankheitsbedingt Leistungsminderungen** vorliegen und aus diesen Tatsachen die begründete Prognose gefällt werden kann, dass der Vertragszweck nicht erreicht wird, das Arbeitsverhältnis kündigen.
Die Arbeitsgerichte haben sich immer wieder mit der Frage befassen müssen, ob **Krankheit** ein **Kündigungsgrund** ist. Der Rechtsprechung (insbesondere des BAG) lassen sich dabei folgende Grundsätze entnehmen:

a) Bei **häufigen (Kurz-) Erkrankungen:** Eine ordentliche Kündigung ist möglich, wenn
- im Einzelfall aus häufigen Kurzerkrankungen in der Vergangenheit die Besorgnis weiterer Erkrankungen in bisherigem Umfang gerechtfertigt ist (negative Gesundheitsprognose) und

– die Fehlzeiten zu einer erheblichen Beeinträchtigung der betrieblichen Interessen führen. Hier kommen zwei Arten von Beeinträchtigungen in Betracht:

(aa) Erhebliche Störung im Betriebsablauf (z. B. Stillstand von Maschinen, Überlastung des verbleibenden Personals); sie setzt allerdings voraus, dass die Fehlzeiten nicht durch Aushilfen oder Personalreserven („Springer") überbrückt werden können.

(bb) Erhebliche wirtschaftliche Belastung des Arbeitgebers; allerdings nur dann, wenn über mehr als sechs Wochen jährlich mit immer neuen, hohen Entgeltfortzahlungskosten zu rechnen ist.
– Schließlich muss im Rahmen der nach dem KSchG gebotenen Interessenabwägung geprüft werden, ob die erheblichen betrieblichen oder wirtschaftlichen Beeinträchtigungen aufgrund der Besonderheiten des Einzelfalles dem Arbeitgeber noch zuzumuten sind. Dabei ist insbesondere zu berücksichtigen, ob die Erkrankung betriebliche Ursachen hat, ob bzw. wie lange das Arbeitsverhältnis zunächst ungestört verlaufen ist, ferner das Alter und der Familienstand (z. B. Zahl der Kinder) des Arbeitnehmers.

b) Bei **langandauernder Krankheit:** Eine ordentliche Kündigung ist möglich, wenn der Arbeitnehmer
– seit längerer Zeit arbeitsunfähig krank ist,
– das Ende der Arbeitsunfähigkeit bei Kündigungszugang nicht absehbar ist,
– gerade diese Ungewissheit erhebliche betriebliche oder wirtschaftliche Belastungen zur Folge hat, die auch unter Berücksichtigung der besonderen Verhältnisse des Arbeitnehmers dem Arbeitgeber nicht zugemutet werden können und
– der Arbeitsplatz aus betrieblichen Gründen auf Dauer weiterbesetzt werden muss. Plant der Arbeitnehmer zur Behebung der Krankheit Heilmaßnahmen, ist in der Regel deren Ergebnis abzuwarten.

c) Bei **krankheitsbedingter Leistungsunmöglichkeit:** Eine ordentliche Kündigung ist möglich, wenn der Arbeitnehmer dauernd unfähig ist, die geschuldete Arbeitsleistung zu erbringen (darin liegt bereits die unzumutbare Beeinträchtigung betrieblicher Interessen) und ob der betriebliche Ablauf durch die Leistungsunmöglichkeit konkret gestört ist.

d) Vor Ausspruch einer durch eine Erkrankung bedingten personenbedingten Kündigung hat der Arbeitgeber zusätzlich zu prüfen, ob im Betrieb ein freier „leidensgerechter" gleichwertiger oder zumindest zumutbarer Arbeitsplatz vorhanden ist, auf den er den Arbeitnehmer versetzen kann und ob der Arbeitnehmer in der Lage ist, die dort geforderte Arbeitsleistung zu erbringen.

e) Epileptische Anfälle, die wiederholt auftreten, können eine Kündigung des Epileptikers dann rechtfertigen, wenn durch die Anfälle die Sicherheit des Epileptikers selbst oder die seiner Arbeitskollegen gefährdet wird.
Alkohoholabhängigkeit ist ebenso wie andere Suchtkrankheiten als Krankheit zu sehen, die bei langer Dauer oder sich ständig erneuernden Schüben eine Kündigung rechtfertigen kann.
Die Kündigung eines HIV-Infizierten oder Aidskranken kann zulässig sein, wenn der Arbeitnehmer noch keinen allgemeinen oder besonderen Kündigungsschutz hat. Allerdings darf die Kündigung nicht rechtsmissbräuchlich sein; dies wäre dann der Fall, wenn die Kündigung zwar fomell dem Gesetz entspräche, jedoch wegen der besonderen Umstände des Einzelfalls treuewidrig gegenüber dem Arbeitnehmer wäre (so das BAG).

(4) Will der Arbeitnehmer geltend machen, dass eine Kündigung sozial ungerechtfertigt ist, so muss er innerhalb von **drei Wochen** nach Zugang der Kündigung eine **Kündigungsschutzklage** beim zuständigen Arbeitsgericht erheben (§ 4 KSchG).

9.1.5 Besonderer Kündigungsschutz

(1) Der **besondere Kündigungsschutz** für **schwerbehinderte Arbeitnehmer** ist in den §§ 85 bis 92 SGB IX geregelt. Dieser Kündigungsschutz greift gemäß § 90 Abs. 1 Nr. 1 SGB IX erst nach sechsmonatiger ununterbrochener Betriebszugehörigkeit ein. Maßgeblich ist der Zeitpunkt des Zugangs, d.h. des Erhalts der Kündigungserklärung. Wer also am 1. April eines Jahres seine Tätigkeit aufgenommen hat, ist vor einer Kündigung, die ihn am 30. September desselben Jahres erreicht, nach §§ 85ff. SGB IX nicht geschützt, wohl aber vor einer am 1. Oktober desselben Jahres eintreffenden Kündigung.
Darüber hinaus ist grundsätzlich erforderlich, dass die Eigenschaft als schwerbehinderter Mensch zum Zeitpunkt der beabsichtigten Kündigung nachgewiesen ist. Nachgewiesen ist eine Behinderung, wenn sie offensichtlich (also sichtbar) ist oder eine entsprechende Feststellung der Schwerbehinderung durch das Versorgungsamt erfolgt ist.
Umstritten ist, was gelten soll, wenn die Anerkennung der Schwerbehinderteneigenschaft durch das Versorgungsamt **noch nicht erfolgt** ist, der Arbeitnehmer aber schon die Anerkennung **beantragt** hat (über den Antrag aber noch nicht entschieden wurde). Dazu wird man Folgendes sagen können: Für diejenigen Arbeitnehmer, die sich noch im Antragsverfahren befinden, besteht grundsätzlich kein Kündigungsschutz nach den §§ 85 ff. SGB IX (vgl. § 90 Abs. 2a SGB IX). **Ausnahme:** Kündigt der Arbeitgeber vor dem Erlaß des Anerkennungsbescheids, hat der Arbeitnehmer aber zu diesem Zeitpunkt bereits seine Anerkennung als schwerbehinderter Mensch gemäß § 69 SGB IX beantragt, so

entsteht – je nach dem Bearbeitungsstadium des behördlichen Anerkennungsverfahrens – der Sonderkündigungsschutz gemäß §§ 85 ff. SGB IX mit dem Ablauf bestimmter Fristen (die in § 14 SGB IX genannt sind), wenn alle Unterlagen des Antragstellers der Behörde rechtzeitig vorlagen, die Fristüberschreitung also nicht auf einer unzureichenden Mitwirkung des Arbeitnehmers am Feststellungsverfahren beruht und der Arbeitnehmer den Arbeitgeber über die Einleitung des Verfahrens innerhalb von drei Wochen nach der Kündigung unterrichtet.

(2) Dem besseren Verständnis der folgenden Abschnitte dienen zwei **Schaubilder** auf S. 293 und 294 („Zustimmung des Integrationsamtes bei Beendigung von Arbeitsverhältnissen von Schwerbehinderten" und „Kündigungsschutzverfahren").

(3) Die **formale Hürde,** die ein Arbeitgeber nehmen muss, wenn er einem schwerbehinderten Arbeitnehmer kündigen will, liegt darin, dass er die Kündigung nur dann aussprechen darf, wenn er **zuvor** die Zustimmung des Integrationsamtes eingeholt hat. Der Arbeitgeber muss also beim zuständigen Integrationsamt einen Antrag auf Zustimmung zur Kündigung des Arbeitsverhältnisses mit dem schwerbehinderten Arbeitnehmer stellen. Tut er dies nicht und kündigt er, ohne die Zustimmung beantragt und erhalten zu haben, so ist die Kündigung allein deshalb, weil die Zustimmung fehlt, unwirksam.
Wichtig ist in diesem Zusammenhang, dass die Kündigung wegen Fehlens der Zustimmung des Integrationsamtes nach der Rechtsprechung des BAG auch dann unwirksam ist, wenn der Arbeitgeber gar nicht wusste, dass sein Arbeitnehmer (behördlich anerkannt) schwerbehindert ist.
Ein schwerbehinderter Arbeitnehmer, der im Rahmen des Einstellungsgesprächs nicht danach befragt wird, ob er schwerbehindert ist oder nicht, tut also gut daran, zu diesem Punkt zu schweigen. Auch ein Arbeitnehmer, der während der Dauer eines Arbeitsverhältnisses als schwerbehinderter Mensch anerkannt wird, tut gut daran, zu schweigen. Er vermeidet so, Vorurteilen ausgesetzt zu sein und verliert dabei dennoch nicht den formalen Kündigungsschutz nach den §§ 85ff. SGB IX. Freilich muss er auf den ihm zustehenden Zusatzurlaub (§ 125 SGB IX) verzichten. Aber Acht geben muss der schwerbehinderte Arbeitnehmer dann, wenn er seine Schwerbehinderteneigenschaft zulässigerweise verschwiegen hat. Er muss nämlich **binnen Monatsfrist** nach Zugang einer Kündigung mitteilen, dass er schwerbehindert ist und damit an sich den besonderen Kündigungsschutz nach dem SGB IX genießt. Teilweise wird allerdings die Ansicht vertreten, dass diese Mitteilung binnen drei Wochen nach Zugang der Kündigung erfolgen muss (wenn man diese Drei-Wochen-Frist einhält, ist man auf jeden Fall auf der sicheren Seite).

Zustimmung des Integrationsamtes bei Beendigung von Arbeitsverhältnissen mit schwerbehinderten Menschen

Zustimmung erforderlich

- Kündigung durch Arbeitgeber
- *Sonderfall*: Beendigung des Arbeitsverhältnisses ohne Kündigung infolge Eintritts der teilweisen Erwerbsminderung, der Erwerbsminderung auf Zeit, der Berufs- oder Erwerbsunfähigkeit auf Zeit (§ 92 SGB IX)

ordentliche Kündigung [1]

- pflichtgemäßes Ermessen (§ 85 SGB IX)
- eingeschränktes Ermessen (§ 89 SGB IX)
  - Betriebsstilllegung
  - wesentliche Betriebseinschränkung
  - anderer angemessener und zumutbarer Arbeitsplatz

außerordentliche Kündigung [1]

- Zusammenhang mit Behinderung
- kein Zusammenhang mit Behinderung (§ 91 Abs. 4 SGB IX)

Zustimmung nicht erforderlich

Einvernehmliche Beendigung (Aufhebungsvertrag [2])

- ohne Mitwirkung von Integrationsamt
- unter Mitwirkung von Integrationsamt

Befristeter Vetrag (Zeitvertrag, auflösende Beendigung)

Kündigung durch schwerbehinderten Mensch

Beendigung in besonderen Fällen

- Kündigung innerhalb von sechs Monaten seit Bestehen des Arbeitsverhältnisses (§ 90 Abs. 1 Nr. 1 SGB IX)
- Entlassung von schwerbehinderten Menschen auf bestimmten Stellen (§ 90 Abs. 1 Nr. 2 SGB IX)
- Kündigung ohne Einwendungen der betroffenen älteren schwerbehinderten Menschen bei sozialer Absicherung (§ 90 Abs. 1 Nr. 3 SGB IX)
- Entlassung aus Witterungsgründen (§ 90 Abs. 2 SGB IX)

[1] einschl. Änderungskündigung

[2] ggf. Sperrzeit der Agentur für Arbeit für die Zahlung des Arbeitslosengeldes, § 144 SGB III

Kündigungsschutzverfahren

Der Arbeitgeber *beabsichtigt* bei einem schwerbehinderten Arbeitnehmer eine

Änderungskündigung | ordentl. Kündigung | außerordentl. Kündigung

Arbeitgeber *informiert*
- Schwerbehindertenvertretung
- Betriebs- bzw. Personalrat

und *beantragt*
Zustimmung zur Kündigung
beim Integrationsamt (IntA)

IntA ermittelt den Sachverhalt und hört dazu:

schwerbehinderten Mensch | Schwerbehinderten-vertretung | Betriebs- bzw. Personalrat | Agentur für Arbeit

Kündigungsverhandlung des IntA
mit den Beteiligten, um
- eine *gütliche* Einigung zu erreichen,
- den Arbeitsplatz zu erhalten,
- den Besitzstand des schwerbehinderten Menschen zu wahren,
- den Sachverhalt aufzuklären für eine sachgerechte Entscheidung des IntA

IntA schaltet, falls erforderlich, *Fachleute* ein, z. B.:

Technischer Dienst des IntA | Arbeits-, Fachmediziner, Gesundheitsamt | Sozialpsychologischer Dienst des IntA, örtl. Psychosozialer Dienst

Sofern eine gütliche Einigung nicht zustande kommt, *entscheidet* das IntA in den Grenzen des ihm zustehenden Ermessens unter Abwägung der Interessen

des behinderten Menschen an der Erhaltung des Arbeitsverhältnisses | des Arbeitgebers an der wirtschaftlichen Ausnutzung des Arbeitplatzes

(3) Inhaltlich gibt der im SGB IX geregelte Kündigungsschutz nicht sehr viel her. Das Gesetz sagt für den Normalfall nichts darüber aus, unter welchen Voraussetzungen das Integrationsamt seine Zustimmung zur Kündigung geben muss und in welchen Fällen es seine Zustimmung zur Kündigung versagen kann. Das Gesetz (§§ 86, 88 SGB IX) besagt nur, dass das Integrationsamt binnen Monatsfrist nach Antragstellung über den Antrag entscheiden soll, und dass die Kündigungsfrist für den schwerbehinderten Menschen mindestens 4 Wochen beträgt. Sie entspricht damit der allgemeinen arbeitsrechtlichen Kündigungsfrist von Arbeitsverhältnissen (vgl. § 622 BGB), die allerdings durch Tarifverträge in vielen Bereichen der Wirtschaft verlängert wurde (in einigen Bereichen aber auch verkürzt wurde). Echte inhaltliche Vorgaben macht das SGB IX nur für die Fälle, in denen ein **Betrieb stillgelegt** wird oder **nicht nur vorübergehend wesentlich eingeschränkt** wird. In diesen Fällen hat das Integrationsamt seine Zustimmung zur Kündigung zu erteilen (§ 89 Abs. 1 SGB IX). Das Kündigungsrecht, das der Arbeitgeber durch die Zustimmung des Integrationsamtes erlangt, hat nur einen Monat Bestand, danach verfällt es (§ 88 Abs. 3 SGB IX).

(4) Entsprechendes gilt für eine **außerordentliche Kündigung** des Arbeitgebers (§ 91 SGB IX). Auch hier muss er die Zustimmung zur Kündigung bei dem zuständigen Integrationsamt beantragen; er kann dies allerdings nur binnen zwei Wochen ab dem Zeitpunkt tun, zu dem er von den für seine Kündigungsabsicht relevanten Gründen endgültig Kenntnis erlangt hat. In diesen Fällen gibt das Gesetz den schwerbehinderten Arbeitnehmern wenig Schutz: Trifft nämlich das Integrationsamt binnen zwei Wochen nach Eingang des Antrags keine Entscheidung, so gilt die Zustimmung als erteilt. Hier empfiehlt sich für den schwerbehinderten Menschen, aktiv zu werden, damit nicht schlichte Untätigkeit der Verwaltungsbehörde vollendete Tatsachen schafft. Der schwerbehinderte Mensch sollte auf einen etwa gegebenen Zusammenhang zwischen dem Kündigungsgrund des Arbeitgebers und der Schwerbehinderteneigenschaft hinweisen. Denn inhaltlich besagt das Gesetz nämlich, dass das Integrationsamt bei außerordentlichen Kündigungen seine Zustimmung erteilen soll, wenn der Kündigungsgrund in keinem Zusammenhang zu der Behinderung steht (§ 91 Abs. 4 SGB IX). Der Arbeitgeber wird also seinerseits sicherlich nicht aktiv dazu beitragen, einen etwa gegebenen Zusammenhang zwischen dem Kündigungsgrund und der Behinderung erkennbar werden zu lassen.

9.1.6 Rechtsschutz Für den Rechtsschutz des schwerbehinderten Arbeitnehmers gegen die **Zustimmung des Integrationsamtes** und die **Kündigung durch den Arbeitgeber** gilt im Wesentlichen Folgendes (vgl. auch das Schaubild auf S. 297).

(1) Die Zustimmung des Integrationsamtes wird auf Antrag des Arbeitgebers erteilt (s. 9.1.5 (2)). Sie stellt einen **Verwaltungsakt** dar. Dieser Verwaltungsakt muss auch dem schwerbehinderten Arbeitnehmer zugestellt werden. Dies ergibt sich aus § 88 Abs. 2 SGB IX. Als Verwaltungsakt kann die Zustimmung des Integrationsamtes nach den allgemeinen Regeln angegriffen werden. Dies bedeutet: Gegen die Zustimmung des Integrationsamtes kann der schwerbehinderte Arbeitnehmer **Widerspruch** einlegen (vgl. auch 3.4). Die Widerspruchsfrist beträgt einen Monat. Sie beginnt mit der Bekanntgabe der Entscheidung des Integrationsamtes an den schwerbehinderten Arbeitnehmer. Der Widerspruch ist beim Integrationsamt einzulegen. Sowohl der Hinweis auf die Monatsfrist als auch ein Hinweis darauf, an welche Adresse der Widerspruch gerichtet werden muss, sind in der Entscheidung des Integrationsamtes genannt.
Eine **Besonderheit** gilt in den Fällen, in denen der Arbeitgeber die Zustimmung des Integrationsamtes zur **fristlosen** (außerordentlichen) Kündigung des schwerbehinderten Arbeitnehmers beantragt hat. Für diese Fälle heißt es in § 91 Abs. 3 SGB IX, dass das Integrationsamt nur dann ausdrücklich entscheiden muss, wenn es die Zustimmung nicht erteilen will. Bleibt das Integrationsamt untätig, so gilt die Zustimmung innerhalb von zwei Wochen ab Antragstellung als erteilt. In diesen Fällen also ergeht kein Bescheid, dem schwerbehinderten Arbeitnehmer wird mithin kein Verwaltungsakt zugestellt. Kenntnis davon, dass unter Umständen die Zustimmung zur fristlosen Kündigung des Arbeitsverhältnisses beantragt worden ist, erhält in diesen Fällen der Arbeitnehmer nur aufgrund der Tatsache, dass ihm das Integrationsamt nicht spätestens am 14. Tag telegrafisch, fernmündlich oder mündlich mitgeteilt hat, dass die Zustimmung zur Kündigung versagt wurde. Die durch Fristablauf fingierte Zustimmung ist – ebenso wie tatsächliche Zustimmung – als Verwaltungsakt mit Widerspruch und Anfechtungsklage angreifbar.
Hat der schwerbehinderte Arbeitnehmer Widerspruch eingelegt, so prüft der Widerspruchsausschuss (und später das Gericht der Verwaltungsgerichtsbarkeit), ob die Entscheidung des Integrationsamtes zu Recht ergangen ist. Dabei wird auch überprüft, ob das dem Integrationsamt vom Gesetz eingeräumte Ermessen überschritten oder missbraucht worden ist.

(2) Die Entscheidung über den Widerspruch ergeht durch einen so genannten **Widerspruchsbescheid.** Wird durch den Widerspruchsbescheid dem Anliegen des schwerbehinderten Arbeitnehmers abgeholfen, so hat er zunächst in diesem Verfahren keine weitere Veranlassung, irgend etwas zu unternehmen. Allerdings hat der Ausgang des Verfahrens Konsequenzen für den Kündigungsschutzprozess, den der schwerbehinderte Arbeitnehmer betreiben muss; dazu unter (5).

Rechtsmittel im Kündigungsschutz

Rechtsmittel des Schwerbehinderten

Arbeitgeber kündigt ohne vorherige Zustimmung des Integrationsamtes

Rechtsmittel:
Klage

zuständ. Gericht:
Arbeitsgericht

Klageziel:
Feststellung, dass Arbeitsverh. wegen fehlender Zustimmung des Integrationsamtes fortbesteht

Regelfrist:
innerhalb eines Monats nach Zugang der Kündigung

Arbeitgeber kündigt mit vorheriger Zustimmung des Integrationsamtes

Rechtsmittel:
Widerspruch

zuständ. Stelle:
Widerspruchausschuss bei dem Integrationsamt, § 118 SGB IX

Ziel:
Aufhebung des Bescheides des Integrationsamtes und Versagung der Zustimmung

Frist:
innerhalb eines Monats

Widerspruchsausschuss weist Widerspruch zurück

Rechtsmittel:
Klage

zuständ. Gericht:
Verwaltungsgericht

Klageziel:
Aufhebung der Bescheide von Integrationsamt und Widerspr. Aussch.

Klagefrist:
innerhalb eines Monats

parallel dazu:
Klage Arbeitsgericht

Ziel:
Kündigung ist nach dem KSchG sozial ungerechtfertigt

Frist:
innerhalb von 3 Wochen, § 4 KSchG

Rechtsmittel des Arbeitgebers

Integrationsamt versagt Zustimmung zur Kündigung

Rechtsmittel:
Widerspruch

zuständ. Stelle:
Widerspruchsausschuss bei dem Integrationsamt

Ziel:
Aufhebung des Bescheides des Integrationsamtes und Zustimmung zur Kündigung

Frist:
innerhalb eines Monats

Widerspruchsausschuss weist Widerspruch zurück

Rechtsmittel:
Klage

zuständ. Gericht:
Verwaltungsgericht

Klageziel:
Aufhebung der Bescheide von Integrationsamt und Widerspr. Aussch.

Klagefrist:
innerhalb eines Monats

(3) Wird durch den Widerspruchsbescheid dem Anliegen des schwerbehinderten Arbeitnehmers nicht abgeholfen, so muss er **klagen.** Seine Anfechtungsklage muss er wiederum binnen Monatsfrist erheben. Zuständig für die Klage ist das **Verwaltungsgericht.** Auch hier gilt: Sowohl der Hinweis auf die Klagefrist als auch der Hinweis auf das zuständige Gericht müssen in dem Widerspruchsbescheid enthalten sein.
Je nach Ausgang des Rechtsstreits in der ersten Instanz müssen schließlich Rechtsmittel eingelegt werden und/oder Konsequenzen in dem parallelen Kündigungsschutzverfahren gezogen werden (auch dazu unter (5)).

(4) Und noch etwas ist **wichtig:** Gemäß § 88 Abs. 4 SGB IX haben Widerspruch und Anfechtungsklage gegen die Zustimmung des Integrationsamtes zur Kündigung des Arbeitsverhältnisses mit dem schwerbehinderten Arbeitnehmer **keine aufschiebende Wirkung.** Dies bedeutet: Das Fehlen der aufschiebenden Wirkung hat zur Konsequenz, dass bis zum rechtskräftigen Abschluss des Widerspruchs- und Gerichtsverfahrens die vom Integrationsamt erteilte Zustimmung vorläufige Wirkung entfaltet. Der schwerbehinderte Arbeitnehmer kann also mit dem Widerspruch und mit der Anfechtungsklage nicht erreichen, dass die Zustimmung vorläufig ignoriert wird und er in seinem Arbeitsverhältnis bis zur abschließenden Entscheidung weiter tätig sein kann. Der Arbeitnehmer sollte aber im Falle eines solchen Widerspruchs gegen die Zustimmung des Integrationsamtes (zur Kündigung des Arbeitsverhältnisses) dem Arbeitgeber seine Arbeitskraft ausdrücklich anbieten, um diesen in sog. Annahmeverzug zu setzen: Sollte sich nämlich im nachhinein herausstellen, dass die Zustimmung des Integrationsamtes zur Kündigung unwirksam war, kann der Arbeitnehmer – dessen Arbeitsangebot der Arbeitgeber abgelehnt hat – die vereinbarte Vergütung verlangen (obwohl er nicht gearbeitet hat!), ohne zur Nachleistung der Arbeit verpflichtet zu sein (vgl. § 615 BGB).

(5) Hat das Integrationsamt die Zustimmung zur Kündigung erteilt und daraufhin der Arbeitgeber innerhalb der Monatsfrist des § 88 Abs. 3 SGB IX die Kündigung erklärt, so muss der schwerbehinderte Arbeitnehmer in jedem Fall **Kündigungsschutzklage** erheben, wenn er weiterhin gegen die Kündigung angehen will. Insofern gilt für ihn nichts anderes als für jeden anderen gekündigten Arbeitnehmer auch. Die Kündigungsschutzklage muss gemäß § 4 KSchG innerhalb von drei Wochen nach Zugang der Kündigung beim zuständigen **Arbeitsgericht** eingereicht werden. Die Kündigung des Arbeitgebers muss allerdings weder einen Hinweis auf die Frist noch auf das zuständige Arbeitsgericht enthalten.
Im Kündigungsschutzprozess überprüft das Arbeitsgericht die Wirksamkeit der Kündigung nach den allgemeinen Bestimmungen des KSchG. Zusätzlich muss

das Arbeitsgericht feststellen, ob die Kündigung des Arbeitsverhältnisses des schwerbehinderten Arbeitnehmers mit Zustimmung des Integrationsamtes erteilt worden ist oder nicht. Ob die Zustimmung erteilt worden ist bzw. ob die Zustimmung wirksam erteilt worden ist oder nicht, darf das Arbeitsgericht nicht selbstständig überprüfen. Insoweit ist es an das Ergebnis des Widerspruchs- und Gerichtsverfahrens vor dem Verwaltungsgericht gebunden. Daraus folgt, dass das Arbeitsgericht grundsätzlich erst **nach** Abschluss des Widerspruchs- und Gerichtsverfahrens vor dem Verwaltungsgericht abschließend entscheiden kann. Zuvor steht eben noch nicht fest, ob überhaupt eine wirksame Zustimmung zur Kündigung des Arbeitsverhältnisses des schwerbehinderten Arbeitnehmers gegeben ist.

Gleichwohl gibt es immer wieder Fälle, in denen das Arbeitsgericht bereits abschließend entschieden hat, obwohl das Widerspruchs- und Gerichtsverfahren vor dem Verwaltungsgericht noch nicht abgeschlossen waren. Es kann also vorkommen, dass das Arbeitsgericht die Kündigungsschutzklage abweist und anschließend das Verwaltungsgericht letztinstanzlich feststellt, dass das Integrationsamt seine Zustimmung zur Kündigung gar nicht hätte erteilen dürfen. In einem solchen Fall muss der Arbeitnehmer sich ein zweites Mal an das Arbeitsgericht wenden und eine so genannte Restitutionsklage erheben. Im Rahmen dieser Restitutionsklage wird dann der ursprüngliche Prozess vor dem Arbeitsgericht noch einmal aufgerollt und muss im Zweifel zu dem Ergebnis führen, dass der Klage des Arbeitnehmers vor dem Arbeitsgericht stattgegeben wird.

(6) Die Bewältigung des Widerspruchs- und Gerichtsverfahrens vor dem Verwaltungsgericht und des Kündigungsschutzprozesses vor dem Arbeitsgericht wird dem gekündigten schwerbehinderten Arbeitnehmer kaum ohne rechtliche Beratung und ggf. auch Vertretung gelingen. Doch ist das Ziel, den Arbeitsplatz zu erhalten, keineswegs unerreichbar. Für die Inanspruchnahme **anwaltlichen Rats** und **anwaltlicher Vertretung** kann vor dem Arbeitsgericht sowie im Widerspruchsverfahren und vor dem Verwaltungsgericht **Beratungshilfe** bzw. **Prozesskostenhilfe** in Anspruch genommen werden, sofern die notwendigen Mittel zur Durchsetzung der eigenen Ansprüche fehlen (dazu 3.3 und 3.4). Dabei sollte man beachten, dass mit Ablauf der Kündigungsfrist in aller Regel auch das Arbeitseinkommen entfällt und dementsprechend für die Beurteilung der wirtschaftlichen Verhältnisse das dann wesentlich geringere Einkommen (i.d.R. das Einkommen aus Sozialleistungen) zugrunde zu legen ist.

(7) Wenn bei einem schwerbehinderten Arbeitnehmer eine teilweise Erwerbsminderung, eine Erwerbsminderung auf Zeit, eine Berufsunfähigkeit oder Erwerbsunfähigkeit eintritt, führt dies nicht automatisch zu einer Beendigung

des Arbeitsverhältnisses, obwohl v.a. in manchen Tarifverträgen die Beendigung des Arbeitsverhältnisses bei Berufs- oder Erwerbsunfähigkeit festgelegt ist; vielmehr ist auch in diesen Fällen die Zustimmung des Integrationsamtes einzuholen (§ 92 SGB IX).
Tarifvertragsklauseln über die Beendigung des Arbeitsverhältnisses bei Eintritt der Berufs- oder Erwerbsminderung gelten dann nicht, wenn die Erwerbsminderungsrente nur auf Zeit bewilligt wird (vgl. auch § 92 SGB IX). Dies bedeutet: Nach Ablauf des Bescheids, der z.B. die Erwerbsminderung auf Zeit feststellt, tritt der Arbeitnehmer wieder in sein fortbestehendes („ruhendes") Arbeitsverhältnis ein (sofern dieses nicht inzwischen zulässigerweise anderweitig aufgelöst worden ist).

9.1.7 Leistungen zur begleitenden Hilfe im Arbeitsleben und Arbeitsassistenz

(1) **Leistungen zur begleitenden Hilfe im Arbeitsleben** (§ 102 Abs. 1 SGB IX, §§ 17–29 SchwbAV) werden von den Integrationsämtern im Zusammenwirken mit den Agenturen für Arbeit durchgeführt. Ihr Zweck ist es, den schwerbehinderten Menschen ihre soziale Stellung und die Wettbewerbsfähigkeit gegenüber Nichtbehinderten zu sichern, betriebliche Probleme zu beseitigen und durch Geldleistungen an behinderte Menschen und Arbeitgeber den Arbeitsplatz zu verbessern oder zu erhalten. Die Hilfe wird unabhängig vom Einkommen gewährt, wenn sie wegen der Behinderung erforderlich und deshalb eine Selbstbeteiligung des behinderten Menschen unzumutbar ist. Hierzu zählen Darlehen oder Zuschüsse (insbesondere) für technische Arbeitshilfen, behinderungsgerechte Fahrzeuge, Führerschein, zur wirtschaftlichen Selbstständigkeit, für behindertengerechte Unterkunft, Umzug, Maßnahmen zur Erhaltung der Arbeitskraft (z.B. Erholungsmaßnahmen) und Hilfen für besondere Lebenslagen und Härtefälle, die in **unmittelbarem Zusammenhang** mit dem Erwerbsleben oder der Berufsförderung stehen. Die Leistungen der begleitenden Hilfe im Arbeitsleben umfassen auch psychosoziale Betreuung schwerbehinderter Menschen (§ 102 Abs. 2 S. 4 SGB IX; s. 9.1.10).
Festzustellen ist allerdings, dass diese Leistungen **nachrangig** sind (d.h. nicht in Betracht kommen, wenn im Rahmen eines noch andauernden Rehabilitationsverfahrens Leistungen zur Rehabilitation von anderen Reha-Trägern zu erbringen sind) und auch einem Aufstockungsverbot unterliegen, wenn die Leistungen des vorrangig verpflichteten Trägers (z.B. der Agentur für Arbeit) nicht ausreichen (§ 102 Abs. 5 SGB IX). Für die Hilfe zur Beschaffung von geeignetem behindertengerechten Wohnraum sind Richtlinien der Integrationsämter ergangen. Es werden Darlehen oder Zuschüsse gewährt, deren Höhe sich nach dem Einkommen des Behinderten richtet (zu Kraftfahrzeugen vgl. die KfzHV, 6.4 d) ee)).

(2) Im Bereich der besonderen Regelungen zur Teilhabe schwerbehinderter Menschen besteht ein Anspruch auf Übernahme der Kosten für eine notwendige Arbeitsassistenz (§ 102 Abs. 4 SGB IX). Eine solche persönliche **Arbeitsassistenz** ist notwendig, wenn die Unterstützung im Betrieb oder in der Dienststelle (z.B. durch Kollegen) nicht mehr ausreicht, um die geförderte Arbeitsleistung zu erbringen. Die Arbeitsassistenz muss über gelegentliche Handreichungen deutlich hinausgehen und zeitlich wie auf die Tätigkeit bezogen umfangreich sein. Dabei muss der schwerbehinderte Mensch in der Lage sein, seine arbeitsvertraglich geschuldete Leistung zu erbringen. Zudem müssen das Arbeitseinkommen und die Kosten für die Arbeitsassistenz in einem angemessenen Verhältnis stehen.
Der Rechtsanspruch auf Arbeitsassistenz gilt nicht nur für Arbeitnehmer sondern auch für **selbstständige** schwerbehinderte Menschen. Er beinhaltet zudem die Möglichkeit z.B. für gehörlose Menschen **Dolmetscher** auch schon vor Erhalt eines Arbeitsplatzes (z.B. bei Bewerbungsgesprächen) einzusetzen und über die Arbeitsassistenz abzurechnen.
Informationen zum Thema „begleitende Hilfe im Arbeitsleben" und „Arbeitsassistenz" können z.B. unter der Internet-Adresse http://www.integrationsaemter.de abgerufen werden.

9.1.8 Schwerbehindertenvertretung Die **Schwerbehindertenvertretung** (§§ 94–97 SGB IX) besteht aus den „Vertrauenspersonen" (bzw. den stellvertretenden Mitgliedern). Die Schwerbehindertenvertretung vertritt die Belange der schwerbehinderten Menschen im Betrieb und gegenüber dem Arbeitgeber. Die Schwerbehindertenvertretung wird auf die Dauer von 4 Jahren von den behinderten Arbeitnehmern in allen Betrieben gewählt, die mindestens 5 schwerbehinderte Menschen beschäftigen, übt ihre Tätigkeit ehrenamtlich aus und unterliegt bezüglich der damit verbundenen Wahrnehmungen der Schweigepflicht. Bei Vorliegen von Bewerbungen schwerbehinderter Menschen hat die Schwerbehindertenvertretung das **Recht auf Einsicht** in die entscheidungsrelevanten Teile der Bewerbungsunterlagen und Teilnahme am Vorstellungsgespräch. Die Schwerbehindertenvertretung achtet darauf, dass der Arbeitgeber die in § 81 SGB IX genannten Pflichten gegenüber dem behinderten Menschen erfüllt. Bei der Frage der Erfüllung der Verpflichtung des Arbeitgebers (also ob freie Arbeitsplätze mit schwerbehinderten Menschen besetzt werden können) ist die Schwerbehindertenvertretung am Verfahren zu beteiligen. Wenn in einem Betrieb keine Schwerbehindertenvertretung vorhanden ist, kann sich der behinderte Mensch direkt an das Integrationsamt wenden.
Soweit es zur Durchführung ihrer Aufgaben erforderlich ist, sind die Vertrauenspersonen – bei vollem Entgelt – von ihrer beruflichen Tätigkeit zu befreien.

Zudem besitzen die Vertrauenspersonen gegenüber ihrem Arbeitgeber die gleiche persönliche Rechtsstellung wie Mitglieder des Betriebs- oder Personalrats, also Kündigungs-, Versetzungs- und Abordnungsschutz (§ 96 Abs. 3 SGB IX).

9.1.9 Zusatzurlaub/Mehrarbeit/Arbeitsentgelt

(1) Zu den **Nachteilsausgleichen** (vgl. die Programmvorschrift des § 126 SGB IX) zählt der Anspruch auf 5 Tage bezahlten **Zusatzurlaub** (§ 125 SGB IX). Soweit tarifliche, vertragliche oder sonstige Urlaubsregelungen für schwerbehinderte Menschen einen längeren Zusatzurlaub vorsehen, bleiben sie unberührt. Im Arbeitsvertrag kann also z. B. ein Zusatzurlaub von 8 Tagen vereinbart werden (was allerdings kaum vorkommen dürfte).

Wichtig: Nach der Rechtsprechung des BAG tritt der Anspruch auf Zusatzurlaub dem Urlaubsanspruch hinzu, den der Beschäftigte ohne Berücksichtigung seiner Schwerbehinderung beanspruchen kann. Es ist also nicht so, dass der Zusatzurlaub für schwerbehinderte Menschen nur den gesetzlichen Urlaub von 24 Werktagen (vgl. § 3 Abs. 1 BUrlG) um 5 Arbeitstage verlängert. **Beispiel:** Hat der schwerbehinderte Beschäftigte nach seinem Arbeitsvertrag einen „regulären" Urlaubsanspruch von 29 Arbeitstagen, so treten die 5 Tage Zusatzurlaub hinzu, so dass sich der gesamte Urlaubsanspruch auf 34 Arbeitstage beläuft; es ist also nicht so, dass nur ein Urlaubsanspruch auf 29 Arbeitstage bestünde (5 Arbeitstage Zusatzurlaub plus 24 Werktage gesetzlicher Urlaub).

Für den Zusatzurlaub wird aber nach der Rechtsprechung des BAG kein zusätzliches Urlaubsgeld gezahlt (so weit nichts anderes vereinbart ist). Bei einer wöchentlichen Arbeitszeit von mehr oder weniger als 5 Tagen erhöht oder vermindert sich der Zusatzurlaub entsprechend.

Schwerbehinderte Menschen haben so lange Anspruch auf den Zusatzurlaub nach § 125 SGB IX, wie ihre Schwerbehinderteneigenschaft fortdauert. Wird der GdB auf weniger als 50 herabgestuft, endet der Anspruch auf Zusatzurlaub am Ende des dritten Kalendermonats nach Eintritt der Unanfechtbarkeit des die Verringerung feststellenden Bescheides (§ 116 Abs. 1 SGB IX).

Wird der Schwerbehindertenausweis erst am Ende eines Jahres beantragt und dauert das Antragsverfahren beim Versorgungsamt über den Jahreswechsel hinaus an mit der Folge, dass der Schwerbehindertenausweis nicht mehr im Jahr der Antragstellung ausgestellt wird, verfällt der Zusatzurlaub ersatzlos, sofern der behinderte Mensch ihn vor Ablauf des Urlaubsjahres nicht beim Arbeitgeber geltend macht. Dabei reicht es nicht aus, den Zusatzurlaub lediglich vorsorglich anzumelden. Vielmehr ist es erforderlich, dass sich der schwerbehinderte Mensch in schriftlicher Form auf seine Eigenschaft als Schwerbehinderter beruft und vom Arbeitgeber verlangt, ihm für ein bestimmtes Jahr Zusatzurlaub zu gewähren. Darüber hinaus ist es sinnvoll, die Schwerbehindertenvertretung des Betriebes zu benachrichtigen.

Besteht die Schwerbehindertengemeinschaft nicht während des gesamtes Kalenderjahres, so hat der schwerbehinderte Mensch für jeden vollen Monat der im Beschäftigungsverhältnis vorliegenden Schwerbehindertengemeinschaft einen Anspruch auf ein Zwölftel des Zusatzurlaubes; Bruchteile von Urlaubstagen, die mindestens einen halben Tag ergeben, sind auf volle Urlaubstage aufzurunden (§ 125 Abs. 2 SGB IX).
Auch schwerbehinderte **Heimarbeiter** haben Anspruch auf Zusatzurlaub (§ 127 Abs. 3 SGB IX). Keinen Anspruch auf Zusatzurlaub haben aber die sog. Gleichgestellten, s. 9.1.1 (2) und § 68 Abs. 3 SGB IX.

(2) Schwerbehinderte Menschen sind auf ihr Verlangen von **Mehrarbeit** freizustellen (§ 124 SGB IX). Unter Mehrarbeit i.S.d. § 124 SGB IX ist jede Arbeit zu verstehen, die über die normale gesetzliche Arbeitszeit nach § 3 Satz 1 ArbZG, das heißt also über werktäglich 8 Stunden (einschließlich der Bereitschaftsdienste!) hinausgeht. Der schwerbehinderte Beschäftigte kann mithin z.B. verlangen, nicht zu Bereitschaftsdiensten herangezogen zu werden, die über die gesetzliche werktägliche Arbeitszeit von 8 Stunden hinausgehen.
Ein Anspruch auf Einhaltung der 5-Tage-Woche oder die Befreiung von der Nachtarbeit ergibt sich nach der Rechtsprechung des BAG nicht aus § 124 SGB IX. Etwas anderes kann sich jedoch im Einzelfall aus der Regelung des § 81 Abs. 4 Ziff. 4 SGB IX ergeben, nach der schwerbehinderte Menschen gegenüber ihrem Arbeitgeber einen Anspruch auf eine behinderungsgerechte Gestaltung der Arbeitszeit haben können, wenn dies zur behinderungsgerechten Gestaltung des Arbeitsplatzes erforderlich ist.

(3) Schwerbehinderten Menschen muss das ihnen zustehende Arbeitsentgelt **voll** ausgezahlt werden, gleichgültig ob sie daneben noch Rente oder vergleichbare Leistungen wegen ihrer Behinderung erhalten (§ 123 SGB IX).

9.1.10 Sonstiges

(1) Die **Mittel der Ausgleichsabgabe** werden teils zur Errichtung berufsfördernder Einrichtungen, teils für die Leistungen zur begleitenden Hilfe im Arbeitsleben, teils für Zuschüsse an Arbeitgeber verwendet, die behinderte Menschen einstellen oder ausbilden. Es werden vor allem solche Gruppen von schwerbehinderten Menschen gefördert, die aufgrund ihrer Behinderung auf dem Arbeits- und Ausbildungsmarkt besondere Schwierigkeiten haben (zu Einzelheiten vgl. die SchwbAV).

(2) Behinderte im Arbeitsbereich anerkannter **Werkstätten für behinderte Menschen** stehen in einem arbeitnehmerähnlichen Rechtsverhältnis, so weit sich aus dem zugrundeliegenden Sozialleistungsverhältnis nichts anderes

ergibt und so weit sie nicht Arbeitnehmer sind (§ 138 Abs. 1 SGB IX). Aus der Begründung zu dieser Regelung ergibt sich, dass auf dieses arbeitnehmerähnliche Rechtsverhältnis arbeitsrechtliche Vorschriften und Grundsätze entsprechend anwendbar sind (z.B. über Arbeitszeit, Urlaub, Entgeltfortzahlung im Krankheitsfall, Entgeltzahlung an Feiertagen, Erziehungsurlaub und Mutterschutz, Kündigung und Kündigungsfristen sowie über den Persönlichkeitsschutz und die Haftungsbeschränkung). Die inhaltliche Gestaltung dieses arbeitnehmerähnlichen Rechtsverhältnisses zur Werkstatt ist in einem Werkstattvertrag (auf den der behinderte Mensch einen Anspruch hat) im Rahmen des zugrundeliegenden Sozialleistungsverhältnisses zu regeln (§ 138 Abs. 3 SGB IX; vgl. dazu auch 4.4).

9.1.11 Zwischen-, Abschluss- und Gesellenprüfungen Für die Berufsbildung behinderter Menschen enthalten die §§ 64–67 BBiG besondere Regelungen. Danach sollen – unter anderem – behinderte Menschen in anerkannten Ausbildungsberufen ausgebildet werden (§ 64 BBiG). Bei der Durchführung der Berufsausbildung und in Prüfungsordnungen sollen die besonderen Verhältnisse behinderter Menschen berücksichtigt werden. Dies gilt insbesondere für die zeitliche und sachliche Gliederung der Ausbildung, die Dauer der Prüfungszeiten, die Zulassung von Hilfsmitteln und die Inanspruchnahme von Hilfeleistungen Dritter wie Gebärdensprachdolmetscher für hörbehinderte Menschen (§ 65 BBiG). Für behinderte Menschen, für die wegen Art und Schwere ihrer Behinderung eine Ausbildung in einem anerkannten Ausbildungsberuf nicht in Betracht kommt, sind besondere Ausbildungsinhalte in Anlehnung an die Inhalte der anerkannten Ausbildungsberufe zu entwickeln (§ 66 BBiG). Entsprechendes gilt für die berufliche Fortbildung und die berufliche Umschulung behinderter Menschen (§ 67 BBiG).
§ 42c HwO enthält vergleichbare Bestimmungen. Nach § 13 Abs. 4 der Musterprüfungsordnung für die Durchführung von Abschluss- bzw. Gesellenprüfungen sind die besonderen Belange der körperlich, geistig und seelisch behinderten Menschen bei der Prüfung zu berücksichtigen. Seit 1.5.2004 kann das Integrationsamt im Rahmen der begleitenden Hilfe im Arbeitsleben die Arbeitgeber bei der Berufsausbildung besonders betroffener schwerbehinderter Jugendlicher und junger Erwachsener finanziell unterstützen, indem z.B. Zuschüsse zu den Prüfungsgebühren gezahlt werden (§ 102 Abs. 3 Ziffer 2 b) SGB IX).
In der Praxis werden die gesetzlichen Möglichkeiten aus unterschiedlichen Gründen nicht immer voll ausgeschöpft und vergleichbar umgesetzt. Das Bundesinstitut für Berufsbildung hat daher 1990 eine Orientierungshilfe zur Empfehlung des Hauptausschusses des Bundesinstituts für Berufsbildung vom 24.5.1985 („Berücksichtigung besonderer Belange Behinderter bei Zwischen-, Abschluss- und Gesellenprüfungen“) herausgegeben. Diese wurde gründlich

überarbeitet, da sie nicht mehr den Anforderungen veränderter Curricula in der beruflichen Rehabilitation und innovativer Ausbildungs- und Prüfungskonzepte im Rahmen von Neuordnungen entsprach. Sie ist seit 2004 unter dem Titel „Nachteilsausgleich für behinderte Prüfungsteilnehmerinnen und Prüfungsteilnehmer – Handbuch mit Fallbeispielen und Erläuterungen für die Prüfungspraxis" im Buchhandel erhältlich (ISBN 3-7639-1026-3). Wie bereits die bisherige Orientierungshilfe enthält das Handbuch nach Behinderungsarten differenzierte Fallbeispiele für Prüfungsmodifikationen, die im konkreten Einzelfall herangezogen werden können. Notwendige Prüfungsmodifikationen können sich danach auf folgende Bereiche beziehen:

- Technische Hilfsmittel (z.B. Tastatur für Einhänder, Notebook mit Braillezeile)
- Zeitliche Modifikation (z.B. Verlängerung der Bearbeitungszeit, individuelle Pausen)
- Persönliche Hilfen (z.B. Schreibassistenz, Vorlesekraft, Gebärdensprachdolmetscher)
- Modifikation in den Aufgabenstellungen (z.B. Adaption der Aufgabenstellung für die Bearbeitung am Computer)
- Prüfungsort (z.B. Prüfung in einem gesonderten Raum oder am eigenen Arbeitsplatz)

9.1.12 Prüfungen für Studierende Zu den Aufgaben der Hochschulen gehört nach § 2 Abs. 4 Satz 2 HRG die Berücksichtigung der besonderen Belange von behinderten Studierenden. Sie tragen dafür Sorge, dass behinderte Studierende die Angebote der Hochschule möglichst ohne fremde Hilfe in Anspruch nehmen können. Nach § 16 Satz 4 HRG müssen Prüfungsordnungen die besonderen Belange behinderter Studierender zur Wahrung ihrer Chancengleichheit berücksichtigen. In den **Hochschulgesetzen der Länder** wird dieser Rahmensetzung entsprechend Rechnung getragen.

Die Bestimmungen der Landeshochschulgesetze gelten für alle Studiengänge, die mit einer akademischen Prüfung abschließen (Diplom, Magister, Bachelor und Master). Für Studiengänge, die mit einer staatlichen Prüfung abgeschlossen werden (z.B. Rechtswissenschaft, medizinische Studiengänge) existieren spezielle bundes- oder landesrechtliche Bestimmungen. Eine **Übersicht** über einschlägige Regelungen in den Landeshochschulgesetzen und in den staatlichen Ordnungen ist bei der Informations- und Beratungsstelle Studium und Behinderung des Deutschen Studentenwerks, Monbijouplatz 11, 10178 Berlin (www.studentenwerke.de) erhältlich.

Eine Reihe von akademischen und staatlichen Prüfungsordnungen enthalten bereits seit längerem Regelungen zum Nachteilsausgleich bei Prüfungen, die sich teilweise an den von der Kultusminister- und der Hochschulrektorenkon-

ferenz beschlossenen Muster-Rahmenordnungen für Diplomprüfungsordnungen (jeweils für Universitäten und gleichgestellte Hochschulen sowie für Fachhochschulen) und den Allgemeinen Bestimmungen für Magisterprüfungsordnungen orientieren. Für das zweistufige Bachelor-/Masterstudiensystem existieren jedoch bislang keine entsprechenden Muster-Rahmenordnungen.
Studierende, die aufgrund einer Behinderung oder chronischen Krankheit Nachteilsausgleich bei (Studien- und) Prüfungsleistungen benötigen, sollten sich rechtzeitig vor der Prüfung mit dem zuständigen Prüfungsausschuss bzw. -amt oder dem oder den Prüfer/-n in Verbindung setzen. Es ist empfehlenswert, sich vorher von den jeweiligen **Behindertenbeauftragten** der Hochschulen oder bei den an einigen Hochschulstandorten existierenden Beratungsstellen für behinderte und chronisch kranke Studierende der Studentenwerke beraten zu lassen. Ein Verzeichnis der Beauftragten für Behindertenfragen bei Hochschulen und Studentenwerken ist bei der Informations- und Beratungsstelle Studium und Behinderung des Deutschen Studentenwerks erhältlich (Adresse siehe oben).
Unter Wahrung der fachlichen Anforderungen können z.B. folgende Modifikationen von Studien- und Prüfungsleistungen beantragt werden:

- Veränderung des Gesamtzeitraums, in dem bestimmte Studien- und Prüfungsleistungen zu erbringen sind,
- Veränderungen von Dauer und/oder Lage einzelner Studien- und Prüfungsleistungen,
- Verlängerung der Bearbeitungszeit zeitabhängiger Studien- und Prüfungsleistungen (z.B. Klausuren, Haus- oder Diplomarbeiten, Praktika),
- Unterbrechung von zeitabhängigen Prüfungsleistungen (insbesondere Arbeiten unter Aufsicht) durch individuelle Erholungspausen,
- Splitten von Studien- und Prüfungsleistungen in Teilleistungen,
- Verlängerung des Zeitraums zwischen einzelnen Studien- und Prüfungsleistungen,
- Mitbestimmungsmöglichkeit der Prüflinge bei der Festlegung von Prüfungsterminen (z.B. nicht unmittelbar vor oder nach therapeutischen Maßnahmen),
- Erbringen von Studien- und Prüfungsleistungen in einer anderen als der vorgesehenen Form, z.B. Ersatz von schriftlichen durch mündliche Leistungen und umgekehrt, Ersatz von praktischen durch theoretische Leistungen (und ggf. auch umgekehrt), Einzel- statt Gruppenprüfung,
- Zulassen und ggf. auch zur Verfügung stellen von notwendigen Hilfsmitteln, Assistenzleistungen und Gebärdensprachdolmetschern, zur Verfügung stellen von adaptierten Prüfungsunterlagen, Durchführung der Prüfung in einem gesonderten Raum,

- Berücksichtigung der studienzeitverlängernden Auswirkungen einer Behinderung oder chronischen Krankheit bei Zeitvorgaben für den Studienverlauf (z.B. Zeiträume für das Absolvieren von Studien- und Prüfungsabschnitten) oder bei der Gewährung so genannter „Freiversuche". Ergänzend zu den allgemeinen Regelungen zum Nachteilsausgleich finden sich in Landeshochschulgesetzen und in Prüfungsordnungen zum Teil spezielle entsprechende Regelungen.

Nachteilsausgleiche dürfen sich nicht auf die Bewertung von Studien- und Prüfungsleistungen auswirken und nicht in Leistungsnachweise oder Zeugnisse aufgenommen werden.
Die Hochschulen erhalten zunehmend mehr Möglichkeiten, ihre zukünftigen Studierenden selbst auszuwählen und die Auswahlverfahren hochschul- bzw. studiengangspezifisch zu gestalten. In den bislang neu geschaffenen auswahlrechtlichen Regelungen der Länder und der Hochschulen sind i.d.R. keine Nachteilsausgleiche für behinderte und chronisch kranke Studierende verankert. Daher scheint es empfehlenswert, vor der Teilnahme an Auswahlverfahren (z.B. schriftliche Tests, Auswahlgespräche) ggf. eine analoge Anwendung der Regelungen zum Nachteilsausgleich bei Prüfungen zu beantragen. Unabhängig von dieser Entwicklung wird es jedoch auch weiterhin eine Quote für Fälle außergewöhnlicher Härte geben.

9.2 Schutz im Rechtsverkehr

9.2.1 Allgemeines Seit dem 1.1.1992 sind Entmündigung, Vormundschaft und Pflegschaft für Volljährige abgeschafft; an ihre Stelle hat das Betreuungsgesetz die **Betreuung** eingeführt. Durch dieses Gesetz sind vor allem Vorschriften des BGB und des Gesetzes über Angelegenheiten der freiwilligen Gerichtsbarkeit (FGG) geändert worden. Mit der Betreuung soll die Rechtsstellung psychisch kranker und körperlich, geistig oder seelisch behinderter Menschen verbessert werden; wesentliches Ziel der maßgeblichen Vorschriften ist es, die verbliebenen Fähigkeiten der Betreuten zu berücksichtigen und stärker als bisher auf ihre individuellen Bedürfnisse einzugehen.
Die folgenden Ausführungen können nur über die Grundzüge der Betreuung informieren; wer sich näher kundig machen will, sollte die unter 9.2.9 genannte Literatur zu Rate ziehen.

9.2.2 Der Betreuer

a) Ein Betreuer darf nur dann bestellt werden, wenn dies **erforderlich** ist, weil der Volljährige seine Angelegenheiten aufgrund einer psychischen Krankheit oder einer körperlichen, geistigen oder seelischen Behinderung ganz oder teilweise nicht besorgen kann. Gegen den freien Willen des Volljährigen darf ein Betreuer nicht bestellt werden (§ 1896 Abs. 1a BGB). Die Bestellung des

Betreuers erfolgt durch das **Vormundschaftsgericht** (§ 1896 Abs. 1 BGB; zum Ablauf des Verfahrens einer Betreuerbestellung s. 9.2.7); sie darf nur für die Aufgabenkreise erfolgen, in denen eine Betreuung erforderlich ist. Nicht erforderlich ist die Anordnung der Betreuung, wenn rein tatsächliche Angelegenheiten des Betroffenen (z.B. Führung des Haushalts, Sauberhalten der Wohnung, Versorgung mit Essen) ebenso gut wie durch einen Betreuer durch andere Hilfen besorgt werden können (z.B. durch Familienangehörige, Freunde, Nachbarn oder soziale Dienste).

b) Der volljährige Betroffene hat ein **Vorschlagsrecht,** wer zu seinem Betreuer bestellt werden soll; diesem Vorschlag soll das Gericht entsprechen, wenn es dem Wohl des Betroffenen nicht zuwiderläuft (§ 1897 Abs. 4 BGB). Schlägt der Betroffene niemanden vor, so ist bei der Auswahl des Betreuers auf die verwandtschaftlichen und sonstigen persönlichen Bindungen, insbesondere zu Eltern, Kindern und zum Ehegatten sowie auf die Gefahr von Interessenkonflikten (z.B. wegen des Vermögens) Rücksicht zu nehmen.
Das Vormundschaftsgericht bestellt zum Betreuer in der Regel eine **natürliche Person,** d.h. einen einzelnen Menschen (im Gegensatz zu einer juristischen Person, z.B. einem eingetragenen Verein; § 1897 Abs. 1 BGB: in Betracht kommen vor allem Menschen, die einen engen Kontakt zum Betroffenen haben, z.B. Angehörige). Betreuer kann nur werden, wer bereit und in der Lage ist, in dem gerichtlich bestimmten Aufgabenkreis die Angelegenheiten des Betreuten zu besorgen und ihn hierbei im erforderlichen Umfang persönlich zu betreuen.
Zum Betreuer können aber auch **Mitarbeiter** eines anerkannten **Betreuungsvereins** oder der **Betreuungsbehörde** (z.B. einer kreisfreien Stadt) bestellt werden (§ 1897 Abs. 2 BGB). Nur ausnahmsweise können unter bestimmten Voraussetzungen auch ein Betreuungsverein (als solchen) oder eine Betreuungsbehörde (als solche) zum Betreuer bestellt werden (§ 1900 BGB).
Nicht zum Betreuer bestellt werden kann, wer zu einer Anstalt, einem Heim oder einer sonstigen Einrichtung, in welcher der Volljährige untergebracht ist oder wohnt (z.B. in einem Wohnheim für behinderte Menschen), in einem Abhängigkeitsverhältnis (z.B. als Angestellter eines Heimes) oder in einer anderen engen Beziehung (z.B. als Inhaber eines Heimes) steht.
Vor seiner Entscheidung prüft das Vormundschaftsgericht, ob der Betroffene eine **Betreuungsverfügung** gemacht hat (die zwar nicht handschriftlich abgefasst sein muss, aber auf jeden Fall handschriftlich unterschrieben werden sollte). In dieser Verfügung kann der Betroffene (schon frühzeitig, also vor allem in „guten Jahren") z.B. festgelegt haben, wer im Falle seiner Pflegebedürftigkeit Betreuer werden soll, in welchem Heim er wohnen möchte oder was mit seinem Vermögen geschehen soll. Diese Anordnungen sind grundsätzlich zu befolgen, sofern sie dem Wohl des Betroffenen nicht zuwiderlaufen

(§ 1897 Abs. 4 BGB). Neben der Betreuungsverfügung gibt es noch die Möglichkeit, einer vertrauenswürdigen Person eine Vollmacht zu erteilen und so für den Fall einer zeitweisen oder dauernden Einschränkung der Entscheidungsfähigkeit vorzusorgen (**Vorsorge- oder Generalvollmacht,** die auch mit einer Betreuungsverfügung kombiniert werden kann). Praktische Hinweise zu Vorsorgevollmacht und Betreuungsverfügung findet man z.B. in dem Buch von A. Bauer/Th. Klie, Patientenverfügungen/Vorsorgevollmachten – richtig beraten?, 2. Aufl. 2005.
Die **Höchstdauer** der Betreuung beträgt 7 Jahre; spätestens bis zu diesem Zeitpunkt muss das Vormundschaftsgericht über die Aufhebung oder Verlängerung der Maßnahme entscheiden (§ 69 Abs. 1 Nr. 5 FGG); für die Verlängerung gelten die gleichen Vorschriften wie für die erstmalige Bestellung.

c) Die zum Betreuer bestellte Person hat die Betreuung **persönlich** auszuüben und die Angelegenheiten des Betreuten so zu besorgen, wie es dessen Wohl entspricht; zum Wohl des Betreuten gehört auch die Möglichkeit, im Rahmen seiner Fähigkeiten sein Leben nach seinen eigenen Wünschen und Vorstellungen zu gestalten (§ 1901 Abs. 1 BGB). Der Betreuer hat Wünschen des Betreuten zu entsprechen, so weit dies nicht dessen Wohl zuwiderläuft und dem Betreuer zuzumuten ist. Die Erledigung wichtiger Angelegenheiten hat der Betreuer vorher mit dem Betreuten zu besprechen, sofern dies nicht dessen Wohl zuwiderläuft (§ 1901 Abs. 2 BGB).

9.2.3 Auswirkungen der Betreuung

a) Im Gegensatz zur (früheren) Entmündigung hat die Betreuung **keine automatische Auswirkung auf die Geschäftsfähigkeit** des Betreuten. Soweit der Betreute selbst in der Lage ist, wirksame Erklärungen abzugeben (er also **geschäftsfähig** ist), kann er auch Angelegenheiten, die zum Aufgabenkreis des Betreuers gehören, weiterhin selbstständig erledigen (der Betreute kann also z.B. selbstständig einen Schrank veräußern, auch wenn zum Aufgabenkreis des Betreuers die Vermögenssorge – dazu unter 9.2.4 – gehört). Nur wenn der Betreute nach § 104 Nr. 2 BGB **geschäftsunfähig** ist (z.B. wegen schwerer chronischer Geisteskrankheit), kann er nicht selbstständig rechtswirksam handeln, sondern muss durch den Betreuer gesetzlich vertreten werden.

b) Eine gewisse Einschränkung erfährt die Teilnahme des Betreuten am Rechtsverkehr durch den sog. **Einwilligungsvorbehalt** (§ 1903 BGB): Dieser Einwilligungsvorbehalt kann vom Vormundschaftsgericht angeordnet werden, wenn die erhebliche Gefahr besteht, dass der Betreute sich selbst oder sein Vermögen schädigt. Die Maßnahme soll in erster Linie dem Schutz des Betreuten vor uneinsichtiger Selbstschädigung dienen. Der Betreute bedarf dann zu

Willenserklärungen, die den Aufgabenkreis des Betreuers betreffen, dessen Einwilligung (faktisch wirkt sich der Einwilligungsvorbehalt damit wie die frühere – durch die Reform abgeschaffte – Entmündigung aus). Eine Gefahr lediglich für Dritte reicht nicht aus, da deren Interessen bereits durch die Einsetzung eines Betreuers hinreichend berücksichtigt werden und es eines weiteren Schutzes durch einen Einwilligungsvorbehalt nicht bedarf. Die Gefahr geringer Vermögensschäden reicht keinesfalls aus, vielmehr muss es sich um eine erhebliche Gefahr handeln.

c) In seinem Aufgabenkreis vertritt der Betreuer den Betreuten gerichtlich und außergerichtlich (§ 1902 BGB).

9.2.4 Aufgabenkreis des Betreuers

a) Aufgabenkreis des Betreuers kann z. B. sein:

- **Vermögenssorge** (sie kann die „totale" Besorgung der Vermögensangelegenheiten umfassen, aber auch nur Ausschnitte daraus, z. B. Regelung von Erbschafts- oder Rentenangelegenheiten, Schuldentilgung, Regelung von Unterhaltspflichten.) Bei der Vermögenssorge treffen den Betreuer zahlreiche Pflichten (vor allem zur Ermittlung des Vermögens, zur Anlegung eines Vermögensverzeichnisses, zur Sicherung und zur Verwaltung des Vermögens und zur Rechnungslegung; § 1908 i Abs. 1 Satz 1 BGB, §§ 1802 Abs. 1 S. 1, Abs. 2 und 3; 1803, 1805–1821; 1822 Nr. 1–4, 6–13; 1823–1826; 1828–1836; 1836 c bis 1836 e usw. BGB).
- **Aufenthaltsbestimmung, Wohnungsangelegenheiten, ärztliche Behandlung, Sterilisation, Postkontrolle, Unterbringung.**
  Eine Reihe von Betreuungshandlungen in diesen Aufgabenkreisen bedürfen der Genehmigung des Vormundschaftsgerichts (z. B. Verkauf eines Hauses, Sterilisation; dazu auch unten 15 b)).

b) **Sonderregelungen** für besonders wichtige Angelegenheiten enthalten die §§ 1904 bis 1907 BGB:

aa) **Untersuchung des Gesundheitszustandes, Heilbehandlung und ärztlicher Eingriff (§ 1904 BGB):** Diese Maßnahmen bedürfen der Einwilligung des Betroffenen, für die es nicht auf die Geschäftsfähigkeit, sondern auf die sog. natürliche Einsichtsfähigkeit ankommt (ist diese Einsichtsfähigkeit vorhanden, bedarf es keiner zusätzlichen Zustimmung des Betreuers). Ist der Betreute einwilligungsunfähig (hat er also nicht die natürliche Einsichtsfähigkeit), so ist für die genannten Maßnahmen die Einwilligung des Betreuers (im Rahmen seines Aufgabenkreises) notwendig. Wenn die begründete Gefahr besteht, dass der Betreute aufgrund der Maßnahme stirbt oder einen schweren und länger dauernden gesundheitlichen Schaden erleidet, bedarf die Einwilligung des Betreuers der Genehmigung des Vormundschaftsgerichts (ohne Genehmigung darf die Maßnahme nur durchgeführt werden, wenn mit einem Aufschub Gefahr verbunden ist).

bb) **Sterilisation (§ 1905 BGB):** Volljährige Betreute können in eine freiwillige Sterilisation einwilligen, sofern sie einwilligungsfähig sind (d.h. die Tragweite ihrer Entscheidung erkennen können). Ist der Betreute hingegen einwilligungsunfähig, so kann der Betreuer in die Sterilisation nur einwilligen, wenn eine Vielzahl von Voraussetzungen erfüllt ist (§ 1905 Abs.1 BGB). So darf u.a. die Sterilisation nicht dem Willen des Betreuten widersprechen; der Betreute muss auf Dauer einwilligungsunfähig bleiben; es muss anzunehmen sein, dass es ohne die Sterilisation zu einer Schwangerschaft kommen würde, infolge derer eine Gefahr für das Leben der Schwangeren zu erwarten wäre; die Schwangerschaft darf nicht durch andere zumutbare Mittel verhindert werden können. Die Einwilligung des Betreuers bedarf darüber hinaus der Genehmigung des Vormundschaftgerichts. Um Interessenkollisionen auszuschließen, ist für diese Entscheidung zudem stets ein besonderer Betreuer zu bestellen (§ 1899 Abs. 2 BGB). Sterilisation darf erst zwei Wochen nach Wirksamkeit dieser Genehmigung durchgeführt werden (§ 1905 Abs. 2 BGB; vgl. auch unten 15 b)).
Die Sterilisation Minderjähriger ist ausnahmslos unzulässig (§ 1631 c BGB).

cc) **Unterbringung und unterbringungsähnliche Maßnahmen (§ 1906 BGB):**
Solche Maßnahmen sind nur zulässig, wenn
- aufgrund einer psychischen Krankheit bzw. einer geistigen oder seelischen Behinderung des Betreuten die Gefahr besteht, dass er sich selbst tötet oder erheblichen Schaden zufügt, oder
- eine Untersuchung des Gesundheitszustandes, eine Heilbehandlung oder ein ärztlicher Eingriff notwendig ist, ohne die die Unterbringung des Betreuten nicht durchgeführt werden kann; als weitere Voraussetzung ist vorgesehen, dass der Betreute aufgrund einer psychischen Krankheit bzw. geistigen oder seelischen Behinderung die Notwendigkeit der Unterbringung nicht erkennen kann oder nach dieser Einsicht handeln kann (§ 1906 Abs. 1 BGB).

Die Unterbringung und die unterbringungsähnlichen Maßnahmen (Beispiel: Festbinden unruhiger alter Menschen oder „Ruhigstellung" durch Medikamente in einem Altenwohnheim) ist nur mit Genehmigung des Vormundschaftsgerichts zulässig (ohne Genehmigung nur, wenn mit dem Aufschub Gefahr verbunden ist; die Genehmigung ist dann unverzüglich nachzuholen; § 1902 Abs. 2 BGB). Der Betreuer hat die Unterbringung zu beenden, wenn ihre Voraussetzungen wegfallen; die Beendigung muss er dem Vormundschaftsgericht anzeigen (§ 1906 Abs. 3 BGB).

Sollte wegen **Fremdgefährdung** eine Unterbringung notwendig sein, so richtet sich diese „öffentlich-rechtliche" Unterbringung auch nach den Unterbringungsgesetzen der einzelnen Bundesländer. Solche Unterbringungen sind nicht Aufgabe des Betreuers.

dd) **Wohnungsfragen (§ 1907 BGB):** Zur Kündigung oder zur einverständlichen Aufhebung eines Mietverhältnisses über Wohnraum, den der Betreute gemietet hat, bedarf der Betreuer der Genehmigung des Vormundschaftsgerichts (§ 1907 Abs. 1 BGB). Kommt die Beendigung des Mietverhältnisses aufgrund anderer Umstände in Betracht (z.B. aufgrund einer Kündigung des Vermieters), so hat der Betreuer dies dem Vormundschaftsgericht unverzüglich mitzuteilen, wenn sein Aufgabenkreis das Mietverhältnis oder die Aufenthaltsbestimmung umfasst (§ 1907 Abs. 2 BGB). Zu einem Miet- oder Pachtvertrag bedarf der Betreuer der Genehmigung des Vormundschaftsgerichts, wenn das Vertragsverhältnis länger als 4 Jahre dauern oder vom Betreuer Wohnraum vermietet werden soll (§ 1907 Abs. 3 BGB).

9.2.5 Ehe- und Testierfähigkeit/Wahlrecht

a) Die Bestellung eines Betreuers hat **keinen Einfluss** auf die **Ehefähigkeit** des Betreuten oder auf seine Fähigkeit, **Verfügungen von Todes** wegen vorzunehmen (also z.B. ein Testament zu errichten). Ein Einwilligungsvorbehalt kann dafür nicht angeordnet werden (§ 1903 Abs. 2 BGB). Der Betreute kann also, sofern er nicht geschäftsunfähig ist, eine Ehe eingehen oder ein Testament errichten, ohne seinen Betreuer fragen zu müssen. Allerdings ist die Ehe nichtig, wenn einer der Ehegatten zur Zeit der Eheschließung geschäftsunfähig war (z.B. wegen dauernder schwerer Geisteskrankheit).

b) Vom **Wahlrecht** ausgeschlossen ist nur derjenige, der zur Besorgung **aller Angelegenheite**n einen Betreuer hat (§ 13 Nr. 2 Bundeswahlgesetz). Besteht eine Betreuung lediglich für bestimmte Aufgabenkreise (z.B. für die Aufenthaltsbestimmung), ist der Betreute in vollem Umfang wahlberechtigt.

9.2.6 Haftung, Vergütung und Aufwendungsersatz des Betreuers

a) Bei den vielfältigen Aufgaben des Betreuers kann es vorkommen, dass dieser Handlungen vornimmt, durch die dem Betreuten ein Schaden entsteht (z.B. durch Versäumung von Terminen). Nach dem Gesetz (§§ 1908 i Abs. 1 Satz 1 i.V. mit 1833 BGB) haftet der Betreuer dem Betreuten für den aus der Pflichtverletzung entstehenden Schaden, wenn ihm ein Verschulden zur Last fällt. Neben dem Betreuten kann auch Dritten (z.B. Vertragspartnern) durch schuldhaftes Verhalten des Betreuers ein Schaden entstehen. Der Betreuer kann sich gegen solche Haftungsansprüche **versichern** (Haftpflichtversicherung für Personen- und Sachschäden, Vermögenshaftpflicht für Vermögensschäden). Die Kosten für eine solche Versicherung müssen vom Betreuten (sofern Vermögen vorhanden ist) oder (bei Mittellosigkeit des Betreuten) von der Staatskasse getragen werden (§§ 1908 i Abs. 1 Satz 1 i.V. mit 1835 Abs. 2 BGB). Wer als Mitglied eines Betreuungsvereins oder eines Verbandes der freiwilligen Wohlfahrtspflege eine Betreuung übernommen hat, ist über den jeweiligen Verband versichert.

Wenn der Betreuer in Ausübung seines Amtes bei einem Unfall einen Personenschaden erleidet (z.B. auf dem unmittelbaren Weg von seiner Wohnung zum Betreuten), ist er in der **gesetzlichen Unfallversicherung** beitragsfrei versichert(§ 2 Abs. 1 Nr. 10 a, Abs. 2 Satz 1 SGB VII). Unfallmeldungen sind unverzüglich an das zuständige Vormundschaftsgericht zu machen.

b) Die Betreuung wird grundsätzlich **unentgeltlich** – d.h. ehrenamtlich – geführt (§§ 1908 i Abs. 1 Satz 1 i.V. mit 1836 Abs. 1 Satz 1 BGB). **Ausnahmsweise** wird sie aber dann **entgeltlich** geführt, wenn das Gericht bei der Bestellung des Betreuers feststellt, dass der Betreuer die Betreuung **berufsmäßig** führt (dies ist z.B. der Fall, wenn der Betreuer mehr als zehn Betreuungen führt). Ein solcher berufsmäßiger Betreuer erhält dann eine Vergütung, deren Höhe sich nach besonderen gesetzlichen Bestimmungen bemisst.

Macht der **unentgeltlich** tätige Betreuer zum Zweck der Führung der Betreuung **Aufwendungen** (also hat er z.B. Fahrtkosten), so bekommt er diese Aufwendungen ersetzt, und zwar entweder vom Betreuten selbst (sofern dieser ein ausreichendes Einkommen oder Vermögen hat) oder – bei Mittellosigkeit des Betreuten – aus der Staatskasse (§§ 1908 i Abs. 1 Satz 1 i.V. mit 1835 BGB), allerdings ist ein **Nachweis** der konkret entstandenen Kosten erforderlich (z.B. durch Belege, etwa Fahrkarten).

Da bei vielen Aufwendungen eine Erfassung, Auflistung und Beschaffung von Belegen im Verhältnis zur Höhe des Erstattungsbetrags viel zu aufwendig wäre, sieht das Gesetz vor (vgl. §§ 1908 i Abs. 1 Satz 1 i.V. mit 1835a BGB), dass der **unentgeltlich** tätige Betreuer zur Abgeltung seines Anspruchs auf Aufwendungsersatz eine **pauschalierte Aufwandsentschädigung** (312,– € pro Jahr) verlangen kann. Diese pauschale Aufwandsentschädigung die (ohne Belege) beim Gericht zu beantragen ist, wird jährlich gezahlt (erstmals ein Jahr nach Bestellung des Vormunds), und zwar entweder vom Betreuten selbst (sofern dieser ein ausreichendes Einkommen oder Vermögen hat) oder – bei Mittellosigkeit des Betreuten – aus der Staatskasse (§§ 1908i Abs. 1 Satz 1 i.V. mit 1835 Abs. 3, 1836d BGB). **Gekürzt** wird die pauschale Aufwandsentschädigung natürlich um die Beträge (z.B. Fahrtkosten), die gegen Beleg (z.B. Fahrkarte) bereits als Aufwendungen nach §§ 1908i Abs. 1 Satz 1 i.V. mit 1835 BGB **ersetzt** worden sind.

Wird allerdings die pauschalisierte Aufwandsentschädigung in Anspruch genommen, besteht nicht mehr die Möglichkeit eines zusätzlichen Aufwendungsersatzes.

c) Für **Berufsbetreuer,** die durch das Gericht besonders bestellt werden müssen, gilt seit Juli 2005 ein pauschaliertes Vergütungssystem für berufliche Betreuungsarbeit, geregelt im Gesetz über die Vergütung von Vormündern und Betreuern (VBVG). Diese Betreuer erhalten dann für ihre Leistungen (relativ niedrige) pauschale Inklusivstundensätze (bestehend aus Vergütung, Auslagenersatz und Umsatzsteuer), die danach differenzieren, wie lange die rechtliche Betreuung bereits besteht und ob der Betreute in der eigenen Wohnung oder in einem Heim lebt. Im Innenverhältnis der rechtlichen Betreuung behält aber der betreute Mensch gegenüber dem gesetzlichen Betreuer seinen Anspruch, dass dieser alle rechtlich erforderlichen Angelegenheiten in den gerichtlich festgesetzten Aufgabenkreisen für ihn verantwortungsbewusst wahrnimmt. Insofern erscheint aber das Verhältnis zwischen den pauschalierten geringen Stundensätzen und der Haftung des Betreuers (s. oben a)) nicht ausgewogen.

d) Bei Zweifelsfragen zu Vergütung und Aufwendungsersatz sollte man sich an den zuständigen Rechtspfleger des Vormundschaftsgerichts wenden. Eine gute Arbeitshilfe stellt der Ratgeber von **H. Deinert/K. Lütgens,** Die Vergütung des Betreuers, 4. Aufl. 2005, dar.

9.2.7 Verfahren zur Bestellung des Betreuers Das Verfahren zur Bestellung eines Betreuers erfolgt im Wesentlichen wie folgt:

- Antrag des Betroffenen oder Anregung von Dritten (z.B. Angehörigen, Heimen) an das Vormundschaftsgericht (§ 1896 Abs. 1 BGB) sowie schriftliche Benachrichtigung des Betroffenen vom Antrag bzw. von der Anregung,
- Anforderung eines Sozialberichts bei der Betreuungsbehörde (z.B. der kreisfreien Stadt; § 8 Betreuungsbehördengesetz – BtBG),
- persönliche Anhörung des Betroffenen und Verschaffung eines unmittelbaren Eindrucks von ihm in seiner ursprünglichen Umgebung, wenn dies vom Betroffenen verlangt wird oder der Sachaufklärung dient und der Betroffene nicht widerspricht (§ 68 Abs. 1 FGG; ausnahmsweise kann die Anhörung unter den Voraussetzungen des § 68 Abs. 2 FGG unterbleiben),
- Unterrichtung des Betroffenen über den möglichen Verlauf des Verfahrens und (in geeigneten Fällen) Hinweis auf die Möglichkeit der Vorsorgevollmacht (§ 1896 Abs. 2 Satz 2 BGB) sowie deren Inhalt (§ 68 Abs. 1 FGG),
- Bestellung eines Verfahrenspflegers, so weit dies zur Wahrnehmung der Interessen des Betroffenen erforderlich ist (§ 67 FGG) bzw. Heranziehung eines Sachverständigen unter den Voraussetzungen des § 68 Abs. 4 FGG,

- Bestellung eines Sachverständigen (z.B. Arztes, Psychologen) zur Erstellung des Gutachtens (§ 68b Abs. 1 FGG, soweit nicht nach § 68b Abs. 1a FGG von der Einholung eines Gutachtens abgesehen werden kann), notfalls Vorführung oder Unterbringung zur Beobachtung beim Sachverständigen (§ 68b Abs. 3 und 4 FGG),
- Schlussgespräch mit dem Betroffenen zur Anhörung, zum Gutachten, zum Betreuer und zu dessen Aufgabenkreis, so weit dies zur Gewährung des rechtlichen Gehörs oder zur Sachaufklärung erforderlich ist (§ 68 Abs. 5 FGG),
- Gelegenheit zur Äußerung nach § 68a FGG (z.B. für den gesetzlichen Vertreter, für Ehegatten und Kinder des Betroffenen, für eine ihm nahe stehende Person auf Verlangen des Betroffenen sowie für die Betreuungsbehörde, wenn es der Betroffene verlangt oder es der Sachaufklärung dient),
- Bestimmung des Aufgabenkreises (§ 1896 Abs. 2 und 3 BGB),
- Auswahl des Betreuers (§§ 1897–1900 BGB; unter bestimmten Voraussetzungen können auch mehrere Betreuer bestellt werden: so ist z.B. für die Entscheidung über die Einwilligung in eine Sterilisation des Betreuten stets ein besonderer Betreuer zu bestellen),
- begründete Entscheidung über die Bestellung des Betreuers (§ 69 Abs. 1 FGG),
- mündliche Verpflichtung des Betreuers durch den Rechtspfleger und Aushändigung der Bestellungsurkunde (§ 69b Abs. 1 und 2 FGG); in geeigneten Fällen Einführungsgespräch des Gerichts mit dem Betreuer und dem Betroffenen (§ 69b Abs. 3 FGG),
- Bekanntmachung der Entscheidung des Gerichts an die Betreuungsbehörde und an den Betroffenen, wenn dadurch nach ärztlichem Zeugnis keine erheblichen Nachteile für seine Gesundheit zu befürchten sind (§ 69a FGG),
- Rechtsmittel gegen die Entscheidung des Gerichts (§§ 19–22, 69a FGG),
- Mitteilung der Entscheidung des Gerichts an andere Gerichte, Behörden oder sonstige öffentliche Stellen unter den Voraussetzungen des § 69 k Abs. 1 FGG; an Wählerverzeichnisse bei Bestellung eines Betreuers für alle Aufgabenkreise (§ 69 l Abs.1 FGG); an Meldebehörden bei Einwilligungsvorbehalt, der sich auf die Aufenthaltsbestimmung des Betroffenen erstreckt (§ 69 l Abs. 2 FGG); ferner an Leiter der Einrichtung bei Bestellung eines Betreuers mit dem Aufgabenkreis der Aufenthaltsbestimmung im Falle einer Unterbringungsmaßnahme (§ 69 m FGG); schließlich Unterrichtung des Betroffenen, des Betreuers und des Verfahrenspflegers über die Mitteilungen nach § 69 k Abs. 3 FGG.

9.2.8 Hinweis auf Rechtsänderungen Das Bundesministerium der Justiz hat im Juni 2006 den Referentenentwurf eines Gesetzes zur Reform des Verfahrens in Familiensachen und in den Angelegenheiten der freiwilligen

Gerichtsbarkeit vorgelegt, in dem vorgesehen ist, Betreuungssachen, Unterbringungssachen und betreuungsrechtliche Zuweisungssachen (die bisher in unterschiedlichen Gesetzen – z.B. in ZPO und FGG – geregelt sind) in einem (einzigen) Gesetz unterzubringen. Zudem soll es zur Schaffung von Rechtsklarheit einheitlich Begriffsdefinitionen geben. Auf die zu erwartenden Änderungen wird in der nächsten Auflage hingewiesen, sofern das Gesetz (bis dahin) in Kraft tritt.

9.2.9 Hinweise auf Arbeitshilfen und Literatur Für eine eingehendere Beschäftigung mit dem Betreuungsrecht ist z.B. hinzuweisen auf:
– **A. Jurgeleit** (Hrsg.), Betreuungsrecht, 2006,
– **A. Jürgens** (Hrsg.), Betreuungsrecht – Kommentar, 3. Aufl., 2005,
– **W. Zimmermann,** Ratgeber Betreuungsrecht, 7. Aufl., 2006,

9.3 Beförderung und Verkehr

9.3.1 Unentgeltliche Beförderung im öffentlichen Personenverkehr Beim Recht zur unentgeltlichen Beförderung im öffentlichen Personenverkehr (§ 145 SGB IX) ist zu unterscheiden zum einen die kostenlose Beförderung (unter a) und zum anderen die Beförderung mit Kostenbeteiligung (unter b).

a) Für die **kostenlose Beförderung** kommen folgende Personengruppen in Betracht:
1. Kriegsbeschädigte und andere Versorgungsberechtigte, die am 1.10.1979 freifahrtberechtigt waren und mindestens eine Minderung der Erwerbsfähigkeit von 70 Prozent oder von wenigstens 50 Prozent mit Ausweismerkzeichen „G“ aufgrund der Schädigung nachweisen
oder
2. Personen, deren Schwerbehindertenausweis das Merkzeichen „H“ („hilflos“) und/oder „Bl“ („blind“) trägt
oder
3. schwerbehinderte Menschen, die infolge ihrer Behinderung in ihrer Bewegungsfähigkeit im Straßenverkehr erheblich beeinträchtigt (Ausweismerkzeichen „G“) oder außergewöhnlich gehbehindert (Ausweismerkzeichen „aG“) oder gehörlos (Ausweismerkzeichen „Gl“) sind, wenn sie außerdem Leistungen zur Sicherung des Lebensunterhalts nach dem SGB II, Leistungen der Grundsicherung nach dem SGB XII oder laufende Leistungen für den Lebensunterhalt nach dem SGB XII, dem SGB VIII (Kinder- und Jugendhilfe) oder den §§ 27a und 27d BVG erhalten (das Merkzeichen „aG“ allein, d.h. ohne den Bezug der genannten Leistungen, genügt nicht!); schwerbehinderte Menschen, die z.B. nur Wohngeld beziehen, gehören also nicht dazu.

Hinweis: Ein schwerbehinderter Mensch, der über ausreichendes eigenes Einkommen (z.B. eine Altersrente) verfügt, hat dennoch einen Anspruch auf Ausgabe einer unentgeltlichen Wertmarke gem. § 145 Abs. 1 Satz 5 Nr. 2 SGB IX, wenn z.B. zwar nicht ihm, sondern „nur" seinem nicht getrennt lebenden Ehegatten unter Berücksichtigung beider Einkommen Leistungen der Grundsicherung nach §§ 41 ff. SGB XII gewährt werden (weil der schwerbehinderte Mensch durch die Zurechnung seines Einkommens auch für den Bedarf des Ehegatten damit im Ergebnis mit einem Betrag in Höhe des Existenzminimums der Grundsicherung auskommen muß).

In ihrer **Bewegungsfähigkeit im Straßenverkehr erheblich beeinträchtigt** sind Personen, die infolge einer Einschränkung des Gehvermögens (auch durch innere Leiden oder infolge von Anfällen oder von Störungen der Orientierungsfähigkeit) nicht ohne erhebliche Schwierigkeiten oder nicht ohne Gefahren für sich oder andere solche Wegstrecken im Ortsverkehr zurücklegen können, die üblicherweise zu Fuß zurückgelegt werden (in der Praxis: Wegstrecke von ca. 2 km, die in etwa 30 Minuten zurückgelegt wird). Der Nachweis dieser erheblichen Beeinträchtigung kann bei schwerbehinderten Menschen mit einem GdB von wenigstens 80 nur mit einem Ausweis mit halbseitigem orangefarbigen Flächenaufdruck und dem eingetragenen Ausweismerkzeichen „G" geführt werden, dessen Gültigkeit frühesten mit dem 1.4.1984 beginnt oder auf dem ein entsprechender Änderungsvermerk eingetragen ist (§ 146 Abs. 1 SGB IX).

Zum Merkzeichen „aG" vgl. unten 9.3.4.

Schwerbehinderte Menschen i.S. des § 146 Abs. 1 SGB IX (also z.B. solche mit den Merkzeichen „G", „H", „Bl" und „Gl") haben die Berechtigung zur (unentgeltlichen) Mitnahme einer **Begleitperson,** wenn die Berechtigung zur Mitnahme einer Begleitperson nachgewiesen und dies im Ausweis des schwerbehinderten Menschen eingetragen ist (§ 145 Abs. 2 Nr. 1 SGB IX). Zur Mitnahme einer Begleitperson sind solche schwerbehinderte Menschen berechtigt, die bei der Benutzung von öffentlichen Verkehrsmitteln infolge ihrer Behinderung regelmäßig auf Hilfe angewiesen sind (§ 146 Abs. 2 Satz 1 SGB IX). Diese Feststellung bedeutet aber **nicht,** dass die schwerbehinderte Person, wenn sie ohne Begleitung ist, eine Gefahr für sich oder andere darstellt (§ 146 Abs. 2 Satz 2 SGB IX). Dies bedeutet: Der schwerbehinderte Mensch entscheidet **selbst** darüber, ob er von einer Begleitung Gebrauch macht (er ist also nicht verpflichtet, eine Begleitung in Anspruch zu nehmen). Damit kann den genannten schwerbehinderten Menschen z.B. nicht der Zugang zu öffentlichen Verkehrsmitteln mit der Begründung verwehrt werden, sie hätten keine Begleitperson dabei (wie es nicht selten in der Vergangenheit geschehen ist).

Die unter 1. bis 3. genannten Personengruppen erhalten vom Versorgungsamt als Anlage 2 zum Ausweis **kostenlos** ein weißes Beiblatt mit einer Marke (im Wert von 60 t), die 1 Jahr Gültigkeit hat (§ 3a SchwbAwV).

b) Alle anderen tatsächlich in ihrer Bewegungsfähigkeit im Straßenverkehr erheblich Beeinträchtigten sowie Gehörlose müssen beim Versorgungsamt für 60,– € eine 12 Monate oder für 30,– € eine 6 Monate gültige **Wertmarke** erwerben und in das zum Ausweis mit dem Merkzeichen „G“ ausgegebene Beiblatt einkleben. Für zurückgegebene Wertmarken wird ein Betrag von 5,– € pro Monat erstattet, sofern der zu erstattende Betrag 15,– € nicht unterschreitet. Die unter a) 1. und 2. Genannten sowie die bei 3. angeführten Schwerbehinderten mit dem Merkzeichen „aG“ erhalten die Wertmarke auch dann, wenn der Ausweis bzw. das Beiblatt einen Vermerk über ihre Kraftfahrzeugsteuerbefreiung trägt. Die übrigen (also mit Merkzeichen „G“ und Gehörlose) müssen wählen, ob sie die Wertmarke erwerben oder vom Finanzamt eine Kfz-Steuerermäßigung von 50 % in das Beiblatt eintragen lassen wollen (vgl. auch unter 9.4.3). Die Inhaber des mit der Wertmarke versehenen Beiblatts brauchen für die Mitnahme von Handgepäck, Krankenfahrstuhl oder Führhund nichts zu bezahlen.

c) Die unentgeltliche Beförderung Schwerbehinderter im öffentlichen Personenverkehr erfolgt

aa) **ohne Kilometerbegrenzung und unabhängig vom Wohnsitz oder gewöhnlichen Aufenthalt des Behinderten mit:**
- Straßenbahnen und Obussen,
- Kraftfahrzeugen und Eisenbahnen im Linienverkehr auf Linien, bei denen die Mehrzahl der Beförderungen eine Strecke von 50 km nicht übersteigt. Soweit keine Pflicht zur unentgeltlichen Beförderung besteht (z.B. Berg-, Insel- oder Museumseisenbahnen), enthält der Fahrplan einen entsprechenden Hinweis,
- S-Bahnen in der 2. Wagenklasse,
- Eisenbahnen in der 2. Wagenklasse in Verkehrsverbünden (einheitliches oder verbundenes Beförderungsentgelt im zusammenhängenden Liniennetz mit z.B. Straßenbahnen, Obussen usw.) oder in Verkehrs-Tarifgemeinschaften, z.B. Rhein-Main-Verkehrsverbund,
- Wasserfahrzeugen im Linien-, Fähr- und Übersetzverkehr im Orts- und Nachbarschaftsbereich. Dazu gehört auch die Schiffslinie auf dem Überlinger See Konstanz – Meersburg – Mainau – Unteruhldingen – Dingelsdorf – Überlingen und umgekehrt. Die Pflicht zur unentgeltlichen Personenbeförderung im Fährnahverkehr erstreckt sich nicht auf die Beförderung von Personenkraftwagen der durch das Gesetz begünstigten Behinderten. Im Übersetzverkehr zu den „Deutschen Nordseeinseln“ haben schwerbehinderte Reisende keine Freifahrt. Der Schiffsverkehr auf der Vogelfluglinie gilt nicht als Nahverkehr im Sinne des Gesetzes (§ 147 Abs. 1 SGB IX).

bb) **im Umkreis von 50 km um den Wohnsitz** oder den gewöhnlichen Aufenthalt des Schwerbehinderten in der 2. Wagenklasse in Zügen des Nahverkehrs.

cc) Einen Überblick über diesen doch recht komplizierten Bereich soll das **Schaubild** auf S. 321 vermitteln. Einen guten Überblick über die unentgeltliche Beförderung im Rahmen des Nachteilsausgleichs gibt auch die Broschüre „Mobil trotz Handicap – Services für mobilitätseingeschränkte Reisende" (dazu unten 9.3.2 a).

dd) Im öffentlichen Personenverkehr (auch im Nordseeinselverkehr und im Autoreisezug) – ausgenommen bei Fahrten in Sonderzügen und Sonderwagen – wird die **Begleitperson** des schwerbehinderten Menschen unentgeltlich befördert, wenn der Schwerbehindertenausweis das Merkzeichen „B" enthält (dazu oben a). Die Begleitperson fährt ohne Zuschlag in der gleichen Wagenklasse wie der schwerbehinderte Mensch.

d) Da wegen der Konstruktion der Verkehrsmittel und der Zugangsschwierigkeiten (z.B. Rolltreppen, Unterführungen) gerade Rollstuhlfahrer von ihrem Recht zur unentgeltlichen Beförderung kaum Gebrauch machen können, haben viele örtliche Sozialhilfeträger Fahrdienste eingerichtet oder finanziert und geben im Rahmen der Eingliederungshilfe (§§ 54 Abs. 1 SGB XII, 55 SGB IX) kostenlose **Fahrgutscheine** aus oder verlangen vom behinderten Menschen für die private Beförderung nur den Nahverkehrstarif. Die Fahrdienste sind regional ganz unterschiedlich geregelt, so dass man nähere Auskünfte beim jeweiligen Sozialamt einholen muss.

9.3.2 Sonderregelungen bei Deutscher Bahn und im Luftverkehr

a) Im Bereich der Deutschen Bahn gibt es unter bestimmten Voraussetzungen eine Reihe von Nachteilsausgleichen und Reiseerleichterungen (z.B. Benutzung der 1. Wagenklasse für Schwerkriegsbeschädigte mit Fahrschein für die 2. Klasse, unentgeltliche Beförderung von Rollstühlen, entgeltfreie Platzreservierungen, BahnCard 50 zum halben Preis (nur für schwerbehinderte Menschen mit einem GdB von mindestens 70), Bereitstellung von Parkplätzen an Bahnhöfen). Nähere Auskunft erteilen die Dienststellen der Deutschen Bahn. Eine gute Übersicht gibt die Broschüre „Mobil mit Handicap" der Deutschen Bahn (kostenlos erhältlich in größeren Bahnhöfen oder bei der Deutschen Bahn AG – Geschäftsbereich Fernverkehr, Stephensonstr. 1, 60326 Frankfurt/M.); eingehende Informationen können auch im Internet unter „www.bahn.de" eingesehen und heruntergeladen werden. Weiterhin kümmern sich die Kundenbetreuungsstellen der Bahnhöfe in Zusammenarbeit mit der Kontaktstelle für Behindertenfragen der Deutschen Bahn um die Anfragen von behinderten Reisenden. Einen

besonderen Service bietet die Deutsche Bahn für alle behinderten Menschen durch ihre Mobilitätszentrale (Tel.-Nr. 01805/512512) an.
Darüber hinaus bemüht sich die Deutsche Bahn, im Rahmen ihres Mobilitätsprogramms für Menschen mit Behinderungen z. B. um die Ausrüstung ihres Fuhrparks mit fahrzeuggebundenen Einstiegshilfen, um barrierefreie Kassenautomaten und um stufenfrei erreichbare Bahnhöfe.

b) Begleitpersonen von schwerbehinderten Ausweisinhabern mit dem Merkzeichen „B“ werden von der Deutschen Lufthansa auf **Inlandsflügen** unentgeltlich befördert, wobei der schwerbehinderte Passagier grundsätzlich den anwendbaren vollen Flugpreis entrichtet. Es besteht dabei für die Begleitperson eine volle Berechtigung zur Platzbuchung entsprechend dem Flugschein des zu begleitenden schwerbehinderten Passagiers. Schwerkriegsbeschädigten, Schwerwehrdienstbeschädigten der Bundeswehr und schwerbehinderten rassisch/politisch Verfolgten gewährt die Lufthansa auf Inlandflügen bestimmte Flugpreisermäßigungen. Nähere Auskünfte erteilt die Deutsche Lufthansa. Über Ermäßigung und Freiflug bei den einzelnen Fluggesellschaften informieren die Reisebüros; hilfreich ist auch die kostenlose Informationsbroschüre „Reisetipps für behinderte Fluggäste“, die über Reisebüros bzw. bei der Lufthansa erhältlich ist.
Die auch in Deutschland mit unmittelbarer Wirkung und in vollem Umfang geltende Verordnung (EG) Nr. 1107/2006 des Europäischen Parlaments und des Rates über die Rechte von behinderten Flugreisenden und Flugreisenden mit eingeschränkter Mobilität sieht vielfältige Rechte für den genannten Personenkreis vor, so z. B. eine Beförderungspflicht gegenüber diesen Personen (mit genau festgelegten Ausnahmen) sowie Erstattungsansprüche bei Verweigerung der Flugreise wegen der Behinderung. Allerdings gelten die Regelungen der Verordnung nur für Reisende, die von einem Flughafen der Europäischen Union abfliegen, dort ankommen oder ihn im Transit benutzen.

9.3.3 Führerschein

a) Bestehen wegen einer Behinderung (insbesondere aufgrund von ärztlichen oder medizinisch-psychologischen Gutachten) Bedenken gegen die Eignung zum Führen von Kraftfahrzeugen, so kann der Führerschein nach Erfüllung bestimmter **Bedingungen** und unter **Beschränkungen** und **Auflagen** erteilt werden (Einzelheiten sind in der Fahrerlaubnis-Verordnung geregelt, insbesondere in den §§ 2, 11 bis 14 mit Anlagen 4 und 6). Zu nennen sind insbesondere der Gebrauch eines bestimmten Fahrzeugtyps und der Einbau besonderer Bedienungseinrichtungen sowie die Pflicht zu regelmäßigen Kontrollen und Nachuntersuchungen. Im übrigen hat jeder Führerscheininhaber die Pflicht zur kritischen Selbstprüfung seiner Fahrtauglichkeit. Bei Personen mit mangelnder

„Freifahrt“ und/oder Kfz-Steuerermäßigung für schwerbehinderte Menschen

a) mit Bus, U- und S-Bahnen und Straßenbahnen sowie im Verkehrsverbund mit Eisenbahnen (2. Klasse) ohne km-Begrenzung im gesamten Bundesgebiet.

b) mit der Deutschen Bahn im Umkreis von 50 km um den Wohnsitz oder gewöhnlichen Aufenthalt auf im Streckenverzeichnis eingetragenen Strecken (in der 2. Klasse in Nahverkehrs-Regional-Bahnen (RB), Regionalexpress (RE) und S-Bahnen, InterRegio (IR). Bei Benutzung von IR-Zügen ist kein Zuschlag zu zahlen.

- Erforderliche Nachweise: Zu a) und b) Grün-/orangefarbener Schwerbehindertenausweis; außerdem Beiblatt mit Wertmarke und Streckenverzeichnis.
- Das Versorgungsamt gibt das Streckenverzeichnis und die Wertmarke auf Antrag aus. Kostenlos wird eine Wertmarke für ein Jahr herausgegeben, wenn schwerbehinderte Menschen Leistungen zur Sicherung des Lebensunterhalts nach dem SGB II, Leistungen der Grundsicherung nach dem SGB XII oder laufende Leistungen für den Lebensunterhalt nach dem SGB XII, dem SGB VIII oder den §§ 27a und 27d BVG erhalten.
- Für die Kraftfahrzeugsteuerermäßigung übersendet das Versorgungsamt auf schriftliche Anforderung dem Behinderten ein Beiblatt zum Schwerbehindertenausweis ohne Wertmarke und ein Antragsformular. Damit wird die Steuerermäßigung beim Finanzamt beantragt.

Für wen?	Mit Bahn und Bus	und/oder	Kfz-Steuerermäßigung
„gehbehindert“ G Gehörlose (Gl) auch ohne Merkzeichen G	Wertmarke 60 € für 1 Jahr Wertmarke 30 € für 1/2 Jahr	oder	50%
„außergewöhnlich gehbehindert“ aG	Wertmarke 60 € für 1 Jahr Wertmarke 30 € für 1/2 Jahr	und	100%
„hilflos“ H und/oder „blind“ Bl	Wertmarke kostenlos	und	100%
Kriegsbeschädigte und andere Versorgungsberechtigte nach dem Sozialen Entschädigungsrecht (MdE mind. 70% oder 50% und 60% mit G), die schon am 1.10.1979 freifahrtberechtigt waren oder gewesen wären, wenn sie nicht in der DDR gewohnt hätten.	Wertmarke kostenlos	und	100%
„ständige Begleitung“ B	Die Begleitperson kann ohne Kilometerbegrenzung frei fahren, auch wenn der schwerbehinderte Mensch selbst bezahlen muss.		

Krankheitseinsicht haben andere (z. B. Ärzte, Pfleger, Sozialarbeiter) das Recht, im Rahmen der vorbeugenden Gefahrenabwehr (§ 34 StGB: Rechtfertigender Notstand) die Straßenverkehrsbehörden zu unterrichten, die dann die **Begutachtung** des Kranken durch einen Sachverständigen veranlassen und ggf. einen Führerschein entziehen.
Die Gutachterstellen des TÜV beraten behinderte Menschen in allen mit der Benutzung eines Fahrzeugs zusammenhängenden Fragen. Weist ein behinderter Mensch in einem Antrag seine Bedürftigkeit nach, so sind die aufgrund der Behinderung erforderlichen Amtshandlungen, Prüfungen und Untersuchungen gebührenfrei oder ermäßigt.
Über „Epilepsie und Führerschein" und das Wichtigste zu den Begutachtungs-Leitlinien zur Kraftfahrereignung 2000 informiert die gleichnamige Broschüre des Epilepsie-Zentrums Bethel (Maraweg 21, 33617 Bielefeld).

b) Die Hilfen zum **Erwerb** des Führerscheins sind unter den Nrn. 6.4 d) und 6.7 b) aufgeführt.

c) Kinder und Jugendliche unter 15 Jahren dürfen sich im öffentlichen Verkehrsraum mit einem motorisierten Krankenfahrstuhl (z. B. Elektrorollstuhl) ohne besondere Genehmigung bewegen, wenn dieser Krankenfahrstuhl eine bauarttypische Höchstgeschwindigkeit von 10 km/h nicht überschreitet (§ 10 Abs. 3 Fahrerlaubnis-Verordnung).

9.3.4 Straßenverkehr (Parkerleichterungen usw.)
a) Sinn der Parkerleichterungen ist es, Wege, die nur mit außergewöhnlicher und großer Anstrengung zu Fuß zurückgelegt werden können, zu verkürzen. Parkerleichterungen räumt die Straßenverkehrsordnung (§§ 12, 41, 42, 46 Abs. 1 Nr. 11, 47 StVO und die Allgemeine Verwaltungsvorschrift zu § 46 Abs. 1 Nr. 11 StVO) schwerbehinderten Menschen mit **außergewöhnlicher Gehbehinderung** und **Blinden** ein, die auf ein Fahrzeug angewiesen sind. Außergewöhnlich gehbehindert (im Sinne dieser Allgemeinen Verwaltungsvorschrift) sind Personen, die wegen der Schwere ihrer Körperbehinderung beim Gehen in ihrer Fortbewegung auf das Schwerste eingeschränkt sind und sich deshalb dauernd nur mit fremder Hilfe oder nur mit großer Anstrengung außerhalb ihres Kraftfahrzeugs bewegen können (allein die Beeinträchtigung des Orientierungsvermögens – z. B. infolge geistiger Behinderung – genügt also nicht). Hierzu zählen: Querschnittsgelähmte, Doppeloberschenkelamputierte, Doppelunterschenkelamputierte, Hüftexartikulierte und einseitig Oberschenkelamputierte, die dauernd außerstande sind, ein Kunstbein zu tragen, oder nur eine Beckenkorbprothese tragen können oder zugleich unterschenkel- oder armamputiert sind sowie andere schwerbehinderte Menschen, die nach versor-

gungsärztlicher Feststellung, auch auf Grund von Erkrankungen, dem vorstehend angeführten Personenkreis gleichzustellen sind.
Bei der Prüfung einer solchen **Gleichstellung** gilt nach der Rechtsprechung des BSG Folgendes: Es ist nicht erforderlich, dass der Betroffene – wie etwa ein Querschnittsgelähmter – nahezu unfähig ist, sich fortzubewegen. Ausreichend ist vielmehr, dass er auch unter Einsatz orthopädischer Hilfsmittel praktisch von den ersten Schritten außerhalb seines Kfz nur mit fremder Hilfe oder mit großer Anstrengung gehen kann. Dabei läßt sich ein anspruchsausschließendes Restgehvermögen bei der erforderlichen Feststellung weder quantifizieren noch qualifizieren; eine in Metern ausgedrückte Wegstrecke taugt dazu grundsätzlich nicht. Entscheidend ist vielmehr, dass die Gehfähigkeit so stark eingeschränkt ist, dass es dem Betreffenden unzumutbar ist, längere Wege zu Fuß zurückzulegen.
Die genannten Personen dürfen im eingeschränkten Halteverbot bis zu 3 Stunden parken, müssen jedoch die Ankunftszeit durch eine Parkscheibe erkennbar machen. Im Zonenhalteverbot dürfen sie die zugelassene Parkdauer überschreiten und an Parkuhren gebührenfrei parken, sofern in zumutbarer Entfernung keine andere Parkmöglichkeit besteht.
Es ist ihnen außerdem erlaubt, in Fußgängerzonen während der Ladezeit zu parken; darüber hinaus können sie auf Parkplätzen für Anwohner bis zu 3 Stunden parken. Dies alles gilt freilich nur, sofern in zumutbarer Entfernung keine andere Parkmöglichkeit besteht. Das Land Rheinland-Pfalz hat (bislang als einziges Bundesland) auf der Grundlage einer ministeriellen Anweisung an die Versorgungsämter Parkerleichterungen auch für Personen mit besonders schweren Behinderungen, die nicht das Merkzeichen „aG" im Schwerbehindertenausweis haben, geschaffen. Auf Antrag können dort z. B. Stomaträger mit doppeltem Stoma (künstlicher Darmausgang und künstliche Harnableitung) Parkerleichterungen wie Personen mit dem Merkzeichen „aG" erhalten.
Der Berechtigte erhält dann einen mit dem Rollstuhlsymbol versehenen **Parkausweis,** den er immer gut sichtbar hinter der Windschutzscheibe anbringen muss. Führt er das Fahrzeug nicht selbst, wird im Parkausweis vermerkt, dass er für den – den Behinderten jeweils befördernden – Fahrer gilt. Die Ausnahmegenehmigung hat Gültigkeit für das gesamte Bundesgebiet und aufgrund eines internationalen Abkommens auch für das europäische Ausland und für die Türkei.

b) Sog. **Ohnhänder** (d. h. Personen ohne beide Hände bzw. bei denen die Funktion der Hände durch Verlust von Fingern, Versteifung oder Lähmungen so beeinträchtigt ist, dass sie Parkuhr oder Parkscheibe nicht bedienen können) sowie **Ohnarmer** (d. h. Personen ohne beide Arme) und **kleinwüchsige Menschen** (bis zu 1,39 m Körpergröße) werden von der Pflicht zur Zahlung der Parkgebühr und zur Verwendung der Parkscheibe ausgenommen.

Die Ausnahmegenehmigung muss bei der örtlichen Straßenverkehrsbehörde beantragt werden und wird in der Regel widerruflich für die Dauer von 2 Jahren, bei nicht mehr besserungsfähigen Behinderungen gleich unbefristet erteilt.

c) Für schwerbehinderte Menschen mit außergewöhnlicher Gehbehinderung (Merkzeichen „aG“) und für Blinde können **„persönliche“ Sonderparkplätze** eingerichtet werden, z.B. vor der Wohnung oder in der Nähe der Arbeitsstätte; diese Parkplätze werden dann entsprechend beschildert (z.B. mit dem Zusatzschild: „(Rollstuhlfahrersymbol) mit Parkausweis Nr. ... “). Auskünfte erteilen die örtlich zuständigen Straßenverkehrsbehörden.

d) Seit dem 1.1.2001 kann der **EU-Parkausweis** für behinderte Menschen an die berechtigten Personenkreise ausgegeben werden. Damit wurde ein in den Mitgliedstaaten der EU und des EWR einheitliches neues Muster des Parkausweises für behinderte Menschen eingeführt. Seitdem sind nur noch diese neuen Ausweise ,,plastifiziert“ von den Straßenverkehrsbehörden an die berechtigten Personen (außergewöhnlich Gehbehinderte und Blinde) auszustellen.
Außerdem wurde von den Behörden der EU- und EWR-Mitgliedstaaten ein dazugehöriges amtliches Merkblatt entwickelt, das die Parkvergünstigungen für behinderte Menschen in den Mitgliedstaaten im Einzelnen erläutert. Das Merkblatt enthält ausklappbare Umschlagseiten mit Erläuterungstexten in den verschiedenen Sprachen. Dieses Merkblatt soll beim Parken in anderen europäischen Staaten neben dem Ausweis im vorderen Teil des Fahrzeugs gut sichtbar ausgelegt werden, damit Kontrollpersonen in den einzelnen Ländern in ihrer Landessprache nachlesen können, welche Parkvergünstigungen der EU-Parkausweis für Behinderte gewährt.

e) Ausgenommen von der **Gurtanlege- und Schutzhelmtragepflicht** (die in § 21a Abs. 1 StVO geregelt ist) sind Personen, bei denen das Anlegen der Gurte oder das Tragen eines Schutzhelms aus gesundheitlichen Gründen nicht möglich ist; von der Gurtanlegepflicht sind ferner befreit Personen, deren Körpergröße weniger als 150 cm beträgt. Über Einzelheiten informieren die örtlich zuständigen Straßenverkehrsbehörden. Voraussetzung dabei ist, dass die gesundheitlichen Gründe für die Ausnahme von der Gurtanlege- und Schutzhelmtragepflicht durch eine ärztliche Bescheinigung nachgewiesen wird (§ 46 Abs. 1 Nr. 5 b) StVO).

f) Behinderte Kinder dürfen in Abweichung von § 21a Abs. 1a StVO auf Vordersitzen von Kraftfahrzeugen mit besonderen Rückhalteeinrichtungen mitgenommen werden, wenn in einer auf den Namen des Kindes ausgestellten ärztlichen Bescheinigung bestätigt wird, dass anstelle einer bauartgenehmigten

Rückhalteeinrichtung nur eine besondere Rückhalteeinrichtung verwendet werden kann (die ärztliche Bescheinigung, die nicht älter als 4 Jahre alt sein darf, ist mitzuführen; vgl. § 2 der 3. VO über Ausnahmen von straßenverkehrsrechtlichen Vorschriften). Über Einzelheiten informieren die örtlich zuständigen Straßenverkehrsbehörden.

9.3.5 Kraftfahrzeughaftpflicht- und andere Versicherungen; Rabatt bei Autokauf

a) Nachdem im Jahr 1993 die Freigabe der Kfz-Kaskotarife und im Jahr 1994 die Freigabe der Kfz-Haftpflichttarife durch das Bundesversicherungsamt erfolgte, muss der bis dahin in diesen Tarifen vorgesehene Beitragsnachlaß in Höhe von 25 % für behinderte Menschen, die von der Kfz-Steuer befreit waren, nicht mehr gewährt werden. Es steht den Versicherungen aber frei, diese Nachlässe auch weiterhin zu gewähren. Nähere Auskünfte erteilen die einzelnen Versicherungsgesellschaften.

b) **Elektrorollstühle** sind prämienfrei in die Privathaftpflichtversicherung eingeschlossen und unterliegen keiner Versicherungspflicht, sofern sie eine Höchstgeschwindigkeit von 6 km/h nicht überschreiten.

c) Im Rahmen der **privaten Unfallversicherung** sind „Geisteskranke“ und „dauernd pflegebedürftige Personen“ nach den meisten Allgemeinen Unfallversicherungs-Bedingungen (AUB) nicht versicherbar und nicht versichert. Dies bedeutet: Die Versicherungsunternehmen können zum einen den Abschluss einer privaten Unfallversicherung mit diesen Personen verweigern; zum anderen entfällt der Unfallversicherungsschutz automatisch, sobald der Versicherte geisteskrank oder dauernd pflegebedürftig wird (und dies, obwohl der Betroffene Versicherungsprämien an das Versicherungsunternehmen gezahlt hat; insofern sollte man sich den Abschluss einer solchen Versicherung sehr genau überlegen).
Eine (rühmliche) Ausnahme macht hier z.B. die „Bruderhilfe und Familienfürsorge“ (Doktorweg 2–4, 32756 Detmold, Tel. 0521/9149613, Internet: www.bruderhilfe.de), ein „Versicherer im Raum der Kirchen“, der eine Unfallversicherung anbietet, die auch für geistig behinderte Menschen Gültigkeit hat.

d) In der **Kraftfahrzeugversicherung** sind die Unfälle vom Versicherungsschutz ausgenommen, die z.B. **infolge** von Geisteskrankheit oder schwerem Nervenleiden, infolge von Schlaganfällen, epileptischen Anfällen und anderen, den ganzen Körper erfassenden Anfällen verursacht wurden. Der Ausschluss gilt allerdings dann nicht, wenn diese Leiden erst durch den Unfall eingetreten sind und vor dem Unfall nicht vorgelegen hatten (vgl. dazu die Allgemeinen Bedingungen für die Kraftverkehrsversicherung).

e) Die Aufnahme behinderter Menschen in eine **Lebensversicherung** ist meist mit einem risikoausgleichenden Beitragszuschlag verbunden, während nach Vertragsabschluss auftretende Behinderungen ohne Einfluss auf Beitragshöhe und Bestand der Versicherung bleiben.

f) Einige der großen Automobilkonzerne (z.B. Ford, VW, Opel) empfehlen ihren Händlern **Rabatte** für schwerbehinderte Menschen beim **Kauf eines Neuwagens.** Die Höhe dieser Rabatte beträgt – je nach Konzern unterschiedlich – zwischen 15 und 20 %. Vorausgesetzt wird die Vorlage eines Schwerbehindertenausweises mit einem Grad der Behinderung von mindestens 50 und den Merkzeichen G, aG, B, Bl oder H. Bei VW bekommen diesen Preisnachlass auch Eltern schwerbehinderter Kinder sowie Erwachsene, die wegen ihrer Behinderung keinen PKW führen dürfen. Der Rabatt wird im übrigen unabhängig davon gewährt, ob der Kauf eines neuen PKW staatlich gefördert wird (z.B. im Rahmen der KfzHV, vgl. oben 6.4 g) dd).

9.3.6 Fahrtkosten behinderter Schüler Für die Übernahme von Fahrtkosten behinderter Schüler von der Wohnung zur Schule und zurück (für öffentliche Verkehrsmittel, u.U. auch für Beförderung mit Privatfahrzeugen der Erziehungsberechtigten oder Dritter sowie für Fahrtkosten einer Begleitperson) haben die Bundesländer besondere Regelungen erlassen. Nähere Auskünfte erteilen die Schulträger bzw. die Schulämter der Gemeinden.

9.4 Steuern

a) Das Steuerrecht, zu dem seit dem 1.1.1996 auch Regelungen über das Kindergeld gehören (unten 11.2), ist unter anderem auch ein Instrument der Sozialpolitik und mit seinen Bestimmungen über Pauschbeträge für behinderte Menschen und Steuerbefreiungen für besonders belastete Personengruppen den sozialstaatlichen Ausgleichssystemen zuzurechnen (s. Schema Nr. 1.3). Steuerliche Vergünstigungen werden nur auf **Antrag** gewährt. Die Behinderung muss dem Finanzamt bei Abgabe der Einkommen-Steuererklärung nachgewiesen werden,

1. für behinderte Menschen, deren Grad der Behinderung auf mindestens 50 festgestellt ist, durch einen Ausweis nach dem (früheren) Schwerbehindertengesetz bzw. nach dem SGB IX (seit 1.7.2001) oder durch einen Bescheid der für die Durchführung des Bundesversorgungsgesetzes zuständigen Behörde,
2. für behinderte Menschen, deren Grad der Behinderung auf weniger als 50, aber mindestens 25 festgestellt ist,

(a) durch eine Bescheinigung der für die Durchführung des Bundesversorgungsgesetzes zuständigen Behörden aufgrund eines Feststellungsbescheides nach § 4 Abs. 1 SchwbG/§ 69 SGB IX oder
(b) wenn ihnen wegen ihrer Behinderung nach den gesetzlichen Vorschriften Renten oder andere laufende Bezüge zustehen, durch den Rentenbescheid oder den entsprechenden Bescheid.
Die Bescheinigung nach Nr. 2 Buchstabe a muss eine Äußerung darüber enthalten, ob die Behinderung zu einer dauernden Einbuße der körperlichen Beweglichkeit geführt hat oder auf einer typischen Berufskrankheit beruht.
Die Behinderung, deren Grad und Beginn können auch durch ein ärztliches Gutachten nachgewiesen werden (BFH 16.4.2002 – VIII R 62/99).

b) Das Finanzamt erkennt den jeweils **höchsten Grad** der Behinderung an, selbst wenn der Grad der Behinderung innerhalb eines Jahres gewechselt hat.

c) Wird die Behinderung erst nachträglich festgestellt und anerkannt, so stellt der Bescheid des Versorgungsamtes oder der anderen dafür zuständigen Behörden einen Grundlagenbescheid für das Finanzamt dar, aufgrund dessen auch schon bestands- oder rechtskräftige Steuerbescheide geändert und überbezahlte Steuerbeträge zurückerstattet werden müssen. Der Grundlagenbescheid sollte aber unverzüglich dem Finanzamt vorgelegt werden, weil eine Änderung des Steuerbescheids nur innerhalb einer Frist von 2 Jahren nach Bekanntgabe des Grundlagenbescheids zulässig ist.

9.4.1 Einkommen- und Lohnsteuer

a) Die mit einer Behinderung verbundenen **außergewöhnlichen Belastungen** werden entweder durch den Gesamtbetrag der Einkünfte steuermindernde **Pauschbeträge** (§ 33b Einkommensteuergesetz – EStG) oder durch den konkreten Nachweis der tatsächlichen höheren Aufwendungen abgegolten (§ 33 EStG; siehe auch unter 9.4.1. g (3). Als Pauschbeträge werden gewährt bei einem Grad der Behinderung

von 25 und 30	310,– €
von 35 und 40	430,– €
von 45 und 50	570,– €
von 55 und 60	720,– €
von 65 und 70	890,– €
von 75 und 80	1.060,– €
von 85 und 90	1.230,– €
von 95 und 100	1.420,– €

Für behinderte Menschen, die infolge ihrer Behinderung **hilflos** sind („H" im Schwerbehindertenausweis), d.h.

- wenn sie für eine Reihe von häufig und regelmäßig wiederkehrender Verrichtungen zur Sicherung ihrer persönlichen Existenz im Ablauf eines jeden Tages fremder Hilfe dauernd bedürfen, oder
- die Hilfe in Form einer Überwachung oder einer Anleitung zu den genannten Verrichtungen erforderlich ist oder wenn die Hilfe zwar nicht dauernd geleistet werden muss, jedoch eine ständige Bereitschaft zur Hilfeleistung erforderlich ist,

erhöht sich der Pauschbetrag auf 3.700,– €. Diese Erhöhung gilt auch für Blinde (§ 33b Abs. 3 EStG).

Anstelle des Pauschbetrages können behinderte Menschen auch sämtliche behinderungsbedingten Mehraufwendungen als außergewöhnliche Belastungen geltend machen. Die Aufwendungen sind dann jedoch **einzeln nachzuweisen** oder glaubhaft zu machen. Außerdem müssen sich die Steuerpflichtigen in diesem Fall eine sogenannte „zumutbare Eigenbelastung" anrechnen lassen. Diese ist nach der Höhe der Einkünfte, dem Familienstand sowie der Zahl der berücksichtigungsfähigen Kinder gestaffelt und beträgt zwischen 1 und 7 Prozent des Gesamtbetrags der Einkünfte. Steuerlich lohnt es sich also nur dann, die tatsächlichen Aufwendungen geltend zu machen, wenn diese nach Kürzung um die zumutbare Belastung noch höher sind als der jeweils maßgebliche Pauschbetrag. Die Erfahrung hat gezeigt, dass die Geltendmachung der **Pauschbeträge** in der Regel **günstiger** und vor allem praktikabler ist.
Die Pauschbeträge für behinderte Menschen sind seit dem Jahr 1975 nicht erhöht worden. Die wiederholt von verschiedenen Behindertenverbänden vorgetragene Forderung nach einer Anhebung der Pauschbeträge wurden von den jeweiligen Bundesregierungen immer wieder mit dem Hinweis abgelehnt, dass eine Anhebung nicht erforderlich sei.
Der Ansatz der Pauschbeträge dient nicht dem Ausgleich ideeller Nachteile. Das Einkommensteuerrecht versucht vielmehr zur Abbildung der individuellen Leistungsfähigkeit, in begründeten Fällen tatsächlich bestehende finanzielle Belastungen des Einzelnen zu mildern, indem es den Abzug bestimmter Aufwendungen bei der Ermittlung des zu versteuernden Einkommens zulässt. Bei der Festlegung der Höhe dieser Beträge hat der Gesetzgeber immer genau zwischen dem Grundsatz der Gleichmäßigkeit der Besteuerung und etwaigen Vereinfachungsvorteilen abzuwägen.

b) Durch den Pauschbetrag für behinderte Menschen werden steuerlich die außergewöhnlichen Belastungen abgegolten, die einem behinderten Menschen typischerweise infolge seiner Behinderung erwachsen. Dazu zählen z.B. die

Kosten für erhöhten Wäscheverbrauch, Kosten für behinderungsbedingte Heilbehandlungen und Aufwendungen für die Beschäftigung einer ambulanten Pflegekraft.
Zusätzlich zum Pauschbetrag können Menschen mit Behinderung außerdem noch folgende Aufwendungen gesondert steuerlich geltend machen:

aa) **Erhöhte Werbungskosten** bei den Einkünften aus nichtselbständiger Arbeit: Der schwerbehinderte Mensch, der als Arbeiter, Angestellter oder Beamter Einkünfte aus nichtselbständiger Arbeit bezieht, kann in seiner Einkommenssteuererklärung wie jeder nichtbehinderte Bundesbürger Werbungskosten, z.B. Aufwendungen für Fahrten zwischen Wohnung und Arbeitsstätte mit eigenem Pkw, geltend machen. Beträgt der Grad der Behinderung mindestens 70, so kann er 0,30 € pro **gefahrenen Kilometer** zwischen Wohnung und Arbeitsstätte geltend machen. Das Gleiche gilt, wenn der Grad der Behinderung mindestes 50 beträgt und außerdem eine erhebliche Gehbehinderung (Merkzeichen „G“ oder „aG“ im Schwerbehindertenausweis) vorliegt. Ist der behinderte Mensch infolge seiner Behinderung nicht in der Lage, selbst zu fahren, sondern wird er von seinem Ehepartner, Bekannten oder Freunden zur Arbeitsstätte gefahren und von dort auch wieder abgeholt, so kann er auch die so genannten Leerfahrten, also die Fahrten, die der Fahrer allein von der Arbeitsstätte nach Hause und am Abend wieder allein zur Arbeitsstätte fährt, mit dem Betrag von 0,30 € pro gefahrenen Kilometer als Werbungskosten geltend machen.
Liegen die konkreten Fahrtkosten über 0,30 € pro gefahrenen Kilometer, so können die tatsächlichen Kosten geltend gemacht werden. Dazu ist allerdings Voraussetzung, dass dem Finanzamt die Jahreskilometerleistung des Fahrzeugs und die gesamten mit dem Betrieb des Fahrzeugs angefallenen Kosten nachgewiesen werden (§ 9 Abs. 2 EStG).

Hinweis: Die Einschränkungen bei der steuerlichen Berücksichtigung von Wegen zwischen Wohnung und Arbeitsstätte durch das Steueränderungsgesetz 2007 gelten nicht für den oben genannten Personenkreis der schwerbehinderten Menschen. Diese können weiterhin für ihre Fahrten zwischen Wohnung und Arbeitsstätte die tatsächlichen Aufwendungen oder den oben genannten Kilometersatz steuerlich geltend machen. Der steuerliche Nachteilsausgleich wird also wie bisher ab dem ersten gefahrenen Kilometer und nicht erst ab dem einundzwanzigsten Kilometer gewährt.

bb) Der behinderte Mensch, der selbst, dessen Ehegatte, dessen Kind oder eine andere zu seinem Haushalt gehörende unterhaltene Person einen Grad der Behinderung von mindestens 50 aufweisen, können die tatsächlichen Aufwendungen für eine **Haushaltsgehilfin/Haushaltshilfe** bis zu einer Höhe von 924,– € im Jahr absetzen. Hierunter fallen vor allem Personen, die im Haushalt bei hauswirtschaftlichen Arbeiten helfen, z.B. die typische Putz- oder Aufwartefrau. Zu denken wäre aber auch an die Aufwendungen für einen selbstständigen Fensterputzer, der bei dem behinderten Menschen die Fenster putzt. Für jeden vollen Kalendermonat, in dem diese Voraussetzungen nicht vorgelegen haben, ermäßigt sich der Betrag von 924,– € um je 1/12. Diese Vorschrift des § 33a Abs. 3 Satz 1 Nr. 2 EStG hat aber an Bedeutung verloren, weil die Finanzämter zunehmend dazu übergehen, die Beschäftigung einer Haushaltshilfe als Arbeitsverhältnis anzusehen. Sie fordern dann nachträglich Lohnsteuer bzw. zumindest Lohnsteuerpauschbeträge nach. Außerdem müssen die Vorschriften für die sog. geringfügige Beschäftigung (s. oben) eingehalten werden. Nimmt der behinderte Mensch z.B. Leistungen einer Sozialstation für die **hauswirtschaftliche Versorgung** in Anspruch, kann er diese Kosten geltend machen und muss hierfür keine Steuern und Sozialversicherungsbeiträge bezahlen, da diese im Rahmen des Beschäftigungsverhältnisses von der Sozialstation entrichtet werden.

cc) Erwachsen einem Steuerpflichtigen wegen der Unterbringung in einem **Heim** Aufwendungen, die Kosten für Dienstleistungen enthalten, die mit denen einer Hilfe im Haushalt vergleichbar sind, so kann er 624,– € pro Jahr geltend machen, wenn er oder sein nicht dauernd getrennt lebender Ehegatte in einem Heim untergebracht ist. Erfolgt die Unterbringung **zur dauernden Pflege,** so kann er unter diesen Voraussetzungen 924,– € pro Jahr geltend machen (§ 33a Abs. 3 Satz 2 EStG). Auch hier ermäßigen sich die genannten Beträge um je 1/12 pro Monat, in dem die Voraussetzungen nicht vorgelegen haben.

dd) Andere außergewöhnliche Belastungen

(1) Kraftfahrzeugkosten für Privatfahrten

Werden bei behinderten Menschen, bei denen ein Grad der Behinderung von mindestens 80 festgestellt ist, aufgrund der Behinderung Privatfahrten mit dem Pkw erforderlich (die nicht Werbungskosten darstellen, s. 9.1.4. b) aa), können diese Aufwendungen in angemessenem Rahmen als außergewöhnliche Belastungen neben dem Pauschbetrag berücksichtigt werden. Das Gleiche gilt bei behinderten Menschen, bei denen der GdB mindestens 70 beträgt und bei denen darüber hinaus eine Geh- und Stehbehinderung (als Nachweis gilt insoweit das Merkzeichen „G“ im Schwerbehindertenausweis) festgestellt ist. Als angemessen betrachten die Finanzbehörden im Allgemeinen einen Aufwand von Privatfahrten von insgesamt 3.000 km jährlich. Da ein Kilometersatz von 0,30 € zugrunde gelegt wird, ergibt sich ein steuerlich berücksichtigungsfähiger

Aufwand von 900,– € im Jahr. Eine höhere Fahrleistung als 3.000 km im Jahr kann nur anerkannt werden, wenn die Fahrten durch die Behinderung verursacht sind und dies z.B. anhand eines Fahrtenbuchs nachgewiesen wird. Als behinderungsbedingt gelten in jedem Fall Fahrten zum Arzt, zu Therapiemaßnahmen, zur WfbM oder zu Behörden.
Behinderte Menschen, die außergewöhnlich gehbehindert (Merkzeichen „aG"), blind (Merkzeichen „Bl") oder hilflos (Merkzeichen „H") sind, können sämtliche durch ein Fahrtenbuch oder Aufzeichnungen belegte Kosten für Privatfahrten (also auch Urlaubs-, Freizeit- oder Besuchsfahrten) in angemessenem Rahmen als außergewöhnliche Belastung geltend machen. Als angemessen werden in der Regel höchstens 15.000 km pro Jahr anerkannt.

(2) Krankheitskosten

Außerordentliche, durch einen akuten Anlass verursachte Krankheitskosten (z.B. die Kosten einer Operation) können neben dem Behindertenpauschbetrag berücksichtigt werden. Laufende und mit der Behinderung typischerweise verbundene Krankheitskosten (z.B. für Medikamente, die aufgrund der Behinderung benötigt werden) sind hingegen mit dem Behindertenpauschbetrag abgegolten. Bei Hilfsmitteln, die nicht ausschließlich von Kranken benutzt werden (z.B. Liegesessel) und wissenschaftlich nicht anerkannten Behandlungsmethoden (z.B. Frischzellentherapie) muss die medizinische Notwendigkeit der Aufwendung durch ein vor dem Kauf bzw. vor Beginn der Behandlung eingeholtes amtsärztliches Attest nachgewiesen werden.

(3) Kurkosten

Kosten für eine Kur können berücksichtigt werden, wenn ein Amts- oder Vertrauensarzt die Notwendigkeit der Kur vor deren Antritt bestätigt. Außerdem muss sich der behinderte Mensch am Kurort in ärztliche Behandlung begeben.

(4) Aufwendungen für eine fremde Begleitperson

Behinderte Menschen, die auf eine ständige Begleitung angewiesen sind (Merkzeichen „B" im Schwerbehindertenausweis), können die Kosten, die ihnen für eine fremde Begleitperson im Urlaub entstehen, in angemessener Höhe als außergewöhnliche Belastungen geltend machen (BFH 4.7.2002 – III R 58/98).

(5) Kosten für die behindertengerechte Ausstattung von Wohnungen und Häusern

Kosten für den behindertengerechten Umbau von Wohnungen und Häusern (Einbau breiterer Türen, größerer Bäder oder Fahrstühle) können grundsätzlich nicht als außergewöhnliche Belastungen anerkannt werden. Lediglich Aufwendungen für medizinische Hilfsmittel im engeren Sinne (z.B. für einen Trep-

penschräglift oder Hebeeinrichtungen in Badewannen) sind steuerlich berücksichtigungsfähig (BFH 10.10.1996 und 6.2.1997 in BStBl. II 1997, S. 491, 607).
Bei sämtlichen unter dd) aufgeführten außergewöhnlichen Belastungen muss sich der Steuerpflichtige die sogenannte zumutbare Eigenbelastung anrechnen lassen. Deren Höhe richtet sich nach dem Einkommen und dem Familienstand des Steuerpflichtigen. Mit folgender Tabelle kann die zumutbare Eigenbelastung berechnet werden:

bei einem Gesamtbetrag der Einkünfte	bis 15.340,– €	über 15.340,– € bis 51.130,– €	über 51.130,– €
1. bei Steuerpflichtigen, die keine Kinder haben und bei denen die Einkommensteuer			
a) nach § 32a Abs.1 EStG	5	6	7
b) nach § 32a Abs.5 oder 6 EStG (Splitting-Verfahren)	4	5	6
zu berechnen ist;			
2. bei Steuerpflichtigen mit			
a) einem Kind oder zwei Kindern	2	3	4
b) drei oder mehr Kindern	1	1	2
	vom Hundert des Gesamtbetrages der Einkünfte.		

Als Kinder des Steuerpflichtigen zählen die Personen, für die er einen Kinderfreibetrag oder Kindergeld erhält.
Behinderte Menschen, die einkommen- oder lohnsteuerpflichtig sind, sollten die Pauschbeträge, evtl. anfallende höhere Werbungskosten, Sonderausgaben und außergewöhnliche Belastungen schon auf der **Lohnsteuerkarte** mit einem Antrag auf Lohnsteuerermäßigung durch das Finanzamt eintragen oder bei den Einkommensteuervorauszahlungen berücksichtigen lassen.
c) Steuerpflichtige, die einen behinderten Menschen pflegen, können die hierfür anfallenden Aufwendungen als außergewöhnliche Belastungen steuerlich geltend machen. Ist die pflegebedürftige Person nicht nur vorübergehend hilflos (Merkzeichen „H“ im Behindertenausweis oder Pflegestufe III nach dem SGB XI), kann anstelle der tatsächlichen Pflegeaufwendungen ein **Pflegepauschbetrag** in Höhe von 924,– € im Kalenderjahr in Anspruch genommen werden. Voraussetzung ist, dass die Pflege persönlich in der eigenen Wohnung oder der Wohnung des Pflegebedürftigen durchgeführt wird

und der Steuerpflichtige hierfür keine Einnahmen erhält. Zu den Einnahmen zählt auch das Pflegegeld, das der Pflegebedürftige von seiner Pflegeversicherung erhält und an den Steuerpflichtigen zur eigenen Verfügung weitergibt. Etwas anderes gilt, wenn das Pflegegeld von der Pflegeperson lediglich treuhänderisch für den Pflegebedürftigen verwaltet wird, um damit Aufwendungen des Pflegebedürftigen zu bestreiten. In diesem Fall muss die Pflegeperson die konkrete Verwendung des Pflegegeldes nachweisen und ggf. nachträglich noch eine Vermögenstrennung durchführen (BFH 21.3.2002 – III R 42/00). Wird ein Pflegebedürftiger von mehreren Pflegepersonen gepflegt, wird der Pauschbetrag von 924,– € nach der Zahl der Pflegepersonen geteilt. Eingehende Informationen zur steuerrechtlichen Berücksichtigung von Pflegekosten (mit Berechnungsbeispielen) finden sich in Heft 5/2005 der Zeitschrift „Finanztest“.

9.4.2 Vermögens-, Erbschafts-(Schenkungs-) und andere Steuer

a) Das Bundesverfassungsgericht hat Teile des Vermögensteuergesetzes für verfassungswidrig erklärt. Das Gesetz wurde zwar nicht aufgehoben, aber es wird nicht mehr angewendet, so dass seit dem 1.1.1997 **keine Vermögensteuer** mehr zu bezahlen ist.

b) Eine **Schenkung** an Eltern, Adoptiveltern, Stiefeltern oder Großeltern des Schenkers bleibt steuerfrei, wenn sie zusammen mit dem Vermögen des Erwerbers 41.000,– € nicht übersteigt und der Erwerber infolge körperlicher oder geistiger Gebrechen erwerbsunfähig ist oder durch die Führung eines gemeinsamen Hausstandes mit erwerbsunfähigen Kindern oder Enkelkindern an der Ausübung der Erwerbstätigkeit gehindert ist (§ 13 Abs. 1 Nr. 6 Erbschaftsteuergesetz – ErbStG).
Schenkungssteuerfrei bleibt auch ein sonst steuerpflichtiger Erwerb bis zu 5.200,– €, den Personen erhalten, die dem Schenkenden unentgeltlich oder gegen unzureichendes Entgelt Pflege oder Unterhalt gewährt haben, so weit das Zugewendete als angemessenes Entgelt anzusehen ist (§ 13 Abs. 1 Nr. 9 ErbStG).

c) **Umsatzsteuer:** Von der Umsatzsteuer befreit sind Umsätze blinder Unternehmer, die nicht mehr als zwei Arbeitnehmer beschäftigen (§ 4 Nr. 19a Umsatzsteuergesetz).

d) **Hundesteuer:** Sie ist eine Kommunalsteuer. In vielen Gemeinden wird für blinde, gehörlose oder hilflose Menschen die Steuer dann ganz oder teilweise erlassen, wenn der behinderte Mensch auf den Schutz eines Hundes angewiesen ist.

9.4.3 Kraftfahrzeugsteuer / Befreiungen oder Ermäßigungen

a) Personen, deren Schwerbehindertenausweis die Merkzeichen „aG", „H" oder „Bl" trägt, werden von der Kraftfahrzeugsteuer befreit. Schwerbehinderte Menschen, in deren Ausweis „G" oder „Gl" vermerkt ist, können eine Steuerermäßigung von 50 % beantragen, wenn sie auf die unentgeltliche Beförderung im Nahverkehr verzichten. Die Steuervergünstigungen gelten für alle Arten von Personenkraftwagen und werden auch für Spezialkraftfahrzeuge und Wohnmobile gewährt, wenn der behinderte Mensch aufgrund seiner Behinderung auf die Benutzung dieser Fahrzeuge angewiesen oder das Wohnmobil sein einziges Beförderungsmittel ist. Die Fahrzeuge müssen auf den behinderten Menschen, der auch ein geschäftsunfähiges Kind sein kann, zugelassen worden sein. Die Kraftfahrzeugsteuerbefreiung oder teilweise Befreiung wird auf dem Kraftfahrzeugschein eingetragen. Das Fahrzeug darf nicht mehr für die Beförderung von Gütern – ausgenommen Handgepäck –, zur entgeltlichen Beförderung von Personen – ausgenommen gelegentliche Mitbeförderung – oder durch andere Personen zu Fahrten benutzt werden, die nicht im Zusammenhang mit der Fortbewegung oder der Haushaltsführung des behinderten Menschen stehen. Das gelegentliche Mitführen eines Wohnwagenanhängers und die gelegentliche Beförderung von Sportgeräten wird nicht als steuerschädlich betrachtet (§ 3a Kraftfahrzeugsteuergesetz).

b) Der ADAC gewährt schwerbehinderten Menchen eine Beitragsermäßigung von 25%. Dies gilt auch für andere Automobilclubs. Hilfreich sind die Merkblätter, die der ADAC für behinderte Menschen herausgibt.

9.5 Hinweis auf Literatur und Broschüren Zu Steuererleichterungen für behinderte Menschen gibt es eine Reihe von Informationsbroschüren, z. B.

- speziell für Eltern mit behinderten Kindern: **Katja Kruse,** Steuermerkblatt für Familien mit behinderten Kindern 2006/2007, abrufbar im Internet unter „www.bvkm.de", dort unter dem Link „Steuermerkblatt".
- einige **Landesfinanzminister** geben Steuertipps für behinderte Mitbürger heraus. Wenden Sie sich an die Presse- und Informationsreferate Ihres Landesfinanzministers (z. B. an das Bayerische Staatsministerium der Finanzen – Presse und Öffentlichkeitsarbeit –, Odeonsplatz 4, 80539 München).
- im Übrigen größere Sozialhilfeträger (z. B. Landschaftsverbände) und viele Bundesverbände der Behindertenorganisationen.

Hilfreich sind auch alle Kommentare zum Einkommensteuergesetz, s. dort die Kommentierungen zu den §§ 9 Abs. 2, 10, 33a und 33b EStG.

Einschlägige Hinweise finden sich auch in den im **Anhang I bis III** genannten Publikationen.

9.6 Wohnen und Bauen

9.6.1 Behindertengerechtes Wohnen und Bauen

a) **Hilfen zur Beschaffung und Erhaltung einer behinderungsgerechten Wohnung** werden von unterschiedlichen Trägern gewährt (ihre Zuständigkeit richtet sich nach den Faustregeln oben auf S. 133):

- In der gesetzlichen **Unfallversicherung**: Wohnungshilfe gemäß § 41 SGB VII mit entsprechenden Richtlinien (nach § 41 Abs. 1 SGB VII als Bestandteil der Teilnahme am Leben in der Gemeinschaft, nach § 41 Abs. 2 SGB VII als Bestandteil der Teilhabe am Arbeitsleben). Zu dieser Wohnungshilfe gehört z.B. der behindertengerechte Um- und Ausbau der Wohnung.
- In der gesetzlichen **Rentenversicherung**: Wohnungshilfe nach § 16 SGB VI, § 33 Abs. 8 Nr. 6 SGB IX als Leistung zur Teilhabe am Arbeitsleben (d.h. es muss ein unmittelbarer Bezug zur beruflichen Eingliederung bestehen).
- In der **Arbeitsverwaltung** (Agentur für Arbeit) und bei den zugelassenen kommunalen Trägern (§ 6a SGB II): Wohnungshilfe nach § 33 Abs. 8 Nr. 6 SGB IX (wie in der gesetzlichen Rentenversicherung als Leistung zur Teilhabe am Arbeitsleben). Die Agenturen für Arbeit und die Rentenversicherungsträger bewilligen Wohnungshilfen deshalb nur für Maßnahmen, die den Zugang zur Wohnung sicherstellen, damit der behinderte Mensch überhaupt einer sozialversicherungspflichtigen Erwerbstätigkeit nachgehen kann. Außerdem werden diese Hilfen grundsätzlich nur in engem zeitlichen und sachlichen Zusammenhang mit vorangegangenen Leistungen zur Teilhabe am Arbeitsleben (z.B. einer Umschulung) erbracht.
- Durch die **Integrationsämter (für schwerbehinderte Menschen):** Wohnungsfürsorge nach § 22 SchwbAV (mit entsprechenden Richtlinien), freilich nachrangig gegenüber den Wohnungshilfen der Unfallversicherung, der Arbeitsverwaltung und der Rentenversicherung.
- In der **Pflegeversicherung**: Zuschüsse zur Verbesserung des Wohnumfelds nach § 40 Abs. 4 SGB XI (dazu oben 7.1.6 f).
- In der **Kriegsopferversorgung** (und in sonstigen Regelungen des sozialen Entschädigungsrechts, die auf das BVG verweisen; dazu oben S. 30): Wohnungshilfe als Leistung zur Teilhabe am Arbeitsleben nach § 26 Abs. 1 BVG, § 33 Abs. 8 Nr. 6 SGB IX; in der **Kriegsopferfürsorge**: die Wohnungshilfe nach § 27c BVG als Leistung der sozialen Rehabilitation.
- In der **Sozialhilfe**: Hilfe zur Beschaffung und Erhaltung einer Wohnung, die den besonderen Bedürfnissen des Behinderten entspricht (nach § 54 Abs. 1 S. 1 SGB XII, § 55 Abs. 2 Nr. 5 SGB IX; dazu oben 6.6. c) bb), als Leistung zur sozialen Eingliederung).

b) Eine für **behinderte Mieter** bemerkenswerte Entscheidung hat in diesem Zusammenhang das Bundesverfassungsgericht gefällt: Danach darf der Vermieter den Einbau eines Treppenlifts in sein Haus nicht prinzipiell ablehnen, wenn der Mieter mit einer behinderten Person zusammenlebt und die Kosten für den Lift übernehmen will. Damit gab das Gericht einem Mieter recht, der für seine querschnittsgelähmte Lebensgefährtin auf eigene Kosten einen elektrischen Treppenlift einbauen wollte, damit er sie nicht mehr täglich durch das Treppenhaus tragen muss. Der Mieter bot zudem an, den Lift wieder auszubauen, wenn er aus der Wohnung auszieht. Mehrere Einwände des Vermieters, darunter der Einwand, es gebe auch behindertengerechte Wohnungen auf dem Markt, ließen die Richter nicht gelten. Ein Umzug könne dem Mieter nicht zugemutet werden, zumal es (in Berlin), wo der Fall spielte, nicht gerade ein Überangebot an behindertengerechten Wohnungen gebe.

Nach **§ 554a Abs. 1 BGB** kann der Mieter vom Vermieter die Zustimmung zu baulichen Veränderungen oder sonstigen Einrichtungen verlangen, die für eine behindertengerechte Nutzung der Mietsache oder den Zugang zu ihr erforderlich sind, wenn er ein berechtigtes Interesse daran hat. Der Vermieter kann seine Zustimmung verweigern, wenn sein Interesse an der unveränderten Erhaltung der Mietsache oder des Gebäudes das Interesse des Mieters an einer behindertengerechten Nutzung der Mietsache überwiegt. Dabei sind auch die berechtigten Interessen anderer Mieter im Gebäude zu berücksichtigen. Der Vermieter kann nach § 554a Abs. 2 BGB seine Zustimmung von der Leistung einer angemessenen zusätzlichen Sicherheit für die Wiederherstellung des ursprünglichen Zustandes abhängig machen. Eine zum Nachteil des Mieters § 554a Abs. 1 BGB abweichende Vereinbarung ist unwirksam (§ 554a Abs. 3 BGB).

Unter bestimmten Voraussetzungen kann der Mieter gem. §§ 574 ff. BGB trotz zulässiger **Kündigung widersprechen** und auf Fortsetzung des Mietverhältnisses bestehen. Dies ist in den Fällen möglich, in denen die Beendigung des Mietverhältnisses für den Mieter und/oder seine Familie eine soziale Härte bedeuten würde und diese auch gegenüber den berechtigten Interessen des Vermieters nicht zu rechtfertigen ist. Der Mieter muss den Widerspruch schriftlich und in der Regel spätestens zwei Monate vor Ablauf der Kündigungsfrist dem Vermieter erklären. Eine Härte liegt z.B. dann vor, wenn unter Berücksichtigung des Gesundheitszustandes und der Eigenschaft als schwerbehinderter Mensch keine neue angemessene Wohnung gefunden werden kann.

Die Gerichte haben bisher u.a. als Härte anerkannt, wenn

- psychisch kranke Menschen nicht in der Lage sind, eine Kündigung zu verarbeiten,
- die Kündigung nachteilige Auswirkungen auf die Genesung und den Krankheitsverlauf des Mieters befürchten lässt,
- der Mieter ein hohes Alter erreicht hat,
- der Mieter erheblich gesundheitsgefährdet ist.

c) Auch wenn **Wohneigentümer** bestandskräftig beschließen, dass in der Wohnanlage keine Hunde und Katzen gehalten werden dürfen, so heißt dies noch nicht zwangsläufig, dass ein behinderter Wohnungseigentümer auf keinen Fall einen Hund halten dürfte. Ist nämlich die Haltung eines Hundes zur Stabilisierung oder zur Besserung der durch die Behinderung bedingten seelischen Störung nach ärztlichem Befund angezeigt, müssen die anderen Wohnungseigentümer aufgrund des Art. 3 Abs. 3 Satz 2 GG („Niemand darf wegen seiner Behinderung benachteiligt werden") in größerem Maße Rücksichtnahme und Toleranz praktizieren als dies gegenüber Menschen ohne Behinderung der Fall wäre.

d) Das **behindertengerechte Bauen** wurde bereits unter Nr. 6.6 kurz angeschnitten, da es sich dabei um Hilfe zur sozialen Eingliederung im weitesten Sinn handelt. Hierfür wurden **DIN-Normen** entwickelt, und zwar DIN 18024 für behindertengerechte Straßen, Plätze und öffentliche Gebäude, DIN 18025 Bl. 1 für Wohnungen von Körperbehinderten und Rollstuhlfahrern sowie DIN 18025 Bl. 2 für blinde und wesentlich sehbehinderte Menschen. Diese Normen sind bei Inanspruchnahme öffentlicher Mittel zum Bau von Schwerbehindertenwohnungen zu beachten. Auskünfte erteilen die Bauförderungsämter.
Bauordnungen: Bund und Länder haben die genannten DIN-Normen in Richtlinien und Empfehlungen aufgenommen und damit den entscheidenden Schritt für die Umsetzung in die Praxis getan. Außerdem wurden in einer Reihe von Landesbauordnungen Bestimmungen zugunsten Schwerbehinderter aufgenommen.
Zu einer informativen Broschüre vgl. **Anhang III** (bei f). Hilfreich ist außerdem: **Deutsches Institut für Normung** (Hrsg.), Barrierefreies Planen und Bauen, Beuth Verlag (Berlin), 5. Aufl. 2005.

9.6.2 Wohnungsbauförderung Im Rahmen dieser Broschüre würde es zu weit führen, die Möglichkeiten der Wohnungsbauförderung für behinderte Menschen nach Bundes- und Landesrecht darzustellen. Über Einzelheiten kann man sich z.B. beim zuständigen Amt für Wohnungswesen der Gemeinde oder des Kreises informieren. Im Folgenden können nur einige allgemeine Hinweise gegeben werden:

a) Insbesondere durch die Vorschriften des Gesetzes über die soziale Wohnraumförderung (WoFG) sollen die staatlichen Fördermittel für die Schaffung von Wohnraum insbesondere Bürgern mit niedrigem Einkommen, behinderten Menschen sowie Familien und Haushalten mit zwei und mehr Kindern zugute kommen. Gefördert werden u.a. der Wohnungsbau, die Modernisierung von Wohnraum und nunmehr auch der Erwerb von bereits bestehendem Wohn-

raum. Die Förderung erfolgt z.B. durch Gewährung von Darlehen zu Vorzugsbedingungen, die Übernahme von Bürgschaften oder die Bereitstellung von verbilligtem Bauland.
Näheres dazu findet man in den im **Anhang III** bei g) genannten Broschüren.

b) In diesem Zusammenhang ist auch auf die (subsidiären) finanziellen Zuschüsse der **Pflegekassen** für Maßnahmen zur Verbesserung des individuellen Wohnumfelds des Pflegebedürftigen hinzuweisen (vgl. oben 7.1.6 f) und 9.6.1a)).

9.6.3 Wohngeld

a) Das Wohngeld steht nicht nur Mietern als **Mietzuschuss**, sondern auch Eigentümern von Eigenheimen und Eigentumswohnungen als **Lastenzuschuss** zu. Auch für Bewohner von Heimen (z.B. Alten- und Pflegeheimen) kommt ein Mietzuschuss in Betracht: Bei ihnen werden bei Belegung eines Raumes mit einem Bewohner 20 %, bei Belegung mit mehreren Bewohnern 15 % der gesamten Unterbringungskosten als zuschussfähige Miete angesetzt.
Das Wohngeld, das nach dem Wohngeldgesetz (WoGG) – mit einigen Sonderregelungen für die neuen Bundesländer – gewährt wird, ist eine eigenständige Sozialleistung (es ist also keine Leistung der Sozialhilfe nach dem SGB XII; s. auch 9.3.1). Der Bezug von Wohngeld hängt vom Einkommen, der Zahl der Familienmitglieder und der Höhe der zuschussfähigen Miete bzw. Unterkunftsbelastung ab. Bei der Ermittlung des für das Wohngeld maßgeblichen Einkommens eines **schwerbehinderten Menschen** wird von seinem Einkommen abgesetzt:

- ein **Freibetrag von 125,– € monatlich** bei einem GdB von 100 oder bei einem GdB von mindestens 80, wenn der schwerbehinderte Mensch häuslich pflegebedürftig i.S.d. § 14 SGB XI ist (§ 13 Abs. 1 Nr. 1 WoGG);
- ein **Freibetrag von 100,– € monatlich** bei einem GdB von 80 bis unter 100 oder bei einem GdB von 50 bis unter 80, wenn der schwerbehinderte Mensch häuslich pflegebedürftig i.S.d. § 14 SGB XI ist (§ 13 Abs. 1 Nr. 2 WoGG).

Die Notwendigkeit der häuslichen Pflege kann beim Amt für Wohnungswesen nachgewiesen werden durch einen Bescheid

- über die Pflegebedürftigkeit nach §§ 61 ff. SGB XII bzw. § 26c BVG oder
- über die Pflegezulage nach dem BVG/LAG oder
- über die Pflegebedürftigkeit nach § 14 SGB XI (häusliche Pflegehilfe) oder
- durch das Merkzeichen „H“ im Schwerbehindertenausweis.

Hat der schwerbehinderte Mensch ein Einkommen, das unter diesen Freibeträgen liegt, so ist der maßgebliche Freibetrag bei dem im Haushalt lebenden Familienmitglied abzusetzen, welches das höchste zu berücksichtigende Einkommen hat (vgl. § 16 Abs. 2 WoGG).

b) **Beachte:** Seit dem 1.1.2005 sind die **Bezieher von folgenden Transferleistungen von Wohngeldbezug ausgeschlossen**, da sie ihre Unterkunftskosten schon mit der jeweiligen Transferleistung erstattet bekommen:
- Arbeitslosengeld II und Sozialgeld nach dem SGB II,
- Leistungen der Grundsicherung im Alter und bei Erwerbsminderung gemäß SGB XII,
- Leistungen der Hilfe zum Lebensunterhalt nach dem SGB XII,
- Leistungen der ergänzenden Hilfe zum Lebensunterhalt nach dem BVG oder nach einem Gesetz, das dieses für anwendbar erklärt,
- Leistungen nach dem SGB VIII (Kinder- und Jugendhilfe) in Haushalten, zu denen ausschließlich Empfänger dieser Leistungen gehören,
- Leistungen in besonderen Fällen und Grundleistungen nach dem AsylbLG.

c) Eine informative Wohngeld-Broschüre ist beim Presse- und Informationsamt der Bundesregierung erhältlich (vgl. **Anhang III**).

9.6.4 Wohnberechtigungsschein Ein Wohnberechtigungsschein für den Bezug öffentlich geförderter Mietwohnungen wird auf Antrag des Wohnungssuchenden für die Dauer eines Jahres erteilt. Grundsätzlich ist der Anspruch auf die Ausstellung eines Wohnberechtigungsscheins durch das Amt für Wohnungswesen vom Jahreseinkommen der Wohnungssuchenden abhängig. Dabei werden Höchstgrenzen für das Jahreseinkommen eines Einpersonenhaushalts festgelegt; hinzu kommen Zuschläge für weitere Haushaltsangehörige sowie für Kinder, die zum Haushalt gehören.
Für schwerbehinderte Menschen und Gleichgestellte erhöht sich die Einkommensgrenze wie folgt (vgl. § 24 WoFG):
- 4.500,– € für jeden schwerbehinderten Menschen mit einem Grad der Behinderung von 100 oder
- von wenigstens 80, wenn der schwerbehinderte Mensch häuslich pflegebedürftig im Sinne des § 14 SGB XI ist.
- ca. 2.100,– € für jeden schwerbehinderten Menschen mit einem Grad der Behinderung von unter 80, wenn der schwerbehinderte Mensch häuslich pflegebedürftig im Sinne des § 14 SGB XI ist (zum Nachweis der häuslichen Pflegebedürftigkeit vgl. oben 9.6.3).

9.7 Kommunikation und Medien

9.7.1 Fernseh- und Rundfunkgebührenbefreiung

a) Befreiungen von der Rundfunkgebührenpflicht werden ausschließlich auf Antrag gewährt. Voraussetzung ist, dass Rundfunkgeräte zum Empfang bereitgehalten werden und der Antragsteller zum unten aufgeführten Personenkreis gehört. Befreit werden können der Haushaltsvorstand, dessen Ehegatte oder ein

Haushaltsangehöriger für von ihm selbst zum Empfang bereitgehaltene Geräte, wenn mindestens eine der nachfolgenden Befreiungsvoraussetzungen erfüllt wird:

- Empfänger von Hilfe zum Lebensunterhalt nach den §§ 27 ff. SGB XII oder nach § 27a oder 27d BVG; Nachweis: aktueller Sozialhilfebescheid;
- Empfänger von Grundsicherung im Alter und bei Erwerbsminderung nach §§ 41 ff. SGB XII; Nachweis: aktueller Bescheid über den Bezug von Grundsicherung;
- Empfänger von Sozialgeld oder Arbeitslosengeld II nach §§ 19 ff. SGB II; Nachweis: aktueller Bewilligungsbescheid über den Bezug von ALG II oder Sozialgeld sowie das Blatt des Berechnungsbogens, aus dem ersichtlich ist, ob Zuschläge nach § 24 SGB II gewährt werden oder nicht;
- Empfänger von Leistungen nach dem AsylbLG; Nachweis: aktueller Bescheid über den Bezug von Asylbewerberleistungen;
- Empfänger von Ausbildungsförderung nach dem BAföG, die nicht bei den Eltern leben; Nachweis: aktueller BAföG-Bescheid;
- Sonderfürsorgeberechtigte im Sinne des § 27e BVG; Nachweis: aktueller Bewilligungsbescheid über den Bezug von Leistungen nach § 27e BVG;
- blinde oder nicht vorübergehend wesentlich sehbehinderte Menschen mit einem Grad der Behinderung von 60% allein wegen der Sehbehinderung; Nachweis: aktueller Schwerbehindertenausweis mit **Merkzeichen „RF“**;
- hörgeschädigte Menschen, die gehörlos sind oder denen eine ausreichende Verständigung über das Gehör auch mit Hörhilfen nicht möglich ist; Nachweis: aktueller Schwerbehindertenausweis mit **Merkzeichen „RF“**;
- behinderte Menschen, deren Grad der Behinderung nicht nur vorübergehend wenigstens 80 beträgt und die wegen ihres Leidens an öffentlichen Veranstaltungen ständig nicht teilnehmen können; Nachweis: aktueller Schwerbehindertenausweis mit **Merkzeichen „RF“**;
- Empfänger von Hilfe zur Pflege nach §§ 61 ff. SGB XII oder von Hilfe zur Pflege als Leistung der Kriegsopferfürsorge nach dem BVG oder von Pflegegeld nach den landesgesetzlichen Vorschriften; Nachweis: aktueller Bewilligungsbescheid über den Bezug von Hilfe zur Pflege nach dem SGB XII oder nach dem BVG bzw. den entsprechenden Ländergesetzen;
- Empfänger von Pflegezulagen nach § 267 Abs. 1 des LAG oder Personen, denen wegen Pflegebedürftigkeit nach § 267 Abs. 2 Satz 1 Nr. 2 Buchstabe c des LAG ein Freibetrag zuerkannt wird; Nachweis: aktueller Bewilligungsbescheid über den Bezug von Leistungen nach § 267 LAG.

Die Befreiung beginnt mit dem Ersten des Monats, der auf den Monat folgt, in dem der Antrag gestellt wurde und der Vordruck bei der für die Befreiung zuständigen Gebühreneinzugszentrale (GEZ) eingegangen ist. Eine rückwirkende Befreiung ist nicht zulässig, auch wenn die Befreiungsvoraussetzungen bereits zu einem früheren Zeitpunkt vorgelegen haben.

b) Personen, „die wegen ihres Leidens an öffentlichen Veranstaltungen ständig nicht teilnehmen können" (dies ist Voraussetzung für die Erteilung des oben genannten **Merkzeichens „RF"**) sind nach der Rechtsprechung des BSG, solche, die wegen ihrer Leiden allgemein und umfassend von öffentlichen Veranstaltungen ausgeschlossen sein (es genügt also nicht, dass sich die Teilnahme nur an gelegentlich stattfindenden Veranstaltungen, etwa Massenveranstaltungen, verbietet; der Betroffene muss vielmehr behinderungsbedingt am Besuch eines nennenswerten Teiles aller üblichen Veranstaltungen gehindert sein. Nach Ansicht des BSG kommt es entscheidend auf die körperliche Teilnahme an, nicht aber auf die Fähigkeit, der Veranstaltung bis zum Ende geistig folgen zu können).

Zu den Personen, bei denen die Voraussetzungen für die Zuerkennung des **Merkzeichens „RF"** vorliegen, gehören insbesondere:

- behinderte Menschen, bei denen schwere Bewegungsstörungen auch durch innere Leiden (z.B. schwere Lungenfunktionsstörung) bestehen und die deshalb auf Dauer selbst mit Hilfe von Begleitpersonen oder nur mit technischen Hilfsmitteln (z.B. Rollstuhl) öffentliche Veranstaltungen in einer ihnen zumutbaren Weise nicht besuchen können;
- behinderte Menschen, die durch ihre Behinderung auf ihre Umgebung unzumutbar abstoßend oder störend wirken (z.B. durch Entstellung, Geruchsbelästigung, häufige hirnorganische Anfälle, grobe unwillkürliche Kopf- und Gliedmaßenbewegungen, laute Atemgeräusche);
- behinderte Menschen mit – nicht nur vorübergehend – ansteckungsfähiger Lungentuberkulose;
- geistig oder seelisch behinderte Menschen, bei denen befürchtet werden muss, dass sie beim Besuch öffentlicher Veranstaltungen durch motorische Unruhe, lautes Sprechen oder aggressives Verhalten stören.

c) **Hinweis:** Das LSG Hamburg ist der Ansicht, dass es für das Merkzeichen „RF" an einer gültigen Anspruchsnorm fehlt. Soweit die SchwAwV Regelungen über das Merkzeichen „RF" enthalte, würden diese gegen höherrangiges Recht verstoßen und seien daher nichtig. Man wird abwarten müssen, wie sich diese Rechtsprechung auf die Praxis der Gebührenbefreiung auswirkt.

9.7.2 Bevorzugte Herstellung von Fernsprechanschlüssen Die vorrangige Herstellung eines **Telefon-Neuanschlusses** durch die Deutsche Telekom kann außerhalb der Reihenfolge des Antragseinganges erfolgen, wenn wichtige Gründe vorliegen. Ein solcher Grund ist in besonders dringenden Einzelfällen gegeben, in denen ein Fernsprechanschluss zur Überwindung einer besonderen Hilflosigkeit unabweisbar notwendig ist. Die vorrangige Herstellung eines

Fernsprechanschlusses ist in der Regel vom Antragsteller geltend zu machen. Die Hilfsbedürftigkeit ist ärztlich zu bescheinigen.
Entsprechende Vordrucke sind in den T-Punkt-Läden der **Deutschen Telekom** erhältlich.

9.7.3 Telefongebührenermäßigung Die Deutsche Telekom gewährt bestimmten Kunden einen **Sozialtarif**. Den Sozialtarif erhalten Kunden oder in ihrem Haushalt lebende Angehörige, die mit ihrem Anschluss auf die T-Com als Verbindungsnetzbetreiber dauerhaft voreingestellt sind, und

a) von der Rundfunkgebührenpflicht befreit sind (dazu oben 9.7.1) oder Ausbildungsförderung aufgrund des BAföG erhalten oder

b) blind, gehörlos oder sprachbehindert mit einem Grad der Behinderung von mindestens 90 Prozent sind.

Die Höhe des Sozialtarifs der Deutschen Telekom (als freiwilliger sozialer Vergünstigung) beträgt pro Monat für die beiden unter a) Genannten 6,94 € netto und für die unter b) Genannten 8,72 € netto. Die Vergünstigungen werden für alle selbstgewählten Standardverbindungen gewährt, die über das Telefonnetz der T-Com gemäß der Preisliste Telefondienst (Inlandsverbindungen) und gemäß Preisliste Telefondienst (Auslandsverbindungen) geführt werden. Das Angebot des Sozialtarifs gilt für Privatkunden in Verbindung mit einem Festnetzanschluss der T-Com. Der Sozialtarif kann nur an den T-Com Produkten „Call Plus", „Calltime" und „Call & Surf Basic" sowie an allen Alttarifen genutzt werden. Die höherwertigen Komplettpakete inklusive Telefonflattarif (XXL Local oder XXL Fulltime) können nicht mit dem Sozialtarif genutzt werden.
Auskünfte sowie Anträge sind in den T-Punkt-Läden der **Deutschen Telekom** erhältlich. Nähere Auskünfte erhält man z. B. auch beim Sozialamt.

9.7.4 Fernsehen, Rundfunk und Telefon als Hilfsmittel Der behinderte Mensch hat Anspruch auf Vermittlung von Bildung, auf Anregungen kultureller Art und Information über das Zeitgeschehen. Ist ihm die Teilnahme am Leben in der Gemeinschaft nicht oder nur unzureichend möglich, übernimmt die Sozialhilfe im Rahmen der Eingliederungshilfe für behinderte Menschen die Anschaffungskosten von Fernseh- und Rundfunkgeräten. Beide zusammen werden allerdings in der Regel nur dann bereitgestellt, wenn der behinderte Mensch völlig auf sein Zimmer angewiesen und besonders von Vereinsamung bedroht ist (§§ 53 Abs. 3, 54 Abs. 1 S. 1 SGB XII, 58 Nr. 3 SGB IX).
Ein Telefonanschluss kann nach der Rechtsprechung Pflegebedürftigen vom (örtlichen) Sozialhilfeträger dann bezahlt werden, wenn Pflegekräfte dadurch

entlastet werden und der behinderte Menschen damit Warenlieferungen und Dienstleistungen Dritter selbst herbeiholen kann. Es soll vom behinderten Menschen nicht verlangt werden, die Kosten von seinem Pflegegeld zu bezahlen.
Von den anderen Leistungsträgern kann ein Telefon im Rahmen der Leistungen zur Teilhabe am Arbeitsleben (§ 33 Abs. 8 Nr. 4 SGB IX) bereitgestellt werden, wenn der behinderte Mensch z.B. eine Heimarbeit aufnehmen will oder es zur Entgegennahme von Aufträgen braucht. Die genannten Hilfsmittel können auch von der Versorgungsverwaltung oder im Rahmen der Pflege von der gesetzlichen Unfallversicherung bereitgestellt werden, um die Folgen einer Verletzung zu erleichtern oder die Situation des behinderten Menschen ganz allgemein zu verbessern.

9.7.5 Postversand für blinde Menschen Als Blindensendungen können versandt werden:

- Schriftstücke in Blindenschrift,
- für blinde Menschen bestimmte Tonaufzeichnungen oder sonstige Magnetdatenträger, deren Absender oder Empfänger eine amtlich anerkannte Blindenanstalt ist oder in deren Auftrag der Versand erfolgt,
- Papiere für die Aufnahme von Blindenschrift, wenn sie von einer amtlich anerkannten Blindenanstalt an blinde Menschen versandt werden.

Blindensendungen müssen grundsätzlich mit einer offenen Umhüllung versehen sein und oberhalb der Anschrift die Bezeichnung „Blindensendung“ tragen.
Informationsmaterial zu den Produkten und Preisen der **Deutschen Post AG** sind in jeder Postagentur zu erhalten oder im Internet unter www.deutschepost.de zu finden.

10. Patientenrechte im Behandlungsverhältnis

10.1 Rechtsgrundlagen der Patientenrechte Die Rechte der Patienten sind in der Bundesrepublik Deutschland an verschiedenster Stelle geregelt. Sie finden sich u.a. im Verfassungsrecht, im Zivilrecht, im Sozialversicherungsrecht, im Strafrecht und zu weiten Teilen in Entscheidungen der Rechtssprechung. Bislang fehlt es an einem allgemeinen Patientenrechtegesetz.

a) Patientenrechte sind bereits im **Grundgesetz** verankert. Art. 1 Abs. 1 GG gewährleistet die Unantastbarkeit der Würde des Menschen, Art. 2 Abs. 1 GG die freie Entfaltung der Persönlichkeit, Art. 2 Abs. 2 GG das Recht auf Leben und körperliche Unversehrtheit. Zentraler Bezugspunkt der Patientenrechte ist das Recht auf Autonomie und Selbstbestimmung in der medizinischen Versorgung, das aus Art. 2 Abs. 1 i.V. mit Art. 1 Abs. 1 GG folgt. Dieses Selbstbestimmungsrecht ist die Grundlage für vielfältige Aufklärungs- und Informationspflichten von Leistungserbringern und Kostenträgern im Leistungsgeschehen. Ein weiterer zentraler Bezugspunkt der Patientenrechte ist in Art. 2 Abs. 2 S. 1 GG zu sehen. Aus dem dort geregelten Recht auf Leben und körperliche Unversehrtheit folgt nämlich die Pflicht des Staates zur Gewährleistung von Sicherheit und Qualität der medizinischen Behandlung und Versorgung.

b) Auf das Behandlungsverhältnis finden ferner die Vorschriften des **Bürgerlichen Gesetzbuchs** (BGB) für Verträge (insbesondere §§ 611 ff. BGB), für das Haftungsrecht (§§ 823 ff. BGB) sowie für den Sorgfaltsmaßstab der Leistungserbringer (§ 276 BGB) Anwendung. Der haftungsrechtliche Sorgfaltsmaßstab bestimmt sich dabei nach dem anerkannten und gesicherten Stand der medizinischen Wissenschaft zum Zeitpunkt der Behandlung.

c) Für Patienten, die in der gesetzlichen Krankenversicherung versichert sind (im Folgenden: Kassenpatienten), sind Patientenrechte ferner in den **Büchern des SGB** (insbesondere im SGB V) festgeschrieben. Von zentraler Bedeutung ist dort das Recht auf eine ärztliche Behandlung, die ausreichend, zweckmäßig und wirtschaftlich ist, die aber das Maß des Notwendigen nicht übersteigt. Die Behandlung muss in Qualität und Wirksamkeit dem allgemein anerkannten Stand der medizinischen Erkenntnisse entsprechen, den medizinischen Fortschritt berücksichtigen und human sein (§§ 2, 12, 70 SGB V). Dieses Recht wird im SGB V durch zahlreiche weitere Vorschriften näher konkretisiert. Der Leistungskatalog der gesetzlichen Krankenkassen wird aber auch ganz maßgeblich durch die Richtlinien des Gemeinsamen Bundesausschusses der Ärzte und Krankenkassen konkretisiert, in dem auch Patientenvertreter beratend mitwirken (§§ 91, 92, 140 f. SGB V).

d) Die Patientenrechte werden aber auch über das **Strafrecht** abgesichert. Zu nennen sind hier die Vorschriften der §§ 223 ff. StGB, die die körperliche Unversehrtheit der Patienten schützen, aber auch die Regelung des § 203 StGB, der die ärztliche Schweigepflicht regelt. Diese Schweigepflicht umfasst alle persönlichen Informationen, die die Diagnose und/oder die Behandlung der Patienten betreffen. Eine Befreiung des Arztes von der Schweigepflicht kommt nur in engen gesetzlichen Ausnahmefällen in Betracht sowie dann, wenn der Patient den Arzt von der Schweigepflicht entbunden hat.

10.2 Patientenrechte im Zivilrecht

10.2.1 Behandlungsverträge Das Zivilrecht ist von zentraler Bedeutung für die Patientenrechte in der Praxis. Die Patientenrechte im Verhältnis zu den Leistungserbringern, d.h. zu Ärzten, Krankenhausträgern usw., sind nämlich in der Regel auf **Behandlungsverträge** zurückzuführen. Dabei ist zu unterscheiden, ob die Leistungserbringung durch einen niedergelassenen Arzt oder im Rahmen eines stationären Aufenthaltes in einer medizinischen Einrichtung erfolgt.

a) Die rechtlichen Beziehungen zwischen den Patienten und dem **niedergelassenen Arzt** beruhen auf einem einfachen Behandlungsvertrag. Dabei handelt es sich in der Regel um einen Dienstvertrag (§ 611 BGB), der **keiner besonderen Form** bedarf. Daher kommt ein Behandlungsvertrag auch schon mit der bloßen Übernahme der Behandlung durch den Arzt zustande. Der Patient hat das Recht, den Arzt frei zu wählen und zu wechseln (Grundsatz der freien Arztwahl). Dies gilt grundsätzlich auch für den Kassenpatienten. Allerdings gelten hier einige Einschränkungen (z.B. bei der Einschreibung in ein Hausarztmodell oder in ein strukturiertes Behandlungsprogramm, §§ 73b, 137 f. SGB V).
Bei Patienten, die **minderjährig** sind oder bei unter **Betreuung** stehenden volljährigen Patienten kommt der Behandlungsvertrag nur durch die Mitwirkung des gesetzlichen Vertreters (z.B. Eltern) bzw. des Betreuers zustande. Wenn aber der Patient bzw. ein gesetzlicher Vertreter einen Behandlungsvertrag nicht abschließen kann, obwohl dies im Interesse und dem mutmaßlichen Willen des Patienten entspricht (z.B. bewusstloser Notfallpatient), dann kann eine Behandlung trotzdem rechtlich zulässig erfolgen. Es gelten dann nämlich die Grundsätze der so genannten Geschäftsführung ohne Auftrag (§§ 677 ff. BGB). Im Rahmen des Behandlungsvertrages haftet der niedergelassene Arzt auch über § 278 BGB für Pflichtverletzungen solcher Personen, derer er sich zur Erfüllung seiner Verbindlichkeit gegenüber dem Patienten bedient, also z.B. auch für Pflichtverletzungen des Praxispersonals (so genannte **Erfüllungsgehilfen**).

b) Bei der stationären Aufnahme eines Patienten in ein **Krankenhaus** können die rechtlichen Verhältnisse wesentlich komplizierter gelagert sein, als dies beim einfachen „Arzt-Patienten-Vertrag" (oben a)) der Fall ist.
Grundsätzlich kommt durch eine ärztliche Einweisung oder durch den Behandlungsbeginn nach der Aufnahme des Patienten ein so genannter **Krankenhaus-Aufnahmevertrag** zustande. Dieser Vertrag ist in der Regel ein Dienstvertrag (§ 611 BGB). Für die Geltendmachung von Ansprüchen ist es aber wichtig zu wissen, wer genau der Vertragspartner des Patienten ist. Beim so genannten **totalen Krankenhaus-Aufnahmevertrag** kommt es lediglich zu einem Vertrag mit dem Träger des jeweiligen Krankenhauses. Die dort arbeitenden Ärzte und Hilfspersonen sind dann lediglich als so genannte Erfüllungsgehilfen (§ 278 BGB) des Krankenhausträgers zu betrachten. Beim so genann-

ten **aufgespaltenen Krankenhaus-Aufnahmevertrag** bestehen hingegen vertragliche Beziehungen zwischen dem Patienten und einem Arzt, der im Krankenhaus tätig ist, hinsichtlich der ärztlichen Behandlung im Krankenhaus. Hinsichtlich aller übrigen Leistungen (Unterkunft usw.) besteht ein Vertrag zwischen dem Patienten und dem Krankenhausträger. Diese Konstellation ist gegeben, wenn die Behandlung durch einen so genannten Belegarzt erfolgt oder wenn man als „Privatpatient" eines Arztes im Krankenhaus behandelt wird.
Hinsichtlich der Ausgestaltung der Vertragsverhältnisse ist auch zu beachten, dass die Krankenhausträger in der Regel Hausordnungen, Benutzungsbedingungen oder Ähnliches erlassen, die dem Patienten dann bei der Aufnahme ins Krankenhaus ausgehändigt werden oder die unter Umständen auch nur im Krankenzimmer ausgehängt sind. Diese Hausordnungen bzw. Benutzungsbedingungen werden hierdurch grundsätzlich Bestandteil des Krankenhaus-Aufnahmevertrages.

c) Bei so genannten **ambulanten Behandlungen im Krankenhaus** nach § 116b SGB V wird bei Kassenpatienten der jeweilige Krankenhausträger Vertragspartner des Patienten. Bei Privatpatienten kommt es darauf an, ob der Krankenhausträger dem jeweiligen Arzt das Recht zur eigenen Abrechnung von Leistungen bei ambulanten Behandlungen eingeräumt hat.

10.2.2 Schutz des Selbstbestimmungsrechts des Patienten

a) Zivilrechtliche Auswirkungen hat neben dem Behandlungsvertrag auch der Umstand, dass ärztliche Eingriffe grundsätzlich die körperliche Unversehrtheit der Patienten betreffen. Solche Eingriffe sind daher nur zulässig, wenn eine **wirksame Einwilligung** des jeweiligen Patienten vorliegt. Dies setzt wiederum voraus, dass eine ausreichende Aufklärung des Patienten über Art, Umfang und Risiken des Eingriffs erfolgt.
Der Arzt hat den Patienten rechtzeitig vor der Behandlung und grundsätzlich in einem persönlichen Gespräch über Art und Umfang der Maßnahmen und der damit verbundenen Risiken aufzuklären. Formulare und Aufklärungsbogen ersetzen das Gespräch nicht. Die Aufklärung muss so erfolgen, dass der Patient aufgrund seiner persönlichen Fähigkeiten in der Lage ist, Art, Umfang und Tragweite der Maßnahme und der damit verbundenen gesundheitlichen Risiken ohne psychischen Druck zu ermessen und sich entsprechend zu entscheiden. Zu unterrichten ist der Patient auch über Art und Wahrscheinlichkeit der verschiedenen Risiken im Verhältnis zu den Heilungschancen und über alternative Behandlungsmöglichkeiten.
Der Umfang und der Zeitpunkt der Aufklärung richten sich auch nach der Schwere und der Dringlichkeit des Eingriffs. Der Patient muss durch die Aufklä-

rung in die Lage versetzt werden, beurteilen zu können, was die konkret vorgesehene Behandlung für seine persönliche Lebensführung bedeuten kann. Auf Fragen des Patienten hat der Arzt wahrheitsgemäß, vollständig und verständlich zu antworten. Aufklärung und Beratung müssen auch für Patienten, die sich mit dem Arzt sprachlich nicht verständigen können, verstehbar sein. Der Patient hat aber auch das Recht, auf die ärztliche Aufklärung zu verzichten und zu bestimmen, wen der Arzt außer ihm oder statt seiner informieren darf oder soll.

b) War die **ärztliche Aufklärung unzureichend**, dann ist eine vom Patienten erteilte Einwilligung unwirksam. Der Eingriff ist dann als rechtswidrig im Sinne des zivilrechtlichen Deliktsrechts (§§ 823 ff. BGB) anzusehen. Es liegt aber auch eine vertragliche Pflichtverletzung im Hinblick auf den Behandlungsvertrag vor. Entsprechendes gilt selbstverständlich auch, wenn die Einwilligung des Patienten **gar nicht eingeholt** wurde, bevor der Eingriff durchgeführt wurde. Allerdings gibt es einen Rechtfertigungsgrund der mutmaßlichen Einwilligung in Sonderfällen, wie z.B. bei der Behandlung von bewusstlosen Notfallpatienten.
Soweit Personen aus dem Umfeld des Patienten vorhanden sind, kann ihre Einwilligung in die ärztliche Maßnahme nur dann die Einwilligung des Patienten ersetzen, wenn er **selbst nicht einwilligen kann**, d.h. wenn er nicht in der Lage ist, einen entsprechenden Willen zu bilden. Bei Kindern ist die Einwilligung aller Sorgeberechtigten einzuholen, bei Betreuten die des Betreuers, der allerdings den Willensvorrang des Betreuten zu beachten hat.

c) Eine **Haftung** wegen der eigenmächtigen Behandlung ohne hinreichende Aufklärung kommt nur dann in Betracht, wenn der Patient bei sachgerechter Aufklärung nicht in die Behandlung eingewilligt hätte. Somit entfällt die Haftung des Arztes, wenn er zwar nicht ausreichend aufgeklärt hat, der Patient aber dem Eingriff auch bei ordnungsgemäßer Aufklärung zugestimmt hätte. Einen solchen Umstand müsste allerdings der Arzt beweisen. Daher genügt es in aller Regel, wenn der Patient nachvollziehbar darlegt, dass er bei zureichender Aufklärung von dem Eingriff Abstand genommen hätte.

10.2.3 Ansprüche aus Pflichtverletzungen Sowohl bei der vertraglichen (§§ 611 ff. BGB) als auch bei der deliktischen (§§ 823 ff. BGB) Arzthaftung ist zwischen der **Haftung wegen Aufklärungsfehlern** und der **Haftung wegen Behandlungsfehlern** zu unterscheiden.

a) **Aufklärungsfehler** betreffen die fehlerhafte Aufklärung des Patienten über den bevorstehenden Eingriff und die damit verbundene Beeinträchtigung des Selbstbestimmungsrechts (vgl. oben 10.2.2).

b) Ein **Behandlungsfehler** liegt vor, wenn eine ärztliche Maßnahme nach dem Erkenntnisstand der medizinischen Wissenschaft die gebotene Sorgfalt vermissen lässt und daher unsachgemäß ist. Ein Behandlungsfehler kann auch in einem pflichtwidrigen Unterlassen bestehen. Für die Prüfung, ob ein Behandlungsfehler vorliegt, ist vorab zu klären, welcher medizinische Kenntnisstand zur Zeit der Behandlung bestand und daraus folgend, welche Sorgfaltspflicht dem Arzt abzuverlangen war.
Allein der Verstoß gegen die Sorgfaltspflicht reicht aber nicht aus, um Schadensersatz- oder Schmerzensgeldansprüche des Patienten zu begründen. Der Patient muss vielmehr grundsätzlich nachweisen, dass eine rechtswidrige Zufügung eines Schadens vorliegt, dass der Arzt bzw. dessen Erfüllungsgehilfe oder der Erfüllungsgehilfe des Krankenhausträgers schuldhaft (vorsätzlich oder fahrlässig) gehandelt haben und dass ein ursächlicher Zusammenhang zwischen dem Schaden und dem Verschulden besteht. Diese Beweislast ist vom Patienten oft nur sehr schwer zu erfüllen. In der Regel ist hierzu ein medizinisches Sachverständigengutachten und die Beiziehung der Krankenunterlagen erforderlich.
In einigen Fällen wird allerdings die Beweislast auch umgekehrt. So z.B. dann, wenn ein so genannter grober Behandlungsfehler vorliegt und wenn unklar ist, ob der grobe Behandlungsfehler zu einer konkreten Schädigung des Patienten geführt hat.

10.2.4 Verjährungsproblematik Bei der Rechtsverfolgung muss der Patient auf jeden Fall auch die Regelungen zum Eintritt der **Verjährung** von Ansprüchen beachten (§§ 194 ff. BGB). Schadensersatz- und Schmerzensgeldansprüche verjähren nach drei Jahren, und zwar ab Ende des Jahres, in welchem der Patient Kenntnis von Tatsachen erlangt hat, die einen Bezug zu einem möglichen Behandlungsfehler bzw. einer sonstigen Pflichtverletzung erkennen lassen. Es kommt also darauf an, ab welchem Zeitpunkt der Patient in der Lage ist, einem Gericht substantiiert das Geschehen zu schildern, ohne genau den eingetretenen Schaden beziffern zu können. Da die Kenntnis solcher Umstände nicht immer klar objektivierbar ist, sind der genaue Beginn und das genaue Ende der Verjährungsfrist oft nur schwer zu bestimmen. Hinzu kommt, dass die Verjährungsregelungen im Jahr 2002 erst verändert wurden, so dass für Altfälle unter Umständen noch andere Fristen gelten. Wer eine rechtliche Auseinandersetzung nicht ausschließen kann, sollte sich deshalb zur Klärung der Verjährungsfragen unbedingt anwaltlich beraten lassen.

10.2.5 Wege zur Durchsetzung der Ansprüche Besteht der Verdacht auf ein ärztliches Fehlverhalten, dann ist es aus Patientensicht zunächst erforderlich, das tatsächliche Behandlungsgeschehen so zu rekonstruieren, dass man es notfalls **vor Gericht beweisen** kann. Der Patient sollte daher alles aufschreiben, woran er sich im Zusammenhang mit dem Behandlungsgeschehen erinnern kann, sowie die Namen, Adressen und Aussagen von Zeugen zusammentragen (Bettnachbarn, Angehörige, die zum Krankenbesuch vor Ort waren usw.). Am besten wird ein Erinnerungsprotokoll mit konkreten Angaben zum Datum, zur Uhrzeit und zum Geschehensablauf angefertigt. Sodann sollte Einsicht in die Krankenunterlagen genommen werden. Der Patient hat hierauf grundsätzlich einen Anspruch. Um die Unterlagen einem Gutachter vorlegen zu können, bietet es sich an, die Anfertigung von Kopien der vollständigen Krankenakte mit der Versicherung der Vollständigkeit anzufordern. Auch hierauf hat der Patient grundsätzlich einen Anspruch, wenn er den Kostenaufwand für die Erstellung der Kopien angemessen vergütet.

Kassenpatienten haben die Möglichkeit, ihre **Krankenkasse** gemäß § 66 SGB V um Unterstützung bei der Überprüfung eines ärztlichen Fehlverhaltens zu bitten. In der Regel wird dann über den Medizinischen Dienst der Krankenkasse ein kostenfreies Sachverständigengutachten eingeholt. Hier empfiehlt es sich, das selbst erstellte Erinnerungsprotokoll des Patienten auch dem MDK-Gutachter zu übersenden, damit dieser mögliche Diskrepanzen zwischen dem Erinnerungsprotokoll und den Krankenunterlagen erkennen kann. Hilfreich ist hier der „Leitfaden für die Zusammenarbeit zwischen Krankenkassen/Pflegekassen und MDK bei drittverursachten Gesundheitsschäden, insbesondere bei Behandlungsfehlern und Pflegefehlern“, 3. Ausgabe, März 2003 (Herausgeber: Arbeitsgruppen Ü1 – MedJur und M10 – MedJur); der Leitfaden kann erfragt werden über die E-Mail-Adresse „office@mds-ev.de“.

Daneben können auch Gutachterkommissionen oder Schlichtungsstellen der Ärzteschaft angerufen werden (vgl. oben 4.3 d)). Dieser Schritt sollte jedoch erst nach einer sorgfältigen Aufklärung des Sachverhaltes und nach einer kompetenten Vorprüfung in Betracht gezogen werden.

Es besteht grundsätzlich auch die Möglichkeit, eine Strafanzeige bei der Staatsanwaltschaft zu erstatten. Bejaht dann die Staatsanwaltschaft den so genannten Anfangsverdacht, dann werden die Krankenunterlagen beschlagnahmt und in der Regel wird dann ein medizinisches Gutachten in Auftrag gegeben. Nur wenige Ermittlungsverfahren führen allerdings zu einer Anklage, geschweige denn zu einer Verurteilung. Dies liegt an den wesentlich strengeren beweisrechtlichen Vorgaben im Strafverfahren. Eine Einstellung des strafrechtlichen Ermittlungsverfahrens kann unter Umständen jedoch die zivilrechtliche Rechtsverfolgung erschweren.

Bei all den genannten Schritten ist es ratsam, möglichst frühzeitig kompetenten Rat von Selbsthilfeorganisationen und Patientenberatungsstellen bzw. anwaltlichen Rat einzuholen. Letzteres ist insbesondere ratsam, um die Verjährungsproblematik im Griff zu behalten (s. oben 10.2.4). Oft vergehen Jahre, bis alle Gutachten vorliegen, die eine abschließende Sachverhaltsbewertung ermöglichen. Unter Umständen kann erst danach das ebenso zeitaufwändige Klageverfahren angegangen werden.

10.3 Patientenrechte aus dem Sozialversicherungsverhältnis Zwischen Kassenpatienten und Krankenkassen besteht ein so genanntes **Sozialversicherungsverhältnis**, das ebenfalls die Grundlage von Patientenrechten ist. Hier sind insbesondere die Rechte auf Auskunft, Beratung und Aufklärung nach dem ersten Buch des Sozialgesetzbuchs (§§ 13, 14, 15 SGB I) zu nennen (vgl. hierzu 3.2).

Neben den Patientenrechten auf **Auskunft, Beratung und Aufklärung** sind auch die Rechte der Patienten auf bestimmte Leistungen dem Sozialversicherungsverhältnis zuzuordnen (vgl. hierzu näher 5.–8.). Ein weiteres wichtiges Feld der Patientenrechte im Sozialversicherungsverhältnis betrifft den so genannten **Sozialdatenschutz** (siehe hierzu 4.4.2).

Auch im Verhältnis zu den Krankenkassen ist eine gerichtliche Durchsetzung der Patientenrechte möglich. In diesem Zusammenhang ist insbesondere darauf hinzuweisen, dass gegen ablehnende Bescheide der Krankenkassen der so genannte Rechtsbehelf des Widerspruchs zur Verfügung steht. Die Einlegung eines solchen Widerspruchs erfordert keine Hinzuziehung eines Rechtsanwalts. Bei Auseinandersetzungen mit Krankenkassen ist es ratsam, die Unterstützung durch Selbsthilfeorganisationen, Patientenberatungsstellen oder anwaltlichen Rat hinzuzuziehen.

III. Die Rechte der Eltern, Begleit- und Pflegepersonen sowie der ehrenamtlichen Helfer der Freien Wohlfahrtspflege

11. Eltern

11.1 Hilfe zur Weiterführung des Haushalts, Urlaub und Ersatz von Verdienstausfall bei Erkrankung eines Kindes

a) Wenn ein Elternteil an einer **Rehabilitationsmaßnahme** teilnimmt und kein anderer Haushaltsangehöriger das behinderte, auf Hilfe angewiesene Kind betreuen kann, so besteht Anspruch auf Haushaltshilfe oder ersatzweise auf anderweitige Unterbringung des Kindes (näheres hierzu s. 6.5 h). Im Übrigen haben die Krankenkassen die meisten Einrichtungen des Müttergenesungswerks als geeignete Kureinrichtungen anerkannt und tragen die Kosten für die dort durchgeführten Vorsorge- und Rehabilitationskuren (bzw. bezuschussen sie je nach Kassensatzung; vgl. §§ 24, 41 SGB V). Während dieser Kuren besteht bei Vorliegen der entsprechenden Voraussetzungen auch Anspruch auf Haushaltshilfe (§ 38 Abs. 1 SGB V; s. auch 6.5 h).

b) Für den Fall, dass ein berufstätiger Elternteil wegen Beaufsichtigung, Betreuung oder Pflege eines erkrankten Kindes der Arbeit fernbleiben muss, sehen manche **Tarifverträge** für einige Tage einen Anspruch auf **bezahlte Freistellung** von der Arbeit vor. Enthält der einschlägige Tarifvertrag **keine** bezahlte Freistellung, so bleibt (nach der Rechtsprechung des BAG) bei Erkrankung eines im Haushalt des Arbeitnehmers lebenden Kindes unter 8 Jahren der Anspruch auf Lohn bis zu 5 Tagen gem. § 616 S. 1 BGB bestehen, wenn die Betreuung durch den Arbeitnehmer nach ärztlichem Zeugnis erforderlich ist, weil eine andere im Haushalt des Arbeitnehmers lebende Person hierfür nicht zur Verfügung steht. Dieser Anspruch kann allerdings durch Tarif- oder Einzelarbeitsvertrag **ausgeschlossen** werden (was nicht selten geschieht).

c) Besteht weder aus Tarifvertrag noch aus § 616 S. 1 BGB ein Anspruch auf bezahlte Freistellung (s. o.), so besteht Anspruch auf das sog. **„Kinderkrankengeld“** (§ 45 SGB V), und zwar grundsätzlich bei Erkrankung von Kindern, die das 12. Lebensjahr noch nicht vollendet haben (zu Ausnahmen vgl. unten cc):

aa) Ein versicherter Elternteil erhält Krankengeld bis zu 10 Tagen pro Kind und Kalenderjahr.
Sind **beide** Elternteile erwerbstätig und versichert: Jeder Elternteil 10 Tage pro Kind und Kalenderjahr, also bei einem Kind zusammen bis zu 20 Tage für das Kind; bei zwei Kindern für jeden Elternteil bis zu 20 Tage pro Kind; ab drei Kinder bis zu 25 Tagen für jeden Elternteil (gesetzliche Höchstgrenze).
Bei versicherten **Alleinerziehenden:** pro Kalenderjahr bis zu 20 Tage pro Kind; für zwei Kinder bis zu 40 Tage, ab drei Kinder bis zu 50 Tage (gesetzliche Höchstgrenze).

bb) Sind im Tarifvertrag weniger Tage vorgesehen, so bezahlt die Krankenkasse die restlichen Tage. Voraussetzung ist, dass das Kind im Rahmen der Familienversicherung versichert ist, das 12. Lebensjahr noch nicht vollendet hat, kein anderer Haushaltsangehöriger seine Betreuung übernehmen kann und die Betreuungsbedürftigkeit ärztlich bescheinigt wird. Bei Krankenkassen und Ärzten liegen entsprechende Formulare aus, die vor oder unverzüglich nach Fernbleiben von der Arbeit der Kasse einzureichen sind. Die **Höhe** des Kinderkrankengeldes richtet sich nach den allgemeinen Vorschriften über die Höhe des Krankengeldes (also nach § 47 SGB V; s. oben 8.3 b).

cc) Der Anspruch auf Kinderkrankengeld kommt aber auch den Eltern zugute, die ein Kind betreuen, das das 12. Lebensjahr vollendet hat und das (körperlich, geistig oder seelisch) **behindert** und **auf Hilfe angewiesen** ist.
Der Anspruch besteht also in diesem Fall **ohne Altersgrenze** für das Kind. Allerdings ist der Anspruch zeitlich begrenzt auf die oben (aa) genannte Zahl von Tagen.
Noch weiter geht aber der Anspruch auf Kinderkrankengeld nach **§ 45 Abs. 4 SGB V.** Nach dieser Vorschrift gilt **weder eine Altersgrenze noch eine bestimmte zeitliche Begrenzung** bei schwerer, unheilbarer Erkrankung von Kindern, die nur noch eine Lebenserwartung von Wochen oder wenigen Monaten haben (damit sie in dieser Zeit von einem Elternteil betreut und begleitet werden können). Nach § 45 Abs. 4 SGB V haben nämlich Versicherte Anspruch auf Krankengeld, wenn sie zur Beaufsichtigung, Betreuung oder Pflege ihres erkrankten und versicherten Kindes der Arbeit fernbleiben, sofern das Kind das zwölfte Lebensjahr noch nicht vollendet hat oder behindert und auf Hilfe angewiesen ist und nach ärztlichem Zeugnis an einer Erkrankung leidet,

(1) die progredient verläuft und bereits ein weit fortgeschrittenes Stadium erreicht hat,
(2) bei der eine Heilung ausgeschlossen und eine palliativ-medizinische Behandlung notwendig oder von einem Elternteil erwünscht ist und
(3) die lediglich eine begrenzte Lebenserwartung von Wochen oder wenigen Monaten erwarten lässt.

Der Anspruch, der nur für einen Elternteil besteht, kann auch geltend gemacht werden, wenn das Kind stationär versorgt wird oder ambulante Leistungen eines Hospizes erhält. Anspruch auf unbezahlte Freistellung haben in diesem Fall auch Arbeitnehmer, die nicht Versicherte mit Anspruch auf Krankengeld nach § 45 Abs. 1 SGB V sind.
Ergänzt wird der Anspruch auf Pflegekrankengeld durch einen **arbeitsrechtlichen Freistellungsanspruch** gegenüber dem Arbeitgeber, der nicht durch Vertrag ausgeschlossen oder beschränkt werden kann (§ 45 Abs. 3 SGB V).

Da die 10 Tage oft nicht ausreichen, soll noch auf den allgemeinen arbeitsrechtlichen Anspruch auf **kurzfristige unbezahlte** Arbeitsfreistellung hingewiesen werden, der bei unverschuldetem Fernbleiben von der Arbeit besteht und nicht durch Vertrag ausgeschlossen oder beschränkt werden kann. Der Arbeitgeber muss allerdings unter Nachweis eines wichtigen Grundes so frühzeitig wie möglich unterrichtet werden.

dd) **Arbeitslosengeld** wird für die gleiche Zahl von Tagen wie nach § 45 SGB V (s. oben) weitergezahlt, wenn der Arbeitslose ein erkranktes Kind unter 12 Jahren oder (ohne Altersgrenze!) ein Kind, das behindert und auf Hilfe angewiesen ist, beaufsichtigen, betreuen oder pflegen muss, kein anderer Haushaltsangehöriger diese Aufgabe übernehmen kann und die Betreuungsbedürftigkeit ärztlich bescheinigt wird (§ 126 Abs. 2 SGB III).

d) Berufstätige Eltern, die ein beim Besuch von Kindergarten oder Schule **unfallverletztes** Kind entweder zu Hause betreuen oder zur ärztlichen Behandlung bringen, können – sofern kein anderes Familienmitglied zur Verfügung steht – einen Ersatz des Verdienstausfalls erhalten. Der fehlende Verdienst wird im Einzelfall nach Richtlinien der Unfallversicherungsträger ersetzt (vgl. § 39 SGB VII i.V.m. Rundschreiben der BAG der Unfallversicherungsträger).

e) Eltern, die als **Begleitpersonen** tätig werden, finden noch einige Hinweise unter 12.4.

11.2 Kindergeld, Kinderzuschlag, Erziehungsgeld, Elterngeld

a) Für Kinder im Sinne des Einkommenssteuergesetzes erhalten Eltern entweder Kindergeld oder einen Kinderfreibetrag.

Kinder im Sinne des Einkommenssteuergesetzes (vgl. § 32 EStG) sind insbesondere Kinder

1. bis zum vollendeten 18. Lebensjahr,
2. bis zum vollendeten 25. Lebensjahr, wenn sie noch ausgebildet werden (dies gilt selbstverständlich auch für behinderte Kinder, die sich in einer Ausbildung befinden),
3. ohne Altersbeschränkung, wenn sie wegen körperlicher, geistiger oder seelischer Behinderung außerstande sind, sich selbst zu unterhalten, und die Behinderung vor Vollendung des 25. Lebensjahres eingetreten ist.

Ein behindertes Kind ist außerstande, sich selbst zu unterhalten, wenn es ihm aufgrund der Behinderung objektiv unmöglich ist, seinen Lebensunterhalt durch eigene Erwerbstätigkeit zu bestreiten. Die Behinderung muss ursächlich dafür sein, dass das Kind nicht in der Lage ist, einer Erwerbstätigkeit nachzugehen. Hiervon wird ausgegangen, wenn im Bescheid des Versorgungsamtes das Merkmal „H" (hilflos) eingetragen oder der Grad der Behinderung mit 50 oder mehr festgelegt worden ist und besondere Umstände eine übliche Erwerbstätigkeit des Kindes auf dem allgemeinen Arbeitsmarkt verhindern. In Zweifelsfällen kann vom ärztlichen/psychologischen Dienst des Arbeitsamtes ein Gutachten erstellt werden. Ob ein Kind außerstande ist, sich selbst zu unterhalten, hängt jedoch nicht nur von der Behinderung (bzw. Erwerbsunfähigkeit) ab, sondern auch von der Höhe der eigenen Einkünfte und Bezüge.

b) Das Kind darf nämlich auch nicht **wirtschaftlich** dazu imstande sein, seinen gesamten notwendigen Lebensbedarf zu decken. Ist das Kind also trotz seiner Behinderung in der Lage, aufgrund hohen verfügbaren Einkommens (z. B. aufgrund einer Unfallrente) oder aufgrund hoher Bezüge selbst für seinen Lebensunterhalt zu sorgen, gilt es nicht als Kind im einkommenssteuerrechtlichen Sinne mit der Folge, dass den Eltern kein Anspruch auf Kindergeld zusteht.
Der gesamte **notwendige Lebensbedarf** eines behinderten Kindes setzt sich nach mehreren Entscheidungen des Bundesfinanzhofes aus einem **Grundbedarf** (dieser ist gesetzlich festgelegt und beläuft sich im Jahr 2007 auf einen Betrag i. H. v. 7.680,– €) und dem individuellen **behinderungsbedingten Mehrbedarf** zusammen. Der behinderungsbedingte Mehrbedarf bemisst sich bei Kindern, die nicht in einer vollstationären Einrichtung leben, in Anlehnung an den Pauschbetrag für behinderte Menschen. Darüber hinaus wird ein etwaiger Pflegebedarf (zugrunde gelegt wird das jährliche Pflegegeld) und Fahrtbedarf (zugrunde gelegt werden die als außergewöhnliche Belastungen berücksichtigungsfähigen Fahrtkosten) des Kindes als behinderungsbedingter Mehrbedarf anerkannt. Lebt das Kind in einer vollstationären Einrichtung, ist immer der Einzelnachweis des behinderungsbedingten Mehrbedarfs erforderlich. Dieser erfolgt in der Regel durch den Ansatz der Heimkosten.
Dem so ermittelten notwendigen Lebensbedarf sind die **Einkünfte** und **Bezüge** des Kindes gegenüberzustellen. Ergibt die Gegenüberstellung, dass die Eigenmittel des Kindes den Gesamtbedarf nicht decken, so ist das Kind außerstande, sich selbst zu unterhalten. Den Eltern des Kindes steht in diesem Fall ein Anspruch auf Kindergeld zu.
Als **Einkünfte des Kindes** sind die sieben Einkunftsarten des Einkommenssteuerrechtes, also z. B. Einkünfte aus nichtselbständiger Arbeit, Einkünfte aus Kapitalvermögen oder Grundvermögen oder Renten usw. zu berücksichtigen. Bezüge sind z. B. Geldleistungen nach dem BVG sowie Leistungen der Eingliederungshilfe für behinderte Menschen, soweit ein Rückgriff des Sozialamtes bei den gesetzlich Unterhaltsverpflichteten ausgeschlossen ist (das ist z. B. der Fall, wenn ein behindertes Kind in einer vollstationären Einrichtung lebt). Von den zu berücksichtigenden Bezügen kann eine Kostenpauschale von insgesamt 180,– € im Kalenderjahr abgezogen werden, wenn nicht höhere Aufwendungen,

die im Zusammenhang mit dem Zufluss der Bezüge stehen, nachgewiesen oder glaubhaft gemacht werden.
Zu beachten ist, dass etwaiges **Vermögen des Kindes** bei der Beurteilung der Frage, ob das Kind imstande ist, sich selbst zu unterhalten, außer Betracht bleibt (siehe dazu BFH 19.8.2002 – VIII R 17/02).

Anspruch der Eltern auf Kindergeld, wenn das Kind im Haushalt der Eltern oder alleine lebt
Mit der nachfolgenden **Beispielsrechnung** soll verdeutlicht werden, wie der Anspruch auf Kindergeld ermittelt wird, wenn das Kind im Haushalt der Eltern oder alleine lebt. Im ersten Schritt ist der Lebensbedarf des Kindes zu ermitteln. Dieser setzt sich aus dem gesetzlich festgelegten Grundbedarf sowie dem behinderungsbedingten Mehrbedarf (hier ist der jeweils maßgebliche Pauschbetrag, Pflegebedarf sowie Fahrtbedarf zugrunde zu legen) zusammen. Im zweiten Schritt ist zu ermitteln, inwieweit das Kind dazu in der Lage ist, durch eigene Einkünfte und Bezüge seinen Lebensbedarf zu decken. Von einem etwaigen Arbeitsentgelt des Kindes (z. B. aus der Beschäftigung in einer WfbM) ist dabei die Werbungskostenpauschale i. H. v. 920,– € in Abzug zu bringen. Von einer etwaigen Erwerbsunfähigkeitsrente können 102,– € als Werbungskostenpauschale abgezogen werden. Erhält das Kind in der WfbM ein kostenloses Mittagessen, sind hierfür Bezüge (in Form von Sachbezügen) in Höhe von jährlich 927,– € in Ansatz zu bringen. Schließlich kann noch eine Kostenpauschale in Höhe von 180,– € in Abzug gebracht werden.
Reichen die Einkünfte und Bezüge des Kindes nicht aus, um den Lebensbedarf zu decken, so ist das Kind außerstande, sich selbst zu unterhalten. Den Eltern steht in diesem Fall ein Anspruch auf Kindergeld zu.

Lebensbedarf

Grundbedarf:	7.680,– €
Pauschbetrag wegen Behinderung (z. B. wenn Hilflosigkeit vorliegt):	3.700,– €
Pflegebedarf (z. B. bei Pflegestufe III):	7.980,– €
Fahrtbedarf (z. B. 3.000 km à 0,30 €)	900,– €
Summe:	20.260,– €

Einkünfte und Bezüge des behinderten Kindes

Arbeitsentgelt abzüglich Werbungskostenpauschale 920,– €:	.... €
Erwerbsunfähigkeitsrente abzüglich Werbungskostenpauschale 102,– €:	.... €
Leistungen nach dem Grundsicherungsgesetz:	.... €
Kosten für Mittagessen in der WfbM (sofern nicht Selbstzahler) (79,20 €/Monat gemäß Sachbezugsverordnung):	950,– €
abzüglich Kostenpauschale:	– 180,– €
Summe:	.... €

Anspruch der Eltern auf Kindergeld, wenn das Kind in einer vollstationären Einrichtung lebt

Mit der nachfolgenden **Beispielsrechnung** soll verdeutlicht werden, wie der Anspruch auf Kindergeld ermittelt wird, wenn das Kind in einer vollstationären Einrichtung lebt. Im ersten Schritt ist wiederum der Lebensbedarf des Kindes zu ermitteln. Dieser setzt sich beim Wohnen in einer vollstationären Einrichtung aus dem gesetzlich festgelegten Grundbedarf sowie dem behinderungsbedingten Mehrbedarf (hier sind die Heimkosten abzüglich der Verpflegungskosten, die bereits vom Grundbedarf erfasst werden, sowie der jeweils maßgebliche Pflegebedarf sowie Fahrtbedarf zugrunde zu legen) zusammen. Im zweiten Schritt ist zu ermitteln, inwieweit das Kind dazu in der Lage ist, durch eigene Einkünfte und Bezüge seinen Lebensbedarf zu decken. Als Bezüge sind hier insbesondere etwaige Leistungen der Grundsicherung nach dem SGB XII sowie Leistungen der Eingliederungshilfe für behinderte Menschen für die vollstationäre Einrichtung in Ansatz zu bringen. Schließlich kann noch eine Kostenpauschale in Höhe von 180,– € in Abzug gebracht werden.
Reichen die Einkünfte und Bezüge des Kindes nicht aus, um den Lebensbedarf zu decken, so ist das Kind außerstande, sich selbst zu unterhalten. Den Eltern steht in diesem Fall ein Anspruch auf Kindergeld zu.

Lebensbedarf

Grundbedarf:	7.680,– €
Heimkosten (Tagespflegesatz x 365 Tage) abzüglich Verpflegungskosten (2.373,– € gemäß Sachbezugsverordnung):	.... €
Pflegebedarf (tageweises Pflegegeld bei Wochenendbesuchen oder Urlaub im Elternhaus):	.... €
Fahrtbedarf (für Familienheimfahrten und Kontaktpflege):	.... €
Summe:	.... €

Eigene Mittel (Bezüge) des behinderten Kindes

Leistungen der Grundsicherung nach SGB XII:	.... €
Eingliederungshilfe:	.... €
Taschengeld:	.... €
Pflegegeld:	.... €
Fahrtkostenersatz:	.... €
abzüglich Kostenpauschale	– 180,– €
Summe:	.... €

Für das **erste, zweite** und **dritte Kind** beträgt das Kindergeld monatlich jeweils 154,– € und für die **weiteren Kinder** je 179,– €.
Der **steuerlich absetzbare Kinderfreibetrag** wird nicht mehr zusätzlich, sondern nur noch alternativ gewährt. Das bedeutet: Alle Eltern erhalten zunächst das ihnen für ihre Kinder zustehende Kindergeld. Damit niemand einen Nachteil erleidet, prüft das Finanzamt zusätzlich bei der Steuerveranlagung von sich aus, ob die Berücksichtigung des Kinderfreibetrags für die Familie günstiger wäre. Wo dies der Fall ist, werden die zu viel gezahlten Steuern unter Berücksichtigung des gezahlten Kindergeldes im Rahmen des Lohn- und Einkommenssteuerveranlagung zurückerstattet (die Alternative des Kinderfreibetrags lohnt sich allerdings erst ab einem hohen Einkommen). Der Freibetrag für das sächliche Existenzminimum des Kindes (Kinderfreibetrag) beträgt 1.824,– €. Zusätzlich wird ein Betreuungs- und Erziehungs- oder Ausbildungsfreibetrag gemäß § 32 Abs. 6 EStG gewährt, und zwar in Höhe von 1.080,– € (für behinderte Kinder auch nach Vollendung des 16. Lebensjahres). Bei Zusammenveranlagung verdoppeln sich die Beträge, wenn das Kind zu beiden Ehegatten in einem Kindschaftsverhältnis steht.

c) **Kindergeld für Pflegeeltern:** Das Kindergeld bzw. der Kinderfreibetrag steht auch Pflegeeltern für ihre Pflegekinder zu. Pflegeeltern im steuerrechtlichen Sinne sind Personen, die das Kind in ihren Haushalt aufnehmen und mit dem Kind durch ein familienähnliches, auf längere Dauer berechnetes Band verbunden sind. Voraussetzung ist ferner, dass das Obhuts- und Pflegeverhältnis zu den leiblichen Eltern nicht mehr besteht und die Aufnahme in den Haushalt nicht zu Erwerbszwecken erfolgt. Lebt das behinderte Pflegekind in einer vollstationären Einrichtung und besucht es die Pflegeeltern regelmäßig an den Wochenenden und in den Ferien, so liegt ebenfalls eine Aufnahme in den Haushalt der Pflegeeltern vor (BFH 14.11.2001, BStBl. II 2002, 244).

d) **Kindergeld für Geschwisterkinder:** Ein Pflegekindschaftsverhältnis kann nach dem Tode der leiblichen Eltern auch zwischen dem behinderten Kind und einem Geschwisterkind begründet werden. Voraussetzung ist, dass das Geschwisterkind das behinderte Kind in seinen Haushalt aufnimmt. Diese Voraussetzung liegt auch dann vor, wenn das behinderte Kind in einer vollstationären Einrichtung lebt und lediglich an den Wochenenden im Haushalt seiner Schwester oder seines Bruder betreut wird.

e) Seit dem 1.1.2005 gibt es für Eltern mit geringem Einkommen einen so genannten **Kinderzuschlag** (§ 6a BKGG). Damit sollen Eltern, die eigenes Geld verdienen, davor bewahrt werden, wegen ihrer Kinder zum Sozialfall zu werden. Für den Kinderzuschlag gelten Einkommensgrenzen, die für jeden Einzelfall gesondert berechnet werden müssen. Dieser Kinderzuschlag wird 3 Jahre lang gezahlt und zwar nur für Kinder unter 18 Jahren.
Das eigentliche Kindergeld beträgt 154,– € (s. oben), der Zuschlag höchstens 140,– € monatlich. Dies macht zusammen 294,– €. Den Kinderzuschlag bekommen nur Eltern (auch Pflege- oder Stiefeltern), die ein eigenes, aber niedriges Einkommen haben. Damit verfolgt der Staat das Ziel, dass Eltern mit geringen Einkommen weiterhin einer Erwerbsarbeit nachgehen und nicht wegen ihrer Kinder Sozialleistungen (Arbeitslosengeld II) in Anspruch nehmen.
Die Einkommensgrenze muss in jedem Einzelfall in einem komplizierten Verfahren ausgerechnet werden. Als ungefähren Anhaltspunkt kann man folgende Zahlen nehmen: Alleinerziehende mit einem Kind bekommen den Kinderzuschlag, wenn sie rund 700,– € netto im Monat verdienen, eine vierköpfige Familie, wenn sie rund 1.000,– € netto im Monat hat. Die Beträge können niedriger ausfallen, aber auch deutlich höher. Das liegt an den Mietkosten, die regional sehr unterschiedlich ausfallen. Als Faustformel gilt: Der Kinderzuschlag wird gezahlt, wenn man netto in etwa so viel verdient, wie ein Langzeit-Arbeitsloser an Arbeitslosengeld II (Regelleistung zur Sicherung des Lebensunterhalts), Mietzahlung und möglichen Mehrbedarf erhält.
Eltern mit einem geringen Einkommen sollten sich an die Familienkasse der Agentur für Arbeit wenden. Das ist die Stelle, die auch das Kindergeld auszahlt. Man sollte dort selbst dann einen Antrag stellen, wenn man etwas mehr verdient, denn wer etwas über der Einkommensgrenze liegt, bekommt trotzdem noch einen verringerten Kinderzuschlag. Der Kinderzuschlag wird zusammen mit dem Kindergeld ausgezahlt.
Die Familienkasse kann das Kindergeld unter bestimmten Voraussetzungen an den **Sozialhilfeträger abzweigen** (§ 74 Abs. 1 Satz 3 und 4 EStG). Dies ist insbesondere dann der Fall, wenn ein behindertes volljähriges Kind auf Kosten des Sozialhilfeträgers vollstationär in einer Pflegeeinrichtung untergebracht ist und für dieses Kind Kindergeld gewährt wird (dazu BFH 23.2.2006 – III R 65/04). Allerdings ist eine Abzweigung des Kindergeldes an den Sozialhilfeträger dann nicht zulässig, wenn die Eltern (Kindergeldberechtigten) für das Kind

regelmäßig Aufwendungen in Höhe des Kindergeldes oder sogar darüber hinaus haben (z.B. dadurch, dass für das Kind ein Zimmer vorgehalten wird und damit anteilige Mietkosten anfallen, oder dass das Kind regelmäßig an Wochenenden oder in den Ferien zu Hause betreut wird, oder Gesundheitskosten für das Kind anfallen, die von der gesetzlichen Krankenversicherung nicht übernommen werden). Insofern empfiehlt es sich, alle solche Ausgaben zu dokumentieren bzw. entsprechende Belege zu sammeln.

f) Für die Behandlung des **Kindergeldes** bei **bedürftigkeitsabhängigen Leistungen** nach dem SGB II und nach dem SGB XII gilt Folgendes:

aa) Bei der **Grundsicherung für Arbeitsuchende** (SGB II) ist das Kindergeld für zur **Bedarfsgemeinschaft** gehörende Kinder dem **jeweiligen Kind** als Einkommen zuzurechnen (wer zu einer solchen Bedarfsgemeinschaft gehört, regelt § 7 Abs. 3 und 3a SGB II), soweit es bei dem jeweiligen zur Bedarfsgemeinschaft gehörenden Kind zur Sicherung des Lebensunterhalts benötigt wird (§ 11 Abs. 1 Satz 3 SGB II). Nur der darüber liegende Betrag des Kindergeldes („Spitzbetrag") kann dann Einkommen des kindergeldberechtigten Elternteils sein.
Das Kindergeld für ein **nicht** zur Bedarfsgemeinschaft gehörendes **volljähriges** (z.B. 27-jähriges behindertes) Kind darf nicht dem hilfeberechtigten kindergeldberechtigten Elternteil zugerechnet werden, wenn dieser es nachweislich an das im **eigenen** Haushalt lebende Kind weiterleitet (Nachweis z.B. durch Überweisungsbeleg). Wird der Nachweis nicht geführt, ist das Kindergeld als Einkommen des hilfebedürftigen Kindergeldberechtigten zu behandeln. Bei einem nicht zur Bedarfsgemeinschaft gehörenden volljährigen (z.B. 27-jährigen behinderten) Kind im **Haushalt kindergeldberechtigter Eltern(teile)** ist diesen das Kindergeld grundsätzlich als Einkommen zuzurechnen.

bb) Bei der Sozialhilfe (SGB XII) ist das Kindergeld bei **Minderjährigen** dem jeweiligen Kind als Einkommen zuzurechnen, soweit es bei diesem zur Deckung des notwendigen Lebensunterhalts benötigt wird (§ 82 Abs. 1 Satz 2 SGB XII). Der übersteigende Betrag („Kindergeld-Spitzbetrag") ist dann Einkommen des Kindergeldberechtigten. Bei **volljährigen** Kindern ist Kindergeld grundsätzlich dem Kindergeldberechtigten als Einkommen zuzuordnen. Wenn aber das Kindergeld oder Teile davon dem Kind durch einen besonderen Zuwendungsakt zugewendet werden (z.B. mittels Einzahlung auf ein eigenes Konto des Kindes), ist es in entsprechender Höhe als Einkommen des Kindes zu berücksichtigen. Die gemeinsame Haushaltsführung genügt dafür aber nicht.

cc) Zur Berücksichtigung des Kindergeldes bei der **Grundsicherung im Alter und bei Erwerbsminderung** (§§ 41 ff. SGB XII) vgl. oben 8.7.3 g).

g) Mit dem **Erziehungsgeld** ist ein Nachteilsausgleich für die Eltern vorgesehen, die keine oder keine volle Erwerbstätigkeit ausüben, kein oder nur ein geringes Einkommen erzielen und ihr Kind entweder in den ersten 24 Monaten (dann 300,– € monatlich) oder – wenn sich die Erziehenden dafür entscheiden – in den ersten 12 Monaten (dann 450,– € monatlich) selbst betreuen. Einzelheiten zum Erziehungsgeld (und zur Elternzeit – früher „Erziehungsurlaub" genannt) regelt das Bundeserziehungsgeldgesetz (BErzGG). Darin ist unter anderem die Einkommensgrenze geregelt, die nicht überschritten werden darf, wenn Anspruch auf Erziehungsgeld bestehen soll; bei der Berechnung des Einkommens wird für jedes behinderte Kind in der Familie ein Freibetrag berücksichtigt (§ 6 Abs. 1 Nr. 3 BErzGG).
Die Bundesländer haben die Zuständigkeit der Bewilligungsbehörden unterschiedlich geregelt. Auskunft über die Zuständigkeit im einzelnen können die Sozialämter geben.

h) Seit 1.1.2007 wird Eltern, deren Kinder ab dem **1.1.2007** geboren werden, ein einkommensabhängiges **Elterngeld** gezahlt, das das bisherige Erziehungsgeld und Mutterschaftsgeld ersetzt. Der Elterngeldrechner des Bundesministeriums für Familie, Senioren, Frauen und Jugend ermittelt den persönlichen Anspruch auf Elterngeld für nicht erwerbstätige Elternteile, Arbeiter und Angestellte, Beamte und Selbstständige (zu finden unter „www.bmfsfj.de/elterngeldrechner"). Das Elterngeld wird an Vater und Mutter für maximal 14 Monate gezahlt; beide können den Zeitraum frei untereinander aufteilen. Ein Elternteil kann höchstens zwölf Monate allein nehmen, zwei weitere Monate sind als Option für den anderen Partner reserviert. Das heißt: Zwölf Monate Elterngeld gibt es immer, wenn sich Eltern Zeit für die Betreuung ihres Kindes nehmen. Ersetzt werden 67 Prozent des wegfallenden bereinigten Nettoeinkommens, maximal 1800,– € im Monat (es gibt aber Ausnahmen bzw. Besonderheiten, z. B. bei Zwillings- und Mehrlingsgeburten). Das Mindestelterngeld, das Eltern erhalten, die vor der Geburt des Kindes nicht erwerbstätig waren, beträgt 300,– € (Langzeitarbeitslose erhalten einen Sockelbetrag von 300,– € monatlich, der nicht auf das Arbeitslosengeld II angerechnet wird).
Für **vor dem 1.1.2007** geborene Kinder gilt weiterhin das BErzGG mit dem Anspruch auf Erziehungsgeld (s. oben g)).
Zuständig für die Antragstellung auf Elterngeld sind die von der jeweiligen Landesregierung beauftragten Ämter (zum Beispiel Einwohnermeldamt). Der Antrag auf Elterngeld ist zeitnah nach der Geburt des Kindes zu stellen, denn das Elterngeld wird rückwirkend nur für drei Monate gezahlt. Bereits im

Antrag müssen die Eltern bestimmen, welcher Elternteil für welchen Zeitraum das Elterngeld ausgezahlt erhalten soll. Eine nachträgliche Änderung ist nur in besonderen Härtefällen möglich.

11.3 Steuererleichterungen Eltern können aufgrund der Behinderung ihres Kindes eine Reihe von steuerlichen Nachteilsausgleichen in Anspruch nehmen. Voraussetzung für die Inanspruchnahme dieser Steuererleichterungen ist in der Regel, dass für die Eltern ein Anspruch auf Kindergeld bzw. auf den Kinderfreibetrag besteht (siehe dazu 10.2). Die steuerlichen Nachteilsausgleiche können auch von Pflegeeltern in Anspruch genommen werden.
Eingehende Informationen enthält das sehr empfehlenswerte „Steuermerkblatt für Familien mit behinderten Kindern 2007/2007“ von Katja Kruse (abrufbar unter „www.bvkm.de/Steuermerkblatt“).

Hinweis: Ab dem Veranlagungszeitraum 2007 sind nicht behinderte Kinder grundsätzlich nur noch bis zur Vollendung des **25. Lebensjahres** steuerlich berücksichtigungsfähig. Bei behinderten Kindern muss die Behinderung künftig also vor dem 25. Geburtstag eingetreten sein. Es gibt aber Übergangs- und Bestandsschutzregelungen für behinderte Kinder, die bereits vor 2007 aufgrund einer vor Vollendung des 27. Lebensjahres eingetretenen Behinderung außerstande waren, sich selbst zu unterhalten; diese Kinder werden steuerlich wie bisher berücksichtigt.

Folgende Steuererleichterungen kommen im Wesentlichen für die Eltern behinderter Kinder in Betracht:
a) **Pauschbetrag für behinderte Menschen:** Steht dem Kind ein Pauschbetrag für behinderte Menschen zu (siehe dazu 9.4.1 a) und erhalten die Eltern für dieses Kind Kindergeld oder einen Kinderfreibetrag, so kann der Pauschbetrag auf Antrag auf die Eltern übertragen werden, wenn das Kind ihn nicht selbst in Anspruch nimmt.

b) **Ausbildungsfreibetrag:** Für ein volljähriges Kind, das sich in einer Berufsausbildung befindet und auswärtig untergebracht ist, können Eltern einen Freibetrag in Höhe von 924,– € je Kalenderjahr geltend machen. Voraussetzung ist, dass die Eltern für das Kind einen Kinderfreibetrag oder Kindergeld erhalten. „Auswärtig untergebracht“ heißt, dass das Kind außerhalb der elterlichen Wohnung wohnt und auch dort verpflegt wird und nur in den Ferien oder an den Wochenenden heimkehrt.

c) **Haushaltshilfe:** Liegt bei einem behinderten Kind ein Grad der Behinderung von mindestens 50 vor, so können Anwendungen für eine Haushaltshilfe bis zu einem Betrag von 924,– € jährlich steuerlich abgesetzt werden (siehe dazu 9.4. 1 b) bb).

d) **Kinderbetreuungskosten:** Aufwendungen für Dienstleistungen zur Betreuung eines zum Haushalt des Steuerpflichtigen gehörenden Kindes (dazu zählen beispielsweise die Kosten für die Unterbringung des Kindes im Kindergarten oder bei einer Tagesmutter), welches das 14. Lebensjahr noch nicht vollendet hat oder wegen einer vor Vollendung des 27. Lebensjahres eingetretenen körperlichen, geistigen oder seelischen Behinderung außer Stande ist, sich selbst zu unterhalten, können in Höhe von zwei Dritteln der Aufwendungen, höchstens aber bis zu 4.000,– € je Kind steuerlich geltend gemacht werden.
Voraussetzung ist, dass der Steuerpflichtige entweder erwerbstätig ist, sich in Ausbildung befindet, körperlich, geistig oder seelisch behindert oder krank ist. Bei zusammenlebenden Eltern müssen beide Eltern durch einen der vorgenannten Gründe an der Kinderbetreuung gehindert sein. Steuerpflichtige, die diese Voraussetzung nicht erfüllen und zusammenlebende Eltern, bei denen nur ein Teil erwerbstätig ist, können ihre Kosten für die Kinderbetreuung ebenfalls in der genannten Höhe geltend machen, sofern das Kind das dritte, aber noch nicht das sechste Lebensjahr vollendet hat.

e) **Andere außergewöhnliche Belastungen:** Haben sich die Eltern den Behindertenpauschbetrag ihres Kindes übertragen lassen, können Aufwendungen, die durch den Pauschbetrag nicht abgegolten sind (z. B. Fahrtkosten für Fahrten mit dem Kind, Krankheitskosten etc.), neben dem Pauschbetrag als außergewöhnliche Belastungen steuerlich geltend gemacht werden (siehe dazu 9.4.1 b) dd).

f) **Pflegepauschbetrag:** Eltern, die ihr behindertes Kind pflegen, können die hierfür anfallenden Aufwendungen als außergewöhnliche Belastungen steuerlich geltend machen. Ist das pflegebedürftige Kind nicht nur vorübergehend hilflos (Merkzeichen „H“ im Behindertenausweis oder Pflegestufe III nach dem SGB XI), kann anstelle der tatsächlichen Pflegeaufwendungen ein Pflegepauschbetrag in Höhe von 924,– € im Kalenderjahr in Anspruch genommen werden (siehe dazu 9.4.1 c).

11.4 Erbschaft, Schenkung, Erbverzicht, Enterbung, Patientenverfügung Bei vielen behinderten Menschen ist abzusehen, dass sie ihr Leben lang außerstande sein werden, sich selbst zu unterhalten, sodass sie spätestens nach dem Tode der Eltern ganz von der Sozialhilfe abhängig sind. Diese fragen sich, wie sie die mit dem Bezug von Sozialhilfe verbundene Armut ihres Kindes durch testamentarische Verfügungen oder vorzeitige Schenkungen mildern oder verhindern können.

III. Die Rechte der Eltern, Begleit- und Pflegepersonen sowie der ehrenamtlichen Helfer der Freien Wohlfahrtspflege

a) **Erbschaft:** Oft tritt der von den Eltern beabsichtigte Erfolg nicht ein, wenn dem Kind aus ihrem Nachlass Vermögen zufließt. Denn auf diese Weise erworbenes Vermögen steht den Ansprüchen auf Leistungen der Sozialhilfe, insbesondere Eingliederungshilfe für behinderte Menschen und Hilfe zur Pflege, grundsätzlich entgegen. Das Ererbte ist dann schnell verbraucht, da die Sozialhilfe wegen des vorhandenen Vermögens ihre Leistungen einstellt (vgl. 1.4 b).
Dies sollte bei der Errichtung einer Verfügung von Todes wegen bedacht werden. Seit geraumer Zeit werden deshalb in diesem Zusammenhang **verschiedene erbrechtliche Gestaltungsformen** diskutiert, mit deren Hilfe dem behinderten Kind auch nach dem Ableben der Eltern ein Leben ermöglicht werden soll, in dem seine Benachteiligung gegenüber nicht behinderten Kindern erleichtert werden kann (z.B. durch Pflege von Hobbys, die – wenn der behinderte Mensch von der Sozialhilfe leben muss – nicht betrieben werden können).
Auf jeden Fall sollten die Betroffenen bei einer entsprechenden erbrechtlichen Gestaltung den Rat eines **Notars** oder eines einschlägig erfahrenen **Rechtsanwalts** einholen und dabei vor allem klären lassen, ob auf rechtlich einwandfreie Weise dem behinderten Kind Vermögen zugewendet werden kann, dessen Einsatz später von den Trägern der Sozialhilfe (und der Grundsicherung im Alter und bei Erwerbsminderung) nicht gefordert werden kann. Auf keinen Fall sollten die Betroffenen „selbstgestrickte" oder rechtlich zweifelhafte erbrechtliche Verfügungen machen, die ihre konkrete Situation nicht genügend berücksichtigen.
Sehr empfehlenswert sind zu diesem Thema **zwei Veröffentlichungen:** Zum einen „Erbrechtliche Aspekte in Familien mit behinderten Angehörigen" von **Renate Heinz-Grimm** von der Bundesvereinigung Lebenshilfe (kostenpflichtig, abrufbar unter „www.lebenshilfe.de", dort unter „Publikationen und Medien", dann „Recht") und zum anderen „Vererben zugunsten behinderter Menschen" von **Katja Kruse** vom Bundesverband für Körper- und Mehrfachbehinderte (abrufbar unter „www.bvkm.de", dann „Recht und Politik").

b) **Schenkung, Erbverzicht** und **Enterbung** werfen eine Fülle schwieriger Rechtsfragen auf; hier können nur einige Punkte angesprochen werden: Wer sein Vermögen durch **Schenkung** so verringert, dass er dadurch auf Leistungen der Grundsicherung für Arbeitsuchende (SGB II) oder auf Leistungen der Sozialhilfe (SGB XII) angewiesen ist, kann vom Träger der Grundsicherung bzw. der Sozialhilfe darauf verwiesen werden, die Schenkung vom Beschenkten zurückzufordern (§ 3 Abs. 3 SGB II und § 2 Abs. 2 SGB XII i.V. mit § 528 BGB: sog. Rückforderung wegen Verarmung des Schenkers). Gewährt der Träger der Grundsicherung bzw. der Sozialhilfe aber Leistungen (z.B. weil der verarmte Schenker keine Mittel mehr hat, um seinen Lebensunterhalt zu bestreiten), dann geht der Rückforderungsanspruch des Schenkers gegen den Beschenkten auf den Träger über bzw. kann von diesem übergeleitet (§ 33 Abs. 1

SGB II, § 93 SGB XII) und dann in eigenem Namen gegen den Beschenkten geltend gemacht werden. Die Möglichkeit der Rückforderung erlischt allerdings 10 Jahre nach dem Zeitpunkt der Schenkung; die Rückforderung ist außerdem unter bestimmten Voraussetzungen ausgeschlossen (§§ 528 S. 2, 529, 534 BGB). Oft werden Schenkungen mit der Auflage gemacht, dass der Empfänger den behinderten Menschen bei sich aufnimmt und pflegt. Kommt es zur Rückforderung, so ist die vom Beschenkten erbrachte Gegenleistung aufzurechnen und nur der darüber hinausgehende Wert zurückzuverlangen. Kann die Auflage nicht erfüllt werden (weil der Schenker z.B. in einem Pflegeheim gepflegt werden muss), kommt eine Umrechnung der Auflage in einen Geldwert in Betracht, der dann vom Beschenkten verlangt werden kann.
Der **Erbverzicht** ist keine Schenkung im Rechtssinne; denn der Verzichtende verfügt nicht über sein gegenwärtiges Vermögen, sondern verhindert, dass er künftig Vermögen erwirbt (insofern wirkt der Erbverzicht im Ergebnis wie die **Enterbung**). In diesen Fällen geht der Pflichtteilsanspruch des Verzichtenden (oder Enterbten) auf den Träger der Grundsicherung bzw. der Sozialhilfe über oder kann von diesem übergeleitet (§ 33 Abs. 1 SGB II, § 93 SGB XII) und dann im eigenen Namen gegen den Erben geltend machen; der Träger kann aber unter bestimmten Voraussetzungen dem Pflichtteilsberechtigten zumuten, den Pflichtteil selbst geltend zu machen, um sich auf diese Weise die zur Beseitigung oder Milderung seiner akuten Notlage erforderlichen Mittel zu beschaffen.
Dieser kurze Abschnitt kann den vielfältigen Gestaltungsmöglichkeiten des Schenkungs- und Erbrechts nicht Rechnung tragen und nur Ansatzpunkte für eine juristische Beratung (vor allem durch Rechtsanwälte und Notare) bieten.

c) Eine wichtige Entscheidung gegen die **Benachteiligung behinderter Menschen im Erbrecht** hat das Bundesverfassungsgericht gefällt, als es feststellte, dass der generelle Ausschluss schreib- und sprechunfähiger Personen von der Möglichkeit, ein **Testament** zu errichten, gegen die Verfassung verstößt. Im Fall eines durch Schlaganfall gelähmten, sprech- und schreibunfähigen Mannes hat das Gericht nämlich festgestellt, dass die nach §§ 2232, 2233, 2247 BGB angeordnete Unfähigkeit dieses Personenkreises, ein Testament zu errichten, einen Verstoß gegen die Erbrechtsgarantie, gegen den Gleichbehandlungsgrundsatz und gegen das Benachteiligungsverbot behinderter Menschen (Art. 3 Abs. 3. S. 2 GG) darstellt. Der Gesetzgeber hat deshalb in § 2233 Abs. 2 BGB bestimmt, dass in dem Falle, dass der Erblasser nach seinen Angaben oder nach der Überzeugung des Notars nicht im Stande ist, Geschriebenes zu lesen, er (also der Erblasser) das Testament nur durch eine Erklärung gegenüber dem Notar errichten kann.

d) Mit der juristischen Kontroverse um die **Sterbehilfe** hat die Zahl der sog. **Patientenverfügungen** sprunghaft zugenommen. Gerade weil Ärzte, Richter und Betreuer nicht „Herr über Leben und Tod" sein können und wollen, muss der Wille des Patienten oberstes Gebot sein. Mittlerweile werden auf dem Markt (gegen Bezahlung) massenhaft formularmäßige Patientenverfügungen angeboten, die garantieren sollen, dass der Patientenwunsch im Fall des Falles auch sicher durchgesetzt werden kann. Über die einzelnen Möglichkeiten der Vorsorge für den Fall, dass Patienten nicht mehr in der Lage sind, über ihre Angelegenheiten selbst zu entscheiden, informiert das **Schaubild** unten.

Die rechtlichen Grundlagen und Grenzen der Patientenverfügungen sowie die Verbindlichkeit solcher Verfügungen für die ärztliche Behandlung am Lebensende sind allerdings bislang juristisch nicht abschließend geklärt. Ausgangspunkt der Debatte ist ein bis heute in seinen Details umstrittener Beschluss des Bundesgerichtshofs (BGH) aus dem Jahre 2003. Danach ist die Patientenverfügung Ausdruck des Selbstbestimmungsrechts des Patienten und grundsätzlich für Arzt und Betreuer verbindlich; gleichzeitig hat der BGH aber auch Probleme zu den Grenzen und zur Durchsetzbarkeit einer solchen Verfügung formuliert, die weiter ungelöst bleiben. Das Bundesministerium der Justiz hat nicht zuletzt auf diesen Beschluss hin im September 2003 eine Arbeitsgruppe („Patientenautonomie am Lebensende") eingesetzt, die im Juni 2004 ihren Abschlussbericht vorlegte. Es bleibt nun abzuwarten, wie der von der Großen Koalition für die erste Hälfte des Jahres 2007 angekündigte Gesetzentwurf zur Patientenverfügung ausgestaltet sein wird.

Eine Fülle von einschlägigem Material zur Patientenverfügung (Informationen, Stellungnahmen, Muster-Patientenverfügungen usw.) findet sich auf der Internetseite „www.patientenverfuegung.de".

Möglichkeiten der Vorsorge für den Fall, dass Patienten nicht mehr in der Lage sind, über ihre Angelegenheiten selbst zu entscheiden

Bezeichnung	PATIENTENVERFÜGUNG (-TESTAMENT) (nicht zu verwechseln mit dem Testament im ursprünglichen Sinn, das Bestimmungen für die Zeit nach dem Tod trifft).	BETREUUNGSVERFÜGUNG	VORSORGEVOLLMACHT
Zielsetzung	Bekundung eigener Wünsche in Bezug auf medizinische Behandlung und Pflege bei schwerster aussichtsloser Erkrankung, insbesondere in der letzten Lebensphase.	Benennung einer Person des eigenen Vertrauens für den Fall, dass das Vormundschaftsgericht wegen eigener Entscheidungs- und Handlungsunfähigkeit einen Betreuer einsetzt. Zusätzliche Wünsche für den Fall einer Betreuung möglich.	Bevollmächtigung einer Person des Vertrauens, die im Fall eigener Entscheidungs- und Handlungsunfähigkeit für den Vollmachtserteilenden unter Beachtung der §§ 1904 und 1906 BGB rechtswirksam handeln kann.

Bezeichnung	PATIENTENVERFÜGUNG	BETREUUNGSVERFÜGUNG	VORSORGEVOLLMACHT
Juristische Bedeutung	Muss von den behandelnden Ärzten beachtet werden.	Leitet sich aus § 1901a BGB ab. Vormundschaftsgericht muss Bestellung der genannten Person aussprechen; bei schwerwiegenden medizinischen Maßnahmen, wie z. B. Behandlungsabbruch, ist vormundschaftsgerichtliche Genehmigung erforderlich.	Leitet sich aus § 1896 Abs. 2 Satz 2 BGB ab. Bestellung durch Vormundschaftsgericht entfällt, nicht jedoch die Genehmigungspflicht bei schwerwiegenden medizinischen Maßnahmen.
Formale Erfordernisse	Schriftliche (nicht zwingend handschriftliche) Form. Eigenhändige Unterschrift (in Abständen möglichst erneuern). Unterschrift mindestens eines Zeugen (in Abständen möglichst erneuern) zur Bestätigung, dass Verfasser im Vollbesitz seiner geistigen Kräfte ist. Notarielle Beurkundung nicht erforderlich. Selbst zugefügte Ergänzungen sollten mit zusätzlicher Unterschrift versehen werden.	Schriftliche (nicht zwingend handschriftliche) Form. Eigenhändige Unterschrift (in Abständen möglichst erneuern). Unterschrift mindestens eines Zeugen (in Abständen möglichst erneuern) zur Bestätigung, dass Verfasser im Vollbesitz seiner geistigen Kräfte ist. (Nicht die als Betreuer genannte Person als Zeugen nehmen!) Notarielle Beurkundung nicht erforderlich. Selbst zugefügte Ergänzungen sollten mit zusätzlicher Unterschrift versehen werden.	Schriftliche (nicht zwingend handschriftliche) Form. Eigenhändige Unterschrift (in Abständen möglichst erneuern). Unterschrift mindestens eines Zeugen (in Abständen möglichst erneuern) zur Bestätigung, dass Verfasser im Vollbesitz seiner geistigen Kräfte ist. (Nicht die als Bevollmächtigten genannte Person als Zeugen nehmen!) Notarielle Beurkundung nicht vorgeschrieben, aber dringend anzuraten, besonders, wenn im vermögensrechtlichen Bereich eine umfassendere Vollmacht erteilt werden soll. Selbst zugefügte Ergänzungen sollten mit zusätzlicher Unterschrift versehen werden.
Aufbewahrungsmöglichkeiten	Bei den persönlichen Unterlagen, bei Angehörigen oder Freunden, eventuell beim Hausarzt.	Aufbewahrung so, dass gewährleistet ist, dass die Betreuungsverfügung gegebenenfalls unverzüglich dem Vormundschaftsgericht zugeleitet wird.	Bei den persönlichen Unterlagen, beim Bevollmächtigten selbst oder einer anderen Vertrauensperson.
Sinnvolle Kombinationsmöglichkeiten	• Patientenverfügung und Vorsorgevollmacht • Patientenverfügung und Betreuungsverfügung **Keinen Sinn** macht die Kombination von Vorsorgevollmacht und Betreuungsverfügung.	• Patientenverfügung und Vorsorgevollmacht • Patientenverfügung und Betreuungsverfügung **Keinen Sinn** macht die Kombination von Vorsorgevollmacht und Betreuungsverfügung.	• Patientenverfügung und Vorsorgevollmacht • Patientenverfügung und Betreuungsverfügung **Keinen Sinn** macht die Kombination von Vorsorgevollmacht und Betreuungsverfügung.

III. Die Rechte der Eltern, Begleit- und Pflegepersonen sowie der ehrenamtlichen Helfer der Freien Wohlfahrtspflege

12. Pflege- und Begleitpersonen

12.1 Rentenversicherung von Pflegepersonen

a) Ab dem 1.1.1992 (und bis zum 31.3.1995) wurden in der gesetzlichen Rentenversicherung nach § 177 SGB VI **freiwillige Beiträge** von Personen, die ehrenamtlich bzw. nicht erwerbsmäßig einen Pflegebedürftigen zu Hause pflegten und für die Pflege regelmäßig wöchentlich mindestens 10 Stunden aufwandten, auf Antrag und bei entsprechendem Nachweis den **Pflichtbeiträgen gleichgestellt.** Dadurch wurde für alle Personen, die eine solche nicht-berufliche Pflegetätigkeit ausübten, die Möglichkeit geschaffen, durch die Entrichtung freiwilliger Beiträge einen Anspruch auf BU-Rente oder EU-Rente, auf Altersrente für Frauen (ab dem 60. Lebensjahr, § 39 SGB VI) oder auf Altersrente für Arbeitslose (ab dem 60. Lebensjahr, § 38 SGB VI) zu begründen bzw. zu erhalten.

III

Zum anderen konnten Pflegepersonen, die ihre Beschäftigung wegen der Pflegetätigkeit eingeschränkt hatten, die für diese Beschäftigung entrichteten Pflichtbeiträge **aufstocken.** Ohne jeden Nachweis des tatsächlich anfallenden Arbeitsverdienstes konnten Pflichtbeiträge bis zum Doppelten des während der Pflegetätigkeit bezogenen Arbeitsverdienstes versichert werden.

b) Ab dem 1.1.1992 (und bis zum 31.3.1995) konnten nach § 57 SGB VI die oben genannten Pflegepersonen (ohne Zahlung von freiwilligen Beiträgen) auf Antrag und bei entsprechendem Nachweis die Zeiten der ehrenamtlichen bzw. nicht erwerbsmäßigen Pflege eines Pflegebedürftigen (im obigen Sinne) als sog. (Pflege-) **Berücksichtigungszeiten** anerkennen lassen. Durch solche Berücksichtigungszeiten konnten die Pflegepersonen Lücken im Versicherungsverlauf ganz oder teilweise schließen (die Berücksichtigungszeiten werden dann mit 75% des Durchschnittsverdienstes bewertet; sind für Zeiten der Pflegetätigkeit höhere freiwillige Beiträge entrichtet worden, die als Pflichtbeiträge gelten – § 177 SGB VI –, zählt selbstverständlich der höhere Wert dieser freiwilligen Beiträge). Die Berücksichtigungszeiten werden für die Berechnung der Rente so behandelt, als seien sie Zeiten, in denen Beiträge entrichtet wurden; sie steigern also den Rentenwert, begründen aber allein (d.h. ohne andere Zeiten) noch keine selbstständigen Rentenansprüche (Berücksichtigungszeiten sind insofern also nur „Lückenfüller"; daneben müssen noch weitere Zeiten, vor allem Beitragszeiten, in erforderlichem Umfang vorhanden sein). Berücksichtigungszeiten werden ferner angerechnet auf die Erfüllung der Wartezeit von 35 Jahren (erforderlich z.B. für die Altersrente für Schwerbehinderte ab dem 60. Lebensjahr oder für die Altersrente für langjährig Versicherte ab dem 63. Lebensjahr). Ferner lassen sich mit den Berücksichtigungszeiten die Zugangsvoraussetzungen für die Erwerbsminderungsrenten leichter erfüllen. Mit Hilfe der Berücksichtigungszeiten kann man nämlich den Fünfjahreszeitraum, in dem mindestens drei Jahre Pflichtbeitragszeiten liegen müssen (vgl. 8.5.1 c) jj), um die Zeiten der Pflege „strecken“, sodass die erforderlichen drei Jahre Pflichtbeitragszeiten erheblich einfacher zurückgelegt werden können, nämlich in einem – je nach Dauer der Pflege – wesentlich längerem Zeitraum als dem normalerweise erforderlichen Fünfjahreszeitraum (Beispiel: Bei einer Pflegezeit von 7 Jahren wird also der Fünfjahreszeitraum auf insgesamt 12 Jahre „gestreckt“, innerhalb derer dann die drei Jahre Pflichtbeitragszeiten liegen müssen).

c) Mit dem Pflegeversicherungsgesetz wurde die Situation der **ehrenamtlichen Pflegepersonen** entscheidend verbessert. Gemeint sind mit ehrenamtlichen Pflegepersonen die Angehörigen, Freunde oder Nachbarn, die „nicht erwerbsmäßig“ eine pflegebedürftige Person in deren (oder in der eigenen) Wohnung pflegen; allerdings muss die Pflegetätigkeit **mindestens 14 Stunden** in der Woche umfassen (§ 19 SGB XI). Von einer „nicht erwerbsmäßigen“ Pflege wird ausgegangen, wenn die Pflegeperson lediglich eine finanzielle Anerkennung erhält, die in Pflegestufe I höchstens 205,– € pro Monat, in Stufe II 410,– € und in Stufe III 665,– € ausmacht (zu den Pflegestufen oben 7.1.3).
Die genannten Pflegepersonen werden, sofern die gesetzlichen Voraussetzungen erfüllt sind

- also: keine erwerbsmäßige Pflege, Pflegeaufwand mindestens 14 Stunden wöchentlich; ferner keine mehr als 30-stündige andere Beschäftigung oder Tätigkeit neben der Pflege wöchentlich, Antrag des Pflegebedürftigen
- kraft Gesetzes in der Rentenversicherung **pflichtversichert.** Die Beiträge zahlt die Pflegekasse oder das private Versicherungsunternehmen allein (bei beihilfeberechtigten Pflegebedürftigen anteilig auch die Festsetzungsstelle für Beihilfe oder der Dienstherr). Die Höhe dieser Beiträge zur Rentenversicherung ist abhängig von der Stufe der Pflegebedürftigkeit und vom zeitlichen Umfang der Pflegetätigkeit. Zuständig ist in der Regel der Rentenversicherungsträger, bei dem die Pflegeperson vor Aufnahme der Pflegetätigkeit zuletzt Rentenbeiträge gezahlt hat (z.B. Deutsche Rentenversicherung – Regionalträger Hessen). Übt die Pflegeperson neben der Pflegetätigkeit eine andere versicherungspflichtige Tätigkeit aus, gehen die Rentenbeiträge an den Rentenversicherungsträger, bei dem man versichert ist.

Nähere Informationen findet man in der Broschüre „Rente für Pflegepersonen: Ihr Einsatz lohnt sich“, abrufbar im Internet unter „www.deutsche-rentenversicherung.de“ (Info-Broschüren).

d) Hat der Pflegebedürftige keinen Anspruch auf Leistungen bei häuslicher Pflege aus der sozialen oder privaten Pflegeversicherung und scheiden damit

Leistungen zur Rentenversicherung nach § 44 SGB XI aus, so sieht das **Sozialhilferecht** in § 65 SGB XII vor, dass (vgl. auch 7.2.2 a) gg))

- für Pflegebedürftige i.S.d. § 61 Abs. 1 SGB XII (d.h. für „einfach" Pflegebedürftige) Beiträge der Pflegeperson für eine angemessene Alterssicherung übernommen werden können (§ 65 Abs. 1 S. 1 SGB XII) und
- für Pflegebedürftige, die Pflegegeld nach § 64 SGB XII (d.h. für erheblich, schwer und schwerst Pflegebedürftige), erhalten, die Aufwendungen für die Beiträge einer Pflegeperson oder einer besonderen Pflegekraft für eine angemessene Alterssicherung zu erstatten sind (§ 65 Abs. 2 SGB XII),
- allerdings (in den beiden genannten Fällen) nur dann, wenn die Alterssicherung dieser Personen nicht anderweitig sichergestellt ist. Nach der Rechtsprechung liegt eine solche **anderweitig sichergestellte angemessene Alterssicherung** bereits dann vor, wenn die der Pflegeperson zur Verfügung stehenden oder (bei prognostischer Beurteilung) die zu erwartenden Einkünfte der Pflegeperson (z.B. aus der Rentenversicherung eines Ehegatten der Pflegeperson) höher sind als die Hilfe zum Lebensunterhalt. Richtiger wäre allerdings, bei der Auslegung des Begriffs „angemessene Alterssicherung" – wie im SGB XI – auf die Pflegezeit und nicht auf die Einkünfte der Pflegeperson abzustellen.

e) Zur sog. großen Witwen- oder Witwerrente bei Versorgung eines behinderten Kindes vgl. 8.5.1 d).

12.2 Sonstige soziale Sicherung von Pflegepersonen

a) Pflegepersonen, die als Ehegatten oder Kinder nach § 10 SGB V in der gesetzlichen **Krankenversicherung** zunächst familienversichert sind (z.B. weil der pflegebedürftige Ehegatte bzw. pflegebedürftige Elternteil als Rentner versicherungspflichtig ist) und deren Familienversicherung dann erlischt (z.B. weil der Pflegebedürftige stirbt), können der Krankenversicherung nach § 9 Abs. 1 Nr. 2 SGB V beitreten und auf diese Weise freiwillig krankenversichert sein (Beitritt aber nur innerhalb von drei Monaten nach Beendigung der Familienversicherung möglich; § 9 Abs. 2 Nr. 2 SGB V).
Weitere Möglichkeit der freiwilligen Krankenversicherung: Gibt z.B. eine berufstätige Frau ihre versicherungspflichtige Beschäftigung auf, um ihre Mutter zu pflegen, so kann sie sich unter den Voraussetzungen des § 9 Abs. 1 Nr. 1 SGB V in der gesetzlichen Krankenversicherung freiwillig weiterversichern (Beitritt allerdings nur innerhalb von drei Monaten nach Beendigung der Mitgliedschaft als Versicherungspflichtige möglich; § 9 Abs. 2 Nr. 1 SGB V).

b) In der **Kriegsopferversorgung** wird Krankenbehandlung dem Empfänger einer Pflegezulage für Personen gewährt, die seine unentgeltliche Wartung und

Pflege nicht nur vorübergehend übernommen haben (§ 10 Abs. 4 Satz 1 Buchst. b BVG). Es handelt sich hier um einen unmittelbaren sozialen Schutz bei Krankheit der Pflegeperson. Eine nur für das **Kriegsopferfürsorgerecht** spezifische Leistung stellt die Badekur für Pflegepersonen dar, die der Erhaltung der Pflegefähigkeit solcher Personen dient (§ 12 Abs. 3 BVG). Hierzu zählt auch die Erholungshilfe in Form eines Erholungsaufenthaltes unter Mitnahme einer Begleitperson nach § 27 b BVG.

c) Eine besondere Form des Schutzes von Pflegepersonen besteht in der **Arbeitslosenversicherung:** Personen, die einen Pflegebedürftigen betreuen und dadurch häusliche Bindungen eingehen, darf (bei Erfüllung der sonstigen Voraussetzungen) nur wegen der Tatsache der pflegenden Betreuung die Leistung des Arbeitslosengelds nicht versagt werden (zur Verfügbarkeit vgl. § 119 Abs. 5 SGB III). Mit anderen Worten: Pflegt z.B. eine arbeitslos gewordene Frau ihren 80-jährigen Vater und kann sie deshalb nur montags bis samstags von 8–12 Uhr arbeiten (in dieser Zeit kommt ein ambulanter Pflegedienst), und sind ferner Stellen dieser Art zwar vorhanden, aber derzeit alle besetzt, dann steht diese Arbeitslose der Arbeitsvermittlung zur Verfügung, erfüllt also eine der Voraussetzungen für den Bezug von Leistungen bei Arbeitslosigkeit (diese Leistungen erhält sie tatsächlich dann, wenn sie auch die übrigen Voraussetzungen – z.B. Vorliegen der erforderlichen Anwartschaftszeit – erfüllt).

d) Im **Beamtenversorgungsrecht** werden bei der Pflege eines durch Dienstunfall verletzten Beamten für Familienangehörige (wenn sie deshalb ihren Beruf aufgeben) die Beiträge zur Alterssicherung (in Höhe des Arbeitgeberanteils) zum Zweck der Aufrechterhaltung der sozialen Sicherheit miterstattet. Beamte haben außerdem die Möglichkeit, sich wegen Pflegebedürftigkeit eines Angehörigen ohne Dienstbezüge beurlauben oder ihre Dienstzeit bis auf die Hälfte der regelmäßigen Arbeitszeit verkürzen zu lassen (vgl. z.B. § 80 b Abs. 1 Satz 1 Nr. 2 BayBG: Beurlaubung bis zu zwölf Jahren).

12.3 Unfallversicherung von Pflegepersonen

a) Seit Einführung der sozialen Pflegeversicherung werden bestimmte Pflegepersonen während der pflegerischen Tätigkeit in den **Schutz der gesetzlichen Unfallversicherung** einbezogen: unfallversichert sind nunmehr auch Pflegepersonen i.S.d. § 19 SGB XI (zu diesen Personen s. 12.1 c); unbeachtlich ist, welcher Pflegestufe der Pflegebedürftige angehört (§ 2 Abs. 1 Nr. 17 SGB VII). Diese Regelung will vor allem Angehörige, Nachbarn und Freunde begünstigen, die bei der Pflege außerhalb eines Beschäftigungsverhältnisses sonst nicht unfallversichert wären.

Die Unfallversicherung der genannten Pflegepersonen **umfasst** zum einen Tätigkeiten im Bereich der Körperpflege und zum anderen – soweit die Tätigkeiten überwiegend dem Pflegebedürftigen zugute kommen – die Pflege in den Bereichen der Ernährung, der Mobilität sowie der hauswirtschaftlichen Versorgung. Versichert ist die Pflegeperson auch auf den dazugehörigen Wegen außerhalb des Hauses (z.B. beim Einkaufen); Versicherungsschutz besteht auch für **Wegeunfälle** (§ 8 Abs. 2 SGB VII, z.B. für die direkte Fahrt von der Wohnung der Pflegeperson zur Wohnung des Pflegebedürftigen).
Die Unfallversicherung ist für den Pflegebedürftigen und für die Pflegeperson beitragsfrei. Zuständig sind die Gemeindeunfallversicherungsverbände, die Landesunfallkasse Hamburg und die Eigenunfallversicherungen verschiedener Großstädte (z.B. Düsseldorf).
Unter den Schutz der gesetzlichen Unfallversicherung nach § 2 Abs. 1 Nr. 17 SGB VII fallen nach der Rechtsprechung des BSG nicht nur Pflegepersonen, die mindestens 14 Stunden wöchentlich pflegen (so § 19 Satz 2 SGB IX), sondern auch Pflegepersonen, die weniger als 14 Stunden wöchentlich pflegen (auf die Stundenzahl kommt es also nicht an). Außerdem kann Versicherungsschutz auch bei spontaner Hilfe zur Pflege wegen sog. **beschäftigungsähnlicher Tätigkeit** bestehen (§ 2 Abs. 2 SGB VII; Beispiel: Eine Nachbarin hilft spontan beim Umbetten des Pflegebedürftigen und verletzt sich dabei). Dieser Versicherungsschutz besteht dann aber – bei Vorliegen einer besonderen gesetzlichen Einschränkung (§ 4 Abs. 4 SGB VII) – nicht für nähere Verwandte.

b) Der Versicherungsschutz für Pflegepersonen nach § 2 Abs. 1 Nr. 17 SGB VII ist allerdings **subsidiär** gegenüber dem Versicherungsschutz bei anderen versicherten Tätigkeiten. **Vorrangig** ist nämlich der Unfallversicherungsschutz bei Pflege im Rahmen eines Beschäftigungsverhältnisses (§ 2 Abs. 1 Nr. 1 SGB VII), im landwirtschaftlichen Haushalt (§ 2 Abs. 1 Nr. 5 SGB VII), bei ehrenamtlicher Tätigkeit im Gesundheitswesen oder in der Wohlfahrtspflege (§ 2 Abs. 1 Nr. 9 SGB VII) und bei ehrenamtlicher Tätigkeit nach § 2 Abs. 1 Nr. 10 SGB VII (z.B. für den Caritas-Verband).

12.4 Weitere Hinweise

a) Ein Pflegegeld nach § 64 SGB XII ist auch dann an den Pflegebedürftigen zu zahlen, wenn ein unterhaltspflichtiger Angehöriger die häusliche Pflege selbst durchführt (also z.B. die Eltern selbst die Pflegepersonen sind). In diesem Falle wird der Unterhaltsbedarf des Pflegebedürftigen „in natura" befriedigt, sodass eine weitere Inanspruchnahme im Rahmen der Unterhaltspflicht nicht möglich ist. Das Gleiche gilt, wenn andere Angehörige kostenlos pflegen. Allerdings wird das Pflegegeld bis zur Volljährigkeit des Pflegebedürftigen nur dann geleistet, wenn das Einkommen und Vermögen des minderjährigen Pflegebedürftigen und seiner Eltern die in § 85 Abs. 2 SGB XII genannten Grenzen nicht überschreitet (vgl. die Tabelle auf S. XX). Ein Unterhaltsbeitrag kann von unterhaltspflichtigen Angehörigen im Übrigen nur dann verlangt werden, wenn der Pflegebedürftige nicht zu Hause (sondern z. B. in einem Pflegeheim) gepflegt wird; der Unterhaltsanspruch des Pflegebedürftigen geht dann (unter den Voraussetzungen des § 94 SGB XII) auf den Sozialhilfeträger über. Zu beachten ist aber eine Besonderheit bei Kindern nach Vollendung des 18. Lebensjahres, die behindert oder pflegebedürftig sind; diese Besonderheit ist unter 1.4 c) dargestellt.

b) **Eltern bzw. Begleitpersonen** können ausnahmsweise mit einem Kind in ein Krankenhaus aufgenommen werden (oben 5.1 d) 2.); sie haben Anspruch auf Ersatz von Reisekosten und Verdienstausfall (oben 6.5 g)), werden unentgeltlich befördert (oben 9.3.1 a und 9.3.2 b) und sind auch im Rahmen der Eingliederungshilfe berücksichtigt (oben 6.6 c) bb)).

13. Ehrenamtliche Helfer der Freien Wohlfahrtspflege und bürgerschaftlich Engagierte

13.1 Renten- und Unfallversicherung

a) Wer wegen einer ehrenamtlichen Tätigkeit in der Freien Wohlfahrtspflege (z.B. in einem Behindertenverband) eine **Verdienstminderung** erfährt, kann vom Arbeitgeber verlangen, dass diese bei der Abführung der **Rentenversicherungsbeiträge** unberücksichtigt bleibt. Die Verdienstminderung und den entsprechenden Arbeitgeberanteil am Rentenversicherungsbeitrag hat der Versicherte dann selbst zu tragen, kann ihn sich aber von der Organisation ersetzen lassen, für die er ehrenamtlich arbeitet. Diese Regelung gilt auch für die mit einem Ehrenamt zusammenhängenden Fort- und Weiterbildungsveranstaltungen (§ 163 Abs. 3 SGB VI).

b) Ehrenamtliche Helfer der Freien Wohlfahrtspflege müssen bei der Berufsgenossenschaft für Gesundheitsdienst und Wohlfahrtspflege in Hamburg gemeldet werden und stehen unter **Unfallversicherungsschutz** (§ 2 Abs. 1 Nr. 9 SGB VII). **Beitragsfrei** versichert sind Personen, die satzungsgemäße Funktionen ausüben (Vorstand, Beirat, Ausschuss), an behördlich genehmigten Geldsammlungen teilnehmen oder als sog. „Sonntagshelfer“ in Einrichtungen tätig sind (also an den Wochenenden für Arbeitskräfte z.B. in der Küche einspringen). Beitragsfrei versichert sind ferner z.B. Personen, die ehrenamtlich Patienten und Heimbewohner betreuen (z.B. Laienhelferinnen wie die „Grüne Damen“, Krankenhausbesuchsdienste, Leiter von Selbsthilfegruppen) sowie z.B. mithelfende Bewohner von Altenheimen und mithelfende Patienten in Rehabilitationseinrichtungen. Informationen dazu enthält die Broschüre „Mit Sicherheit freiwillig engagiert“ (abrufbar im Internet: www.bruderhilfe.de; E-Mail: info@bruderhilfe.de).

c) Darüber hinaus stehen unter dem Schutz der gesetzlichen Unfallversicherung:

- **bürgerschaftlich Engagierte,** die für öffentlich-rechtliche Institutionen (z.B. für Gebietskörperschaften wie die Gemeinden oder für öffentlich-rechtliche Religionsgemeinschaften wie die katholische Kirche) oder deren Verbände, Einrichtungen oder privatrechtliche Organisationen (z.B. Vereine) im Auftrag oder mit ausdrücklicher Einwilligung (in besonderen Fällen mit schriftlicher Genehmigung) ehrenamtlich tätig sind oder an Ausbildungsveranstaltungen für diese Tätigkeit teilnehmen (vgl. § 2 Abs. 1 Nr. 10 SGB VII),
- **gewählte Ehrenamtsträger** in gemeinnützigen Organisationen, sofern sie sich freiwillig in der gesetzlichen Unfallversicherung versichern (§ 6 Abs. 1 Nr. 3 SGB VII).

d) Nähere Informationen enthält die Broschüre „Zu Ihrer Sicherheit – Unfallversichert im Ehrenamt" des Bundesministeriums für Arbeit und Soziales (abrufbar über die Internet-Adresse „www.bmas.bund.de").

13.2 Steuerfreie Aufwandsentschädigung, Einnahmen bei Pflege, Urlaubsansprüche

a) Steuerfrei sind Einnahmen aus nebenberuflicher Tätigkeit z.B. als Erzieher, Ausbilder, Betreuer und Pfleger alter, kranker und behinderter Menschen oder vergleichbarer Tätigkeiten im Dienst oder im Auftrag einer inländischen juristischen Person des öffentlichen Rechts (z.B. einer Gemeinde) oder einer gemeinnützigen, mildtätigen oder kirchlichen Organisation bis zur Höhe von insgesamt 1.848,– € im Jahr (§ 3 Nr. 26 EStG).

b) Steuerfrei sind **Einnahmen von Pflegepersonen** bis zur Höhe des Pflegegeldes nach § 37 SGB XI, wenn die Leistungen zur Grundpflege oder zur hauswirtschaftlichen Versorgung von Angehörigen oder sonst sittlich Verpflichteten (z.B. Beschenkten) erbracht werden. Steuerfrei sind auch **Pflegegelder** bis zu der bezeichneten Höhe, die der Pflegebedürftige selbst erhält, ganz gleich, ob sie aufgrund gesetzlicher Vorschriften, privater Versicherungen oder nach Beihilfevorschriften gezahlt werden (§ 3 Nr. 36 EStG).

c) Beamte haben Anspruch auf bezahlten **Sonderurlaub,** wenn sie z.B. als Vorstandsmitglied einer Selbsthilfeorganisation zur Betreuung behinderter Menschen an einer Arbeitstagung auf Bundes- oder Landesebene teilnehmen (Sonderurlaubs-Verordnung des Bundes bzw. Parallelvorschriften der Länder).

13.3 Finanzierung von Selbsthilfegruppen

a) Die Selbsthilfegruppen im Gesundheitswesen und in der Behindertenarbeit wurden und werden in unterschiedlichem Maße von den Sozialhilfeträgern durch Zuschüsse gefördert, auf die allerdings kein Rechtsanspruch besteht. Darüber hinaus gibt es auch von Renten- und Unfallversicherungsträgern sowie von Kommunen und Ländern finanzielle Hilfen (auf freiwilliger Grundlage) zur Förderung von Selbsthilfegruppen und -organisationen.

b) Nach § 20 Abs. 4 SGB V sollen die **Krankenkassen** Selbsthilfegruppen, Selbsthilfeorganisationen und Selbsthilfekontaktstellen fördern, die sich die Prävention (im Sinne von Sekundär- bzw. Tertiärprävention) oder die Rehabilitation von Versicherten bei bestimmten Krankheiten zum Ziel gesetzt haben. Der Gesetzgeber macht damit die Förderung einer solchen Selbsthilfe zu einer gesetzlichen Aufgabe der Krankenkassen. Dabei wird als Förderbetrag ein Richtwert von 0,55 € pro Versicherten pro Jahr vorgegeben (so für 2006; Fort-

schreibung für die Folgejahre). Die Einzelheiten dieser Selbsthilfeförderung und der Krankheitsbilder, bei deren Prävention oder Rehabilitation eine Förderung zulässig ist (z.B. Tumorerkrankungen), werden von den Spitzenverbänden der Krankenkassen festgelegt. Diese Festlegungen enthalten unter anderem umfangreiche Voraussetzungen für die Förderung der Selbsthilfegruppen (z.B. bestimmte Gruppengröße), der Selbsthilfeorganisationen (z.B. Existenz von grundsätzlich einem Jahr) und der Selbsthilfekontaktstellen (z.B. hauptamtliches Fachpersonal). Allerdings ist die Förderung der Selbsthilfe durch die gesetzlichen Krankenkassen – entgegen der klaren gesetzlichen Verpflichtung – immer noch mangelhaft, weil die Kassen diese Förderung uneinheitlich, undurchsichtig, oft willkürlich und damit nur sehr unbefriedigend umsetzen.
Die Gründung eines (eingetragenen) Vereins ist nicht unbedingt erforderlich (obwohl es ein e.V. vermutlich leichter hat, gefördert zu werden). Allerdings sind die Gründung und die Führung eines Vereins für Selbsthilfegruppen nicht selten auch mit bürokratischem Aufwand und möglichen Querelen verbunden. Der Beitritt zu einem Verband der Freien Wohlfahrtspflege wird gleichfalls nicht vorausgesetzt, hat aber für Selbsthilfeorganisationen nicht zu unterschätzende Vorteile (vor allem im Hinblick auf die Beratung und die finanzielle Unterstützung der Organisationsarbeit durch den Verband).

c) Nach § 29 SGB IX sollen Selbsthilfegruppen, -organisationen und -kontaktstellen, die sich die Prävention, Rehabilitation, Früherkennung, Behandlung und Bewältigung von Krankheiten und Behinderungen zum Ziel gesetzt haben, durch die **Träger der medizinischen Rehabilitation** (vgl. oben 6.2) nach einheitlichen Grundsätzen gefördert werden. Die Rehabilitationsträger müssen dafür gemeinsame Empfehlungen vereinbaren, in welcher Weise und in welchem Umfang sie diese Förderung vornehmen (§ 13 Abs. 2 Nr. 6 SGB IX). Bislang fehlt es jedenfalls (wie auch oben bei der Förderung durch die gesetzlichen Krankenkassen) an einem unbürokratischen und effektiven Förderverfahren; es dürfte freilich angesichts der Vielzahl der Rehabilitationsträger auch schwer sein, ein solches Verfahren zeitnah einzuführen.

d) Die bisherige „Soll-Verpflichtung" für die **Krankenkassen** in § 20 Abs. 4 SGB V wird ab dem **1.1.2008** zu einer **unbedingten Förderverpflichtung** umgestaltet: Ab diesem Zeitpunkt müssen die Krankenkassen und ihre Verbände Selbsthilfegruppen, Selbsthilfeorganisationen und Selbsthilfekontaktstellen, die sich die gesundheitliche Prävention oder die Rehabilitation von Versicherten bei bestimmten Krankheiten zum Ziel gesetzt haben, nach gemeinsam beschlossenen und einheitlichen Grundsätzen finanziell fördern. Das Nähere regelt § 20 c SGB; darauf wird in der nächsten Auflage eingegangen.

14. Schwangerschaftsverhütung und -abbruch

a) Die ärztliche Beratung über **Schwangerschaftsverhütung** (Empfängnisverhütung), die erforderliche Untersuchung und die Verordnung von empfängnisregelnden Mitteln sind bei Versicherten von der gesetzlichen Krankenversicherung zu tragen (§ 24 a Abs.1 SGB V); bei nicht Versicherten von der Sozialhilfe (vgl. § 49 SGB XII). Versicherte bis zum vollendeten 20. Lebensjahr haben gegen ihre Krankenkasse Anspruch auf Versorgung mit empfängnisverhütenden Mitteln, soweit sie ärztlich verordnet werden (§ 24 a Abs. 2 SGB V; für nicht Versicherte: Anspruch auf Übernahme der Kosten gegen den Sozialhilfeträger, vgl. § 49 SGB XII).
Liegen bei einer Frau oder einem Paar mit Kinderwunsch besondere **Risikofaktoren** vor (Erbleiden, Alter der Frau über 38 Jahre, Verwandtschaft der Partner o.ä.), so soll der Arzt einen Humangenetiker zuziehen oder an eine genetische Beratungsstelle überweisen. Die Sozialhilfe übernimmt die Kosten für ärztlich verordnete Empfängnisverhütungsmittel und ebenso die Kosten der ärztlichen Beratung, Untersuchung und (der stets erforderlichen) Verordnung (§ 49 SGB XII).

b) Ein **medizinisch indizierter Schwangerschaftsabbruch,** der **nicht rechtswidrig** ist, kommt (im Zusammenhang mit einer Behinderung) in Betracht, wenn die Schwangere in den Abbruch einwilligt, der Abbruch von einem Arzt vorgenommen wird und der Abbruch unter Berücksichtigung der gegenwärtigen und zukünftigen Lebensverhältnisse der Schwangeren nach ärztlicher Erkenntnis angezeigt ist, um eine Gefahr für das Leben oder die Gefahr einer schwer wiegenden Beeinträchtigung des körperlichen oder seelischen Gesundheitszustandes der Schwangeren abzuwenden, und die Gefahr nicht auf eine andere für sie zumutbare Weise abgewendet werden kann (§ 218 a Abs. 2 StGB). Der Schwangerschaftsabbruch, der diese Voraussetzungen für die sog. medizinische Indikation erfüllt, unterliegt nicht der Beratungspflicht der Schwangeren in einer Not- und Konfliktlage (zu dieser § 219 StGB) bei einer Schwangerschaftskonfliktberatungsstelle nach § 8 des Schwangerschaftskonfliktgesetzes.
Krankenversicherte Schwangere haben nach § 24 b SGB V Anspruch auf Leistungen bei einem durch Krankheit erforderlichen – also medizinisch indizierten – Abbruch der Schwangerschaft, **nicht krankenversicherte Schwangere** nach dem Gesetz zur Hilfe für Frauen bei Schwangerschaftsabbrüchen in besonderen Fällen (wenn der Schwangeren die Aufbringung der Mittel nicht zuzumuten ist; dies hängt von der Höhe der verfügbaren persönlichen Einkünfte der Frau sowie von ihrem kurzfristig verwertbaren Vermögen ab). Auskünfte erteilen z.B. die Krankenkassen und die Schwangerschaftskonfliktberatungsstellen.

Der Anspruch auf Entgeltfortzahlung besteht bei einem nicht rechtswidrigen Schwangerschaftsabbruch und bei einem Schwangerschaftsabbruch nach der sog. Beratungsregelung bis zur Dauer von sechs Wochen (§ 3 Abs. 2 EntgeltfortzahlungsG).

15. Sterilisation, Kastration

a) Eine **Sterilisation** (Beseitigung der Fortpflanzungsfähigkeit) ist dann nicht rechtswidrig, wenn der einwilligungsfähige Betroffene einwilligt und kein Verstoß gegen die guten Sitten vorliegt (§ 226 a StGB). Ein Verstoß gegen die guten Sitten könnte z.B. vorliegen, wenn ein sehr junger Mensch sich in einer vorübergehenden Krisensituation befindet und aufgrund dessen eine Sterilisation vornehmen lässt.
Die gesetzlichen Krankenkassen übernehmen die Kosten für eine nicht rechtswidrige Sterilisation nur dann, wenn diese durch Krankheit erforderlich ist (§ 24 b SGB V); sofern eine Sterilisation lediglich der persönlichen Lebensplanung dient, muss dieser Eingriff von den Versicherten selbst finanziert werden. Andernfalls übernimmt die Sozialhilfe die Kosten für eine durch Krankheit erforderliche nicht rechtswidrige Sterilisation, allerdings nur im Fall der Bedürftigkeit (§ 51 SGB XII).
Bei nicht rechtswidriger Sterilisation besteht übrigens auch Anspruch auf Entgeltfortzahlung bis zur Dauer von sechs Wochen (§ 3 Abs. 2 EntgeltfortzahlungsG).

b) Das **Betreuungsgesetz** (siehe 9.2.1 bis 9.2.9) sieht eine Regelung vor, die den **ärztlichen Eingriff der Sterilisation** nur in **sehr engen Grenzen zulässt.**
Diese Regelung geht von folgenden Grundsätzen aus (vgl. § 1905 BGB):
- Die Sterilisation Minderjähriger ist unzulässig; weder die Eltern noch das Kind selbst können in die Sterilisation einwilligen (§ 1631 c BGB).
- Ist der betreute (volljährige) Mensch einwilligungsunfähig (d.h. vermag er Art, Bedeutung und Tragweite des mit der Sterilisation verbundenen Eingriffs nicht zu erfassen und seinen Willen nicht hiernach zu richten), so kommt die Einwilligung des Betreuers in Betracht; dafür muss aber ein besonderer Betreuer bestellt werden (der allgemein bestellte Betreuer kann diese Einwilligung also nicht erteilen). Aber:
- Der (besondere) Betreuer kann in die Sterilisation nur einwilligen, wenn
  1. die Sterilisation dem Willen des Betreuten nicht widerspricht (jede auf Abwehr gerichtete Äußerung oder Reaktion des Betreuten führt also dazu, dass der Eingriff unterbleiben muss);
  2. der Betreute auf Dauer einwilligungsunfähig bleiben wird (dafür ist eine Prognose dahingehend erforderlich, dass der Betreute Art, Bedeutung und

Tragweite des Eingriffs nicht erkennen und über seine Sterilisation nicht selbst entscheiden kann);
3. anzunehmen ist, dass es ohne die Sterilisation zu einer Schwangerschaft kommen würde (dabei ist zu prüfen, ob die konkrete Möglichkeit einer Schwangerschaft besteht; rein vorsorgliche Sterilisationen sind also ausgeschlossen);
4. infolge dieser Schwangerschaft eine Gefahr für das Leben oder die Gefahr einer schwer wiegenden Beeinträchtigung des körperlichen oder seelischen Gesundheitszustandes der Schwangeren zu erwarten wäre, die nicht auf zumutbare Weise abgewendet werden könnte (z.B. durch eine entsprechende Behandlung; ein Schwangerschaftsabbruch stellt keine zumutbare Alternative in diesem Sinne dar);
5. die Schwangerschaft nicht durch andere zumutbare Mittel (z.B. Empfängnisverhütungsmittel) verhindert werden kann (Sterilisation ist also immer nur das letzte Mittel).

- Liegen die oben genannten Voraussetzungen vor (die sowohl für Frauen als auch für Männer gelten) und erteilt der besondere Betreuer seine Einwilligung, so bedarf diese Einwilligung der Genehmigung des Vormundschaftsgerichts; die Sterilisation darf schließlich erst zwei Wochen nach Wirksamkeit der Genehmigung erfolgen.
- Im Verfahren vor dem Vormundschaftsgericht sind alle rechtsstaatlichen Garantien zugunsten der Betroffenen gewährleistet (vgl. § 69 d FGG). Unter anderem ist der Betroffene persönlich anzuhören. Die Genehmigung darf erst erteilt werden, nachdem Gutachten von Sachverständigen eingeholt sind, die sich auf die medizinischen, psychologischen, sozialen, sonderpädagogischen und sexualpädagogischen Gesichtspunkte erstrecken; die Sachverständigen haben den Betroffenen vor Erstattung des Gutachtens persönlich zu untersuchen oder zu befragen (ein Sachverständiger darf im Übrigen nicht mit dem die Sterilisation durchführenden Arzt identisch sein). Die Genehmigung des Vormundschaftsgerichts ist mit Rechtsmitteln anfechtbar.

c) Das **Kastrationsgesetz** (KastrG) regelt die Kastration, also die gegen die Auswirkungen eines abnormen Geschlechtstriebs gerichtete Bahandlung, durch welche die Keimdrüsen eines Mannes absichtlich entfernt oder dauernd funktionsunfähig gemacht werden (§ 1KastrG). Die Kastration ist erst mit Vollendung des 25. Lebensjahres und nur mit Einwilligung des Betroffenen möglich (§ 2 KastrG). Auch wenn der Betroffene unfähig ist, Grund und Bedeutung der Kastration einzusehen, und seinen Willen entsprechend zu bestimmen, kann sie zulässig sein: Nämlich dann, wenn er in einer seinem **Zustand entsprechenden** Weise aufgeklärt wurde und wenigstens die Folgen der Kastration begriffen hat, und wenn er hierfür einen Vormund oder Pfleger bekommen hat, der seinerseits über die Kastration aufgeklärt wurde (§ 3 KastrG). Zusätzlich sind noch die Einschaltung einer Gutachterstelle und die Genehmigung des Vormundschaftsgerichts erforderlich (§§ 5, 6 KastrG). § 4 KastrG regelt die medizinische Behandlung, die zwar nicht die dauernde Funktionsunfähigkeit der Keimdrüsen bezweckt, sie aber in Kauf nimmt.

16. Geschlechtsumwandlung

Das **Transsexuellengesetz** geht davon aus, dass dem Transsexuellen bei seiner Geschlechtsidentifizierung im sozialen Leben in zwei Stufen geholfen werden soll. Das Gesetz sieht dafür eine sog. „kleine" und eine „große" Lösung vor: Nach der ersteren werden nur die Vornamen eines volljährigen Transsexuellen geändert. Vom Antragsteller wird dabei nicht verlangt, sich einer geschlechtsverändernden Operation unterzogen zu haben. Der Transsexuelle erhält damit die Möglichkeit, in der Rolle des anderen Geschlechts aufzutreten, ohne zu unveränderbaren Entscheidungen gedrängt zu werden. Bei der „großen" Lösung ist auf Antrag die gerichtliche Feststellung vorgesehen, dass eine Person als dem anderen Geschlecht zugehörig anzusehen ist. Dafür wird insbesondere verlangt, dass sich der Betroffene einem operativen Eingriff unterzogen hat. Von der Rechtskraft dieser Feststellung an richten sich die vom Geschlecht abhängigen Rechte und Pflichten allgemein nach dem anderen Geschlecht.

Bei Transsexualität liegt eine **Krankheit** im Sinne der gesetzlichen Krankenversicherung (zum Krankheitsbegriff s. oben 5.1 a)) und damit eine Leistungspflicht der gesetzlichen Krankenkassen nach der Rechtsprechung des BSG nur dann vor, wenn ein solcher Leidensdruck vorliegt, dass eine geschlechtsumwandelnde Operation das einzige Mittel ist, um eine Linderung des Leidensdrucks herbeizuführen, nachdem alle psychiatrischen und psychotherapeutischen Mittel erfolglos gewesen sind.
Informationen zu Rechtsfragen der Transsexualität findet man bei der Deutschen Gesellschaft für Transidentität und Intersexualität (im Internet unter „www.dgti.org", dort unter „TSG und Recht").

17. Organtransplantation

Das **Transplantationsgesetz** (TPG) regelt seit 1997 die Zulässigkeit von Organspenden, und zwar sowohl beim Lebenden als auch beim Verstorbenen. Es gilt die erweiterte Zustimmungslösung, d.h., ohne Zustimmung des Spenders oder der nächsten Familienangehörigen (im Falle des Hirntodes) ist eine Organentnahme nicht zulässig. **Organentnahme bei Lebenden:** Transplantationen – etwa einer Niere – sind nur mit Einwilligung des volljährigen Spenders möglich, der über alle damit verbundenen Risiken umfassend aufgeklärt werden muss. Organspenden von Lebenden werden auf Übertragungen an enge Verwandte, Ehegatten, Lebenspartner oder andere Personen beschränkt, die dem Spender persönlich besonders eng verbunden sind. **Organentnahme bei Toten:** Die Bundesärztekammer als Repräsentant der Ärzteschaft bestimmt in Richtlinien die Regeln zum Nachweis des Todes. Der Gesetzgeber schreibt nur vor, dass vor einer Organentnahme stets der Gesamthirntod, also der Ausfall der Gesamtfunktion des Großhirns, des Kleinhirns und des Hirnstamms nach Verfahrensregeln, die dem Stand der Erkenntnisse der medizinischen Wissenschaft entsprechen, festzustellen ist.

Die zu Lebzeiten abgegebene Erklärung zur Organspende hat absolute Priorität und ist von jedermann strikt zu beachten. Die Einwilligung kann auf die Entnahme bestimmter Organe beschränkt werden. Jugendliche können erst ab 16 Jahren selbst in eine Organspende einwilligen, ab 14 Jahren ist ein Widerspruch möglich. Das Transplantationsgesetz regelt auch die weitaus überwiegende Zahl der Fälle, in denen der Verstorbene zu Lebzeiten – aus welchen Gründen auch immer – keine Erklärung zur Organspende abgegeben hatte. Dies betrifft mehr als 90% aller Todesfälle.

Übertragungen der lebenswichtigen und vermittlungspflichtigen Organe Herz, Niere, Leber, Lunge, Bauchspeicheldrüse und Darm dürfen nur in dafür zugelassenen **Transplantationszentren** erfolgen. Im Ausland entnommene Organe dürfen nur vermittelt werden, wenn kein Widerspruch zu wesentlichen Grundsätzen des deutschen Rechts besteht. Die Transplantationszentren müssen Wartelisten der Personen führen, die ein vermittlungspflichtiges Spenderorgan benötigen. Eine Entscheidung über die Reihenfolge von Organspenden darf nur nach medizinischen Kriterien wie Erfolgsaussicht oder Dringlichkeit erfolgen, nicht nach finanziellen oder sozialen Kriterien. Dies gilt nicht für die Organspenden von Lebenden an ihnen eng verbundene Personen.

Geplant ist, das Transplantationsgesetz im Jahre 2007 zu ändern. Hierzu liegt dem Bundestag (seit Oktober 2006) der Regierungsentwurf eines Gewebegesetzes vor (Bundestags-Drucksache 16/3146). Eingehende Informationen zu Rechtsfragen der Transplantation erhält man bei der Bundesvereinigung der Organtransplantierten (im Internet unter „www.bdo-ev.de“, dort unter „Recht“).

Anhang I

Bei der Beschäftigung mit dem Behindertenrecht sollte eine **Grundausstattung an Gesetzestexten** vorhanden sein, um die maßgebenden Rechtsvorschriften (auf die sich z.B. die Entscheidungen der Leistungsträger stützen) nachlesen zu können. Es ist allerdings schwer, aus der Fülle der auf dem Markt angebotenen Textausgaben bestimmte herauszugreifen (ohne den Anschein zu erwecken, die nicht genannten seien etwa nicht empfehlenswert). Die folgende Auswahl beruht auf persönlicher Erfahrung im Umgang mit einigermaßen „handlichen" und preiswerten (oder sogar kostenlosen) Ausgaben, die für die erwähnte Grundausstattung angeschafft werden können.

a) Der (kostenlose) „Ratgeber für behinderte Menschen" (auch als CD-ROM) des Bundesministeriums für Arbeit und Soziales (Internet: www.bmas.bund.de) enthält insbesondere das SGB (im Auszug) und andere relevante Rechtsgrundlagen.

b) Jährlich neu erscheint der „Ratgeber zum Behindertenrecht und sozialen Entschädigungsrecht (KB-Helfer), der die einschlägigen Rechtsvorschriften sowie z.B. Hinweise auf wichtige Rechtsprechung enthält (erschienen im R. Boorberg Verlag, Stuttgart usw.).

c) Gesetzestexte sind auch im **Internet** abrufbar. Empfehlenswert ist hier unter anderem die Adresse: **www.integrationsaemter.de**, unter der z.B. das SGB IX aufgerufen werden kann. Daneben enthält diese Web-Seite ein komplettes Fachlexikon „ABC der Behindertenhilfe". Alle Bundesgesetze, die für behinderte Menschen relevant sind, können unter der Internetadresse **www.bundesrecht.juris.de** in ihrer jeweils neuesten Fassung kostenlos aufgerufen werden.

d) Das SGB IX kann im Internet unter der Adresse www.behindertenbeauftragter.de eingesehen werden.

e) Preiswerte Textausgaben z.B. des BGB, BVG, SGB usw. (jeweils mit weiteren Bestimmungen) gibt es als Taschenbuch z.B. beim Deutschen Taschenbuch Verlag (Beck-Texte im dtv, München).

Anhang II

Die Mitgliedsorganisationen der Bundesarbeitsgemeinschaft SELBSTHILFE von Menschen mit Behinderung und chronischer Erkrankung und ihrer Angehörigen e.V. (BAG SELBSTHILFE) haben eine Fülle von Veröffentlichungen erarbeitet, die speziell auf die rechtliche Situation ihrer behinderten Mitglieder eingehen. Diese Veröffentlichungen sind durchweg sehr empfehlenswert; man sollte sie stets als Ergänzung und Vertiefung der Rechtsbroschüre der BAG SELBSTHILFE verwenden, die auf besondere Rechtsprobleme bei einzelnen Behinderungsarten (schon aus Raumgründen) nur vereinzelt eingehen kann. Außerdem sind bei den Mitgliedsorganisationen der BAG SELBSTHILFE weitere hilfreiche Publikationen (z.B. Zeitschriften und Informationen zu einzelnen Krankheitsbildern) erhältlich.

Im Einzellfall sollte man sich bei speziellen Rechtsfragen, die eine bestimmte chronische Krankheit oder Behinderung betreffen, an die entsprechende Mitgliedsorganisation der BAG SELBSTHILFE wenden. Im Folgenden werden stellvertretend drei Beispiele im Hinblick auf geistig, körperlich und psychisch behinderte Menschen genannt:

- **Geistig behinderte Menschen:** „Eine Fülle von Rechtsinformationen und Rechtsratgebern ist bei der Bundesvereinigung Lebenshilfe für Menschen mit geistiger Behinderung erhältlich. Die dortige Rechtsabteilung gehört zu den kompetentesten Teams in Deutschland für alle Fragen auf dem Gebiet des Behindertenrechts. Fortlaufend über Rechtsfragen informiert der „Rechtsdienst der Lebenshilfe", außerdem (vereinzelt) „Die Lebenshilfe-Zeitung", der „Fachdienst der Lebenshilfe" sowie die Zeitschrift „Geistige Behinderung". Alle zu bestellen bei: Bundesvereinigung Lebenshilfe für Menschen mit geistiger Behinderung e.V., Postfach 701163, 35020 Marburg (Tel.: 06421/491-0, Fax: 06421/491167; Internet: www.lebenshilfe.de, „Publikationen und Medien"/„Recht"; E-Mail: bundesvereinigung@lebenshilfe.de).
- **Körperbehinderte Menschen:** Eine Reihe von Rechtsratgebern ist erhältlich beim Bundesverband für Körper- und Mehrfachbehinderte e.V., Brehmstr. 5–7, 40239 Düsseldorf (Tel.: 0211/640040, Fax: 0211/6400420; Internet: www.bvkm.de, Rubrik „Recht und Politik"; E-Mail: info@bvkm.de).
- **Psychisch kranke Menschen:** „Psychisch Kranke im Recht. Ein Wegweiser", 4. Aufl. 2005 (von K.-E. Brill/R. Marschner), erhältlich beim Psychiatrie-Verlag, Thomas-Mann-Str. 49 a, 53111 Bonn; weitere Informationen beim Dachverband Gemeindepsychiatrie e.V., Am Michaelshof 4 b, 53177 Bonn (Tel.: 0228/691759, Fax: 0228/658063; Internet: www.psychiatrie.de/dachverband/ („Recht und Gesetz"); E-Mail: dachverband@psychiatrie.de).

Ferner „Arbeitshilfe für die Rehabilitation und Teilhabe psychisch kranker und behinderter Menschen“, zu bestellen bei: Bundesarbeitsgemeinschaft für Rehabilitation (Adresse in Anhang III bei c); H. Deinert, Das Recht der psychisch Kranken, Bonn 2000.

Anhang III

Zum Behindertenrecht gibt es eine nicht mehr zu überschauende Fülle an Literatur (Handbücher, Lehrbücher, Gesetzeskommentare, Fachzeitschriften usw.). Im Folgenden kann nur auf einige (kostenlose oder preiswerte) Publikationen hingewiesen werden, die grundlegende und weiterführende Informationen enthalten (soweit sie nicht bereits in den obigen Kapiteln genannt wurden).

a) Kostenlos gibt es die schon erwähnte (s. Anhang I) Broschüre „Ratgeber für behinderte Menschen" des Bundesministeriums für Arbeit und Soziales (www.bmas.bund.de). Bei diesem Ministerium sind auch zahlreiche andere (kostenlose) Rechtsratgeber erhältlich. Eine Reihe kostenloser Broschüren gibt es beim Bundesministerium für Familie, Senioren, Frauen und Jugend (www.bmfsfj.de), z.B. zum Kindergeld und Kinderzuschlag, zum Eltern- und Erziehungsgeld, zum Kinder- und Jugendhilferecht, zum Unterhaltsvorschuss, zu Hilfen für die Familie, zu Hilfen für ältere Menschen sowie die Broschüre „Ihre Rechte als Heimbewohnerinnen und Heimbewohner" (mit dem Text des HeimG sowie der dazu ergangenen VOen). Auch das Bundesministerium der Justiz (www.bmj.bund.de) gibt eine Reihe kostenloser Rechtsbroschüren heraus (z.B. zum Betreuungsrecht und zur Patientenverfügung).

b) Kostenlose Broschüren und Merkblätter gibt es (vor allem zum Schwerbehindertenrecht) bei den Integrationsämtern (s. auch Anhang I d), z.B. zu den Nachteilsausgleichen, zu arbeitsrechtlichen Fragen (Kündigungsschutz usw.) sowie zur Feststellung und zum Nachweis der Schwerbehinderteneigenschaft (Internet: www.integrationsaemter.de).
Die Bundesarbeitsgemeinschaft der Integrationsämter und Hauptfürsorgestellen (Ernst-Frey-Str. 9, 76135 Karlsruhe) gibt das „ABC – Behinderung & Beruf" heraus (kostenlose Zusendung an die Helfer der behinderten Menschen in Betrieben und Dienststellen; Bezug über „www.integrationsaemter.de).

c) Eine Fülle einschlägigen (kostenlosen) Informationsmaterials ist auch bei den Sozialversicherungsträgern (v.a. bei den Krankenkassen und den Rentenversicherungsträgern) sowie bei den Versorgungsämtern und Arbeitsagenturen erhältlich.
Empfehlenswert ist die Schrift „Rehabilitation und Teilhabe – Wegweiser für Ärzte und andere Fachkräfte der Rehabilitation", 3. Aufl. 2005, die vor allem Hinweise auf die einschlägigen Rechtsgrundlagen für die Rehabilitation und die Nachteilsausgleiche sowie die Rahmen- und Gesamtvereinbarungen, Schaubilder, Tabellen und wichtige Adressen enthält (zu beziehen über die Bundesarbeitsgemeinschaft für Rehabilitation, Walter-Kolb-Str. 9–11, 60594 Frankfurt;

dort ist auch ein kostenloses Verzeichnis aller Veröffentlichungen dieser Institution erhältlich; Internet: www.bar-frankfurt.de).

d) Für Berater, die es häufig mit der Anerkennung der Schwerbehinderteneigenschaft zu tun haben, empfiehlt sich die Anschaffung der „Anhaltspunkte für die ärztliche Gutachtertätigkeit im sozialen Entschädigungsrecht und nach dem Schwerbehindertengesetz"; teilweise abgedruckt in Anhang VI.

e) Empfehlenswert sind auch die Internetseiten des Deutschen Vereins für öffentliche und private Fürsorge (www.deutscher-verein.de).

f) Nützliche Broschüren und Gesetzestexte sind auch erhältlich beim Beauftragten der Bundesregierung für die Belange behinderter Menschen (Internet: www.behindertenbeauftragter.de). Für den Bereich des Wohnens ist hilfreich die Broschüre „Wohnfibel für Behinderte – Finanzhilfen" (erhältlich beim Bayerischen Landesamt für Versorgung und Familienförderung, Sachgebiet III 3, Postfach 401140, 80711 München).

g) Rechtsinformationen findet man z.B. auch unter den Internetadressen „www.kobinet.de" (aktuelle Informationen von und für behinderte Menschen), „www.behinderte-kinder.de" (umfangreiche Informationen über Rechte für Eltern mit behinderten Kindern), „www.sozialportal.de" (Rechtsinformation für behinderte und kranke Menschen sowie Senioren) sowie unter „www.ratgeber-verbraucherzentrale.de" (mit Ratgebern z.B. zu Gesundheit und Pflege).

Anhang IV

Regelleistungen bei Alg II/Sozialgeld nach SGB II (1.1.2007)

Betrag in Euro	Regelleistung	Prozentsatz	Rechtsgrundlage im SGB II
345,–	Regelleistung (RL) für alleinstehende Personen	100	§ 20 Abs. 2
311,–	RL für volljährigen Partner in der Bedarfsgemeinschaft	90	§ 20 Abs. 3
276,–	RL für unter 25-jährige im Haushalt der Eltern/ Regelleistung für ohne Zustimmung ausgezogene unter 25-jährige	80	§ 20 Abs. 2 S. 2 § 20 Abs. 2a
207,–	für Kinder 0 bis 13 Jahre	60	§ 28 Abs. 1 Nr. 1
276,–	für Kinder 14 bis 17 Jahre	80	§ 28 Abs. 1 Nr. 2

Regelsätze nach § 28 SGB XII (1.1.2007)

	Haushalts-Vorstand und Alleinstehende	Kinder bis zum 14. Geburtstag	übrige Haushaltsangehörige
Prozentsatz des Eckregelsatzes bundeseinheitlich*	100 % 345,– Euro	60 % 207,– Euro	80 % 276,– Euro

* Die Länder können aber die Sozialhilfeträger ermächtigen, auf der Grundlage von Mindestregelsätzen regionale Regelsätze zu bestimmen (so in Bayern).

Anhang V

Kleinere Barbeträge oder sonstige Geldwerte (§ 90 Abs. 2 Nr. 9 SGB XII), in Euro:

Sozialhilfe ist abhängig vom Vermögen der nachstehenden Personen	**Hilfe zum Lebensunterhalt/ Grundsicherung**	**Hilfe nach Kapitel 5 bis 9**	**Pflegegeld und Blindenhilfe nach § 64 Abs. 3 und § 72 SGB XII – wenn beide Ehegatten oder Elternteile blind oder schwerbehindert sind**
1. des Leistungsberechtigten allein			
a) Grundbetrag	1.600,–	2.600,–	–
b) Grundbetrag nach Vollendung des 65. Lebensjahres (Grundsicherung im Alter)	2.600,–		
c) Grundbetrag bei Erwerbsminderung (Grundsicherung)	2.600,–		
d) für jede Person, die vom Leistungsberechtigten überwiegend unterhalten wird	je 256,–	je 256,–	–

2. des Leistungsberechtigten und seines nicht getrennt lebenden Ehegatten/Lebenspartners	**Hilfe zum Lebensunterhalt**	**Hilfe nach Kapitel 5 bis 9**	**Pflegegeld und Blindenhilfe nach § 64 Abs.3 und § 72 SGB XII – wenn beide Ehegatten oder Elternteile blind oder schwerbehindert sind**
a) Grundbetrag	1.600,–	2.600,–	2.600,–
b) Grundbetrag nach Vollendung des 65. Lebensjahres (Grundsicherung im Alter)	2.600,–		
c) Grundbetrag bei Erwerbsminderung (Gundsicherung)	2.600,–		
d) Ehegatte/Lebenspartner	614,–	614,–	1.534,–
e) für jede Person, die vom Leistungsberechtigten oder seinem Ehegatten/Lebenspartner überwiegend unterhalten wird	je 256,–	je 256,–	je 256,–

3. eines minderjährigen, unverheirateten Leistungsberechtigten und seiner Eltern	**Hilfe zum Lebensunterhalt**	**Hilfe nach Kapitel 5 bis 9**	**Pflegegeld und Blindenhilfe nach § 64 Abs.3 und § 72 SGB XII – wenn beide Ehegatten oder Elternteile blind oder schwerbehindert sind**
a) Grundbetrag	1.600,–	2.600,–	–
b) ein Elternteil	614,–	614,–	1.534,–
c) Leistungeberechtigter	256,–	256,–	256,–
d) für jede Person, die von den Eltern oder vom Leistungsberechtigten überwiegend unterhalten wird	je 256,–	je 256,–	je 256,–

4. eines minderjährigen unverheirateten Leistungsberechtigten und des Elternteils, bei dem der Leistungsberechtigte lebt, wenn die Eltern nicht zusammen leben	**Hilfe zum Lebensunterhalt**	**Hilfe nach Kapitel 5 bis 9**	**Pflegegeld und Blindenhilfe nach § 64 Abs.3 und § 72 SGB XII – wenn beide Ehegatten oder Elternteile blind oder schwerbehindert sind**
a) Grundbetrag	1.600,–	2.600,–	–
b) Leistungsberechtigter	256,–	256,–	–
c) für jede Person, die von dem Elternteil oder vom Leistungsberechtigten überwiegend unterhalten wird	je 256,–	je 256,–	je 256,–

Anhang VI
GdB/MdE-Tabelle

„Anhaltspunkte für die ärztliche Gutachtertätigkeit im sozialen Entschädigungsrecht und nach dem Schwerbehindertenrecht (Teil 2 SGB IX) – 2004“

– Auszug –

Anmerkung: Diese „Anhaltspunkte...“ werden in der Rentenversicherung und bei der Bewertung der „Minderung der Erwerbsfähigkeit“ in der gesetzlichen Unfallversicherung nicht angewendet. Im SGB IX gilt der Begriff „Grad der Behinderung“ (GdB). Der Begriff MdE gilt im sozialen Entschädigungsrecht weiter.

Gemeinsame Grundbegriffe

17 **17 Behinderung**

18 **18 Minderung der Erwerbsfähigkeit (MdE)**
Grad der Behinderung (GdB)

(1) *MdE* und *GdB* werden nach gleichen Grundsätzen bemessen. Beide Begriffe unterscheiden sich lediglich dadurch, dass die MdE *kausal* (nur auf Schädigungsfolgen) und der GdB *final* (auf alle Gesundheitsstörungen unabhängig von ihrer Ursache) bezogen sind. Beide Begriffe haben die Auswirkungen von Funktionsbeeinträchtigungen in allen Lebensbereichen und nicht nur die Einschränkungen im allgemeinen Erwerbsleben zum Inhalt. MdE und GdB sind ein Maß für die körperlichen, geistigen, seelischen und sozialen Auswirkungen einer Funktionsbeeinträchtigung aufgrund eines Gesundheitsschadens. Aus dem GdB/MdE-Grad ist nicht auf das Ausmaß der Leistungsfähigkeit zu schließen. GdB und MdE sind grundsätzlich unabhängig vom ausgeübten oder angestrebten Beruf zu beurteilen, es sei denn, dass bei Begutachtungen im sozialen Entschädigungsrecht ein besonderes berufliches Betroffensein berücksichtigt werden muss.
Die Anerkennung von verminderter Erwerbsunfähigkeit durch einen Rentenversicherungsträger oder die Feststellung einer Dienstunfähigkeit oder Arbeitsunfähigkeit erlauben keine Rückschlüsse auf den GdB/MdE-Grad, wie umgekehrt aus dem GdB/MdE-Grad nicht auf die genannten Leistungsvoraussetzungen anderer Rechtsgebiete geschlossen werden kann.

(2) GdB und MdE setzen stets eine *Regelwidrigkeit gegenüber dem für das Lebensalter typischen Zustand* voraus. Dies gilt für Kinder in gleicher Weise wie für alte Menschen.
Physiologische *Veränderungen im Alter* sind daher bei der GdB/MdE-Beurteilung nicht zu berücksichtigen. Als solche Veränderungen sind die körperlichen und psychischen Leistungseinschränkungen anzusehen, die sich im Alter regelhaft entwickeln, d.h. für das Alter nach ihrer Art und ihrem Umfang typisch sind. Hierzu gehören:
- die altersbedingte allgemeine Verminderung der körperlichen Leistungsfähigkeit (weniger Kraft, Ausdauer, Belastbarkeit),
- die allgemeine Verminderung der Leistungsbreite des Herzens und der Lungen durch physiologische Gewebealterung (entsprechend den altersabhängigen Sollwerten der EGKS),
- eine leichte Verminderung der Beweglichkeit der Gliedmaßen und der Wirbelsäule (= geringgradige Abweichungen von den Normwerten der Bewegungsmessungen nach der Neutral-0-Methode),

- das Nachlassen von Libido oder Potenz,
- das altersentsprechende Nachlassen des Gedächtnisses, der geistigen Beweglichkeit und der seelischen Belastbarkeit,
- die altersspezifischen Einschränkungen der Seh- und Hörfähigkeit (Presbyopie = Erschwerung bis Verlust der Nahadaptation. Presbyakusis = altersbegleitender Hochton-Hörverlust).

Demgegenüber sind pathologische Veränderungen, d. h. Gesundheitsstörungen, die nicht regelmäßig und nicht nur im Alter beobachtet werden können, beispielsweise
- Geschwülste,
- Folgen arteriosklerotisch bedingter Organerkrankungen (Schlaganfall, Herzinfarkt, Herzinsuffizienz bei koronarer Herzkrankheit, Arterienverschlüsse),
- stärkere, nicht als altersentsprechend beurteilbare Bewegungseinschränkungen durch Arthrosen,
- Schmerzsyndrome bei degenerativen Wirbelsäulenveränderungen (z.B. Schulter-Arm-Syndrom, Lumbalgie) und
- über das Alterstypische wesentlich hinausgehende hirnorganische Abbauerscheinungen (z.B. Demenzen vom Alzheimer-Typ oder bei zerebrovaskulärer Insuffizienz) bei der MdE/GdB-Beurteilung zu berücksichtigen, auch dann, wenn sie erstmalig im höheren Alter auftreten oder als „Alterskrankheiten" (z.B. „Altersdiabetes", „Altersstar") bezeichnet werden.

(3) Der GdB ist in *Zehnergraden,* die MdE in *Vomhundertsätzen* anzugeben. Die Werte für die verschiedenartigen Gesundheitsstörungen leiten sich dabei von *Mindestvomhundertsätzen* ab, die in der – auch bei der Behindertenbegutachtung zu beachtenden – Verwaltungsvorschrift Nummer 5 zu § 30 des Bundesversorgungsgesetzes für erhebliche äußere Körperschäden angegeben sind.
Die in der GdB/MdE-Tabelle aufgeführten Werte sind diesen Mindestvomhundertsätzen angepasst. Sie sind aus langer Erfahrung gewonnen und stellen altersunabhängige (auch trainingsunabhängige) Mittelwerte dar. Je nach der besonderen Lage des Einzelfalls kann von den Tabellenwerten mit einer die besonderen Gegebenheiten darstellenden Begründung abgewichen werden (z.B. besondere Schmerzen oder seelische Begleiterscheinungen – siehe Absatz 8 – oder fast vollständiger Ablauf einer Heilungsbewährung bei Antragstellung).

(4) Da GdB und MdE ihrer Natur nach nur annähernd bestimmt werden können, sind bei der GdB-Bewertung nur Zehnerwerte, bei der MdE-Bewertung in der Regel nur Werte anzugeben, die durch 10 teilbar sind. Dabei sollen im Allge-

meinen die folgenden *Funktionssysteme* zusammenfassend beurteilt werden: Gehirn einschließlich Psyche; Augen; Ohren; Atmung; Herz-Kreislauf; Verdauung; Harnorgane; Geschlechtsapparat; Haut; Blut einschließlich Blut bildendes Gewebe und Immunsystem; innere Sekretion und Stoffwechsel; Arme; Beine; Rumpf. Die sehr wenigen in der GdB/MdE-Tabelle noch enthaltenen Fünfergrade sind alle auf ganz eng umschriebene Gesundheitsstörungen bezogen, die selten allein und sehr selten genau in dieser Form und Ausprägung vorliegen. Für die GdB-Beurteilung ist deshalb zu beachten, dass in den Fällen, in denen die Gesundheitsstörung auch nur wenig günstiger ist, als in der GdB/MdE-Tabelle beschrieben, der Zehnergrad unter dem Fünfergrad anzusetzen ist; entspricht die Gesundheitsstörung genau der beschriebenen oder ist sie etwas ungünstiger, ist der über dem Fünfergrad gelegene Zehnergrad anzunehmen.

(5) GdB und MdE setzen eine *nicht nur vorübergehende* und damit eine über einen Zeitraum von mehr als sechs Monaten sich erstreckende Gesundheitsstörung voraus. Dementsprechend ist bei abklingenden Gesundheitsstörungen der Wert festzusetzen, der dem über sechs Monate hinaus verbliebenen – oder voraussichtlich verbleibenden – Schaden entspricht.
Schwankungen im Gesundheitszustand bei längerem Leidensverlauf ist mit einem *Durchschnittswert* Rechnung zu tragen. Dies bedeutet: Wenn bei einem Leiden – über einen Zeitraum von sechs Monaten nach Krankheitsbeginn hinaus – der Verlauf durch sich wiederholende Besserungen und Verschlechterungen des Gesundheitszustandes geprägt ist (Beispiele: Magengeschwürsleiden, chronische Bronchitis, Hautkrankheiten, Anfallsleiden), dann können die zeitweiligen Verschlechterungen – im Hinblick auf die dann anhaltenden Auswirkungen auf die gesamte Lebensführung – nicht als vorübergehende Gesundheitsstörungen betrachtet werden. Dementsprechend muss in solchen Fällen bei der GdB/MdE-Beurteilung von dem „durchschnittlichen" Ausmaß der Beeinträchtigung ausgegangen werden.

(6) *Stirbt ein Antragsteller* innerhalb von sechs Monaten nach Eintritt einer Gesundheitsstörung, so ist für diese Gesundheitsstörung der GdB/MdE-Grad anzusetzen, der nach ärztlicher Erfahrung nach Ablauf von sechs Monaten nach Eintritt der Gesundheitsstörung zu erwarten gewesen wäre. Fallen Eintritt der Gesundheitsstörung und Tod jedoch zusammen, kann ein GdB/MdE-Wert nicht angenommen werden. Eintritt der Gesundheitsstörung und Tod fallen nicht nur zusammen, wenn beide Ereignisse im selben Augenblick eintreten. Dies ist vielmehr auch dann der Fall, wenn die Gesundheitsstörung in so rascher Entwicklung zum Tode führt, dass bei natürlicher Betrachtungsweise Eintritt der Gesundheitsstörung und Tod einen einheitlichen Vorgang darstellen.

(7) *Gesundheitsstörungen,* die erst in der Zukunft zu erwarten sind, sind bei der GdB/MdE-Beurteilung nicht zu berücksichtigen. Die Notwendigkeit des Abwartens einer *Heilungsbewährung* bei Gesundheitsstörungen, die zu Rezidiven neigen, stellt eine andere Situation dar; während der Zeit des Abwartens einer Heilungsbewährung ist ein höherer GdB/MdE-Wert, als er sich aus dem festgestellten Schaden ergibt, gerechtfertigt.

(8) Bei der GdB/MdE-Beurteilung sind auch *seelische Begleiterscheinungen und Schmerzen* zu beachten.
Die in der GdB/MdE-Tabelle niedergelegten Sätze berücksichtigen bereits die *üblichen seelischen Begleiterscheinungen* (z.B. bei Entstellung des Gesichts, Verlust der weiblichen Brust).
Gehen seelische Begleiterscheinungen erheblich über die dem Ausmaß der organischen Veränderungen entsprechenden üblichen seelischen Begleiterscheinungen hinaus, so ist eine höhere GdB/MdE-Bewertung berechtigt. Vergleichsmaßstab kann aber – im Interesse einer gerechten Beurteilung – nicht der Behinderte sein, der überhaupt nicht oder kaum unter seinem Körperschaden leidet: Beurteilungsgrundlage ist wie immer die allgemeine ärztliche Erfahrung hinsichtlich der regelhaften Auswirkungen. *Außergewöhnliche seelische Begleiterscheinungen* sind anzunehmen, wenn anhaltende psychoreaktive Störungen in einer solchen Ausprägung vorliegen, dass eine spezielle ärztliche Behandlung dieser Störungen – z. B. eine Psychotherapie – erforderlich ist.
Ähnliches gilt für die Berücksichtigung von *Schmerzen.* Die in der GdB/MdE-Tabelle angegebenen Werte schließen die üblicherweise vorhandenen Schmerzen mit ein und berücksichtigen auch erfahrungsgemäß besonders schmerzhafte Zustände. In den Fällen, in denen nach dem Sitz und dem Ausmaß der pathologischen Veränderungen eine über das übliche Maß hinausgehende, eine spezielle ärztliche Behandlung erfordernde Schmerzhaftigkeit anzunehmen ist, können höhere Werte angesetzt werden. Dies gilt insbesondere bei Kausalgien und bei stark ausgeprägten Stumpfbeschwerden nach Amputationen (Stumpfnervenschmerzen, Phantomschmerzen); ein Phantomgefühl allein bedingt keine zusätzliche GdB/MdE-Bewertung.

(9) Wird der Gutachter nach dem Schwerbehindertengesetz zu einer Beurteilung des GdB aufgefordert, so ist er nicht an Feststellungen, die nach anderen Gesetzen getroffen worden sind, gebunden. Umgekehrt gilt das Gleiche.

19 **19 Gesamt-GdB/MdE-Grad**

(1) *Liegen mehrere Funktionsbeeinträchtigungen* vor, so sind zwar (unter Berücksichtigung der Nr. 18 Absatz 4, Seite 31) Einzel-GdB/MdE-Grade anzugeben; bei der Ermittlung des Gesamt-GdB/MdE-Grades durch alle Funktionsbeeinträchtigungen dürfen jedoch die einzelnen Werte nicht addiert werden. Auch andere Rechenmethoden sind für die Bildung eines Gesamt-GdB/MdE-Grades ungeeignet. Maßgebend sind die *Auswirkungen der einzelnen Funktionsbeeinträchtigungen in ihrer Gesamtheit* unter Berücksichtigung ihrer wechselseitigen Beziehungen zueinander.

(2) Bei der Gesamtwürdigung der verschiedenen Funktionsbeeinträchtigungen sind unter Berücksichtigung aller *sozialmedizinischen Erfahrungen* Vergleiche mit Gesundheitsschäden anzustellen, zu denen in der Tabelle feste GdB/MdE-Werte angegeben sind.
Ein Gesamt-GdB/MdE-Grad von 50 kann beispielsweise nur angenommen werden, wenn die Gesamtauswirkung der verschiedenen Funktionsbeeinträchtigungen so erheblich ist wie etwa beim Verlust einer Hand oder eines Beines im Unterschenkel, bei einer vollständigen Versteifung großer Abschnitte der Wirbelsäule, bei Herz-Kreislaufschäden oder Einschränkungen der Lungenfunktion mit nachgewiesener Leistungsbeeinträchtigung bereits bei leichter Belastung (siehe Nummern 26.8 und 26.9, Seiten 83 und 87), bei Hirnschäden mit mittelschwerer Leistungsbeeinträchtigung usw.

(3) Bei der Beurteilung des Gesamt-GdB/MdE-Grades ist in der Regel von der Funktionsbeeinträchtigung auszugehen, die den höchsten Einzel-GdB/MdE-Grad bedingt, und dann im Hinblick auf alle weiteren Funktionsbeeinträchtigungen zu prüfen, ob und inwieweit hierdurch das Ausmaß der Behinderung größer wird, ob also wegen der weiteren Funktionsbeeinträchtigungen dem ersten GdB/MdE-Grad 10 oder 20 oder mehr Punkte hinzuzufügen sind, um der Behinderung insgesamt gerecht zu werden.
Um die *Auswirkungen der Funktionsbeeinträchtigungen in ihrer Gesamtheit unter Berücksichtigung ihrer wechselseitigen Beziehungen zueinander* beurteilen zu können, muss aus der ärztlichen Gesamtschau beachtet werden, dass die Beziehungen der Funktionsbeeinträchtigungen zueinander unterschiedlich sein können:

– Die Auswirkungen der einzelnen Funktionsbeeinträchtigungen können *voneinander unabhängig* sein und damit ganz verschiedene Bereiche im Ablauf des täglichen Lebens betreffen.
  Beispiel: Beim Zusammentreffen eines insulinpflichtigen Diabetes (Abhängigkeit von Injektions- und Diäteinnahmeterminen) mit einer Hörbehinderung und einer Gehbehinderung ist der Behinderte in drei verschiedenen

Bereichen des täglichen Lebens betroffen, wobei jeder Bereich der Schwere der einzelnen Gesundheitsstörung entsprechend bei der Gesamt-Beurteilung zu beachten ist. 19

- Eine Funktionsbeeinträchtigung kann sich auf eine andere *besonders nachteilig* auswirken.
  Dies ist vor allem der Fall, wenn Funktionsbeeinträchtigungen an paarigen Gliedmaßen oder Organen – also z. B. an beiden Armen oder beiden Beinen oder beiden Nieren oder beiden Augen – vorliegen.
- Die Auswirkungen von Funktionsbeeinträchtigungen können sich *überschneiden.*
  Beispiel: Neben einem Herzschaden mit schwererer Leistungsbeeinträchtigung liegen ein Lungenemphysem und ein leichterer Schaden an einem Fuß vor. Die Gehfähigkeit und gesamte Leistungsfähigkeit wird schon durch den Herzschaden sehr eingeschränkt, sodass sich die anderen beiden Gesundheitsschäden nur noch wenig auswirken können.
- Die Auswirkungen einer Funktionsbeeinträchtigung werden durch eine hinzutretende Gesundheitsstörung gar *nicht verstärkt.*
  Beispiel: Peronäuslähmung und Versteifung des Fußgelenks in günstiger Stellung an demselben Bein.

(4) Von Ausnahmefällen (z.B. hochgradige Schwerhörigkeit eines Ohres bei schwerer beidseitiger Einschränkung der Sehfähigkeit) abgesehen, führen zusätzliche leichte Gesundheitsstörungen, die nur einen GdB/MdE-Grad von 10 bedingen, nicht zu einer Zunahme des Ausmaßes der Gesamtbeeinträchtigung, die bei der Gesamtbeurteilung berücksichtigt werden könnte, auch dann nicht, wenn mehrere derartige leichte Gesundheitsstörungen nebeneinander bestehen. Auch bei leichten Funktionsbeeinträchtigungen mit einem GdB/MdE-Grad von 20 ist es vielfach nicht gerechtfertigt, auf eine wesentliche Zunahme des Ausmaßes der Behinderung zu schließen.

GdB/MdE-Tabelle

26.01
26.1 Allgemeine Hinweise GdB/MdE-Tabelle

(1) Die nachstehend genannten GdB/MdE-Sätze sind Anhaltswerte. Es ist unerlässlich, alle leistungsmindernden Störungen auf körperlichem, geistigem und seelischem Gebiet in jedem Einzelfall zu berücksichtigen. Die Beurteilungsspannen tragen den Besonderheiten des Einzelfalles Rechnung. Auf die Nummern 18 und 19 wird verwiesen.

(2) Bei Gesundheitsstörungen, die im Folgenden nicht aufgeführt sind, ist der GdB/MdE-Grad in Analogie zu vergleichbaren Gesundheitsstörungen zu beurteilen.

(3) Nach Transplantationen innerer Organe und nach der Behandlung bestimmter Krankheiten, die zu Rezidiven neigen, ist bei der GdB/MdE-Bemessung eine Heilungsbewährung abzuwarten (siehe Nummer 18 Absatz 7 und Nummer 24 Absatz 3).
Insbesonders gilt dies bei malignen Geschwulstkrankheiten. Für die häufigsten und wichtigsten solcher Krankheiten sind im Folgenden GdB/MdE-Anhaltswerte angegeben. Sie sind auf den Zustand nach operativer oder anderweitiger Beseitigung der Geschwulst bezogen. Der Zeitraum des Abwartens einer Heilungsbewährung beträgt in der Regel fünf Jahre. Ein Zeitraum von zwei bzw. drei Jahren kommt nur bei bestimmten, in der GdB/MdE-Tabelle besonders genannten Tumorformen in Betracht, bei denen medizinisch-wissenschaftlich gesichert ist, dass zwei bzw. drei Jahre nach Beseitigung der Geschwulst die Rezidivgefahr nur noch sehr gering ist. Maßgeblicher Bezugspunkt für den Beginn der Heilungsbewährung ist der Zeitpunkt, an dem die Geschwulst durch Operation oder andere Primärtherapie als beseitigt angesehen werden kann; eine zusätzliche adjuvante Therapie hat keinen Einfluss auf den Beginn der Heilungsbewährung. Die aufgeführten GdB/MdE-Werte beziehen den regelhaft verbleibenden Organ- oder Gliedmaßenschaden ein. Außergewöhnliche Folgen oder Begleiterscheinungen der Behandlung – z.B. langdauernde schwere Auswirkungen einer wiederholten Chemotherapie – sind gegebenenfalls zusätzlich zu berücksichtigen.
Bei den im Folgenden nicht genannten malignen Geschwulstkrankheiten ist von folgenden Grundsätzen auszugehen: Bis zum Ablauf der Heilungsbewährung – in der Regel bis zum Ablauf des fünften Jahres nach der Geschwulstbeseitigung – ist in den Fällen, in denen der verbliebene Organ- oder Gliedmaßenschaden für sich allein keinen GdB/MdE-Grad von wenigstens 50 bedingt, im Allgemeinen nach Geschwulstbeseitigung im Frühstadium ein GdB/MdE-Grad von 50 und nach Geschwulstbeseitigung in anderen Stadien ein

GdB/MdE-Grad von 80 angemessen. Bedingen der verbliebene Organ- oder Gliedmaßenschaden und/oder außergewöhnliche Folge- oder Begleiterscheinungen der Behandlung einen GdB/MdE-Grad von 50 oder mehr, ist der bis zum Ablauf der Heilungsbewährung anzusetzende GdB/MdE-Grad entsprechend höher zu bewerten.

26.2 Kopf und Gesicht 26.02

Substanzverluste am knöchernen Schädel und Schädelbrüche sind selten isoliert, vielmehr meist im Zusammenhang mit den Störungen durch die vom Schädel eingeschlossenen Organe zu bewerten.

	GdB/MdE-Grad
Narben nach Warzenfortsatzaufmeißelung	**0**
Einfache Schädelbrüche ohne Komplikationen im Heilverlauf	**0**
Kleinere Knochenlücken, Substanzverluste (auch größere gedeckte) am knöchernen Schädel	**0 – 10**
Schädelnarben am Hirnschädel mit erheblichem Verlust von Knochenmasse ohne Funktionsstörung des Gehirns (einschließlich entstellender Wirkung)	
• Hierzu gehören insbesondere alle traumatisch entstandenen erheblichen (nicht gedeckten) Substanzverluste am Hirnschädel, die auch das innere Knochenblatt betreffen	**30**
Einfache Gesichtsentstellung	
• nur wenig störend	**10**
• sonst	**20 – 30**
(Zu den Entstellungen siehe auch Nummer 26.17)	
Abstoßend wirkende Entstellung des Gesichts Eine abstoßend wirkende Gesichtsentstellung liegt vor, wenn die Entstellung bei Menschen, die nur selten Umgang mit Behinderten haben, üblicherweise Missempfindungen wie Erschrecken oder Abscheu oder eine anhaltende Abneigung gegenüber dem Behinderten auszulösen vermag. Bei hochgradigen Gesichtsentstellungen mit außergewöhnlichen psychoreaktiven Störungen kommen entsprechend höhere Werte in Betracht.	**50**
Sensibilitätsstörungen im Gesichtsbereich	
• leicht	**0 – 10**
• ausgeprägt, den oralen Bereich einschließend	**20 – 30**
Gesichtsneuralgien (z. B. Trigeminusneuralgie)	
• leicht (seltene, leichte Schmerzen)	**0 – 10**
• mittelgradig (häufigere, leichte bis mittelgradige Schmerzen, schon durch geringe Reize auslösbar)	**20 – 40**
• schwer (häufige, mehrmals im Monat auftretende starke Schmerzen bzw. Schmerzattacken)	**50 – 60**
• besonders schwer (starker Dauerschmerz oder Schmerzattacken mehrmals wöchentlich)	**70 – 80**

Echte Migräne

• je nach Häufigkeit und Dauer der Anfälle und Ausprägung der Begleiterscheinungen (vegetative Störungen, Augensymptome, andere zerebrale Reizerscheinungen)	
• leichte Verlaufsform (Anfälle durchschnittlich einmal monatlich)	**0 – 10**
• mittelgradige Verlaufsform (häufigere Anfälle, jeweils einen oder mehrere Tage anhaltend)	**20 – 40**
• schwere Verlaufsform (langdauernde Anfälle mit stark ausgeprägten Begleiterscheinungen, Anfallspausen von nur wenigen Tagen)	**50 – 60**

Periphere Fazialisparese

• einseitig, kosmetisch nur wenig störende Restparese	**0 – 10**
• einseitig, ausgeprägtere Restparese oder Kontrakturen	**20 – 30**
• einseitig, komplette Lähmung oder entstellende Kontraktur	**40**
• beidseitig, komplette Lähmung	**50**

26.03

26.3 Nervensystem und Psyche

Hirnschäden

Hirnbeschädigte sind behinderte Menschen, bei denen das Gehirn in seiner Entwicklung gestört wurde oder durch äußere Gewalteinwirkung, Krankheit, toxische Einflüsse oder Störungen der Blutversorgung organische Veränderungen erlitten und nachweisbar behalten hat.

Als nachgewiesen ist ein solcher Hirnschaden anzusehen, wenn Symptome einer organischen Veränderung des Gehirns – nach Verletzung oder Krankheit nach dem Abklingen der akuten Phase – festgestellt worden sind; dies gilt auch, wenn bei späteren Untersuchungen keine hirnorganischen Funktionsstörungen und Leistungsbeeinträchtigungen mehr zu erkennen sind (GdB/MdE-Grad dann – auch unter Einschluss geringer z.B. vegetativer Beschwerden – 20; nach offenen Hirnverletzungen nicht unter 30).

Bestimmend für die Beurteilung des GdB/MdE-Grades ist das Ausmaß der bleibenden Ausfallserscheinungen. Dabei sind der neurologische Befund, die Ausfallserscheinungen im psychischen Bereich unter Würdigung der prämorbiden Persönlichkeit und ggf. das Auftreten von zerebralen Anfällen zu beachten. Bei der Mannigfaltigkeit der Folgezustände von Hirnschädigungen kommen für die GdB/MdE-Beurteilung Sätze zwischen 20 und 100 in Betracht.

Bei Kindern ist zu berücksichtigen, dass sich die Auswirkungen eines Hirnschadens abhängig vom Reifungsprozess sehr verschieden (Besserung oder Verschlechterung) entwickeln können, so dass in der Regel Nachprüfungen in Abständen von wenigen Jahren angezeigt sind.

Bei einem mit Ventil versorgten Hydrozephalus ist ein GdB/MdE-Grad von wenigstens 30 anzusetzen.

Nicht nur vorübergehende vegetative Störungen nach Gehirnerschütterung (reversible und morphologisch nicht nachweisbare Funktionsstörung des Gesamthirns) rechtfertigen im ersten Jahr nach dem Unfall einen GdB/MdE-Grad von 10 – 20.

Bei der folgenden GdB/MdE-Tabelle der Hirnschäden soll die unter **A** genannte Gesamtbewertung im Vordergrund stehen. Die unter **B** angeführten isoliert vorkommenden bzw. führenden Syndrome stellen eine ergänzende Hilfe zur Beurteilung dar. 26.03

	GdB/MdE-Grad
A. Grundsätze der Gesamtbewertungvon Hirnschäden	
1. Hirnschäden mit geringer Leistungsbeeinträchtigung	**30 – 40**
2. Hirnschäden mit mittelschwerer Leistungsbeeinträchtigung	**50 – 60**
3. Hirnschäden mit schwerer Leistungsbeeinträchtigung	**70 – 100**

B. Bewertung von Hirnschäden mit isoliert vorkommenden bzw. führenden Syndromen (bei Begutachtungen im sozialen Entschädigungsrecht auch zur Feststellung der Schwerstbeschädigtenzulage):

Organisch-psychische Störungen

- Hierbei wird zwischen hirnorganischen Allgemeinsymptomen, intellektuellem Abbau (Demenz) und hirnorganischen Persönlichkeitsveränderungen unterschieden, die jedoch oft kombiniert sind und fließende Übergänge zeigen können.
- Zu den **hirnorganischen Allgemeinsymptomen („Hirnleistungsschwäche")** werden vor allem Beeinträchtigungen der Merkfähigkeit und der Konzentration, Reizbarkeit, Erregbarkeit, vorzeitige Ermüdbarkeit, Einbuße an Überschau- und Umstellungsvermögen und psychovegetative Labilität (z. B. Kopfschmerzen, vasomotorische Störungen, Schlafstörungen, affektive Labilität) gerechnet.
- Die **hirnorganische Persönlichkeitsveränderung („hirnorganische Wesensänderung")** wird von einer Verarmung und Vergröberung der Persönlichkeit mit Störungen des Antriebs, der Stimmungslage und der Emotionalität, mit Einschränkung des Kritikvermögens und des Umweltkontaktes sowie mit Akzentuierungen besonderer Persönlichkeitseigenarten bestimmt.
- Auf der Basis der organisch-psychischen Veränderungen entwickeln sich nicht selten zusätzliche psychoreaktive Störungen.

Hirnschäden mit psychischen Störungen (je nach vorstehend beschriebener Art)	
• leicht (im Alltag sich gering auswirkend)	**30 – 40**
• mittelgradig (im Alltag sich deutlich auswirkend)	**50 – 60**
• schwer	**70 – 100**
Zentrale vegetative Störungen als Ausdruck eines Hirndauerschadens (z. B. Störungen des Schlaf-Wach-Rhythmus, der Vasomotorenregulation oder der Schweißregulation)	
• leicht	**30**
• mittelgradig, auch mit vereinzelten synkopalen Anfällen	**40**
• mit häufigeren Anfällen oder erheblichen Auswirkungen auf den Allgemeinzustand	**50**
Koordinations- und Gleichgewichtsstörungen (spino-)zerebellarer Ursache je nach dem Ausmaß der Störung der Ziel- und Feinmotorik einschließlich der Schwierigkeiten beim Gehen und Stehen (siehe hierzu auch Nummer 26.05)	**30 – 100**
Hirnschäden mit kognitiven Leistungsstörungen (z. B. Aphasie, Apraxie, Agnosie)	
• leicht (z. B. Restaphasie)	**30 – 40**
• mittelgradig (z.B. Aphasie mit deutlicher bis sehr ausgeprägter Kommunikationsstörung)	**50 – 80**
• schwer (z. B. globale Aphasie)	**90 – 100**
Zerebral bedingte Teillähmungen und Lähmungen	
• leichte Restlähmungen und Tonusstörungen der Gliedmaßen	**30**
bei ausgeprägteren Teillähmungen und vollständigen Lähmungen ist der GdB/MdE-Grad aus Vergleichen mit den nach folgend aufgeführten Gliedmaßenverlusten, peripheren Lähmungen und anderen Funktionseinbußen der Gliedmaßen abzuleiten	
• vollständige Lähmung von Arm und Bein (Hemiplegie)	**100**

26.03 **Parkinson-Syndrom**

• ein- oder beidseitig, geringe Störung der Bewegungsabläufe, keine Gleichgewichtsstörung, geringe Verlangsamung	**30 – 40**
• deutliche Störung der Bewegungsabläufe, Gleichgewichtsstörungen, Unsicherheit beim Umdrehen, stärkere Verlangsamung	**50 – 70**
• schwere Störung der Bewegungsabläufe bis zur Immobilität	**80 – 100**

Andere extrapyramidale Syndrome – auch mit Hyperkinesen – sind analog nach Art und Umfang der gestörten Bewegungsabläufe und der Möglichkeit ihrer Unterdrückung zu bewerten; bei lokalisierten Störungen (z. B. Torticollis spasmodicus) sind niedrigere GdB/MdE-Grade als bei generalisierten (z. B. choreatische Syndrome) in Betracht zu ziehen.

Epileptische Anfälle je nach Art, Schwere, Häufigkeit und tageszeitlicher Verteilung

• sehr selten (generalisierte [große] und komplexfokale Anfälle mit Pausen von mehr als einem Jahr; kleine und einfach-fokale Anfälle mit Pausen von Monaten)	**40**
• selten (generalisierte [große] und komplex-fokale Anfälle mit Pausen von Monaten; kleine und einfach-fokale Anfälle mit Pausen von Wochen)	**50 – 60**
• mittlere Häufigkeit (generalisierte [große] und komplex-fokale Anfälle mit Pausen von Wochen; kleine und einfach-fokale Anfälle mit Pausen von Tagen)	**60 – 80**
• häufig (generalisierte [große] oder komplex-fokale Anfälle wöchentlich oder Serien von generalisierten Krampfanfällen, von fokal betonten oder von multifokalen Anfällen; kleine und einfach-fokale Anfälle täglich)	**90 – 100**
• nach drei Jahren Anfallsfreiheit bei weiterer Notwendigkeit antikonvulsiver Behandlung	**30**

Ein Anfallsleiden gilt als abgeklungen, wenn ohne Medikation drei Jahre Anfallsfreiheit besteht. Ohne nachgewiesenen Hirnschaden ist dann kein GdB/MdE-Grad mehr anzunehmen.

Narkolepsie

Je nach Häufigkeit, Ausprägung und Kombination der Symptome (Tagesschläfrigkeit, Schlafattacken, Kataplexien, automatisches Verhalten im Rahmen von Ermüdungserscheinungen, Schlaflähmungen – häufig verbunden mit hypnagogen Halluzinationen) sind im Allgemeinen GdB/MdE-Grade von 50 bis 80 anzusetzen. Selten kommen auch GdB/MdE-Grade von 40 (z. B. bei gering ausgeprägter Tagesschläfrigkeit in Kombination mit seltenen Schlaflähmungen und hypnagogen Halluzinationen) oder auch über 80 (bei ungewöhnlich starker Ausprägung) in Betracht.

Hirntumoron

Die GdB/MdE-Bewertung von *Hirntumoren* ist vor allem von der Art und Dignität und von der Ausdehnung und Lokalisation mit ihren Auswirkungen abhängig.

Nach der Entfernung *gutartiger Tumoren* (z. B. Meningeom, Neurinom) richtet sich der GdB/MdE-Grad allein nach dem verbliebenen Schaden.

Bei Tumoren wie Oligodendrogliom, Ependymom, Astrozytom II, ist der GdB/MdE-Grad, wenn eine vollständige Tumorentfernung nicht gesichert ist, nicht niedriger als 50 anzusetzen. 26.03
Bei *malignen Tumoren* (z. B. Astrozytom III, Glioblastom, Medulloblastom) ist der GdB/MdE-Grad mit wenigstens 80 zu bewerten.
Das Abwarten einer Heilungsbewährung (von *fünf* Jahren) kommt in der Regel nur nach der *Entfernung* eines malignen Kleinhirntumors des Kindesalters (z. B. Medulloblastom) in Betracht; GdB/MdE-Grad während dieser Zeit (im Frühstadium) bei geringer Leistungsbeeinträchtigung 50.

Beeinträchtigungen der geistigen Leistungsfähigkeit im Kindes- und Jugendalter

Die GdB/MdE-Beurteilung der Beeinträchtigungen der geistigen Entwicklung darf nicht allein vom Ausmaß der Intelligenzminderung und von diesbezüglichen Testergebnissen ausgehen, die immer nur Teile der Behinderung zu einem bestimmten Zeitpunkt erfassen können. Daneben muss stets auch die Persönlichkeitsentwicklung auf affektivem und emotionalem Gebiet, wie auch im Bereich des Antriebs und der Prägung durch die Umwelt mit allen Auswirkungen auf die sozialen Einordnungsmöglichkeiten berücksichtigt werden.

Entwicklungsstörungen im Kleinkindesalter

Die Beurteilung setzt eine standardisierte Befunderhebung mit Durchführung geeigneter Testverfahren und Bestimmung des Entwicklungsquotienten (EQ) voraus (Nachuntersuchung mit Beginn der Schulpflicht).

	GdB/MdE-Grad
Umschriebene Entwicklungsstörungen in den Bereichen Motorik, Sprache oder Wahrnehmung und Aufmerksamkeit	
• leicht, ohne wesentliche Beeinträchtigung der Schulleistungen	**0 – 10**
• sonst – bis zum Ausgleich –	**20 – 40**
• je nach Beeinträchtigung der Gesamtentwicklung	**20 – 40**
• bei besonders schwerer Ausprägung (selten)	**50**
Globale Entwicklungsstörungen (Einschränkungen in den Bereichen Sprache und Kommunikation, Wahrnehmung und Spielverhalten, Motorik, Selbstständigkeit, soziale Integration) je nach Ausmaß der sozialen Einordnungsstörung und der Verhaltensstörung (z. B. Hyperaktivität, Agressivität)	
• geringe Auswirkungen	**30 – 40**
• starke Auswirkungen (z. B. EQ von 70 bis über 50)	**50 – 70**
• schwere Auswirkungen (z. B. EQ 50 und weniger)	**80 – 100**

26.03 Einschränkung der geistigen Leistungsfähigkeit im Schul- und Jugendalter

	GdB/MdE-Grad
Kognitive Teilleistungsschwächen (z. B. Lese-Rechtschreib-Schwäche [Legasthenie], isolierte Rechenstörung	
• leicht, ohne wesentliche Beeinträchtigung der Schulleistungen	**0 – 10**
• sonst – auch unter Berücksichtigung von Konzentrations- und Aufmerksamkeitsstörungen – bis zum Ausgleich –	**20 – 40**
• bei besonders schwerer Ausprägung (selten)	**50**
Einschränkung der geistigen Leistungsfähigkeit mit einem Intelligenzrückstand entsprechend einem Intelligenz-Alter (IA) von etwa 10 bis 12 Jahren bei Erwachsenen (I.Q. von etwa 70 bis 60)	
• wenn **während** des Schulbesuchs nur geringe Störungen, insbesondere der Auffassung, der Merkfähigkeit, der psychischen Belastbarkeit, der sozialen Einordnung, des Sprechens, der Sprache oder anderer kognitiver Teilleistungen vorliegen, oder wenn sich nach **Abschluss der Schule** noch eine weitere Bildungsfähigkeit gezeigt hat und keine wesentlichen, die soziale Einordnung erschwerenden Persönlichkeitsstörungen bestehen, oder wenn ein **Ausbildungsberuf** unter Nutzung der Sonderregelungen für behinderte Menschen erreicht werden kann	**30 – 40**
• wenn **während des Schulbesuchs** die oben genannten Störungen stark ausgeprägt sind oder mit einem Schulversagen zu rechnen ist, oder wenn nach Abschluss der Schule auf eine Beeinträchtigung der Fähigkeit zu selbstständiger Lebensführung oder sozialer Einordnung geschlossen werden kann, oder wenn der behinderte Mensch wegen seiner Behinderung trotz beruflicher Fördermöglichkeiten (z. B. in besonderen Rehabilitationseinrichtungen) nicht in der Lage ist, sich auch unter Nutzung der Sonderregelungen für behinderte Menschen beruflich zu qualifizieren	**50 – 70**
Intelligenzmangel mit stark eingeengter Bildungsfähigkeit, erheblichen Mängeln im Spracherwerb, Intelligenzrückstand entsprechend einem I.A. unter 10 Jahren bei Erwachsenen (I.Q. unter 60)	
• bei relativ günstiger Persönlichkeitsentwicklung und sozialer Anpassungsmöglichkeit (Teilerfolg in einer Sonderschule, selbstständige Lebensführung in einigen Teilbereichen und Einordnung im allgemeinen Erwerbsleben mit einfachen motorischen Fertigkeiten noch möglich)	**80 – 90**
• bei stärkerer Einschränkung der Eingliederungsmöglichkeiten mit hochgradigem Mangel an Selbstständigkeit und Bildungsfähigkeit, fehlender Sprachentwicklung, unabhängig von der Arbeitsmarktlage und auf Dauer Beschäftigungsmöglichkeit nur in einer Werkstatt für Behinderte	**100**

Besondere im Kindesalter beginnende psychische Behinderungen

	GdB/MdE-Grad
Autistische Syndrome	
• leichte Formen (z. B. Typ Asperger)	**50 – 80**
• sonst	**100**
Andere emotionale und psychosoziale Störungen („Verhaltensstörungen")	
• mit langdauernden erheblichen Einordnungsschwierigkeiten (z. B. Integration in der Normalschule nicht möglich)	**50 – 80**

Schizophrene und affektive Psychosen

	GdB/MdE-Grad
Langdauernde (über ein halbes Jahr anhaltende) Psychose	
• im floriden Stadium je nach Einbuße beruflicher und sozialer Anpassungsmöglichkeiten	**50 – 100**
Schizophrener Residualzustand (z. B. Konzentrationsstörung, Kontaktschwäche, Vitalitätseinbuße, affektive Nivellierung)	
• mit geringen und einzelnen Restsymptomen ohne soziale Anpassungsschwierigkeiten	**10 – 20**
• mit leichten sozialen Anpassungsschwierigkeiten	**30 – 40**
• mit mittelgradigen sozialen Anpassungsschwierigkeiten	**50 – 70**
• mit schweren sozialen Anpassungsschwierigkeiten	**80 – 100**
Affektive Psychose mit relativ kurzdauernden, aber häufig wiederkehrenden Phasen	
• bei 1 bis 2 Phasen im Jahr von mehrwöchiger Dauer je nach Art und Ausprägung	**30 – 50**
• bei häufigeren Phasen von mehrwöchiger Dauer	**60 – 100**
Nach dem Abklingen langdauernder psychotischer Episoden ist im Allgemeinen (Ausnahme siehe unten) eine Heilungsbewährung von zwei Jahren abzuwarten.	
• GdB/MdE-Grad während dieser Zeit wenn bereits mehrere manische oder manische und depressive Phasen vorangegangen sind	**50**
• sonst	**30**

Eine Heilungsbewährung braucht nicht abgewartet zu werden, wenn eine monopolar verlaufene depressive Phase vorgelegen hat, die als erste Krankheitsphase oder erst mehr als zehn Jahre nach einer früheren Krankheitsphase aufgetreten ist.

Neurosen, Persönlichkeitsstörungen, Folgen psychischer Traumen

	GdB/MdE-Grad
Leichtere psychovegetative oder psychische Störungen	**0 – 20**
Stärker behindernde Störungen mit wesentlicher Einschränkung der Erlebnis- und Gestaltungsfähigkeit (z. B. ausgeprägtere depressive, hypochondrische, asthenische oder phobische Störungen, Entwicklungen mit Krankheitswert, somatoforme Störungen)	**30 – 40**
Schwere Störungen (z. B. schwere Zwangskrankheit)	
• mit mittelgradigen sozialen Anpassungsschwierigkeiten	**50 – 70**
• mit schweren sozialen Anpassungsschwierigkeiten	**80 – 100**

26.03

Alkoholkrankheit, -abhängigkeit

Eine *Alkoholkrankheit* liegt vor, wenn ein chronischer Alko-holkonsum zu körperlichen und/oder psychischen Schäden geführt hat.
Die GdB/MdE-Bewertung wird vom Ausmaß des Organschadens und seiner Folgen (z.B. Leberschaden, Polyneuropathie, organisch-psychische Veränderung, hirnorganische Anfälle) und/oder vom Ausmaß der Abhängigkeit und der suchtspezifischen Persönlichkeitsänderung bestimmt. Bei nachgewiesener *Abhängigkeit* mit Kontrollverlust und erheblicher Einschränkung der Willensfreiheit ist der Gesamt-GdB/MdE-Grad aufgrund der Folgen des chronischen Alkoholkonsums nicht niedriger als 50 zu bewerten.
Ist bei nachgewiesener Abhängigkeit eine *Entziehungsbehandlung* durchgeführt worden, muss eine *Heilungsbewährung* abgewartet werden (im Allgemeinen *zwei* Jahre). Während dieser Zeit ist in der Regel ein GdB/MdE-Grad von 30 anzunehmen, es sei denn, dass der Organschaden noch einen höheren GdB/MdE-Grad bedingt.

Drogenabhängigkeit

Eine *Drogenabhängigkeit* liegt vor, wenn ein chronischer Gebrauch von Rauschmitteln zu einer körperlichen und/oder psychischen Abhängigkeit mit entsprechender *psychischer Veränderung* und *sozialen Einordnungsschwierigkeiten* geführt hat.
Der GdB/MdE-Grad ist je nach psychischer Veränderung und sozialen Anpassungsschwierigkeiten auf mindestens 50 einzuschätzen.
Ist bei nachgewiesener Abhängigkeit eine Entziehungsbehandlung durchgeführt worden, muss eine *Heilungsbewährung* abgewartet werden (im Allgemeinen *zwei* Jahre). Während dieser Zeit ist in der Regel ein GdB/MdE-Grad von 30 anzunehmen.

Rückenmarkschäden

	GdB/MdE-Grad
Unvollständige, leichte Halsmarkschädigung mit beidseits geringen motorischen und sensiblen Ausfällen, ohne Störungen der Blasen- und Mastdarmfunktion	**30 – 60**
Unvollständige Brustmark-, Lendenmark- oder Kaudaschädigung mit Teillähmung beider Beine, ohne Störungen der Blasen- und Mastdarmfunktion	**30 – 60**
Unvollständige Brustmark-, Lendenmark- oder Kaudaschädigung mit Teillähmung beider Beine und Störungen der Blasen- und/oder Mastdarmfunktion	**60 – 80**
Unvollständige Halsmarkschädigung mit gewichtigen Teillähmungen beider Arme und Beine und Störungen der Blasen- und/oder Mastdarmfunktion	**100**
Vollständige Halsmarkschädigung mit vollständiger Lähmung beider Arme und Beine und Störungen der Blasen- und/oder Mastdarmfunktion	**100**
Vollständige Brustmark-, Lendenmark- oder Kaudaschädigung mit vollständiger Lähmung der Beine und Störungen der Blasen-und/oder Mastdarmfunktion	**100**

Die Bezeichnung „Querschnittslähmung“ ist den Fällen vorzubehalten, in denen quer durch das Rückenmark **alle** Bahnen in einer bestimmten Höhe **vollkommen** unterbrochen sind.

Multiple Sklerose

Der GdB/MdE-Grad richtet sich vor allem nach den zerebralen und spinalen Ausfallserscheinungen. Zusätzlich ist die aus dem klinischen Verlauf sich ergebende Krankheitsaktivität zu berücksichtigen.

Polyneuropathien

Bei den Polyneuropathien können sich Funktionsbeeinträchtigungen – zum Teil abhängig von der Ursache – überwiegend aus motorischen Ausfällen (mit Muskelatrophien) oder mehr oder allein aus sensiblen Störungen und schmerzhaften Reizerscheinungen ergeben. Der GdB/MdE-Grad *motorischer* Ausfälle ist in Analogie zu den peripheren Nervenschäden (siehe Nummer 26.18) einzuschätzen. Bei den *sensiblen* Störungen und Schmerzen ist zu berücksichtigen, dass schon leichte Störungen zu Beeinträchtigungen – z.B. bei Feinbewegungen – führen können.

Spina bifida

Der GdB/MdE-Grad wird durch das Ausmaß des Rückenmarkschadens (siehe oben) bestimmt. Daneben sind häufig ein Hydrozephalus und eine entsprechende Hirnschädigung zu berücksichtigen.

26.04 26.4 Sehorgan

Die *Sehbehinderung* umfasst alle Störungen des Sehvermögens. Für die Beurteilung ist in erster Linie die *korrigierte Sehschärfe* (Prüfung mit Gläsern) maßgebend; daneben sind u.a. Ausfälle des *Gesichtsfeldes* und des *Blickfeldes* zu berücksichtigen.

Neben den Funktionen des Sehvermögens sind auch nachweisbare Reizerscheinungen, Tränenträufeln, Empfindlichkeit gegen äußere Einwirkungen (Licht, Staub, Chemikalien usw.) sowie andere Erkrankungen des Auges und seiner Umgebung zu beachten.

Die *Sehschärfe* ist grundsätzlich den Empfehlungen der Deutschen Ophthalmologischen Gesellschaft (DOG) entsprechend nach DIN 58220 zu prüfen, Abweichungen hiervon sind nur in Ausnahmefällen (z.B. bei Bettlägerigkeit oder Kleinkindern) zulässig. Die übrigen Partialfunktionen des Sehvermögens sind nur mit Geräten und Methoden zu prüfen, die den Richtlinien der DOG entsprechend eine gutachtenrelevante einwandfreie Beurteilung erlauben. Bei Nystagmus richtet sich der GdB/MdE-Wert nach der Sehschärfe, die bei einer Lesezeit von maximal einer Sekunde pro Landoltring festgestellt wird.

Hinsichtlich der Gesichtsfeldbestimmung bedeutet dies, dass nur Ergebnisse der manuell-kinetischen Perimetrie entsprechend der Marke Goldmann III/4 verwertet werden dürfen.

Bei der Beurteilung von Störungen des Sehvermögens ist darauf zu achten, dass der morphologische Befund die Sehstörungen erklärt.

Die Grundlage für die GdB/MdE-Beurteilung bei Herabsetzung der *Sehschärfe* bildet die „MdE-Tabelle der DOG" auf Seite 389.

	GdB/MdE-Grad
Verlust eines Auges mit dauernder, einer Behandlung nicht zugänglichen Eiterung der Augenhöhle	**40**
Linsenverlust eines Auges (korrigiert durch intraokulare Kunstlinse oder Kontaktlinse)	
• Sehschärfe 0,4 und mehr	**10**
• Sehschärfe 0,1 bis weniger als 0,4	**20**
• Sehschärfe weniger als 0,1	**25 – 30**

Linsenverlust beider Augen
Der sich aus der Sehschärfe ergebende GdB/MdE-Grad ist um 10 zu erhöhen. Die GdB/MdE-Werte setzen die Verträglichkeit der Linsen voraus. Maßgebend ist der objektive Befund.
Bei Unkorrigierbarkeit richtet sich der GdB/MdE-Grad nach der Restsehschärfe. Bei Versorgung mit Starbrille ist der aus der Sehschärfe für beide Augen sich ergebende GdB/MdE-Grad um 10 zu erhöhen, bei Blindheit oder Verlust des anderen Auges um 20.

MdE-Tabelle der DOG

Sehschärfe LA \ RA		1,0	0,8	0,63	0,5	0,4	0,32	0,25	0,2	0,16	0,1	0,08	0,05	0,02	0
		5/5	5/6	5/8	5/10	5/12	5/15	5/20	5/25	5/30	5/50	1/12	1/20	1/50	0
1,0	5/5	0	0	0	5	5	10	10	10	15	20	20	25	25	*25
0,8	5/6	0	0	5	5	10	10	10	15	20	20	25	30	30	30
0,63	5/8	0	5	10	10	10	10	15	20	20	25	30	30	30	40
0,5	5/10	5	5	10	10	10	15	20	20	25	30	30	35	40	40
0,4	5/12	5	10	10	10	20	20	25	25	30	30	35	40	50	50
0,32	5/15	10	10	10	15	20	30	30	30	40	40	40	50	50	50
0,25	5/20	10	10	15	20	25	30	40	40	40	50	50	50	60	60
0,2	5/25	10	15	20	20	25	30	40	50	50	50	60	60	70	70
0,16	5/30	15	20	20	25	30	40	40	50	60	60	60	70	80	80
0,1	5/50	20	20	25	30	30	40	50	50	60	70	70	80	90	90
0,08	1/12	20	25	30	30	35	40	50	60	60	70	80	90	90	90
0,05	1/20	25	30	30	35	40	50	50	60	70	80	90	100	100	100
0,02	1/50	25	30	30	40	50	50	60	70	80	90	90	100	100	100
0	0	*25	30	40	40	50	50	60	70	80	90	90	100	100	100

Anmerkungen

1. Die augenärztliche Untersuchung der Sehschärfe soll einäugig und beidäugig erfolgen. Sind die Ergebnisse beider Prüfungsarten unterschiedlich, so ist bei der Bewertung die beidäugige Sehschärfe als Sehschärfewert des besseren Auges anzusetzen.

2. An die Stelle der mit * gekennzeichneten Werte tritt nach der Verwaltungsvorschrift Nummer 5 zu § 30 BVG ein GdB/MdE-Grad von 30.

26.04 **Augenmuskellähmungen, Strabismus**

- wenn ein Auge wegen der Doppelbilder vom Sehen ausgeschlossen werden muss **30**
- bei Doppelbildern nur in einigen Blickfeldbereichen bei sonst normalem Binokularsehen ergibt sich der GdB/MdE-Grad aus dem nachstehenden Schema von Haase und Steinhorst:

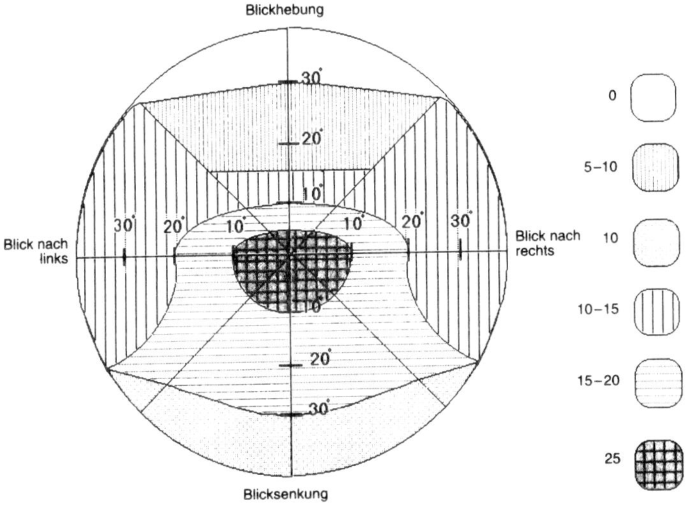

- bei einseitiger Bildunterdrückung durch Gewöhnung (Exklusion) und entsprechendem Verschwinden der Doppelbilder **10**

Einschränkungen der Sehschärfe (z. B. Amblyopie) oder eine erheblich entstellende Wirkung sind ggf. zusätzlich zu berücksichtigen.

Lähmung des Oberlides

- mit nicht korrigierbarem vollständigen Verschluss des Auges **30**
- sonst **10 – 20**

Fehlstellungen der Lider, Verlegung der Tränenwege mit Tränenträufeln

- einseitig **0 – 10**
- beidseitig **10 – 20**

Gesichtsfeldausfälle

- Vollständige Halbseiten- und Quadrantenausfälle
  - Homonyme Hemianopsie **40**
  - Bitemporale Hemianopsie **30**
- Binasale Hemianopsie
  - bei beidäugigem Sehen **10**
  - bei Verlust des beidäugigen Sehens **30**
- Homonymer Quadrant oben **20**
- Homonymer Quadrant unten **30**
- Vollständiger Ausfall beider unterer Gesichtsfeldhälften **60**
- Ausfall einer Gesichtsfeldhälfte bei Verlust oder Blindheit des anderen Auges
  - nasal **60**
  - temporal **70**

Bei unvollständigen Halbseiten- und Quadrantenausfällen sind die GdB/MdE-Sätze entsprechend niedriger anzusetzen. 26.04

Gesichtsfeldeinengungen

• Allseitige Einengung bei normalem Gesichtsfeld des anderen Auges	
– auf 10° Abstand vom Zentrum	**10**
– auf 5° Abstand vom Zentrum	**25**
• Allseitige Einengung doppelseitig	
– auf 50° Abstand vom Zentrum	**10**
– auf 30° Abstand vom Zentrum	**30**
– auf 10° Abstand vom Zentrum	**70**
– auf 5° Abstand vom Zentrum	**100**
• Allseitige Einengung bei Fehlen des anderen Auges	
– auf 50° Abstand vom Zentrum	**40**
– auf 30° Abstand vom Zentrum	**60**
– auf 10° Abstand vom Zentrum	**90**
– auf 5° Abstand vom Zentrum	**100**

Unregelmäßige Gesichtsfeldausfälle, Skotome im 50°-Gesichtsfeld unterhalb des horizontalen Meridians, binokular

• mindestens 1/3 ausgefallene Fläche	**20**
• mindestens 2/3 ausgefallene Fläche	**50**

Bei Fehlen eines Auges sind die Skotome entsprechend höher zu bewerten.

Ausfall des Farbensinns	**0**
Einschränkung der Dunkeladaptation (Nachtblindheit) oder des Dämmerungssehens	**0 – 10**

Bei Erkrankung des Auges (z. B. Glaukom, Netzhauterkrankungen) hängt der GdB/MdE-Grad vor allem vom Ausmaß der Sehbehinderung (z. B. Sehschärfe, Gesichtsfeld) ab. Darüber hinausgehende GdB/MdE-Werte kommen nur in Betracht, wenn zusätzlich über die Einschränkung des Sehvermögens hinausgehende erhebliche Beeinträchtigungen vorliegen.

Nach Hornhauttransplantationen richtet sich der GdB/MdE-Grad allein nach dem Sehvermögen.

Nach Entfernung eines malignen Augentumors (z. B. Melanom, Retinoblastom) ist in den ersten fünf Jahren eine Heilungsbewährung abzuwarten; GdB/MdE-Grad während dieser Zeit

• bei Tumorbegrenzung auf den Augapfel (auch bei Augapfelentfernung)	**50**
• sonst	**wenigstens 80**

26.05

26.5 Hör- und Gleichgewichtsorgan

Maßgebend für die Bewertung des GdB/MdE-Grades bei *Hörstörungen* ist die Herabsetzung des Sprachgehörs, deren Umfang durch Prüfung ohne Hörhilfen zu bestimmen ist. Der Beurteilung ist die von der Deutschen Gesellschaft für Hals-Nasen-Ohrenheilkunde, Kopf- und Hals-Chirurgie empfohlene Tabelle (s. Tab. D, S. 396) zugrunde zu legen. Nach Durchführung eines Ton- und Sprachaudiogramms ist der Prozentsatz des Hörverlustes aus entsprechenden Tabellen abzuleiten (s. S. 395 ff. und Nummer 8 Absatz 16).

Die in der GdB/MdE-Tabelle enthaltenen GdB/MdE-Werte zur Schwerhörigkeit berücksichtigen die Möglichkeit eines Teilausgleichs durch Hörhilfen mit.

Sind mit der Hörstörung andere Erscheinungen, z.B. Ohrgeräusche, Gleichgewichtsstörungen, Artikulationsstörungen, außergewöhnliche psychoreaktive Störungen (siehe Nummer 18 Absatz 8), verbunden, so kann der GdB/MdE-Grad entsprechend höher bewertet werden.

	GdB/MdE-Grad
Angeborene oder in der Kindheit erworbene Taubheit oder an Taubheit grenzende Schwerhörigkeit mit Sprachstörungen	
• angeboren oder bis zum 7. Lebensjahr erworben (wegen der schweren Störung des Spracherwerbs, (in der Regel lebenslang)	**100**
• später erworben (im 8. bis 18. Lebensjahr) mit schweren Sprachstörungen (schwer verständliche Lautsprache, geringer Sprachschatz)	**100**
• sonst je nach Sprachstörung	**80 – 90**

Tabelle A
zur Ermittlung des prozentualen Hörverlustes aus den Werten der sprachaudiometrischen Untersuchung (nach Boenninghaus u. Röser 1973) – siehe Seite 411.

Tabelle B
zur Ermittlung des prozentualen Hörverlustes aus dem Tonaudiogramm bei unregelmäßigem Verlauf der Tongehörskurve. Der prozentuale Hörverlust ergibt sich durch Addition der vier Teilkomponenten (4-Frequenz-Tabelle nach Röser 1973) – siehe Seite 411.

Tabelle C
3-Frequenz-Tabelle nach Röser 1980
für die Beurteilung bei Hochtonverlusten vom Typ Lärmschwerhörigkeit – siehe Seite 412.

Tabelle D
zur Ermittlung des GdB/MdE-Grades aus den Schwerhörigkeitsgraden für beide Ohren – siehe Seite 412.

Tabelle A

Gesamtwortverstehen	Höhenverlust für Zahlen in dB											
	<20	ab 20	ab 25	ab 30	ab 35	ab 40	ab 45	ab 50	ab 55	ab 60	ab 65	ab 70
<20	100	100	100	100	100	100	100	100	100	100	100	100
ab 20	95	95	95	95	95	95	95	95	95	95	95	100
ab 35	90	90	90	90	90	90	90	90	90	90	95	100
ab 50	80	80	80	80	80	80	80	80	80	90	95	100
ab 75	70	70	70	70	70	70	70	70	80	90	95	100
ab 100	60	60	60	60	60	60	60	70	80	90	95	
ab 125	50	50	50	50	50	50	60	70	80	90		
ab 150	40	40	40	40	40	50	60	70	80			
ab 175	30	30	30	30	40	50	60	70				
ab 200	20	20	20	30	40	50	60					
ab 225	10	10	20	30	40	50						
ab 250	0	10	20	30	40							

Das Gesamtwortverstehen wird aus der Wortverständniskurve errechnet. Es entsteht durch Addition der Verständnisquoten bei 60, 80 und 100 dB Lautstärke (einfaches Gesamtwortverstehen).
Bei der Ermittlung von Schwerhörigkeiten bis zu einem Hörverlust von 40 % ist das gewichtete Gesamtwortverstehen (Feldmann 1988) anzuwenden: 3x Verständnisquote bei 60 dB + 2x Verständnisquote bei 80 dB + 1x Verständnisquote bei 100 dB, Summe dividiert durch 2.

Tabelle B

Tonhörverlust dB	500 Hz	1000 Hz	2000 Hz	4000 Hz
10	0	0	0	0
15	2	3	2	1
20	3	5	5	2
25	4	8	7	4
30	6	10	9	5
35	8	13	11	6
40	9	16	13	7
45	11	18	16	8
50	12	21	18	9
55	14	24	20	10
60	15	26	23	11
65	17	29	25	12
70	18	32	27	13
75	19	32	28	14
80	19	33	29	14
ab 85	20	35	30	15

26.05 Hör- und Gleichgewichtsorgan

Tabelle C

		Tonverlust bei 1 kHz										
	dB von	0	5	15	25	35	45	55	65	75	85	95
	bis	5	10	20	30	40	50	60	70	80	90	100
Tonverlust bei 2 und 3 kHz	0– 15	0	0	0	0	5	5	Hörverlust in %				
	20– 35	0	0	0	5	10	20	30				
	40– 55	0	0	0	10	20	25	35	45			
	60– 75	0	0	10	15	25	35	40	50	60		
	80– 95	0	5	15	25	30	40	50	60	70	80	
	100–115	5	15	20	30	40	45	55	70	80	90	100
	120–135	10	20	30	35	45	55	65	75	90	100	100
	140–155	20	25	35	45	50	60	75	85	95	100	100
	160–175	25	35	40	50	60	70	80	95	100	100	100
	180–195	30	40	50	55	70	80	90	100	100	100	100
	ab 200	40	45	55	65	75	90	100	100	100	100	100

Tabelle D

Rechtes Ohr	Normalhörigkeit	0–20	0	0	10	10	15	20
			10					
	Geringgradige Schwerhörigkeit	20–40	0	15	20	20	30	30
				20				
	Mittelgradige Schwerhörigkeit	40–60	10	20	30	30	40	40
					40			
	Hochgradige Schwerhörigkeit	60–80	10	20	30	50	50	50
						60		
	An Taubheit grenzende Schwerhörigkeit	80–95	15	30	40	50	70	70
							80	
	Taubheit	100	20	30	40	50	70	80
		Hörverlust in Prozent	0–20	20–40	40–60	60–80	80–95	100
			Normalhörigkeit	Geringgradige Schwerhörigkeit	Mittelgradige Schwerhörigkeit	Hochgradige Schwerhörigkeit	An Taubheit grenzende Schwerhörigkeit	Taubheit
	Linkes Ohr							

Gleichgewichtsstörungen	GdB/MdE-Grad
(Normabweichungen in den apparativ erhobenen neurootologischen Untersuchungsbefunden bedingen für sich allein noch keinen GdB/MdE-Grad)	
• ohne wesentliche Folgen	
– beschwerdefrei, allenfalls Gefühl der Unsicherheit bei **alltäglichen Belastungen** (z. B. Gehen, Bücken, Aufrichten, Kopfdrehungen, leichte Arbeiten in wechselnder Körperhaltung)	
– leichte Unsicherheit, geringe Schwindelerscheinungen (Schwanken) bei höheren **Belastungen** (z. B. Heben von Lasten, Gehen im Dunkeln, abrupte Körperbewegungen)	
– stärkere Unsicherheit mit Schwindelerscheinungen (Fallneigung, Ziehen nach einer Seite) erst bei **außergewöhnlichen Belastungen** (z. B. Stehen und Gehen auf Gerüsten, sportliche Übungen mit raschen Körperbewegungen)	
– keine nennenswerten Abweichungen bei den Geh- und Stehversuchen	**0 – 10**
• mit leichten Folgen	
– leichte Unsicherheit, geringe Schwindelerscheinungen wie Schwanken, Stolpern, Ausfallsschritte bei **alltäglichen Belastungen,**	
– stärkere Unsicherheit und Schwindelerscheinungen bei **höheren Belastungen**	
– leichte Abweichungen bei den Geh- und Stehversuchen erst auf **höherer Belastungsstufe**	**20**
• mit mittelgradigen Folgen	
– stärkere Unsicherheit, Schwindelerscheinungen mit Fallneigung bereits bei **alltäglichen Belastungen,**	
– heftiger Schwindel (mit vegetativen Erscheinungen, gelegentlich Übelkeit, Erbrechen) bei **höheren** und **außergewöhnlichen Belastungen**	
– deutliche Abweichungen bei den Geh- und Stehversuchen bereits auf **niedriger Belastungsstufe**	**30 – 40**
• mit schweren Folgen	
– heftiger Schwindel, erhebliche Unsicherheit und Schwierigkeiten bereits bei Gehen und Stehen im Hellen und anderen **alltäglichen Belastungen,** teilweise Gehhilfe erforderlich	**50 – 70**
– bei Unfähigkeit, ohne Unterstützung zu gehen oder zu stehen	**80**

Ohrgeräusche (Tinnitus)	
• ohne nennenswerte psychische Begleiterscheinungen	**0 – 10**
• mit erheblichen psychovegetativen Begleiterscheinungen	**20**
• mit wesentlicher Einschränkung der Erlebnis- und Gestaltungsfähigkeit (z. B. ausgeprägte depressive Störungen)	**30 – 40**
• mit schweren psychischen Störungen und sozialen Anpassungsschwierigkeiten	**mindestens 50**

Menière-Krankheit	
• ein bis zwei Anfälle im Jahr	**0 – 10**
• häufigere Anfälle, je nach Schweregrad	**20 – 40**
• mehrmals monatlich schwere Anfälle	**50**
Bleibende Hörstörungen und Ohrgeräusche (Tinnitus) sind zusätzlich zu bewerten.	

Chronische Mittelohrentzündung	
• ohne Sekretion oder einseitige zeitweise Sekretion	**0**
• einseitige andauernde Sekretion oder zeitweise beidseitige Sekretion	**10**
• andauernd beidseitige Sekretion	**20**

Radikaloperationshöhle	
• reizlos	**0**
• bei unvollständiger Uberhäutung und ständiger Sekretion	
– einseitig	**10**
– beidseitig	**20**

26.05

Verlust einer Ohrmuschel	**20**
Verlust beider Ohrmuscheln	**30**

26.06

26.6 Nase

	GdB/MdE-Grad
Völliger Verlust der Nase	**50**
Teilverlust der Nase, Sattelnase	
• wenig störend	**10**
• sonst	**20 – 30**
Stinknase (Ozaena), je nach Ausmaß der Borkenbildung und des Foetors	**20 – 40**
Verengung der Nasengänge	
• einseitig je nach Atembehinderung	**0 – 10**
• doppelseitig mit leichter bis mittelgradiger Atembehinderung	**10**
• doppelseitig mit starker Atembehinderung	**20**
Chronische Nebenhöhlenentzündung	
• leichteren Grades (ohne wesentliche Neben- und Folgeerscheinungen)	**0 – 10**
• schweren Grades (ständige erhebliche Eiterabsonderung, Trigeminusreizerscheinungen, Polypenbildung)	**20 – 40**
Völliger Verlust des Riechvermögens mit der damit verbundenen Beeinträchtigung der Geschmackswahrnehmung	**15**
Völliger Verlust des Geschmackssinns	**10**

26.07

26.7 Mundhöhle, Rachenraum und obere Luftwege

Verletzungs- und Erkrankungsfolgen an den Kiefern, Kiefergelenken und Weichteilen der Mundhöhle, einschließlich der Zunge und der Speicheldrüsen, sind nach dem Grad ihrer Auswirkung auf Sprech-, Kau- und Schluckvermögen zu beurteilen. Eine Gesichtsentstellung ist gesondert zu berücksichtigen.

	GdB/MdE-Grad
Lippendefekt mit ständigem Speichelfluss	**20 – 30**
Äußere Speichelfistel, Frey-Syndrom	
• geringe Sekretion	**10**
• sonst	**20**
Störung der Speichelsekretion (vermehrter Speichelfluss, Mundtrockenheit)	**0 – 20**
Schwere Funktionsstörung der Zunge durch Gewebsverlust, narbige Fixierung oder Lähmung je nach Umfang und Artikulationsstörung	**30 – 50**

Behinderung der Mundöffnung
(Schneidekantendistanz zwischen 5 und 25 mm) mit deutlicher Auswirkung auf die Nahrungsaufnahme **20 – 40**

Kieferklemme mit Notwendigkeit der Aufnahme flüssiger oder passierter Nahrung und entsprechenden Sprechstörungen **50**

Verlust eines Teiles des Unterkiefers mit schlaffer Pseudarthrose
- ohne wesentliche Beeinträchtigung der Kaufunktion und Artikulation **0 – 10**
- mit erheblicher Beeinträchtigung der Kaufunktion und Artikulation **20 – 50**

Verlust eines Teiles des Oberkiefers
- ohne wesentliche kosmetische und funktionelle Beeinträchtigung **0 – 10**
- mit entstellender Wirkung, wesentlicher Beeinträchtigung der Nasen- und Nebenhöhlen (Borkenbildung, ständige Sekretion) **20 – 40**

Umfassender Zahnverlust über 1/2 Jahr hinaus prothetisch nur unzureichend zu versorgen **10 – 20**

Verlust erheblicher Teile des Alveolarfortsatzes mit wesentlicher, prothetisch nicht voll ausgleichbarer Funktionsbehinderung **20**

Ausgedehnter Defekt des Gaumens mit gutsitzender Defektprothese **30**

Verlust des Gaumens ohne Korrekturmöglichkeit durch geeignete Prothese (Störung der Nahrungsaufnahme) **50**

Lippen-, Kiefer-, Gaumen- und Segelspalten bei Kindern, bis zum Abschluss der Behandlung
- Isolierte voll ausgebildete Lippenspalte (ein- oder beidseitig)
  - bis zum Abschluss der Behandlung (in der Regel ein Jahr nach der Operation) je nach Trinkstörung, Beeinträchtigung der mimischen Muskulatur und Störung der Lautbildung **30 – 50**
- Lippen-Kieferspalte
  - bis zum Abschluss der Erstbehandlung (in der Regel ein Jahr nach der Operation) **60 – 70**
  - bis zum Verschluss der Kieferspalte (im Regelfall 8. bis 12. Lebensjahr) **50**
- Lippen-Kiefer-Gaumenspalte
  - bis zum Abschluss der Erstbehandlung (in der Regel 5. Lebensjahr) unter Mitberücksichtigung der regelhaft damit verbundenen Hörstörung (Tubenfehlbelüftung) und der Störung der Nasenatmung **100**
  - bis zum Verschluss der Kieferspalte (im Regelfall 8. bis 12. Lebensjahr) **50**

Komplette Gaumen- und Segelspalte ohne Kieferspalte
- wegen der bis zum Abschluss der Erstbehandlung (in der Regel 5. Lebensjahr) bestehenden mit der Lippen-Kiefer-Gaumenspalte vergleichbaren Auswirkungen **100**
- Isolierte Segelspalte, submuköse Gaumenspalte bis zum Abschluss der Behandlung je nach Ausmaß der Artikulationsstörung **0 – 30**

Ausgeprägte Hörstörungen sind ggf. zusätzlich zu berücksichtigen.

Nach Ablauf der vorstehend jeweils genannten Behandlungszeiträume richtet sich der GdB/MdE-Grad immer nach der verbliebenen Funktionsstörung.

26.07	**Schluckstörungen**	
	• ohne wesentliche Behinderung der Nahrungsaufnahme je nach Beschwerden	**0 – 10**
	• mit erheblicher Behinderung der Nahrungsaufnahme je nach Auswirkung (Einschränkung der Kostform, verlängerte Essdauer)	**20 – 40**
	• mit häufiger Aspiration und erheblicher Beeinträchtigung des Kräfte- und Ernährungszustandes	**50 – 70**
	Verlust des Kehlkopfes	
	• bei guter Ersatzstimme und ohne Begleiterscheinungen, unter Mitberücksichtigung der Beeinträchtigung der körperlichen Leistungsfähigkeit (fehlende Bauchpresse)	**70**
	• in allen anderen Fällen	**80**
	Anhaltende schwere Bronchitiden und Beeinträchtigungen durch Nervenlähmungen im Hals- und Schulterbereich sind zusätzlich zu berücksichtigen.	
	Bei **Verlust des Kehlkopfes wegen eines malignen Tumors** ist in den ersten fünf Jahren eine Heilungsbewährung abzuwarten; GdB/MdE-Grad während dieser Zeit	**100**
	Teilverlust des Kehlkopfes	
	• je nach Sprechfähigkeit und Beeinträchtigung der körperlichen Leistungsfähigkeit	**20 – 50**
	• Bei Teilverlust des Kehlkopfes wegen eines **malignen Tumors** ist in den ersten **fünf** Jahren eine Heilungsbewährung abzuwarten; GdB/MdE-Grad während dieser Zeit bei Geschwulstentfernung im Frühstadium (T1 N0 M0)	**50 – 60**
	• sonst	**80**
	Tracheostoma	
	• reizlos oder mit geringen Reizerscheinungen (Tracheitis, Bronchitis), gute Sprechstimme	**40**
	• mit erheblichen Reizerscheinungen und/oder erheblicher Beeinträchtigung der Sprechstimme bis zum Verlust der Sprechfähigkeit (z. B. bei schweren Kehlkopfveränderungen)	**50 – 80**
	Einschränkungen der Atemfunktion sind ggf. zusätzlich zu berücksichtigen.	
	Trachealstenose ohne Tracheostoma	
	Der GdB/MdE-Grad ist je nach Atembehinderung analog der dauernden Einschränkung der Lungenfunktion (siehe Nummer 26.08) zu beurteilen.	
	Funktionelle und organische Stimmstörungen (z. B. Stimmbandlähmung)	
	• mit guter Stimme	**0 – 10**
	• mit dauernder Heiserkeit	**20 – 30**
	• nur Flüsterstimme	**40**
	• mit völliger Stimmlosigkeit	**50**
	Atembehinderungen sind ggf. zusätzlich zu bewerten (analog der dauernden Einschränkung der Lungenfunktion, siehe Nummer 26.08)	
	Artikulationsstörungen	
	durch Lähmungen oder Veränderungen in Mundhöhle oder Rachen	
	• mit gut verständlicher Sprache	**10**
	• mit schwer verständlicher Sprache	**20 – 40**
	• mit unverständlicher Sprache	**50**

Stottern
- leicht 0 26.07
- mittelgradig
  auf bestimmte Situationen begrenzt **10**
  nicht situationsabhängig **20**
- schwer, auffällige Mitbewegungen **30 – 40**
  mit unverständlicher Sprache **50**

Außergewöhnliche psychoreaktive Störungen (einschl. somatoformer Störungen) sind ggf. zusätzlich zu berücksichtigen (siehe Nummer 18 Absatz 8).

26.8 Brustkorb, tiefere Atemwege und Lungen

Bei chronischen Krankheiten der Bronchien und des Lungenparenchyms sowie 26.08
bei Brustfellschwarten richtet sich der GdB/MdE-Grad vor allem nach der klinischen Symptomatik mit ihren Auswirkungen auf den Allgemeinzustand. Außerdem sind die Einschränkung der Lungenfunktion, die Folgeerscheinungen an anderen Organsystemen (z. B. Cor pulmonale), bei allergisch bedingten Krankheiten auch die Vermeidbarkeit der Allergene zu berücksichtigen.
Veränderungen der Form und Dynamik des Brustkorbs und des Zwerchfells infolge von Krankheiten, Verletzungen oder Operationen sind selten für sich allein, sondern meist zusammen mit der Beeinträchtigung der inneren Brustorgane zu beurteilen.

GdB/MdE-Grad

Brüche und Defekte der Knochen des Brustkorbs (Rippen, Brustbein, Schlüsselbein)
- ohne Funktionsstörungen verheilt, je nach Ausdehnung des Defektes **0 – 10**

Rippendefekte mit Brustfellschwarten
- ohne wesentliche Funktionsstörung **0 – 10**
- bei sehr ausgedehnten Defekten einschließlich entstellender Wirkung **20**

Brustfellverwachsungen und -schwarten
- ohne wesentliche Funktionsstörung **0 – 10**

Fremdkörper im Lungengewebe oder in der Brustkorbwand
- reaktionslos eingeheilt **0**

Chronische Bronchitis, Bronchiektasen
als eigenständige Krankheiten – ohne dauernde Einschränkung der Lungenfunktion,
- leichte Form
  (symptomfreie Intervalle über mehrere Monate, wenig Husten, geringer Auswurf) **0 – 10**
- schwere Form
  (fast kontinuierlich ausgiebiger Husten und Auswurf, häufige akute Schübe) **20 – 30**

Pneumokoniosen (z. B. Silikose, Asbestose)
- ohne wesentliche Einschränkung der Lungenfunktion **0 – 10**

26.08 **Krankheiten der Atmungsorgane** (z. B. Brustfellschwarten, chronisch-obstruktive – auch „spastische“ oder „asthmoide“ – Bronchitis, Bronchiektasen, Lungenemphysem, Pneumokoniosen, Lungenfibrosen, inaktive Lungentuberkulose) mit dauernder Einschränkung der Lungenfunktion

- geringen Grades
  das gewöhnliche Maß übersteigende Atemnot bei mittelschwerer Belastung (z. B. forsches Gehen [5–6 km/h], mittelschwere körperliche Arbeit); statische und dynamische Messwerte der Lungenfunktionsprüfung bis zu 1/3 niedriger als die Sollwerte (siehe Nummer 8 Absatz 4), Blutgaswerte im Normbereich **20 – 40**
- mittleren Grades
  das gewöhnliche Maß übersteigende Atemnot bereits bei alltäglicher leichter Belastung – (z. B. Spazierengehen [3–4 km/h], Treppensteigen bis zu einem Stockwerk, leichte körperliche Arbeit); statische und dynamische Messwerte der Lungenfunktionsprüfung bis zu 2/3 niedriger als die Sollwerte, respiratorische Partialinsuffizienz **50 – 70**
- schweren Grades
  Atemnot bereits bei leichtester Belastung oder in Ruhe; statische und dynamische Messwerte der Lungenfunktionsprüfung um mehr als 2/3 niedriger als die Sollwerte, respiratorische Globalinsuffizienz **80 – 100**

Verletzungsfolgen und Folgen lungenchirurgischer Eingriffe sind entsprechend zu bewerten. Nach Lungentransplantation ist eine Heilungsbewährung abzuwarten (im Allgemeinen zwei Jahre); während dieser Zeit ist ein GdB/MdE-Wert von 100 anzusetzen. Danach ist der GdB/MdE-Grad selbst bei günstigem Heilungsverlauf unter Mitberücksichtigung der erforderlichen Immunsuppression nicht niedriger als 70 zu bewerten.

Nach Entfernung eines malignen Lungentumors oder eines nichtkleinzelligen Bronchialtumors ist in den ersten fünf Jahren eine Heilungsbewährung abzuwarten.

- GdB/MdE-Grad während dieser Zeit **wenigstens 80**
- bei Einschränkung der Lungenfunktion mittleren bis schweren Grades **90 – 100**

Kleinzelliges Bronchialkarzinom und Mesotheliom **100**

Bronchialasthma ohne dauernde Einschränkung der Lungenfunktion

- Hyperreagibilität mit seltenen (saisonalen) und/oder leichten Anfällen **0 – 20**
- Hyperreagibilität mit häufigen (mehrmals pro Monat) und/oder schweren Anfällen **30 – 40**
- Hyperreagibilität mit Serien schwerer Anfälle **50**

Eine dauernde Einschränkung der Lungenfunktion ist zusätzlich zu berücksichtigen.

Bronchialasthma bei Kindern

- geringen Grades
  (Hyperreagibilität mit seltenen (saisonalen) und/oder leichten Anfällen, keine dauernde Einschränkung der Atemfunktion, nicht mehr als sechs Wochen Bronchitis im Jahr) **20 – 40**
- mittleren Grades
  (Hyperreagibilität mit häufigeren und/oder schweren Anfällen, leichte bis mittelgradige ständige Einschränkung der Atemfunktion, etwa 2 bis 3 Monate kontinuierliche Bronchitis im Jahr) **50 – 70**
- schweren Grades
  (Hyperreagibilität mit Serien schwerer Anfälle, schwere Beeinträchtigung der Atemfunktion, mehr als 3 Monate kontinuierliche Bronchitis im Jahr) **80 – 100**

Obstruktives oder gemischtförmiges Schlaf-Apnoe-Syndrom 26.08
(Nachweis durch Untersuchung im Schlaflabor)

• ohne Notwendigkeit einer kontinuierlichen nasalen Überdruckbeatmung	**0 – 10**
• mit Notwendigkeit einer kontinuierlichen nasalen Überdruckbeatmung	**20**
• bei nicht durchführbarer nasaler Überdruckbeatmung	**wenigstens 50**

Folgeerscheinungen oder Komplikationen (z. B. Herzrhythmusstörungen, Hypertonie, Cor pulmonale) sind zusätzlich zu berücksichtigen.

Tuberkulose

GdB/MdE-Grad

Tuberkulöse Pleuritis
Der GdB/MdE-Grad richtet sich nach den Folgeerscheinungen.

Lungentuberkulose

• ansteckungsfähig (mehr als 6 Monate andauernd)	**100**
• nicht ansteckungsfähig	
• ohne Einschränkung der Lungenfunktion	**0**
• mit Einschränkung der Lungenfunktion	**siehe Seite 417**

Extrapulmonale Tuberkuloseformen sind analog zu bewerten.

Sarkoidose

Der GdB/MdE-Grad richtet sich nach der Aktivität mit ihren Auswirkungen auf den Allgemeinzustand und nach den Auswirkungen an den verschiedenen Organen (vor allem thorakale Lymphknoten und Lunge, aber auch weitere Organe wie z. B. Leber, Milz, Herz, Augen, ZNS, Haut).
Bei *chronischem* Verlauf mit klinischen Aktivitätszeichen und Auswirkungen auf den Allgemeinzustand ist ohne Funktionseinschränkung von betroffenen Organen ein GdB/MdE-Grad von 30 anzunehmen. Funktionseinschränkungen betroffener Organe sind zusätzlich zu berücksichtigen.
Bei Defektzuständen kommt es allein auf die funktionellen Ausfallserscheinungen an.

26.9 Herz und Kreislauf 26.09

Für die Bemessung des GdB/MdE-Grades ist weniger die Art einer Herz- oder Kreislaufkrankheit maßgeblich als die je nach dem vorliegenden Stadium des Leidens unterschiedliche Leistungseinbuße. Bei der Beurteilung des GdB/MdE-Grades ist zunächst grundsätzlich von dem klinischen Bild und von den Funktionseinschränkungen im Alltag auszugehen. Ergometerdaten und andere Parameter stellen lediglich Richtwerte dar, die das klinische Bild ergänzen. Elektrokardiographische Abweichungen allein gestatten in der Regel keinen Rückschluss auf die Leistungseinbuße.
Auswirkungen des Leidens auf andere Organe (z. B. Lungen, Leber, Gehirn, Nieren) sind zu beachten.

26.09 Krankheiten des Herzens

GdB/MdE-Grad

Herzklappenfehler, koronare Herzkrankheit, Kardiomyopathien, angeborene Herzfehler u. a.

1. **ohne** wesentliche Leistungsbeeinträchtigung (keine Insuffizienzerscheinungen wie Atemnot, anginöse Schmerzen) selbst bei gewohnter stärkerer Belastung (z. B. sehr schnelles Gehen [7–8 km/h], schwere körperliche Arbeit), keine Einschränkung der Sollleistung bei Ergometerbelastung; bei Kindern und Säuglingen (je nach Alter) beim Strampeln, Krabbeln, Laufen, Treppensteigen keine wesentliche Leistungsbeeinträchtigung, keine Tachypnoe, kein Schwitzen	**0 – 10**
2. mit Leistungsbeeinträchtigung bei mittelschwerer Belastung (z. B. forsches Gehen [5–6 km/h], mittelschwere körperliche Arbeit), Beschwerden und Auftreten pathologischer Messdaten bei Ergometerbelastung mit 75 Watt (wenigstens 2 Minuten); bei Kindern und Säuglingen Trinkschwierigkeiten, leichtes Schwitzen, leichte Tachy- und Dyspnoe, leichte Zyanose, keine Stauungsorgane, Beschwerden und Auftreten pathologischer Messdaten bei Ergometerbelastung mit 1 Watt/kg Körpergewicht	**20 – 40**
3. mit Leistungsbeeinträchtigung bereits bei alltäglicher leichter Belastung (z. B. Spazierengehen [3–4 km/h], Treppensteigen bis zu einem Stockwerk, leichte körperliche Arbeit), Beschwerden und Auftreten pathologischer Messdaten bei Ergometerbelastung mit 50 Watt (wenigstens 2 Minuten); bei Kindern und Säuglingen deutliche Trinkschwierigkeiten, deutliches Schwitzen, deutliche Tachy- und Dyspnoe, deutliche Zyanose, rezidivierende pulmonale Infekte, kardial bedingte Gedeihstörungen, Beschwerden und Auftreten pathologischer Messdaten bei Ergometerbelastung mit 0,75 Watt/kg Körpergewicht	**50 – 70**
mit gelegentlich auftretenden vorübergehenden schweren Dekompensationserscheinungen	**80**
4. mit Leistungsbeeinträchtigung bereits in Ruhe (Ruheinsuffizienz, z. B. auch bei fixierter pulmonaler Hypertonie); bei Kindern und Säuglingen auch hypoxämische Anfälle, deutliche Stauungsorgane, kardiale Dystrophie	**90 – 100**

Die für Erwachsene angegebenen Wattzahlen sind auf mittleres Lebensalter und Belastung im Sitzen bezogen.
Liegen weitere objektive Parameter zur Leistungsbeurteilung vor, sind diese entsprechend zu berücksichtigen. Notwendige körperliche Leistungsbeschränkungen (z. B. bei höhergradiger Aortenklappenstenose, hypertrophischer obstruktiver Kardiomyopathie) sind wie Leistungsbeeinträchtigungen zu bewerten.

Nach operativen und anderen therapeutischen *Eingriffen am Herzen* (z. B. Ballondilatation) ist der GdB/MdE-Grad von der bleibenden Leistungsbeeinträchtigung abhängig. Bei Herzklappenprothesen ist der GdB/MdE-Grad nicht niedriger als 30 zu bewerten; dieser Wert schließt eine Dauerbehandlung mit Antikoagulantien ein.
Nach einem *Herzinfarkt* ist die GdB/MdE-Bewertung von der bleibenden Leistungsbeeinträchtigung abhängig.
Nach *Herztransplantation* ist eine Heilungsbewährung abzuwarten (im Allgemeinen *zwei* Jahre); während dieser Zeit ist ein GdB/MdE-Wert von 100

anzusetzen. Danach ist der GdB/MdE-Grad selbst bei günstigem Heilungsverlauf unter Mitberücksichtigung der erforderlichen Immunsuppression nicht niedriger als 70 zu bewerten. 26.09

	GdB/MdE-Grad
Fremdkörper im Herzmuskel oder Herzbeutel	
• reaktionslos eingeheilt	**0**
• mit Beeinträchtigung der Herzleistung	**siehe oben**

Rhythmusstörungen

Die Beurteilung des GdB/MdE-Grades richtet sich vor allem nach der Leistungsbeeinträchtigung des Herzens.

Anfallsweise auftretende hämodynamisch re- levante Rhythmusstörungen (z. B. paroxysmale Tachykardien) je nach Häufigkeit, Dauer und subjektiver Beeinträchtigung

• bei fehlender andauernder Leistungsbeeinträchtigung des Herzens	**10 – 30**
• bei bestehender andauernder Leistungsbeeinträchtigung des Herzens sind sie entsprechend zusätzlich zu bewerten.	
– nach Implantation eines Herzschrittmachers	**10**
– nach Implantation eines Kardioverter-Defibrillators	**wenigstens 50**
– bei ventrikulären tachykarden Rhythmusstörungen im Kindesalter ohne Implantation eines Kardioverter-Defibrillators	**wenigstens 60**

Gefäßkrankheiten

	GdB/MdE-Grad
Arterielle Verschlusskrankheiten, Arterienverschlüsse an den Beinen (auch nach rekanalisierenden Maßnahmen)	
• mit ausreichender Restdurchblutung, Pulsausfall ohne Beschwerden oder mit geringen Beschwerden (Missempfindungen in Wade und Fuß bei raschem Gehen) ein oder beidseitig	**0 – 10**
• mit eingeschränkter Restdurchblutung (Claudicatio intermittens) Stadium II	
– schmerzfreie Gehstrecke in der Ebene über 500 m ein- oder beidseitig	**20**
– schmerzfreie Gehstrecke in der Ebene über 100 bis 500 m ein- oder beidseitig	**30 – 40**
– schmerzfreie Gehstrecke in der Ebene 50 bis 100 m ein- oder beidseitig	**50 – 60**
– schmerzfreie Gehstrecke unter 50 m ohne Ruheschmerz ein- oder beidseitig	**70 – 80**
• Gehstrecke unter 50 m mit Ruheschmerz (Stadium III) einschl. trophischer Störungen (Stadium IV)	
– einseitig	**80**
– beidseitig	**90 – 100**

Apparative Messmethoden (z. B. Dopplerdruck) können nur eine allgemeine Orientierung über den Schweregrad abgeben.

Bei Arterienverschlüssen an den Armen wird die GdB/MdE-Beurteilung ebenfalls durch das Ausmaß der Beschwerden und Funktionseinschränkungen – im Vergleich mit anderen Schäden an den Armen – bestimmt.

Nach größeren gefäßchirurgischen Eingriffen (z. B. Prothesenimplantation) mit vollständiger Kompensation einschließlich Dauerbehandlung mit Antikoagulantien	**20**

Arteriovenöse Fisteln

Der GdB/MdE-Grad richtet sich nach den hämodynamischen Auswirkungen am Herzen und/oder in der Peripherie.

26.09

Aneurysmen (je nach Sitz und Größe)	
• ohne lokale Funktionsstörung und ohne Einschränkung der Belastbarkeit	**0 – 10**
• ohne oder mit nur geringer lokaler Funktionsstörung mit Einschränkung der Belastbarkeit	**20 – 40**
• große Aneurysmen (Hierzu gehören immer die dissezierenden Aneurysmen der Aorta und die großen Aneurysmen der Aorta abdominalis und der großen Beckenarterien.)	**wenigstens 50**
Unkomplizierte Krampfadern	**0**
Chronisch-venöse Insuffizienz (z. B. bei Krampfadern), **postthrombotisches Syndrom**	
• mit geringem belastungsabhängigem Ödem, nicht ulzerösen Hautveränderungen, ohne wesentliche Stauungsbeschwerden, ein- oder beidseitig	**0 – 10**
• mit erheblicher Ödembildung, häufig (mehrmals im Jahr) rezidivierenden Entzündungen, ein- oder beidseitig	**20 – 30**
• mit chronischen rezidivierenden Geschwüren, je nach Ausdehnung und Häufigkeit (einschließlich arthrogenes Stauungssyndrom), ein- oder beidseitig	**30 – 50**
Bei postthrombotischen Syndromen im Becken- oder Hohlvenenbereich kommen selten höhere GdB/MdE-Werte in Betracht.	
Lymphödem an einer Gliedmaße	
• ohne wesentliche Funktionsbehinderung, Erfordernis einer Kompressionsbandage	**0 – 10**
• mit stärkerer Umfangsvermehrung (mehr als 3 cm) je nach Funktionseinschränkung	**20 – 40**
• mit erheblicher Beeinträchtigung der Gebrauchsfähigkeit der betroffenen Gliedmaße, je nach Ausmaß	**50 – 70**
• bei Gebrauchsunfähigkeit der ganzen Gliedmaße	**80**
Entstellungen bei sehr ausgeprägten Formen sind ggf. zusätzlich zu berücksichtigen.	
Hypertonie (Bluthochdruck)	
• leichte Form, keine oder geringe Leistungsbeeinträchtigung (höchstens leichte Augenhintergrundveränderungen)	**0 – 10**
• mittelschwere Form, mit Organbeteiligung leichten bis mittleren Grades (Augenhintergrundveränderungen – Fundus hypertonicus I-II – und/oder Linkshypertrophie des Herzens und/oder Proteinurie), diastolischer Blutdruck mehrfach über 100 mmHg trotz Behandlung, je nach Leistungsbeeinträchtigung	**20 – 40**
• schwere Form, mit Beteiligung mehrerer Organe (schwere Augenhintergrundveränderungen und Beeinträchtigung der Herzfunktion, der Nierenfunktion und/oder der Hirndurchblutung) je nach Art und Ausmaß der Leistungsbeeinträchtigung	**50 – 100**
• maligne Form, diastolischer Blutdruck konstant über 130 mmHg; Fundus hypertonicus III-IV (Papillenödem, Venenstauung, Exsudate, Blutungen, schwerste arterielle Gefäßveränderungen); unter Einschluss der Organbeteiligung (Herz, Nieren, Gehirn)	**100**
Funktionelle kardiovaskuläre Syndrome, (z. B. orthostatische Fehlregulation)	
• mit leichten Beschwerden	**0**
• mit stärkeren Beschwerden und Kollapsneigung	**10 – 20**

26.10 Verdauungsorgane

Speiseröhrenkrankheiten

	GdB/MdE-Grad
Traktionsdivertikel	
• je nach Größe und Beschwerden	**0 – 10**
Pulsionsdivertikel	
• ohne wesentliche Behinderung der Nahrungsaufnahme je nach Größe und Beschwerden	**0 – 10**
• mit erheblicher Behinderung der Nahrungsaufnahme je nach Auswirkung auf den Allgemeinzustand	**20 – 40**
Funktionelle Stenosen der Speiseröhre (Ösophagospasmus, Achalasie)	
• ohne wesentliche Behinderung der Nahrungsaufnahme	**0 – 10**
• mit deutlicher Behinderung der Nahrungsaufnahme	**20 – 40**
• mit erheblicher Beeinträchtigung des Kräfte- und Ernährungszustandes, häufige Aspiration	**50 – 70**
Auswirkungen auf Nachbarorgane (z. B. durch Aspiration) sind zusätzlich zu bewerten.	
Organische Stenose der Speiseröhre (z. B. angeboren, nach Laugenverätzung, Narbenstenose, peptische Striktur)	
• ohne wesentliche Behinderung der Nahrungsaufnahme je nach Größe und Beschwerden	**0 – 10**
• mit deutlicher Behinderung der Nahrungsaufnahme je nach Auswirkung (Einschränkung der Kostform, verlängerte Essdauer)	**20 – 40**
• mit erheblicher Beeinträchtigung des Kräfte- und Ernährungszustandes	**50 – 70**
Refluxkrankheit der Speiseröhre	
• mit anhaltenden Refluxbeschwerden je nach Ausmaß	**10 – 30**
Auswirkungen auf Nachbarorgane sind zusätzlich zu bewerten.	
Nach Entfernung eines malignen Speiseröhrentumors ist in den ersten fünf Jahren eine Heilungsbewährung abzuwarten. GdB/MdE-Grad während dieser Zeit je nach Beeinträchtigung des Kräfte- und Ernährungszustandes	**80 – 100**
Speiseröhrenersatz	
Der GdB/MdE-Grad ist nach den Auswirkungen (z. B. Schluckstörungen, Reflux, Narben), jedoch nicht unter 20 zu bewerten.	

Magen- und Darmkrankheiten

Bei organischen und funktionellen Krankheiten des Magen-Darmkanals ist der GdB/MdE-Grad nach dem Grad der Beeinträchtigung des Allgemeinzustandes, der Schwere der Organstörung und nach der Notwendigkeit besonderer Diätkost zu beurteilen. Bei allergisch bedingten Krankheiten ist auch die Vermeidbarkeit der Allergene von Bedeutung.

	GdB/MdE-Grad
Magen- oder Zwölffingerdarmgeschwürleiden (chronisch rezidivierende Geschwüre, Intervallbeschwerden)	
• mit Rezidiven in Abständen von zwei bis drei Jahren	**0 – 10**
• mit häufigeren Rezidiven und Beeinträchtigung des Ernährungs- und Kräftezustandes	**20 – 30**
• mit erheblichen Komplikationen (z. B. Magenausgangsstenose) und andauernder erheblicher Minderung des Ernährungs- und Kräftezustandes	**40 – 50**

26.10 Nach einer selektiven proximalen **Vagotomie** kommt ein GdB/MdE-Grad nur in Betracht, soweit postoperative Darmstörungen oder noch Auswirkungen des Grundleidens vorliegen.

Chronische Gastritis (histologisch gesicherte Veränderung der Magenschleimhaut) **0 – 10**

Reizmagen (funktionelle Dyspepsie) **0 – 10**

Teilentfernung des Magens, Gastroenterostomie
- mit guter Funktion, je nach Beschwerden **0 – 10**
- mit anhaltenden Beschwerden (z. B. Dumping-Syndrom, rezidivierendes Ulcus jejunipepticum) **20 – 40**

Totalentfernung des Magens
- ohne Beeinträchtigung des Kräfte- und Ernährungszustandes je nach Beschwerden **20 – 30**
- bei Beeinträchtigung des Kräfte- und Ernährungszustandes und/oder Komplikationen (z. B. Dumping-Syndrom) **40 – 50**

Nach Entfernung eines **malignen Magentumors** ist eine Heilungsbewährung abzuwarten.
- GdB/MdE-Grad während einer Heilungsbewährung von **zwei** Jahren nach Entfernung eines Magenfrühkarzinoms **50**
- GdB/MdE-Grad während einer Heilungsbewährung von **fünf** Jahren nach Entfernung aller anderen malignen Magentumoren je nach Stadium und Auswirkung auf den Allgemeinzustand **80 – 100**

Chronische Darmstörungen (irritabler Darm, Divertikulose, Divertikulitis, Darmteilresektion)
- ohne wesentliche Beschwerden und Auswirkungen **0 – 10**
- mit stärkeren und häufig rezidivierenden oder anhaltenden Symptomen (z. B. Durchfälle, Spasmen) **20 – 30**
- mit erheblicher Minderung des Kräfte- und Ernährungszustandes **40 – 50**

Angeborene Motilitätsstörungen des Darmes
(z. B. Hirschsprung-Krankheit, neuronale Dysplasie)
- ohne wesentliche Gedeih- und Entwicklungsstörung **10 – 20**
- mit geringer Gedeih- und Entwicklungsstörung **30 – 40**
- mit mittelgradiger Gedeih- und Entwicklungsstörung **50**
- mit schwerer Gedeih- und Entwicklungsstörung **60 – 70**

Kurzdarmsyndrom im Kindesalter
- mit mittelschwerer Gedeih- und Entwicklungsstörung **50 - 60**
- mit schwerer Gedeih- und Entwicklungsstörung (z. B. Notwendigkeit künstlicher Ernährung) **70 – 100**

Folgeschäden nach Abschluss der Entwicklung (z. B. Kleinwuchs) sind zusätzlich zu berücksichtigen.
Nachprüfungen in Abständen von zwei bis drei Jahren sind angezeigt.

Colitis ulcerosa, Crohn-Krankheit (Enteritis regionalis)
- mit geringer Auswirkung (geringe Beschwerden, keine oder geringe Beeinträchtigung des Kräfte- und Ernährungszustandes, selten Durchfälle) **10 – 20**
- mit mittelschwerer Auswirkung (häufig rezidivierende oder länger anhaltende Beschwerden, geringe bis mittelschwere Beeinträchtigung des Kräfte- und Ernährungszustandes, häufiger Durchfälle) **30 – 40**
- mit schwerer Auswirkung (anhaltende oder häufig rezidivierende erhebliche Beschwerden, erhebliche Beeinträchtigung des Kräfte- und Ernährungszustandes, häufige, tägliche, auch nächtliche Durchfälle) **50 – 60**

• mit schwerster Auswirkung (häufig rezidivierende oder anhaltende schwere Beschwerden, schwere Beeinträchtigung des Kräfte- und Ernährungszustandes, ausgeprägte Anämie)	**70 – 80**
Fisteln, Stenosen, postoperative Folgezustände (z. B. Kurzdarmsyndrom, Stomakomplikationen), extraintestinale Manifestationen (z. B. Arthritiden), bei Kindern auch Wachstums- und Entwicklungsstörungen, sind zusätzlich zu bewerten.	
Zöliakie, Sprue	
• ohne wesentliche Folgeerscheinungen unter diätetischer Therapie	**20**
Bei andauerndem, ungenügendem Ansprechen auf glutenfreie Kost (selten) sind – je nach Beeinträchtigung des Kräfte- und Ernährungszustandes – höhere Werte angemessen.	
Nach Entfernung **maligner Darmtumoren** ist eine Heilungsbewährung abzuwarten.	
• GdB/MdE-Grad während einer Heilungsbewährung von **zwei** Jahren	
– nach Entfernung eines malignen Dickdarmtumors im Frühstadium (DUKES A) oder von lokalisierten Darmkarzinoiden	**50**
– mit künstlichem After (nicht nur vorübergehend angelegt)	**70 – 80**
• GdB/MdE-Grad während einer Heilungsbewährung von fünf Jahren	
– nach Entfernung anderer maligner Darmtumoren	**wenigstens 80**
– mit künstlichem After (nicht nur vorübergehend angelegt)	**100**
Bauchfellverwachsungen	
• ohne wesentliche Auswirkung	**0 – 10**
• mit erheblichen Passagestörungen	**20 – 30**
• mit häufiger rezidivierenden Ileuserscheinungen	**40 – 50**
Hämorrhoiden	
• ohne erhebliche Beschwerden, geringe Blutungsneigung	**0 – 10**
• mit häufigen rezidivierenden Entzündungen, Thrombosierungen oder stärkeren Blutungen	**20**
Mastdarmvorfall	
• klein, reponierbar	**0 – 10**
• sonst	**20 – 40**
Afterschließmuskelschwäche	
• mit seltenem, nur unter besonderen Belastungen auftretendem unwillkürlichen Stuhlabgang	**10**
• sonst	**20 – 40**
Funktionsverlust des Afterschließmuskels	**wenigstens 50**
Fistel in der Umgebung des Afters	
• geringe, nicht ständige Sekretion	**10**
• sonst	**20 – 30**
Künstlicher After	
• mit guter Versorgungsmöglichkeit	**50**
• sonst (z. B. bei Bauchwandhernie, Stenose, Retraktion, Prolaps, Narben, ungünstige Position)	**60 – 80**

Bei ausgedehntem Mastdarmvorfall, künstlichem After oder stark sezernierenden Kotfisteln, die zu starker Verschmutzung führen, sind ggf. außergewöhnliche seelische Begleiterscheinungen zusätzlich zu berücksichtigen.

26.10 Krankheiten der Leber, Gallenwege und Bauchspeicheldrüse

Der GdB/MdE-Grad für Krankheiten der Leber, der Gallenwege und der Bauchspeicheldrüse wird bestimmt durch die Art und Schwere der Organveränderungen sowie der Funktionseinbußen, durch das Ausmaß der Beschwerden, die Beeinträchtigung des Allgemeinzustandes und die Notwendigkeit einer besonderen Kostform. Der serologische Nachweis von Antikörpern als Nachweis einer durchgemachten Infektion (Seronarbe) rechtfertigt allein noch keinen GdB/MdE-Grad.

Chronische Hepatitis

Unter dem Begriff „chronische Hepatitis" werden alle chronischen Verlaufsformen von Hepatitiden zusammengefasst (früher: „chronische Hepatitis ohne Progression" <chronisch-persistierende Hepatitis> und „chronische Hepatitis mit Progression" <chronisch aktive Hepatitis>). Dazu gehören insbesondere die Virus-, die Autoimmun-, die Arzneimittel- und die kryptogene Hepatitis.
Die gutachtliche Beurteilung einer chronischen Hepatitis beruht auf dem klinischen Befund einschließlich funktionsrelevanter Laborparameter, auf der Ätiologie sowie auf dem histopathologischen Nachweis des Grades der nekroinflammatorischen Aktivität (Grading) und des Stadiums der Fibrose (Staging). Zusätzlich sind engmaschige Verlaufskontrollen und die Beachtung der Differentialdiagnose erforderlich. Dies gilt auch für geltend gemachte Verschlimmerungen im Leidensverlauf. Die GdB/MdE-Bewertung und die Leidensbezeichnung ergeben sich aus der nachfolgenden Tabelle, wobei bereits übliche Befindlichkeitsstörungen – nicht aber extrahepatische Manifestationen – berücksichtigt sind.

	GdB/MdE-Grad
Chronische Hepatitis	
• ohne (klinisch-)entzündliche Aktivität, ehemals: chronische Hepatitis ohne Progression	**20**
• mit geringer (klinisch-)entzündlicher Aktivität, ehemals: chronische Hepatitis mit Progression, gering entzündliche Aktivität	**30**
• mit mäßiger (klinisch-)entzündlicher Aktivität, ehemals: chronische Hepatitis mit Progression, mäßig entzündliche Aktivität	**40**
• mit starker (klinisch-)entzündlicher Aktivität, ehemals: chronische Hepatitis mit Progression, stark entzündliche Aktivität	**XX**
• je nach Funktionsstörung	**50 – 70**
• alleinige Virus-Replikation („gesunder Virusträger"), bei Hepatitis-C-Virus nur nach histologischem Ausschluss einer Hepatitis	**10**

Bei Vorliegen eines histologischen Befundes gelten für die Virus-Hepatitiden folgende Besonderheiten:
Die Bezeichnung der chronischen viralen Hepatitis umfasst die nekro-inflammatorische Aktivität (Grading) und den Grad der Fibrose (Staging). Sie ergibt sich wie die GdB/MdE-Bewertung aus folgender Tabelle, wobei die genannten GdB/MdE-Werte die üblichen klinischen Auswirkungen mit umfassen.

Nekro-inflammatorische Aktivität	Fibrose		
	null – gering	mäßig	stark
gering	**20**	**20**	**30**
mäßig	**30**	**40**	**40**
stark	**50**	**60**	**70**

Anmerkung: Die Auswertung des histologischen Befundes soll sich an dem modifizierten histologischen Aktivitätsindex (HAI) ausrichten. Eine geringe nekro-inflammatorische Aktivität entspricht einer Punktzahl von 1 bis 5, eine mäßige nekro-inflammatorische Aktivität einer Punktzahl von 6 bis 10 und eine starke nekro-inflammatorische Aktivität einer Punktzahl von 11 bis 18. Eine fehlende bzw. geringe Fibrose entspricht einer Punktzahl von 0 bis 2, eine mäßige Fibrose der Punktzahl 3 und eine starke Fibrose einer Punktzahl von 4 bis 5.
Für die Virushepatitis C gelten bei fehlender Histologie im Hinblick auf die chemischen Laborparameter folgende Besonderheiten:

- ALAT/GPT-Werte im Referenzbereich entsprechen bei nachgewiesener Hepatitis-C-Virus-Replikation einer chronischen Hepatitis ohne (klinisch-)entzündliche Aktivität.
- ALAT/GPT-Werte bis zum 3-Fachen der oberen Grenze des Referenzbereichs entsprechen einer geringen (klinisch-)entzündlichen Aktivität.
- ALAT/GPT-Werte vom 3-Fachen bis zum 6-Fachen der oberen Grenze des Referenzbereichs entsprechen einer mäßigen (klinisch-) entzündlichen Aktivität.
- ALAT/GPT-Werte von mehr als dem 6-Fachen der oberen Grenze des Referenzbereichs entsprechen einer starken (klinisch-) entzündlichen Aktivität.

Diese Bewertungen sind nur zulässig, wenn sie sich in das klinische Gesamtbild des bisherigen Verlaufs einfügen.

	GdB/MdE-Grad
Fibrose der Leber	
• ohne Komplikationen	**0 – 10**
Leberzirrhose, kompensiert	
• inaktiv	**30**
• gering aktiv	**40**
• stärker aktiv	**50**
• dekompensiert (Aszites, portale Stauung, hepatische Enzephalopathie)	**60 – 100**
Fettleber (auch nutritiv-toxisch)	
• ohne Mesenchymreaktion	**0 – 10**

Toxischer Leberschaden

Der GdB/MdE-Grad ist je nach Aktivität und Verlauf analog zur chronischen Hepatitis oder Leberzirrhose zu beurteilen.

26.10 **Zirkulatorische Störungen der Leber** (z. B. Pfortaderthrombose)
Der GdB/MdE-Grad ist analog zur dekompensierten Leberzirrhose zu beurteilen.

Nach **Leberteilresektion** ist der GdB/MdE-Grad allein davon abhängig, ob und wieweit Funktionsbeeinträchtigungen verblieben sind.

Nach Entfernung eines **malignen primären Lebertumors** ist in den ersten **fünf** Jahren eine Heilungsbewährung abzuwarten; GdB/MdE-Grad während dieser Zeit **100**

Nach **Lebertransplantation** ist eine Heilungsbewährung abzuwarten (im Allgemeinen **zwei** Jahre); GdB/MdE-Grad während dieser Zeit **100**
- danach selbst bei günstigem Heilungsverlauf unter Mitberücksichtigung der erforderlichen Immunsuppression **wenigstens 60**

Primäre biliäre Zirrhose, primäre sklerosierende Cholangitis
Der GdB/MdE-Grad ist je nach Aktivität und Verlauf analog zur chronischen Hepatitis oder Leberzirrhose zu beurteilen.

Gallenblasen- und Gallenwegskrankheiten
(Steinleiden, chronisch rezidivierende Entzündungen)
- mit Koliken in Abständen von mehreren Monaten, Entzündungen in Abständen von Jahren **0 – 10**
- mit häufigeren Koliken und Entzündungen sowie mit Intervallbeschwerden **20 – 30**
- mit lang anhaltenden Entzündungen oder mit Komplikationen **40 – 50**

Angeborene intra- und extrahepatische Transportstörungen der Galle (z. B. intra-, extrahepatische Gallengangsatresie), **metabolische Defekte** (z. B. Meulengracht-Krankheit)
- ohne Funktionsstörungen, ohne Beschwerden **0 – 10**
- mit Beschwerden (Koliken, Fettunverträglichkeit, Juckreiz), ohne Leberzirrhose **20 – 40**
- mit Leberzirrhose **50**
- mit dekompensierter Leberzirrhose **60 – 100**

Folgezustände sind zusätzlich zu bewerten.

Verlust der Gallenblase
- ohne wesentliche Störungen **0**
- bei fortbestehenden Beschwerden wie bei Gallenwegskrankheiten

Nach Entfernung eines **malignen Gallenblasen-, Gallenwegs- oder Papillentumors** ist in den ersten **fünf** Jahren eine Heilungsbewährung abzuwarten;
GdB/MdE-Grad während dieser Zeit
- bei Gallenblasen- und Gallenwegstumor **100**
- bei Papillentumor **80**

Chronische Krankheit der Bauchspeicheldrüse (exkretorische Funktion) je nach Auswirkung auf den Allgemeinzustand, Häufigkeit und Ausmaß der Schmerzen
- ohne wesentliche Beschwerden, keine Beeinträchtigung des Kräfte- und Ernährungszustandes **0 – 10**
- geringe bis erhebliche Beschwerden, geringe bis mäßige Beeinträchtigung des Kräfte- und Ernährungszustandes **20 – 40**
- starke Beschwerden, Fettstühle, deutliche bis ausgeprägte Herabsetzung des Kräfte- und Ernährungszustandes **50 – 80**

Nach teilweiser oder vollständiger Entfernung der Bauchspeicheldrüse sind ggf. weitere Funktionsbeeinträchtigungen (z. B. bei Diabetes mellitus, Osteopathie, oder infolge chronischer Entzündungen der Gallenwege, Magenteilentfernung und Milzverlust) zusätzlich zu berücksichtigen. 26.10

Nach Entfernung eines **malignen Bauchspeicheldrüsentumors** ist in den ersten **fünf** Jahren eine Heilungsbewährung abzuwarten; GdB/MdE-Grad während dieser Zeit	**100**

26.11 Brüche (Hernien)

26.11

	GdB/MdE-Grad
Leisten- oder Schenkelbruch je nach Größe und Reponierbarkeit	
• ein- oder beidseitig	**0 – 10**
• bei erheblicher Einschränkung der Belastungsfähigkeit	**20**
Nabelbruch oder Bruch in der weißen Linie	**0 – 10**
• Bauchnarbenbruch, angeborene Bauchwandbrüche und -defekte	
• ohne wesentliche Beeinträchtigung, je nach Größe	**0 – 10**
• mit ausgedehnter Bauchwandschwäche und fehlender oder stark eingeschränkter Bauchpresse	**20**
• mit Beeinträchtigung der Bauchorgane bei Passagestörungen ohne erhebliche Komplikationen	**20 – 30**
• bei häufigen rezidivierenden Ileuserscheinungen	**40 – 50**
Bei schweren angeborenen Bauchwanddefekten mit entsprechender Beeinträchtigung der Bauch- und Brustorgane kommen auch höhere GdB/MdE-Werte in Betracht.	
Zwerchfellbrüche (einschl. Zwerchfellrelaxation)	
• Speiseröhrengleithernie	**0 – 10**
• andere kleine Zwerchfellbrüche ohne wesentliche Funktionsstörung	**0 – 10**
• größere Zwerchfellbrüche je nach Funktionsstörung	**20 – 30**
Komplikationen sind zusätzlich zu bewerten.	
Angeborene Zwerchfelldefekte mit Verlagerung von inneren Organen in den Brustkorb und Minderentwicklung von Lungengewebe	
• mit geringer Einschränkung der Lungenfunktion	**40**
• sonst je nach Funktionsbeeinträchtigung der betroffenen Organe	**50 – 100**

26.12 Harnorgane

26.12

Die Beurteilung des GdB/MdE-Grades bei Schäden der Harnorgane richtet sich nach dem Ausmaß der Störungen der inkretorischen und exkretorischen Nierenfunktion und/oder des Harntransportes, das durch spezielle Untersuchungen (siehe Nummer 8 Absatz 4) zu erfassen ist.

Daneben sind die Beteiligung anderer Organe (z.B. Herz/Kreislauf, Zentralnervensystem, Skelettsystem), die Aktivität eines Entzündungsprozesses, die Auswirkungen auf den Allgemeinzustand und die notwendige Beschränkung in der Lebensführung zu berücksichtigen.

Unter dem im Folgenden verwendeten Begriff „Funktionseinschränkung der Nieren" ist die Retention harnpflichtiger Substanzen zu verstehen.

26.12 Nierenschäden

	GdB/MdE-Grad
Verlust, Ausfall oder Fehlen einer Niere bei Gesundheit der anderen Niere	**25**
Nierenfehlbildung (z. B. Erweiterung des Nierenhohlsystems bei Ureterabgangsstenose, Nierenhypoplasie, Zystennieren, Nierenzysten, Beckenniere), **Nephroptose**	
• ohne wesentliche Beschwerden und ohne Funktionseinschränkung	**0 – 10**
• mit wesentlichen Beschwerden und ohne Funktionseinschränkung	**20 – 30**
Nierensteinleiden ohne Funktionseinschränkung der Niere	
• mit Koliken in Abständen von mehreren Monaten	**0 – 10**
• mit häufigeren Koliken, Intervallbeschwerden und wiederholten Harnwegsinfekten	**20 – 30**
Nierenschäden ohne Einschränkung der Nierenfunktion (z. B. Glomerulopathien, tubulointerstitielle Nephropathien, vaskuläre Nephropathien), ohne Beschwerden, mit krankhaftem Harnbefund (Eiweiß und/oder Erythrozyten- bzw. Leukozytenausscheidung)	**0 – 10**
Nierenschäden ohne Einschränkung der Nierenfunktion, mit Beschwerden	
• rezidivierende Makrohämaturie, je nach Häufigkeit	**10 – 30**
• nephrotisches Syndrom	
– kompensiert (keine Ödeme)	**20 – 30**
– dekompensiert (mit Ödemen)	**40 – 50**
– bei Systemerkrankungen mit Notwendigkeit einer immunsuppressiven Behandlung	**50**
Verlust, Ausfall oder Fehlen einer Niere bei Schaden der anderen Niere, ohne Einschränkung der Nierenfunktion, mit krankhaftem Harnbefund	**30**
Nierenschäden mit Einschränkung der Nierenfunktion Eine geringfügige Einschränkung der Kreatininclearance auf 50–80 ml/min bei im Normbereich liegenden Serumkreatininwerten bedingt keinen messbaren GdB/MdE-Grad.	
Nierenfunktionseinschränkung	
• leichten Grades	
– (Serumkreatininwerte unter 2 mg/dl [Kreatininclearance ca. 35–50 ml/min], Allgemeinbefinden nicht oder nicht wesentlich reduziert, keine Einschränkung der Leistungsfähigkeit)	**20 – 30**
– (Serumkreatininwerte andauernd zwischen 2 und 4 mg/dl erhöht, Allgemeinbefinden wenig reduziert, leichte Einschränkung der Leistungsfähigkeit)	**40**
• mittleren Grades	
– (Serumkreatininwerte andauernd zwischen 4 und 8 mg/dl erhöht, Allgemeinbefinden stärker beeinträchtigt, mäßige Einschränkung der Leistungsfähigkeit)	**50 – 70**
• schweren Grades	
– (Serumkreatininwerte dauernd über 8 mg/dl, Allgemeinbefinden stark gestört, starke Einschränkung der Leistungsfähigkeit, bei Kindern keine normalen Schulleistungen mehr)	**80 – 100**
Verlust, Ausfall oder Fehlen einer Niere mit Funktionseinschränkung der anderen Niere	
• leichten Grades	**40 – 50**
• mittleren Grades	**60 – 80**
• schweren Grades	**90 – 100**

Notwendigkeit der Dauerbehandlung mit Blutreinigungsverfahren
(z. B. Hämodialyse, Peritonealdialyse) **100** 26.12

Bei allen Nierenschäden mit Funktionseinschränkungen sind Sekundärleiden (z. B. Hypertonie, ausgeprägte Anämie [Hb-Wert unter 8 g/dl], Polyneuropathie, Osteopathie) zusätzlich zu bewerten; sie sind bei Kindern häufiger als bei Erwachsenen.

Nach *Nierentransplantationen* ist eine Heilungsbewährung abzuwarten (im Allgemeinen *zwei* Jahre); während dieser Zeit ist ein GdB/MdE-Grad von 100 anzusetzen. Danach ist der GdB/MdE-Grad entscheidend abhängig von der verbliebenen Funktionsstörung; unter Mitberücksichtigung der erforderlichen Immunsuppression ist jedoch der GdB/MdE-Grad nicht niedriger als 50 zu bewerten.

	GdB/MdE-Grad
Nach Entfernung eines **malignen Nierentumors** oder **Nierenbeckentumors** ist eine Heilungsbewährung abzuwarten. GdB/MdE-Grad während einer Heilungsbewährung von **zwei** Jahren	
• nach Entfernung eines Nierenzellkarzinoms (Hypernephrom) im Stadium T1 N0 M0(Grading G1)	**50**
• nach Entfernung eines Nierenbeckentumors im Stadium Ta N0 M0 (Grading G1)	**50**
GdB/MdE-Grad während einer **Heilungsbewährung** von **fünf** Jahren nach Entfernung eines Nierenzellkarzinoms (Hypernephrom) mit Entfernung der Niere	
• im Stadium T1 (Grading ab G2), T2 N0 M0	**60**
• in anderen Stadien	**wenigstens 80**
Nach Entfernung eines Nierenbeckentumors einschließlich Niere und Harnleiter	
• im Stadium T1-2 N0 M0	**60**
• in anderen Stadien	**wenigstens 80**
• nach Entfernung eines Nephroblastoms	
– im Stadium I und II	**60**
– in anderen Stadien	**wenigstens 80**

Schäden der Harnwege

	GdB/MdE-Grad
Chronische Harnwegsentzündungen (insbesondere chronische Harnblasenentzündung)	
• leichten Grades (ohne wesentliche Miktionsstörungen)	**0 – 10**
• stärkeren Grades (mit erheblichen und häufigen Miktionsstörungen)	**20 – 40**
Chronische Harnblasenentzündung mit Schrumpfblase (Fassungsvermögen unter 100 ml, Blasentenesmen)	**50 – 70**

Bei den nachfolgenden Gesundheitsstörungen sind Begleiterscheinungen (z. B. Hautschäden, Harnwegsentzündungen) ggf. zusätzlich zu bewerten.

Entleerungsstörungen der Blase (auch durch Harnröhrenverengung)	
• leichten Grades (z. B. geringe Restharnbildung, längeres Nachträufeln)	**10**
• stärkeren Grades (z. B. Notwendigkeit manueller Entleerung, Anwendung eines Blasenschrittmachers, erhebliche Restharnbildung, schmerzhaftes Harnlassen)	**20 – 40**

26.12

• mit Notwendigkeit regelmäßigen Katheterisierens, eines Dauerkatheters, eines suprapubischen Blasenfistelkatheters oder Notwendigkeit eines Urinals, ohne wesentliche Begleiterscheinungen	**50**
Nach Entfernen eines **malignen Blasentumors** ist eine Heilungsbewährung abzuwarten.	
• GdB/MdE-Grad während einer Heilungsbewährung von **zwei** Jahren	
– nach Entfernung des Tumors im Frühstadium unter Belassung der Harnblase (Ta-1 N0 M0, Grading G1)	**50**
• GdB/MdE-Grad während einer Heilungsbewährung von **fünf** Jahren	
– nach Entfernung im Stadium Tis	**50**
– nach Entfernung in den Stadien T2-3a N0 M0	**60**
– mit Blasenentfernung einschließlich künstlicher Harnableitung	**80**
– nach Entfernung in anderen Stadien	**100**
Harninkontinenz	
• relative Harninkontinenz	
– leichter Harnabgang bei Belastung (z. B. Stressinkontinenz Grad I)	**0 – 10**
– Harnabgang tags und nachts (z. B. Stressinkontinenz Grad II-III)	**20 – 40**
• völlige Harninkontinenz	**50**
– bei ungünstiger Versorgungsmöglichkeit	**60 – 70**
– nach Implantation einer Sphinkterprothese mit guter Funktion	**20**
Harnröhren-Hautfistel der vorderen Harnröhre bei Harnkontinenz	**10**
Harnweg-Darmfistel bei Analkontinenz, je nach Luft- und Stuhlentleerung über die Harnröhre	**30 – 50**
Künstliche Harnableitung (ohne Nierenfunktionsstörung)	
• in den Darm	**30**
• nach außen	
– mit guter Versorgungsmöglichkeit	**50**
– sonst (z. B. bei Stenose, Retraktion, Abdichtungsproblemen)	**60 – 80**
Darmneoblase mit ausreichendem Fassungsvermögen, ohne Harnstau, ohne wesentliche Entleerungsstörungen	**30**

26.13

26.13 Männliche Geschlechtsorgane

	GdB/MdE-Grad
Verlust des Penis	**50**
Teilverlust des Penis	
• Teilverlust der Eichel	**10**
• Verlust der Eichel	**20**
• sonst	**30 – 40**
Nach Entfernung eines **malignen Penistumors** ist in den ersten **fünf** Jahren eine Heilungsbewährung abzuwarten; GdB/MdE-Grad während dieser Zeit	
• nach Entfernung im Frühstadium (T1-2 N0 M0)	
– bei Teilverlust des Penis	**50**
– bei Verlust des Penis	**60**
– mit vollständiger Entfernung der Corpora cavernosa	**80**
• nach Entfernung in anderen Stadien	**90 – 100**

Unterentwicklung, Verlust oder Schwund eines Hodens bei intaktem anderen Hoden 0 — 26.13

Unterentwicklung, Verlust oder vollständiger Schwund beider Hoden
- in höherem Lebensalter (etwa ab 8. Lebensjahrzehnt) **10**
- sonst je nach Ausgleichbarkeit des Hormonhaushalts durch Substitution **20 – 30**
- vor Abschluss der körperlichen Entwicklung **20 – 40**

Außergewöhnliche psychoreaktive Störungen (siehe Nummer 18 Absatz 8) und zusätzliche körperliche Störungen sind ggf. zusätzlich zu berücksichtigen.

Verlust oder Schwund eines Nebenhodens **0**

Verlust oder vollständiger Schwund beider Nebenhoden und/oder Zeugungsunfähigkeit
(Impotentia generandi) **0**
- in jüngerem Lebensalter bei noch bestehendem Kinderwunsch **20**
- Impotentia coeundi bei nachgewiesener erfolgloser Behandlung und nicht altersbedingt **20**

Außergewöhnliche psychoreaktive Störungen sind ggf. zusätzlich zu berücksichtigen (siehe Nummer 18 Absatz 8).

Hydrozele (sog. Wasserbruch) **0 – 10**

Varikozele (sog. Krampfaderbruch) **0 – 10**

Nach Entfernung eines **malignen Hodentumors** ist eine Heilungsbewährung abzuwarten.
- GdB/MdE-Grad während einer Heilungsbewährung von **zwei** Jahren
  - nach Entfernung eines Seminoms oder nichtseminomatösen Tumors im Stadium T1-2 N0 M0 **50**
- GdB/MdE-Grad während einer Heilungsbewährung von **fünf** Jahren
  - nach Entfernung eines Seminoms im Stadium T1-2 N1 M0 bzw. T3 N0 M0 **50**
  - nach Entfernung eines nichtseminomatösen Tumors im Stadium T1-2 N1 M0 bzw. T3 N0 M0 **60**
- sonst **80**

Chronische bakterielle Entzündung der Vorsteherdrüse oder abakterielle Prostatopathie
- ohne wesentliche Miktionsstörung **0 – 10**
- mit andauernden Miktionsstörungen und Schmerzen **20**

Prostataadenom
Der GdB/MdE-Grad richtet sich nach den Harnentleerungsstörungen und der Rückwirkung auf die Nierenfunktion.

Nach Entfernung eines **malignen Prostatatumors** ist eine Heilungsbewährung abzuwarten.
- GdB/MdE-Grad während einer Heilungsbewährung von **zwei** Jahren
  - nach Entfernung im Stadium T1a N0 M0 (Grading G1) **50**
- GdB/MdE-Grad während einer Heilungsbewährung von **fünf** Jahren
  - nach Entfernung in den Stadien T1a (Grading ab G2) T1b-2 N0 M0 **50**
  - nach Entfernung in anderen Stadien **wenigstens 80**

Maligner Prostatatumor
- ohne Notwendigkeit einer Behandlung **50**
- auf Dauer hormonbehandelt **wenigstens 60**

26.14

26.14 Weibliche Geschlechtsorgane

	GdB/MdE-Grad
Verlust der Brust (Mastektomie)	
• einseitig	**30**
• beidseitig	**40**
Segment- oder Quadrantenresektion der Brust Funktionseinschränkungen im Schultergürtel, des Armes oder der Wirbelsäule als Operations- oder Bestrahlungsfolgen (z. B. Lymphödem, Muskeldefekte, Nervenläsionen, Fehlhaltung) sowie außergewöhnliche psychoreaktive Störungen (siehe Nummer 18 Absatz 8) sind ggf. zusätzlich zu berücksichtigen.	**0 – 20**
Aufbauplastik zur Wiederherstellung der Brust mit Prothese je nach Ergebnis (z. B. Kapselfibrose, Dislokation der Prothese, Symmetrie)	
• nach Mastektomie	
– einseitig	**10 – 30**
– beidseitig	**20 – 40**
• nach subkutaner Mastektomie	
– einseitig	**10 – 20**
– beidseitig	**20 – 30**
Nach Aufbauplastik zur Wiederherstellung der Brust mit Eigengewebe kommen niedrigere GdB/MdE-Werte in Betracht.	
Nach Entfernung eines **malignen Brustdrüsentumors** ist in den ersten **fünf** Jahren eine Heilungsbewährung abzuwarten. GdB/MdE-Grad während dieser Zeit (einschl. Operationsfolgen und ggf. anderer Behandlungsfolgen, sofern diese für sich allein keinen GdB/MdE-Grad von wenigstens 50 bedingen)	
• bei Entfernung im Stadium T1-2 pN0 M0	**50**
• bei Entfernung im Stadium T1-2 pN1 M0	**60**
• in anderen Stadien	**wenigstens 80**
Bedingen die Folgen der Operation und ggf. anderer Behandlungsmaßnahmen einen GdB/MdE-Grad von 50 oder mehr, ist der während der Heilungsbewährung anzusetzende GdB/MdE-Grad entsprechend höher zu bewerten.	
Verlust der Gebärmutter und/oder Sterilität	**0**
• in jüngerem Lebensalter bei noch bestehendem Kinderwunsch	**20**
Außergewöhnliche psychoreaktive Störungen sind ggf. zusätzlich zu berücksichtigen (siehe Nummer 18 Absatz 8).	
Nach Entfernung eines **malignen Gebärmuttertumors** ist eine Heilungsbewährung abzuwarten (Ausnahme: Carcinoma in situ).	
GdB/MdE-Grad während einer Heilungsbewährung von **zwei** Jahren	
• nach Entfernung eines Zervixtumors (Mikrokarzinom) im Stadium T1a N0 M0	**50**
• nach Entfernung eines Korpustumors im Frühstadium (Grading G1, Infiltration des inneren Drittels des Myometrium)	**50**
GdB/MdE-Grad während einer Heilungsbewährung von **fünf** Jahren	
• nach Entfernung eines Zervixtumors	
– im Stadium T1b-2a N0 M0	**50**
– im Stadium T2b N0 M0	**60**
– sonst	**80**

- nach Entfernung eines Korpustumors
  - im Stadium T1 N0 M0 (Grading G2-3, Infiltration über das innere Drittel des Myometrium hinaus) **50**
  - im Stadium T2 N0 M0 **60**
  - sonst **80**

Verlust eines Eierstockes **0**

Unterentwicklung, Verlust oder Ausfall beider Eierstöcke,

- ohne Kinderwunsch und ohne wesentliche Auswirkung auf den Hormonhaushalt – immer in der Postmenopause **10**
- im jüngeren Lebensalter bei noch bestehendem Kinderwunsch oder bei unzureichender Ausgleichbarkeit des Hormonausfalls durch Substitution **20 – 30**
- vor Abschluss der körperlichen Entwicklung je nach Ausgleichbarkeit des Hormonausfalls **20 – 40**

Außergewöhnliche psychoreaktive Störungen (siehe Nummer 18 Absatz 8) und zusätzliche körperliche Störungen sind ggf. zusätzlich zu berücksichtigen.

Endokrin bedingte Funktionsstörungen der Eierstöcke sind gut behandelbar, sodass im Allgemeinen anhaltende Beeinträchtigungen nicht zu erwarten sind. Selten auftretende Komplikationen (z. B. Sterilität, abnormer Haarwuchs) sind gesondert zu beurteilen.

Nach Entfernung eines **malignen Eierstocktumors** ist in den ersten fünf Jahren eine Heilungsbewährung abzuwarten; GdB/MdE-Grad während dieser Zeit

- nach Entfernung im Stadium T1 N0 M0 **50**
- in anderen Stadien **80**

Chronischer oder chronisch-rezidivierender entzündlicher Prozess der Adnexe und/oder der Parametrien je nach Art, Umfang und Kombination der Auswirkungen (z. B. Adhäsionsbeschwerden, chronische Schmerzen, Kohabitationsbeschwerden) **10 – 40**

Endometriose

- leichten Grades (geringe Ausdehnung, keine oder nur geringe Beschwerden) **0 – 10**
- mittleren Grades **20 – 40**
- schweren Grades (z. B. Übergreifen auf die Nachbarorgane, starke Beschwerden, erhebliche Beeinträchtigung des Allgemeinzustandes, Sterilität) **50 – 60**

Scheidenfisteln

- Harnweg-Scheidenfistel **50 – 60**
- Mastdarm-Scheidenfistel **60 – 70**
- Harnweg-Mastdarm-Scheidenfistel (Kloakenbildung) **100**

Fisteln mit geringer funktioneller Beeinträchtigung sind entsprechend niedriger zu bewerten.

Senkung der Scheidenwand, Vorfall der Scheide und/oder der Gebärmutter

- ohne Harninkontinenz oder mit geringer Stressinkontinenz (Grad I) **0 – 10**
- mit stärkerer Harninkontinenz und/oder stärkeren Senkungsbeschwerden **20 – 40**
- mit völliger Harninkontinenz **50 – 60**
- bei ungünstiger Versorgungsmöglichkeit **70**
- Ulzerationen sind ggf. zusätzlich zu bewerten.

Isolierte Senkung der Scheidenhinterwand

- mit leichten Defäkationsstörungen **0 – 10**
- mit stärkeren Funktionseinschränkungen siehe Nummer 26.10.

26.14 **Scheiden-Gebärmutteraplasie**, ohne Plastik, nach Vollendung des 14. Lebensjahres (einschließlich Sterilität) **40**

Kraurosis vulvae
- geringen Grades (keine oder nur geringe Beschwerden) **0 – 10**
- mäßigen Grades (erhebliche Beschwerden, keine Sekundärveränderungen) **20 – 30**
- stärkeren Grades (starke Beschwerden, therapeutisch schwer beeinflussbare Sekundärveränderungen) **40**

Vollständige Entfernung der Vulva **40**

Nach Beseitigung eines **malignen Scheidentumors** ist in den ersten **fünf** Jahren eine Heilungsbewährung abzuwarten (Ausnahme: Carcinoma in situ); GdB/MdE-Grad während dieser Zeit
- nach Beseitigung im Stadium T1 N0 M0 **60**
- sonst **80**

Folgezustände der Behandlung (insbesondere nach Strahlenbehandlung) sind ggf. zusätzlich zu bewerten.

Nach Entfernung eines **malignen Tumors der äußeren Geschlechtsteile** ist in den ersten **fünf** Jahren eine Heilungsbewährung abzuwarten (Ausnahme: Carcinoma in situ); GdB/MdE-Grad während dieser Zeit
- nach Entfernung im Stadium T1-2 N0 M0 **50**
- sonst **80**

26.15 26.15 Stoffwechsel, innere Sekretion

Der GdB/MdE-Grad bei Störungen des Stoffwechsels und der inneren Sekretion ist von den Auswirkungen dieser Störungen abhängig. In diesem Abschnitt nicht erwähnte angeborene Stoffwechselstörungen sind analog und unter Berücksichtigung ihrer vielfältigen Auswirkungen zu beurteilen.
Normabweichungen der Laborwerte bedingen für sich allein noch keinen GdB/MdE-Grad.

Diabetes mellitus

GdB/MdE-Grad

Typ I durch Diät und alleinige Insulinbehandlung
- gut einstellbar **40**
- schwer einstellbar (häufig bei Kindern), auch gelegentliche, ausgeprägte Hypoglykämien **50**

Typ II durch Diät allein (ohne blutzuckerregulierende Medikation) oder durch Diät
- und Kohlenhydratresorptionsverzögerer oder Biguanide (d.h. orale Antidiabetika, die allein nicht zur Hypoglykämie führen) ausreichend einstellbar **10**
- und Sulfonylharnstoffe (auch bei zusätzlicher Gabe anderer oraler Antidiabetika) ausreichend einstellbar **20**
- und orale Antidiabetika und ergänzende oder alleinige Insulinbehandlung ausreichend einstellbar **30**

Häufige, ausgeprägte Hypoglykämien sowie Organkomplikationen sind ihren Auswirkungen entsprechend zusätzlich zu bewerten.

Gicht
Bei der GdB/MdE-Beurteilung sind die Funktionseinschränkungen der betroffenen Gelenke, Schmerzen, Häufigkeit und Schwere der entzündlichen Schübe und eine Beteiligung der inneren Organe zu berücksichtigen.

Fettstoffwechselkrankheit
Der GdB/MdE-Grad ist grundsätzlich abhängig von dem Ausmaß der Folgekrankheiten.

• Bei Notwendigkeit einer LDL-Apherese	**30**

Alimentäre Fettsucht, Adipositas

Die Adipositas allein bedingt keinen GdB/MdE-Grad. Nur Folge- und Begleitschäden (insbesondere am kardiopulmonalen System oder am Stütz- und Bewegungsapparat) können die Annahme eines GdB/MdE-Grades begründen. Gleiches gilt für die besonderen funktionellen Auswirkungen einer Adipositas permagna.

	GdB/MdE-Grad
Phenylketonurie	
• ohne fassbare Folgeerscheinungen im Kindesalter bis zur Vollendung des 16. Lebensjahres	**30**
• danach bei Notwendigkeit weiterer Diäteinnahme	**10**
Beim Vorliegen eines Hirnschadens ist der GdB/MdE-Grad vor allem vom Ausmaß der geistigen Behinderung und weiterer Folgen (z. B. hirnorganische Anfälle) abhängig.	
Mukoviszidose (zystische Fibrose)	
• unter Therapie Aktivitäten, Gedeihen und Ernährung altersgemäß	**20**
• unter Therapie Aktivitäten und Lungenfunktion leicht eingeschränkt, Gedeihen und Ernährung noch altersgemäß	**30 – 40**
• Aktivitäten und Lungenfunktion deutlich eingeschränkt, häufig Gedeih- und Entwicklungsstörungen, Schulbesuch und Erwerbstätigkeit in der Regel noch möglich	**50 – 70**
• schwere bis schwerste Einschränkung der Aktivitäten, der Lungenfunktion und des Ernährungszustandes	**80 – 100**
• Folgekrankheiten (z. B. Diabetes mellitus, Impotenz, Leberzirrhose) sind ggf. zusätzlich zu berücksichtigen	**80 – 100**

Schilddrüsenkrankheiten

Die Beurteilung einer Schilddrüsenfunktionsstörung setzt in der Regel – insbesondere in leichteren Fällen – voraus, dass die Diagnose durch moderne Untersuchungsmethoden gesichert ist.
Schilddrüsenfunktionsstörungen (Überfunktion und Unterfunktion [auch nach Schilddrüsenresektion]) sind gut behandelbar, so dass in der Regel anhaltende Beeinträchtigungen nicht zu erwarten sind. Selten auftretende Organkomplikationen (z. B. Exophthalmus, Trachealstenose) sind gesondert zu beurteilen.
Bei der nicht operativ behandelten Struma richtet sich der GdB/MdE-Grad nach den funktionellen Auswirkungen.

GdB/MdE-Grad

26.15 Nach Entfernung eines **malignen Schilddrüsentumors** ist in den ersten fünf Jahren eine Heilungsbewährung abzuwarten; GdB/MdE-Grad während dieser Zeit

• nach Entfernung eines papillären oder follikulären Tumors, ohne Lymphknotenbefall	**50**
• sonst	**80**

Bedingt der nach der Entfernung verbliebene Organschaden einen GdB/MdE-Grad von 50 oder mehr, ist der während der Heilungsbewährung anzusetzende GdB/MdE-Grad entsprechend höher zu bewerten.

Tetanie
Sie ist gut behandelbar, so dass in der Regel dauernde Beeinträchtigungen nicht zu erwarten sind.

Chronische Nebennierenrindeninsuffizienz (Addison-Syndrom)
Sie ist gut behandelbar, so dass in der Regel dauernde Beeinträchtigungen nicht zu erwarten sind. Selten auftretende Funktionsstörungen sind analogen funktionellen Beeinträchtigungen (z. B. orthostatische Fehlregulation) entsprechend zu beurteilen.

Cushing-Syndrom
Der GdB/MdE-Grad wird bestimmt von der Muskelschwäche und den Auswirkungen an den verschiedenen Organsystemen (Hypertonie, Herzinsuffizienz, Diabetes mellitus, Osteoporose, psychische Veränderungen).

Porphyrien

• Erythropoetische Porphyrie (Günther-Krankheit)	**100**
• Hepatische Porphyrien	
– akut-intermittierende Porphyrie	**30**
– Porphyria cutanea tarda ohne wesentliche Beschwerden	**10**

Organkomplikationen sind jeweils zusätzlich zu berücksichtigen.

26.16

26.16 Blut, Blut bildende Organe, Immunsystem

Die Höhe des GdB/MdE-Grades bei Krankheiten des Blutes, der Blut bildenden Organe und des Immunsystems richtet sich nach der Schwere der hämatologischen Veränderungen, nach den Organfunktionsstörungen, nach den Rückwirkungen auf andere Organe, nach der Auswirkung auf den Allgemeinzustand und der Häufigkeit von Infektionen.

GdB/MdE-Grad

Verlust der Milz

• bei Verlust im frühen Kindesalter, dann bis zur Vollendung des 8. Lebensjahres	**20**
• danach oder bei späterem Verlust	**10**

Die selten auftretenden Komplikationen (z. B. Thrombosen) sind zusätzlich zu berücksichtigen.

Hodgkin-Krankheit

• im Stadium I-IIIA	
– bei langdauernder (mehr als sechs Monate andauernder) Therapie, bis zum Ende der Therapie je nach Auswirkung auf den Allgemeinzustand	**60 – 100**
– nach Vollremission für die Dauer von drei Jahren (Heilungsbewährung)	**50**

Nach Ablauf der Heilungsbewährung richtet sich der GdB/MdE-Grad nach dem verbliebenen Organschaden.

• im Stadium IIIB und IV	
– bis zum Ende der Intensiv-Therapie	**100**
– nach Vollremission für die Dauer von drei Jahren (Heilungsbewährung)	**60**
Nach Ablauf der Heilungsbewährung richtet sich der GdB/MdE-Grad nach dem verbliebenen Organschaden.	

Non-Hodgkin-Lymphome

• Chronische lymphatische Leukämie und andere generalisierte niedrigmaligne Non-Hodgkin-Lymphome	
– mit geringen Auswirkungen (keine wesentlichen Beschwerden, keine Allgemein-symptome, keine Behandlungsbedürftigkeit, keine wesentliche Progredienz)	**30 - 40**
– mit mäßigen Auswirkungen (Behandlungsbedürftigkeit)	**50 - 70**
– mit starken Auswirkungen, starke Progredienz (z. B. schwere Anämie, ausgeprägte Thrombozytopenie, rezidivierende Infektionen, starke Milzvergrößerung)	**80 - 100**
• Lokalisierte niedrigmaligne Non-Hodgkin-Lymphome	
– nach Vollremission (Beseitigung des Tumors) für die Dauer von drei Jahren (Heilungsbewährung)	**50**
Nach Ablauf der Heilungsbewährung richtet sich der GdB/MdE-Grad nach dem verbliebenen Organschaden.	
• Hochmaligne Non-Hodgkin-Lymphome	
– bis zum Ende der Therapie	**100**
– danach bei Vollremission für die Dauer von drei Jahren (Heilungsbewährung)	**80**
Nach Ablauf der Heilungsbewährung richtet sich der GdB/MdE-Grad nach dem verbliebenen Organschaden.	

Plasmozytom (Myelom)

• mit geringen Auswirkungen (keine wesentliche Auswirkung auf den Allgemeinzustand, keine Behandlungsbedürftigkeit, ohne Beschwerden, keine wesentliche Progredienz)	**30 - 40**
• mit mäßigen Auswirkungen (Behandlungsbedürftigkeit)	**50 - 70**
• mit starken Auswirkungen (z. B. schwere Anämie, starke Schmerzen, Nierenfunktionseinschränkung)	**80 - 100**

Chronische myeloische Leukämie

• chronische Phase	
– je nach Auswirkung – auch der Behandlung – auf den Allgemeinzustand, Ausmaß der Milzvergrößerung	**50 - 80**
• akute Phase (Akzeleration, Blastenschub)	**100**

Andere chronische myeloproliferative Erkrankungen
(z. B. Polycythaemia vera, essentielle Thrombozythämie, Osteomyelosklerose)

• mit geringen Auswirkungen (keine Behandlungsbedürftigkeit)	**10 - 20**
• mit mäßigen Auswirkungen (Behandlungsbedürftigkeit)	**30 - 40**
• mit stärkeren Auswirkungen (z. B. mäßige Anämie, geringe Thrombozytopenie)	**50 - 70**
• mit starken Auswirkungen (z. B. schwere Anämie, ausgeprägte Thrombozytopenie, starke Milzvergrößerung, Blutungs- und/oder Thromboseneigung)	**80 - 100**

Akute Leukämien

• bis zum Ende der Intensiv-Therapie	**100**
• danach für die Dauer von drei Jahren (Heilungsbewährung)	**60**

Myelodysplastische Syndrome

• mit geringen Auswirkungen (ausgeglichen und ohne wesentliche Allgemeinstörungen)	**10 - 20**
• mit mäßigen Auswirkungen (z. B. gelegentliche Transfusionen)	**30 - 40**

26.16

• mit stärkeren Auswirkungen (z. B. andauernde Transfusionsbedürftigkeit, rezidivierende Infektionen)	**50 – 80**
• mit starken Auswirkungen (z. B. andauernde Transfusionsbedürftigkeit, häufige Infektionen, Blutungsneigung, leukämische Transformation)	**100**

Aplastische Anämie (auch Panmyelopathie), **Agranulozytose**
Der GdB/MdE-Grad bei **aplastischer Anämie** oder **Agranulozytose** ist auch nach Therapie analog zu den myelodysplastischen Syndromen zu bewerten.

Knochenmarktransplantation

• Nach autologer Knochenmark- oder Blutstammzelltransplantation ist der GdB/MdE-Grad entsprechend der Grundkrankheit zu beurteilen.	
• Nach allogener Knochenmarktransplantation für die Dauer von drei Jahren (Heilungsbewährung)	**100**

Danach ist der GdB/MdE-Grad nach den verbliebenen Auswirkungen und dem eventuellen Organschaden, jedoch nicht niedriger als 30, zu bewerten.

Anämien
Symptomatische Anämien (z. B. Eisenmangelanämie, vitaminabhängige Anämien) sind in der Regel gut behandelbar und nur vorübergehender Natur.
Therapierefraktäre Anämien (z. B. bestimmte hämolytische Anämien, Thalassämie, Erythrozytenenzymdefekte)

• mit geringen Auswirkungen (ausgeglichen und ohne wesentliche Allgemeinstörungen)	**0 – 10**
• mit mäßigen Auswirkungen (z. B. gelegentliche Transfusionen)	**20 – 40**
• mit starken Auswirkungen (z. B. andauernde Transfusionsbedürftigkeit)	**50 – 70**

Organkomplikationen sind zusätzlich zu bewerten.

Hämophilie und entsprechende plasmatische Blutungskrankheiten
(je nach Blutungsneigung)

• leichte Form	
• mit Restaktivität von antihämophilem Globulin (AHG) über 5 %	**20**
• mittelschwere Form – mit 1–5 % AHG	
– mit seltenen Blutungen	**30 – 40**
– mit häufigen (mehrfach jährlich) ausgeprägten Blutungen	**50 – 80**
• schwere Form – mit weniger als 1 % AHG	**80 – 100**

Folgen von Blutungen sind zusätzlich zu bewerten.

Sonstige Blutungsleiden

• ohne wesentliche Auswirkungen	**10**
• mit mäßigen Auswirkungen	**20 – 40**
• mit starken Auswirkungen (starke Blutungen bereits bei leichten Traumen)	**50 – 70**
• mit ständiger klinisch manifester Blutungsneigung (Spontanblutungen, Gefahr lebensbedrohender Blutungen)	**80 – 100**

Eine Behandlung mit Antikoagulantien ist bei der Grundkrankheit (z. B. bei Herzklappen- und Gefäßprothesen, Thrombophilie) berücksichtigt. Wenn die Grundkrankheit nicht mehr besteht bzw. keinen GdB/MdE-Grad mehr bedingt, aber eine Weiterbehandlung mit Antikoagulantien erforderlich ist, kann – analog den sonstigen Blutungsleiden – in der Regel ein GdB/MdE-Grad von 10 angenommen werden.

Immundefekte
Angeborene Defekte der humoralen und zellulären Abwehr (z. B. Adenosindesaminase-Defekt, DiGeorge-Syndrom, permanente B-Zell-Defekte, septische Granulomatose)

• ohne klinische Symptomatik	**0**
• trotz Therapie erhöhte Infektanfälligkeit, aber keine außergewöhnlichen Infektionen	**20 – 40**

• trotz Therapie neben erhöhter Infektanfälligkeit auch außergewöhnliche Infektionen (ein bis zwei pro Jahr)	50	26.16
Bei schwereren Verlaufsformen kommen höhere GdB/MdE-Werte in Betracht.		

Erworbenes Immunmangelsyndrom (HIV-Infektion)

• HIV-Infektion ohne klinische Symptomatik	10
• HIV-Infektion mit klinischer Symptomatik	
– geringe Leistungsbeeinträchtigung (z. B. bei Lymphadenopathiesyndrom [LAS])	30 - 40
– stärkere Leistungsbeeinträchtigung (z. B. bei AIDS-related complex [ARC])	50 - 80
– schwere Leistungsbeeinträchtigung (AIDS-Vollbild)	100

Außergewöhnliche seelische Begleiterscheinungen sind ggf. zusätzlich zu berücksichtigen.

26.17 Haut

26.17

Bei der Beurteilung des GdB/MdE-Grades von Hautkrankheiten sind Art, Ausdehnung, Sitz, Auswirkungen auf den Allgemeinzustand, Begleiterscheinungen (wie Jucken, Nässen, Brennen, unangenehme und abstoßende Gerüche) und die Rezidivbereitschaft bzw. die Chronizität sowie die Notwendigkeit wiederholter stationärer Behandlung zu berücksichtigen. Bei Hautkrankheiten mit stark schwankendem Leidensverlauf kommt ein Durchschnitts-GdB/MdE-Grad (siehe Nummer 18 Absatz 5) in Betracht. Häufig sind außergewöhnliche psychoreaktive Störungen (siehe Nummer 18 Absatz 8) zusätzlich zu berücksichtigen. Bei Kindern können sich Hautkrankheiten schwerer auswirken als bei Erwachsenen.

Narben können durch Ausdehnung, Beschaffenheit (z. B. Verhärtung, Verdünnung, Narbenzüge), Sitz oder Einwirkung auf ihre Umgebung zu Störungen führen. Bei flächenhaften Narben nach Verbrennungen, Verätzungen u.ä. muss außerdem die Beeinträchtigung der Haut als Schutz-, Ausscheidungs- und Sinnesorgan berücksichtigt werden. Diese Störungen bestimmen die Höhe des GdB/MdE-Grades.

Bei Entstellungen ist zu berücksichtigen, dass sich Schwierigkeiten im Erwerbsleben, Unannehmlichkeiten im Verkehr mit fremden Menschen sowie seelische Konflikte ergeben können. Besonders gilt dies bei Entstellung des Gesichts.

	GdB/MdE-Grad
Ekzeme	
• Kontaktekzeme (z. B. irritatives und allergisches Kontaktekzem)	
– geringe Ausdehnung und bis zu zweimal im Jahr für wenige Wochen auftretend	0 - 10
– sonst	20 - 30
• Atopisches Ekzem („Neurodermitis constitutionalis“, „endogenes Ekzem“)	
– geringe, auf die Prädilektionsstellen begrenzte Ausdehnung bis zu zweimal im Jahr für wenige Wochen auftretend	0 - 10
– bei länger dauerndem Bestehen	20 - 30
– mit generalisierten Hauterscheinungen, insbesondere Gesichtsbefall	40
– mit klinischer oder vergleichbar intensiver ambulanter Behandlungsnotwendigkeit mehrmals im Jahr	50

Eine Beteiligung anderer Organe, insbesondere bei Atopiesyndrom (z. B. allergisches Asthma, allergische Rhinitis/Konjunktivitis) ist ggf. zusätzlich zu bewerten.

26.17

• Seborrhoisches Ekzem	
– geringe Ausdehnung und Beschränkung auf die Prädilektionsstellen	**0 – 10**
– sonst, je nach Ausdehnung	**20 – 30**

Chronisch rezidivierende Urtikaria/Quincke-Ödem

• selten, bis zu zweimal im Jahr auftretend, leicht vermeidbare Noxen oder Allergene	**0 – 10**
• häufiger auftretende Schübe, schwer vermeidbare Noxen und Allergene	**20 – 30**
• schwerer chronischer, über Jahre sich hinziehender Verlauf	**40 – 50**

Eine systemische Beteiligung (z. B. des Gastrointestinaltraktes oder des Kreislaufs) ist ggf. zusätzlich zu berücksichtigen.

Akne

• Acne vulgaris	
– leichteren bis mittleren Grades	**0 – 10**
– schweren Grades mit vereinzelter Abszess- und Knotenbildung und entsprechender erheblicher kosmetischer Beeinträchtigung	**20 – 30**
• Acne conglobata	
– auf die Prädilektionsstellen begrenzte häufige Abszess- und Fistelbildungen und lokalisationsbedingte Beeinträchtigungen	**30 – 40**
– schwerste Formen mit rezidivierenden eitrigen, vernarbenden axilläringuinalen und nuchalen Abszessen (Acne triade) und ggf. zusätzlicher Beteiligung des Pilonidalsinus (Acne tetrade)	**wenigstens 50**

Rosazea, Rhinophym

• geringe Ausdehnung, kosmetisch nur wenig störend	**0 – 10**
• stärkere Ausdehnung, entstellende Wirkung	**20 – 30**

Hautveränderungen bei Autoimmunkrankheiten des Bindegewebes
(z. B. Lupus erythematodes, Dermatomyositis, progressive systemische Sklerodermie)

• auf die Prädilektionsstellen begrenzt bei geringer Ausdehnung	**0 – 10**
• auf die Prädilektionsstellen begrenzt bei stärkerer Ausdehnung, je nach kosmetischer und funktioneller Auswirkung	**20 – 40**
• über die Prädilektionsstellen hinausgehend, ggf. Ulzerationen	**50 – 70**

Bewegungseinschränkungen in Gelenken und Beteiligungen anderer Organe sind zusätzlich zu berücksichtigen.

Blasenbildende Hautkrankheiten (z. B. Pemphigus, Pemphigoide)

• bei begrenztem Haut- und Schleimhautbefall mit geringer Ausdehnung	**10**
• sonst	**20 – 40**
• bei generalisiertem Haut- und Schleimhautbefall	**50 – 80**
• in fortgeschrittenen Stadien bei schwerer Beeinträchtigung des Allgemeinzustandes auch höher.	

Psoriasis vulgaris

• auf die Prädilektionsstellen (mit Ausnahme des behaarten Kopfes) beschränkt	**0 – 10**
• ausgedehnter, aber erscheinungsfreie Intervalle von Monaten	**20**
• bei andauerndem ausgedehnten Befall oder stark beeinträchtigendem lokalen Befall (z. B. an den Händen)	**30 – 50**

Eine außergewöhnliche Nagelbeteiligung (mit Zerstörung der Nagelplatten) sowie eine Gelenk- und Wirbelsäulenbeteiligung sind zusätzlich zu bewerten.

Erythrodermien	
• bei leichter Intensität des Krankheitsprozesses	**40**
• bei mittlerer Intensität des Krankheitsprozesses ohne wesentliche Auswirkung auf den Allgemeinzustand	**50 – 60**
• mit stärkerer Auswirkung auf den Allgemeinzustand	**70 – 80**
Ichthyosis	
• leichte Form auf Stamm und Extremitäten weitgehend begrenzt, mit trockener Haut, mäßiger Schuppung, ohne wesentliche Verfärbung	**0 – 10**
• mittlere Form auf Stamm und Extremitäten weitgehend begrenzt, mit stärkerer Schuppung und Verfärbung	**20 – 40**
• schwere Form mit ausgeprägter Schuppung und Verfärbung der gesamten Haut, insbesondere der Gelenkbeugen und des Gesichts	**50 – 80**
Mykosen	
• bei begrenztem Hautbefall	**0 – 10**
• bei Befall aller Finger- und Fußnägel, ggf. mit Zerstörung von Nagelplatten	**20**
Bei Systemmykosen ist die Beteiligung innerer Organe zusätzlich zu berücksichtigen.	
Chronisch rezidivierendes Erysipel	
• ohne bleibendes Lymphödem	**10**
• sonst, je nach Ausprägung des Lymphödems	**20 – 40**
Chronisch rezidivierender Herpes simplex	
• geringe Ausdehnung, bis zu dreimal im Jahr rezidivierend	**0 – 10**
• größere Ausdehnung, häufiger rezidivierend	**20**
Totaler Haarausfall	
• (mit Fehlen von Augenbrauen und Wimpern)	**30**
Außergewöhnliche psychoreaktive Störungen sind ggf. zusätzlich zu berücksichtigen (siehe Nummer 18 Absatz 8).	
Naevus	
Der GdB/MdE-Grad richtet sich allein nach dem Ausmaß einer eventuellen Entstellung.	
Pigmentstörungen (z. B. Vitiligo)	
• an Händen und/oder Gesicht	
– gering	**10**
- ausgedehnter	**20**
• sonst	**0**
Außergewöhnliche psychoreaktive Störungen sind ggf. zusätzlich zu berücksichtigen (siehe Nummer 18 Absatz 8)	
Nach Entfernung eines **malignen Tumors der Haut** ist in den ersten **fünf** Jahren eine Heilungsbewährung abzuwarten (Ausnahmen: z. B. kleine Basalzellkarzinome, Bowen-Krankheit, Melanoma in situ); GdB/MdE-Grad während dieser Zeit	
• nach Entfernung eines Melanoms im Stadium I (pT1-2 pN0 M0)	
• oder eines anderen Hauttumors in den Stadien pT1-2 pN0-2 M0	**50**
• in anderen Stadien	**80**
Bedingt der nach der Entfernung verbliebene Organschaden einen GdB/MdE-Grad von 50 oder mehr, ist der während der Heilungsbewährung anzusetzende GdB/MdE-Grad entsprechend höher zu bewerten.	

26.18

26.18 Haltungs- und Bewegungsorgane, rheumatische Krankheiten

Allgemeines

Dieser Abschnitt umfasst Haltungsschäden, degenerative Veränderungen, osteopenische Krankheiten, posttraumatische Zustände, chronische Osteomyelitis, entzündlich-rheumatische Krankheiten, Kollagenosen und Vaskulitiden sowie nichtentzündliche Krankheiten der Weichteile.

Der GdB/MdE-Grad für angeborene und erworbene Schäden an den Haltungs- und Bewegungsorganen wird entscheidend bestimmt durch die Auswirkungen der Funktionsbeeinträchtigungen (Bewegungsbehinderung, Minderbelastbarkeit) und die Mitbeteiligung anderer Organsysteme. Die üblicherweise auftretenden Beschwerden sind dabei mitberücksichtigt.

Außergewöhnliche Schmerzen sind ggf. zusätzlich zu berücksichtigen (siehe Nummer 18 Absatz 8). Schmerzhafte Bewegungseinschränkungen der Gelenke können schwerwiegender als eine Versteifung sein.

Bei Haltungsschäden und/oder degenerativen Veränderungen an Gliedmaßengelenken und an der Wirbelsäule (z.B. Arthrose, Osteochondrose) sind auch Gelenkschwellungen, muskuläre Verspannungen, Kontrakturen oder Atrophien zu berücksichtigen.

Mit bildgebenden Verfahren festgestellte Veränderungen (z.B. degenerativer Art) allein rechtfertigen noch nicht die Annahme eines GdB/MdE-Grades. Ebenso kann die Tatsache, dass eine Operation an einer Gliedmaße oder an der Wirbelsäule (z.B. Meniskusoperation, Bandscheibenoperation, Synovialektomie) durchgeführt wurde, für sich allein nicht die Annahme eines GdB/MdE-Grades begründen.

Fremdkörper beeinträchtigen die Funktion nicht, wenn sie in Muskel oder Knochen reaktionslos eingeheilt sind und durch ihre Lage keinen ungünstigen Einfluss auf Gelenke, Nerven oder Gefäße ausüben.

Der GdB/MdE-Grad bei Weichteilverletzungen richtet sich nach der Funktionseinbuße und der Beeinträchtigung des Blut- und Lymphgefäßsystems. Bei Faszienverletzungen können Muskelbrüche auftreten, die nur in seltenen Fällen einen GdB/MdE-Grad bedingen.

Bei den entzündlich-rheumatischen Krankheiten sind unter Beachtung der Krankheitsentwicklung neben der strukturellen und funktionellen Einbuße die Aktivität mit ihren Auswirkungen auf den Allgemeinzustand und die Beteiligung weiterer Organe zu berücksichtigen. Entsprechendes gilt für Kollagenosen und Vaskulitiden.

Bei ausgeprägten osteopenischen Krankheiten (z. B. Osteoporose, Osteopenie bei hormonellen Störungen, gastrointestinalen Resorptionsstörungen, Nierenschäden) ist der GdB/MdE-Grad vor allem von der Funktionsbeeinträchtigung und den Schmerzen abhängig. Eine ausschließlich messtechnisch nachgewiesene Minderung des Knochenmineralgehalts rechtfertigt noch nicht die Annahme eines GdB/MdE-Grades. 26.18

	GdB/MdE-Grad
Entzündlich-rheumatische Krankheiten der Gelenke und/oder der Wirbelsäule (z. B. Bechterew-Krankheit)	
• ohne wesentliche Funktionseinschränkung mit leichten Beschwerden	**10**
• mit geringen Auswirkungen (leichtgradige Funktionseinbußen und Beschwerden, je nach Art und Umfang des Gelenkbefalls, geringe Krankheitsaktivität)	**20 - 40**
• mit mittelgradigen Auswirkungen (dauernde erhebliche Funktionseinbußen und Beschwerden, therapeutisch schwer beeinflussbare Krankheitsaktivität)	**50 - 70**
• mit schweren Auswirkungen (irreversible Funktionseinbußen, hochgradige Progredienz)	**80 - 100**
Auswirkungen über sechs Monate anhaltender aggressiver Therapien sind ggf. zusätzlich zu berücksichtigen.	
Kollagenosen (z. B. systemischer Lupus erythematodes, progressiv-systemische Sklerose, Polymyositis/Dermatomyositis)	
Vaskulitiden (z. B. Panarteriitis nodosa, Riesenzellarteriitis/Polymyalgia rheumatica)	
Die Beurteilung des GdB/MdE-Grades bei Kollagenosen und Vaskulitiden richtet sich nach Art und Ausmaß der jeweiligen Organbeteiligung sowie den Auswirkungen auf den Allgemeinzustand, wobei auch eine Analogie zu den Muskelkrankheiten in Betracht kommen kann. Für die Dauer einer über sechs Monate anhaltenden aggressiven Therapie (z. B. hochdosierte Cortison-Behandlung in Verbindung mit Zytostatika) soll ein GdB/MdE-Grad von 50 nicht unterschritten werden.	

Auch bei der Beurteilung nicht-entzündlicher Krankheiten der Weichteile kommt es auf Art und Ausmaß der jeweiligen Organbeteiligung sowie auf die Auswirkungen auf den Allgemeinzustand an.

Fibromyalgie

Die Fybromyalgie und ähnliche Somatisierungssyndrome (z. B. CFS/MCS) sind jeweils im Einzelfall entsprechend der funktionellen Auswirkungen analog zu beurteilen.

26.18

Chronische Osteomyelitis

Bei der GdB/MdE-Beurteilung sind die aus der Lokalisation und Ausdehnung des Prozesses sich ergebende Funktionsstörung, die dem Prozess innewohnende Aktivität und ihre Auswirkungen auf den Allgemeinzustand und außerdem etwaige Folgekrankheiten (z. B. Anämie, Amyloidose) zu berücksichtigen. Bei ausgeprägt schubförmigem Verlauf ist ein Durchschnitts-GdB/MdE-Grad zu bilden.

	GdB/MdE-Grad
Ruhende Osteomyelitis (Inaktivität wenigstens 5 Jahre)	**0 – 10**
Chronische Osteomyelitis	
• geringen Grades (eng begrenzt, mit geringer Aktivität, geringe Fisteleiterung)	**mindestens 20**
• mittleren Grades (ausgedehnterer Prozess, häufige oder ständige Fisteleiterung, Aktivitätszeichen auch in Laborbefunden)	**mindestens 50**
• schweren Grades (häufige schwere Schübe mit Fieber, ausgeprägter Infiltration der Weichteile, Eiterung und Sequesterabstoßung, erhebliche Aktivitätszeichen in den Laborbefunden)	**mindestens 70**

Eine wesentliche Besserung wegen Beruhigung des Prozesses kann erst angenommen werden, wenn nach einem Leidensverlauf von mehreren Jahren seit wenigstens *zwei* Jahren – nach jahrzehntelangem Verlauf seit *fünf* Jahren – keine Fistel mehr bestanden hat und auch aus den weiteren Befunden (einschl. Röntgenbildern und Laborbefunden) keine Aktivitätszeichen mehr erkennbar gewesen sind. Dabei ist in der Regel der GdB/MdE-Grad nur um 20 bis 30 Punkte niedriger einzuschätzen und *zwei* bis *vier* Jahre lang noch eine weitere Heilungsbewährung abzuwarten, bis der GdB/MdE-Grad nur noch von dem verbliebenen Schaden bestimmt wird.

Muskelkrankheiten

Bei der Beurteilung des GdB/MdE-Grades ist von folgenden Funktionsbeeinträchtigungen auszugehen:

	GdB/MdE-Grad
Muskelschwäche	
• mit geringen Auswirkungen (vorzeitige Ermüdung, gebrauchsabhängige Unsicherheiten)	**20 – 40**
• mit mittelgradigen Auswirkungen (zunehmenden Gelenkkontrakturen und Deformitäten, Aufrichten aus dem Liegen nicht mehr möglich, Unmöglichkeit des Treppensteigens)	**50 – 80**
• mit schweren Auswirkungen (bis zur Geh- und Stehunfähigkeit und Gebrauchsunfähigkeit der Arme)	**90 – 100**

Zusätzlich sind bei einzelnen Muskelkrankheiten Auswirkungen auf innere Organe (z. B. Einschränkung der Lungenfunktion und/oder der Herzleistung durch Brustkorbdeformierung) oder Augenmuskel-, Schluck- oder Sprechstörungen (z. B. bei der Myasthenie) zu berücksichtigen.

26.18

Kleinwuchs	
• Körpergröße nach Abschluss des Wachstums	
– über 130 bis 140 cm	**30 – 40**
– über 120 bis 130 cm	**50**

Bei 120 cm und darunter kommen entsprechend höhere Werte in Betracht.
Diese GdB/MdE-Werte sind auf harmonischen Körperbau bezogen.

Zusätzlich zu berücksichtigen sind (z. B. bei Achondroplasie, bei Osteogenesis imperfecta) mit dem Kleinwuchs verbundene Störungen wie
- mangelhafte Körperproportionen,
- Verbildungen der Gliedmaßen,
- Störungen der Gelenkfunktionen, Muskelfunktionen und Statik,
- neurologische Störungen,
- Einschränkungen der Sinnesorgane,
- endokrine Ausfälle und
- außergewöhnliche psychoreaktive Störungen (siehe Nummer 18, Absatz 8).

Großwuchs

Großwuchs allein rechtfertigt noch nicht die Annahme eines GdB/MdE-Grades. Auf psychoreaktive Störungen ist besonders zu achten.

Wirbelsäulenschäden

Der GdB/MdE-Grad bei *angeborenen* und *erworbenen Wirbelsäulenschäden* (einschl. Bandscheibenschäden, Scheuermann-Krankheit, Spondylolisthesis, Spinalkanalstenose und sog. Postdiskotomiesyndrom) ergibt sich primär aus dem Ausmaß der Bewegungseinschränkung, der Wirbelsäulenverformung und -instabilität sowie aus der Anzahl der betroffenen Wirbelsäulenabschnitte.
Der Begriff *Instabilität* beinhaltet die abnorme Beweglichkeit zweier Wirbel gegeneinander unter physiologischer Belastung und die daraus resultierenden Weichteilveränderungen und Schmerzen. So genannte Wirbelsäulensyndrome (wie Schulter-Arm-Syndrom, Lumbalsyndrom, Ischialgie sowie andere Nerven- und Muskelreizerscheinungen) können bei Instabilität und bei Einengungen des Spinalkanals oder der Zwischenwirbellöcher auftreten.
Für die Bewertung von *chronisch-rezidivierenden Bandscheibensyndromen* sind aussagekräftige anamnestische Daten und klinische Untersuchungsbefunde über einen ausreichend langen Zeitraum von besonderer Bedeutung. Im beschwerdefreien Intervall können die objektiven Untersuchungsbefunde nur gering ausgeprägt sein.

26.18		GdB/MdE-Grad
	Wirbelsäulenschäden	
	• ohne Bewegungseinschränkung oder Instabilität	**0**
	• mit geringen funktionellen Auswirkungen (Verformung, rezidivierende oder anhaltende Bewegungseinschränkung oder Instabilität geringen Grades, seltene und kurzdauernd auftretende leichte Wirbelsäulensyndrome)	**10**
	• mit mittelgradigen funktionellen Auswirkungen in einem Wirbelsäulenabschnitt (Verformung, häufig rezidivierende oder anhaltende Bewegungseinschränkung oder Instabilität mittleren Grades, häufig rezidivierende und Tage andauernde Wirbelsäulensyndrome)	**20**
	• mit schweren funktionellen Auswirkungen in einem Wirbelsäulenabschnitt (Verformung, häufig rezidivierende oder anhaltende Bewegungseinschränkung oder Instabilität schweren Grades, häufig rezidivierende und Wochen andauernde ausgeprägte Wirbelsäulensyndrome)	**30**
	• mit mittelgradigen bis schweren funktionellen Auswirkungen in zwei Wirbelsäulenabschnitten	**30 – 40**
	• mit besonders schweren Auswirkungen (z. B. Versteifung großer Teile der Wirbelsäule; anhaltende Ruhigstellung durch Rumpforthese, die drei Wirbelsäulenabschnitte umfasst [z. B. Milwaukee-Korsett]; schwere Skoliose [ab ca. 70° nach Cobb])	**50 – 70**
	• bei schwerster Belastungsinsuffizienz bis zur Geh- und Stehunfähigkeit	**80 – 100**
	Anhaltende Funktionsstörungen infolge Wurzelkompression mit motorischen Ausfallserscheinungen – oder auch die intermittierenden Störungen bei der Spinalkanalstenose – sowie Auswirkungen auf die innere Organe (z. B. Atemfunktionsstörungen) sind zusätzlich zu berücksichtigen. Bei außergewöhnlichen Schmerzsyndromen (sie-he Nummer 18 Absatz 8) können auch ohne nachweisbare neurologische Ausfallserscheinungen (z. B. Postdiskotomiesyndrom) GdB/MdE-Werte über 30 in Betracht kommen. Das **neurogene Hinken** ist etwas günstiger als vergleichbare Einschränkungen des Gehvermögens bei arteriellen Verschlusskrankheiten zu bewerten.	
	Beckenschäden	
	• ohne funktionelle Auswirkungen	**0**
	• mit geringen funktionellen Auswirkungen (z. B. stabiler Beckenring, degenerative Veränderungen der Kreuz-Darmbeingelenke)	**10**
	• mit mittelgradigen funktionellen Auswirkungen (z. B. instabiler Beckenring einschl. Sekundärarthrose)	**20**
	• mit schweren funktionellen Auswirkungen und Deformierung	**30 – 40**
	Neurologische, gynäkologische und urologische Funktionsbeeinträchtigungen sowie Hüftgelenksveränderungen sind ggf. zusätzlich zu berücksichtigen.	

Gliedmaßenschäden, Allgemeines

Der GdB/MdE-Grad bei *Gliedmaßenschäden* ergibt sich aus dem Vergleich mit den GdB/MdE-Werten für entsprechende Gliedverluste. Trotz erhaltener Extremität kann gelegentlich der Zustand ungünstiger sein als der Verlust.
Die aufgeführten GdB/MdE-Sätze für *Gliedmaßenverluste* gehen – soweit nichts anderes erwähnt ist – von günstigen Verhältnissen des Stumpfes und der benachbarten Gelenke aus. Bei ausgesprochen ungünstigen Stumpfverhältnissen, bei nicht nur vorübergehenden Stumpfkrankheiten sowie bei nicht unwesentlicher Funktionsbeeinträchtigung des benachbarten Gelenkes sind diese

Sätze im Allgemeinen um 10 zu erhöhen, unabhängig davon, ob Körperersatzstücke getragen werden oder nicht. 26.18

Körperersatzstücke, orthopädische und *andere Hilfsmittel* erleichtern bei Verlust und Funktionsstörung der Gliedmaßen sowie bei Funktionseinschränkungen des Rumpfes die Auswirkungen der Behinderung, ohne dass dadurch der durch den Schaden allein bedingte GdB/MdE-Grad eine Änderung erfährt.

Zur Beurteilung von Arthrosen wird auf Seite xxx verwiesen.

Bei der GdB/MdE-Bewertung von *Pseudarthrosen* ist zu berücksichtigen, dass *straffe* Pseudarthrosen günstiger sind als *schlaffe*.

Bei *habituellen Luxationen* richtet sich die Höhe des GdB/MdE-Grades außer nach der Funktionsbeeinträchtigung der Gliedmaße nach der Häufigkeit der Ausrenkungen.

	GdB/MdE-Grad
Bei **Endoprothesen** der Gelenke ist der GdB/MdE-Grad abhängig von der verbliebenen Bewegungseinschränkung und Belastbarkeit. Folgende Mindest-GdB/MdE-Sätze sind angemessen:	
• Hüftgelenk	
– einseitig	**20**
– beidseitig	**40**
• Kniegelenk	
– einseitig	**30**
– beidseitig	**50**
Endoprothesen anderer großer Gelenke sind entsprechend den Kniegelenksendoprothesen zu bewerten.	
Aseptische Nekrosen	
• Hüftkopfnekrosen (z. B. Perthes-Krankheit) während der notwendigen Entlastung	**70**
• Lunatum-Malazie während der notwendigen Immobilisierung	**30**
Danach richtet sich der GdB/MdE-Grad jeweils nach der verbliebenen Funktionsbeeinträchtigung.	

Schäden der oberen Gliedmaßen

	GdB/MdE-Grad
• Verlust beider Arme oder Hände	**100**
• Verlust eines Armes und Beines	**100**
• Verlust eines Armes im Schultergelenk oder mit sehr kurzem Oberarmstumpf	**80**
Unter einem sehr kurzen Oberarmstumpf ist ein Stumpf zu verstehen, der eine gleiche Funktionseinbuße wie der Verlust des Armes im Schultergelenk bedingt. Das ist immer dann der Fall, wenn die Absetzungsebene in Höhe des Collum chirurgicum liegt.	
Verlust eines Armes im Oberarm oder im Ellenbogengelenk	**70**
Verlust eines Armes im Unterarm	**50**
Verlust eines Armes im Unterarm mit einer Stumpflänge bis 7 cm	**60**
Verlust der ganzen Hand	**50**

26.18

Versteifung des Schultergelenks in günstiger Stellung bei gut beweglichem Schultergürtel	**30**
Eine Versteifung im Schultergelenk in einem Abspreizwinkel um ca. 45° und leichter Vorhalte gilt als funktionell günstig.	
Versteifung des Schultergelenks in ungünstiger Stellung oder bei gestörter Beweglichkeit des Schultergürtels	**40 – 50**
Bewegungseinschränkung des Schultergelenks (einschließlich Schultergürtel)	
• Arm nur um 120° zu erheben, mit entsprechender Einschränkung der Dreh- und Spreizfähigkeit	**10**
• Arm nur um 90° zu erheben, mit entsprechender Einschränkung der Dreh- und Spreizfähigkeit	**20**
Instabilität des Schultergelenks	
• geringen Grades, auch seltene Ausrenkung (in Abständen von 1 Jahr und mehr)	**10**
• mittleren Grades, auch häufigere Ausrenkung	**20 – 30**
• schweren Grades (auch Schlottergelenk), auch ständige Ausrenkung	**40**
Schlüsselbeinpseudarthrose	
• straff	**0 – 10**
• schlaff	**20**
Verkürzung des Armes bis zu 4 cm bei freier Beweglichkeit der großen Armgelenke	**0**
Oberarmpseudarthrose	
• straff	**20**
• schlaff	**40**
Riss der langen Bizepssehne	**0 – 10**
Versteifung des Ellenbogengelenks einschließlich Aufhebung der Unterarmdrehbewegung	
• in günstiger Stellung	**30**
• in ungünstiger Stellung	**40 – 50**
Versteifung in einem Winkel zwischen 80° und 100° (Neutral-0-Methode) bei mittlerer Pronationsstellung des Unterarms ist als günstige Gebrauchsstellung aufzufassen.	
Bewegungseinschränkung im Ellenbogengelenk	
• geringen Grades (Streckung/Beugung bis 0-30-120 bei freier Unterarmdrehbeweglichkeit)	**0 – 10**
• stärkeren Grades (insbesondere der Beugung einschließlich Einschränkung der Unterarmdrehbeweglichkeit)	**20 – 30**
Isolierte Aufhebung der Unterarmdrehbeweglichkeit	
• in günstiger Stellung (mittlere Pronationsstellung)	**10**
• in ungünstiger Stellung	**20**
• in extremer Supinationsstellung	**30**
Ellenbogen-Schlottergelenk	**40**

Unterarmpseudarthrose
- straff — **20**
- schlaff — **40**

Pseudarthrose der Elle oder Speiche — **10 – 20**

Versteifung des Handgelenks
- in günstiger Stellung (leichte Dorsalextension) — **20**
- in ungünstiger Stellung — **30**

Bewegungseinschränkung des Handgelenks
- geringen Grades (z. B. Streckung/Beugung bis 30-0-40) — **0 – 10**
- stärkeren Grades — **20 – 30**

Nicht oder mit Deformierung verheilte Brüche oder Luxationen der Handwurzelknochen oder eines oder mehrerer Mittelhandknochen mit sekundärer Funktionsbeeinträchtigung — **10 – 30**

Versteifung eines Daumengelenks in günstiger Stellung — **0 – 10**

Versteifung beider Daumengelenke und des Mittelhand-Handwurzelgelenks in günstiger Stellung — **20**

Versteifung eines Fingers in günstiger Stellung (mittlere Gebrauchsstellung) — **0 – 10**

Versteifungen der Finger in Streck- oder starker Beugestellung sind oft störender als ein glatter Verlust.

Verlust des Daumenendgliedes — **0**

Verlust des Daumenendgliedes und des halben Grundgliedes — **10**

Verlust eines Daumens — **25**

Verlust beider Daumen — **40**

Verlust eines Daumens mit Mittelhandknochen — **30**

Verlust des Zeigefingers, Mittelfingers, Ringfingers oder Kleinfingers, auch mit Teilen des dazugehörigen Mittelhandknochens — **10**

Verlust von zwei Fingern
- mit Einschluss des Daumens — **30**
- II+III, II+IV — **30**
- sonst — **25**

Verlust von drei Fingern
- mit Einschluss des Daumens — **40**
- II+III+IV — **40**
- sonst — **30**

Verlust von vier Fingern
- mit Einschluss des Daumens — **50**
- sonst — **40**

26.18

Verlust der Finger II bis V an beiden Händen	**80**
Verlust aller fünf Finger einer Hand	**50**
Verlust aller zehn Finger	**100**

Obige Sätze gelten für den Gesamtverlust der Finger bei reizlosen Stumpfverhältnissen. Bei Verlust einzelner Fingerglieder sind sie herabzusetzen, bei schlechten Stumpfverhältnissen zu erhöhen.

Fingerstümpfe im Mittel- und Endgelenk können schmerzhafte Narbenbildung und ungünstige Weichteildeckung zeigen. Empfindungsstörungen an den Fingern, besonders an Daumen und Zeigefinger, können die Gebrauchsfähigkeit der Hand wesentlich beeinträchtigen.

	GdB/MdE-Grad
Nervenausfälle (vollständig)	
• Armplexus	**80**
• oberer Armplexus	**50**
• unterer Armplexus	**60**
• N. axillaris	**30**
• N. thoracicus longus	**20**
• N. musculocutaneus	**20**
• N. radialis	
– ganzer Nerv	**30**
– mittlerer Bereich oder distal	**20**
• N. ulnaris	
– proximal oder distal	**30**
• N. medianus	
– proximal	**40**
– distal	**30**
• Nn. radialis und axillaris	**50**
• Nn. radialis und ulnaris	**50**
• Nn. radialis und medianus	**50**
• Nn. ulnaris und medianus	**50**
• Nn. radialis, ulnaris und medianus im Vorderarmbereich	**60**

Trophische Störungen sind zusätzlich zu berücksichtigen; Teilausfälle der genannten Nerven sind entsprechend geringer zu bewerten.

Schäden der unteren Gliedmaßen

	GdB/MdE-Grad
Verlust beider Beine im Oberschenkel	**100**
Verlust eines Beines im Oberschenkel und eines Beines im Unterschenkel	**100**
Verlust eines Beines und Armes	**100**
Verlust eines Beines im Hüftgelenk oder mit sehr kurzem Oberschenkelstumpf	**80**

Unter einem sehr kurzen Oberschenkelstumpf ist ein Stumpf zu verstehen, der eine gleiche Funktionseinbuße wie der Verlust des Beines im Hüftgelenk bedingt. Das ist immer dann der Fall, wenn die Absetzungsebene in Höhe des Trochanter minor liegt.

26.18

Verlust eines Beines im Oberschenkel (einschl. Absetzung nach Gritti)	**70**
Notwendigkeit der Entlastung des ganzen Beines (z. B. Sitzbeinabstützung)	**70**
Verlust eines Beines im Unterschenkel bei genügender Funktionstüchtigkeit des Stumpfes und der Gelenke	**50**
Notwendigkeit der Entlastung eines Unterschenkels (z. B. Schienbeinkopfabstützung)	**50**
Verlust eines Beines im Unterschenkel bei ungenügender Funktionstüchtigkeit des Stumpfes und der Gelenke	**60**
Verlust beider Beine im Unterschenkel	**80**
• bei einseitig ungünstigen Stumpfverhältnissen	**90**
• bei beidseitig ungünstigen Stumpfverhältnissen	**100**
Teilverlust eines Fußes, Absetzung	
• nach Pirogow	
– einseitig, guter Stumpf	**40**
– beidseitig	**70**
• nach Chopart	
– einseitig, guter Stumpf	**30**
– einseitig, mit Fußfehlstellung	**30 – 50**
– beidseitig	**60**
• nach Lisfranc oder im Bereich der Mittelfußknochen nach Sharp	
– einseitig, guter Stumpf	**30**
– einseitig, mit Fußfehlstellung	**30 – 40**
– beidseitig	**50**
Verlust einer Zehe	**0**
Verlust einer Großzehe	**10**
Verlust einer Großzehe mit Verlust des Köpfchens des 1. Mittelfußknochens	**20**
Verlust der Zehen II bis V oder I bis III	**10**
Verlust aller Zehen an einem Fuß	**20**
Verlust aller Zehen an beiden Füßen	**30**
Versteifung beider Hüftgelenke je nach Stellung	**80 – 100**
Versteifung eines Hüftgelenks	
• in günstiger Stellung	**40**
• in ungünstiger Stellung	**50 – 60**

Die Versteifung eines Hüftgelenks in leichter Abspreizstellung von ca. 10°, mittlerer Drehstellung und leichter Beugestellung gilt als günstig. Ungünstig sind Hüftgelenksversteifungen in stärkerer Adduktions-, Abduktions- oder Beugestellung.

26.18 **Bewegungseinschränkung der Hüftgelenke**

• geringen Grades (z. B. Streckung/Beugung bis zu 0-10-90 mit entsprechender Einschränkung der Dreh- und Spreizfähigkeit)	
– einseitig	**10 – 20**
– beidseitig	**20 – 30**
• mittleren Grades (z. B. Streckung/Beugung bis zu 0-30-90 mit entsprechender Einschränkung der Dreh- und Spreizfähigkeit)	
– einseitig	**30**
– beidseitig	**50**
• stärkeren Grades	
– einseitig	**40**
– beidseitig	**60 – 100**

Hüftdysplasie (einschl. sog. angeborene Hüftluxation)

• für die Dauer der vollständigen Immobilisierung	**100**
• danach bis zum Abschluss der Spreizbehandlung	**50**

Anschließend und bei unbehandelten Fällen richtet sich der GdB/MdE-Grad nach der Instabilität und der Funktionsbeeinträchtigung.

Hüftgelenksresektion je nach Funktionsstörung	**50 – 80**
Schnappende Hüfte	**0 – 10**

Beinverkürzung

• bis 2,5 cm	**0**
• über 2,5 cm bis 4 cm	**10**
• über 4 cm bis 6 cm	**20**
• über 6 cm	**wenigstens 30**

Oberschenkelpseudarthrose

• straff	**50**
• schlaff	**70**

Faszienlücke (Muskelhernie) am Oberschenkel	**0 – 10**
Versteifung beider Kniegelenke	**80**

Versteifung eines Kniegelenks

• in günstiger Stellung (Beugestellung von 10 – 15°)	**30**
• in ungünstiger Stellung	**40 – 60**

Lockerung des Kniebandapparates

• muskulär kompensierbar	**10**
• unvollständig kompensierbar, Gangunsicherheit	**20**
• Versorgung mit einem Stützapparat, je nach Achsenfehlstellung	**30 – 50**

Kniescheibenbruch

• nicht knöchern verheilt ohne Funktionseinschränkung des Streckapparates	**10**
• nicht knöchern verheilt mit Funktionseinschränkung des Streckapparates	**20 – 40**

Habituelle Kniescheibenverrenkung
- seltene Ausrenkung (in Abständen von 1 Jahr und mehr) **0 – 10**
- häufiger **20**

Bewegungseinschränkung im Kniegelenk
- geringen Grades (z. B. Streckung/Beugung bis 0-0-90)
  - einseitig **0 – 10**
  - beidseitig **10 – 20**
- mittleren Grades (z. B. Streckung/Beugung 0-10-90)
  - einseitig **20**
  - beidseitig **40**
- stärkeren Grades (z. B. Streckung/Beugung 0-30-90)
  - einseitig **30**
  - beidseitig **50**

Ausgeprägte Knorpelschäden der Kniegelenke
(z. B. Chondromalacia patellae Stadium II – IV) mit anhaltenden Reizerscheinungen
- einseitig
  - ohne Bewegungseinschränkung **10 – 30**
  - mit Bewegungseinschränkung **20 – 40**

Schienbeinpseudarthrose
- straff **20 – 30**
- schlaff **40 – 50**

Teilverlust oder Pseudarthrose des Wadenbeins **0 – 10**

Versteifung des oberen Sprunggelenks in günstiger Stellung
(Plantarflexion um 5° bis 15°) **20**

Versteifung des unteren Sprunggelenks in günstiger Stellung (Mittelstellung) **10**

Versteifung des oberen und unteren Sprunggelenks
- in günstiger Stellung **30**
- in ungünstiger Stellung **40**

Bewegungseinschränkung im oberen Sprunggelenk
- geringen Grades **0**
- mittleren Grades (Heben/Senken 0-0-30) **10**
- stärkeren Grades **20**

Bewegungseinschränkung im unteren Sprunggelenk **0 – 10**

Klumpfuß je nach Funktionsstörung
- einseitig **20 – 40**
- beidseitig **30 – 60**

Andere Fußdeformitäten
- ohne wesentliche statische Auswirkungen (z. B. Senk-Spreizfuß, Hohlfuß, Knickfuß, auch posttraumatisch) **0**
- mit statischer Auswirkung je nach Funktionsstörung
  - geringen Grades **10**
  - stärkeren Grades **20**

26.18

Versteifung aller Zehen eines Fußes	
• in günstiger Stellung	10
• in ungünstiger Stellung	20
Versteifungen oder Verkrümmungen von Zehen, außer der Großzehe	0
Versteifung der Großzehengelenke	
• in günstiger Stellung	0 – 10
• in ungünstiger Stellung (z. B. Plantarflexion im Grundgelenk über 10°)	20
Narben nach größeren Substanzverlusten an Ferse und Fußsohle	
• mit geringer Funktionsbehinderung	10
• mit starker Funktionsbehinderung	20 – 30
Nervenausfälle (vollständig)	
• Plexus lumbosacralis	80
• N. glutaeus superior	20
• N. glutaeus inferior	20
• N. cutaneus femoralis lat.	10
• N. femoralis	40
• N. ischiadicus	
– proximal	60
– distal (Ausfall der Nn. peronaeus communis und tibialis)	50
• N. peronaeus communis oder profundus	30
• N. peronaeus superficialis	20
• N. tibialis	30
Trophische Störungen sind zusätzlich zu berücksichtigen. Teilausfälle der genannten Nerven sind entsprechend geringer zu bewerten.	
Völlige Gebrauchsunfähigkeit eines Beines	80

Die Bundesarbeitsgemeinschaft und ihre Mitgliedsverbände

Die BAG SELBSTHILFE – gegründet 1967 – ist die Dachorganisation von 91 bundesweiten Behindertenselbsthilfeverbänden und 14 Landesarbeitsgemeinschaften und hat ihren Sitz in Düsseldorf. In der BAG SELBSTHILFE sind über 1 Mio. körperlich und geistig, sinnes- und stoffwechselbehinderte Menschen zusammengeschlossen, die auf örtlicher Ebene in Selbsthilfegruppen und Vereinen arbeiten. Die BAG SELBSTHILFE vertritt die Interessen der Gesamtheit behinderter und chronisch kranker Menschen unabhängig von parteipolitischen, konfessionellen oder regierungspolitischen Bindungen als freier Verband. Sie orientiert sich allein an den Interessen behinderter und chronisch kranker Menschen.

Ziele der BAG SELBSTHILFE

Die Bundesarbeitsgemeinschaft SELBSTHILFE setzt sich für ein gleichberechtigtes Leben in einer humanen Gesellschaft ein. Sie kämpft insbesondere für folgende Ziele:

- **Solidarität**
  Eine humane Gesellschaft braucht das gegenseitige Verständnis und Eintreten behinderter und nichtbehinderter Menschen füreinander.
- **Integration**
  Behinderte und chronisch kranke Menschen wollen so normal wie möglich leben. Normalität entsteht erst durch Integration, durch die selbstverständliche Zugehörigkeit Behinderter in allen Lebensbereichen, unabhängig von Art oder Schwere einer Behinderung.
- **Selbsthilfe**
  Nur aus der eigenen Betroffenheit lassen sich individuell erforderliche Hilfen feststellen und vermitteln. Betroffene leisten Hilfe durch Selbsthilfe bei der Bewältigung von Alltagsproblemen und der Wahrnehmung gemeinsamer Interessen. Sie werden darin von Helfern unterstützt. Staat und Gesellschaft müssen die erforderlichen Rahmenbedingungen der Selbsthilfearbeit sichern und fördern.
- **Mitwirkung**
  Zur Durchsetzung der berechtigten Anliegen behinderter Menschen muss ihre Stimme in Bund, Ländern, Gemeinden und bei den Rehabilitationsträgern gehört werden und zählen. Die Mitwirkung ist sowohl bei der Planung als auch bei der Durchführung von Maßnahmen zu fordern.
- **Soziale Hilfen**
  Soziale Hilfen müssen den Bedürfnissen der Betroffenen entsprechen und bürgernah gestaltet werden. Die Leistungen sollen einen sozialen und materiellen Ausgleich für die nachteiligen Auswirkungen der Behinderung schaffen.

Schwerpunkte der Arbeit der BAG SELBSTHILFE

- Sozialpolitische Interessenvertretung
  Die BAG SELBSTHILFE setzt sich aktiv für die Anliegen behinderter und chronisch kranker Menschen in Staat und Gesellschaft ein. Sie nimmt zu aktuellen sozial-, gesundheits- und gesellschaftspolitischen Problemen Stellung und sucht den Kontakt zu Entscheidungsträgern. Sie wirkt als Sachverständige in Ausschüssen und Gremien auf Bundesebene mit.
- Konzeption für die Behindertenarbeit
  Die BAG SELBSTHILFE befasst sich mit den Hemmnissen, die der Verwirklichung eines gleichberechtigten Lebens behinderter und chronisch kranker Menschen entgegenstehen und erarbeitet Ziele und Lösungsansätze einer auf Teilhabe gründenden Selbsthilfearbeit. Sie entwickelt und begleitet Projekte und arbeitet mit Fachleuten des Gesundheitssystems und der Rehabilitation, Fachverbänden und sozialpolitischen Organisationen zusammen.
- Schulung
  In Seminaren machen sich Betroffene und Mitarbeiter der Verbände mit Grundlagen des Sozialrechts, der Gesprächsführung und weiteren Aufgaben der Selbsthilfearbeit vertraut. Durch die Schulung von Multiplikatoren fördert die BAG SELBSTHILFE die Qualität der praktischen Behindertenarbeit vor Ort.
- Beratung
  Die BAG SELBSTHILFE bietet in Zusammenarbeit mit ihren Mitgliedsverbänden Betroffenen persönliche Beratung in rechtlichen und sozialen Fragen an.
- Öffentlichkeitsarbeit
  Mit vielfältigen Schriften, durch Beteiligung an Messen und Kongressen, durch Fachtagungen, Ausstellungen und Pressearbeit informiert die BAG SELBSTHILFE kontinuierlich Betroffene und ihre Angehörigen, Politiker und Fachorganisationen sowie die breite Öffentlichkeit.

Nähere Auskünfte erteilt:
Bundesarbeitsgemeinschaft SELBSTHILFE e.V.
Kirchfeldstr. 149, 40215 Düsseldorf, Tel. 02 11 / 31 00 60, Fax 02 11 / 3 10 06 48
www.bag-selbsthilfe.de, Info@bag-selbsthilfe.de
Spendenkonto Kreissparkasse Düsseldorf 1024 590 (BLZ 301 502 00)

Allianz Chronischer Seltener Erkrankungen ACHSE e.V.
c/o DRK Kliniken Westend
Spandauer Damm 130, 14050 Berlin
Tel.: 0 30 / 30 20 15 85
Fax: 0 30 / 30 20 15 99

Arbeitsgemeinschaft Spina bifida und Hydrocephalus e.V.
Münsterstr. 13, 44145 Dortmund
Tel.: 02 31 / 86 10 50-0
Fax: 02 31 / 86 10 50-50

Arbeitskreis Down-Syndrom e.V.
Gadderbaumer Straße 28
33602 Bielefeld
Tel.: 05 21 / 44 29 98
Fax: 05 21 / 94 29 04

Arbeitskreis Kunstfehler in der Geburtshilfe e.V.
Münsterstr. 261, 44145 Dortmund
Tel.: 02 31 / 52 58 72
Fax: 02 31 / 52 60 48

Autismus Deutschland e.V.
Bundesverband zur Förderung von Menschen mit Autismus
Bebelallee 141, 22297 Hamburg
Tel.: 0 40 / 5 11 56 04
Fax: 0 40 / 5 11 08 13

Bundesarbeitsgemeinschaft Hörbehinderter Studenten und Absolventen (BHSA) e.V.
c/o Andreas Kammerbauer
Hinter der Hochstätte 2a
65239 Hochheim/Main
Tel.: 0 61 46 / 83 55 37
auch Schreibtelefon
Fax: 0 61 92 / 2 62 89

BundesElternVereinigung für anthroposophische Heilpädagogik und Sozialtherapie e.V.
Argentinische Allee 25, 14163 Berlin
Tel.: 0 30 / 80 10 85 18
Fax: 0 30 / 80 10 85 21

Bundesinteressengemeinschaft Geburtshilfegeschädigter e.V. (BIG)
Nordsehler Str. 30, 31655 Stadthagen
Tel.: 0 57 21 / 7 23 72
Fax: 0 57 21 / 8 17 83

Bundesselbsthilfeverband für Osteoporose e.V.
Kirchfeldstr. 149, 40215 Düsseldorf
Tel.: 02 11 / 31 91 65
Fax: 02 11 / 33 22 02

Bundesselbsthilfeverband kleinwüchsiger Menschen e.V.
c/o Horst Stengritt
Lieneschweg 46, 49076 Osnabrück
Tel.: 05 41 / 13 15 14
Fax: 05 41 / 1 21 76 61

Bundesverband Arbeitskreis Überaktives Kind e.V.
– Bundesgeschäftsstelle –
Postfach 410724
12117 Berlin
Tel.: 0 30 / 85 60 59 02
Fax: 0 30 / 85 60 59 70

Bundesverband Contergangeschädigter e.V.
Hilfswerk vorgeburtlich Geschädigter
Schwimmbadweg 33
89604 Allmendingen
Tel. und Fax: 0 73 91 / 47 19

Bundesverband der Angehörigen psychisch Kranker e.V. (BAPK)
Am Michaelshof 4b, 53117 Bonn
Tel.: 02 28 / 63 26 46
Fax: 02 28 / 65 80 63

Bundesverband der Kehlkopflosen und Kehlkopfoperierten e.V.
Haus der Krebs-Selbsthilfe
Thomas-Mann-Str. 40, 53111 Bonn
Tel.: 02 28 / 33 88 93-00
Fax: 02 28 / 33 88 93-25

Bundesverband der Organtransplantierten e.V. (BDO)
Paul-Rücker-Str. 22, 47059 Duisburg
Tel.: 02 03 / 44 20 10
Fax: 02 03 / 44 21 27

Bundesverband für die Rehabilitation der Aphasiker e.V.
Wenzelstr. 19, 97084 Würzburg
Tel.: 09 31 / 25 01 30-0
Fax: 09 31 / 25 01 30-39

Bundesverband für Körper- und Mehrfachbehinderte e.V.
Brehmstr. 5–7, 40239 Düsseldorf
Tel.: 02 11 / 6 40 04-0
Fax: 02 11 / 61 39 72

Bundesverband Herzkranke Kinder e.V.
Kasinostr. 84, 52070 Aachen
Tel.: 02 41 / 91 23 32
Fax: 02 41 / 91 23 33

Bundesverband Kleinwüchsige Menschen und ihre Familien e.V.
Hillmannplatz 6, 28195 Bremen
Tel.: 04 21 / 50 21 22, 04 21 / 50 78 73
Fax: 04 21 / 50 57 52

Bundesverband Legasthenie und Dyskalkulie e.V.
c/o Simone Wejda
Am Pfad 1d, 97297 Waldbüttelbrunn
Tel.: 07 00 / 31 87 38 11
Fax: 07 00 / 31 87 39 11

Bundesverband Niere e.V.
Weberstr. 2, 55130 Mainz
Tel.: 0 61 31 / 8 51 52
Fax: 0 61 31 / 83 51 98

Bundesverband Poliomyelitis e.V.
Rehaklinik Miriquidi
Freiberger Str. 33
09488 Thermalbad Wiesenbad
Tel.: 0 37 33 / 5 04 11 87
Fax: 0 37 33 / 5 04 11 88

Bundesverband Psychiatrie-Erfahrener Deutschland e.V.
Wittener Str. 87, 44789 Bochum
Tel.: 02 34 / 68 70 55 52
Fax: 02 34 / 6 40 51 03

Bundesverband Selbsthilfe Körperbehinderter e.V.
Altkrautheimer Str. 20
74238 Krautheim/Jagst
Tel.: 0 62 94 / 42 81-0
Fax: 0 62 94 / 42 81-79

Bundesverband Skoliose Selbsthilfe e.V.
c/o Walter Gellner
Mühlweg 12, 74838 Limbach
Tel.: 0 62 87 / 47 92
Fax: 0 62 87 / 47 92

Bundesvereinigung Lebenshilfe für Menschen mit geistiger Behinderung e.V.
Postfach 701163, 35020 Marburg
Tel.: 0 64 21 / 4 91-0
Fax: 0 64 21 / 49 11 67

Bundesvereinigung Stotterer Selbsthilfe e.V.
Zülpicher Str. 58, 50674 Köln
Tel.: 02 21 / 1 39 11 06-07
Fax: 02 21 / 1 39 13 70

Bund zur Förderung Sehbehinderter e.V. (BFS)
Düsseldorfer Str. 50, 41460 Neuss
Tel.: 0 21 31 / 76 30 91
Fax: 0 21 31 / 76 30 92

Dachverband Gemeinde-psychiatrie e.V.
Am Michaelshof 4b, 53111 Bonn
Tel.: 02 28 / 69 17 59
Fax: 02 28 / 63 80 63

Deutsche Aids-Hilfe e.V.
Postfach 610149, 10921 Berlin
Tel.: 0 30 / 69 00 87-0
Fax: 0 30 / 69 00 87-42

Deutsche Alzheimer Gesellschaft e.V.
Friedrichstr. 236, 10969 Berlin
Tel.: 0 30 / 2 59 37 95-11
Fax: 0 30 / 2 59 37 95-29

Deutsche Cochlear Implant Gesellschaft e.V.
Rosenstr. 6, 89257 Illertissen
Tel.: 0 73 03 / 39 55
Fax: 0 73 03 / 4 39 98

Deutsche Dystonie Gesellschaft
Theodorstr. 41 P, 22761 Hamburg
Tel.: 0 40 / 87 56 02
Fax: 0 40 / 87 08 28 04

Deutsche Ehlers Danloss-Initiative e.V.
Brigitte Blank
Weidenweg 38, 91154 Roth
Tel.: 0 91 71 / 8 51 89 64

Deutsche Epilepsievereinigung e.V.
Zillestr. 102, 10585 Berlin
Tel.: 0 30 / 3 42 44 14
Fax: 0 30 / 3 42 44 66

Deutsche Fibromyalgie Vereinigung e.V.
Waidachshofer Str. 25
74743 Seckach
Tel.: 0 62 92 / 92 87 58
Fax: 0 62 92 / 92 87 61

Deutsche Gesellschaft für Muskelkranke e.V.
Im Moos 4, 79112 Freiburg
Tel.: 0 76 65 / 94 47-0
Fax: 0 76 65 / 94 47-20

Deutsche Gesellschaft für Osteogenesis imperfecta (Glasknochen) Betroffene e.V.
Postfach 111908, 20499 Hamburg
Tel.: 0 40 / 69 08 72 00
Fax: 0 40 / 69 08 71 99

Deutsche Gesellschaft zur Förderung der Gehörlosen und Schwerhörigen e.V.
Paradeplatz 3, 24765 Rendsburg
Tel.: 0 43 31 / 58 97 22
Fax: 0 43 31 / 58 97 45

Deutsche Hämophiliegesellschaft zur Bekämpfung von Blutungskrankheiten
Neumann-Reichardt-Str. 34
22041 Hamburg
Tel.: 0 40 / 6 72 29 70
Fax: 0 40 / 6 72 49 44

Deutsche Heredo Ataxie Gesellschaft – Bundesverband e.V.
Hofener Str. 76, 70372 Stuttgart
Tel.: 07 11 / 5 50 46 44
Fax: 07 11 / 8 49 66 28

Deutsche Huntington-Hilfe e.V.
Börsenstr. 10, 47051 Duisburg
Tel.: 02 03 / 2 29 15
Fax: 02 03 / 2 29 25

Deutsche ILCO e.V.
Thomas-Mann-Str. 40, 53111 Bonn
Tel.: 02 28 / 33 88 94-50
Fax: 02 28 / 33 88 94-75

Deutsche Interessengemeinschaft Phenylketonurie (PKU) und verwandte angeborene Stoffwechselstörungen e.V.
c/o Hansjörg Schmidt
Adlerstr. 6, 91077 Kleinsendelbach
Tel.: 0 91 26 / 44 53
Fax: 0 91 26 / 3 09 46

Deutsche Interessengemeinschaft für Verkehrsunfallopfer e.V. Dignitas
c/o Angelika Oidtmann
Friedlandstr. 6, 41747 Viersen
Tel.: 0 21 62 / 2 00 32
Fax: 0 21 62 / 35 23 12

Deutsche Leberhilfe e.V.
Luxemburger Str. 150, 50937 Köln
Tel. und Fax: 02 21 / 2 82 99 80

Deutsche Leukämie Forschungshilfe, Aktion für krebskranke Kinder e.V.
Adenauerallee. 134, 53113 Bonn
Tel.: 02 28 / 6 88 46-0
Fax: 02 28 / 6 88 46-44

Deutsche Morbus Crohn/Colitis ulcerosa Vereinigung (DCCV) e.V.
Bundesverband für chronisch entzündliche Erkrankungen des Verdauungstraktes
Paracelsusstr. 15, 51375 Leverkusen
Tel.: 02 14 / 8 76 08-0
Fax: 02 14 / 8 76 08-88

Deutsche Multiple Sklerose Gesellschaft e.V., Bundesverband
Küsterstr. 8, 30519 Hannover
Tel.: 05 11 / 9 68 34-0
Fax: 05 11 / 9 68 34-50

Deutsche Myasthenie Gesellschaft e.V.
Langemarckstr. 106, 28199 Bremen
Tel.: 04 21 / 59 20 60,
Fax: 04 21 / 50 82 26

Deutsche Narkolepsie-Gesellschaft e.V.
Wilhelmshöher Allee 286
34131 Kassel
Tel.: 05 61 / 40 09 07 04
Fax: 05 61 / 40 09 07 06

Deutsche Parkinson Vereinigung – Bundesverband e.V.
Moselstr. 31, 41464 Neuss
Tel.: 0 21 31 / 4 10 16/17
Fax: 0 21 31 / 4 54 45

Deutsche Restless Legs Vereinigung e.V.
Lilo Habersack
Schäufeleinstr. 35, 80687 München
Tel.: 0 89 / 55 02 88 80
Fax: 0 89 / 55 02 88 81

Deutsche Rheuma-Liga e.V.
Maximilianstr. 14, 53111 Bonn
Tel.: 02 28 / 76 60 60
Fax: 02 28 / 7 66 06 20

Deutsche Sarkoidose-Vereinigung e.V.
c/o Renate Braune
Postfach 3043, 40650 Meerbusch
Tel.: 0 21 50 / 73 60
Fax: 0 21 50 / 73 60

Deutsche Schmerzhilfe e.V.
Sietwende 20
21720 Grünendeich
Tel.: 0 41 42 / 81 04 34
Fax: 0 41 42 / 81 04 35

Deutsche Schmerzliga e.V.
Adenauerallee 18, 61440 Oberursel
Tel.: 07 00 / 3 75 37 53 75
Fax: 07 00 / 37 53 75 38

Deutsche Tinnitus-Liga e.V. (DTL)
Am Lohsiepen 18, 42369 Wuppertal
Tel.: 02 02 / 2 46 65 20
Fax: 02 02 / 4 67 09 32

Deutsche Vereinigung Morbus Bechterew e.V. (DVMB)
Metzgergasse 16, 97421 Schweinfurt
Tel.: 0 97 21 / 2 20 33
Fax: 0 97 21 / 2 29 55

Deutsche Zöliakie Gesellschaft e.V.
Filderhauptstr. 61, 70599 Stuttgart
Tel.: 07 11 / 45 99 81-0
Fax: 07 11 / 45 99 81-50

Deutscher Allergie- und Asthmabund e.V.
Fliethstr. 114
41061 Mönchengladbach
Tel.: 0 21 61 / 81 49 40
Fax: 0 21 61 / 8 14 94 30

Deutscher Blinden- und Sehbehindertenverband e.V.
Rungestr. 19, 10179 Berlin
Tel.: 0 30 / 28 53 87-0
Fax: 0 30 / 28 53 87-20

Deutscher Diabetiker-Bund e.V.
Goethestr. 27, 34119 Kassel
Tel.: 05 61 / 7 03 47 70
Fax: 05 61 / 7 03 47 71

Deutscher Gehörlosen-Bund e.V.
Bundesgeschäftsstelle
Bernadottestr. 126, 22605 Hamburg
Tel.: 0 40 / 4 60 03 62-0
Bildtel.: 0 40 / 4 60 03 62-13
Fax: 0 40 / 4 60 03 62-10

Deutscher Psoriasis Bund e.V.
Seewartenstr. 10, 20459 Hamburg
Tel.: 0 40 / 22 33 99-0
Fax: 0 40 / 22 33 99-22

Deutscher Schwerhörigenbund e.V.
Breite Str. 23, 13187 Berlin
Tel.: 0 30 / 47 54 11 14
Fax: 0 30 / 47 54 11 16

Deutscher Verein der Blinden und Sehbehinderten in Studium und Beruf e.V. – DVBS
Frauenbergstr. 8, 35039 Marburg
Tel.: 0 64 21 / 9 48 88-0
Fax: 0 64 21 / 9 48 88-10

Endometriose-Vereinigung Deutschland e.V.
Bernhard-Göring-Str. 152
04277 Leipzig
Tel.: 03 41 / 3 06 53 04
Fax: 03 41 / 3 06 53 04

Fatigatio e.V.
Bundesverband CFS
Vors. Wolfgang Lauterbach
Comeniusstr. 71, 01309 Dresden
Tel.: 03 51 / 3 11 56 37

Fördergemeinschaft für Taubblinde e.V.
Katteweg 15a, 14129 Berlin
Tel.: 0 30 / 80 49 74 61

Frauenselbsthilfe nach Krebs – Bundesverband e.V.
Haus der Krebs-Selbsthilfe
Thomas-Mann-Str. 40, 53111 Bonn
Tel.: 02 28 / 3 38 89-4 00
Fax: 02 28 / 3 38 89-4 01

Freundeskreis Camphill e.V.
Argentinische Allee 25, 14163 Berlin
Tel.: 0 30 / 80 10 85 18
Fax: 0 30 / 80 10 85 21

Gaucher Gesellschaft Deutschland e.V.
Von-Linde-Str. 13, 59557 Lippstadt
Tel.: 0 29 41 / 1 88 70
Fax: 0 29 41 / 1 88 70

Gemeinnütziger Selbsthilfe Schlafapnoe Deutschland e.V.
Auf dem Felde 3
31675 Bückeburg
Tel.: 0 57 22 / 27 02 40
Fax: 0 57 22 / 27 02 41

HFI, Selbsthilfe-Initiative Kreislauf und Stoffwechsel e.V.
Postfach 30 04 40, 40404 Düsseldorf
Tel.: 02 11 / 59 21 27
Fax: 02 11 / 59 24 94

Interessengemeinschaft Arthrogryposis e.V.
Dr. Rolf Gebrande
Steinbrückstr. 11
79713 Bad Säckingen
Tel.: 0 77 61 / 94 04 44
Fax: 0 77 61 / 94 04 42

Interessengemeinschaft Epidermolysis Bullosa e.V.
Lahn-Eder-Str. 41, 35216 Biedenkopf
Tel.: 0 64 61 / 8 70 15
Fax: 0 64 61 / 98 96 27

K.i.s.E. – Kinder in schwierigen Ernährungssituationen e.V.
Eva Gehlen
Fließstr. 48, 50170 Kerpen
Tel.: 0 22 75 / 91 34 28
Fax: 0 22 75 / 91 34 29

Lernen Fördern – Bundesverband zur Förderung Lernbehinderter e.V.
Gerberstr. 17, 70182 Stuttgart
Tel.: 07 11 / 6 33 84 38
Fax: 07 11 / 6 33 84 39

Lupus Erythematodes Selbsthilfegemeinschaft e.V.
Döppersberg 20, 42103 Wuppertal
Tel.: 02 02 / 4 96 87 97
Fax: 02 02 / 4 96 87 98

Marfan Hilfe (Deutschland) e.V.
Postfach 0145, 23691 Eutin
Tel.: 07 00 / 22 33 40 00
Fax: 07 00 / 22 33 40 01

Morbus Wilson e.V.
c/o Beate Rasp
Leiblstr. 2, 83024 Rosenheim
Tel.: 0 80 31 / 24 92 30
Fax: 0 80 31 / 4 38 76

Mukoviszidose Bundesverband e.V.
In den Dauen 6, 53117 Bonn
Tel.: 02 28 / 9 87 80-0
Fax: 02 28 / 9 87 80-77

NCL-Gruppe Deutschland e.V.
c/o Wilhelm Rüter
Am Waldbach 23, 32339 Espelkamp
Tel.: 0 57 71 / 32 55
Fax: 0 57 71 / 60 72 21

Pro Retina Deutschland e.V. (PRDV), Selbsthilfe Vereinigung von Menschen mit Netzhautdegenerationen
Vaalser Str. 108, 52074 Aachen
Tel.: 02 41 / 87 00 18
Fax: 02 41 / 87 39 61

Pulmonale Hypertonie (PH) e.V.
Wormser Str. 20, 76287 Rheinstetten
Tel.: 0 72 42 / 95 26 66
Fax: 0 72 42 / 95 26 67

Schilddrüsen Liga Deutschland e.V.
Ev. Krankenhaus Bad Godesberg
Waldstraße 73
53177 Bonn
Tel.: 02 28 / 3 86 90 60

Schutzverband für Impfgeschädigte e.V.
Postfach 5228, 58823 Plettenberg
Tel.: 0 23 91 / 1 06 26
Fax: 0 23 91 / 60 93 66

Selbsthilfegruppe Glykogenose Deutschland e.V.
Donald Welling, Vorsitzender
Charentoner Str. 21, 33142 Büren
Tel.: 0 29 51 / 47 89
Fax: 0 29 51 / 66 08

Selbsthilfe Ichthyose e.V.
c/o Kirstin Kiekbusch
Neue Kastanienallee 2, 15749 Ragow
Tel.: 03 37 64 / 2 04 57
Fax: 03 37 64 / 2 04 59

Selbsthilfegruppe für PXE-Erkrankte Deutschlands 1999 e.V.
Peter Hof
Bismarckweg 21, 57258 Freudenberg
Tel.: 0 27 34 / 2 08 56
Fax: 0 27 34 / 43 78 23

Selbsthilfevereinigung für Lippen – Gaumen – Fehlbildungen e.V.
Wolfgang Rosenthal Gesellschaft
Hauptstr. 184, 35625 Hüttenberg
Tel.: 0 64 03 / 55 75
Fax: 0 64 03 / 55 75

Sklerodermie Selbsthilfe e.V.
Am Wollhaus 2, 74072 Heilbronn
Tel.: 0 71 31 / 3 90 24 25

Verein für von der von Hippel-Lindau-Erkrankung betroffene Familien e.V.
Gerhard Alsmeier
Rembrandtstr. 2, 49716 Meppen
Tel.: 0 59 31 / 92 95 52
Fax: 0 59 31 / 92 91 36

Von Recklinghausen-Gesellschaft e.V.
Ohmstr. 62, 60486 Frankfurt
Tel.: 0 40 / 18 18 87 28 22
Fax: 0 69 / 36 40 21 97

Außerordentliche Mitglieder der BAG SELBSTHILFE

Verband Sonderpädagogik e.V. (VdS)
Ohmstr. 14, 97076 Würzburg
Tel.: 09 31 / 2 40 20
Fax: 09 31 / 2 40 23

BSK Service GmbH
Postfach 20, 74236 Krautheim
Tel.: 0 62 94 / 42 81-0
Fax: 0 62 94 / 42 81-0

Fortschritt – Bundesverband für Konduktive Förderung e.V.
Friedrichsau 2, 89073 Ulm
Tel.: 07 31 / 9 27 48 82
Fax: 07 31 / 9 27 47 95

Landesarbeitsgemeinschaften

Landesarbeitsgemeinschaft
SELBSTHILFE
Baden-Württemberg e.V.
Rothebühlstr. 133, 70197 Stuttgart
Tel.: 07 11 / 2 51 18 10
Fax: 07 11 / 2 51 18 11
www.lag-selbsthilfe-bw.de

Landesarbeitsgemeinschaft
SELBSTHILFE von Menschen
mit Behinderung und chronischer
Erkrankung und ihrer Angehörigen
in **Bayern** e.V.
Orleansplatz 3
81667 München
Tel.: 0 89 / 4 59 92 40
Fax: 0 89 / 45 99 24 13
www.lagh-bayern.de

Landesvereinigung SELBSTHILFE
Berlin e.V.
Littenstr. 108
10179 Berlin
Tel.: 0 30 / 27 59 25 25
Fax: 0 30 / 27 59 25 26
www.lv-selbsthilfe-berlin.de

Landesarbeitsgemeinschaft
SELBSTHILFE von Menschen
mit Behinderung und chronischer
Erkrankung und ihren Angehörigen
Brandenburg e.V.
Handelsstr. 11, 16303 Schwedt/Oder
Tel.: 0 33 32 / 52 17 35 und 52 17 51
Fax: 0 33 32 / 57 22 19
www.lag-selbsthilfe-bb.de

Landesarbeitsgemeinschaft
SELBSTHILFE behinderter
Menschen **Bremen** e.V.
Waller Heerstr. 55, 28217 Bremen
Tel.: 04 21 / 3 87 77 14
Fax: 04 21 / 3 87 77 99
www.lags-bremen.de

Hamburger Landesarbeitsgemeinschaft für behinderte Menschen e.V.
Richardstr. 45, 22081 Hamburg
Tel.: 0 40 / 29 99 56 66
Fax: 0 40 / 29 36 01
www.lagh-hamburg.de

Landesarbeitsgemeinschaft **Hessen**
SELBSTHILFE behinderter und
chronisch kranker Menschen e.V.
Raiffeisenstr. 15, 35043 Marburg
Tel.: 0 64 21 / 4 20 44
Fax: 0 64 21 / 9 48 40-11
www.lagh-selbsthilfe.de

Landesarbeitsgemeinschaft
SELBSTHILFE Behinderter
Mecklenburg-Vorpommern e.V.
Henrik-Ibsen-Str. 20, 18106 Rostock
Tel.: 03 81 / 7 69 03 40 oder 7 69 12 35
Fax: 03 81 / 7 69 12 36
www.lagsb-mv.de

Landesarbeitsgemeinschaft
SELBSTHILFE Behinderter
Niedersachsen e.V.
Mühlendamm 1, 27793 Wildeshausen
Tel.: 0 44 31 / 73 82 32
Fax: 0 44 31 / 73 82 33

Landesarbeitsgemeinschaft
SELBSTHILFE Behinderter
und chronisch kranker Menschen
in **NRW** e.V.
Neubrückenstr. 12–14, 48143 Münster
Tel.: 02 51 / 4 34 00 und 4 34 09
Fax: 02 51 / 51 90 51
www.lag-selbsthilfe-nrw.de

Landesarbeitsgemeinschaft
SELBSTHILFE Behinderter
Rheinland-Pfalz e.V.
Kaiserstr. 42, 55116 Mainz
Tel.: 0 61 31 / 33 62 80
Fax: 0 61 31 / 33 62 86
www.lag-sb-rlp.de

LANDESVEREINIGUNG
SELBSTHILFE e.V.
Spitzenverband der chronisch
kranken und behinderten Menschen
im **Saarland**
Futterstr. 27, 66111 Saarbrücken
Tel.: 06 81 / 9 10 24 23
Fax: 06 81 / 96 02 13-29
www.selbsthilfe-im-saarland.de

Landesarbeitsgemeinschaft
SELBSTHILFE **Sachsen** e.V.
Beratungs- und Geschäftsstelle
Michelangelostr. 2, 01217 Dresden
Tel.: 03 51 / 4 79 35 00
Fax: 03 51 / 47 93 50 17
www.interreglife.org

Landesarbeitsgemeinschaft Hilfe
für Behinderte **Thüringen** e.V.
Bonifaciusstr. 10, 99084 Erfurt
Tel.: 03 61 / 6 00 71 80
Fax: 03 61 / 6 00 71 89

Landesarbeitskreis
Schleswig-Holstein
Kontaktadresse: Rainer Dillenberg
Kastanienstr. 27, 24114 Kiel
Tel.: 04 31 / 66 11 80
www.lebenshilfesh.de.vu

Stichwortverzeichnis

A

B

T

U

V

W

Z